中国机械工业教育协会
"十四五"普通高等教育规划教材

人工智能营销

（第二版）

贺爱忠　聂元昆　王　峰 ◎ 主　编
王建明　李颖灏 ◎ 副主编

北京大学出版社
PEKING UNIVERSITY PRESS

图书在版编目(CIP)数据

人工智能营销 / 贺爱忠，聂元昆，王峰主编. — 2版. -- 北京：北京大学出版社，2025.9. -- ISBN 978-7-301-36563-2

Ⅰ．F713.50-39

中国国家版本馆CIP数据核字第2025L4Y334号

书　　　名	人工智能营销（第二版） RENGONG ZHINENG YINGXIAO(DI-ER BAN)
著作责任者	贺爱忠　聂元昆　王　峰　主编
责任编辑	尹　璐
标准书号	ISBN 978-7-301-36563-2
出版发行	北京大学出版社
地　　　址	北京市海淀区成府路205号　100871
网　　　址	http://www.pup.cn　新浪微博：@北京大学出版社
电子邮箱	zpup@pup.cn
电　　　话	邮购部 010-62752015　发行部 010-62750672 编辑部 021-62071998
印　刷　者	河北文福旺印刷有限公司
经　销　者	新华书店
	787毫米×1092毫米　16开本　31.75印张　662千字 2023年1月第1版 2025年9月第2版　2025年9月第1次印刷
定　　　价	98.00元

未经许可，不得以任何方式复制或抄袭本书之部分或全部内容。
版权所有，侵权必究
举报电话：010-62752024　电子邮箱：fd@pup.cn
图书如有印装质量问题，请与出版部联系，电话：010-62756370

主 编 简 介

贺爱忠,管理学博士,湖南大学二级教授,博士生导师。湖南省普通高校企业管理学科带头人、湖南省新世纪121人才工程人选、湖南省新世纪社会科学研究"百人工程"学者,湖南省市场学会副会长暨高校市场营销专业建设促进委员会主任。中国高等院校市场学研究会绿色消费与绿色营销专业委员会原副主任。

长期从事营销战略、品牌管理、零售营销、绿色低碳消费与服务业绿色发展的教学与科研工作。主持完成2项国家社科基金课题、2项教育部人文社科研究规划基金项目、2项湖南省社科基金重大招标项目、20余项其他项目。主编《人工智能营销》《零售管理》等教材。在 Journal of Retailing and Consumer Services、Journal of Research in Interactive Marketing、International Journal of Consumer Studies、International Journal of Retail & Distribution Management、《管理世界》等国内外知名期刊发表学术论文100余篇。获得全国商业科技进步奖、商务部全国商务发展研究成果奖、湖南省哲学社会科学优秀成果奖等省部级一、二、三等奖14项。

聂元昆,管理学博士,云南财经大学二级教授,博士生导师;云南省中青年学术带头人、云南省万人计划教学名师;中国高等院校市场学研究会副会长,云南省市场学会会长;"十二五"国家级规划教材《市场营销学》第二主编;"十一五""十二五"国家级规划教材《商务谈判学》主编。

长期从事市场营销、商务谈判、企业文化、创业管理、生涯规划的教学与科研工作。主编、参编专著及教材29部;主持、参与国家及省部级课题18项;在《管理世界》《财贸经济》等刊物发表学术论文80余篇。曾获高等教育国家级教学成果二等奖1项,云南省政府哲学社会科学奖一等奖1项、二等奖2项、三等奖3项。1999年入选中国当代中青年商业经济专家学者;2014年荣获"全国优秀教师"称号;2018年获全国"建行杯"创新创业大赛"优秀创业导师"称号。

王　峰，管理学博士，湖南大学工商管理学院副院长、教授、博士生导师，获评中宣部青年英才。担任《营销科学学报》编委会副主任、中国高等院校市场学研究会移动数智营销专业委员会副主任。

长期从事数字社会与数字化营销、多模态大数据、新兴技术与企业创新、营销模型等研究。近年来，主持国家自然科学基金面上项目3项和青年项目1项、教育部人文社科基金1项、湖南省自然科学基金优秀青年项目1项；发表20余篇论文于 Journal of Marketing、Journal of the Academy of Marketing Science 和《管理科学学报》等国内外权威期刊。主编《大数据营销》，主持湖南省首批课程思政建设项目。

第二版前言

党的二十大及二十届三中全会等具有重大历史意义的会议的召开,以及人工智能技术尤其是以 ChatGPT、Sora、DeepSeek-R1 为代表的生成式人工智能技术的迅猛发展,既给市场营销带来了翻天覆地的变化,也对社会经济、文化、法律法规等造成了重大影响。编写团队遵照习近平总书记"坚持把立德树人作为根本任务""善于学习新知识、新技术、新理论""更加重视科学精神、创新能力、批判性思维的培养培育"等重要指示精神,为了更好地将党的创新理论尤其将习近平新时代中国特色社会主义思想贯穿教材始终,更好地将价值引领、知识传授、能力培养三者融为一体,决定对《人工智能营销》的内容进行大幅度调整。

《人工智能营销》第二版与第一版相比,除了保持原有的特点外,主要作了以下迭代升级:

(1) 调整体系结构。在原有框架的基础上,增加了人工智能营销的基本方法、人工智能营销环境、人工智能时代的组织市场三章,使人工智能营销的知识体系更为完整。即将人工智能营销的基本方法列为第二章、人工智能营销环境列为第三章、人工智能时代的组织市场列为第四章,第一版第三章人工智能时代的消费者市场在第二版中调整为第五章,第一版第二章人工智能与市场调研在第二版中调整为第六章,一版第四至九章在第二版中依次调整为第七至十二章。此外,各章均增加了本章学习目标、本章知识结构图、即测即练。

(2) 优化各章内容。对各章内容和文字或进行了重大调整,或进行了适当优化和补充。进行了重大调整的主要是第一章人工智能与人工智能营销概述、第十一章人工智能与促销策略。第一章保留了原来第一、二节的标题,第三节标题调整为人工智能赋能市场营销,增加了第四节市场营销的演化与人工智能营销,原第四节调整为第五节,并把标题调整为人工智能营销的知识框架,各节新增了大量内容。第十一章从结构到内容基本重写。新增一节的是:第六章新增市场调研中常用的人工智能工具、第八章新增人工智能优化包装设计、第九章新增人工智能定价工具。此外,各章强化了党的创新理论尤其将习近平新时代中国特色社会主义思想贯穿始终,新增了党的二十届三中全会精神及生成式人工智能在营销中应用的相关内容。

(3)更新阅读材料。除保留少数经典内容外,对全书案例、小资料、小链接、参考文献等拓展阅读材料进行了更新和增补,尤其是引例、案例讨论、综合案例基本予以更换,并且以中国本土案例为主。

(4)增加编写成员。为了更好地跨学校、跨区域组成老中青结合的科教融汇的编写团队,第二版编写团队成员增加了湖南大学王峰教授、沈阳工程学院郑帅副教授、湖南财政经济学院陈春燕博士三位年轻有为的老师。

本书第二版编写分工如下:

第一章:贺爱忠(管理学博士,湖南大学教授、博导);

第二章:陈春燕(管理学博士,湖南财政经济学院讲师);

第三章:王峰(管理学博士,湖南大学教授、博导);

第四章:郑帅(管理学博士,沈阳工程学院副教授);

第五章:彭璐珞(管理学博士,湖南大学副教授、博导);

第六章:贺嫦珍(管理学博士,广州华商学院副教授);

第七章:周玲(管理学博士,湖南大学副教授);

第八章:聂元昆(管理学博士,云南财经大学教授、博导);

第九章:王建明(管理学博士,浙江财经大学教授、博导);

第十章:董维维(管理学博士,上海应用技术大学副教授)和宋思根(管理学博士,上海应用技术大学教授、博导);

第十一章:沈鹏熠(管理学博士,江西财经大学教授、博导);

第十二章:李颖灏(管理学博士,浙江工商大学副教授)。

此外,江西财经大学工商管理学院博士生张茹梦、刘贤烨,西南财经大学工商管理学院硕士生黄畅参与了第十一章初稿的编写。杭州第十四中学李虞玥同学参与了综合案例的资料收集、整理工作。贺爱忠对全书进行了统稿。

本书编写过程中,我们参考了大量国内外文献资料,借鉴、吸收了其中的某些成果,对此在文中进行了标注,并在参考文献中列出了部分作者姓名和文献名称,在此向有关作者一并致以真挚而深切的谢意!同时,感谢使用《人工智能营销》第一版的高校、企业和广大读者!感谢中国机械工业教育协会、湖南大学把本书列为"十四五"普通高等教育本科规划教材!感谢北京大学出版社的领导和责任编辑尹璐老师为《人工智能营销》第二版出版付出的辛劳!

特别感谢复旦大学范秀成教授、宾夕法尼亚大学沃顿商学院张忠教授、中国社会科学院财经战略研究院夏杰长教授、中国人民大学郭国庆教授和李先国教授、浙江工商大学王永贵教授、华东理工大学景奉杰教授、福州大学陈章旺教授、中国商品学会会长白世贞教授、中国广电云南网络有限公司党委副书记龙怒博士等对本书的肯定和鼓励!

由于编写者学识水平所限,本书难免存在一些不足之处,敬请读者批评指正。

贺爱忠

2025 年 1 月

第一版前言

人类已经进入人工智能时代。智能产品已经进入普通百姓日常生活中,人们对智能产品、智能服务的需求日益增长,智能技术已在市场营销实践中被广泛应用。人工智能的发展没有刹车片,也没有倒车装置,人工智能未来在营销中将发挥至关重要的作用。任何企业、任何营销人员,如果希望有光明的未来,就必须积极主动地去了解人工智能营销,利用人工智能营销提高销量、降低成本、提升客户满意度和忠诚度。而与此对应的智能营销理论框架体系构建、智能营销教材建设滞后于实践发展和时代要求,既不利于人工智能营销实践水平的提升和人工智能营销从业者技能的提升,又不利于人工智能营销人才的培养和人工智能营销知识的普及。基于一种使命感和社会责任感,我们10位来自全国7所高校市场营销国家一流本科专业的教师,齐心协力完成了本书的编写。

本书以马克思列宁主义、毛泽东思想、邓小平理论、"三个代表"重要思想、科学发展观、习近平新时代中国特色社会主义思想为指导,有机融入中华优秀传统文化、法治意识和国家安全意识。我们在本书中注意跟踪人工智能营销领域国际理论与实践前沿动态的同时,重视对中国特色学术思想和学术贡献的介绍,重视对人工智能领域国家战略、法律法规和政策的介绍,重视对中国人工智能产业和企业发展案例的介绍,重视对中国企业人工智能营销案例的介绍。本书还具有如下主要特点:

(1) 体系完整。本书沿着市场调研与分析—目标市场营销战略—市场营销策略—市场营销控制的逻辑构建人工智能营销知识体系,弥补了已有教材缺乏人工智能与市场调研、人工智能与市场营销战略、人工智能市场营销绩效管理等方面内容的不足,将成为国内第一本由营销专业学者编写的知识体系完整的"人工智能营销"教材。

(2) 内容丰富。本书注重人工智能营销理论与实际应用的结合,注重思维模式养成与技能提升的结合。为方便读者理论学习与实践导引,各章都配有开篇案例、章末案例、本章小结和实训作业。为拓宽读者的知识面、拓深读者的理论深度、引导读者多维思维模式的养成,各章都插入了数量不一的人物小传、小知识、小案例、参考文献等内容。

(3) 编写组力量强大。一是编写组成员来自市场营销国家一流本科专业建设点。其中,聂元昆教授为云南财经大学市场营销国家一流本科专业负责人,宋思根教授原为安徽财经大学市场营销国家一流本科专业负责人,王建明教授为浙江财经大学市场营销国家一流本科专业负责人,董维维副教授为上海应用技术大学市场营销国家一流本科专业核心成员,李颖灏副教授为浙江工商大学市场营销国家一流本科专业核心成员,沈鹏熠教授为江西财经大学市场营销国家一流本科专业核心成员,贺爱忠教授、彭璐珞副教授、周玲副教授均为湖南大学市场营销国家一流本科专业核心成员。二是编写组成员全部具有高职称、高学历。其中,有5位教授,所有成员都有博士学位。三是编写组成员出版过多部国家规划教材。

(4) 前期基础扎实。编写组主要成员近年来重点研究人工智能营销。主持完成了人工智能产业领域的省级重点项目,并发表了相关智库成果和系列学术论文。为教材编写奠定了良好的科研基础、提供了较为丰厚的知识储备。

在编写过程中,我们得到了国内人工智能营销研究领域著名学者——复旦大学范秀成教授、中国人民大学李先国教授的鼓励与精心指导。他们在百忙中抽暇全面审阅本书编写总体思路和编写大纲后,对编写组给予了充分肯定和鼓励,而且提出了许多高屋建瓴的见解和中肯的修改意见,为本书的顺利完成奠定了坚实的基础。

本书编写分工如下:管理学博士,湖南大学教授、博导贺爱忠编写第1章;管理学博士研究生,广州华商学院讲师贺嫦珍编写第2章;管理学博士,湖南大学副教授彭璐珞编写第3章;管理学博士,湖南大学副教授周玲编写第4章;管理学博士,云南财经大学教授、博导聂元昆编写第5章;管理学博士,浙江财经大学教授、博导王建明编写第6章;管理学博士,上海应用技术大学副教授董维维以及管理学博士,上海应用技术大学教授、博导宋思根编写第7章;管理学博士,江西财经大学教授沈鹏熠编写第8章;管理学博士,浙江工商大学副教授李颖灏编写第9章。湖南大学博士生张宇,硕士生李超香、邓锐琦、朱培、苏璟赟,云南财经大学硕士生王楠,浙江工商大学硕士生王欢欢、韦艺,浙江财经大学硕士生杨心成、杨澜,江西财经大学本科生蒋兆燕等同学参与了资料的收集、整理工作。全书由贺爱忠、聂元昆任主编,王建明、李颖灏任副主编,其中贺爱忠负责拟定全书大纲及最后审定,聂元昆、王建明、李颖灏参与了书稿的修改、定稿。

在本书编写过程中,我们参考了大量国内外文献资料,借鉴、吸收了其中的某些成果,对此在文中进行了标注,并在参考文献中列出了部分作者姓名和文献名称,在此向有关作者一并致以真挚而深切的谢意。

由于编写者学识水平所限,本书难免存在一些不足之处,敬请读者批评指正。如有意见或建议,请联系我们:贺爱忠的邮箱为 haz6526@163.com,聂元昆的邮箱为 nyk526@vip.sina.com。

贺爱忠　聂元昆
2022 年 6 月

目 录
CONTENTS

第一章　人工智能与人工智能营销概述 …………………………… 1

第一节　人工智能的类型与功能 // 6

第二节　人工智能的发展过程 // 11

第三节　人工智能赋能市场营销 // 18

第四节　市场营销的演化与人工智能营销 // 23

第五节　人工智能营销的知识框架 // 32

本章小结 // 36

关键名词 // 37

思考题 // 37

案例讨论、本章实训、即测即练 // 37

第二章　人工智能营销的基本方法 …………………………… 39

第一节　用户洞察方法 // 43

第二节　内容管理方法 // 54

第三节　交互投放方法 // 68

第四节　监测评估方法 // 80

本章小结 // 88

关键名词 // 88

思考题 // 88

案例讨论、本章实训、即测即练 // 88

第三章　人工智能营销环境 ……………………………………… 89

第一节　持续创新的政策法律环境 // 92

第二节　不断迭代升级的产业环境 // 100

第三节　日新月异的技术环境 // 110

第四节　向包容性和可持续性迈进的社会环境 // 117

本章小结 // 124

关键名词 // 125

思考题 // 125

案例讨论、本章实训、即测即练 // 125

第四章　人工智能时代的组织市场 ……………………………… 127

第一节　组织市场的人工智能需求 // 131

第二节　人工智能时代的组织购买过程 // 143

第三节　人工智能时代组织购买决策的影响因素 // 152

第四节　人工智能时代的公司间关系 // 161

本章小结 // 176

关键名词 // 176

思考题 // 177

案例讨论、本章实训、即测即练 // 177

第五章　人工智能时代的消费者市场 …………………………… 179

第一节　接触点与客户旅程 // 182

第二节　客户终身价值 // 190

第三节　线上生活化的消费者 // 194

第四节　消费者对人工智能的接受与抗拒 // 208

本章小结 // 222

关键名词 // 223

思考题 // 223

案例讨论、本章实训、即测即练 // 223

目录

第六章　人工智能与市场调研 ……………………………… 225

第一节　应用机械人工智能收集数据 // 229

第二节　应用思考人工智能分析市场 // 235

第三节　应用情感人工智能洞察消费者 // 245

第四节　市场调研中常用的人工智能工具 // 250

本章小结 // 254

关键名词 // 254

思考题 // 255

案例讨论、本章实训、即测即练 // 255

第七章　人工智能与目标市场营销战略 ……………………………… 257

第一节　总体人工智能营销战略 // 260

第二节　基于数据挖掘实现客户分类 // 266

第三节　利用深度学习选定最佳目标市场 // 277

第四节　通过情感分析发展有力传播定位 // 285

本章小结 // 292

关键名词 // 293

思考题 // 293

案例讨论、本章实训、即测即练 // 293

第八章　人工智能与产品策略 ……………………………… 295

第一节　人工智能驱动产品创新 // 298

第二节　人工智能改善服务体验 // 302

第三节　人工智能优化包装设计 // 311

第四节　人工智能提升品牌形象 // 320

本章小结 // 328

关键名词 // 328

思考题 // 329

案例讨论、本章实训、即测即练 // 329

第九章　人工智能与定价策略 ······ 331

第一节　人工智能时代影响定价的主要因素 // 334

第二节　基于人工智能的价格个性化与优化 // 341

第三节　人工智能时代的价格谈判 // 354

第四节　人工智能定价工具 // 359

本章小结 // 364

关键名词 // 365

思考题 // 365

案例讨论、本章实训、即测即练 // 365

第十章　人工智能与渠道策略 ······ 367

第一节　人工智能与渠道设计 // 370

第二节　智能零售 // 378

第三节　智慧物流 // 387

本章小结 // 393

关键名词 // 394

思考题 // 394

案例讨论、本章实训、即测即练 // 394

第十一章　人工智能与促销策略 ······ 395

第一节　人工智能促销概述 // 400

第二节　人工智能与广告 // 408

第三节　人工智能与人员推销 // 419

第四节　人工智能与营业推广 // 426

第五节　人工智能与公共关系 // 434

本章小结 // 441

关键名词 // 441

思考题 // 441

案例讨论、本章实训、即测即练 // 442

第十二章 人工智能营销伦理、法律与绩效 …… 443

第一节 人工智能营销伦理 // 446
第二节 人工智能营销法律 // 459
第三节 人工智能营销绩效 // 466
本章小结 // 476
关键名词 // 476
思考题 // 476
案例讨论、本章实训、即测即练 // 477

综合案例一 360公司的人工智能营销能够改善经营绩效吗？ …… 478

综合案例二 一汽红旗品牌如何通过人工智能营销从竞争中突围？ …… 485

参考文献

第一章 人工智能与人工智能营销概述

本章学习目标

1. 掌握人工智能、生成式人工智能、人工智能营销、数字营销、大数据营销等基本概念。
2. 理解机器学习的基本方式和人工智能的功能。了解人工智能的历史演变过程及中国人工智能所处发展阶段。
3. 熟悉人工智能赋能消费者的途径,理解人工智能赋能传统营销的主要内容。
4. 熟悉市场营销的演化过程及其动因,理解人工智能营销的核心技术和能力。
5. 懂得人工智能时代营销人员应具备的基本技能,熟练掌握人工智能营销的基本知识体系。

联想：营销全面人工智能化

人工智能引领未来商业发展新方向，为企业带来前所未有的机遇，越来越多的企业正在思考如何应用人工智能，创造更精准的营销策略。以技术著称的联想集团，更是率先推进营销全面人工智能化。

2019年8月开始，每年开展一次"828超级购物节"整合营销。由打破地域的音乐集市狂欢＋全域会员体系联动赋能＋以用户为中心的智能营销组成，打造一场超级IP与年轻用户情感沟通的盛会。联想自建智能营销广告平台（DSP）在2020年"828超级购物节"中首次应用测试，获得低于行业平均值63%的单个流量点击成本，高于行业平均值80%的ROI，12天回收千万级数据，迅速补充联想用户数据池，全面实现以用户为中心的全场景全链路的智能营销。

2020年，联想建立了企业级的营销中台：AIDATA。这一营销平台通过垂直细分应用场景，依托客户画像、内容资产管理、智能投放、数据洞察四大功能，基于客户旅程为用户提供闭环式高品质体验营销解决方案，在全渠道上实现营销的自动化、智能化。

2023年7月，联想与文心一格展开合作，共同推出人工智能生成图片的外观定制服务。在文心一格帮助下，消费者能将生成式人工智能图片应用于联想电脑的A面和C面定制。消费者在购买电脑时，只需在对应产品中选中定制模块，然后输入文字描述，就能借助生成式人工智能快速创作各种风格的精美画作。

在品牌竞争激烈的今天，对于一个电脑品牌、一款笔记本品系线、一款笔记本型号的售前问答的即时响应是消费者购买决策的关键。2024年1月，联想携手百度推出了品牌智能体"拯救姬"，形象是二次元美少女。邀请游戏用户进入拯救者的人工智能世界，以鼓励更多用户都可以跟品牌联动。拯救姬很聪明，能识别文字和语音，与消费者互动更灵活。当用户询问拯救姬价格时，拯救姬会直接推送联想App和官网链接，引导留存和成交。

为了运用智能技术推动缓解全球Z世代心理健康危机，助力科技向善，前不久，联想集团利用两位主人公的互联网数据，为其创建了逼真的3D虚拟"人工智能数字分身"，并邀请她们的家人与其"数字分身"面对面交流，帮助主人公与家人真正坦然接受彼此，达成和解。联想集团希望以创新科技为解决社会议题做出积极贡献，引领负责任的人工智能发展。

资料来源：《联想实力斩获两项2020金瑞营销奖，AIDATA让营销更智慧》，https://news.iresearch.cn/content/202101/358839.shtml；《从AI PC到AI数字分身，联想集团如何引领AI时代变革？》，https://www.donews.com/news/detail/4/4347970.html。

本章知识结构图

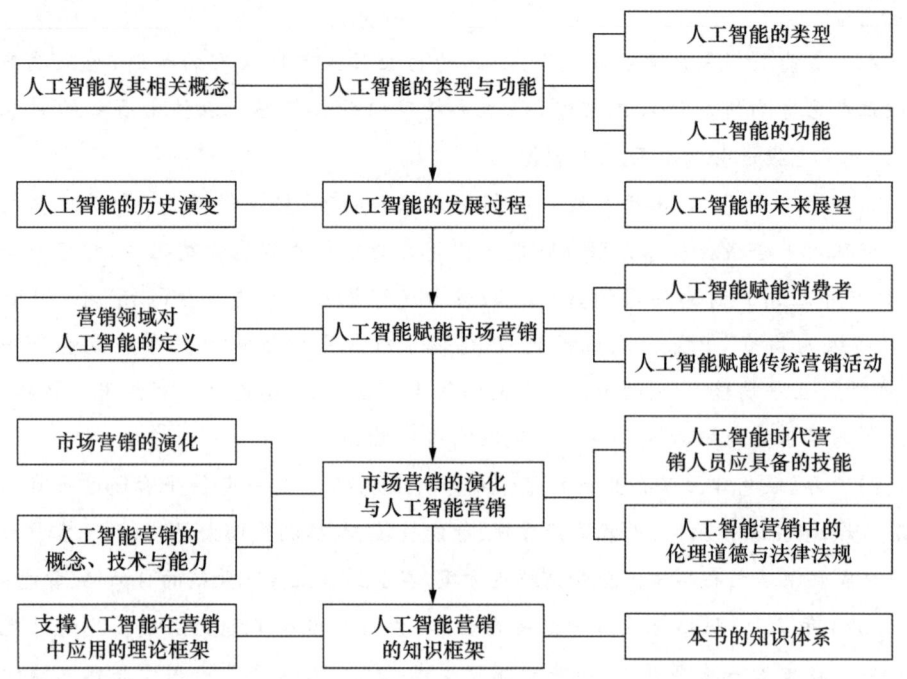

中国共产党第二十届中央委员会第三次全体会议作出的《中共中央关于进一步全面深化改革 推进中国式现代化的决定》，高度重视人工智能产业的发展以及人工智能技术在企业中的应用，指出："完善推动新一代信息技术、人工智能、航空航天、新能源、新材料、高端装备、生物医药、量子科技等战略性产业发展政策和治理体系"，"推动制造业高端化、智能化、绿色化发展"，"支持企业用数智技术、绿色技术改造提升传统产业"。人工智能是指机器模仿人类智力活动的能力。新一代人工智能之新主要体现在两方面：一是人工智能技术从计算智能、知识智能进入感知智能、认知智能的新阶段；二是人工智能将辐射至各行各业，突出与其他产业的深度融合。人工智能与实体经济的融合将有力推动机械制造、家用电器和服务业的交通运输、医疗健康、网购零售、金融保险等产业的降费提效和产业升级。当然，人工智能对不同行业将产生差异化影响，例如，不同行业使用机器人的应用程度存在明显差异，就业规模越大和资本劳动比越高的企业，应用机器人的程度也越高。从具体行业来看，人工智能在数字政府、金融、医疗、汽车、零售、高端制造等领域都有广阔的应用前景。有专家预计到2030年，人工智能将使全球国内生产总值增长14%。据全球综合数据资料库Statista披露，2028年全球营销领域人工智能产业规模将达到1075

亿美元。因此,有效且可持续的人工智能营销战略及策略,对于任何企业保持竞争优势至关重要。在此背景下,全面、系统地学习和掌握人工智能营销的基本理论、基本方法,对于企业界、经济管理类各专业、人工智能类各专业和传播类专业的大学生及任何对营销感兴趣的人来说非常必要和重要。

■ 小资料

中国生成式人工智能行业前景与发展趋势

据工信部测算数据,2023年中国生成式人工智能的市场规模约为14.4万亿元,预计到2035年将突破30万亿元,在全球总市场规模(接近90万亿元)中占比超过35%。中国生成式人工智能行业发展趋势如下:

1. 生成式人工智能有望塑造数字内容生产与交互新范式,成为未来互联网的内容生产基础设施

生成式人工智能正在越来越多地参与到数字内容的创意性生成工作中来,以人机协同的方式释放价值,成为未来互联网的内容生产基础设施。从范围上看,生成式人工智能可以担任各个角色,在人类的指导下完成指定主题内容的创作、编辑和风格迁移;从效果上看,生成式人工智能在知识类短文、插画等高度风格化的图片创作中,效果可以与有中级经验的创造者匹敌;从方式上看,生成式人工智能的多模态加工被广泛关注。

2. 生成式人工智能的应用生态和内容消费市场逐渐繁荣

生成式人工智能所带来的内容生产方式变革引起了内容消费模式的变化。生成式人工智能作为当前新型的内容生产方式,已经率先在传媒、电商、影视、娱乐等数字化程度高、内容需求丰富的行业取得重大创新发展,市场潜力逐渐显现。根据6pen预测,未来五年10%—30%的图片内容由人工智能参与生成,有望创造600亿元以上市场空间。

3. 生成式人工智能将日益成为未来3D互联网的基础支撑

互联网向下一代技术升级和演进的重要方向是从"在线"走向"在场",迈向3D互联网时代,生成式人工智能将成为打造虚实集成世界的基石。随着XR、游戏引擎、云游戏等各种交互、仿真、传输技术的突破,人类的交互和体验将达到新阶段。生成式人工智能既提升3D模型、场景、角色制作能效,也激发创作者新的灵感。

4. 生成式人工智能将作为生产力工具来推动元宇宙发展

生成式人工智能将是新的元宇宙生成解决方案。只有通过生成式人工智能,元宇宙才可能以低成本、高效率的方式满足海量用户的不同内容需求。首先,生成式人工智能为构建沉浸式的元宇宙空间环境提供了核心基础设施技术,将成为元宇宙的生产工具;其次,生成式人工智能将作为生产力工具为元宇宙用户提供个性化内容体验;最后,生成式人工智能将作为用户交互界面的一部分在元宇宙发挥作用。

资料来源:何乐:《2024年中国生成式AI行业全景图谱》,https://www.qianzhan.com/analyst/detail/220/240621-6d9ef14a.html。

第一节 人工智能的类型与功能

一、人工智能及其相关概念

(一)智能、人工智能、机器学习

智能是智力和能力的总称,涉及个体在认识活动和实际活动中表现出的心理特征。德国学者马库斯·赫特(Marcus Hutter)和谢恩·莱格(Shane Legg)认为,"智能是用来衡量一个个体在一系列广泛环境中实现目标的整体能力"。美国心理学家霍华德·加德纳(Howard Gardner)认为智能可以分为九个范畴:语言、数理逻辑、音乐、视觉空间、身体动觉、人际、内省、存在与自然探索。

众所周知,同一个人在霍华德·加德纳所述的九个智能范畴中展示出的智能水平是不同的。例如,有的人语言能力强,数理逻辑能力却弱;有的人是音乐天才,在人际交往中却木讷;有的人擅长人际交往,却缺乏内省;有的人拙于从课本和课堂上汲取知识,却敏于理解他人的需求,因此人缘很好。

■ 人物介绍

多元智能理论之父——霍华德·加德纳

霍华德·加德纳是世界著名教育心理学家,被誉为"多元智能理论之父",最为人知的成就是"多元智能理论"。加德纳现任美国哈佛大学教育研究生院心理学、教育学教授,波士顿大学医学院精神病学教授;哈佛大学"零点项目"研究所主持人,专著超过20本,发表论文数百篇。超过20所大学颁给他荣誉学位;《纽约时报》称他为美国当今最有影响力的发展心理学家和教育学家。

1943年,加德纳出生在美国宾夕法尼亚州的一个小镇上,父母都是德国犹太移

民。他自幼热爱音乐特别是钢琴艺术,高中后的生活几乎都是在哈佛大学度过的。加德纳18岁进入哈佛大学读本科,23岁进入伦敦经济学院进修,28岁获得哈佛大学研究生院的心理学博士学位;1983年提出多元智能理论,逐渐引起世界广泛关注,该理论成为20世纪90年代以来许多西方国家教育改革的指导思想之一。

多元智能理论认为,智能是在某种社会或文化环境的价值标准下,个体用以解决自己遇到的真正难题或生产及创造出有效产品所需要的能力。具体包含如下含义:(1)每一个体的智能各具特点;(2)个体智能的发展方向和程度受环境和教育的影响和制约;(3)智能强调的是个体解决实际问题的能力和生产及创造出社会需要的有效产品的能力;(4)多元智能理论重视的是多维地看待智能问题的视角。

资料来源:https://baike.so.com/doc/5615787-5828398.html。

人工智能(Artificial Intelligence,AI),指由机器或软件表现出来的智能。《牛津英语词典》诠释道,人工智能是指能够执行通常需要人类智能(如视觉感知、语音识别、决策及语言翻译)才能完成任务的计算机系统。简而言之,人工智能就是指机器能够表现出与人类相同的智能行为的能力。

人工智能定义中所说的机器一般是计算机,也有可能是人类创造的其他任何装置。而人工智能定义中所说的软件,是一系列指令,告诉一台机器它的电子信号应该如何有序地传送。

简单地说,人工智能就是用机器去模仿人类。与此相关的一个概念是机器学习(Machine Learning,ML)。机器学习是人工智能的一个子领域,是计算机使用给定的数据集,通过不断地实验和消除误差来实现某种具体功能的方法。

机器学习是要在浩瀚数据中判断关键点在哪里,关键点是什么,关键点之间相似和不同的地方是什么。机器学习有四种基本方式:有监督的、无监督的、半监督的和强化。

(1)有监督的机器学习是在当人们知道样例数据中的结果是什么的情况下使用的。例如,你知道某个客户群是质量最好的客户群组,让机器根据这个定义去寻找类似的人群。机器将会读取你提供的客户名单,弄清楚它们有什么共同点,并找出哪些元素是最具预测力的关键指标。然后,使用这些标准查看潜在客户的数据库,找到你需要锁定的目标客户。

(2)无监督的机器学习是指人们不会要求机器解决某个特定的问题,只是希望机器告诉人们一些不知道的事情。例如,你告诉机器去研究许多猫的照片,然后让它告诉你它的发现。它可能会说,猫通常是在沙发和椅子上被发现的,而且大多数猫对摄影师毫无兴趣。

（3）半监督的机器学习是介于有监督的机器学习和无监督的机器学习之间的一种方法，同时使用少量标签数据和大量无标签数据进行训练。在实际应用中，获取大量有标签数据的成本高昂，而无标签数据通常比较丰富，半监督学习方法能够在这样的环境中有效发挥作用。

（4）强化学习指一个智能体(agent)，在当前状态(state)下，执行一个行为(action)，与环境(environment)进行交互并进入一个新的状态，同时从环境中获得相应的即时奖励(reward)，再根据奖励评估此行为，利于目标实现的行为其奖励值增加，不利于目标实现的行为奖励值衰减，此过程不断循环到终止状态为止。

机器学习最大的障碍是数据，即进行数据清洗和规范化操作的工作量大，不能很好地将云端数据库中的数据集整合在一起。机器学习最大的资产也是数据。机器学习在时间太短、信息太少的情况下，不会得到很好的结果。

（二）数字化与数据科学

数字化是指将信息转化为计算机可以轻松阅读和处理的数字格式的过程。核心是使用0和1的二进制代码来表达和传输所有类型的信息。这个过程通常涉及将模拟信号（如声音、图像等）转化为数字信号，以便用计算机进行处理和存储。

数据科学是一门利用数据学习知识的学科，包含两个方面：用数据的方法来研究科学和用科学的方法来研究数据。数据科学家综合利用一系列技能（如统计学、计算机科学和业务知识）来分析从网络、智能手机、客户、传感器和其他来源收集的数据。数据科学揭示趋势并产生见解，企业可以利用这些见解作出更好的决策并推出更多创新产品和服务。

数据科学为数字化提供数据处理、分析和洞察的工具与方法，推动数字化转型；而数字化进程产生的海量数据为数据科学提供了丰富的应用场景和机遇，两者相互促进，共同推动技术进步和社会发展。

数字化、数据科学、人工智能三者相互依存、相互促进，共同构建了一个由数据驱动的智能生态系统。具体而言，数字化为数据科学和人工智能提供必要的数据基础和技术支持；数据科学通过对数据的深入分析和挖掘，为人工智能的发展提供数据基石；而人工智能则通过模拟和实现人类智能，为数字化和数据科学的应用提供更广阔的空间和可能性。

二、人工智能的类型

（一）按照人工智能可以实现人类所拥有的认知功能程度划分

按照人工智能可以实现人类所拥有的认知功能程度可将人工智能分为弱人工

智能和强人工智能，也称狭义人工智能（Artificial Narrow Intelligence，ANI）和通用人工智能（Artificial General Intelligence，AGI），或者一般人工智能和完全人工智能。

弱人工智能，只是简单地执行人类交给它的任务。而强人工智能则能够思考它自己的目标，并对目标进行调整。换言之，它是拥有意志的。

弱人工智能就是指机器可以在一些非常具体的事情上表现得很好，而强人工智能指的是机器可以像人类一样思考、利用常识、模仿意识、产生危险的自我意识。

选择正确的电子邮件标题，将大量的受众细分为不同的目标群体，选择最优营销活动来说服一个潜在的购买对象等。这就是所谓的弱人工智能。强人工智能即能够表现出人类所有智力活动的人工智能。建造强人工智能有三种方法：全大脑仿真；在弱人工智能的基础上创造；开发一套人类思维的综合理论，然后利用这些知识造一个人工大脑。

目前尚处于弱人工智能时代，何时进入强人工智能时代，智能科学家众说纷纭，莫衷一是。

（二）按照人工智能的应用范围划分

按照人工智能的应用范围可将人工智能分为机械人工智能（Mechanical AI）、思考人工智能（Thinking AI）和情感人工智能（Feeling AI）。

（1）机械人工智能是指能自动执行常规和重复任务的人工智能。侧重于模拟机械或物理过程的能力。服务机器人、搜索引擎就是非常典型的机械人工智能的应用。

（2）思考人工智能是指通过处理数据以获得新的结论或决策的人工智能。强调逻辑推理、问题解决等思维能力。机器学习、神经网络和深度学习是思考人工智能当前处理数据的主要方法。

（3）情感人工智能是为人机双向交互而设计的，用于分析人类的感觉和情绪的人工智能。试图赋予人工智能情感理解和表达的能力。主要采用的技术有情感分析、自然语言处理（NLP）、聊天机器人等。

机械人工智能是人工智能发展的基础阶段，它实现了机器的机械操作和自动化任务，为人工智能的进一步发展奠定了基础。思考人工智能在机械人工智能的基础上，进一步模拟人类的思维过程和智能决策，推动了人工智能在各个领域的应用和发展。情感人工智能则是人工智能发展的更高阶段，它试图模拟人类的情感和感知能力，提供更加人性化的交互和体验。

（三）按照人工智能的用途划分

按照人工智能的用途可将人工智能分为分析式人工智能和生成式人工智能。

(1) 分析式人工智能(Analytical Artificial Intelligence)，又称决策式人工智能，是指根据已有的数据进行分类、识别和预测。专注于分析情况并作出决策。它通过评估多种选项和可能的结果，帮助用户或系统选择最佳的行动方案。通常用于对数据进行分析、归类和判断的任务。例如，语音识别、图像识别、自然语言处理和自动驾驶等。典型代表技术为支持向量机、逻辑回归和神经网络等。

(2) 生成式人工智能(Generative Artificial Intelligence)，是基于算法、模型、规则生成文本、图片、声音、视频、代码等内容的计算机技术。这种技术能够针对用户需求，依托事先训练好的多模态基础大模型等，利用用户输入的相关资料，生成具有一定逻辑性和连贯性的内容。与分析式人工智能不同，生成式人工智能不仅能够对输入的数据进行处理，还能学习和模拟事物内在规律，自主创造出新的内容。例如，将几篇论文发给生成式人工智能，它可以生成一篇文献综述，囊括了这几篇论文的关键思想、重要结论。生成式人工智能有三种具体形式：人工智能生成内容(AIGC)、人工智能生成软件和服务(AIGS)、人工智能生成任何可能的新形式(AIGX)。典型代表技术为生成对抗网络(GAN)、生成预训练转换器(GPT)模型、生成扩散模型(GDM)和几何深度学习(GDL)等。

三、人工智能的功能

人工智能可以实现四个功能：检测、判断、提升和生成。

(一) 检测

人工智能可以发现在一组数据中的哪些元素或属性是最具预测性的。即使面对由众多不同类型数据组成的海量数据，即使数据中存在大量的噪声，它也能从这些数据中识别出最具有揭示性的特征，并找出哪些特征是值得研究的，哪些是可以忽略的。

(二) 判断

人工智能可以从数据中推断出数据遵循的规则，并对最具预测性的属性赋予权重，从而作出判断。它可以将大量的特征纳入考虑范围，分析每个特征之间的相关性，最终得出结论。

(三) 提升

人工智能可以在每次迭代中进行学习和优化。无论是对于新的信息还是实验的结果，它都可以根据环境改变结果的同时，改变根据环境得到结果的方法。人工智能可以进行自我编程。

例如，在有关线上消费者的数据中，人工智能可能发现消费者使用的搜索词、位置信息、年龄等最具有实际意义的特征(检测)。当消费者使用6个以上的搜索词时,购买倾向非常高,以至于这个时候的折扣是适得其反的(判断)。一旦发现24岁以下的女性不太可能消费,无论搜索中的单词是什么,可以为她们提供免费送货的实验,以观察购买转化率是否提升。

(四)生成

生成式人工智能的核心在于能够基于算法、模型、规则生成新的、原创的内容(如文本、音频、视频、图像、数字人)、软件和服务(如数据分析工具、智能客服系统)及任何可能的新形式(如全新的商业模式和社会结构)。目前,人工智能生成文本、音频、视频、图像、数字人等内容,被广泛应用于市场营销活动中。

第二节 人工智能的发展过程

人工智能正在变革我们的经济,定义一个新的工业化时代。"人工智能"这个早在1956年已被提出的概念近几年备受瞩目,主要受到三个主要因素推动:大数据的发展,低成本、可扩展的计算能力以及深度学习等人工智能新技术。

一、人工智能的历史演变

1950年英国数学家和密码破译专家艾伦·图灵(Alan Turing),被录用为特丁顿(Teddington)国家物理研究所的研究人员,开始从事"自动计算机"(ACE)的逻辑设计和具体研制工作。这一年,他提出关于机器思维的问题,他的论文《计算机和智能》(Computing Machinery and Intelligence),为后来的人工智能科学提供了开创性的构思。他提出著名的"图灵测试",指出如果第三者无法辨别人类与人工智能机器反应的差别,则可以论断该机器具备人工智能。1956年,图灵的这篇文章以《机器能思考吗?》为题重新发表。此时,人工智能也进入了实践研制阶段。图灵的机器智能思想无疑是人工智能的直接起源之一,而且随着人工智能领域的深入研究,人们越来越认识到图灵思想的深刻性:它们如今仍然是人工智能的主要思想之一。正因如此,图灵被誉为"人工智能之父"。

人物介绍

人工智能之父——艾伦·麦席森·图灵

艾伦·麦席森·图灵(Alan Mathison Turing,1912年6月23日—1954年6月7日),英国杰出的数学家、逻辑学家,被称为计算机科学之父、人工智能之父。

图灵少年时就表现出独特的创造能力和对数学的爱好。1926年,图灵考入伦敦有名的谢伯恩(Sherborne)公学,受到良好的中等教育。他在中学期间表现出对自然科学的极大兴趣和敏锐的数学天赋。1927年末,年仅15岁的图灵为了帮助母亲理解爱因斯坦的相对论,写了爱因斯坦的一部著作的内容提要,表现出他已具备非同凡响的数学水平和科学理解力。

图灵对自然科学的兴趣使他在1930年和1931年两次获得他的一位同学莫科姆的父母设立的自然科学奖,获奖作品中有一篇论文题为《亚硫酸盐和卤化物在酸性溶液中的反应》,受到政府派来的督学的赞赏。对自然科学的兴趣为他后来的一些研究奠定了基础,他的数学能力使他在念中学时获得过国王爱德华六世数学金盾奖章。

1931年,图灵进入剑桥大学国王学院,毕业后到美国普林斯顿大学攻读博士学位。第二次世界大战爆发后他回到剑桥,后曾协助军方破解德国的著名密码系统Enigma,帮助盟军取得了第二次世界大战的胜利。

1949年,图灵成为曼彻斯特大学计算机实验室副主任,负责最早的真正意义上的计算机——"曼彻斯特一号"的软件理论开发,因此成为世界上第一位把计算机实际用于数学研究的科学家。

1950年,图灵编写并出版了《曼彻斯特电子计算机程序员手册》(The Programmers' Handbook for the Manchester Electronic Computer)。这期间,他继续进行数理逻辑方面的理论研究,并提出了著名的"图灵测试"。同年,他提出关于机器思维的问题,他的论文《计算机和智能》引发了广泛的注意和深远的影响。1956年,图灵的这篇论文以《机器能思考吗?》重新发表。这一划时代的作品,使图灵赢得了"人工智能之父"的美誉。

1951年,由于在可计算数方面所取得的成就,图灵成为英国皇家学会会员,时年39岁。

1999年,图灵被《时代》杂志评选为20世纪100个最重要的人物之一。

2012年6月15—16日,33位图灵奖获得者首次共聚旧金山,纪念艾伦·图灵100周年诞辰。他们一同回顾了图灵的伟大贡献和计算机科学在过去几十年的发展,并畅谈了对未来的思考。

资料来源:https://baike.baidu.com/item/艾伦·麦席森·图灵/3940576。

1956年夏天,在美国新罕布什尔州达特茅斯学院召开的一次长达一个多月的会议上,组织者提出"原则上,可以对人类智能的各方面的特点进行精确描述,这样就可以制造一台机器,对它们进行精确模仿"。很快,这次会议就被视为人工智能科学的奠基性事件。在这次会议召开之后的几年时间里,人工智能取得了巨大进展。第一个聊天机器人出现了。人工智能研究领域一片乐观,甚至有点狂妄。例如,赫伯特·西蒙于1965年说:"只需20年,机器就能做人能做的所有工作。"两年之后,马文·明斯基说:"在一代人的时间之内,创造人工智能的问题就将得到彻底解决。"

到了1973年,情况发生了变化。英国数学家詹姆斯·莱特希尔为英国科学院撰写的一份报告中指出:同一个问题,哪怕只有在两三个变量时很简单,当变量数量非常多时就会变得非常难,甚至有可能无法解决。所以,简单的人工智能应用在实验室环境中表现很好,可到了实际环境中却毫无用处。从1974年到1980年左右,人工智能研究人员很难获得经费支持。这一时期被称为人工智能的第一次寒冬。

20世纪80年代,由于专家系统(Expert System)的出现和日本第五代计算机系统项目的发展,人工智能迎来了又一次爆发。专家系统使用巨量数据库,致力于解决某个专业领域的特定问题。第五代计算机采用了大规模并行计算,可以采用多个处理器同时进行协同计算。在日本的刺激下,西方国家纷纷资助本国的人工智能项目。1983年,英国发现了预算高达3.5亿英镑的阿尔维(Alvey)工程。1984年,美国国防高级研究计划局组织了战略计算促进会(Strategic Computing Initiative)。

20世纪80年代末,由于人们又一次低估了问题的难度,台式机和服务器的计算速度和功耗都超越了原来的大型机,从而使得那些耗资不菲的大机器变得无用。加之经济出现泡沫,人工智能进入第二次寒冬。

20世纪90年代,人工智能可以投入实际应用了,从而进入发展的快车道。人工智能研究得到越来越多的资助。现在,一家企业只要能在人工智能领域取得一点点小突破,都能赚来上百万美元。因为人工智能的赚钱效应,人工智能已经广为世人所接受。

目前,人工智能无处不在。像智能手机、银行的智慧柜台、人脸识别等。而大数据是人工智能的一个典型应用场景。在大数据的帮助下,航空公司可以在一次航班起飞前计算出每一天、每一个座位的最佳定价策略。当然,人工智能的应用收集并存储了海量的个人信息,可能会造成个人隐私的泄露。

人工智能发展的一个里程碑是在 1997 年，IBM 公司的"深蓝"(Deep Blue)计算机击败了当时最优秀的人类国际象棋选手。2009 年发布的智能手机应用 Pocket Fritz 4 比"深蓝"下棋水平还高。

人工智能发展的另一个里程碑是在 2011 年，IBM 开发的另一个人工智能系统"沃森"(Watson)在美国的电视问答节目《危险边缘》(Jeopardy!)中击败了最优秀的人类选手。在这个节目中，选手要根据答案来推测问题是什么。例如，"一个内容空洞、语句冗长、无聊乏味的演说"，对应的目标问题是："什么是废话连篇？"

人工智能较近的一次著名表现，是深度思维(Deep Mind)公司 2013 年在美国太浩湖的演示。在这场演示中，一个人工智能系统自学了老式的雅达利(Atari)街机游戏，比如打乒乓球和打砖块游戏。这次演示最令人震撼的一点在于，这套系统事先并没有专门针对这两款游戏编程，它展示出的是真正的通用学习能力。

自 2016 年以来，人工智能已经走进了个人和商业生活中，成了定义我们这个时代的新技术。而 2017 年深度思维公司开发的围棋机器人 AlphaGo 击败人类围棋九段棋手柯洁，标志着人工智能带来的变革是划时代的。

2022 年 11 月，OpenAI 发布 ChatGPT，成为生成式人工智能的里程碑事件。2023 年 1 月，ChatGPT 月活用户已突破 1 亿，成为史上增长最快的消费者应用。诸多科技类企业纷纷推出生成式人工智能模型、产品和相关底层基础设施及服务。2023 年 3 月，百度正式发布"文心一言"；2023 年 5 月，科大讯飞发布"星火认知大模型"，推动中国生成式人工智能产品快速发展与落地。

2024 年 2 月，OpenAI 公司推出了全新的生成式人工智能模型 Sora。这一模型的问世对视频生成领域产生了深远影响。它使得视频内容的生成变得更加高效和便捷，为创意工作者提供了更多的可能性。同时，Sora 也推动了人工智能技术在其他领域的应用和发展。2024 年 9 月 12 日，OpenAI 公司发布了一款新型人工智能模型 ChatGPT o1。它引入了人类的慢思考＋思维链模式，通过模拟人类思考方式，将问题需求拆分为不同步骤，逐步解答，最终给出更可靠的答案。GPT o1 能够基于已知知识点的逻辑关系进行超强推理，给出高参考价值的研究思路，其逻辑推理能力已超越人类专业博士平均水平，但尚未集成 ChatGPT 的多项功能，如浏览网页获取信息、上传文件和图像等。

2025 年 1 月 20 日，中国团队深度求索(DeepSeek)开源发布高性能推理大模型 DeepSeek-R1，采用 MIT 许可支持免费商用与二次开发。该模型以混合专家架构(MoE)为核心，通过动态稀疏激活(仅 5.5% 参数参与单次推理)与纯强化学习训练策略(GRPO 算法)，在仅 557 万美元成本下实现媲美 OpenAI o1 的数学与代码推理能力。该模型 API 定价仅为行业的 3%,打破"千亿算力护城河"迷思,推动全球 AI 研发转向"算法优化+数据质量"并重的新范式。DeepSeek-R1 的发布引发硅谷震动,Meta、谷歌等企业紧急调整技术路线;其开源生态更惠及学界与中小企业,蒸馏小模型可于消费级硬件运行,成为 AI 普惠化进程的里程碑,被赞为"践行了 OpenAI 最初的开放使命"。

人工智能可能在不远的将来威胁到人类。人们在认识人工智能的积极作用的同时,必须认识到人工智能可能存在的消极作用。

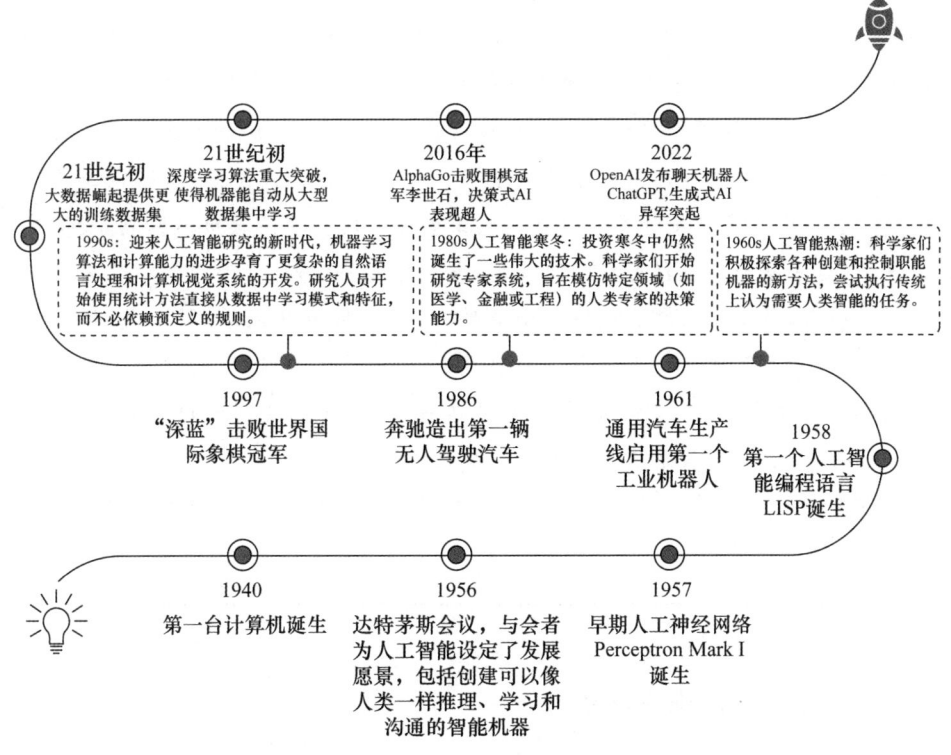

图1-1 人工智能发展史上的里程碑

资料来源:《从击败世界围棋冠军到重塑内容生成方式,人工智能经历了什么?》,https://www.sohu.com/a/692475017_121701836。

■ **小资料**

中国人工智能正从1.0向2.0过渡

中国人工智能研究刚好赶上 20 世纪 70 年代末开始的第二波人工智能浪潮,这是一个承前启后的重要时期。在这一阶段,中国不仅在符号主义人工智能的研究上取得了世界级的成果,也赶上了神经网络研究的浪潮。更重要的是,在前人研究和论证的基础上,国家决定启动"863计划"的研究。

20世纪90年代国际人工智能研究进入低谷时,"863计划"计算机主题(863-306)的实施,培养了一大批进入国际高技术前沿的计算机人才,为中国实施创新驱动发展战略奠定了人才基础。今天国内人工智能界的领军人物,许多是"863计划"相关主题的专家。可以说,"863-306"主题是人工智能人才的大熔炉。

用人的一生来比喻,今天的人工智能水平大概是刚上小学的程度,后面还有很长的路要走。现在所解决的人工智能问题还是很小的一部分。人工智能涉及的问题可以分为四类。第一类是可统计可推理的人工智能问题。这一部分在工业界已经可以使用,可以应用于机器人及各种各样的知识决策系统。第二类是不可统计可推理的人工智能问题。这类问题靠大数据解决不了,只能靠传统的逻辑和规则来处理。第三类是可统计不可推理的人工智能问题。有大数据,通过大数据能统计出规律,但用语言表述逻辑和因果关系相当复杂。这方面的曙光已经初现,但是需要更多突破。第四类是不可统计不可推理的人工智能问题。这是最难的问题,没有模型和数据,这类问题未来机器人不可能涉足,也不可能胜过人。

可以看出,第一类问题研究得比较成熟,已经能够成功应用;第二类、第三类问题正在突破,是人工智能从1.0向2.0过渡的主要研究内容,不难看出未来人工智能会在哪些方面超过人、在哪些方面不可能超过人;第四类问题短期内难以突破。目前,中国人工智能发展正从1.0向2.0过渡。

资料来源:高文:《中国人工智能发展正从1.0向2.0过渡》,https://www.sciencenet.cn/skhtml-news/2024/9/4915.html。

二、人工智能的未来展望

高德纳(Gartner)公司是一家全球领先的研究和咨询公司,推出的魔力象限图(Magic Quadrant)被认为是衡量各项技术在商业市场地位的黄金标准。高德纳公司负责技术创新和企业架构研究的副总裁迈克·J.沃克(Mike J. Walker)预测,80%的新兴技术将嵌入人工智能的基础技术,这些基础技术将覆盖几乎所有行业,并为各种商业场景提供技术支持。这些领域包括客户参与、数字生产、智慧城市、无人驾驶汽车、风险管理、计算机视觉、语言和语音识别。

《连线》(Wired)杂志的创始人凯文·凯利(Kevin Kelly)曾说,他可以轻松预测未来的10000个创业点,那就是"把人工智能融入某个行业"。

中国科学院院士张钹认为,目前人工智能产生了两个重大突破:一是生成语义连贯的类似人类的文本;二是在开放领域实现了人机自然语言对话。大语言模型是向通用人工智能迈出的一步,但它并不是通用人工智能,人类走向通用人工智能必须满足三个条件:第一,系统必须与领域无关;第二,系统与任务无关,即什么任务都会做;第三,尚需建立一个统一的理论。从大语言模型迈向通用人工智能需要四个步骤:第一步是跟人类进行交互、与人类对齐;第二步是多模态生成;第三步是与数字世界交互;第四步是与客观世界交互。这并不是说,完成这四步就意味着实现了通用人工智能,而是说通往通用人工智能这个目标,至少需要迈出以上四步。

从人工智能本身来看,强人工智能终将发展为超级人工智能(Artificial Super Intelligence,ASI)。牛津哲学家、知名人工智能思想家尼克·博斯特罗姆(Nick Bostrom)把超级智能定义为"在几乎所有领域都比最聪明的人类大脑聪明很多,包括科学创新、通识和社交技能"。人类未来的命运,将会取决于超级智能的决策和行为。超级智能对待人类的态度有三种:友善、敌对、中立。人类应该思考如何确保超级人工智能对当代人和子孙后代是有益的。人类应该采取行动,确保超级人工智能是友好人工智能。所谓友好人工智能,指有益于人类的强人工智能,而不是单纯追求自身利益的强人工智能,亦指确保强人工智能有益于人类的研究项目。

■ 小链接

阿西莫夫与机器人学三定律

艾萨克·阿西莫夫(Isaac Asimov,1920年1月2日—1992年4月6日),俄罗斯犹太裔美国科幻小说作家、科普作家、文学评论家,美国科幻小说黄金时代的代表人物之一。

阿西莫夫一生著述近500本,题材涉及自然科学、社会科学和文学艺术等许多领域,与罗伯特·海因莱因、业瑟·克拉克并列为科幻小说的三巨头,曾获代表科幻界最高荣誉的雨果奖和星云终身成就大师奖。他的作品中的《基地系列》《银河帝国三部曲》和《机器人系列》三大系列被誉为"科幻圣经"。小行星5020、《阿西莫夫科幻小说》杂志和两项阿西莫夫奖都是以他的名字命名。他提出的"机器人学三定律"被称为"现代机器人学的基石"。

1942年,阿西莫夫在《我,机器人》一书中提出"机器人学三定律"。虽然这只是科幻小说里的创造,但后来成为学术界默认的研发原则。

第一定律:机器人不得伤害人类个体,或者目睹人类个体将遭受危险而袖手旁观。

第二定律：机器人必须服从人类给予它的命令，当该命令与第一定律冲突时例外。

第三定律：机器人在不违反第一、第二定律的情况下要尽可能保护自身的存在。

资料来源：https://baike.baidu.com/item/艾萨克·阿西莫夫/2046357。

第三节 人工智能赋能市场营销

一、营销领域对人工智能的定义

人工智能是计算机科学的一个分支，研究计算机对智能行为的模拟。人工智能技术引入营销领域后，营销学者提出了一系列对人工智能的定义（见表1-1）。这些定义可以分为两种类型：一种为一般性的定义，与计算机领域对人工智能的定义类似，仅阐明人工智能技术内涵，不体现营销学科特征；另一种为在人工智能的定义中加入营销背景，发展仅适用于营销学科的人工智能定义。

第一类一般性人工智能定义基于两种方法。第一种方法，也是其他学科常用的方法，是将人工智能类比人类智能。基于这种方法的定义中，Longoni等（2019）具体说明智能可以实现的类人思维功能。De Bruyn等（2020）具体说明人工智能可以执行的类人任务类型。Huang和Rust（2021）提出了一种较为全面的多重人工智能观（multiple AI intelligences view），即人工智能不是思考机器，而是应该像人类一样，为实现不同任务采用由易到难三个层次的智能——机械智能、思考智能和情感智能。人工智能可以自动化执行重复和例行任务，可以处理数据以得出新的结论或决定，还可以和人类双向互动、分析人类的感受和情绪。不同层次的智能可以提供不同的营销价值。

不过，有学者认为这种定义不能反映人工智能的全部，因为人工智能具有超越人类智能的方面和潜能，而且以人类智能作为衡量标准缺乏可操作性（Bock, Wolter, & Ferrell, 2020）。在此基础上发展出第二种定义方法，即更具体地说明人工智能实现智能的方式。这种定义方法通过学习能力和适应性将人工智能与一般的信息技术区分开，以解决问题和实现最优结果作为评估标准，具有较强的操作性。但这种定义仅能反映当前发展阶段对智能的评估标准，且仅能反映人类智能中的思考能力。

第二类定义通常采用上述第二种定义方法并结合营销环境和目标。Overgoor

等(2019)认为强调用给定的信息作出可能的最佳决策,更符合营销观点,并由此提出营销人工智能(Marketing AI)。营销人工智能是开发的人工智能体,根据其掌握的有关消费者、竞争对手和重点公司的信息,建议和/或采取营销行动,以实现最佳的营销效果(Overgoor et al.,2019)。该定义中的人工智能体是指可以感知周围世界并根据这些感知采取行动的系统。服务是营销组合的构成要素。人工智能对服务领域的影响尤其大,正在取代人类从事更复杂的知识密集型服务工作。Bock、Wolter和Ferrell(2020)提出服务人工智能(Service AI),认为人工智能可以在内部(幕后)和外部(台前)两种服务环境中提供价值。例如服务失败时,内部环境中人工智能比顾客更早觉察问题,外部环境中人工智能向顾客提供服务补救措施。

表1-1 营销领域的人工智能定义

概念	定义方法	定义
人工智能	类比人类智能	使用计算机器模拟人类固有的能力,比如做物理或机械任务、思考和情感(Huang & Rust, 2021)
		计算机通过使用软件和算法,可以像人类一样思考和执行任务(Kumar et al., 2019)
		使用算法或统计模型执行人类思维的感知、认知和会话功能的机器,例如视觉和语音识别、推理和问题解决(Longoni, Bonezzi, & Morewedge, 2019)
		在学习、计划和解决问题等任务中通过更高层次的自主知识创造模仿人类智能的机器(De Bruyn et al., 2020)
	具体说明人工智能实现智能的方式	一个系统可以正确解读外部数据,从这些数据中学习,并通过灵活的适应性使用这些学习结果实现特定目标和任务的能力(Kaplan & Haenlein, 2019)
		基于可用信息理性地行动以解决问题的信息系统(Paschen, Wilson, & Ferreira, 2020)
营销人工智能		开发人工智能体,根据其掌握的有关消费者、竞争对手和重点公司的信息,建议和/或采取营销行动,以实现最佳的营销效果(Overgoor et al., 2019)
服务人工智能		通过感知、学习、决策和行动实现灵活适应,在内部和外部服务环境中提供价值的技术配置(Bock, Wolter, & Ferrell, 2020)

资料来源:作者整理。

二、人工智能赋能消费者

(1)人工智能助推消费者更新消费理念,增加消费知识、提升消费技能。人工智能技术尤其是生成式人工智能技术、产品和服务的发展,推动了消费者消费理念的更新,如增强现实(AR)、虚拟现实(VR)、混合现实(MR)和元宇宙注重提升消费中的互动和沉浸式体验,注重智能消费中的人文关怀,使消费者接受无接触消费。人工智能技术的发展使消费者学习知识、技能更加方便、快捷,学习途径更加灵活多样,学习方式更加生动形象,从而更加容易学习、掌握消费知识,提升消费技能。

(2) 人工智能使消费者的消费决策全过程效率更高。消费者的消费决策过程一般包括五个阶段:确认问题—信息收集—备选产品评估—购买决策—购后行为。通过接收个性化推荐信息、视频传播或观看朋友圈、微信群等动态,消费者更容易确认自己需要什么。消费者通过使用网络爬虫、搜索引擎等机械人工智能技术,信息收集更加快捷准确。消费者通过查阅网络评论、使用机器学习软件、与聊天机器人对话等途径,更容易了解备选产品属性、效用功能、品牌声誉,从而对备选产品较快作出评价,并决定实现购买意向。微信、微博、抖音、知乎、小红书、百家号、产品/品牌社区等媒体的发展,则使消费者购后行为更容易被公众知晓、传播。

(3) 人工智能使购买、使用、用后处置的消费全过程更加便利。购物网站、无人驾驶物流、App、智能手机等人工智能技术的发展,使消费者足不出户就能购物、收货。智能客服、导航系统、生成式人工智能等技术则告诉消费者如何使用产品/服务、如何达到消费目的,极大地提高了产品/服务使用的便利性。人工智能以语音交互、图像展示、视频演示等形式告知消费者如何处置使用后的物品,通过图像识别等技术引导消费者准确投递生活垃圾,从而使用后处置更为便利。

(4) 人工智能助推消费方式绿色化。一方面,一些人工智能产品本身具有节约能源、节约资源的绿色产品特征。另一方面,人工智能物联网技术的发展,使消费者在工作单位或外地就可以操控家里的电器设备开关、厨房设施,从而减少回家操控设备设施的时间,节省回家途中可能产生的二氧化碳等温室气体排放,减轻交通拥堵。此外,人工智能技术可以凭借图像识别、人脸识别、语音交互、视频监管、机器学习、3D打印、机器人等技术进行生活垃圾分类、投放、分拣、监测等活动,使消费者消费后的生活垃圾识别、分类、投放变得简单、容易,导致消费者有能力自觉自愿正确处理生活垃圾。

(5) 人工智能提升消费者生活品质。生活品质表示人们日常生活的品位和质量,包括经济生活品质、文化生活品质、政治生活品质、社会生活品质、环境生活品质。智能服务催生提效型应用和陪伴型助理,升级文娱、电商、养老体验,满足效率、精准、情感需求。智能产品如智能家居、汽车、终端通过构建"万物智联"环境,配合新技术推动消费高端化、个性化。这些创新夯实经济基础,优化环境,促进民主,增强和谐,形成技术与人文良性循环。

三、人工智能赋能传统营销活动

人工智能的多重智能使得其在营销领域有广泛的应用价值,如何应用这种新兴的信息技术工具优化甚至变革营销活动的各个环节,是营销实践的一个重要问题。企业利用人工智能赋能传统营销活动,包括营销战略、客户关系管理、销售流程、广告设计和投放等营销全链路。

在营销战略方面,Huang 和 Rust(2021)开发了一个结合多种人工智能优点的战略营销计划框架:机械人工智能用于自动化重复的营销功能和活动;思考人工智能用于处理数据作出决策;情感人工智能用于分析交互和人类情感。该框架还描述了在市场调查、战略(市场细分、目标市场选择和市场定位,STP)和行动(4Ps 和 4Cs)三个阶段,机械人工智能、思考人工智能和情感人工智能可以发挥的作用。Campbell 等(2021)解释了人工智能如何在营销计划的九个阶段(宏观环境分析,市场和客户等微观环境分析,市场细分、目标市场选择和市场定位,规划方向、目标和营销支持,开发产品策略,制定定价策略,制定渠道和物流策略,制定促销策略,制定指标和实施控制)增强营销功能。例如,在市场细分、目标市场选择和市场定位阶段,人工智能可以将客户分成不同的细分市场,估计宣传活动的响应率,提高广告的针对性。人工智能实现这些功能需要内部数据,包括忠诚度和销售信息、客户购买意愿和品牌认知,以及外部数据,包括人口统计、人口普查数据和位置。Overgoor 等(2019)提出跨行业数据挖掘标准流程(CRISP-DM)框架可以作为执行营销 AI 项目的流程,并以口碑计划决策支持系统、数字营销图片自动评分、优化社交媒体客户服务响应三个营销项目为例说明如何使用 CRISP-DM。

在客户关系管理方面,Libai 等(2020)提出人工智能客户关系管理(AI-CRM),描述 AI 能力将影响客户的获取、开发和保留,特别强调 AI-CRM 对客户终身价值预测能力的提高,对客户的适应性处理将不可避免地提高,从而导致市场上更大的客户优先权和服务歧视。企业可以利用个人客户信息和人工智能技术为客户策划产品和服务,可以利用人工智能在个性化契合营销中提供精选的产品和内容,设计短期营销策略,提升长期品牌化和客户关系管理。

在销售方面,人工智能可以显著改变传统的以人为中心的销售流程。例如,在寻找潜在客户这个阶段,人工智能可以分析消费者的结构化和非结构化数据,为消费者的购买潜力打分,并且可以升级评分机制,而销售专业人员则要根据自己的经验和知觉,对人工智能生成的客户列表进行二次评估。

在广告方面,虽然人工智能已经将媒体购买过程自动化,但广告创意过程仍需要大量的人力投入,这种差异要求人工智能改变广告创作过程。这包含程序化购买和程序化创作,其中前者包括数据管理平台、需求方平台,后者包括程序化创意平台和内容管理平台,大数据和机器学习算法在平台中的作用。而Qin和Jiang(2019)提出了一个人工智能赋能广告四步模型,用于描述人工智能技术在消费者洞察探索、广告创作、媒体策划、购买和广告效果评估中的应用。

尽管人工智能赋能营销解决方案展现了强大的能力,但在组织中应用人工智能时营销经理需要注意技术陷阱,包括定义不明确的目标函数(badly defined objective functions)、不安全或不现实的学习环境(unsafe or unrealistic learning environments)、有偏见的人工智能(biased AI)、可解释的人工智能(explainable AI)、可控的人工智能(controllable AI)等,如果不能实现人工智能模型和营销组织之间的隐性知识转移,人工智能并不能达到预期效果。

■ 小资料

人工智能对市场营销的双重影响

英国伯恩茅斯大学市场营销高级讲师埃尔薇拉·博拉特(Elvira Bolat)认为,在接下来的几年,人工智能对市场营销的影响是双重的。首先,市场上纷纷扰扰的评论声音将造成"令人兴奋的混乱时刻"。人工智能或许会成为牛津词典中年度热点词汇,被每个人所谈论,但也让所有人感到害怕,甚至那些知识渊博的人。为什么呢?因为,人们认为这是一种颠覆,它比机器人更强大、触角更多。人工智能被认为与人类的思考能力有着更深层次的雷同,这让所有人都感到害怕。人们将不断探讨后续的成本效益、对工作场所和行业的变革、对隐私的影响以及决策的独立性。然而,第二个影响将是更深层次的,以隐形的方式悄无声息地扩散,各行各业正在推进从企业到企业再到个人(B2B2C)的理念,从而构建业务生态系统。在此过程中,人工智能将成为一个关键资源,使各方能够共同创造价值。在接下来的几年里,我们将不再讨论人工智能,而是讨论我们在人工智能场景中的角色部署。在战略层面,我们需要具备怎样的能力才能整合和利用人工智能?什么都不需要,直接把思考的工作外包给发展中的技术。

资料来源:凯蒂·金.AI营销:人工智能赋能的下一代营销技术[M].张瀚文,译.北京:人民邮电出版社,2020.

第四节 市场营销的演化与人工智能营销

一、市场营销的演化

被誉为"现代营销学之父"的菲利普·科特勒(Philip Kotler)认为,营销的演化是从20世纪50年代开始的,至今经历了6个阶段:以产品为中心的营销1.0时代,以顾客为中心的营销2.0时代,以人文精神为中心的营销3.0时代,以数字化为中心的营销4.0时代,以人工智能驱动为中心的营销5.0时代,以沉浸式体验为中心的营销6.0时代。研读菲利普·科特勒的著作《营销6.0》后发现,从根本上讲,营销6.0仍属于人工智能技术驱动的营销。国内学者编写的《市场营销学》教材,分析市场营销的演化自19世纪末开始,把19世纪末至20世纪40年代的营销分别界定为生产导向、产品导向和销售导向,归根结底是产品供不应求时代的企业导向,本质上是产品导向。因此,归纳起来,自19世纪末以来,市场营销的演化可分为5个阶段:以产品为中心的营销1.0时代,以顾客为中心的营销2.0时代,以人文精神为中心的营销3.0时代,以数字化为中心的营销4.0时代,以人工智能驱动为中心的营销5.0时代。

(一) 以产品为中心的营销1.0时代

19世纪末至20世纪60年代初期,以美国为代表的西方国家整体上处于卖方市场,或者卖方市场向买方市场转变时期,企业的市场营销基本以产品为中心,主要目标是提供消费者心目中价值最高的产品和服务。从20世纪50年代开始,转而追求顾客满意度。企业的产品有特色、服务有优势,就能成功。产品开发、产品市场寿命周期管理、4p(产品、价格、渠道、促销)营销策略组合就是这个阶段提出的,并成为营销实践工作的重点。

(二) 以顾客为中心的营销2.0时代

20世纪60年代中期至20世纪末,以美国为代表的西方国家整体上处于买方市场,市场营销逐渐转变为顾客中心型营销。企业研究目标市场的需求,明确市场定位,针对消费者需求筛选产品特性,为产品合理定价。目标市场营销战略在这一阶段提出并成为营销实践工作的重点。20世纪末,通过客户关系管理,吸引顾客、留住顾客受到企业重视。

(三) 以人文精神为中心的营销3.0时代

21世纪初,社会化媒体推动了由廉价电脑和手机、低成本的互联网接入以及开源软件组成的新浪潮科技发展,使人们在消费新闻、观点和娱乐的同时,主动创造新闻、观点和娱乐,人们从纯粹的消费者变成了生产型消费者。全球化带来的矛盾让人们更加关注环境危机、贫困、不公平等社会问题。公平、正义、绿色等文化的塑造可以解决全球化负面影响的公民焦虑感,满足民众希望这个全球化的世界变得更美好的愿望。创新创业创造的方兴未艾,促进社会宽容度更高、技术水平更先进、人才数量更多,消费者寻求产品和服务既能带来功能价值、情感价值,又能带来心理精神回报。这个阶段的营销者需要把消费者视为具有独立思想、心灵和精神的完整的人类个体。企业必须努力解决当今社会存在的各种问题,关注人类的期望、价值和精神,服务整个世界。

(四)以数字化为中心的营销 4.0 时代

2010 年代,人类进入高科技时代。移动互联网、人工智能、物联网、云计算、先进机器人、3D 打印技术相互融合,影响着经济、社会、文化、政治变革,改变了消费者购买产品和服务的方式。为适应这一变化,企业以价值观、链接、大数据、社区、新一代分析技术为基础,积极与消费者互动,洞察消费者购买过程中方方面面的需求,通过全渠道方式传播、交付产品和服务,帮助客户实现自我价值。总之,营销 4.0 关注的是以提升效率为核心的"数字化营销",以强化顾客在每个消费触点的新体验。

(五)以人工智能驱动为中心的营销 5.0 时代

2020 年新冠疫情大暴发,人工智能、自然语言处理、传感技术、增强现实(AR)、虚拟现实(VR)以及物联网等类人技术的应用成为主流的技术应用。2021 年元宇宙技术爆发、2022 年 12 月 ChatGPT 问世、2024 年 Sora 和 GPT o1 推出、2025 年 1 月 DeepSeek 发布,既把人工智能技术发展推向了新高潮,又把人工智能技术尤其是生成式人工智能技术在各行各业的应用打开了新空间。而不同世代消费者的代沟、全球贫富两极分化、不同区域与世代的数字鸿沟,使企业营销和营销人员面临前所未有的机遇与挑战。营销 5.0 应运而生。营销 5.0 是应用人工智能这一"类人技术"在整个消费体验过程中创造、传播、传递、交付和提升价值的活动,其核心是四种相互关联的技术应用方向,即预测性营销、情境化营销、增强现实营销、沉浸式元宇宙营销。

综上所述,人工智能营销是市场营销演化的必然结果,是市场营销的最新时代。

二、人工智能营销的概念、技术与能力

(一)人工智能营销的概念

营销是确认并满足人类及社会需求的相关行为,其精髓是把个人或社会的需求

转变为有利的商业机会。

2017年，美国市场营销协会（American Marketing Association，AMA）把市场营销定义为：市场营销就是为了向顾客、客户、合作伙伴和社会提供有价值的产品或服务，所进行的一系列创造、传播、传递和交换的活动、制度和过程。菲利普·科特勒、凯文·莱恩·凯勒（2012）对市场营销的定义与 AMA 的定义大同小异，认为市场营销是企业为顾客、客户、合作伙伴和社会创造、传播、传递和交换价值的一系列活动、制度和过程的集合。在人工智能时代，人工智能与营销的所有方面相联系。在英文文献中，尚未见到对人工智能营销（AI Marketing）的定义。英文文献中一般以营销中的人工智能（AI in Marketing）或营销人工智能（Marketing AI）为名称。Overgoor 等（2019）将营销人工智能定义为：人工智能体根据其掌握的有关消费者、竞争对手和重点公司的信息，建议和/或采取营销行动，以实现最佳的营销效果。中文里一般称为人工智能营销，且学界和业界对其进行了定义。例如，阳翼（2019）认为，人工智能营销就是运用人工智能技术开展的市场营销活动。北京深演智能科技股份有限公司"品友互动"（2019）营销技术平台认为，人工智能营销就是在人工智能的基础上，通过机器的深度学习、自然语言处理及知识图谱等相关技术，对品牌定位决策、用户画像、智能内容管理、个性化推荐、智能测试、智能 CRM 等营销关键环节进行赋能，优化营销策略，提升营销效果，挖掘更多的创新营销模式和商业场景，其核心是帮助营销活动节约成本提高效率。商务部国际贸易经济合作研究院（2019）则认为，人工智能营销是通过机器学习，对营销关键环节赋能，优化投放策略，提高客户针对性。本质是帮助营销人员节约成本、提高效率。中国国际公共关系协会人工智能工作委员会等机构（2024）认为，人工智能营销是依托于大数据、人工智能、云计算等各类技术的发展，对营销全链路进行升级，创造新的消费者交互场景体验，发现和创造并不断满足消费需求的营销新模式。

本书根据人工智能发展的三大底层支撑，即算法、算力和数据，以及人工智能与营销的所有方面相联系这一特征，结合菲利普·科特勒和凯文·莱恩·凯勒对市场营销的定义，将人工智能营销定义为：企业以人工智能技术为基础，为顾客、客户、合作伙伴和社会设计、创造、传播、传递、交付、提升价值的一系列活动、制度和过程的集合。通俗地说，人工智能营销就是人工智能核心技术在营销各个环节和场景的落地应用，进而降低营销成本，提高营销效率，挖掘更多的创新营销模式、商业场景和营销方法。从消费者视角来考察，人工智能营销是以人工智能技术为基础，在确认并满足消费者的个性化需求、便捷高效需求、情感需求、精神需求的同时实现企业利润。

(二) 人工智能营销与大数据营销、数字营销的关系

大数据营销是以大数据技术为基础，通过对海量数据的收集、整理、分析和挖掘，发现消费者的购买行为、兴趣爱好、需求趋势等信息，为企业提供决策支持，实现精准营销，其核心在于利用数据驱动市场决策，提高营销效率和效果。大数据营销侧重于通过分析各种来源的大量数据集来发现市场趋势、客户偏好以及个性化营销机会。

数字营销是基于明确的数据库对象，通过数字化多媒体渠道（如电话、短信、邮件、电子传真、网络平台等）实现的精准化、可量化、数据化的营销活动。它包含很多互联网营销（网络营销）中的技术与实践，还包括了电视、广播、短信等非网络渠道，以及社交媒体、电子广告、横幅广告等网络渠道。

数字营销为大数据营销提供了数据收集和应用的渠道，为人工智能营销提供了应用场景和数据支持；大数据营销以其丰富的数据源，为人工智能营销提供了必要的输入，使数字营销能够更准确地定位目标受众，了解他们的需求和行为模式，从而更精确地制定个性化的营销策略；人工智能营销是数字营销的升级，通过自动化、智能化的方式，如自动化客户服务、智能推荐系统、预测分析等，为数字营销带来革命性的变化。不过，三者有以下区别（见表1-2）：

表1-2　大数据营销、数字营销、人工智能营销辨析

	大数据营销	数字营销	人工智能营销
数据来源	主要来源于互联网、电信网、有线广电网等平台	主要通过互联网和数字交互式媒体获取数据，如网站访问记录、社交媒体互动和电子邮件活动等	主要来源于互联网数据、物联网数据、公共数据库、企业内部数据、人工标注与数据众包以及第三方数据提供商等
技术应用	主要依托于大数据处理、数据挖掘、数据分析（如数据仓库、分析软件、标签管理系统和客户关系管理系统）等技术，分析用户行为、优化广告投放、预测市场趋势	使用多种互联网工具和技术（如电子邮件营销、社交媒体广告、搜索引擎优化和网站营销等）进行品牌推广、产品推广、客户服务等	运用深度学习、机器学习、自然语言处理等人工智能技术进行用户行为预测、精准推荐和自动化营销决策
营销精准度	可以实现较高程度的精准定向，为不同的用户群体提供定制化的营销内容	相对广泛，可能无法做到高度个性化	可以实现时刻更新的个性化营销，其精准度和实时性最高

(续表)

	大数据营销	数字营销	人工智能营销
成本效益	成本相对较低,因为主要依赖数据分析而非人工干预	成本效益因策略而异,某些数字营销手段如社交媒体营销成本较低,而其他如付费搜索广告则可能较高	初期投资较大,通过自动化和优化营销流程,可显著提高效率,降低长期营销成本
个性化程度	个性化程度较高,通过数据分析可以精准定位目标受众,根据其兴趣和需求进行定制化营销。例如,通过用户画像实现精准广告投放	具有一定的个性化能力,但通常依赖于预设的营销策略和规则。例如,通过电子邮件列表发送个性化的促销信息	高度个性化,能够根据用户的实时行为动态调整营销策略。例如,通过智能推荐系统为用户提供个性化的产品或服务建议

资料来源:作者根据文心一言、讯飞星火大模型的回答整理。

(三) 人工智能营销的核心技术

1. 数据获取与处理技术

数据是人工智能的三大底层支撑之一,人工智能做出的一切分析和判断都基于海量数据。有效地获取多样海量数据并将其整理入库,是人工智能营销的核心技术之一。

生成式 AI 的兴起,推动了数据技术向"采—融—治—用"一体化演进:(1) 多源异构数据融合。除传统市场调查与网络爬虫外,需整合用户行为日志、社交舆情、IoT 传感器等结构化与非结构化数据。通过智能算法实现跨平台实体对齐,构建动态更新的全域用户画像。例如,腾讯广告通过多源数据融合,支撑"奇妙数字人"生成个性化营销素材。(2) 实时数据流处理。基于 Kafka/Flink 等流式计算框架,实现毫秒级用户意图识别与内容召回,满足动态广告投放等场景需求。(3) 隐私合规技术。在数据采集中嵌入联邦学习、差分隐私等机制,确保符合《中华人民共和国个人信息保护法》及欧盟《通用数据保护条例》(GDPR)要求。开发者需通过静态检查工具验证应用合规性,避免用户授权风险。

2. 自然语言处理与多模态生成技术

自然语言处理技术的核心目的是让人与机器通过自然语言进行沟通。自然语言处理技术是人工智能快速获取数据、并且通过人类可以理解的方式回应的重要工具。主要包括三个方面:语音识别,自然语言理解,语音合成。

自然语言处理技术在营销中的常见应用是文字校对、智能回答系统、机器翻译和自然语言生成。

在生成式 AI 时代,NLP 已扩展为强大的多模态生成能力:(1) 文本生成与理解。大语言模型(LLM)实现营销文案自动创作、舆情情感分析及客服响应优化,显著提升内容生产效率。(2)跨模态内容生成。涵盖文生图、文生视频、文生音频、语音合成以及数字人生成等技术。如腾讯"奇妙数字人"支持多语言实时生成营销短视频,推动品牌虚拟代言人落地。此类技术已成为 AIGC 驱动营销创新的关键引擎。

3. 机器学习与生成式模型技术

机器学习过程不断趋近于人类思考过程。机器学习基于对历史数据的归纳和学习,构建出事件模型,将合适的新数据输入合适的模型以预测未来。

传统 ML 方法(如分类、回归、聚类)广泛应用于客户细分、客户流失预警、销售预测等营销场景。生成式 AI 的崛起带来了更具创造力的模型范式:(1)生成对抗网络(GANs)。模拟用户行为生成合成数据,用于广告投放 A/B 测试,降低真实数据依赖。(2)变分自编码器(VAEs)。在潜在空间提取用户偏好特征,实现高精度人群分群与拓量,提升目标用户触达率。(3)强化学习(RL)。以投资回报率(ROI)为奖励函数动态优化营销策略组合(如折扣力度、渠道选择),驱动商品交易总额(GMV)增长。

4. 智能决策与优化技术

为了与生成式 AI 形成有效闭环,营销系统需要强大的"决策式 AI"能力,将洞察转化为最优行动方案。主要技术包括:(1)预测性分析,洞察趋势,前瞻布局。利用时间序列模型、机器学习模型等预测未来市场趋势、产品需求、用户行为变化等,为营销预算分配、库存管理、活动策划提供前瞻性指导。(2)自动化归因模型,科学评估渠道效果。基于深度神经网络(DNN)等复杂模型,更准确地量化不同营销渠道和触点(如搜索广告、社交媒体、邮件)对最终转化(如下单)的贡献度,减少人工分析的偏差,指导预算优化。(3)营销资源优化,实现最优配置。在预测和归因的基础上,运用运筹优化算法(如线性规划、整数规划)求解营销资源(预算、人力、库存、渠道组合)的最优配置方案,以实现整体营销目标(如 GMV 最大化、获客成本最低)。

■ 小资料

只要掌握人工智能技术,就能做人工智能营销吗?

人工智能在营销中的应用除了人工智能的核心技术外,还涉及广告投放、销售情报、消费者洞察、营销优化、售后服务、机器人/虚拟助手、智能搜索界面、决策系统、内容生产、品牌建设等方面。因此,仅仅有了人工智能技术还不够,还需要将技术与营销的全链条环节打通才是真正的人工智能营销。

资料来源:《AI赋能营销白皮书》,2018年8月。

(四)人工智能营销的能力

一般而言,人工智能营销主要具有如下四种能力:

1. 精准洞察用户并预测用户行为的能力

通过人工智能对多方汇集的大量数据进行快速分类处理,迅速建立用户样本库,精准识别目标用户消费需求。通过深度学习,追踪用户行为和习惯变化,预测用户行为趋势。

2. 快速制造内容创意的能力

通过人工智能对已有的大量素材进行整合和分析,可以在短时间内迅速根据活动内容生成大量不同形式、不同内容的营销创意。

3. 全时全场景服务的能力

基于移动设备与智联网的布局,人工智能营销能够每周7天、每天24小时全时段,浸透用户虚拟世界及虚拟世界以外的真实个人、家庭、公共场景,如健康场景、母婴场景、睡眠场景等,给用户提供更智能、更便捷、更贴心的营销服务。人工智能技术还可以为用户提供高匹配、低干扰、千人千端千面的营销内容和服务。

4. 智能监测与评估优化的能力

人工智能技术凭借自身庞大的数据库,可以及时精准识别出营销投放效果。可以多方面对后续用户行为进行跟踪分析,以判断是否存在人为的"刷单行为",并对虚假流量进行反制,打破产业链各角色在营销效果间的信息壁垒,为营销主体有效节约投放预算,提升品牌宣传效率和效果。例如,可以通过对用户访问时间、访问地址、IP地址、网络接入方式、跳出率、访问路径、访客重合度的数据的分析,检测营销效果。

三、人工智能时代营销人员应具备的技能

美国Movable InK公司2024年发布的报告称,美国几乎所有企业(97%)都在其营销计划中使用人工智能,并越来越多地使用人工智能进行消费者行为分析(59%)、个性化(56%)、营销活动优化(55%)等。美国客户关系管理软件服务提供商Salesforce于2024年发布的《销售人员使用生成式人工智能趋势报告》显示:超过一半的专业销售人士认为,生成式人工智能在以下几个方面帮助或将帮助他们更好

地完成工作;58%的受访者认为生成式人工智能帮助他们提高生产力,估计每周可以节省4.5个小时;56%的受访者认为人工智能有助于增加销售额;61%的受访者表示人工智能有助于更好地为客户服务。人工智能的发展及应用对营销者提出了新的能力要求,营销者要懂人工智能技术基础,并掌握应用人工智能工具的能力。兼具业务能力和技术能力的复合型人才竞争力凸显。

(一) 分析和解释消费者数据的能力

在人工智能时代,数据是营销决策的重要依据。营销人员处理数据的判断力比以往任何时候重要。营销人员需要具备较强的数据分析能力,能够从海量、复杂的数据中提取有价值的信息。这要求他们掌握数据分析工具(如 SQL、Python 等),了解统计学和数据分析方法,并能够运用这些工具和方法对消费者数据进行深度挖掘。同时,营销人员还需要具备数据解读能力,能够将分析结果转化为实际可行的营销策略;能够识别数据中的趋势、模式和异常值,理解这些数据对消费者行为和市场动态的影响,从而制定精准的营销策略。

(二) 营销创造力和批判性思维技能

人工智能可以生成内容和分析数据,但人类的创造力和批判性思维仍然是至关重要的。生成式人工智能无法取代人类的文案或设计师。然而,当生成式人工智能被用作广告创作的灵感跳板时,创作水平将显著提高。市场营销人员需要发展创造引人入胜的品牌故事、打破陈规以及为营销问题设计创新解决方案的能力。他们还需要具备批判性思维,能够评估不同营销策略的优缺点,识别潜在的风险和机会。在人工智能的辅助下,营销人员可以通过识别适当的关键词来改进搜索引擎优化(SEO)技术,以及防止公司在数字广告上超支,更加精准地定位目标受众,但如何将这些数据转化为具有吸引力的营销内容,仍然需要人类的智慧和创造力。

(三) 人工智能相关的技术专长和人工智能素养

随着人工智能技术变得更加普遍,市场营销人员需要提升使用这些工具的技能。掌握机器学习、自然语言处理以及像 Python 或 R 这样的编程语言知识应该是市场营销人员的基本素养。公司应招聘具有技术背景的市场营销人员,或提供学习机会以使现有团队成员能够获得这些技能,并至少能够解释它们。同时,营销人员需要能够与人工智能团队进行有效的沟通,理解他们的技术需求和限制,以便更好地利用人工智能技术来优化营销策略。同时,他们还需要具备数据科学的基础知识,如数据挖掘、机器学习和自然语言处理等,以便能够理解和评估人工智能模型的输出结果。

(四) 人工智能生态系统中的持续增长思维方式

人工智能时代,营销人员需要具备持续学习和适应变化的能力。随着技术的不断发展,新的人工智能工具和方法不断涌现,营销人员需要保持对新技术的敏感性和好奇心,需要准备好学习行业的最新信息和技术应用进展,不断学习新的知识和技能。公司应该寻找具有成长思维方式和对学习新技能充满热情的员工。同时,营销人员还需要具备创新思维,能够不断探索新的营销模式和策略,以适应不断变化的市场环境和消费者需求。这种持续增长的思维方式有助于营销人员在人工智能生态系统中保持竞争力,不断推动营销实践的创新和发展。

(五) 跨领域合作和多团队合作能力

在人工智能时代,营销工作往往涉及多个领域、多个利益相关者、多个团队的协作。例如,制定和维护有效的人工智能应用伦理道德标准,需要行业咨询机构和媒体/法律/广告专家的参与。为了充分利用生成式人工智能驱动营销的潜力,需要来自教育、媒体和公关、数据分析、平面设计或伦理学等各个领域的专业人士。例如,消费者数据分析师、机器学习工程师和人工智能营销程序员能够创建基于人工智能的内容并提升他们的数据分析洞察力。此外,品牌故事作家、平面设计师和社交媒体经理等创意专家将利用生成式人工智能进行内容创作,而搜索引擎优化专家、电子邮件营销人员或网络分析专家可以扩展他们的数字营销策略。另外,生成式人工智能将帮助企业危机管理人员、公关和声誉专家改进他们的危机和品牌声誉管理技术。最后,伦理专家、法律专业人士和数据隐私专家需要确保生成式人工智能的使用既透明又符合伦理要求。因此,营销人员需要具备良好的沟通能力和团队合作精神,能够与不同领域的专家和团队、不同利益相关者进行有效的沟通和合作。同时,营销人员还需要具备跨领域的知识和技能,以便能够更好地理解其他领域的工作内容和挑战,从而提出更具创新性和可行性的解决方案。这种跨领域合作和多团队合作的能力有助于营销人员在复杂多变的商业环境中取得成功。

四、人工智能营销中的伦理道德与法律法规

在消费者市场,人工智能的关键伦理问题包括人工智能偏见、伦理设计、消费者隐私、网络安全、个人自主权和幸福感以及失业(Du & Xie, 2021)。同时,消费者逐渐升级为产消者(prosumer),即消费者在消费的同时,通过大数据和人工智能技术的应用,深度参与到商品和服务的生产和提供过程中,每个消费者同时构成生产者,提供生产所需的数据资源和设计理念,在人工智能技术的作用下生产商品、提供服务。由此需要制定对消费者和生产经营者协同融合保护的法律(陈兵,2019)。智能

产品在设计与使用过程中存在一系列的伦理道德风险和法律风险。例如,社交机器人存在对人类同理心的"操控性"和"欺骗性"等伦理风险(王亮,2020);自动驾驶汽车存在系统安全、用户数据被泄露和非法利用、发生交通事故责任主体难以确定等法律风险(刘晓春、夏杰,2018)。人工智能营销传播中的算法杀熟、性别歧视、制造偏见信息、设置贸易壁垒等算法偏见,损害了消费者或经营者的合法权益,需要推进算法法律、伦理道德和技术标准规范建设(张艳、程梦恒,2021)。生成式人工智能存在生成虚假信息、生成与已有作品雷同度高的内容、泄露商业机密等风险,因而《中共中央关于进一步全面深化改革 推进中国式现代化的决定》强调"完善生成式人工智能发展和管理机制"。

第五节 人工智能营销的知识框架

一、支撑人工智能在营销中应用的理论框架

人工智能与营销的融合标志着现代商业景观中的一个变革时代的到来,也重新定义了客户参与、数据分析和战略决策的传统概念。随着人工智能成为营销活动中一个复杂的基本要素,学者试图提出一个理论框架,为未来的研究和实践创建一个坚实的理论基础。迄今为止,具有代表性的概念框架如下:

(一)戴明环与目标市场营销战略的融合框架

Huang 和 Rust(2021)提出了一个理论框架,详细阐述了人工智能在营销中的作用。这一框架在人工智能应用情境下,把目标市场营销战略融合了戴明(Deming,1986)的计划—执行—检查—行动(PDCA)循环,提出了三阶段营销战略规划循环式框架:从详细的市场调研开始,进而开发细分市场、确定目标市场并制定定位策略,再执行具体的营销活动,而这些活动又会为未来的营销调研提供信息,形成一个持续循环的过程。Huang 和 Rust(2021)强调了人工智能在所有三个营销战略阶段中的关键作用,指出了各种人工智能——机械人工智能、思考人工智能和情感人工智能,都模仿特定的人类能力并应用于不同的任务中。机械智能侧重于自动化常规任务,思考智能处理非结构化数据以作出决策,而情感智能则被设计用来与人类互动和/或分析人类情绪。这一框架实质上是人工智能技术在市场营销战略、策略中的应用,如表1-3所示。

表 1-3 人工智能技术在市场营销战略、策略中的应用

	机械人工智能	思考人工智能	情感人工智能
市场研究	数据收集 自动化持续的市场和客户数据传感、跟踪、收集和处理	市场分析 使用市场分析来识别竞争对手和竞争优势	客户理解 使用情感数据和客户分析来了解现有和潜在客户的需求和欲望
营销战略 (STP)	市场细分 使用机械 AI 识别新的客户偏好模式	目标市场选择 使用思考 AI 推荐最佳目标细分市场	定位 利用情感 AI 开发与客户产生共鸣的定位
营销策略 (4Ps/4Cs)	标准化	个性化	关系化
产品/客户	实现满足客户需求和欲望的过程和输出的自动化	根据客户的喜好对产品进行个性化定制	理解并满足客户的情感需求
价格/成本	实现价格制定和支付过程的自动化	根据客户的支付意愿确定个性化价格	相互协商价格和合理的成本
渠道/便利	实现客户对产品访问的自动化	个性化前线交互	促进客户参与的个性化体验
促销/沟通	实现与客户沟通的自动化	为个人沟通定制宣传内容	根据客户的情感偏好和反应来定制沟通方式

资料来源：Huang, M., Rust, R. A strategic framework for artificial intelligence in marketing[J]. Journal of the Academy of Marketing Science, 2021, 49(1):30-50.

(二)营销中的协同智能框架

在另一项研究中，Huang 和 Rust(2022)提出了"营销中的协同智能"，强调了人工智能(AI)与人类智能(HI)之间的合作关系。该框架包括营销者和消费者在执行营销和消费任务时的智能。它概述了三个一般原则，以解释如何在不同智能层面上实现营销中的协同智能。原则一强调人工智能和人类智能的独特优势，原则二建议低层次的人工智能应增强高层次的人类智能，而原则三则提出了一个递进过程，即人工智能首先支持然后在每个智能层次上取代人类智能，当人工智能能够自主执行所有低层次智能任务时，就能促进合作向更高层次的智能发展。

(三)在线客户参与行为的刺激—有机体—反应(S-O-R)框架

Perez-Vega 等(2021)对在线客户参与行为进行了概念化，基于刺激—有机体—反应(S-O-R)框架提供了一个概念框架，旨在探索将客户与人工智能在营销中的互动进行整合。该概念将刺激定义为在线客户参与行为的主动和被动表现，这些行为驱动人工智能有机体的信息处理过程，从而产生人工智能和人类反应。人工智能有机体处理这些刺激，可以提供实时见解和行动建议。为了获得更全面的实时客户洞

察,人工智能有机体使用各种数据处理方法(包括基于内容的方法、协作方法和混合方法)将实时数据和存储数据结合起来。实时客户数据用于指导响应,这些响应可以是手动或自动化的公司响应。情感和类别分析可以产生关于未来在线客户参与行为的更全面的结果。该框架旨在为进一步研究人工智能在增强和发展营销环境中客户和企业互动方面的用途和影响铺平道路。

二、本书的知识体系

本书尽管专章阐释了人工智能时代的组织市场,但侧重点是消费者市场的人工智能营销。立足于人工智能尤其是生成式人工智能技术迅速发展与广泛应用的大趋势,本书融合 Huang 和 Rust(2021)提出的理论框架,按照理解人工智能营销—分析人工智能市场机会—制定人工智能营销战略—谋划人工智能营销策略—进行人工智能营销控制的逻辑顺序,构建人工智能营销知识体系(见图 1-2)。

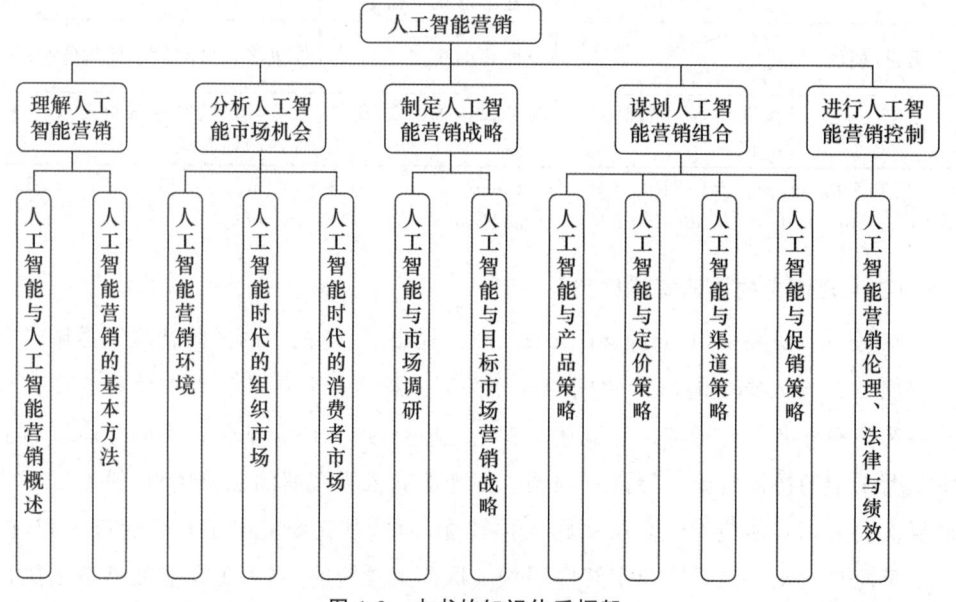

图 1-2 本书的知识体系框架

这一知识体系包括人工智能与人工智能营销概述,人工智能营销方法,人工智能营销环境,人工智能时代的组织市场,人工智能时代的消费者市场,人工智能与市场调研,人工智能与目标市场营销战略,人工智能与产品策略,人工智能与定价策略,人工智能与渠道策略,人工智能与促销策略,人工智能营销的伦理、法律与绩效共十二章。具体内容如下:

第一章,人工智能与人工智能营销概述。在对人工智能及其相关概念进行界定的基础上,阐明人工智能的4个基本功能,梳理人工智能在全球及中国的发展过程。在对国内外相关文献进行梳理回顾的基础上,简要讨论人工智能赋能消费者、人工智能赋能传统营销活动,概述人工智能营销的概念、技术与能力,市场营销演化与人工智能营销的关系,支撑人工智能在营销中应用的理论框架及本书的知识结构。

第二章,人工智能营销的基本方法。根据国内外实践应用情况,逐一介绍用户洞察方法、内容管理方法、交互投放方法、监测评估方法的基本内涵、适用条件、操作流程和注意事项。

第三章,人工智能营销环境。主要阐释人工智能营销的一般环境,包括适应人工智能技术发展及其应用拓展的不断创新的政策法律环境,动态变迁的人工智能产业及人工智能营销产业环境,人工智能营销技术发展的科技环境,老龄化、绿色化、智能化的社会环境。

第四章,人工智能时代的组织市场。分析政府机构、企业、社会组织、学校对人工智能需求的异同;阐释人工智能时代组织市场购买过程的参与者及其特点;剖析人工智能时代组织购买决策的影响因素;分析人工智能时代的公司间关系。

第五章,人工智能时代的消费者市场。阐述客户旅程的重要性,讨论如何进行客户旅程分析、人工智能如何助力客户旅程管理;通过案例说明人工智能时代如何提升客户终身价值;分析线上生活化消费者的类型与特征,剖析数字化消费者决策路径的变化;归纳影响消费者对待人工智能态度的因素,介绍消费者接受和抗拒人工智能的基本理论。

第六章,人工智能与市场调研。概述人工智能技术在市场调研中的应用。包括:如何应用机械人工智能收集数据、如何应用思考人工智能分析市场、如何应用情感人工智能洞察消费者,以及市场调研中常用的人工智能工具。重点讨论应用机械人工智能收集数据的方法与注意事项、应用思考人工智能分析市场的具体技术与注意事项、应用情感人工智能洞察现有客户和潜在客户的侧重点与注意事项,以及市场调研各环节常用的人工智能工具。

第七章,人工智能与目标市场营销战略。归纳现有人工智能营销应用类型,概述人工智能营销战略框架及定位;描述进行客户分类的常用数据挖掘方法及客户分类步骤;阐述如何利用深度学习选择最佳目标市场;讨论利用大数据平台和人工智能算法发掘品牌定位点,通过情感分析发展传播定位。

第八章,人工智能与产品策略。分析融入人工智能技术的产品特征,讨论人工智能驱动产品创新的路径;阐述人工智能与服务品质的关系,讨论人工智能个性化推荐的内容;阐述人工智能优化包装设计的路径;讨论人工智能通过品牌形象塑造、品牌保护、品牌形象传播等途径,提升品牌形象。

第九章,人工智能与定价策略。归纳人工智能时代影响定价的主要因素;讨论基于人工智能的个性化定价的原理、过程、场景、优势、算法及面临的挑战;讨论人工智能时代的价格谈判策略;介绍人工智能定价工具。

第十章,人工智能与渠道策略。讨论人工智能赋能渠道设计,人工智能在渠道设计企业端和消费者端的应用;分析智能零售的产生与特征,概述人工智能技术在零售业经营管理领域应用的场景;讨论智慧物流的概念、特征与功能,归纳智慧物流的体系结构与应用场景。

第十一章,人工智能与促销策略。概述人工智能促销策略的基本内容;阐述人工智能在广告活动中的应用;讨论人工智能与人员推销的协同作用;描述人工智能对营业推广效能效率的提升;讨论公共关系活动中如何应用人工智能。

第十二章,人工智能营销伦理、法律与绩效。界定伦理、营销伦理与人工智能营销伦理的概念,分析人工智能营销伦理困境,阐述人工智能营销伦理准则;讨论人工智能营销法律规制的基本理念、路径;讨论人工智能营销绩效基础目标与延伸目标、人工智能营销场景的效果测评、人工智能营销具体手段的效果测评。

本 章 小 结

人工智能已经逐渐走进人们的日常生活中,并应用于各个领域,不仅给许多行业带来了巨大的经济效益,也为人们生活带来了许多改变和便利。无论哪个国家、哪个行业、多大规模的企业,人工智能都将从根本上影响其营销理念和营销职能,这一趋势既没有刹车片,也没有倒车装置。生成式人工智能的发展对营销的影响更为深刻。

人工智能营销是市场营销演化的必然结果,是数字营销升级的必然指向,是指企业以人工智能技术为基础,为顾客、客户、合作伙伴和社会设计、创造、传播、传递、交付、提升价值的一系列活动、制度和过程的集合。有效且可持续的人工智能营销对于任何企业保持竞争优势都至关重要。人工智能从多方面赋能消费者,使消费者的消费需求、消费知识、消费能力与以往大不相同。企业利用人工智能赋能传统营销活动,包括市场研究、营销战略、客户关系管理、销售流程、广告设计和投放等所有营销环节和一切营销活动。开展人工智能营销,需要营销者具备一定的技能,需要讲伦理道德,遵守法律法规,在满足消费者需求的同时获得理想绩效。

本书按照理解人工智能营销—分析人工智能市场机会—制定人工智能营销战略—谋划人工智能营销策略—进行人工智能营销控制的逻辑顺序,构建人工智能营销知识体系。

关键名词

人工智能　弱人工智能　强人工智能　分析式人工智能　生成式人工智能　机器学习　数字化　数据科学　营销人工智能　人工智能营销　大数据营销　数字营销

思考题

1. 人工智能对人类友好吗？为什么？
2. 人工智能是营销人员的朋友还是敌人？
3. 什么是人工智能营销？人工智能营销包括哪些主要内容？
4. 结合实例谈谈人工智能营销的双面效应。
5. 生成式人工智能对现代营销最重要的影响表现在哪些方面？
6. 谈谈你对人工智能营销未来发展趋势的认识。

案例讨论

本章实训

即测即练
（请先扫封底总码）

第二章 人工智能营销的基本方法

本章学习目标

1. 掌握基于人工智能技术的用户洞察、内容管理、交互投放和监测评估的基本内涵。
2. 理解基于人工智能技术的用户洞察、内容管理、交互投放和监测评估的优势、操作流程、适用条件和注意事项。
3. 熟悉基于人工智能技术的用户洞察、内容管理、交互投放和监测评估的方法。

第二章 人工智能营销的基本方法

引例　阿里妈妈利用人工智能技术优化营销策略

2024年，阿里巴巴确立"用户为先，AI驱动"战略，构造以电商和云为核心的生态系统。经历系列商业模式的探索与升级，阿里巴巴围绕电商核心业务，以云智能等尖端数字技术为支撑，构建起囊括物流、本地服务、通信搜索和数字娱乐等在内的庞大互联网生态系统，长期跻身全球最大的零售数字经济体之列。阿里妈妈通过多种方式利用人工智能技术优化营销策略，以下是其主要方法：

（1）基于大模型的智能营销系统。阿里妈妈钻研了针对电商消费营销场景的LMA（Large Model for Advertising）大模型，并结合大语言模型和多模态大模型，推出了AIGX全体系应用。具体应用包括：AIGA（AI Generated Action），用于洞察目标人群和消费需求，提升商家跨渠道投放的精准度；AIGC（AI Generated Content），强调实时生成个性化创意，降低营销投放的同质化，提高触达效率；AIGE（AI Generated Environment），负责判断经营环境和竞争状态，计算预算方案，增强营销投放效果的确定性。

（2）阿里妈妈推出了多个智能营销平台，帮助商家优化广告投放。万相台无界版：一站式智能营销投放系统，覆盖全网优质流量，日均触达用户量达9亿＋。UD智汇投：通过人工智能技术实现精准投放，帮助商家提升触达效率。TMOP（Tmall Marketing Optimization Platform）：通过关键词推荐、人群推荐等功能，帮助商家优化广告投放。

（3）人工智能驱动的创意生成与优化。阿里妈妈利用人工智能技术在广告创意生成和优化方面进行了大量创新，如创意生成，即通过人工智能技术快速生成广告素材，包括将品牌素材转化为短视频和直播片段；动态创意，即根据不同用户的特征，动态调整广告标题、图片等内容，提高用户点击率。

（4）精准人群定位与个性化推荐。阿里妈妈通过深度学习算法，整合搜索、推荐、视频等多种数据，构建复杂的用户画像，实现精准的广告投放。

（5）人工智能赋能商家运营。阿里妈妈为商家提供了从开店到投放的全流程人工智能支持，如人工智能开店服务，即帮助商家快速搭建店铺；智能出价与跨渠道组合，即基于平台大数据，帮助商家优化广告出价，避免试错成本；全站推广，即整合手淘流量，为商家提供全域流量支持。

（6）品牌广告创新。阿里妈妈通过人工智能技术提升品牌广告的效果，如品牌素材延展，即利用人工智能技术快速生成品牌广告素材，提升品牌传播效率；多渠道触达，即将品牌广告位置横向打通，实现线上、线下及跨平台的综合触达。

（7）数据驱动的决策支持。阿里妈妈利用大数据和人工智能技术，帮助商家更好地理解市场趋势和用户需求，从而优化营销策略。例如，通过分析消费者行为数据，提供精准的市场洞察和预算分配建议。

通过以上多种方式，阿里妈妈利用人工智能技术实现了营销的智能化、个性化和高效化，帮助商家提升运营效率和营销效果。

资料来源：《2024年阿里巴巴研究报告：战略聚焦，用户和AI撬动二次成长》，https://www.vzkoo.com/read/20240812b18b629bbf9c1fc56559133e.html；《阿里妈妈引领AI商业化，推动品牌经营与商家成长》，https://finance.sina.com.cn/roll/2024-09-25/doc-incqksvh4960502.shtml。

本章知识结构图

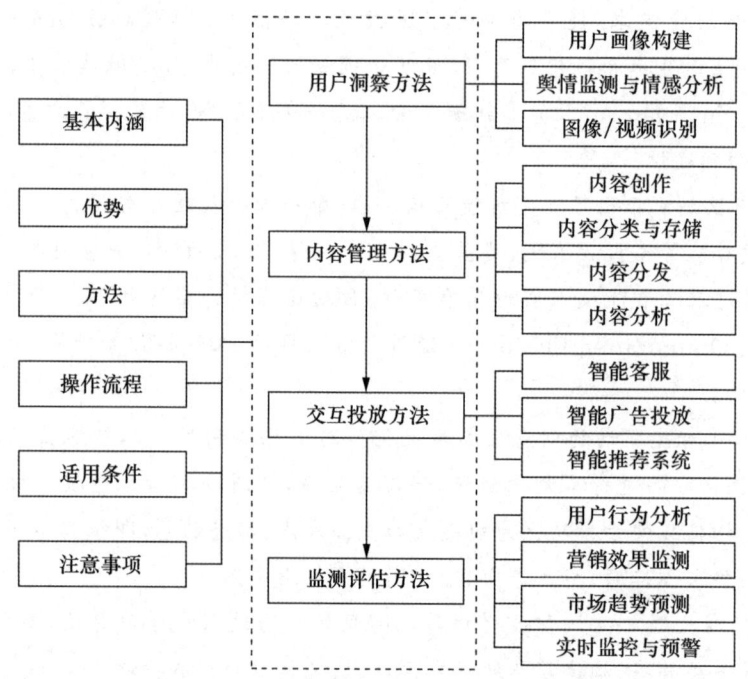

在当今竞争日益激烈且充满变革的商业环境中，人工智能正以前所未有的速度推动营销方式方法的革新。人工智能营销方法众多，大体可以归纳为用户洞察、内容管理、交互投放和监测评估四个方面。这四个方面的方法紧密相连、相辅相成。精准的用户洞察为内容管理与交互投放提供方向；优质的内容管理提升用户体验，促进交互效果；高效的交互投放为监测评估提供丰富的数据；而实时的监测评估则反过来优化用户洞察、内容管理与交互投放策略。

第一节 用户洞察方法

一、用户洞察的基本内涵

用户洞察的核心在于深刻理解用户需求、行为、动机和心理状态,建立用户与品牌之间的情感连接(Parker et al.,2021)。比如,多芬(Dove)的"Real Beauty"的用户洞察是:"女性的最大障碍并非外在美,而是内心的自我批判。"因此,多芬用情感化的语言传递"你比想象中更美丽",不仅打动了消费者的心,还建立了品牌与女性消费者之间的情感纽带。所以,用户洞察的目的是"走进用户内心":理解用户的行为,更理解用户的动机,然后传递品牌价值来打动他们的心。

传统的用户洞察实践通常包括定性和定量分析两种研究方法。其中,定性分析一般指通过用户访谈、焦点小组讨论和用户行为观察来了解用户的需求和偏好;定量分析方法一般指通过问卷调查、数据挖掘等方式分析用户的需求和偏好。尽管这些传统的研究方法能够为企业提供有价值的用户洞察,但是也有一些局限,比如样本不够全面、洞察结果过于主观以及耗时较长、实时性不够的问题(Chaffey and Ellis-Chadwick,2020)。随着大数据和人工智能技术的发展,智能化的用户洞察方法逐渐受到人们的青睐。通过大数据和人工智能技术,企业能够从海量、多模态的用户数据中快速了解用户的个性化需求,建立立体的用户画像(朱国玮等,2021)。同时,企业能够据此实时优化营销策略,提供更契合时机、更符合用户个性化需求的服务(Kannan & Li,2017)。

人工智能用户洞察是指利用人工智能技术广泛收集并深度挖掘用户行为数据,识别其中关于用户偏好和需求的潜在模式,从而为企业制定精准营销策略提供支持的一种方法。通过数据收集与分析,人工智能算法能够从多源数据(如社交媒体互动、消费记录和搜索历史)中提取有价值的信息。这些洞察帮助企业更有效地理解目标受众的兴趣和行为动态,优化产品和服务的定位,从而实现个性化营销。随着技术的不断进步,人工智能技术在用户洞察方面的应用将更加广泛和深入,企业需要不断探索和利用人工智能洞察用户的方法,来指导后续营销策略中的内容管理及其交互投放,实现企业业绩的持续增长和实践创新。

二、人工智能用户洞察的优势

(1) 更准确的需求识别。随着大数据技术的发展,企业能够获取多样化的海量用户数据,而人工智能技术的加持,使得企业从这些用户数据中识别更准确的用户需求成为可能。企业可以从这些多源、多维的数据中描绘更精准的用户画像,从而提升了对市场趋势的预测能力。人工智能的这种能力使得企业不仅可以更好地预测消费者的未来行为,还能依据这些预测制定个性化的营销策略,从而提高营销活动的效率(Gao et al.,2024)。

(2) 更全面的市场洞察。除了结构化的数据,人工智能技术能对非结构化数据进行深入分析。人工智能的自然语言处理技术能够从非结构化数据中提取出用户的情感和潜在需求,为企业提供更为全面的市场洞察。例如,自然语言处理技术能够对电商平台和社交媒体上的用户反馈、评论等非结构化数据(如文本、视频)进行情感分析,结合结构化的数据(如订单信息、商品信息)分析,能够为企业提供更全面的市场洞察,从而帮助企业优化产品和服务的设计(Wirth,2018)。

(3) 更实时的数据反馈。人工智能技术使得企业能够进行实时数据分析,快速响应市场变化。例如,基于实时消费者行为反馈数据回流和分析,人工智能可以及时、动态地调整产品推荐和广告投放策略,增加营销效果的同时降低营销成本。这种能力使得企业在竞争激烈的市场中能够迅速调整策略,提高市场灵活性和反应速度,从而在变化中保持竞争优势(Varsha et al.,2021)。

(4) 更复杂的关系挖掘。人工智能技术,特别是机器学习和深度学习算法,能够揭示复杂的非线性关系,这些关系通常是传统方法无法捕捉到的。通过对用户在多个接触点上的行为进行深入分析,人工智能帮助企业挖掘产生消费者购买行为之间复杂关系的多种因素。例如,在不同的营销场景中,消费者年龄、地域、购买时间、商品属性等会在不同程度上影响消费者购买意愿。因此,这些更复杂的关系挖掘可以帮助企业获得更好的营销效果和更高的销售转化率(Jiang, Li, & Wang, 2022)。

三、人工智能用户洞察的方法

(一) 用户画像构建

用户画像(Persona)是对用户的多维度刻画与分类。通过用户画像,企业能够更好地理解目标客群,并针对细分人群制定差异化营销策略。用户画像的输出结果不仅是对用户群体的描述,更是企业运营决策的重要参考。在营销中,用户画像可以支持精准广告投放,确保广告内容匹配用户兴趣;在产品设计中,可以通过画像了解目标用户需求,优化功能开发和用户体验;在客户管理中,可以通过画像识别高价值用户,制定差异化的服务策略。此外,用户画像还支持动态更新,通过实时分析用户新行为,不断刷新标签,使画像始终保持精准和实时性。

构建全面的用户画像,既需要对用户的现状进行描述,也需要对用户的行为进行预测。两者结合才能更精确地识别用户需求,主动调整营销策略,满足用户的潜在需求。

1. 描述现状:多源数据整合与用户标签构建

用户画像构建通过标签体系的搭建实现了用户信息的深度挖掘,是用户洞察的基础方法,赋能企业在运营和营销中作出更精准、更高效的决策。用户标签是用户画像的核心内容,也是用户洞察的关键工具。标签是对用户特征的精炼表达,具有多维性、标签化、动态性和时效性特点(牛温佳等,2016)。在基于智能化洞察的定量用户画像体系构建中,企业可整合线上线下行为数据(如浏览轨迹、点击日志、购物车操作、订单履约信息等)、社交数据(如微博、微信、Facebook、Twitter 等社交媒体用户动态、互动关系等)、CRM 数据(如用户的注册信息、售后记录、满意度调研等)等多源数据,借助机器学习算法(如聚类、关联规则挖掘等)对用户进行标签化和细分(Wedel & Kannan, 2016)。

■ 小资料

用户标签示例

基于用户的购买记录,可以生成"高消费群体""偏爱电子产品"等行为标签;基于用户的点击轨迹,可以生成"喜欢促销活动""浏览夜间活跃"这样的偏好标签;结合人口统计学数据,还可以生成"年轻白领""退休长者"等描述标签。标签的构建不仅需要基于统计分析,还可以结合机器学习算法,如通过分类模型生成用户分层标签,或通过协同过滤生成兴趣标签。高质量的标签能够准确反映用户特征,为企业在个性化推荐、精准营销等场景提供重要依据,标签的丰富性和精确性直接决定了用户画像的实用价值(见图 2-1)。

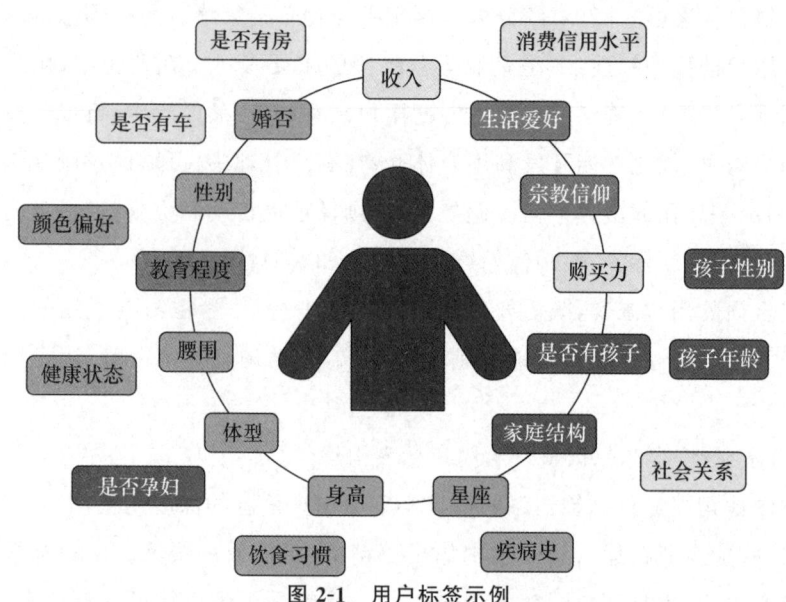

图 2-1 用户标签示例

资料来源：《APP 产品定义及竞争分析》，https://zhuanlan.zhihu.com/p/98478105?utm_source=wechat_session。

用户标签按照生成方式的不同，主要分为 3 种类型：统计类标签、规则类标签和算法类标签。统计类标签是较为常见的标签类型，一般可以直接从用户的数据中直接统计得出。例如，每日 App 活跃时长、近 30 天消费次数等。规则类标签是基于某种用户属性字段，根据一定的规则判断来对用户划分类别。例如，针对用户登录 App 的次数这一字段，将"近 7 天登录次数≥3 次"的用户划分为 App 重度使用用户等。算法类标签通常用于预测用户行为，通常是结合多种用户属性字段，基于较为复杂的机器学习算法产生。例如，根据用户年龄、收入、职业、信用记录等特征来将用户划分为"高/低信贷风险用户"，判断是否给予贷款。随着人工智能在用户画像领域的应用，用户画像构建的将会更加立体、准确。

2. 预测行为：预测建模与个性化策略

用户行为预测是用户洞察中的一个重要领域，它利用历史数据和机器学习模型来预测用户未来的行为，如购买概率、流失风险、下次购买时间等。通过分析用户的历史行为和特征，模型可以识别出用户行为的模式和趋势，准确的用户行为预测能够帮助企业作出个性化激励或干预手段。例如，企业可以预测哪些用户可能在未来一段时间内购买产品，从而有针对性地发送促销信息；如挽留即将流失的用户，或为高潜力用户提供推荐与优惠。

用户行为预测所需的数据主要包括点击记录、浏览轨迹、购买历史、评论反馈等，覆盖用户互动行为的各个环节。在数据预处理后，通过特征工程提取对预测任务有意义的特征，例如用户最近的访问频率、购买金额、偏好品类等，将原始数据转化为结构化的信息。特征工程还包括时间特征的挖掘，如行为的季节性或日间活跃时段，这些特征对于捕捉用户行为的时间依赖性非常重要。在用户行为预测任务中，通常先在数据探索阶段使用无监督学习（如聚类、密度聚类等）来进行用户分群、异常检测和主题挖掘，从而发现数据结构与潜在模式；随后，再基于初步洞察及已具备的标签信息，采用监督学习或深度学习构建具体的预测模型或实现个性化推荐。

行为建模是用户行为预测的核心环节。常用的监督学习（如回归、决策树、随机森林、XGBoost 等）和深度学习（如神经网络、Transformer 结构等）可对用户购买行为、生命周期价值（LTV）进行预测，为企业在投放广告、产品设计、定价策略上提供决策依据（Hakami & Mahmoud，2022）。通过构建适合的机器学习或深度学习模型来捕捉用户行为的规律。根据预测任务的不同，可以采用分类、回归或序列建模等技术。分类模型（如逻辑回归、随机森林）常用于二元决策场景，如预测用户是否会购买某商品；回归模型适合量化问题，如预测用户在未来一段时间内的消费金额；而序列模型（如 LSTM、Transformer）用于分析用户行为的时间依赖性，如点击行为的先后顺序如何影响最终决策。对于需要实时预测的场景，还可以采用强化学习动态调整推荐策略，优化长期用户价值。模型的训练和验证通常采用交叉验证和超参数调优，以提高泛化能力，常用评估指标包括准确率、召回率、AUC 等。

（二）舆情监测与情感分析

舆情监测与情感分析是一种通过分析公众在社交媒体、新闻评论、论坛等平台上的文本数据，了解用户对品牌、产品或事件的态度及情绪变化的人工智能用户洞察方法。它的核心目标是识别公众情感、热点话题和潜在危机，为企业或机构提供决策依据。舆情监测的基础是数据收集与监控，这涉及从多渠道抓取相关文本数据，如微博、X、新闻门户、用户评论等。通过实时爬虫或应用程序接口（API），系统能够获取新鲜数据并定期更新，确保舆情分析的时效性。同时，话题检测也是舆情监测的关键环节，常用方法包括 TF-IDF 关键词提取、LDA 主题建模等，用以识别公众关注的核心话题。

情感分析是舆情监测的重要组成部分，也是自然语言处理领域的一个重要任务，又称倾向性分析、意见抽取（opinion extraction）、意见挖掘（opinion mining）等，其目的是从文本数据中提取出用户的情绪倾向，通常分为正面、负面和中立三类情感，或进一步细化为愤怒、喜悦、悲伤等情绪类别。情感分析方法主要分为基于规则的词典方法和基于机器学习的模型方法。基于规则的词典方法主要通过制定一系列的情感词典和规则,对文本进行段落拆解、句法分析,计算情感值,最后通过情感值来作为文本的情感倾向依据,如通过匹配情感词汇表(如积极词、消极词)实现快速情感分类,适用于小规模数据分析;基于机器学习的模型方法则使用深度学习模型(如BERT、Transformer),大多将问题转化为一个分类问题来看待,对于情感极性的判断,将目标情感分类或者根据不同程度分为1—5类,通过训练大量标注数据学习复杂的语言语义和上下文关系,从而大幅提升情感分类的准确性。

舆情监测与情感分析还包括对舆论传播路径和影响范围的研究,即舆情扩散分析。通过社会网络分析,可以追踪舆情的传播路径,识别关键意见领袖(KOL)及其对舆论的推动作用。同时,结合统计学和机器学习方法量化舆情的传播范围、增长速度及情感强度,可以构建舆情热度指数,用以评估舆情对品牌或事件的影响。

此外,为防范潜在风险,系统还可设置舆情预警机制,在负面情绪激增时提醒相关方及时应对(如识微科技舆情监测系统)。这种情感分析与传播路径分析结合的方式,不仅能够深入洞察公众情绪,还能支持危机管理、品牌维护及市场策略优化。例如,企业在使用舆情监测与情感分析精准解读公众声音的同时,可以主动从媒体方获取一手事件资料,有针对性地制定应对策略并引导舆论走向。

(三)图像/视频识别

在现代人工智能营销领域,图像和视频识别技术已成为实现精准用户洞察的重要工具之一。这些技术通过使计算机"看懂"数字图像和视频内容,帮助企业获得更深入的用户洞察,进而优化其营销策略和提升客户体验。图像/视频识别技术通常利用图像分类、目标检测、多目标跟踪等计算机视觉方法来自动提取图像中的关键信息,如商品、人物、Logo和场景等。这些信息可以为营销活动提供强大的数据支持,帮助企业在各个层面实现精细化管理和决策。

在电商和直播营销中,图像/视频识别的应用非常广泛。例如,通过视觉搜索技术,消费者可以通过上传图片或扫描二维码来找到类似商品,增加消费者购物的便捷性和精确性。此外,直播中的智能标注可由主播和观众双方实时可见,消费者可一键购买,进一步缩短了决策过程并增强了用户的购物体验。这些技术不仅让消费者获得了更快捷的购物方式,还使商家能够实时监测直播效果、洞察消费者行为倾向,动态调整营销内容和广告投放策略,从而提高转化率和参与度。

在线下零售场景中,图像和视频识别的应用同样广泛。通过客流监测和动线分析,商家能够识别顾客在商店中的行为模式(如行走路径、停留区域和停留时间),并基于此优化店铺布局和导购策略。此外,情绪识别技术可以通过分析顾客的面部表情和肢体语言来判断其情绪倾向,这对于提升客户体验和满意度具有重要意义。例如,沃尔玛开发了面部识别系统,用摄像机记录顾客的面部表情和肢体动作,用来识别结账处顾客的情绪。一旦检测出有程度高的低落情绪,店员将收到警报,同时管理人员将提醒员工应提高服务水平,缓和顾客情绪。

图 2-2　面部表情分析系统示例

资料来源:http://www.app17.com/c151109/products/d9929765.html。

四、人工智能用户洞察的操作流程

人工智能用户洞察流程是一个从数据收集到洞察生成再到策略实施的闭环过程。通过先进的人工智能技术手段(如 NLP、机器学习、深度学习),在每个阶段精准分析用户需求并根据反馈进行实时优化,帮助企业制定以用户为中心的营销策略,从而提升用户体验和企业营销效益。一般来说,人工智能用户洞察的操作流程主要包括以下环节:

(一)数据来源识别与采集

在数据驱动的用户洞察活动中,数据的获取有多个来源,这些数据不仅包含来自用户的直接行为信息,还涵盖了来自外部环境的辅助数据。具体而言,数据来源有三大类:

(1)线上数据。这是最为直接的数据来源,主要包括用户在电商平台上的行为数据,如浏览、点击、下单、搜索等,以及社交媒体上的互动数据,如点赞、评论、分享等。这些数据能够准确反映用户的兴趣和需求变化,是构建用户画像和预测用户行为的基础。

(2)线下数据。在传统零售和服务行业中,线下数据的收集仍然具有重要价值。企业可以通过实体店的会员信息、交易记录、客户问卷调查等渠道获得顾客的购买行为和偏好。此外,线下拉新活动的注册信息同样能够为用户洞察提供支持,帮助品牌了解潜在目标消费者的基本信息和偏好。

（3）第三方数据。第三方数据包括公开的行业报告、市场调查数据、社交平台的公开数据，以及合作伙伴提供的辅助性数据等。这些外部数据能够为企业提供行业趋势、竞争对手行为和市场需求等宏观视角，为企业的营销洞察和营销决策提供更加全面的支持（Wedel & Kannan，2016）。值得注意的是，多源数据的打通和整合可以帮助企业建立更加丰富的数据池，构建更加立体的用户画像，从而得到更加全面的用户洞察。

（二）数据清洗与预处理

随着多样化、海量数据的积累，其中包含着大量无效的数据，因此数据清洗和预处理对于有效地进行数据分析和挖掘是至关重要的。首先，有效的数据清洗过程可以剔除脏数据、去除重复项以及填补缺失值，从而提高数据的质量。其次，不同类型的数据（结构化数据与非结构化数据）需要进行整合与统一管理。对于文本、图像、视频等非结构化数据，企业需要应用先进的自然语言处理和计算机视觉（CV）技术来进行数据格式的统一，确保各种数据形式能够在同一平台中有效运作。最后，经过清洗和预处理的高质量数据为后续的分析和建模工作打下坚实基础（Wedel & Kannan，2016）。

（三）数据探索与初步分析

1. 数据概览与可视化

通过使用统计图表和可视化工具，如直方图、箱线图、热力图等，营销人员可以初步、快速识别数据中的潜在模式和异常，发现数据中的趋势和关联。这一步骤能帮助团队成员共同理解数据的含义，为后续分析提供直观支持。

接下来，企业可利用描述性分析来初步进行用户分群。在这一阶段，企业通常会对用户进行基本属性（如地域、年龄、收入水平等）和行为特征（如消费频次、订单金额等）分析。通过这些指标，企业能够描绘出不同用户群体的特征，进而为精准营销提供依据。

2. 问题定义与指标设计

企业根据市场和竞争环境的变化，设定清晰的业务目标，如提升用户转化率、增强用户留存、提高复购率，或者发现潜在的高价值用户（Kotler，Kartajaya，& Setiawan，2021）。为了评估目标达成情况，企业需要设计关键性能指标（KPIs）。常见的指标包括 RFM（Recency，Frequency，Monetary）模型指标、CLV（Customer Lifetime Value）以及转化率等，这些指标将为后续的分析、模型构建以及营销活动的执行提供数据支持。

(四) 模型训练

1. 模型类型选择

根据企业的业务目标和数据特征,选择合适的人工智能或数据挖掘模型是至关重要的。常见的模型类型包括:(1)机器学习与统计建模。如聚类分析、回归分析、决策树、随机森林和 XGBoost 等,这些方法常用于用户画像的构建、偏好的预测和用户行为的相关性分析。(2)深度学习。包括神经网络和 Transformer 结构等,用于处理复杂的数据类型和任务,如情感分析、图像识别、语音识别等,相比于机器学习,这些方法通常能够提取出更加深层次和高维度的特征。(3)强化学习。特别适用于广告投放监测和预算分配等场景,强化学习能够在实时反馈中不断调整策略,优化投放效果。选择了合适的模型后,接下来要利用数据对模型进行训练和验证。

2. 模型训练与验证

模型训练的质量直接影响最终的用户洞察效果。企业通常会将数据分为训练集和测试集,以避免过拟合并确保模型的泛化能力。在模型质量的评估过程中,准确率(表示模型在所有预测中正确预测的比例)、召回率(重点评估在所有实际为正类的样本中,被正确预测为正类的比例)、F1-score(用于综合评估模型的精确性和召回率)、AUC(Area Under the Curve,衡量模型对正负样本的区分能力)等指标是常用的评估标准。此外,模型的调参与优化也是提升模型性能的关键步骤,常见的调参方法包括网格搜索、随机搜索和贝叶斯优化等。

(五) 洞察结果输出与应用

1. 用户洞察结果输出

生成用户洞察的过程不仅仅依赖于模型输出,还需要结合业务背景进行合理解释。企业可以借助可解释性模型或可视化工具来深入分析洞察结果,理解哪些特征对预测有实际的重要影响,或哪些群体呈现出特定的行为模式。同时,人工审议环节也非常关键,业务专家需要通过自己的行业经验对模型输出的结果进行验证,确保洞察结果能够挖掘出真实有效的潜在业务价值。

2. 落地应用与策略执行

接下来,将生成的用户洞察结果应用到具体的营销策略中。例如,基于用户分群和个性化的洞察,企业可以设计更为个性化的营销内容创意、制定更为精准的广告投放策略等。

(六) 监测评估与系统改进

监测评估和系统改进是人工智能营销各个方法中不可忽视的部分。通过对用户反馈数据回流中多维度的市场反馈指标进行衡量,企业能够了解用户洞察的成效,并对整个过程进行相应的调整,它能够帮助企业持续优化用户洞察模型和营销策略,从而更好地适应市场和用户的变化。

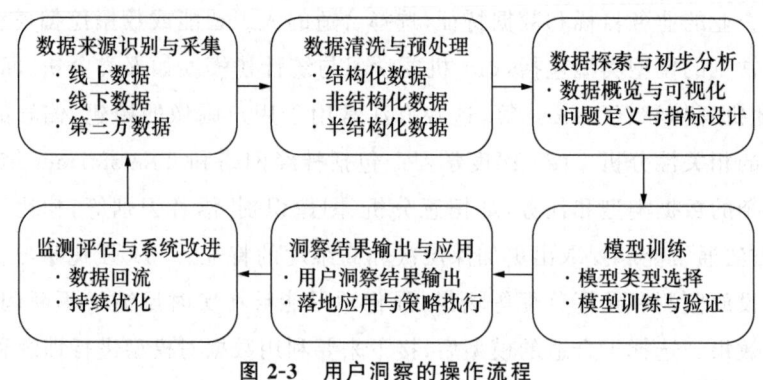

图 2-3　用户洞察的操作流程

五、人工智能用户洞察的适用条件

人工智能在营销中的应用,特别是用户洞察层面,要求企业在多个维度做好准备,包括数据、业务、技术、组织、成本、合规和文化等方面(Kotler & Keller,2016)。

(一)数据准备与可用性

1. 多样化的数据来源

人工智能用户洞察需要海量且多样化的高质量数据,涵盖第一方数据(CRM、ERP、行为日志)、第二方数据(合作伙伴数据)以及第三方数据(公开报告、调研数据)(Sivarajah et al.,2017)。数据的打通和整合能够为人工智能用户洞察模型提供全面视角,增强预测准确性。

2. 数据质量与一致性

数据质量直接影响人工智能用户洞察模型的效果。企业需要进行数据清洗、标准化和整合,以确保数据一致性和完整性。同时,数据使用要遵循合规要求,确保合法性和隐私保护。

(二)业务目标与场景需求

1. 明确的营销目标

在启动人工智能用户洞察项目之前,企业应明确要解决的具体营销问题,如提高转化率、增加留存率等。这有助于制定合理的 KPI 并衡量人工智能用户洞察结果应用的效果。

2. 可执行的应用场景

人工智能用户洞察方法可以应用于多个营销场景,如个性化推荐、流失预测和广告投放等。企业应根据产品和用户特性将不同的用户洞察方法匹配合适的应用场景。

3. 价值与风险平衡

企业应从小范围试点开始,验证人工智能用户洞察结果在营销中的价值,并逐步扩大应用范围。需要谨慎考虑潜在风险,如模型误差对决策的影响。

(三)技术与基础设施支持

1. 数据存储与计算能力

为了处理大规模数据,企业需构建强大的数据平台和计算架构,如 Hadoop、Spark 等。实时分析要求企业使用低延迟的流式计算框架,或者借助第三方云计算平台,如阿里云、腾讯云等。

2. 模型研发与部署

人工智能用户洞察模型的研发和部署需灵活且高效。企业可以使用机器学习框架(如 TensorFlow、PyTorch 等)进行模型训练,并通过应用程序接口将模型嵌入到营销流程中。

(四)组织与团队能力

1. 跨部门协作

人工智能用户洞察项目需要跨部门合作和资源支持,企业应建立有效的协调机制,确保数据共享与协作(Kotler & Keller,2016)。

2. 专业人才

人工智能用户洞察项目需要多角色团队,包括数据工程师、分析师和市场人员等,尤其需要具备数据与业务双重视角和能力的人才。

(五)成本与 ROI 考量

1. 可衡量的 ROI

人工智能项目初期通常需要大量投入,短期内可能未见显著回报。因此,企业应设定明确的 KPI,定期评估 ROI,并根据效果调整战略(Kotler & Keller,2016)。

2. 分阶段推进

企业可以选择从高价值、低风险的场景入手,逐步扩大应用范围,降低项目失败的风险(Winston,2014)。

(六)合规与隐私保护

企业应确保人工智能项目符合当地的隐私法规,如欧盟的《通用数据保护条例》或我国的《中华人民共和国网络安全法》和《中华人民共和国个人信息保护法》,并采取隐私保护措施(如数据脱敏和加密技术)来降低信息泄露风险。

(七) 文化与认知层面

1. 数据驱动的决策文化

企业需要推动数据驱动的决策文化,确保团队能够理解和应用人工智能分析结果,并激励员工形成数据驱动的分析思维。

2. 合理预期人工智能能力

人工智能并非万能,企业应理性看待其能力与局限,并为可能出现的偏差设立纠错机制。

人工智能在营销领域的成功应用,需要企业在数据准备、明确业务目标、技术支持、跨部门合作、成本评估、合规保护和文化认同等方面做好全面准备。只有这样,企业才能有效发挥人工智能在用户洞察中的潜力,实现更高的营销效能和回报。

六、人工智能用户洞察的注意事项

在基于人工智能进行用户洞察的时候,要注意数据隐私与伦理的问题。特别地,在收集和处理用户数据时,必须遵守隐私法规如《中华人民共和国网络安全法》,确保用户信息不会被滥用。开发人员需避免因算法偏见而导致的歧视或不公平,并在设计时考虑伦理规范。相关研究指出,在设计人工智能系统时,将伦理与用户隐私作为核心考虑是提高用户信任度和技术可接受度的关键(Haque, Islam, & Mikalef, 2025)。

第二节 内容管理方法

一、内容管理的基本内涵

人工智能内容管理是指通过人工智能技术实现内容的创建、优化、分发和管理,以满足消费者需求并提升营销效率。它的核心在于首先利用分析式人工智能技术分析用户行为和偏好,根据分析结果再利用生成式人工智能技术生成个性化、相关性高的优质内容,并通过实时反馈、动态调整内容来优化传播效果。人工智能驱动的内容管理能够实现从内容创意到发布的自动化流程(Muth, 2025)。

人工智能内容管理能够显著提升内容管理的效率与效果,为企业在数字化时代的竞争中提供关键优势。通过人工智能技术,企业可以实现内容管理从创作到分发的自动化与智能化操作,不仅降低了人力成本,还突破了传统人工创意的瓶颈,生成多样化且高度个性化的内容。同时,人工智能通过数据分析洞察用户对投放内容的反馈情况,确保内容的精准投放和传播效果的持续优化。

例如,字节跳动的智能内容创作平台利用生成对抗网络和变换器模型自动生成高质量的文本、图像和视频内容。自动化系统减少了人工编辑工作量,提升了内容发布速度和频率,增加了内容曝光率和用户参与度。腾讯新闻的智能内容推荐系统通过分析用户数据构建用户画像,生成个性化内容摘要和推荐理由,提高内容吸引力。讯飞绘文(原星火内容运营大师)能够进行热门选题推荐、海量选题生成、文章一键生成、一键排版、AI生成配图等功能,让内容创作更轻松。

二、人工智能内容管理的优势

分析式人工智能和生成式人工智能技术的快速发展不仅优化了内容的创建、存储、分发和分析流程,还通过个性化推荐、智能搜索和数据驱动的分析重塑了企业和用户之间的互动关系。相比于传统的内容管理,基于人工智能技术的内容管理有以下优势:

(一)人工智能内容创建的优势

(1)内容生成效率提升。人工智能驱动的生成工具能够快速生成高质量文本、产品描述、新闻报道等,节省大量人力时间。例如,基于科大讯飞星火大模型的讯飞绘文支持微信公众号(短长文)、小红书(图文类文章),结合用户观点、知识库与搜索素材、写作风格配置,生成图文并茂的文案。

(2)多模态内容生成。人工智能不仅能生成文字,还能结合图像、音频、视频等形式,提供跨媒介的内容。例如,通过人工智能绘画工具可灵或者即梦,企业可以轻松制作符合品牌需求的图片和视觉内容。

(3)高质量与个性化。生成的内容能根据上下文和用户需求实现定制化。例如,Adobe的人工智能工具Firefly Bulk Create可为不同客户生成定制化的营销素材。

(二)人工智能内容分类与存储的优势

人工智能在内容分类与存储中的主要优势体现在自动化、精准性和动态管理能力上。

(1)自动化分类。通过自然语言处理和图像识别技术,人工智能能够快速解析和分类非结构化数据。例如,人工智能可自动为文档、图像和视频生成标签和元数据。

(2)深层次语义理解与组织。相比传统的关键词分类,人工智能通过语义分析技术能够理解内容的深层含义,将相似内容组织到相关类别中,提升检索效率。

（3）动态存储与优化。人工智能能够根据内容的访问频率或时间动态调整存储策略，确保热门内容更快加载。

（三）人工智能内容分发的优势

人工智能优化在内容分发过程中的优势体现在，通过个性化推荐和多渠道分发提升了用户体验和内容的传播效果。

（1）精准的个性化推荐。机器学习算法通过分析用户行为数据（如点击记录、购买历史）预测用户兴趣，精准推送内容。例如，Netflix 的推荐算法根据用户观看习惯推送电影和剧集，提高了用户黏性。

（2）实时动态调整。人工智能能够根据用户实时行为（如页面停留时间、互动频率）动态调整推荐内容，确保推荐的高相关性。

（3）多渠道智能分发。人工智能实现了跨平台、多终端的分发策略。例如，社交媒体内容可以根据用户的使用习惯和平台特性进行差异化推荐。

（四）人工智能内容分析的优势

人工智能通过实时分析和数据驱动的洞察能力为内容优化和策略制定提供了强有力的支持（Chan-Olmsted，2019）。

（1）行为数据分析。人工智能可以追踪用户行为，如内容点击、浏览和互动，进行详细的用户偏好分析，助力企业优化内容策略并提升用户参与度。

（2）情感分析。通过分析社交媒体评论或反馈，人工智能可以评估用户对内容或品牌的情绪态度。例如，通过识别用户在评论中的情感词汇，企业能够及时调整其市场策略。

（3）预测性分析。人工智能可以基于历史数据预测内容趋势，为内容创作者提供有价值的前瞻性建议。

（五）版权保护与合规管理的优势

内容管理中的版权和合规问题尤为重要，人工智能在版权保护与合规管理方面同样展现出显著的优势，这些技术确保内容管理系统不仅高效运行，还能符合法律和道德标准，具体包括以下方面：

（1）自动化版权监测。一是图像识别与比对。人工智能可以使用计算机视觉技术分析图像、视频和音频，通过匹配数据库中的已注册作品，快速识别侵权行为。例如，YouTube 的 Content ID 系统利用人工智能扫描用户上传的视频内容，自动检测是否使用了受版权保护的音频或视频。二是文本相似度分析。人工智能通过自然语言处理技术，检测文章或报告中的重复性和抄袭内容；微版权平台可以帮助原创作者在海量互联网信息中,精准捕捉疑似侵权的文章、图片、视频、音频等,为版权保护提供重要线索。

(2) 实时合规审查。一是关键词过滤。人工智能可以在内容发布前自动扫描并过滤敏感关键词或违法信息,确保内容符合监管要求。二是语义分析。理解内容的整体语义,检测可能涉及的伦理或法律问题,从而避免违规风险。三是多语言合规管理。人工智能的翻译与语义分析技术能够检测跨语言内容的合规性,有效避免因多语言操作引发的版权或法律纠纷。

(3) 数据隐私与安全。一是用户数据保护。人工智能可以实时监控数据流动,识别可能的安全隐患,确保用户数据隐私得到保护。二是智能访问控制。人工智能能够通过分析用户行为,动态调整访问权限,避免未经授权的内容使用。

(4) 高效法律支持与取证。一是证据保存。人工智能可以记录和存储所有用户交互数据,为解决版权争议提供法律依据。二是侵权行为预测。基于历史数据,人工智能可以预测高风险内容,帮助企业预防潜在的侵权行为。

三、人工智能内容管理的方法

(一) 内容创作

在人工智能的支持下,内容创作已经不仅仅局限于简单的文本生成,而是进入了一个多模态、多手段的协同创作阶段,涉及文本与图像、图像与图像、文本与视频等多种形式互转的创作方式。这一发展极大地拓宽了内容创作的边界,并使得内容的生产和传播变得更加高效与个性化。

1. 自然语言生成(NLG)与文本创作

NLG 技术利用深度学习模型,诸如序列到序列(Seq2Seq)模型或预训练语言模型,将结构化或半结构化的数据转化为自然语言文本。这项技术已广泛应用于电商商品描述、财报自动撰写等领域。NLG 技术可以显著提升内容创作效率,不仅能够高效地生产标准化或创意性文案,还能够大幅降低人工成本。此外,NLG 还能够与品牌的独特调性相结合,进行定制化的内容表达,从而增强品牌的个性化传播效果。

2. 文生图(Text-to-Image)与图生图(Image-to-Image)

文生图,是指文本到图像生成技术,即通过对大规模的文本—图像配对数据进行训练,能够将自然语言的文字描述(即"prompt")转化为相应的图像。这一技术的应用场景广泛,尤其在电商、广告和创意设计等领域,能够帮助营销人员更快速、便捷地生成高质量的视觉内容。

图生图,是指图像到图像生成技术,即基于现有图像,通过接收额外的指令(如文字描述、风格描述等),进行风格迁移、修饰或局部重绘。该技术可在创意设计和图像内容的个性化调整中发挥重要作用。

3. 文生视频(Text-to-Video)

文生视频技术利用多模态预训练模型,将文本描述转化为视频帧序列,从而生成短视频片段。这一过程不仅依赖于强大的深度学习模型,也需要对视频制作的细节有足够的理解,以确保生成的视频内容与文本描述高度一致。

文生视频技术在广告宣传片、影视预告片、在线教育等场景中具有广泛的应用潜力。它能够帮助企业快速呈现概念,促进创意内容的可视化,进而提升用户的理解与参与感。

■ 小案例

中国首部文生视频人工智能动画片《千秋诗颂》首播反响热烈

2024年2月26日,由中央广播电视总台制作的中国首部文生视频人工智能动画片《千秋诗颂》在央视综合频道(CCTV-1)播出。首集《别董大》综合运用可控图像生成、人物动态生成、文生视频等最新技术成果,生动讲述了唐代诗人高适跌宕起伏的人生经历与诗词创作故事,播出后引发热烈反响。首播收视份额为4.22%,收视率在所有上星频道动画片中高居第一。

中央广播电视总台人工智能工作室相关人士表示,将在实战中进一步提升内容品质,增强总台文生视频人工智能在中文视音频领域的领先优势。多位行业专家表示,《千秋诗颂》是一部人工智能前沿技术发展应用与中华优秀传统文化传承成功结

图 2-4 文生视频示例

合的创新引领之作。"AI""总台""千秋诗颂"等成为网友热议高频词。截至2024年2月27日20：00，话题"千秋诗颂"阅读量超791万次。

资料来源：《收视第一！中国首部文生视频 AI 动画片〈千秋诗颂〉首播反响热烈》，https://news.cctv.com/2024/02/28/ARTILtzGnUZe4srf2N2waj6e240228.shtml。

4. 动态创意优化（Dynamic Creative Optimization，DCO）

DCO 技术主要用于广告投放中，通过算法实时组合文字、图像、视频等素材，为目标用户生成个性化的广告内容。这种技术的核心在于根据用户的实时反馈进行内容调整和优化。

DCO 技术能够显著提升广告的点击率（CTR）和转化率（CVR）。通过实时反馈机制，广告创意能够迅速进行迭代，确保广告内容始终保持新鲜和相关性，从而提高广告效果（Wang et al.，2014）。

（二）内容分类与存储

内容创作完成后，如何高效地进行分类、存储与管理，以便后续的检索、使用和合规审核也是一个重要的问题。

1. 多模态内容标注与分类

（1）文本分类。文本分类技术主要是指利用自然语言处理技术对文本进行分析，识别文本中的主题、关键词以及情感倾向等信息。这种技术能够帮助企业高效地进行内容筛选和分类。（2）图像与视频标签化。计算机视觉与图像识别算法被广泛应用于图像和视频的自动标签化。这些算法能够通过识别图像或视频中的人物、场景、物体等要素，为后续的检索和再创作提供支持。

2. 知识库与素材库管理

（1）统一内容管理平台。企业可以利用统一的内容管理平台，将文本、图片、视频等多模态素材进行集中存储，并通过标签与元数据进行有效的组织和检索。这平台不仅能够提高内容的存取效率，也能为创作与分析提供便捷的支持。（2）版本管理与版权信息。在内容创作过程中，保留内容的版本迭代记录，并为每一版本嵌入版权及使用权限信息，是确保内容合规使用的重要手段。这一机制能够有效避免知识产权纠纷，确保创作者与企业的合法权益得到保障（Jobin et al.，2019）。

3. 合规与安全存储

（1）加密与访问控制。对于涉及敏感信息或具有高商业价值的内容，企业应采取加密存储，并设置分级访问权限。这不仅能够保护内容的机密性，还能有效降低数据泄露的风险。（2）数据中心与云存储合规。企业在存储和管理内容时，应确保遵守所在区域的数据管理与隐私保护法规,如欧盟的《通用数据保护条例》以及我国的《中华人民共和国个人信息保护法》等。这一措施对于避免法律风险,确保数据合规性具有重要意义。

(三) 内容分发

内容分发的核心在于如何通过人工智能的力量,在适当的时刻、通过适当的渠道,将最相关的内容传递给目标用户。人工智能提供的个性化、实时化和跨渠道分发能力,极大提升了内容营销的精准性和效率。

1. 个性化推荐与分发

(1) 推荐算法。现代推荐系统使用协同过滤、深度学习、强化学习等多种方法,结合用户的历史行为和画像标签,实现个性化内容的精准推送(Goodfellow et al.,2016)。这种方法能够为每个用户提供量身定制的内容,从而提高用户的参与度和满意度。(2) 多渠道触达。通过网站、移动应用、社交媒体、电子邮件、物联网设备等全渠道同步进行内容投放,能够大幅提高品牌的曝光度和用户的互动体验。这种多渠道的策略使得品牌能够触达更广泛的用户群体。

2. 实时竞价与人机协同

(1) 实时竞价。在广告投放中,实时竞价技术允许广告主在广告展示的毫秒级时段内,通过需求方平台(DSP)和供应方平台(SSP)实现流量的实时竞价和素材的动态调取。(2) 人机协同。对于一些敏感或高价值的用户群体,企业应结合人工干预策略,避免过度投放或发布不当内容。这种结合人工和算法优化的方式能够更加精准地满足用户需求(Wang et al.,2014)。

3. 动态 A/B 测试与策略优化

(1) 数据回流。通过实时监测用户的点击、停留时长、转化率等指标,将这些数据反馈给模型,以实现素材与投放策略的自动优化。(2) 多方案并行试验。采用 A/B 测试或多版本测试的方法,在不同用户群体、渠道或时间段对内容投放效果进行验证,以确保营销策略的最佳执行。

(四) 内容分析

内容分析不仅包括对内容分发效果的监控,还涉及用户反馈、舆情监测以及市场趋势的全方位洞察。这些分析帮助企业及时调整策略,避免潜在风险,并优化营销效果。

1. 用户行为与舆情监测

(1) 情感分析。通过对评论、论坛帖子或客服对话进行情感计算,分析用户的情绪态度(正面、负面或中性),并识别出用户关注的核心问题(Adamopoulou & Moussiades,2020)。(2) 热点追踪。通过实时监控社交媒体和新闻来源,提取与品牌、产品或行业相关的热点话题与趋势,为决策层提供快速响应的依据。

2. 内容效果评估

(1)转化漏斗与ROI分析。通过评估内容从曝光到点击,再到转化的各个环节的数据,企业可以量化营销效果,从而为策略优化提供有力的依据。(2)内容质量评分。基于用户互动频次、停留时长、跳出率等指标,企业能够评估内容的受欢迎程度,并据此反向优化内容创作与分发策略。

3. 模型迭代与风控预警

(1)数据驱动优化。将用户行为分析的结果输入到内容创作和分发模型中,以推动个性化内容和创意质量的持续优化。(2)舆情预警与风险管理。通过自动化舆情监控系统,企业能够对突发的负面舆情或敏感话题进行及时预警,保障品牌形象并及时启动公关或法律团队进行应对(Jobin et al.,2019)。

四、人工智能内容管理的操作流程

人工智能驱动的内容管理的操作流程一般包括需求分析、内容创建、内容存储与管理、内容审核、内容发放、数据回流、效果评估与优化。

(一)需求分析

在开展内容创建之前,企业首先需要进行全面的需求分析。这一阶段的核心任务是明确内容管理工作的目标与需求。企业必须基于用户洞察深入了解目标受众群体的特征,包括其偏好、行为习惯以及对内容的期望。只有通过细致的受众分析,企业才能确定最合适的内容类型,以便最大化地吸引目标受众。此外,明确期望达到的效果(如增加品牌曝光、提升用户参与度或促进销售转化等)是制定内容策略的基础。在此基础上,进一步分析市场趋势和竞争对手的策略尤为重要。通过对市场动态和竞争者的研究,企业可以获得宝贵的行业洞察力,从而制定出包括内容风格、话题选择及发布频率等方面的具体内容策略。

(二)内容创建

在明确了内容战略和目标受众之后,企业进入了内容创建的阶段。现代内容创作过程得益于人工智能工具的加持,诸如讯飞绘文、可灵AI、Midjourney等人工智能生成内容平台能够显著加速内容的生成过程,同时保证内容质量和创作的一致性。这些工具不仅能够自动生成符合特定风格和主题的文本或图像,还能够根据内容创作者的需求,进行创意补充和优化。然而,尽管人工智能工具能够极大提高创作效率,人工审查和完善仍然是不可或缺的一环。在实际操作中,企业需要向人工智能写作助手提供详细的内容简报或创作指导,帮助人工智能更精确地草拟内容。

随后，创作出的初稿应由专业人员进行人工审阅，进一步完善内容的准确性、逻辑性及吸引力，确保最终发布的内容达到预期效果。

（三）内容存储与管理

内容的存储与管理是内容管理流程中的一个重要环节。随着内容创作的持续推进，企业需要借助内容管理系统（CMS）对生成的多媒体内容进行集中存储和高效管理。通过人工智能技术，内容可以在 CMS 中实现自动化分类和标签化，从而提高内容的检索效率，方便后续的管理工作。例如，人工智能可以根据内容的主题、关键词以及创作时间等特征，为每一条内容分配适当的标签。这样做不仅有助于提升检索效率，还便于对内容进行精细化的管理和分析。定期的内容库维护工作也是保证内容质量的重要组成部分。企业应当定期审查和清理过时或不符合规范的内容，确保内容库的更新与优化，避免无效或不合规的内容影响到整体运营。

（四）内容审核

在内容发布之前，进行严格的审核程序是确保内容合规性和质量的关键步骤。人工智能技术能够在初步审核中发挥重要作用，迅速识别并排除违规信息或错误内容。借助自然语言处理技术，人工智能可以自动扫描文本中的敏感词汇、虚假信息或其他不符合政策的内容、侵犯版权的素材，帮助企业避免法律风险。对于已经发布的违规内容，人工智能能够自动标记并通知管理人员，从而保证违规内容能够得到及时处理，避免对企业声誉和品牌形象造成不良影响。

然而，尽管人工智能在初步审核中表现出色，它仍然无法替代人工审核的作用，尤其是在处理法律法规复杂性较高或涉及伦理道德的问题时。人工审核不仅是对人工智能审核结果的确认，更是对内容进行深入把关的过程，确保内容符合法律法规、社会道德规范以及特定行业的标准。在我国，社会主义核心价值观的体现也是内容审核的重要标准之一，因此人工审核能够确保这些内容符合国家的相关政策和要求。

（五）内容发布

内容的发布是整个内容管理流程中的关键环节。根据事先制定的内容策略，企业可以选择自动化发布或人工发布的方式，将内容分发到不同的平台和渠道。内容发布时，人工智能技术可以辅助选择合适的时机、发布渠道和受众人群。通过分析历史用户数据、平台特性以及用户活跃时间等因素，人工智能可以帮助企业确定最佳的发布时间窗口和最优的发布渠道，从而最大化内容的曝光率和受众参与度。通过对发布过程的把控，确保内容能够在最合适的时间吸引到最相关的观众，提高传播效果。

(六) 数据回流

在内容发布之后,用户的互动反馈对于优化内容和提升用户体验至关重要。人工智能技术如聊天机器人或者内容发布平台,能够与用户进行即时互动,收集用户反馈数据并将数据回流进行智能分析。这些反馈信息可以帮助企业理解受众对内容的态度和期望,从而进一步优化内容的创作与发布。在内容投放环节结合动态创意优化技术,通过人工智能对用户反馈的自动化分析,企业可以更高效地识别出受众的兴趣点和改进方向,增强内容的个性化和相关性。

(七) 效果评估与优化

在内容管理的全过程中,定期生成报告和评估内容管理效果至关重要。这些报告能够帮助企业清晰地了解内容创作、发布、审查和优化等环节的执行情况,同时为企业提供有关内容效果的具体数据。通过对报告的分析,企业可以发现潜在的问题和改进空间,进而对内容管理流程进行相应的调整。评估结果为后续的内容管理策略提供了科学依据,有助于企业不断优化内容创作和发布的流程,从而提高整体营销效果。

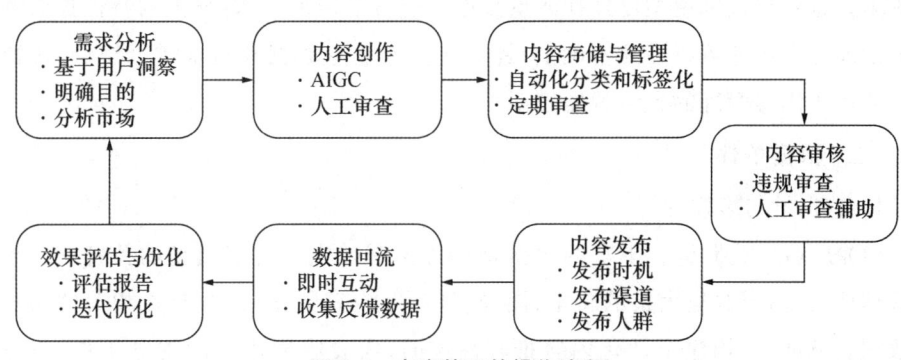

图 2-5 内容管理的操作流程

可见,人工智能在内容管理操作流程的各个环节中都能起到重要作用,特别是在提高内容创作效率、保证内容质量、优化用户体验方面。

五、人工智能内容管理的适用条件

人工智能内容管理的有效性取决于技术条件与业务需求的匹配程度,以及数据和资源的可用性。

(一) 技术条件

1. 算力支持

(1) 硬件资源。无论是大型企业还是小型团队,开展人工智能内容管理都需要具备一定的硬件基础。服务器或云端算力资源要能够满足模型训练、数据处理以及实时内容分析等任务的需求。对于进行复杂图像和视频内容处理的场景,配备高性能的图形处理单元(GPU)尤为重要。例如,在进行视频内容的智能剪辑和特效添加时,强大的 GPU 可以加速视频渲染过程,提高工作效率。(2)云计算服务。云计算平台提供了灵活的算力资源,企业可以根据自身业务量的波动,弹性调整计算资源的使用。许多中小企业可能无法承担大规模的硬件采购和维护成本,通过租用云计算服务,如亚马逊 AWS、微软 Azure、阿里云等,能够以较低的成本获取强大的算力支持,确保人工智能内容管理系统的稳定运行。

2. 人工智能算法与模型

(1)基础算法库。拥有一套完整的人工智能基础算法库,涵盖机器学习、深度学习等领域的常用算法,如分类算法(决策树、支持向量机)、聚类算法(K-means)、生成算法(生成对抗网络、变分自编码器)等。这些算法是实现内容分类、推荐、生成等功能的核心工具。(2)预训练模型。利用现有的大规模预训练模型,如自然语言处理领域的 GPT 系列、图像识别领域的 ResNet 等,可以大大减少模型训练的时间和成本。这些预训练模型已经在海量数据上进行了训练,具备强大的特征提取和模式识别能力。企业可以在此基础上,针对自身的业务数据和需求进行微调,快速构建出适用于内容管理的人工智能模型。

(二)数据条件

1. 数据量与多样性

(1)足够的数据量。丰富的数据是训练出有效人工智能模型的关键。对于内容管理而言,需要收集大量的文本、图像、视频等内容数据,以及与之相关的用户行为数据。例如,在构建个性化内容推荐系统时,需要收集用户的浏览历史、点击行为、评论内容等数据。数据量越大,模型对用户兴趣的刻画就越准确,推荐效果也就越好。一般来说,对于复杂的内容管理任务,可能需要数百万甚至数十亿条数据记录作为支撑。(2)数据多样性。数据不仅要量大,还要具备多样性。内容数据应涵盖不同的主题、风格、格式等,用户行为数据要包括不同场景、时间、设备下的行为信息。例如,在图像内容管理中,图像数据应包含不同的拍摄场景(室内、室外)、物体类别(人物、风景、产品)、图像风格(写实、卡通、抽象)等,这样训练出的模型才能具有更强的泛化能力,能够适应各种实际应用场景。

2. 数据质量与标注

(1)数据准确性。确保数据的准确性至关重要,错误的数据会误导模型的训练,导致内容管理出现偏差。例如,在对新闻内容进行分类时,如果新闻文章的主题标签标注错误,模型在学习过程中就会将错误的信息作为"正确"的知识进行学习,从而无法准确地对新的新闻内容进行分类。因此,在数据收集和整理过程中,需要进行严格的数据审核和验证。(2)数据完整性。数据应完整无缺,缺少关键信息的数据可能会影响模型的性能。例如,在分析用户行为数据时,如果用户的年龄、性别等基本信息缺失,可能会导致无法准确构建用户画像,进而影响内容推荐的精准度。对于不完整的数据,需要进行合理的补充或清理。(3)数据标注规范。对于用于模型训练的数据,需要进行准确、规范的标注。标注的一致性和准确性直接影响模型的训练效果。例如,在图像分类任务中,所有图像的标注应遵循统一的标准,明确标注出图像中所包含的物体类别、属性等信息。同时,标注人员应经过专业培训,确保标注的质量。

(三) 组织与人才条件

1. 跨部门协作机制

(1)业务部门与技术部门合作。人工智能内容管理涉及多个部门的协同工作。业务部门(如市场营销、内容创作、客户服务等)负责提供业务需求和内容资源,技术部门则负责搭建和维护人工智能内容管理系统。例如,市场营销部门提出需要针对特定用户群体进行精准的内容推荐,技术部门则根据这一需求,利用用户行为数据和内容数据,通过人工智能算法实现推荐功能。(2)数据管理部门的支持。数据管理部门在人工智能内容管理中起着关键作用,负责数据的收集、存储、清洗和管理。他们需要与业务部门和技术部门密切合作,确保数据的质量和可用性。例如,数据管理部门要根据技术部门的需求,对收集到的数据进行预处理,去除噪声和重复数据,为模型训练提供高质量的数据。

2. 专业人才储备

(1)人工智能技术人才。需要具备人工智能领域的专业知识和技能的人才,包括算法工程师、数据科学家等。他们负责设计、开发和优化人工智能模型,解决技术难题。例如,算法工程师根据内容管理的业务需求,选择合适的算法和模型架构,并对模型进行训练和调优,以提高模型的性能和准确性。(2)内容管理与业务专家。既懂内容管理又熟悉业务的专业人才不可或缺,他们能够将人工智能技术与业务需求相结合,为内容管理提供专业的指导。例如,内容编辑人员可以利用自己对内容的理解和创作经验,对人工智能生成的内容进行审核和优化,确保内容符合品牌形象和用户需求;市场营销专家能够根据市场趋势和用户需求,制定内容管理策略,指导人工智能系统的应用方向。(3)复合型人才培养。企业可以通过内部培训、外部进修等方式,培养员工的跨领域知识和技能,培养既懂人工智能技术又熟悉业务流程的复合型人才。例如,组织内部培训课程,让技术人员了解业务流程,同时让业务人员学习人工智能基础知识。

(四) 安全与合规条件

1. 数据安全保障

(1) 数据加密。采用加密算法对数据进行加密存储,只有授权用户才能通过解密密钥访问数据。使用安全的传输协议(如 HTTPS),确保数据在网络传输过程中的安全性。例如,对于用户的敏感信息(如个人身份信息、购买记录等),在存储和传输时都要进行严格的加密处理。(2) 访问控制。建立严格的访问控制机制,限制不同用户对数据和系统的访问权限。根据用户的角色和职责,分配相应的权限,确保只有授权人员才能访问敏感数据和进行关键操作。例如,数据管理员具有最高的数据访问权限,能够对数据进行管理和维护;而普通用户只能访问与自己工作相关的数据,且只能进行特定的操作(如查看、编辑部分内容)。(3) 数据备份与恢复。定期进行数据备份,防止数据丢失。在遇到数据丢失或损坏情况时,能够及时恢复数据,确保内容管理系统的正常运行。例如,每天对数据库进行全量备份,每周进行一次异地备份,以防止因本地灾难(如火灾、硬件故障)导致数据丢失。

2. 合规性要求

(1) 法律法规遵守。确保人工智能内容管理系统的开发和应用符合相关的法律法规。例如,在收集和使用用户数据时,要遵循相关的数据保护法规,获得用户的明确授权,并确保数据的使用目的合法合规。在内容创作和分发过程中,要尊重他人的知识产权,避免侵权行为。(2) 行业标准遵循。不同行业可能有不同的内容管理要求和标准,企业需要了解并遵守这些标准。例如,在医疗行业,对患者信息的管理有严格的规范,人工智能内容管理系统要确保患者信息的安全和隐私保护符合医疗行业的标准;在金融行业,对金融信息的准确性和完整性要求极高,内容管理系统要满足金融监管机构的相关规定。

六、人工智能内容管理的注意事项

(一) 内容创作的注意事项

(1) 版权与知识产权保护。在进行文生图、图生图及文生视频等创作时,必须清晰地确定生成内容的归属权,确保不侵犯第三方的版权。特别是在使用外部素材或运用风格迁移技术时,创作者应确保已获得相关授权(Jobin et al., 2019)。此外,若生成内容涉及品牌标识或商标,必须严格遵守商标法和品牌规范,避免侵犯知识产权。

(2)创意生成的合规性。人工智能在生成创意时,可能无意间产生暴力、歧视或误导性内容,这些内容往往不符合文化或伦理标准(Devlin et al.,2019)。因此,必须设立严格的内容审核机制,以确保所有生成的内容符合社会规范。与此同时,生成的内容应基于精准的用户画像与需求分析,从而避免发布过度投放或低质量的内容,这可能会对用户体验产生负面影响。

(3)生成内容质量保障。生成内容的质量取决于训练数据的准确性和多样性。如果数据存在偏差,生成的内容可能会出现不一致或不准确的情况(Ramesh et al.,2021)。因此,在内容创作中,建议对商业用途的生成内容引入人工复核环节,确保内容符合品牌调性和业务需求,从而提升生成内容的质量与一致性。

(二)内容分类与存储的注意事项

(1)数据标注的公平性与准确性。在内容分类过程中,应确保训练数据的标注公正且准确。尤其是在处理人群分类、性别或文化属性等敏感标签时,必须防止任何形式的歧视或偏见(Goodfellow et al.,2016)。此外,应定期更新标签与分类标准,以确保其与行业发展和技术进步保持同步,从而提高分类的准确性和时效性。

(2)内容存储的安全与隐私保护。对于含有敏感信息的内容,必须采用严格的数据加密和分级存储策略,确保内容存储过程中的数据安全,防止泄露风险(Jobin et al.,2019)。同时,企业还应遵守所在地区的隐私保护法,如欧盟的《通用数据保护条例》以及《中华人民共和国个人信息保护法》,确保内容的存储和管理符合相关法律法规要求。

(3)内容版本管理与审查记录。对于动态创意或多模态生成的内容,需保留所有版本的生成记录及元数据,以便后续的溯源和审查(Rombach et al.,2022)。特别是针对用户生成内容(UGC),需要建立审核流程,以确保不合规内容不会进入存储库并影响后续使用。

(三)内容分发的注意事项

(1)个性化推荐的伦理与公平性。在进行个性化推荐时,算法的透明性尤为重要。用户应能够了解推荐机制的基本逻辑和数据来源,避免产生"暗箱操作"或"歧视性分发"的质疑(Devlin et al.,2019)。此外,推荐算法应避免过度个性化或造成"信息茧房",以保障信息的多样性,确保用户能够获取广泛的信息,而非仅仅局限于个人偏好的内容(Goodfellow et al.,2016)。

(2)广告投放合规性。在实施动态创意优化和实时竞价(RTB)过程中,广告素材的来源与用途应明确标示,以确保投放内容的真实性与可靠性。此外,必须严格禁止使用人工智能生成的虚假广告或具有误导性的宣传语,以避免因违法或不道德内容引发法律和社会争议（Wang et al.，2014）。

（3）内容触达的频率与适配性。内容推送频率应适度，以避免过度打扰用户体验。与此同时，在进行跨平台内容分发时，应确保内容的形式与风格能够适应不同平台（如社交媒体、电子邮件和网站等）的要求，保持品牌形象的一致性。

（四）内容分析的注意事项

（1）舆情分析与应对的及时性。在舆情监测过程中，应建立实时预警机制，以便及时识别负面情感或突发事件，并迅速采取应对措施，以减少对品牌形象的负面影响（Adamopoulou & Moussiades，2020）。

（2）分析模型的准确性与可解释性。定期评估分析算法的准确性至关重要，以防止因错误识别导致的决策偏差。同时，应建设基于可解释人工智能的分析工具，使得非技术团队能够理解分析结果并据此作出相应的调整和决策（Goodfellow et al.，2016）。

（3）隐私合规与数据匿名化。在进行用户行为与情感分析时，应严格遵守隐私保护原则。所有用户数据必须进行匿名化和去标识化处理，确保个人隐私不会泄露，从而避免不必要的法律风险（Jobin et al.，2019）。

（4）内容绩效指标的全面性与动态优化。在评估内容分发效果时，应采用多维度的绩效指标，如投资回报率、转化率、停留时长和互动率等，以全面评估内容的效果。此外，分析结果应及时反馈到创作和分发环节，推动内容管理的动态优化，以提高整体运营效率（Zhang et al.，2014）。

通过合理应用人工智能技术并遵循上述注意事项，企业能够在确保合规性的同时，优化内容创作、管理和分发流程，提升内容营销的效果和用户体验。

第三节　交互投放方法

一、交互投放的基本内涵

交互投放是指在用户与企业的内容或服务进行互动的过程中，通过各种渠道（如客户服务、广告投放或推荐系统）向用户精准传递信息、产品或服务的一种方式。它的核心特征在于强调用户行为的实时响应和动态调整，通过分析用户的需求、偏好和反馈，持续优化投放内容和方式，以提升用户体验和投放效率。

传统交互投放主要依赖于人工和规则驱动的方式。例如，客户服务通常由人工完成，服务人员通过电话或在线聊天解答用户问题。然而，这种方式因人员限制，难以满足高峰期的大量需求,常导致用户体验不佳。同样,广告投放方式通常基于人口统计学数据进行粗略分组,缺乏动态调整能力,无法实现针对不同用户需求的个性化推荐。此外,推荐服务通常基于静态规则(如简单的标签匹配),推荐内容与用户实际需求的相关性较低。

人工智能交互投放是指企业在为用户提供营销服务时,借助人工智能技术实现的高效、精准的用户互动和产品或服务信息投放策略。它旨在解决传统营销服务中人员响应滞后及广告投放与个性化推荐反应不及时的问题,通过智能化手段提升服务效率和用户体验。人工智能在交互投放中具有重要作用,它能够自动化处理用户数据,通过机器学习算法识别用户需求和预测未来行为趋势,为交互设计提供更智能、更自适应的交互模式。自然语言处理和语音识别技术的发展,使得人工智能能够更好地与用户进行交互,提升产品的可用性和易用性。

人工智能交互投放按照表现形式不同可分为智能客服、智能广告投放以及智能推荐系统。智能客服借助自然语言处理技术和机器学习,能够根据用户行为和偏好提供个性化的服务。例如,京东通过其智能客服"京东小助手",能够实时响应顾客问题,提供个性化的购物建议,极大提升了用户体验并促进了转化率。智能广告投放则通过大数据分析和算法优化,实现精准的广告推送。智能推荐系统也通过分析用户属性信息、浏览和购买记录等行为数据,为用户精准推荐商品,从而提高广告的精准度和转化率。

二、人工智能交互投放的优势

(一) 智能客服的优势

智能客服是人工智能在企业与消费者交互中的关键应用之一。传统客服模式依赖人工服务,尤其在处理高峰时段的客户需求时,往往面临人员不足、反应迟缓等问题,造成用户体验不佳(Adamopoulou & Moussiades,2020)。然而,人工智能技术的引入,尤其是自然语言处理和语音识别技术的发展,使得智能客服能够实时响应用户的咨询并提供个性化服务。例如,在线旅游平台携程通过其智能客服"携程智能小管家"能够为用户提供 24 小时在线咨询服务,实时回答用户关于航班、酒店预订等问题,并根据历史数据提供个性化的旅行建议。这种智能化客服不仅大幅提升了服务效率,还帮助携程提升了用户满意度和客户忠诚度。

通过人工智能客服,企业能够高效处理大量用户请求,无须依赖人工客服处理每个问题,从而显著节省了人工成本,并能提供更加个性化和即时的服务。这种基于人工智能的客服系统能够根据用户的历史互动数据和需求变化持续优化服务内容,提升客户服务的智能化和自动化水平。

(二) 智能广告投放的优势

智能广告投放技术通过大数据分析和机器学习算法的应用,使广告投放更加精准、高效。传统的广告投放通常依据静态的用户信息和人口统计数据进行预测,难以适应快速变化的用户需求和行为。而人工智能广告投放系统能够基于实时数据进行动态调整,提升广告的精准度和转化率。例如,社交平台微博通过分析用户的浏览习惯、互动行为和兴趣偏好,能够精准地为每位用户展示不同的广告内容,并根据实时反馈优化广告投放策略。这种方式不仅提高了广告的点击率,还极大增强了广告投放的效果(Zhang et al., 2014)。

此外,智能广告投放系统还可以根据预算、地域、时间等多维度进行精细化的资源分配。以短视频平台快手为例,该平台运用机器学习技术,根据用户实时观看数据动态调整广告投放内容,不仅实现了更高的用户转化率,还有效降低了广告投放的成本。通过这种方式,广告主能够实时监控广告的效果,并根据反馈迅速进行优化。

(三) 智能推荐系统的优势

智能推荐系统是人工智能交互投放中的另一重要应用。传统推荐系统往往依赖静态规则或标签匹配,难以精准反映用户的动态需求。而人工智能推荐系统能够实时分析用户的行为数据,并基于深度学习和协同过滤算法精准推送个性化内容。例如,字节跳动的抖音平台通过对用户观看视频的行为、点赞与评论记录进行深度分析,能够推送与用户兴趣高度相关的短视频内容。这种个性化推荐方式使得用户的观看时长和平台的使用黏性大幅增加(Goodfellow et al., 2016)。

智能推荐不仅能够提升用户体验,还能显著提高平台的内容消费和用户互动。以京东为例,该平台基于用户的购物历史、搜索记录以及社交行为,使用深度学习算法为用户推荐相关商品,并根据用户的反馈数据不断优化推荐模型。通过这种智能化的推荐,京东不仅提升了用户的购物体验,还增强了商品的曝光度和转化率。

三、人工智能交互投放的方法

(一) 智能客服

在人工智能营销中,智能客服(Intelligent Customer Service)作为一种交互投放方式,能够通过自然语言处理和机器学习等技术与用户进行实时对话,进而实现更高效、个性化的客户支持与营销转化(Adamopoulou & Moussiades, 2020)。智能客服无论是有形机器人还是无形智能助手,其核心在于利用对话系统(Dialogue System)的多轮对话管理和深度语义理解,为用户提供精准的咨询答复、个性化的产品推荐和智能化的售后服务。智能客服的主要方法包括:

(1) 自然语言处理。智能客服高度依赖自然语言处理技术对用户输入的文本或语音信息进行解析,包括分词、词性标注、实体识别、依存句法分析等多环节,以获取语句的语义和意图。近年来,深度学习方法(如循环神经网络、卷积神经网络以及基于自注意力机制的 Transformer 模型等)在自然语言理解中取得了显著成效(Devlin et al.,2019)。其中,BERT(Bidirectional Encoder Representations from Transformers)等预训练模型的出现,使智能客服在语义识别与上下文理解方面的表现大幅提升。

(2) 对话管理与多轮对话。对话管理模块负责在多轮对话中跟踪上下文状态并作出响应决策。早期常通过有限状态机或基于规则的方法来管理对话流程,随着机器学习的不断演进,强化学习(Reinforcement Learning)或基于深度神经网络的策略优化方法逐渐成为主流,可以在更复杂的场景中处理多样化的用户需求(Young et al.,2013)。

(3) 生成式与检索式混合模型。在对话生成方式上,现代智能客服普遍采用"检索式+生成式"混合模型:先利用检索式方法从既有知识库中匹配最相似的答复或候选语句,再基于用户上下文意图进行生成式修正。这种混合策略既能保证回复的准确性,又兼具生成式模型的灵活性(Sutskever et al.,2014),大幅提升回复的质量与效率。

(4) 情感分析与用户画像。为了更好地识别用户情绪并分析其行为意图,智能客服通常结合情感分析(Sentiment Analysis)和用户画像(User Profiling)技术,通过对用户对话历史、偏好数据进行多维度挖掘,实现更具人性化的沟通与推荐。当检测到用户情绪较为激动时,系统会自动切换至更具安抚性的话术,以提高客户体验与满意度。

■ 小资料

阿 里 小 蜜

阿里巴巴集团在 2015 年 7 月 24 日发布了一款人工智能购物助理虚拟机器人,并取名"阿里小蜜"。"阿里小蜜"集合了阿里巴巴集团淘宝网、天猫商城、支付宝等平台日常使用规范、交易规则、平台公告等信息,凭借阿里在大数据、自然语义分析、机器学习方面的技术积累,精炼为几千万条真实而有趣,并且实用的语料库(此后每天净增0.1%),通过理解对话的语境与语义,实现了超越简单人机问答的自然交互,最终成长为顾客的私人购物助理、贴心生活助手。

阿里小蜜能够为用户提供每周7天每天24小时在线咨询、投诉处理与售后服务。系统会根据用户提出的问题类型,从既有知识库或已学习的对话模型中检索或生成对应回答;若遇到复杂场景或未收录问题,会无缝转接人工客服,实现人机协同。

2019年10月,阿里小蜜获"吴文俊人工智能科学技术奖"之"人工智能科技进步奖一等奖"。

资料来源:https://baike.baidu.com/item/阿里小蜜/19129551。

(二)智能广告投放

在人工智能驱动的广告投放中,程序化广告投放、OCPX推广、程序化创意是三种主要方法。

1. 程序化广告投放

程序化广告(Programmatic Advertising)投放是一种通过自动化技术进行广告位购买、广告内容展示和实时优化的广告投放方法。在这一过程中,广告主和广告平台通过使用算法、数据分析以及机器学习技术来实现广告的精准投放与实时调整。程序化广告的核心在于,通过数据驱动的方式实现广告内容的动态调整,并根据用户行为、兴趣、地理位置等因素,展示与用户最相关的广告内容。程序化广告按照交易是否公开可以分为公开交易广告和私有交易广告,公开交易广告主要以实时竞价模式为主;私有交易广告主要包括三种竞价方式:私有程序化购买(Programmatic Direct Buy,PDB)、优先交易(Preferred Deals,PD)和私有竞价(Private Auction,PA),它们的区别在于是否竞价以及广告位是否预留。目前应用最广泛的程序化广告交易模式是实时竞价模式。

2. OCPX推广

OCPX(Optimized Cost per X)是在实时竞价基础上发展而来的一种进阶广告出价模式。在实时竞价模式中,广告主主要通过需求方平台(DSP)参与广告位的实时竞拍。竞拍的核心是出价,通常以每千次展示费用(CPM)、每次点击费用(CPC)或每次行动费用(CPA)等方式出价。然而,实时竞价虽然能够实现广告位的实时竞争和精准投放的可能性,但它主要关注的是在竞拍环节中获得广告展示机会。随着广告主对广告投放效果的要求越来越高,不仅仅满足于曝光和点击,更关注实际的转化。OCPX应运而生。它是在实时竞价的基本框架和数据传输机制上构建的。OCPX模式下,广告主可以基于转化目标(如订单、下载、注册等)来优化出价。这是因为OCPX利用了实时竞价的实时数据传输和竞拍基础设施,同时又引入了更高级的算法和数据反馈机制。例如,OCPX模式能够在广告投放过程中,根据用户的实时行为数据,如浏览商品页面的时长、加入购物车的动作等,预测该用户最终完成购买的可能性。所以,OCPX模式的主要优点之一是通过动态调整广告出价,使广告主能够以最低的成本达成预定的目标。这种模式不仅能够提高广告的转化率,还能通过机器学习算法和实时反馈机制不断优化广告投放策略。

具体来说,在OCPX模式中,广告主首先设定清晰的广告目标,如转化目标,并设定该目标的最大允许成本(如每次转化的最大出价)。例如,广告主可以设定每次转化的最大成本为5美元/CPT,并希望通过程序化投放实现这一目标。OCPX模式基于历史数据(如用户的购买行为、广告展示与点击记录等)和实时反馈(如广告展示后的实际转化情况)来调整广告投放策略。广告平台使用人工智能技术分析大量用户数据,了解哪些受众群体更有可能进行转化,并据此调整出价和投放策略。

OCPX模式的另一大优势在于它可以优化预算分配。广告主的预算会根据不同广告位的表现、受众的转化潜力等因素进行动态分配。广告平台会在预算范围内,自动分配更多资金给那些高转化概率的广告位,减少低效广告位的支出。这种智能预算分配和广告优化确保广告主的预算能够最大程度地用在最具价值的广告投放上,从而提高投资回报率。

3. 程序化创意

程序化创意(Programmatic Creative)是一种利用自动化技术和数据驱动的方式生成和优化广告创意的策略。它结合了程序化广告投放和动态创意优化,旨在根据用户行为、兴趣和偏好等数据自动生成个性化的广告内容,确保广告在不同的情境下始终具有高度的吸引力和相关性。这种方法不仅提高了广告的相关性,还能减少广告创意制作和发布的时间和成本。通过程序化创意,广告主能够实时调整广告内容,使其更加契合目标受众的需求,从而提升广告效果和转化率(段淳林、任静,2020)。程序化创意有两大能力:(1) 多创意元素组合快速生成创意群组:自主上传N条标题,M个样式,自动生成N*M个创意;(2) 优选高点击率创意进行展现:快速定位高点击通过率(CTR)优质创意,为其分配更多预算,以让整体创意获得更多展现,点击通过率较低的创意将自动减少预算。

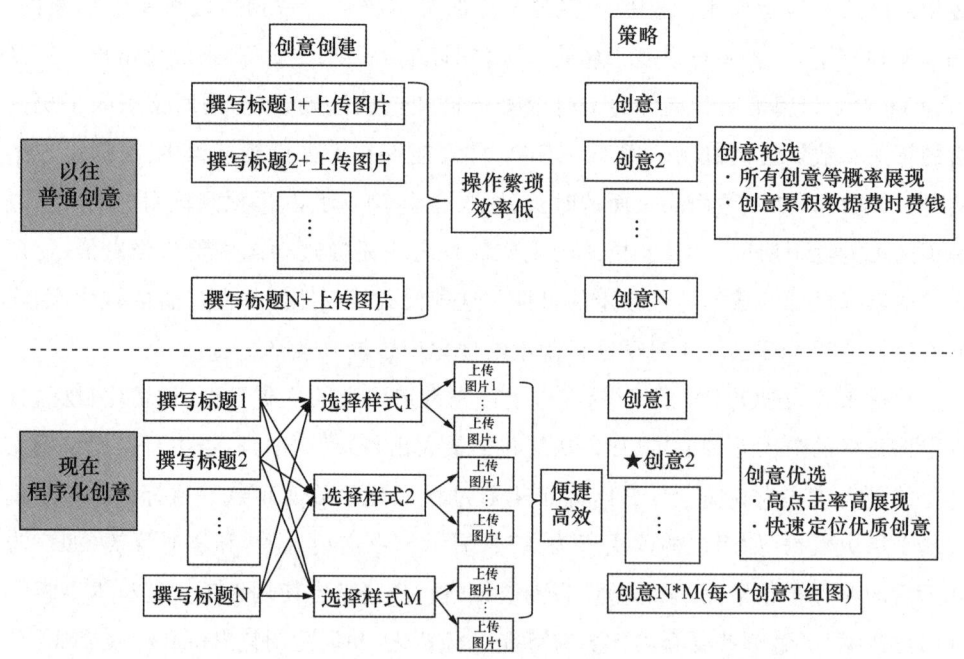

图 2-6 程序化创意与普通创意生成的比较

资料来源:《百度开户之程序化创意功能!》,http://www.bdtg0755.com/m/article/?357.html。

程序化创意通过以下几个关键步骤实现个性化和动态创意的生成和优化:(1) 数据驱动的创意生成。程序化创意系统通过收集和分析用户的行为数据(如浏览历史、点击率、设备信息、位置、时间段等),生成能够吸引目标用户的广告创意。基于这些数据,广告创意能够动态调整,如改变广告的文案、图片或号召性用语(CTA)。例如,如果系统检测到某个用户最近浏览了电子产品,那么系统可能会自动生成一个包含该产品的广告创意。(2) 多版本创意生成与测试。程序化创意不仅能够生成一个广告版本,还能创建多个版本的广告创意,每个版本都针对不同的受众群体进行优化。这些版本通过 A/B 测试或多变体测试(Multivariate Testing)进行实时优化。人工智能通过机器学习算法分析不同创意版本的表现,自动识别哪些版本的广告效果最好,并在广告投放中优先展示效果最好的创意。(3) 实时创意优化与调整。随着广告投放的进行,程序化创意系统会根据实时的数据反馈(如点击率、转化率等)不断调整广告创意。例如,当某个广告文案在某个群体中表现不佳时,系统会自动更换创意元素,尝试新的文案或设计。

程序化创意的优势在于其能够通过人工智能和数据驱动技术,实现广告创意的个性化和实时优化,以及广告资源的高效利用。

(三) 智能推荐系统

1. 协同过滤

作为推荐系统领域中最为经典且广泛应用的方法之一,协同过滤(Collaborative Filtering,CF)通过分析用户或物品之间的相似性来生成推荐列表。具体而言,协同过滤主要分为两种形式:基于用户的协同过滤(User-based CF)和基于物品的协同过滤(Item-based CF)。基于用户的协同过滤通过寻找与目标用户兴趣相似的其他用户群体,据此推荐这些用户所喜爱的物品;而基于物品的协同过滤则通过分析用户历史交互的物品,寻找与之相似的其他物品进行推荐(Sarwar et al.,2001)。尽管协同过滤在个性化推荐中表现出色,但其在冷启动问题和数据稀疏性方面仍存在显著挑战,这些问题限制了其在某些场景下的应用效果。

2. 基于内容的推荐

基于内容的推荐系统(Content-based Recommendation)通过分析物品的特征(如文本、图像或音频)以及用户的历史偏好来生成推荐。该方法的核心在于构建用户画像和物品特征之间的匹配模型,从而实现精准推荐。然而,基于内容的推荐系统通常难以发现用户的潜在兴趣,且对新物品的推荐能力有限,这使得其在某些动态环境中表现欠佳(Burke,2002)。因此,研究者不断探索更复杂的方法,以弥补基于内容推荐的局限性。

3. 混合推荐

为了克服单一推荐方法的局限性,混合推荐(Hybrid Recommendation)系统应运而生。这种系统通过结合协同过滤和基于内容的推荐方法,能够在不同情境下提供更灵活、更精准的推荐结果(Burke,2002)。例如,混合推荐系统可以通过协同过滤发现用户的潜在兴趣,同时利用基于内容的方法增强推荐的可解释性。这种结合方式不仅提升了推荐的准确性和多样性,还为推荐系统的实际应用提供了更广泛的适用性。

4. 基于模型的推荐

基于模型的推荐(Model-based Recommendation)系统通过构建数学模型来预测用户的兴趣,常见的模型包括矩阵分解、深度学习模型和图神经网络(GNN)。矩阵分解技术(如奇异值分解 SVD 和交替最小二乘法 ALS)通过分解用户—物品交互矩阵,捕捉潜在特征,从而实现精准推荐(Koren et al.,2009)。近年来,深度学习模型(如神经协同过滤和自编码器)在推荐系统中得到了广泛应用,其优势在于能够处理复杂的特征组合,提升推荐的准确性和鲁棒性(Cheng et al.,2016)。此外,图神经网络通过构建用户与物品之间的图结构,能够捕捉更丰富的交互信息,从而进一步优化推荐结果。

5. 基于规则的推荐

基于规则的推荐(Rule-based Recommendation)系统通过预设的规则向用户推荐内容。这种方法的核心在于根据用户的显式行为(如浏览历史或购买记录)直接生成推荐列表。尽管基于规则的推荐系统具有简单易实现的优点,但其灵活性较差,难以适应用户兴趣的变化。因此,这种方法通常适用于用户行为模式较为固定的应用场景。

6. 强化学习

强化学习(Reinforcement Learning)通过与环境的动态交互,实时调整推荐策略,以最大化长期用户满意度。强化学习模型能够根据用户的即时反馈动态优化推荐内容,从而更好地适应用户的动态需求(Zhou et al., 2019)。

7. 基于大语言模型的推荐

大型语言模型(LLM)凭借其庞大的知识库和强大的推理能力,为推荐系统的设计提供了新的思路和方法。Wei 等(2023)提出了一种新的推荐系统框架 LLM-Rec。LLMRec 框架充分利用了在线平台(如 Netflix 和 MovieLens)中丰富的文本内容,从三个关键方面对用户—物品交互图进行增强:首先,通过强化用户与物品之间的交互边,提升对用户偏好的捕捉能力;其次,通过增强对物品节点属性的理解,丰富物品的语义表示;最后,从自然语言的角度直观地解析用户节点,从而更精准地刻画用户画像。通过这些策略的综合应用,LLMRec 框架有效地解决了推荐系统中稀疏隐式反馈和低质量侧面信息所带来的挑战,为提升推荐系统的准确性和鲁棒性提供了新的解决方案。

四、人工智能交互投放的操作流程

人工智能交互投放包括了智能客服、智能广告投放和智能推荐系统。这三者的操作流程从宏观层面来看有很多相似性,但是从细节层面,三种交互投放在操作流程上有一些不同。

(一)智能客服的操作流程

智能客服的操作流程是由数据采集、用户意图分析、对话管理以及反馈优化过程构成的循环系统。智能客服系统通过记录用户交互行为和提问内容,形成数据基础;接着,通过自然语言处理技术,系统解析用户意图并检索行业知识库生成相应的回答,在多轮对话中跟踪上下文状态并作出响应决策;最终,系统会根据用户的反馈,如满意度评价或问题解决率,对其回答策略和语言模型进行优化(Young et al.,

2018)。

(二)智能广告投放的操作流程

智能广告投放的操作流程由数据采集与分析、投放策略制定、效果监测以及策略优化组成。首先,广告平台通过用户行为数据(如点击率、转化率)和环境数据(如时间、地点)构建目标用户画像。随后,系统根据实时竞价机制,动态调整广告的展示策略,并将其推送到用户终端。广告投放完成后,系统会通过效果监测技术,追踪广告的表现数据,包括点击率、购买转化率等。基于这些数据,系统对广告内容、目标用户群体和竞价策略进行优化,从而形成"投放—反馈—优化"的完整闭环。

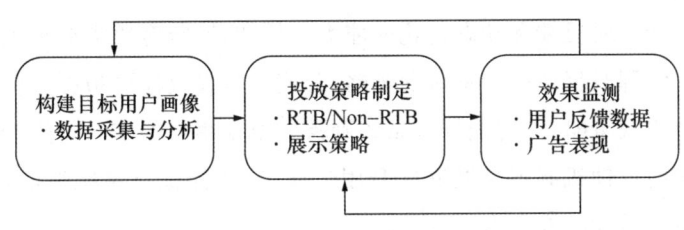

图 2-7　智能广告投放的操作流程

(三)智能推荐系统的操作流程

智能推荐系统的操作流程和智能广告投放的操作流程较为相似,主要通过数据收集与建模、推荐算法运行、用户反馈采集以及算法优化四个环节构成。系统首先通过用户行为(如浏览记录、评分记录)采集数据并建立特征模型;然后,推荐算法基于这些数据进行预测,生成个性化的推荐内容。用户在使用推荐内容后会产生多种行为反馈,如点击、购买或跳出率,这些反馈被用于评估推荐系统的效果。最终,系统通过不断调整和优化算法模型(如引入更复杂的神经网络或强化学习技术),进一步提高推荐精度和用户满意度。

五、人工智能交互投放的适用条件

智能客服、智能广告投放和智能推荐系统虽然在具体应用场景和功能上存在差异,但它们在适用条件上具有诸多相似之处。这些相似点反映了人工智能交互投放技术在营销领域的通用需求。

(一)丰富的用户数据基础

人工智能交互投放如果要实现精准的用户画像和个性化的交互体验,需要海量、高质量的用户数据支持。无论是智能客服、智能广告投放还是智能推荐系统,数据都是其核心驱动力。因此,企业需要积累丰富的用户行为数据,包括浏览记录、购买行为、兴趣标签等,以支持机器学习和深度学习模型的训练。

(二)强大的技术与工具支持

人工智能交互投放方法的应用和落地需要企业具备较为先进的技术平台和工具支持。包括数据收集、存储、清洗和分析的能力,以及机器学习、深度学习和自然语言处理等技术的应用。例如,智能广告投放需要依托多智能体架构来实现广告的精准投放和效果优化(Overgoor et al.,2019),而智能推荐系统则需要借助图神经网络等先进技术来捕捉用户与商品之间的复杂关系。

(三)实时反馈与动态优化机制

由于当下市场环境、消费者心理和需求都在发生快速的变化,人工智能交互投放的实现要依赖实时反馈和动态优化的能力。例如,智能客服需要根据用户的交互反应、多轮对话、即时反馈来调整对话策略,智能广告投放需要根据广告效果的实时监测动态调整投放策略,而智能推荐系统则需要根据用户的实时行为动态更新推荐内容。这种实时反馈机制不仅能够提升用户体验,还能优化系统性能,确保其在动态环境中保持高效和精准。

(四)多渠道交互与全域覆盖能力

现代营销环境中,用户通过多种渠道与企业进行交互,包括社交媒体、在线客服、搜索引擎、电商平台等。因此,人工智能交互投放技术需要支持多渠道交互和全域覆盖。智能客服需要能够在电话、在线客服平台、社交媒体等多个渠道提供一致的服务体验;智能广告投放需要能够在搜索引擎、社交媒体、信息流平台等多个渠道实现精准触达;智能推荐系统则需要能够在网站、移动应用、线下门店等多个场景中为用户提供个性化的推荐内容(Huang & Rust,2018)。

(五)数据驱动的决策与持续优化

人工智能交互投放技术的成功实施离不开数据驱动的决策机制。企业需要通过数据分析和机器学习模型,不断优化智能客服的对话流程、智能广告投放的策略以及智能推荐系统的推荐效果。这种持续优化的过程不仅能够提升系统的性能和效率,还能够帮助企业更好地理解用户需求,从而制定更精准的营销策略。

六、人工智能交互投放的注意事项

人工智能交互投放尽管拥有强大的技术能力和显著的营销效果,企业在实际应用中仍需关注多方面事项,以确保系统的高效性、合法性以及用户体验的优化。这些注意事项主要包括数据质量与隐私保护、算法公平性与透明性、系统动态优化能力以及用户体验的持续提升。

(一) 数据质量与隐私保护

人工智能交互投放的核心依赖于高质量的数据输入,因此数据质量的可靠性和隐私保护的重要性不容忽视。数据噪声或缺失会直接影响模型的预测准确性,进而导致推荐内容或广告策略的偏差(Goodfellow et al.,2016)。因此,企业需要建立健全数据清洗和标注流程,同时利用分布式数据存储和实时更新机制,确保数据的完整性和时效性。

此外,随着欧盟的《通用数据保护条例》等隐私保护法规的普及,企业在使用用户数据时需严格遵守法律法规。隐私泄露不仅会对用户权益造成损害,还可能引发巨额罚款和声誉风险。因此,在设计交互投放系统时,应采用数据匿名化和差分隐私技术,以保护用户敏感信息(Zhou et al.,2020)。

(二) 算法公平性与透明性

人工智能算法的公平性和透明性是人工智能交互投放中不可忽视的伦理问题。偏差数据的输入或算法设计中的主观倾向,可能会导致系统在推荐内容或广告投放时对某些用户群体产生不公平待遇。例如,若模型过度依赖性别或地区等特定特征,可能会在广告展示中忽视其他用户群体的需求(Wang et al.,2014)。因此,企业需要在模型训练中融入公平性约束条件,并通过定期审查和优化算法结构,降低偏差的影响。

同时,用户对人工智能技术的信任往往建立在系统透明度之上。企业应向用户明确说明数据的使用范围和算法推荐的基本逻辑,并提供可解释的推荐结果,以增强用户的信任感和参与度(Devlin et al.,2019)。

(三) 系统动态优化能力

人工智能交互投放面临的市场和用户需求是动态变化的,因此系统需要具备持续优化的能力。实时竞价和个性化推荐系统应不断基于用户行为和反馈调整策略,以保证投放内容的精准性与有效性。例如,企业可通过 A/B 测试和多轮对比实验,评估不同投放策略的效果,并将数据回流至模型进行优化(Zhang et al.,2014)。

此外,动态优化能力还包括对异常情况的识别与处理。企业应设计健全的监测机制,能够迅速检测到算法输出的异常情况,例如突然的广告曝光率下降或推荐点击率异常升高,以避免系统对用户体验和业务目标的负面影响(Goodfellow et al.,2016)。

(四) 用户体验的持续提升

用户体验是人工智能交互投放的最终衡量标准,因此系统的设计和运营需始终以用户为中心。在内容推荐或广告展示过程中,企业应避免强制性干扰或频繁曝光导致用户反感。例如,在短视频平台上,算法应根据用户停留时长、滑动行为等信号动态调整广告投放频率,以确保用户在体验与营销之间获得平衡(Adamopoulou & Moussiades,2020)。

此外,用户的多样化需求需要系统具有高度的灵活性和个性化。企业可以通过情感分析和情境感知技术,使广告和推荐内容更加贴合用户当下的情感状态和场景需求,从而增强用户对品牌的认同感。

综上所述,人工智能交互投放在带来技术与营销双重优势的同时,也对企业在数据保护、算法设计、动态优化以及用户体验等方面提出了更高的要求。企业在实践中应平衡效率与伦理、精准与公平、技术与用户之间的关系,以实现可持续的营销效果。

第四节 监测评估方法

一、监测评估的基本内涵

人工智能监测评估是指利用人工智能技术,如数据挖掘、机器学习和深度学习,对营销活动进行实时监测和评估。通过分析用户行为、广告投放效果和市场趋势,企业可以实时调整策略,优化内容创作和广告投放,提高营销效果和投资回报率。此外,人工智能还可以进行异常监测,有效识别不适当或虚假的信息,确保监测数据的真实性和可靠性(Chan-Olmsted,2019)。因此,人工智能监测评估具有以下几个核心特征:

(1)实时性。企业能够随时监控营销活动的动态效果,并及时调整策略。

(2)精准性。通过深度学习模型,人工智能可以从海量数据中识别潜在规律,提高评估的准确性。

(3)异常监测。系统能检测并处理虚假流量和广告欺诈问题,确保数据的真实性。

(4)动态优化。机器学习的迭代能力使企业能够根据实时反馈优化营销活动的内容和策略。

人工智能监测评估对现代营销实践具有重要意义。首先,它显著提升了企业的决策效率。通过实时分析和反馈,企业能够快速应对市场变化,优化投放策略。其次,人工智能能够提高营销数据的真实性。例如,通过异常监测技术识别虚假流量或恶意评论,保障监测数据的可信度。此外,人工智能评估能够为企业提供更深层次的洞察，帮助其制定更具针对性的营销策略，从而实现资源的最优配置。例如，《纽约时报》通过使用人工智能工具 Perspective 分析评论的语义和情感，识别恶意评论和假新闻，帮助企业了解品牌是否以及如何与假新闻联系在一起，并制定有效的策略，避免假新闻威胁企业和品牌的声誉（朱国玮等，2021）。

二、人工智能监测评估的优势

相较于传统的监测评估方法，人工智能监测评估方法在数据分析、预测能力和优化效率等方面体现出独特的优势。

（一）数据处理的高效性和全面性

人工智能监测评估系统能够从多个来源实时收集和整合海量数据，包括用户行为数据、广告点击数据、社交媒体互动数据和环境数据（如时间和地点）。通过自动化的数据处理和分析技术，人工智能系统能够快速清洗、去噪并填充缺失数据，从而确保数据的完整性和高质量。相比传统方法，这种自动化处理大幅降低了人工操作的时间成本。

此外，人工智能可以处理复杂的多模态数据（如文本、图像和视频），实现对广告效果的全面评估。例如，人工智能模型可以从用户生成的视频评论中提取与广告相关的情感，帮助团队更全面地理解用户的真实反馈。

（二）广告预测效果的精准性

人工智能监测评估的另一显著优势在于其卓越的预测能力。通过深度学习模型（如 LSTM 和 Transformer），人工智能系统能够分析时间序列数据并预测广告效果的未来趋势。这种预测能力使团队能够在投放前预估广告可能的表现，从而优化投放策略。

此外，人工智能算法能够通过归因分析识别广告接触点的转化贡献，帮助团队找到广告路径中的关键环节。例如，在多触点投放中，人工智能可以分析用户的全渠道行为数据，确定哪些接触点对最终转化最为重要（Russell & Norvig, 2003），从而对后续的广告投放优化提供依据。

（三）实时响应与动态优化

人工智能系统能够实现实时监测与动态调整，这是传统评估方法无法比拟的优势。在广告投放过程中，人工智能模型可以通过实时数据分析捕捉用户行为的变化，如点击率的波动或转化率的下降。异常检测算法能够快速发现问题，并通过智能推荐系统提供动态调整方案，如优化广告内容或重新分配预算。

这种实时响应能力不仅显著提高了广告效果，还能够防范潜在的投放风险。例如,当某一渠道广告表现不佳时,系统会立即触发调整机制,将资源转移到更高效的渠道。

(四)个性化与智能化评估

人工智能的应用使监测评估更加个性化和智能化。人工智能能够基于用户画像和行为数据为每位用户生成独特的评估报告,从而为品牌提供精细化的用户洞察。例如,推荐系统可以根据特定受众群体的偏好调整广告内容,提高广告的相关性和用户体验。

此外,人工智能驱动的自然语言生成(NLG)技术能够生成自动化分析报告,将复杂的数据结果转化为易于理解的文字描述和可视化图表。这种智能化报告极大提升了决策效率,使团队能够快速采取行动。

(五)提升资源利用效率

通过优化广告投放的全流程,人工智能监测评估能够显著提升资源的利用效率。人工智能算法可以根据投放效果动态调整预算分配,优先分配资源给表现最佳的渠道和广告形式。此外,人工智能还能通过A/B测试和强化学习不断优化广告策略,减少资源浪费并最大化广告ROI。

综上所述,人工智能监测评估以其高效的数据处理能力、精准的预测功能、实时响应机制、个性化分析和资源优化能力,为广告投放提供了全新的可能性。这种技术革新不仅提升了评估的科学性,还为品牌营销的持续优化提供了重要支持。

三、人工智能监测评估的方法

(一)用户行为分析

本部分聚焦于分析用户对营销内容投放的反应行为,包括用户属性、用户质量以及用户在触达营销内容后产生的深度互动和转化行为。主要内容如下:

1. 用户属性分析

(1)人口统计信息。如年龄、性别、地域分布等,用于了解投放内容触达的人群特征。(2)兴趣偏好。基于浏览历史、社交媒体互动、搜索记录等数据,识别潜在受众群体与核心粉丝群体。(3)渠道来源。明确用户从哪些渠道(社交平台、搜索引擎、合作媒体等)接触到营销内容。

2. 用户质量分析

(1)新客与老客。区分首次接触用户与多次回访用户,以评估营销内容对潜在受众及忠实用户的影响力。(2)价值贡献度。基于用户的付费金额、平均订单价值(AOV)、购买频次等指标,识别核心用户和潜在流失用户。(3)用户生命周期价值(LTV/CLV)。衡量用户在整个生命周期内为企业带来的净收益,便于制定长期策略。

3. 用户反馈行为分析

(1) 曝光—互动路径。从用户看到营销内容到发生点击、点赞、收藏、分享等行为的过程跟踪。(2) 内容偏好与点击热图。借助点击可视化与停留时长分析,了解用户更关注哪些部分,优化内容布局。(3) 转化行为。识别实现注册、咨询、购买或下载等关键转化路径及流失节点。

4. 用户参与度与黏性

(1) 活跃度衡量。基于访问频次、互动深度、停留时长等维度对用户进行综合打分。(2) 分享/口碑传播。监测用户是否主动分享营销内容或引发社交讨论,为品牌认可度和口碑建设提供参考。

(二)营销效果监测

营销效果监测侧重于追踪营销信息广告投放的效率和质量。在广告投放后,常常借助第三方广告监测公司来评估广告效果。第三方广告监测是指由独立的第三方机构或个人对广告投放的效果和 ROI 等进行监测和评估。第三方广告监测机构通过科学的监测方法和技术手段,对广告投放的效果进行评估和报告,为广告主提供参考和决策支持。监测内容包括曝光量、互动率、转化效果以及实际投资回报等,帮助企业对广告策略进行迭代优化。主要内容如下:

(1) 广告触达性分析。统计广告的展示次数、受众覆盖面与频次,了解目标受众在不同投放渠道的触达情况。

(2) 广告精准度分析。收集用户在广告上的点击、点赞、评论、分享等互动数据,衡量广告创意和定向的精准度。

(3) 广告投放渠道分析。分析不同渠道(搜索引擎、社交平台、视频媒体等)及不同时段的投放表现,指导广告资源的动态分配。其中,归因模型多用于衡量各个广告触点或推广渠道对最终转化的贡献度。常见的归因模型包括单触点归因模型和多触点归因模型。单一触点归因(如"首次点击""最后点击")往往无法准确反映每个触点对转化的真实贡献。多触点归因模型(Multi-Touch Attribution)强调对用户转化路径中所有交互点(触点)的综合评估,将各阶段触点的影响力量化并分配至最终转化结果。

(4) 广告 ROI(投资回报率)评估。对比广告投放成本和带来的销售额、注册量或其他收益目标,量化广告投放的经济效益。即时的数据反馈和机器学习的迭代优化使企业具备实时调整的动态能力,让内容创作和广告投放等活动更加精准,投资回报等指标也能得到更准确的衡量(Lee & Cho,2019)。

(三)市场趋势预测

市场趋势预测侧重于宏观与行业层面的数据分析,通过对历史和实时信息的挖掘与建模，帮助企业前瞻性地发现市场机遇及潜在风险。主要内容如下：

（1）宏观环境与行业分析。收集经济、政策、社会文化等环境数据，评估其对行业发展和消费者行为的影响。

（2）竞争动态监测。跟踪主要竞争对手在产品、价格、促销以及品牌运营方面的策略变化，及时作出差异化布局。

（3）热点趋势与舆情分析。通过社交媒体、搜索引擎热点和新闻报道等渠道捕捉消费者关注焦点或潜在危机。

（4）产品/服务迭代需求预测。基于用户反馈与行业洞察，预测市场对现有或新产品的需求变化，指导产品迭代与营销时机。

（四）实时监控与预警

实时监控与预警主要面向突发情况或异常数据，对用户行为、广告投放、市场环境进行实时观测与处理，确保在最短时间内捕捉潜在风险并采取应对措施。主要内容如下：

（1）异常数据检测。识别可疑流量、恶意点击、虚假注册等异常行为，通过算法模型筛除非真实数据（Chandola, Banerjee, & Kumar, 2009）。预防"刷量"或"虚假转化"干扰投放决策。

（2）即时警报机制。当点击率、成交量或舆情情绪等指标出现异常波动时自动触发警报，缩短应急响应时间。

（3）自动化决策与干预。将告警系统与广告投放或内容管理系统打通，实现全自动（或半自动）暂停投放、更换创意或调整出价策略等快速应对。

四、人工智能检测评估的操作流程

人工智能监测评估整个流程包括多模态数据采集与处理、指标监测、效果分析和策略优化四个阶段。

（一）数据采集与处理

人工智能技术在数据采集与处理阶段的优势在于自动化能力。具体包括以下内容：

（1）自动化数据采集。通过API和爬虫工具实时收集多渠道数据，包括广告点击、销售转化、用户评论等。

（2）数据预处理。使用人工智能算法对数据进行清洗、去噪和补全，确保数据的质量。例如，深度学习模型可预测并填充缺失值，保障数据的完整性。

（3）特征工程。利用算法从多源数据中提取关键特征，为后续分析提供支持。

（二）指标监测

在指标监测阶段，系统会实时跟踪广告表现的核心KPI。根据营销目的不同，可以把广告分为效果类广告和品牌类广告。相应地,效果类广告监测的是互动和转化指标,代表的是消费者即时的反应;品牌类广告监测的是曝光度和品牌认知度,反映的是消费者长时间对品牌的态度。常见的监测指标包括:(1)互动指标,如点击率(CTR)、页面跳出率等。(2)转化指标,如转化率(CR)、客户获取成本(CAC)。(3)品牌指标,如品牌知名度提升幅度或用户情感指数。

通过人工智能自动化报表生成工具,系统能够实时生成数据可视化结果,并提示异常波动。

(三)效果分析

效果分析是监测评估流程的核心,人工智能技术的运用增加了效果分析的严谨性,也提升了分析的深度和广度。

(1)归因分析。利用多触点归因模型,识别广告投放中的关键节点。例如,基于LSTM模型的路径分析可以追踪用户从首次接触广告到完成购买的全过程(Russell & Norvig,2020)。

(2)情感与口碑分析。利用NLP技术分析用户对广告的情感倾向和评价,提供定性反馈。

(四)策略优化

根据效果分析的结果指导营销策略的调整,如前三节中介绍的,精准的用户洞察有利于进行高效的内容管理,高效的内容管理又为交互投放奠定基础,而这三者的迭代优化策略都依赖于监测评估的结果。因此,监测评估环节最重要的作用在于其能够"反哺"其他的营销环节。

■ 小资料

基于AI BOX和LBS的客流监测、营销引流和效果评估

以线下门店作为重要经营渠道的汽车主机企业的一个痛点是:经销商手动录入客流数据不准确,主机厂不了解真实客流情况;无法了解竞品客流动态,无法有针对性地制定竞品拦截措施;客流提升难,4S门店缺乏有效提升客流的营销手段和方法。

明略科技的秒针系统提供的解决方案是:

(1)使用AI及LBS大数据,精准获取本品和竞品4S店客流人数和客流批次数据;通过AI BOX获取本品门店在有效区域内的到店人数、停留时长等数据,通过到店批次算法计算到店客流批次数据。通过LBS数据对竞品客流量及竞品到店客流动向进行监测。

（2）分析驱动客流到店的营销因素和营销投入对到店的影响,科学优化营销投入：分析影响到店的营销活动原因,如线上营销采用MTA归因,线下营销通过LBS分析到店,全渠道营销采用MMM归因。

（3）提升和拉动客流：通过线上和线下的精准营销(如LBS竞品人群圈包投放、线下选点户外投放)实现客流拉动和提升。

资料来源：明略科技、复旦大学管理学院、秒针营销科学院：《2024 AI＋:生成式营销产业研究蓝皮书》,2024年。

五、人工智能监测评估的适用条件

人工智能监测评估的适用条件主要概括为技术、数据、资源三个方面。

（一）敏捷智能的技术条件

企业需要具备高效的人工智能算法与稳定的系统性能,以支持在大规模数据环境下的实时运算与监测。机器学习与深度学习方法不仅要能够快速处理高维数据并从中提取可用信息,还应与自然语言处理等技术相结合,以识别用户评论和舆情趋势。与此同时,实时数据处理工具对于实现动态监测至关重要,企业可利用分布式计算框架和云平台扩展其运算与存储能力,从而确保在高并发场景下也能准确捕捉用户行为变化。

（二）多源高质的数据条件

企业应拥有高质量的多源数据,并设立完善的数据整合与管理机制,以满足人工智能监测评估对准确性与实时性的需求。若数据噪声过多或缺失严重,会导致预测模型产生显著偏差。此外,企业需确保数据采集合法合规,尊重用户隐私并遵守相关法规;在此基础上,历史数据和多渠道数据的有效整合,能够赋能模型在不同场景中更加灵活地进行训练与推断。

（三）完备充足的资源条件

企业需要在技术团队与资金两方面投入充分资源。拥有一支熟悉算法研发与数据分析的技术团队,能够及时响应业务部门提出的策略需求,并保证系统的维护与更新。此外,若企业缺少内部技术储备,也需考虑借助第三方服务提供商以弥补短板。高性能服务器、GPU以及稳定的网络环境,同样是支撑人工智能监测评估长时间稳定运行的基础条件,企业在搭建与维护环节必须为此预留充足预算。

六、人工智能监测评估的注意事项

人工智能监测评估虽然能够极大地提升营销、舆情分析和风险管理的效率,但其应用过程中存在技术、伦理和管理上的挑战。为确保系统的有效性和可持续性，人工智能监测评估中需注意以下事项：

（1）数据质量与隐私保护。企业应重视数据质量，以确保人工智能模型的预测结果准确可靠。高噪声或缺失数据会直接导致监测偏差，进而影响关键决策。为此，通过系统性的数据清洗与标准化流程提升数据质量、使用覆盖多样用户行为的训练集等做法尤为重要。此外，企业在使用用户数据时需注重隐私保护，通过数据匿名化与差分隐私等技术降低风险，并在收集与使用环节向用户明确告知目的，确保合法合规。

（2）系统透明性与可解释。在人工智能监测评估中，系统常被视为"黑箱"，难以理解其决策或结果的生成机制。为提升透明度，企业可提供可视化报告或友好解释界面，并在触发警报或推荐时公开相应的逻辑思路。同时，为缓解深度学习模型可解释性不足的问题，企业可结合可解释人工智能（XAI）技术，或在敏感场景中选用决策树等传统模型，从而提升用户与监管方对系统的信赖感。

（3）数据滥用与偏见。如果企业在监测评估中采集或使用过度敏感的数据，便有可能引发法律与伦理纠纷。为防范此类风险，系统应严格限制对敏感数据的访问权限，并定期审查其采集与使用流程。此外，算法偏见也是潜在隐患，若训练数据存在不平衡或歧视信息，模型输出结果将出现不公正。对此，企业可通过优化数据采样与定期检测模型输出，及时发现并纠正偏见问题。

（4）系统性能与稳定性。人工智能监测评估需要面对海量且实时变动的数据流，因而对系统的性能与扩展性要求较高。为避免延迟或宕机，企业可借助云计算提升资源弹性，并进行多次压力测试与架构调优。同时，为适应市场与用户行为的快速变化，模型也需定期更新或采取在线学习机制，使预测与分析始终与最新环境保持一致。

（5）合规性与道德责任。在法律层面，人工智能系统需遵守隐私保护、消费者权益与广告投放等相关法规，防止出现违决风险。企业宜定期进行合规审查，并在应用于广告投放或舆情监测时，避免误用或滥用数据。除了合规，系统还应符合道德标准，不能操纵或误导舆论，需在算法与数据应用流程上保持透明和公平，减少对公众利益的潜在损害。

（6）用户体验与交互设计。人工智能监测系统可能因为功能复杂而让使用者无所适从，影响实际应用效果。企业应简化系统界面与操作流程，并通过直观的交互方式帮助用户快速上手。此外，收集用户反馈并持续改进系统，也是保持高水平用户体验的重要环节。只有当各方都能轻松理解并参与系统运作时，人工智能监测评估才能真正发挥其价值。

本 章 小 结

人工智能对于市场营销方法改革的推进作用全面而深刻,主要体现在用户洞察、内容管理、交互投放和监测评估这四个关键领域。在用户洞察方面,人工智能通过深度挖掘和分析数据,帮助企业更全面地理解消费者需求;在内容管理方面,它优化了从内容创作到分发的整个流程,实现了高效而个性化的内容传递;在交互投放中,人工智能赋能智能客服、智能广告投放和智能推荐系统,为用户提供个性化、实时的互动体验;而在监测评估方面,人工智能支持实时监控、效果分析和趋势预测,使企业能够快速响应市场变化,优化决策制定。这些方法的创新不仅能够帮助企业提升市场竞争力,还加速了人工智能技术在市场营销领域的深度融合。

关键名词

用户洞察　内容管理　交互投放　监测评估　深度学习　自然语言处理
用户画像　动态创意优化　实时竞价　OCPX

思考题

1. 如何构建全面的用户画像?
2. 在情感分析中,如何有效提升模型对文本情感的识别准确性?
3. 多触点归因模型与单点归因模型相比的核心优势是什么?它的应用面临哪些挑战?
4. 程序化创意与普通创意生成过程有什么不同?有哪些优势?

案例讨论

本章实训

即测即练
(请先扫封底总码)

第三章 人工智能营销环境

本章学习目标

1. 熟悉人工智能营销的法律政策环境。
2. 了解人工智能营销的主要产业环境。
3. 熟悉人工智能营销的技术环境要素。
4. 理解人工智能营销社会环境的包容性与可持续性。
5. 明了环境变化对人工智能营销的机遇与挑战。

第三章 人工智能营销环境

人工智能换脸应用引发争议

习近平总书记指出:"没有网络安全就没有国家安全,就没有经济社会稳定运行,广大人民群众利益也难以得到保障"①,同时他还指出,"数字经济、互联网金融、人工智能、大数据、云计算等新技术新应用快速发展,催生一系列新业态新模式,但相关法律制度还存在时间差、空白区。网络犯罪已成为危害我国国家政治安全、网络安全、社会安全、经济安全等的重要风险之一"②。人工智能技术推动经济社会向数智化加速发展的同时,也加剧了个人数据被侵犯的风险。在开展营销活动的过程中,要兼顾技术进步与信息安全,遵守相关法律法规,开展负责任的人工智能营销。

旷视研究院梳理了一系列人工智能引发的热点事件,旨在就全球人工智能治理的共性问题,与社会各界广泛沟通、与专家学者展开研究,从而推动人工智能的健康发展。以下是一起关于个人数据与隐私的典型案例:

2019年8月,一款基于人工智能的换脸软件在社交媒体刷屏,用户只需要一张正脸照就可以将视频中的人物替换为自己的脸。一经面世,便出现颇多争议点。在用户协议上,存有很多陷阱,比如提到使用者的肖像权为"全球范围内免费、不可撤、永久可转授权"。而如果侵犯了明星肖像,若对方提告,则最后责任都在用户。

2019年11月,国家互联网信息办公室、文化和旅游部、国家广播电视总局公布的《网络音视频信息服务管理规定》,明确"利用基于深度学习、虚拟现实等的虚假图像、音视频生成技术制作、发布、传播谣言的,应当及时采取相应的辟谣措施"等针对换脸技术的新规定。

针对上述事件,中国科学院曾毅研究员作出如下点评:

不合理的用户协议是换脸应用事件问题最严重的方面。相关的文字与诸多个人数据保护条例、人工智能伦理原则等都是相违背的。而用户为了"尝鲜"很可能选择不理性的决定,同意了相关协议,带来的后果有可能是用户始料未及的。这一事件对使用人工智能服务的用户最大的警示是:充分重视用户协议并作出合理的知情同意决定。

资料来源:《旷视回顾全球十大AI治理事件 技术与伦理安全如何进行落地》,https://finance.eastmoney.com/a/202001091352004560.html。

---

① 2018年4月,习近平在全国网络安全和信息化工作会议上的讲话。
② 2020年11月,习近平在中央全面依法治国工作会议上的讲话。

本章知识结构图

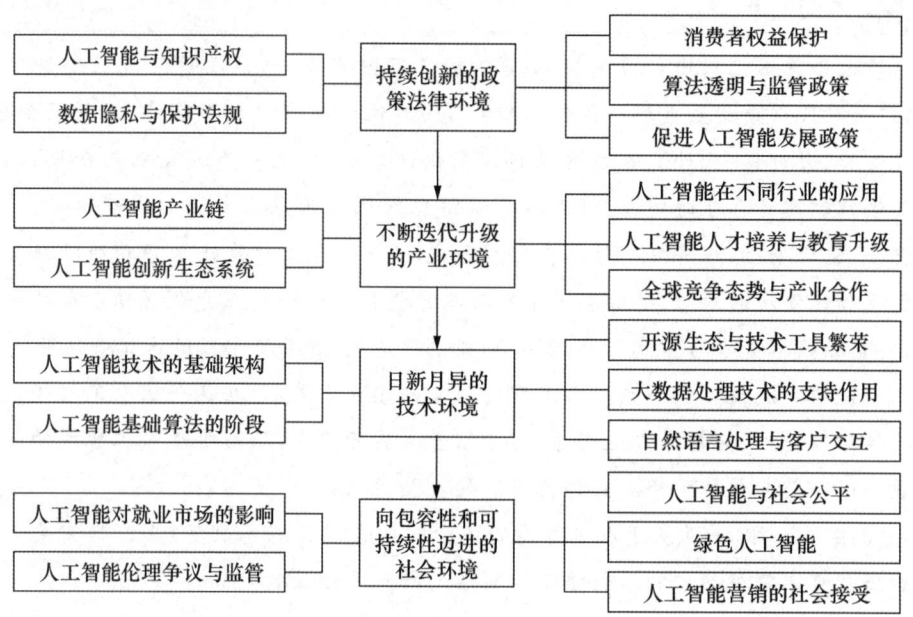

在瞬息万变的数智化时代浪潮中,人工智能正以前所未有的速度深刻重塑着人们的日常生活、工作模式及生产方式。从日益创新的政策法律框架,到不断升级的产业生态;从人工智能技术的突破性革新,到追求包容性与可持续性的社会发展愿景,共同影响着企业的人工智能营销活动。本章通过深入探索这些关键环境要素,帮助读者全面理解并把握人工智能营销在新时代背景下的机遇与挑战。

第一节　持续创新的政策法律环境

一、人工智能与知识产权

人工智能技术的迅速进步为日常生活和社会经济的各个层面带来了前所未有的便捷性。然而,这一趋势也伴随着一系列知识产权方面的挑战。

首先,关于人工智能生成内容的原创性争议以及版权归属问题的复杂性日益凸显。在原创性方面,人工智能生成的内容是否构成原创作品,目前在法律上仍存在争议。一方面,人工智能生成的内容是基于算法和大量数据分析的结果,缺乏人类的创造性思维和情感投入;另一方面,人工智能在生成过程中也可能产生一些独特的、创造性的输出,这些输出在一定程度上是可以视为具有原创性的。此外,在版权归属方面,作品的创作者通常被视为版权的所有者。然而,当创作者是人工智能时,其背后的开发者、数据提供者和使用者之间的版权归属问题就难以界定,目前,不同国家和地区对于人工智能生成内容的版权归属也尚未形成统一的规定。但为了应对人工智能生成内容版权归属的争议,一些国家和地区已经开始探索相关的立法和司法实践。例如,提出了"机器作者"或"电子人格"的概念,试图为人工智能生成的内容提供法律上的保护。同时,在涉及知识产权的具体案件中也开始考虑人工智能生成内容的版权归属问题。

其次,人工智能技术的发展也带来了知识产权侵权问题。例如,人工智能系统可能被用于复制、传播或篡改受版权保护的作品,或被用于侵犯他人的专利权或商标权。国内针对人工智能技术带来的知识产权侵权问题,也不断完善相关法律法规和政策文件,国家网信办联合国家发展改革委、教育部、科技部等多个部门公布了《生成式人工智能服务管理暂行办法》,自2023年8月15日起施行。该办法旨在促进生成式人工智能健康发展和规范应用,维护国家安全和社会公共利益,保护公民、法人和其他组织的合法权益。其中明确规定,涉及知识产权的,不得侵害他人依法享有的知识产权。此外,还进一步明确人工智能技术带来的知识产权侵权行为的法律责任和处罚措施,加强执法力度和监管力度,对侵权行为进行严厉打击和处罚,同时加强国际合作与交流,共同应对跨国知识产权侵权问题。

在全球范围内,越来越多的国家也开始重视并加强人工智能领域的知识产权保护,通过立法和司法手段,为创新者提供强有力的法律保障。各国政府和企业都在积极探索人工智能知识产权的治理路径。例如,美国政府加速法律问题研究,产业主体主动承担训练数据和作品的侵权责任;日本通过明晰人工智能数据训练中的合理使用标准,平衡企业和原创作者间的关系;欧盟以促进产业发展的数据挖掘原则为抓手,推进著作权治理向精细化方向发展。

人工智能领域的知识产权保护对人工智能营销的持续健康发展具有深远的影响。首先,对于个性化推荐系统、智能广告算法、营销内容等专利和版权的保护,能够确保新兴技术在营销应用过程中不被非法复制和盗用,维护企业核心竞争力。其次,人工智能营销依赖于庞大的数据集(包括用户行为数据、市场趋势数据等信息),知识产权中的数据隐私保护机制,能够有效防止这些数据被滥用,同时有助于企业在技术应用过程中遵守相关法律法规,有效避免潜在的伦理和法律风险。总之,知识产权保护为人工智能营销的健康发展奠定了坚实基础。

二、数据隐私与保护法规

在商务、医疗、金融、教育等领域,人工智能已经开始发挥其强大的算法和数据分析能力,给各行业的发展带来了巨大的变革。然而,随着这些数据分析技术的广泛应用,数据隐私问题也日益引起了人们的关注。

一方面,人工智能技术的发展离不开海量的数据来支撑模型的训练与优化。为此,部分公司及机构倾向于收集并储存海量用户数据,这些数据广泛涵盖了个人身份信息、健康状况、购物历史以及社交媒体信息等隐私内容。然而,在此过程中,可能存在未经用户明确授权或用户未充分了解数据最终用途的情况,进而侵犯了用户的数据隐私权。此外,在商业领域,越来越多的企业正日益加大对个人浏览历史、购买记录及交易模式等信息的收集,并试图通过这些数据深度剖析用户行为,构建用户画像,并进行精准营销。比如,抖音、快手、今日头条等平台凭借算法技术,实现个性化内容的推荐与分发,显著提升了新闻与娱乐信息的传播力;在电商领域,淘宝、京东等购物网站则运用算法针对个体进行商品个性化推荐,有力推动了销量的增长……此类现象在我们的日常生活中已屡见不鲜。然而,部分企业在利用用户隐私数据的同时,却将这些数据作为实施"大数据杀熟"与"歧视性定价"的重要依据,严重侵犯了用户的隐私安全,损害了用户的个人利益。

另一方面,鉴于人工智能算法本质上是一个黑盒,难以实施全面且精确的审查,这进一步加剧了在人工智能系统中识别数据隐私问题的难度。在许多场景下,人工智能算法会自动处理数据,可能导致隐私信息意外泄露给未经授权的人员或应用于不恰当的场景。以医疗领域为例,人工智能系统能够通过分析个人病历来预测潜在的疾病风险,然而,一旦这些敏感的健康信息被不当利用,如用于商业目的(如精准广告投放),便会触发个人隐私泄露风险。

对于人工智能发展带来的数据隐私和伦理问题,《中华人民共和国个人信息保护法》明确禁止大数据杀熟,规定不得过度收集个人信息,不得非法买卖、提供或者公开他人个人信息,并完善了个人信息保护投诉、举报工作机制。2024 年公布的《网络数据安全管理条例》更是为规范网络数据处理、保障网络数据安全、促进网络数据依法合理有效利用提供了依据。此外,为促进和规范人工智能的健康发展,我国也已开启有关人工智能的立法进程。2017 年《国务院关于印发新一代人工智能发展规划的通知》提出,我国人工智能发展的战略目标分三步走。具体而言,第一步,到 2020 年"部分领域的人工智能伦理规范和政策法规初步建立";第二步,到 2025 年"初步建立人工智能法律法规、伦理规范和政策体系,形成人工智能安全评估和管控能力";第三步,到2030年"建成更加完善的人工智能法律法规、伦理规范和政策体系"。在未来,对于人工智能的立法将会更加丰富,建立起更加全方位、多主体的人工智能法律体系,更好地保护用户的隐私安全,并促进人工智能的健康规范发展。

在全球范围内,数据隐私问题同样存在,因此许多国家也针对人工智能发展带来的数据隐私问题提出了相关法律法规,例如,欧盟的《通用数据保护条例》规定了个人的数据权利,并指导企业如何处理个人隐私信息。美国的《数据隐私和保护法案》(ADPPA)对"个人信息的收集、使用和共享"施加限制,要求这一过程必要且相称。美国加利福尼亚州也通过了《加州消费者隐私法》(CCPA)和《加州隐私权法案》(CPRA),规定了数据访问权、删除权和可移植性,以及选择不处理某些形式自动决策的权利等。

数据隐私与安全无疑是开展人工智能营销需要直面的一个重要问题。严格的数据隐私保护法律法规要求对企业构成了挑战,限制了对用户数据的收集和使用,增加了部分运营成本。但这也为企业带来了机遇,企业若能积极响应这一趋势,将有利于推动技术创新,如采用更安全的数据处理技术和算法等来补足数据隐私保护带来的成本。同时,尊重并保护用户的数据隐私安全,有效减轻公众的隐私担忧,能够加强客户关系管理,提升品牌形象和客户忠诚度。

三、消费者权益保护

在人工智能的时代背景下,众多网络渠道产生的数据隐私争议以及算法歧视等侵害消费者权益的问题已受到社会的广泛关注。当消费者在互联网上浏览或点击社交媒体时,无论是发布照片、点击广告链接,还是观看在线视频,他们的个人信息和活动数据都有可能被平台或厂商所记录存储。这些信息一旦被收集,就有可能面临泄露或被盗卖的风险,进而被商家用于"算法歧视"。对于用户来说,算法歧视不仅侵犯了他们的个人权益,还严重损害了他们的自尊心。互联网平台利用大数据进行"杀熟",便是算法歧视的典型现象之一。企业通过算法对用户群体进行细致分类,形成"一套端口,多套服务"的模式。企业利用消费者提供的个人数据,反过来对消费者实施歧视性对待。这种"杀熟"现象实际上是对消费者权益的双重侵害:一方面侵犯了消费者的信息或数据隐私权,另一方面则侵犯了他们的公平交易权。尽管这种行为严重损害了消费者的利益,但它却广泛存在于购物类、旅游类、打车类等App中。

为了保护消费者权益,政府和相关机构正在不断完善政策法律环境。《中华人民共和国消费者权益保护法》明确了消费者的基本权利,包括安全权、知情权、选择权、公平交易权等,并规定了经营者的相应义务。为了进一步细化消费者权益保护法的规定,增强其可操作性,2024年7月1日《中华人民共和国消费者权益保护法实施条例》正式施行。该条例针对网络消费、预付式消费、直播带货等新领域、新问题作出了具体规定,特别强调了经营者不得利用技术手段侵犯消费者权益,如"大数据杀熟"等。此外,《中华人民共和国价格法》也提出对于利用算法进行价格歧视的行为,视为对消费者公平交易权的侵犯。该法规定,经营者不得操纵市场价格,损害其他经营者或者消费者的合法权益。在人工智能营销中,算法往往被用来预测消费者行为,从而制定个性化的价格策略。然而,如果算法被滥用,就可能导致价格歧视等不公平交易行为。《中华人民共和国价格法》等相关法律法规的出台和实施,为打击"大数据杀熟"等不公平交易行为提供了法律依据,有助于维护市场的公平竞争和消费者的合法权益,促进人工智能营销的健康有序发展。

面对一系列保护消费者权益的法律法规,企业在开展人工智能营销时,首先,必须严格遵守《中华人民共和国消费者权益保护法》及其实施条例,确保不侵犯消费者的基本权益,保证消费者的知情权,明确告知其使用个性化推荐和定制广告的机制,并尊重消费者的选择权。其次,禁止"大数据杀熟"和价格歧视行为,企业应防止通过算法对不同消费者实行不公平定价,确保价格的透明性和公平性。此外,在网络消费和直播带货等新兴营销模式中,企业需确保人工智能技术的使用不误导或强迫消费者,遵循真实、公正的营销原则。最后,企业应加强消费者数据保护,严格遵守个人信息安全要求,确保消费者数据不被滥用或泄露。只有保护消费者合法权益,增强消费者信任,才可实现可持续发展。

四、算法透明与监管政策

当前,算法透明在人工智能时代的发展中面临诸多挑战。首先,算法内在复杂性极高,涵盖了庞大的数据集和烦琐的计算流程,这无疑增加了理解和解释算法的难度。其次,出于保护商业秘密的考量,一些企业和平台倾向于不公开算法的详细运作机制,这进一步加剧了算法透明度的缺失。因此,算法黑箱化现象在业界颇为普遍。算法黑箱的存在,不仅在一定程度上侵犯了个人的合法权益,还深刻影响了公众对算法技术的认知和信任。由于用户无法洞悉算法内部的运作规则和参与决策流程,他们难以有效防范个人数据泄露等潜在风险,进而难以保护自己的隐私和信息安全,个人利益可能会受到严重损害。

解决算法黑箱问题的核心在于有效提升算法的透明度。然而,实现算法透明面临一定的操作难度,算法透明不仅意味着算法的公开,还涵盖了算法数据运算过程的发布以及数据代码的公开。算法的不透明,主要源于算法技术本身的复杂性,而非人们的主观意愿。对于非专业人士而言,即便算法实现透明,他们也可能难以理解其内在逻辑。此外,算法透明的实现还伴随着一系列风险和挑战。一旦算法变得透明,可能会被人利用以达成个人目的,进而侵犯他人的合法权益,甚至可能威胁到算法的知识产权安全。

因此,在政策层面上,针对算法公开的相关内容以及公开的度,需要完善相关的法律法规,加强监管。一般来说,应该采取一定的方式进行算法公开以实现算法透明,开放式算法在不侵犯知识产权的情况下,应尝试以普通人能够理解的方式对算法进行逐一解释并予以公开。针对算法透明面临的风险,可以对不同的算法内容区别处理,根据算法内容的重要程度划分不同的公开程度。

为应对人工智能和大数据时代的潮流,同时提高算法透明度和降低风险,维护社会稳定,我国立法部门也对算法进行了法律层面的规制。主要包括《中华人民共和国网络安全法》《中华人民共和国数据安全法》《中华人民共和国个人信息保护法》等。同时,为了能更好监管算法,防止算法歧视,2022年3月1日起施行的《互联网信息服务算法推荐管理规定》,将算法推荐服务全面纳入监管。该文件规定,算法推荐服务提供者应当向用户提供不针对其个人特征的选项,或者向用户提供便捷的关闭算法推荐服务的选项。此外,《关于加强互联网信息服务算法综合治理的指导意见》也明确提出,要推动算法公开透明,规范企业算法应用行为,保护网民合理权益。通过对算法透明的监管,有效保护了消费者权益,也有利于互联网平台的算法技术进步,推进相关行业的数字化转型与平台经济的健康发展。同时,也对人工智能营销产生了深远影响,这些法律法规要求企业在人工智能营销中提高算法的透明度,做到公开、透明,提高人工智能营销过程的合规性和公正性。同时,算法透明度的提升也增强了用户对人工智能营销的信任,有助于提升用户体验和满意度,进而促进企业的品牌建设和可持续发展。

五、促进人工智能发展政策的国别差异

当前,人工智能正在全球范围内蓬勃发展,作为引领未来的战略性技术,它在推进经济发展、维护国家安全以及改善人民生活方面扮演着至关重要的角色。鉴于此,众多国家正积极部署,并相继出台了一系列与人工智能相关的政策和规划,旨在推动其健康且蓬勃的发展。

中国人工智能发展主要是从政府政策、技术研发、产业应用等方面作出部署,侧

重于技术发展对行业应用带来的经济影响。中国政府高度重视人工智能的发展,发布了《新一代人工智能发展规划》等文件,明确了人工智能发展的战略目标和重点任务。随着国家政策的大力支持以及科技、制造等业界巨头的布局深入,人工智能产业的规模也进一步扩大,这将促进人工智能与各行各业的深度融合,推动跨界合作,形成新的商业模式和增长点。同时,这也将为人工智能营销提供更多元化的应用场景和更广阔的发展空间。中国人工智能的应用场景日益多元化,涵盖了多个行业,包括智能制造、智能医疗、智能交通、金融、教育、农业、娱乐和内容创造等。具体来说,人工智能在智能制造领域助力了生产线自动化和优化供应链管理,例如海尔和美的通过人工智能大大提升了生产效率和质量监控。在智能医疗应用中,人工智能也帮助提高诊断精准度,百度的人工智能诊断系统和"平安好医生"的健康管理平台便是典型代表。在智能交通方面,深圳的智能交通系统利用人工智能实时调整交通信号,提高通行效率。金融行业的人工智能应用包括平安银行的智能风险控制系统和蚂蚁金服的智能投资顾问等。此外,在农业领域,京东通过人工智能实现精准农业,减少农药使用;在娱乐和内容创作领域,字节跳动利用人工智能推荐算法优化内容推送,腾讯 AI Lab 开发了人工智能写作和音乐创作工具。总体来看,促进人工智能发展的政策进一步促进了人工智能技术在各行业的深度融合,推动了生产力提升,催生了新的商业模式和增长点。

美国在人工智能领域深耕已久,因而长期处于人工智能发展的前沿,在互联网、芯片、金融、军事等领域都进行了重点布局。为推动人工智能产业持续蓬勃发展,美国从政府、法律、技术及投资层面形成了全方位的推进模式。自 2019 年以来,美国陆续颁布了一系列重要政策,如《国家人工智能研发战略计划》和《美国人工智能时代:行动蓝图》等。此外,还引导谷歌、亚马逊等科技巨头将资金投入到人工智能研发和产业化之中,建立谷歌人工智能实验室、Facebook 人工智能实验室(FAIR 和 AML)、斯坦福大学人工智能实验室(SAIL)等专业研发机构,并积极向研究者开放国家实验室和数据资源。美国企业和科研机构加速技术创新与产业的融合,为人工智能营销提供了强大的技术支持和广阔的应用场景。例如,谷歌利用人工智能深度学习平台 TensorFlow 优化广告投放和精准营销,亚马逊通过个性化推荐算法提升用户购物体验,微软的 Azure AI 平台帮助企业实现个性化客户关系管理和智能客服,Facebook 通过人工智能分析用户行为进行精准广告推送,Netflix 利用数据分析为用户提供个性化内容推荐。IBM 的 Watson 平台则通过认知计算帮助品牌优化市场营销策略。这些技术创新推动了人工智能在多个行业的广泛应用,显著提高了营销效率和用户体验,为全球人工智能营销开辟了新的商业模式和发展机遇。

与美国对比，欧盟更加重视人工智能的道德伦理和风险研究。首先，2020年2月颁布的《走向卓越与信任——欧盟人工智能监管新路径》明确提出，为解决能力不对等和信息不透明，保障人民相关权利，需要建立人为监督的监管框架，重视数据安全和隐私保护。此外，欧盟的《人工智能法案》也对人工智能的定义、分类、监管等方面进行了详细规定，并设立了四个不同的人工智能风险监管等级。其次，不同于美国的全方位布局，欧盟对人工智能的应用更加细化，欧盟希望借助自身在制造业、工业、汽车等领域的优势，利用人工智能技术进行产业强化升级，如欧盟2030自动驾驶战略。此外，欧盟还通过"欧洲数字议程"等计划，推动人工智能技术的创新和应用。欧盟通过《通用数据保护条例》、人工智能法规提案、数据主权政策和消费者权益保护法等相关法律法规建立起严格的监管框架，重视数据安全与隐私保护，确保人工智能营销在合法、合规的轨道上稳健前行。

日本则由于在人工智能技术研究中起步较早，积累了一定的相关人才，从而将人才培养作为人工智能产业化发展规划的重要任务之一。此外，由于人口老龄化问题严重，日本希望通过大力发展人工智能，保持其在机器人、汽车等领域的技术优势，逐步改善人口老龄化所带来的劳动力短缺、养老等社会问题，推进超智能社会5.0建设。这将推动人工智能营销在老年群体的创新应用和人工智能服务升级，如智能健康监测、智能养老服务等。

鉴于世界各国在人工智能技术水平、法律法规以及资源条件上的显著差异，各国在制定人工智能政策时均展现出独特的关注重点。中国的人工智能政策在初期偏向于互联网领域，因此相关产业主要集中于应用层。美国由于起步较早，技术前沿，因此人工智能政策的产业布局也相对完善，基础层、技术层和应用层都有涉及。而欧盟相对关注人工智能所带来的伦理和道德问题。日本则侧重于建立相对完整的人工智能研发促进机制，并保持其在机器人和汽车等领域的技术优势，以改善人口老龄化带来的社会问题。这些不同的发展模式相互交织、相互促进，共同推动着人工智能营销在全球范围内向更加智能化、个性化和可持续化的方向发展，为全球营销行业的变革和升级注入了新的活力和动力。

■ 小案例

Zoom视频会议软件隐私泄露事件

2020年，Zoom视频会议软件迅速走红，成为全球远程办公和在线教育的首选工具，用户遍布教育、娱乐、媒体、金融、制造等众多行业。

然而，Zoom 在 2020 年 4 月频繁登上数据泄露新闻，共有四起与安全和隐私相关的事件被媒体曝出：先是将用户数据通过 SDK（软件开发工具包）共享给 Facebook（"SDK 共享信息事件"）；又因用户分组功能的缺陷，把用户邮箱地址、头像暴露给使用同一邮箱域名的其他陌生用户（"用户分组事件"）；后又被发现有 15000 多个 Zoom 用户会议视频在亚马逊云服务器上处于公开可浏览状态（"视频泄露事件"）；还被黑客撞库攻击，使黑客获取了 50 多万个 Zoom 账户的账户名和密码（"黑客撞库事件"）。一名美国国家安全局的前研究员爆料称："在开放的云存储空间中一次性搜到了 15000 个 Zoom 视频，包括一对一治疗方案、公司员工最新的培训视频、小学生上网课等私人视频内容。"这些泄露的视频，被其他用户扫描后上传到了 YouTube、Vimeo 等各大视频门户网站上。Zoom 的一系列数据隐私泄露事件引发了广泛的批评和质疑。

为了应对这些指控和质疑，Zoom 采取了一系列措施来加强数据隐私保护和提高算法透明度。然而，这一事件仍然对 Zoom 的声誉和用户信任造成了严重影响，也促使了全球范围内对数据隐私和算法透明度问题的进一步关注。

资料来源：《Zoom 接连爆出数据泄露事件：远程办公中如何保护网络与数据安全？》，https://lvdao.sina.com.cn/news/2020-05-11/doc-iirczymk1000441.shtml；《美国再爆隐私丑闻，会议软件泄露万条私人视频》，https://baijiahao.baidu.com/s?id=1663493005447725305&wfr=spider&for=pc。

第二节 不断迭代升级的产业环境

一、人工智能产业链

在数字经济蓬勃发展的当下，人工智能正成为驱动商业模式创新与产业升级的核心力量，而人工智能产业链的不断拓展与升级，则为企业营销注入了全新的活力。人工智能产业链的跨越式发展使营销得以从传统的经验驱动转向数据驱动，自动化和智能化进一步提升了营销效率与效果。当前的人工智能产业链可概括为三大层次：基础层、技术层与应用层。从基础层的数据、算力和算法到技术层的核心能力建设，再到应用层的行业深度融合，人工智能正在全面渗透营销领域，重塑消费者洞察、内容创作与渠道优化的全流程。

（1）基础层是整个人工智能产业链的支柱，包含数据、算力和算法三个核心要素。数据是人工智能算法学习和决策的依据，随着全球数据生成量的激增，数据的获取、清洗和管理能力正成为产业竞争的基础。而算力则为人工智能的实现提供了物理支持,从通用 CPU 到专用 GPU、TPU 等,算力设备在不断迭代,支撑着大规模数据处理和复杂算法运算需求。近年来,随着深度学习、机器学习等算法的发展,算力的需求呈指数级增长。据预测,全球算力规模将从 2021 年的 615EFlops 迅速增长到 2030 年的 56ZFlops,这种规模的增长为基础层企业提供了巨大的市场空间。基础层的发展直接影响了技术层的拓展,使得技术层人工智能应用从理论研究逐步向实际运用转变。

(2)技术层主要涵盖计算机视觉、自然语言处理、机器学习等技术分支。以计算机视觉为例,该技术在过去几年中实现了从图像识别到场景理解的进步,不仅广泛应用于安防监控和自动驾驶等领域,还深入至零售、医疗、教育等行业。自然语言处理技术则已在智能客服、语言翻译、文本生成等多个场景中逐步成熟。近年来,生成式人工智能迅速兴起,特别是在内容创作和个性化推荐方面展示了巨大的潜力,这一技术的普及也推动了整个技术层的快速发展。可以说,技术层是连接基础层与应用层的纽带,通过将数据、算力和算法结合并转化为实际应用,推动人工智能在不同产业中落地生根。

(3)应用层作为人工智能产业链的最顶端,集中体现了人工智能与各行业结合后的实际应用成果。金融、医疗、制造、教育等领域的深度融合,极大地提高了产业的生产力与服务能力。在金融行业,人工智能算法被广泛用于个性化推荐、风险管理和反欺诈;在医疗领域,人工智能辅助诊断、药物研发加速、健康监测设备等应用迅速普及。人工智能在各行业的应用场景不断丰富,推动了传统行业的转型升级,促进了"AI+"时代的来临。应用层也是中国人工智能产业链的亮点。人工智能技术在中国各行业的应用正在不断扩展,金融行业通过人工智能技术提升风控效率和客户服务质量,医疗行业利用人工智能提高诊断速度和准确性,零售业则依赖人工智能实现个性化推荐和供应链优化,以京东、拼多多为代表的电子商务平台广泛应用人工智能技术,创新了在线消费的体验。此外,地方政府积极支持人工智能产业发展,北京、上海、广东等地建立了人工智能产业园区,推出了多项政策,支持人工智能企业创新与扩张。

在全球范围内,人工智能产业链的分布呈现出不同地区的特点。北美是全球人工智能产业链的重要组成部分,以美国为代表的国家在基础层和技术层拥有较大优势。美国的科技巨头如谷歌、亚马逊、微软等在全球人工智能市场中占据主导地位,这些企业不仅在算力和算法上进行了长期投资,还通过并购、合作等方式整合资源,构建了覆盖全面的人工智能生态体系。欧洲地区则依托于严格的法律法规,注重人

应用层	金融、安防、客服、无人机、家居、医疗、个人助理、无人驾驶……				
技术层	语音识别	图像识别	人脸识别	传感器融合	通用技术
	机器学习	深度学习	增强学习	卷积神经算法	算法
	Tensor Flow	Caffe	Torch	ROS	底层构架
基础层	云计算	大数据	GPU	NPU	计算力
	位置数据	身份数据	购物数据	医疗数据	数据基础

图 3-1 人工智能特征架构

资料来源:耿喆,徐峰,贾晓峰.我国人工智能产业创新生态系统构建研究[J].全球科技经济瞭望,2018,33(11):12-18.

工智能的安全与道德标准,特别是在医疗、金融等敏感领域,欧洲的人工智能企业秉持着更为严谨的态度。亚太地区的人工智能市场则由中国、日本和印度三国引领,日本在制造业人工智能应用方面具有优势,印度在数据处理和外包服务方面占据一席之地。

展望未来,人工智能产业链将沿着规模化和系统化的路径持续演进,并深刻塑造企业营销的全景图。基础层中,5G、量子计算等前沿技术的落地将进一步释放人工智能在实时处理与深度学习中的潜力,为营销提供更强大的数据分析和行为预测能力。技术层中,生成式人工智能技术的突破不仅使内容创作更高效、更个性化,还将重新定义消费者互动模式,助力企业通过动态生成的广告内容、沉浸式体验以及精准的推荐服务,与消费者建立更紧密的连接。应用层的普及趋势将使人工智能从高端技术走向普惠工具,尤其是在中小企业中发挥作用。通过接入人工智能,可显著提升营销效率,实现跨渠道、全链路的智能化布局,从而打破传统资源和规模的限制。更重要的是,营销不仅是人工智能的受益者,亦将成为其发展的重要驱动力。通过大规模营销实践,企业持续产生的高价值数据将反哺算法优化,推动技术的不断迭代。未来,营销需求的多样化和个性化将激励人工智能技术进一步向场景化和精准化方向发展。在全球政策和市场需求的推动下,人工智能与营销的融合将构建更加开放的生态系统,最终促进商业、技术和社会的智能化升级。

二、人工智能创新生态系统

人工智能创新生态系统作为多主体协同运作的复杂网络,为现代营销注入了强劲动力。这个生态系统通过整合政府、企业、高校和科研机构的资源,共同推动技术研发与应用落地,使营销在智能化和精准化方面迈向新高度。创新平台的资源共享和技术整合为企业提供了强大的数据分析能力,使得消费者行为洞察变得更加高效而深刻。与此同时,场景驱动的技术创新为营销活动注入了更多个性化和情感化的可能性,使企业能够通过智能推荐、情感分析和人机交互设计等手段,与消费者建立更紧密的关系。不仅如此,营销活动也反过来为人工智能创新生态系统提供了丰富的应用场景和高价值数据,通过消费者行为和偏好反馈,推动算法优化和技术迭代。在这种双向驱动的关系中,人工智能与营销的结合正成为商业智能化和消费者体验提升的重要引擎。

场景驱动创新是当前人工智能生态系统建设中的核心特征。人工智能技术的发展往往通过场景驱动来实现,即以具体应用场景为切入点,推动技术创新的应用和迭代。例如,智能制造、智能医疗和智慧城市等垂直行业领域通过实际场景应用,实现了技术的快速落地与优化。在这种模式下,企业、科研机构和政府共同参与,通过技术的开放合作、场景测试和数据共享,加速人工智能技术从实验室向市场的转化。

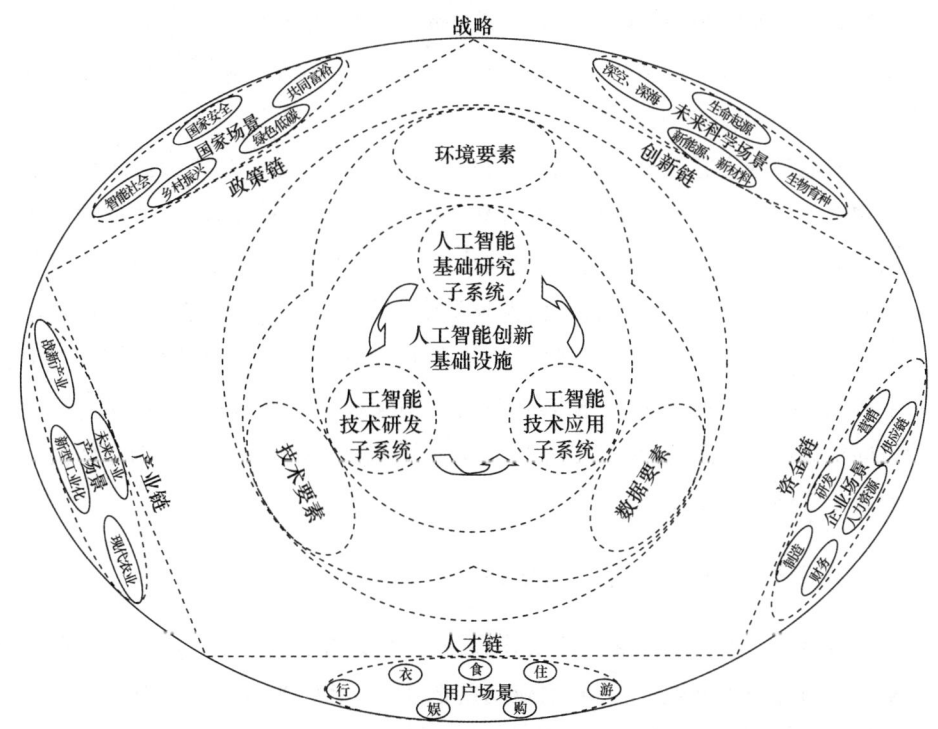

图 3-2　场景驱动型人工智能创新生态系统

资料来源:尹西明,苏雅欣,陈泰伦,等.场景驱动型人工智能创新生态系统:逻辑与进路[J].中国科技论坛,2024,(6):35-45.

技术、市场与社会生态位的协调发展是人工智能创新生态系统面临的重要挑战。研究表明，人工智能技术的创新路径通常经历技术生态位的开发、市场生态位的扩展，最终实现与社会技术范式的结合。在这一过程中，企业、高校、科研机构之间的合作至关重要。企业通过研发合作和市场扩展，实现技术规模化应用，而高校和科研机构则提供技术创新的基础支持。典型案例，如谷歌通过技术创新，特别是在深度学习和数据处理方面的突破，逐步构建了从搜索引擎到人工智能的完整生态系统。谷歌通过收购深度思维（DeepMind）等企业，显著提升了人工智能领域的技术能力，并成功将人工智能应用扩展至多个领域，包括自动驾驶、语音识别和智能助手等，实现了从互联网公司向人工智能驱动企业的成功转型。

知识创新与区域发展也是人工智能创新生态系统中的关键要素。中国的人工智能区域创新生态系统在多个地区呈现出集群化发展的态势，如京津冀、长三角和珠三角地区的创新集群。这些集群在科研资源、政策支持和人才储备方面具有显著优势，地方政府通过政策引导和资源配置，促进了区域内创新主体的协作与互动。例如，上海的张江高科技园区已经吸引了大量人工智能企业入驻，如商汤科技、依图科技等知名人工智能公司，通过与高校、科研机构和其他企业的合作，张江形成了一个高度集聚的人工智能创新生态系统。区域创新集群不仅加速了人工智能技术的区域化应用，也推动了区域间的技术协同与共享。

人工智能创新生态系统的协同创新机制是推动系统持续演化和升级的核心动力。产业链上下游企业与科研机构的合作，通过资源共享和技术集成，推动了人工智能技术的持续突破与创新应用。以智能语音识别和图像识别技术为例，人工智能技术企业与高校的联合研发项目不仅提升了技术水平，还大大加速了技术的市场化进程。例如，阿里巴巴与清华大学等高校的合作，通过共同开发深度学习算法，大幅提升了智能语音识别的准确性，使其在智能音箱和智能客服等领域得到广泛应用。这种协同机制的有效运行，为人工智能技术在全球竞争中获得持续的创新能力和竞争优势奠定了坚实的基础。

三、人工智能在不同行业的应用

人工智能为企业提供了强大的工具，帮助它们更精准地了解市场需求并制定营销策略。从新闻业到金融业，再到农业和制造业，人工智能技术正在改变每个行业的运营模式，并为营销业务带来了前所未有的赋能。无论是在新闻内容的精准分发中，还是在金融服务的风险管理和客户互动中，人工智能都能够使企业更快速、更准确地响应市场的变化。农业的智能灌溉和精准作物管理，以及制造业的供应链优化和客户关系管理,都凸显了人工智能技术在各个领域中提供的数据支持和智能决策能力。这种技术的引入不但提高了行业的效率,也推动了营销策略的现代化。各行业因此能够更好地连接消费者和市场需求,推动从传统经验驱动的运营模式向数据驱动的智能化转型。

(一)新闻业:重塑内容生产与分发模式

随着人工智能的快速发展,新闻业正迎来生产和分发模式的深刻变革。人工智能技术的引入不仅大幅提升了新闻生产效率,还使新闻内容能够更精准地触达用户。这种智能化驱动下的新闻业变革已深刻影响了新闻机构与平台公司的关系,使得新闻生产流程逐渐依附于大型平台的技术支持。具体而言,人工智能在新闻推荐、内容创作、分发渠道等方面的应用,使得新闻生产的实时响应和精准度得到显著提升。然而,这也带来了新闻自主性的问题,新闻机构在利用平台提供的人工智能技术提升生产力的同时,也面临着过度依赖平台的风险,进而影响到新闻的公信力和专业性。通过自建平台和创新内容形式,新闻机构试图摆脱对平台的过度依赖,并以短视频和多模态新闻的形式吸引年轻受众。这种自主探索的尝试展现出新闻业在人工智能浪潮中的适应力和创新力。

(二)金融业:推动服务智能化与风险管理

与新闻业类似,金融业对人工智能的应用也促使了效率的显著提升,在精准化和风险管理方面尤为突出。应用人工智能技术的智能投资顾问和自动化交易工具不仅使得投资者能够更快速、精准地决策,还在欺诈检测与风险控制方面发挥了重要作用。此外,人工智能在金融业的应用涉及客户服务机器人和智能客服系统,这些系统可以全天候提供响应服务,从而显著提升了客户体验和服务效率。例如,大数据分析和自然语言处理技术支持的智能客服机器人能够实时识别客户需求并提供精准推荐。然而,金融业的人工智能应用同样面临数据隐私和安全性问题,特别是在用户个人信息保护方面。此外,随着人工智能技术在金融服务中的应用进一步深入,其对传统金融模式的颠覆也提出了新的监管需求。这些挑战和机遇并存,使得人工智能在金融业的发展不仅需要创新,更需要审慎的风险管理。

(三)农业:智慧农业与精准管理

农业领域对人工智能的应用则进一步展现了智慧化转型的潜力,尤其是在精准农业的发展上。例如,科学人工智能技术在农业中的应用,不仅能提高农作物生产效率,还能通过数据分析帮助农民更科学地进行耕作决策,减少资源浪费,实现资源的最优化配置。智能农业设备,如无人机、传感器和物联网,能够实时监测土壤和气候等环境变量,为农业生产提供动态数据支持。这些智能工具的应用,为农户提供了精准的灌溉、施肥等管理方案，帮助农业生产从传统经验式转向数据驱动的智能化模式。人工智能驱动的农业智能化不仅体现在作物管理上，也在育种和基因编辑等领域带来革命性突破。通过分析大量环境与基因数据，人工智能技术能为农业生产提供更多元的选择，进而提升作物质量和产量。

（四）制造业：人工智能赋能营销的精准化与智能化

人工智能的应用正深刻重塑制造业的营销方式，通过精准预测与智能优化，打通生产、供应链与市场需求之间的关键环节，构建数据驱动的高效闭环。人工智能在采销管理、供应链优化和客户关系管理等领域的融合，使得制造企业能够基于实时数据制定灵活的营销策略，以更低成本实现更高转化。

供应链智能化是营销升级的重要基础。以 ZARA 为例，其利用人工智能优化供应链，通过分析销售数据和市场动态预测时尚潮流，指导生产与库存决策。精准的供应链管理不仅支持了 ZARA 的快速上新模式，也使其能够在合适的时间将热门产品投放市场，显著提升了营销效率和市场响应速度。这种基于人工智能的供应链优化有效缩短了从生产到销售的周期，让营销活动更加高效和精准。

在客户关系管理方面，人工智能则通过大数据分析提升营销的针对性。Salesforce 的 Einstein AI 平台便是典型案例，它通过分析客户行为和历史数据，帮助企业预测潜在需求，制定个性化的营销方案。例如，某工业设备制造商通过该平台精准锁定高价值客户，为其提供定制服务和优惠，不仅提升了复购率，还显著增强了客户黏性。

人工智能在制造业营销中的价值在于其打破了传统模式中生产与市场需求之间的滞后关系，实现了全流程的智能协同。从供应链优化到客户关系管理，人工智能构建起从需求预测到销售落地的完整链条，推动制造业营销从经验导向向数据驱动转型，使企业能够以更高效、精准的方式满足市场需求，提升竞争力。

四、人工智能人才培养与教育升级

2017 年以来，我国陆续发布《新一代人工智能发展规划》《高等学校人工智能创新行动计划》等，大力推进人工智能人才队伍建设，并把人工智能人才培养作为人工智能发展的重中之重。种种举措不仅为技术进步提供了人才支持，也为各行业，特别是营销领域，输送了复合型、高素质的人才。同时，高校与企业也在深度协作，探索适应快速变化的人工智能教育升级路径。截至 2024 年 4 月，在教育部备案的市域产教联合体共有 209 个，行业产教融合共同体有 1121 个。

在课程内容方面，产教融合促使高校与企业共同设计和开发教学大纲，使课程内容紧跟技术发展,尤其是加入企业真实案例和项目实践。例如,清华大学计算机重点实验室与智谱华章合作,整合资源,为学生提供学习和实习平台。通过与企业的联合课程设计,学生可以在校内学习过程中即接触企业需要的技能,从算法开发、数据分析到产品应用。实践表明,通过这一模式,学生可以直接进入项目实训阶段,不仅加深了对知识的理解,还提升了他们解决实际问题的能力。此外,产教融合模式的成功实施需要高校在课程体系上进行大胆改革,推动"AI+X"人才培养模式,鼓励学生在掌握人工智能基础知识的基础上,将人工智能技术与不同学科交叉融合,从而应对未来"AI+"行业的多元需求。

在教学形式上,生成式人工智能技术正在改变传统的教学方法。生成式人工智能工具不仅可以用于辅助教学,提升学生对复杂概念的理解,还可以通过人工智能掌握从设计理念到成品生成的全过程,仿真真实项目开发的环境。一些高校已引入虚拟实验室和人工智能助教,学生可以通过这些工具自主进行实验和项目开发,甚至参与虚拟企业的人工智能研发项目。这种以问题为导向的学习方式,促使学生在动手实践中探索技术的实际应用。

在这种教育升级的背景下,营销人才的培养也发生了深刻的变革。未来的营销人员不仅需要精通市场策略,还需要具备人工智能技术的基本理解和应用能力。这种跨学科的人才培养模式,为数字时代的营销行业注入了新的活力,确保了营销人员能够在日益智能化、数据驱动的环境中,更好地应对快速变化的市场需求,推动行业的创新和发展。

五、全球竞争态势与产业合作

在当前全球人工智能产业的竞争态势中,技术标准和应用创新已成为各国争夺技术制高点的核心。技术标准的确立被视为未来人工智能发展的关键,因为标准不仅决定了技术的全球适应性和普及速度,也能左右技术演进的方向。技术标准的竞争还直接影响了营销活动的效率和效果。例如,数据隐私和安全标准的不同可能导致跨国营销活动在执行上遇到障碍,而统一的技术标准则有助于降低这些障碍,提高营销活动的全球一致性。美国和欧盟依托 IEEE、ISO 等国际标准组织,通过制定高要求的技术规范巩固其在全球市场的主导地位。通过标准的推广,欧美国家在人工智能技术和产品的全球应用上享有明显优势,这不仅为其企业开拓了市场,也在国际上进一步强化了其产业链的影响力和控制权。中国近年来也在技术标准的制定上加大投入,特别是在计算机视觉、智能芯片等关键应用领域,中国试图通过自主标准的建设来提升国际话语权。技术标准的制定不仅是技术实力的直接体现,更是各国对未来产业链主导权的争夺。随着中国技术实力的增长,自主标准的推出能确保中国企业在全球竞争中拥有更大的自主权和谈判空间,并推动全球市场形成多元化的标准格局。

应用创新作为另一项重要的竞争路径,为各国在人工智能领域的快速扩展和产业化提供了有力支持。美国在算法研发和前沿技术创新中保持领先,而中国则凭借庞大的市场需求和应用场景布局,加速推动了人工智能技术的实际落地。以智慧城市和金融科技为例,中国在这些领域的应用创新为"AI+"模式的全球推广提供了一个成熟的范式。中国的智慧城市建设不仅提升了城市管理效率,还通过智能交通、环境监测等技术解决了城市化进程中的实际问题。这种大规模的创新应用为中国在全球市场上构建了独特的"AI+"应用生态模式,使中国的人工智能技术在国际产业格局中逐步实现了产业化和商业化的全球化拓展。

全球产业链的合作与竞争态势也对营销策略产生了深远影响。企业在全球范围内的布局需要考虑到不同地区的文化差异、消费者行为和市场特性,这要求营销策略必须具有灵活性和适应性。同时,企业之间的合作可以共享营销资源,降低成本,提高效率,而竞争则推动企业不断创新,以保持市场竞争力。在基础技术和应用创新方面,美国和中国之间既有激烈的竞争,同时也在企业层面展开了广泛合作。谷歌、微软等美国科技公司在中国设立了研发中心,积极参与人工智能人才培养、技术交流等合作,而中国企业如华为、阿里巴巴也在欧美市场推广自身技术,寻求产业合作。全球化的产业布局推动了技术转移、人才流动和资源共享,使全球人工智能产业链在扩展中逐步深化。

然而,在这种合作模式下,国家间的利益考量和市场壁垒也在加深。随着美国对中国科技企业实施技术和市场限制,中国的人工智能企业在核心技术和供应链的自主性上面临挑战。因此,中国在全球产业链的布局中需要加大对自主研发和供应链稳定性的投入,并通过"一带一路"倡议等方式,在东南亚、非洲等新兴市场开拓出具有战略意义的市场网络,从而为人工智能技术的国际化创造更加稳定的产业链支持。

■ 小案例

美图设计室:场景驱动的人工智能创新生态系统

美图设计室是美图公司在2022年面向办公场景推出的智能设计服务软件。它围绕"人工智能商品设计"与"人工智能平面设计"两大核心板块,旨在通过人工智能技术帮助用户降低设计门槛,提升设计效率。美图设计室的诞生源于市场对高效、低成本设计工具的需求,特别是在电商领域,商家对于商品图片和营销物料的需求日益增长。美图设计室通过提供一站式的设计解决方案,满足了这一市场需求,帮助商家节省时间和成本,同时提升设计的专业度和效率。

美图设计室依托于美图奇想大模型(MiracleVision)的人工智能模型能力,支持多种商品品类的电商物料设计,并内置丰富的模板和素材库,其功能涵盖了人工智能批量设计、人工智能商拍等,集成了人工智能商品图、人工智能模特、人工智能修图等核心功能。

用户痛点:

(1)高成本问题。传统的商品拍摄方式需要耗费大量的时间、人力和资金。美图设计室通过"人工智能商品图"功能,用户只需上传一张产品图,即可实现自动智能抠图和人工智能生成场景商品图,大大降低了商品拍摄成本和电商平台的运营成本。

(2)效率问题。通过"智能抠图"功能,设计师抠一张图片的时间从平均2分钟降低到不到1秒,效率提升了120倍。此外,美图设计室的人工智能批量设计功能进一步提升了设计效率,原本长达1周的专业摄影任务,现在只需1分钟就能生成百张商品场景图。

(3)场景受限问题。人工智能商品图功能支持自动识别产品类型并给予相应场景推荐,以保证更具个性化和适配度的场景效果,如雪山、展台、草地等。这使得商品与场景高度融合,呈现出更加精细的光影效果和投影效果。

(4)选择成本升高问题。美图设计室提供了一站式的解决方案,集成了人工智能商品图、人工智能模特试衣、人工智能服装换色等多项功能,减少了商家在选择不同产品时的横向对比和数据壁垒问题。

(5)跨境电商的应用。美图设计室的人工智能商品图功能还特别适用于跨境电商,帮助商家快速生成符合海外电商平台标准的高质量商品图,提升了商品的展示效果,缩短了商品上架的时间,提高了商品的转化率。

资料来源:编者根据《2024年度AI产业落地十大创新案例》资料改编。

第三节　日新月异的技术环境

一、人工智能技术的基础架构

人工智能技术的基础架构是一个综合性的框架，它不仅支撑着人工智能系统的开发和运行，还确保了这些系统能够适应不断变化的技术和业务需求。根据相关资料，这个架构可以详细划分为以下五个关键层次：

1. 基础层

这一层是整个人工智能架构的根基，它包括了强大的计算资源，如 CPU、GPU 和 TPU，以及存储和网络设备。此外，基础层还提供了操作系统、数据库管理系统、中间件和开发工具等软件资源。云计算平台在这一层中扮演着重要角色，它们提供了弹性的计算能力、存储空间和网络资源，使得人工智能系统能够灵活地扩展和缩减资源，以适应不同的工作负载。数据资源也是基础层的关键组成部分，包括结构化和非结构化数据，这些数据是训练和优化人工智能模型的基础。

2. 模型层

模型层是人工智能架构的核心，它包含了各种机器学习和深度学习模型，这些模型能够处理和分析数据，提取特征，并作出预测或决策。这一层不仅包括通用的模型，如卷积神经网络和循环神经网络，还包括专门为特定任务设计的模型，如语音识别、图像分类和自然语言理解。预训练模型和迁移学习技术在这一层中也非常关键，它们允许开发者利用已有的模型知识，快速适应新的数据集和应用场景。

3. 能力层

能力层将模型层的智能转化为具体的应用能力，它包括了一系列的人工智能服务和 API，这些服务和 API 可以被集成到不同的应用程序中。例如，行为分析模型可以用于个性化推荐系统，评估模型可以用于风险管理和质量控制，生成创作模型可以用于内容创作和艺术设计。此外，这一层还可能包括对话系统、决策支持系统和自动化控制系统等，它们为特定的业务流程提供智能支持。

4. 应用层

应用层是人工智能技术与最终用户交互的界面，它将人工智能能力集成到各种产品和服务中，以满足消费者和企业的需求。这一层包括了各种 C 端应用，如智能家居、智能穿戴设备和在线客服，以及 B 端和 G 端应用，如智能制造、智慧城市和电子政务。应用层的设计需要考虑到用户体验、界面友好性和交互效率，以确保人工智能技术能够被广泛接受和使用。

5. 部署层

部署层负责将人工智能系统从开发环境转移到生产环境，并确保它们能够在不同的设备和平台上运行。这一层包括了部署策略、监控工具和维护流程，它们对于确保人工智能系统的稳定性和可靠性至关重要。本地部署、云部署和混合部署是常见的部署方式，每种方式都有其优势和挑战。例如，本地部署提供了更好的数据控制和安全性，而云部署则提供了更高的灵活性和可扩展性。混合部署则试图结合两者的优点，以适应复杂的业务需求。

综上所述，人工智能技术的基础架构是一个多层次、高度集成的系统，它不仅包括了硬件和软件资源，还包括了模型、能力和应用等多个层面。这个架构的设计和实现需要考虑到性能、成本、安全性和可扩展性等多个因素，以确保人工智能系统能够有效地支持各种复杂的应用场景。人工智能技术在营销领域的应用主要体现在个性化营销、广告优化、消费者行为预测、社交媒体分析和提升营销效率等方面。通过分析消费者数据，人工智能能够实现精准营销和个性化推荐，提高用户满意度和转化率。同时，人工智能算法优化广告投放，提升广告效果，降低成本。人工智能技术还能预测消费者行为，帮助企业制定更有效的市场策略。在社交媒体营销中，人工智能分析用户行为，提升品牌互动和用户参与度。此外，人工智能技术提高了营销活动的效率，使企业能够实时响应市场变化，增强竞争力。

二、人工智能基础算法的阶段

20 世纪 50 年代至 70 年代——人工智能的起步阶段。这一时期的关键算法包括感知器、搜索算法、逻辑推理程序和专家系统。感知器作为早期的神经网络模型，尝试模拟人脑处理信息的方式，用于基本的模式识别。早期的感知器算法虽然简单，但为后来的模式识别技术打下了基础，这在营销中用于识别消费者行为模式和市场趋势。搜索算法，如深度优先搜索和广度优先搜索，用于解决逻辑和规划问题。逻辑推理程序，如逻辑理论家，能够自动证明数学定理，被应用于营销中的自动化规则制定和决策支持。专家系统则模拟专家的决策过程，帮助企业在复杂情况下作出更准确的市场预测和策略调整。在应用方面，早期人工智能主要用于游戏（如跳棋和国际象棋程序）、语言理解（如 ELIZA 聊天机器人）和自动定理证明。

20 世纪 80 年代到 2010 年左右——机器学习时期。这一时期见证了从依赖硬编码规则的系统向能够从数据中学习的算法的转变。在这一时期，人工智能的基础算法得到了显著扩展和深化，包括决策树、支持向量机、随机森林、逻辑回归、梯度提升机(GBM)等。这些算法在处理复杂数据集、模式识别和预测分析方面表现出强大的能力,增强了营销中的预测分析能力。在应用方面,机器学习算法开始广泛应用于金融、医疗、推荐系统、图像识别和自然语言处理等领域。例如,在金融领域,它们用于信用评分和欺诈检测;在医疗领域,辅助疾病诊断和治疗计划制订;在电商中,提供个性化推荐;在安全领域,用于面部识别和监控分析。

2010年延续至今——深度学习时期。以深度神经网络(DNN)为核心,特别是卷积神经网络(CNN)、循环神经网络(RNN)、长短期记忆网络(LSTM)和生成对抗网络(GAN)。这些算法在图像识别、语音处理、自然语言理解和视频分析等方面取得了显著成就,提升了营销自动化和个性化推荐的效果。CNN在医疗影像分析和自动驾驶视觉系统中被广泛应用,而RNN和LSTM则在语音识别和机器翻译中发挥作用。GAN在图像生成和风格迁移中展现出潜力。深度学习技术已广泛应用于智能手机、智能家居、在线客服和推荐系统,推动了医疗、金融和娱乐等行业的创新。尽管面临数据依赖、模型解释性和计算资源需求等挑战,深度学习仍是人工智能领域中最活跃和有前景的方向,持续促进技术创新和产业升级。

2020年至今——生成式人工智能时期。这一时期的特点是算法不仅能够识别和分类数据,还能够生成新的、以前未见过的数据样本。基础算法包括更高级的生成对抗网络、变分自编码器(VAEs)、大型语言模型(LLMs)如GPT和BERT,以及多模态学习模型,GAN在图像生成和风格迁移中的应用,为营销内容创作提供了新工具,增强了广告创意表达。LLMs提高了营销内容的自然语言理解和生成能力,改善了与客户的沟通。这些算法在生成新的图像、文本、音乐和视频内容方面展现出了强大的能力。在应用方面,生成式人工智能的影响力迅速扩展到了多个领域。在艺术和设计领域,人工智能可以创作原创画作、音乐作品和时尚设计。在内容创作和娱乐产业,人工智能生成的文本和视频为媒体提供了新的创作工具。在科学研究中,生成式模型被用于模拟复杂的生物分子结构,加速药物发现过程。此外,生成式人工智能也在数据增强、隐私保护和教育等领域找到了应用,如通过生成合成数据集来训练机器学习模型,或在保护个人隐私的同时提供有用的数据洞察。

三、开源生态与技术工具繁荣

开源生态的兴起为人工智能技术的发展提供了丰富的资源和工具。开源项目如TensorFlow、PyTorch和PaddlePaddle等,已经成为人工智能研究和开发的基石。这些框架不仅提供了强大的算法库和模型,还促进了全球开发者社区的合作和知识共享。例如,TensorFlow由谷歌开发,是一个用于数据流图的开源软件库,广泛用于机器学习和深度学习模型的构建和训练。PyTorch 由 Facebook 的人工智能研究团队开发,以其动态计算图和易用性受到开发者的青睐。PaddlePaddle 则是百度开发的深度学习平台,它支持多种深度学习模型,并提供了丰富的 API 和工具,使得开发者能够更容易地构建和部署人工智能应用。

开源项目的增长是人工智能技术繁荣的一个重要标志。GitHub 的数据显示,2023 年生成式人工智能项目的数量是 2022 年的两倍多,表明开源人工智能领域正在吸引越来越多的开发者和研究人员的参与。开源项目如 Stable Diffusion 和 ChatGPT 先后掀起的热潮,推动了人工智能内容生成技术的成熟。此外,全球开发者在 2024 年对开源项目的贡献达到了近 10 亿次,这些贡献涵盖了从流行项目如 home-assistant/core 到生成式人工智能项目如 ollama/ollama 的广泛领域。

(1) 在自然语言处理领域,开源工具如 NLTK 和 SpaCy 提供了强大的文本分析和语言理解功能。而 Hugging Face 的 Transformers 库则因其预训练模型的广泛性和易用性而受到青睐,支持多种自然语言处理任务,如文本生成、情感分析和问答。

(2) 计算机视觉领域同样受益于开源工具的多样性。OpenCV 是一个功能丰富的库,提供了实时图像处理和分析的能力。此外,像 PIL(Python Imaging Library)和 dlib 这样的库也为图像识别和处理提供了强大的支持。

(3) 机器学习和深度学习框架的多样性也是开源生态的一个重要方面。除了 TensorFlow 和 PyTorch 这样的主流框架,还有如 Scikit-learn、Keras 和 Apache MXNet 等工具,它们各自针对不同的应用场景和用户需求提供了特定的功能。

(4) 在数据科学和分析领域,开源工具如 Pandas、NumPy 和 SciPy 为数据处理和分析提供了强大的支持。Jupyter Notebook 则为研究人员提供了一个交互式的计算环境,使得数据探索和模型实验变得更加直观和便捷。

(5) 开源人工智能工具的多样性还体现在跨学科的应用上。例如,开源项目 awesome-ai4s 整理了百余篇科学人工智能案例,覆盖生物医药、医疗健康、材料化学等多个领域,为不同专业的研究人员提供了丰富的资源。

此外,GitHub 上的开源人工智能体(AI Agent)项目展示了人工智能技术在各个领域的应用潜力。这些项目从通用型的自主智能体到专注于特定领域的工具,再到支持多智能体协作的系统,展示了人工智能体的多样性和灵活性。

开源生态与技术工具的繁荣极大地推动了营销领域的数字化转型,提高了营销活动的效率和个性化水平。通过人工智能技术,企业能够实现市场营销自动化,优化广告投放,进行库存管理和需求预测,以及动态定价。同时,人工智能体能够自我迭代营销策略，分析用户行为以优化网站布局和导航，提高转化率。此外，开源工具如 TensorFlow、PyTorch 等为内容创作和个性化营销提供了强大的支持，使得企业能够在多个渠道上实现自动化和个性化的营销活动，增强用户参与度和品牌曝光度。这些人工智能技术的应用不仅提高了营销效率，还为企业提供了更精准的客户洞察和更优化的客户体验。

四、大数据处理技术的支持作用

大数据处理技术在人工智能营销中的作用是多维度和深层次的。首先，它能够实现对用户属性和维度的超精细化分析，这种精细度可能达到上百上千个小维度，从而更准确地锁定目标客群，为营销策略的制定提供有力支持。通过人工智能技术，营销人员可以更高效、精准地理解广告主多元化的营销需求，将数据集交给人工智能模型训练，精准把握市场动态，为营销决策提供有力支持。

在内容创作方面，大数据处理技术辅助产生创意（Big Idea），并主导内容创作。人工智能生成内容已成为内容生产的新引擎，为内容创作领域带来前所未有的变革。它不仅能够在文本、图像、视频、音频等单一模态上生成内容，更能实现跨模态的生成，打通多模态间的壁垒，为多行业的融合创新提供强大支持。

其次，大数据处理技术还能够实现对营销效果的实时监测和评估。通过使用数据分析工具和算法，企业可以深入挖掘数据，发现潜在的规律和问题。例如，通过分析转化漏斗，企业可以找到转化率低的环节并进行优化。人工智能和机器学习技术的应用可以进一步提高营销效果监测的准确性和效率。通过使用机器学习算法分析大规模的数据集，企业可以发现隐藏的模式和关联，从而更好地理解用户行为和市场趋势。

在个性化营销方面，大数据处理技术支持人工智能驱动的个性化营销，开启品牌与客户关系的新纪元。它能够实时捕捉客户的变化，确保品牌始终与客户保持同步。这种精准的客户画像不仅仅是一堆冰冷的数据，而是一个鲜活的、不断更新的客户全貌，让品牌能够以前所未有的方式理解和预测客户的需求，从而提供真正个性化的体验。

再次，大数据处理技术在内容审核方面为企业提供了一个强大的工具，使其能够对文本、图片、音频和视频等内容进行全面的智能审核和检测。这种技术能够高效地识别和过滤敏感词汇、不当言论等负面信息，从而保护企业的品牌形象和声誉。通过深入分析和挖掘数据，大数据处理技术提高了内容审核的效率和准确性，确保营销活动的内容安全。

最后,在监管合规方面,大数据处理技术帮助企业遵守如 GDPR、CCPA 等全球数据隐私法规。企业可以利用这些技术进行数据管理和分析,以确保处理个人数据的活动符合法律要求。此外,大数据处理技术还支持企业建立人工智能治理框架,通过强大的文档实践和定期审核,监督人工智能系统的偏见、公平性和监管合规性,确保营销活动在法律框架内的合规运行。

综上所述,大数据处理技术在内容审核和监管合规方面对营销的作用是至关重要的,它不仅提升了内容管理的安全性和合规性,还为企业在全球范围内的营销活动提供了坚实的数据支持和风险管理。

五、自然语言处理与客户交互

自然语言处理(Natural Language Processing,NLP)是计算机科学、人工智能和语言学领域的一个重要方向,它致力于研究如何让计算机能够理解和处理人类语言。NLP 的目标是缩小人类交流和计算机理解之间的差距,使计算机能够像人一样理解和生成自然语言。

NLP 的起源可以追溯到 20 世纪 40 年代和 50 年代,早期的 NLP 系统主要基于一系列手工编制的规则。然而,这种方法很快就遇到了瓶颈,因为自然语言的复杂性远远超出了简单规则所能处理的范围。到了 20 世纪 80 年代和 90 年代,随着机器学习技术的兴起,NLP 开始转向基于统计的方法。这些方法依赖于从大量文本数据中自动学习语言模式,而不是依赖于显式编程的规则。进入 21 世纪,深度学习技术的出现为 NLP 带来了革命性的变化。特别是基于神经网络的预训练语言模型,如 Word2Vec、GloVe、BERT、GPT 和 XLNet 等,它们通过在大规模语料库上进行预训练,学习到丰富的语言表示,然后在特定的 NLP 任务上进行微调,取得了前所未有的效果。

NLP 在客户交互中的应用是人工智能领域的一个重要分支,它通过模拟人类理解语言的方式,使得机器能够与人类进行有效的沟通和交互。在客户服务领域,NLP 技术的应用尤为显著,它使得聊天机器人能够理解客户的查询并提供相关的回答。这些机器人通常集成在网站、移动应用或社交媒体平台上,能够处理常见的客户问题,如订单状态查询、产品信息、退换货政策等,通过模拟真人对话的方式,提供全天候的即时响应,从而提升客户满意度并降低企业的客服成本。此外,NLP 技术结合语音识别,使得语音助手如亚马逊的 Alexa、苹果的 Siri、谷歌的 Google Assistant 等能够理解和执行用户的语音命令,从简单的信息查询到复杂的家庭自动化控制,极大地提高了用户交互的便利性。

情感分析是 NLP 在客户交互中的另一个重要应用,它通过分析客户的语言来识别他们的情绪状态,这对于客户服务至关重要。通过情感分析,企业可以了解客户对产品或服务的满意度,及时发现潜在的问题,并采取措施来改善客户体验。客户反馈分析也是 NLP 的一个关键应用领域,它能够自动从客户反馈、评论和社交媒体帖子中提取关键信息和趋势,帮助企业快速响应市场变化,调整产品策略,并针对客户的特定需求进行产品改进。

NLP 技术支持多种语言,使得企业能够跨越语言障碍,为全球客户提供服务。这对于跨国公司来说尤其重要,因为这可以帮助它们更好地理解和满足不同地区客户的需求。此外,NLP 技术可以自动从大量的客户服务记录中提取关键信息,生成摘要和报告,节省了人工整理的时间,提高了信息处理的效率和准确性。NLP 还能够识别客户的意图并管理对话流程,这对于提供有针对性的帮助和信息至关重要,尤其是在复杂的交互场景中,如技术支持或咨询。

尽管 NLP 在客户交互中的应用带来了许多好处,但它也面临着挑战,如理解复杂的语境、处理多轮对话的连贯性、保持对话的自然性等。此外,随着客户对隐私和数据安全的关注日益增加,企业在使用 NLP 技术时也需要确保遵守相关的法律法规,保护客户的个人信息。随着技术的不断进步,预计 NLP 将在客户交互中发挥更加重要的作用,提供更加智能化、个性化和无缝的客户体验。未来的 NLP 技术将更加注重模型的轻量化、多模态学习、跨语言能力提升、可解释性和透明度,以及解决伦理和偏见问题,以确保技术的公平性和伦理性。随着这些技术的发展,可以预见到一个更加智能化、个性化的客户服务未来。

■ 小资料

美素佳儿"宝宝不哭"智能小程序

美素佳儿通过与百度营销合作推出的"宝宝不哭"智能小程序,展示了如何将人工智能技术应用于实际营销中。该小程序利用人工智能技术智能分析宝宝的哭声,并创造不同类型的宝宝安抚曲,以此实现品牌与用户的深度连接。背景方面,美素佳儿认识到新手父母在面对宝宝哭闹时常常感到无助,而据百度大数据分析,每月有超过 40 万人搜索"宝宝哭闹"相关问题,近一年相关搜索量更是高达 2000 多万。美素佳儿抓住这个机会与目标客户建立联系。

该案例的目标是通过人工智能技术帮助新手父母解决宝宝哭闹的问题,同时增强品牌的亲和力和市场占有率。实施步骤包括需求分析、模型选择、集成和测试,以及监控与改进。在部署初期,该智能小程序处理了约80%的常见问题,极大地减轻了人工客服的工作压力,并提升了客户的响应速度。

这个案例不仅展示了人工智能技术在提升用户体验、增强互动性、个性化内容创作和精准营销等方面的强大潜力,也体现了大数据处理技术在理解和预测消费者需求、提供个性化服务以及优化营销策略中的重要作用。通过这样的技术应用,美素佳儿成功地将技术解决方案与品牌营销策略相结合,提升了品牌形象并增强了市场竞争力。

资料来源:《AI营销怎么玩?百度6大案例告诉》,https://www.digitaling.com/articles/386099.html;《AI婴语翻译神器——美素佳儿"宝宝不哭"百度智能小程序上线!》,http://www.baobei360.com/Articles/Html/2021-03-04/178896.html。

第四节 向包容性和可持续性迈进的社会环境

一、人工智能对就业市场的影响

随着大数据、深度学习等相关研究的兴起,以及计算机、云计算功能和硬件设备的创新,人工智能技术作为新质生产力的重要代表,在全球迎来了快速发展和应用浪潮,同时,人工智能技术的应用也对就业市场产生了深刻影响。

人工智能技术逐渐渗透到不同的生产环节,并呈现出快速扩张的趋势。中国作为全球重要的人工智能产业中心,2022年产业规模为2056.3亿元,同比增长13.6%,增速超过全球平均水平。在此背景下,系统性把握人工智能技术应用对就业市场的影响有着重要的理论与现实意义。

回顾历史上的三次重大技术革命,社会依次经历了机械化、电气化与信息化的深刻变革,这些变革不仅重塑了产业结构,还直接影响了劳动力市场的需求,进而引发了就业结构的相应调整。每个技术进步的阶段都对就业总量与结构产生了不同程度的冲击,其中主要的问题在于产业升级的持续深化与就业结构调整的相对滞后之间的不匹配。在中国,宏观经济结构的转型加剧了劳动力市场的错配问题,导致结构性失业现象日益显著。当前,作为第四次技术革命的核心驱动力,人工智能技术正广泛渗透于各行各业,加速推进人类社会向智能时代迈进。

国内外学者围绕人工智能对就业市场的影响,主要聚焦于其替代效应与就业创造效应两大方面,展开了深入而广泛的讨论。

在替代效应方面,众多学者指出,人工智能技术的广泛应用显著扩大了资本在生产过程中的任务边界,使得智能机器和系统能够承担更多原本由人类执行的复杂任务。这一变化直接导致了传统劳动力市场的深刻变革,大量低技能甚至部分中等技能岗位被智能机器人和自动化系统所取代。这种替代不仅减少了对劳动力的需求,还往往伴随着生产效率的提升和成本的降低,进而可能导致劳动力市场的工资水平整体下滑,劳动收入份额相对减少。长远来看,如果缺乏有效的政策干预和劳动力市场调整机制,这种趋势可能会加剧社会不平等,影响经济的稳定性和可持续性。

在探讨人工智能的就业创造效应时,学者们普遍认为,尽管以工业机器人为代表的智能技术确实在一定程度上替代了传统劳动力,尤其是低技能岗位,但其同时也展现出了强大的就业创造潜力,整体上对就业和工资水平产生了积极的推动作用。相关研究指出,从1980年至2010年间,美国就业增长量的一半都可以归因于人工智能技术所带来的就业创造效应。从长远来看,人工智能的应用对就业的影响是正面的,具备促进就业增长的潜力。人工智能技术在替代低技能劳动者的同时,也催生了对高技能劳动者的更大需求。这种需求变化不仅优化了就业结构,还提升了企业的劳动收入份额,有助于提升劳动力市场的整体价值和效率。

面对人工智能技术的快速发展,我们不仅要意识到其对就业市场造成的冲击,也要看到带来的就业创造潜力,采取有效措施,如加强职业教育、优化劳动力市场政策等,以最大化地发挥人工智能技术的积极作用,同时缓解其对低技能劳动力的潜在冲击。

人工智能技术既对营销人员的技能提出了新的要求,也提高了营销人员的工作效率。一方面,人工智能通过自动化执行日常任务和数据分析提高了营销人员的工作效率和精准性;另一方面,人工智能要求营销人员适应新的技术和工具,以打造个性化的客户体验和提升营销效果。营销人员需要持续学习新技能,并努力适应新的营销环境,从而更好地发挥人工智能技术的积极作用。

二、人工智能伦理争议与监管

人工智能技术在应用过程中与人类日常生活的融合愈发深入,在社会事务与伦理活动中起着重要作用,甚至引发了教育、学术、医疗等领域范式的变革。人工智能技术算法的黑箱化以及在计算和逻辑上超越人脑的特点让人类在享受着技术红利的同时也使人类社会暴露在由人工智能技术引发的伦理风险之中。这些伦理风险的背后显现出人工智能技术与人类矛盾问题。

人工智能技术带来的伦理挑战是多方面的，如隐私保护、算法偏见与公平性、机器道德和人工智能权利等。

人工智能技术的核心在于其深度学习和数据处理能力，这些功能离不开大量数据的支持。然而，这些数据中往往包含个人隐私信息。一旦这些数据被泄露或滥用，个人隐私安全将受到严重威胁。例如，不法分子可能利用人工智能技术收集并分析用户数据，进行精准骚扰甚至是诈骗。因此，数据保护至关重要。对此，各国纷纷出台相关法律法规对此进行规范。如欧盟的《通用数据保护条例》和中国 2021 年实施的《中华人民共和国数据安全法》及《中华人民共和国个人信息保护法》，均对数据安全和隐私保护提供了法律保障。

人工智能系统的决策往往基于训练数据，这些数据可能带有偏见或歧视。例如，招聘人工智能可能会因为某种群体过去的就业比例较低而不公平地拒绝他们。这种偏见不仅损害了相关群体的利益，也违背了社会公正原则。为减少或消除人工智能系统中的偏见和歧视，需要从多个方面入手，包括确保训练数据的多样性和代表性，开发和应用工具来检测数据和模型中的偏见并进行修正，以及设计并采用能够减少偏见、提高公平性的算法。

随着人工智能技术的持续进步和应用领域的不断扩大，人工智能系统开始在某些情况下进行自主决策，甚至在某些方面替代了人类的决策过程。在此背景下，如何为这些非生物实体制定道德准则成为一个关键问题。机器道德的核心问题包括如何确保人工智能系统的行为符合人类的道德标准、如何避免人工智能系统对人类造成不必要的伤害或损害、如何平衡人工智能系统的自主性和人类的控制权等。机器道德是一个复杂而重要的议题，需要跨学科的合作和研究来推动其发展和完善。

有的学者对"人工智能权利"进行了研究，探讨人工智能是否应享有某种形式的权利。这一观点引发了广泛争议。如果未来的人工智能系统展现出类似于人类的意识、情感甚至创造力，我们是否应该给予它们与人类相似的权利？例如，对它们的创作成果进行保护、维护它们的数据隐私权和自主决策权等。但也有人认为赋予人工智能权利可能会对人类的主体地位构成挑战。目前，关于人工智能权利的法律和伦理框架尚未完善。如何界定人工智能的权利范围、如何确保人工智能权利与人类权利之间的平衡等问题都需要深入研究和探讨。

针对人工智能带来的一系列的伦理难题，我们需要采取一系列灵活且有效的监管措施。首先立法明确人工智能的行为边界和权利范围，同时设立专门的伦理审查团队来监督人工智能的使用，并加强公众对人工智能伦理的认识，确保数据隐私得到充分保护,并努力消除算法中的偏见。

与此同时,企业也必须制定完善的内部制度和流程,引入伦理审查机制,确保营销活动合法合规,提升消费者的信任。企业只有积极地应对人工智能带来的伦理挑战,才能在营销新时代中保持竞争力,实现持续增长。

三、人工智能与社会公平

公平正义是人类社会一直追求的最基本的伦理价值,但是由于人工智能技术应用的不平衡、不充分,使得不同地域间、人群间的数字鸿沟日益扩大。这一趋势对社会公平带来了多方面的挑战,特别是在弱势群体的数字赋权和数字鸿沟消除方面,问题尤为突出。

数字鸿沟的内涵是"信息富有者和信息贫困者之间的鸿沟",也被称为信息鸿沟,是指不同社会群体在获取和使用数字技术方面存在的差异。数字化时代下弱势群体因在经济、技术、社会地位及学习能力等方面的差别,导致其在数据获取和运用中处于数字科技最边缘的弱势地位,在获取和使用数字技术方面面临诸多困难,无法充分享受数字时代的红利。数字鸿沟的存在,不仅导致他们在信息获取、教育、就业等方面处于不利地位,阻碍了他们合理诉求的表达,还侵犯了他们应有的合法权益。

数字赋权,简而言之,是指通过一系列措施和策略,增强弱势群体在数字技术领域的权利和能力。这包括提高他们的数字素养、促进他们的数字参与、保障他们的数字权益等多个方面。为弱势群体进行数字赋权是缩小数字鸿沟、促进社会公平的关键。如何在人工智能发展的进程中实现对弱势群体的数字赋权,提升弱势群体在数字时代的参与度和能力,更好地满足他们的多元需求,进而弥合群体间的数字鸿沟,扩大数字红利的覆盖范围,这是一个非常重要的问题,需要多方共同努力来应对。

首先,完善政府赋权机制,提升弱势群体的数字参与能力。赋权本质上是一个参与的过程,政府通过给乡村弱势群体创造参与的机会,使其掌握更多的社会资源,以促进社会平等。在此过程中,政府需强化政策引导,提供技能培训与资源倾斜,确保弱势群体能有效接入并利用数字技术参与社会事务。同时,建立反馈机制,倾听其声音,确保政策制定更加贴近他们的实际需求,从而真正实现数字时代的公平参与与社会融合。

其次,确保弱势群体能够无障碍地访问和使用数字资源也至关重要。我们需要关注他们的特殊需求,为他们提供支持。这包括开发易于使用的界面、提供多语言支持等,以适应不同群体的需求。对于有特殊需求的群体,如视力、听力障碍者,应提供辅助技术,确保他们平等享受数字内容。

再次,推动数字经济的包容性发展是数字赋权的关键一环。政府与企业应携手合作,为弱势群体提供数字经济参与机会,如创业孵化、资金援助、技能培训等,帮助他们融入数字经济大潮,实现自我价值和社会价值的双重提升。同时,我们还要建立健全数字市场规则,维护公平竞争秩序,保障弱势群体的经济权益不受侵害。

最后,强化数字治理与法律保障体系,是加强数字赋权、弥合数字鸿沟的坚固基石。政府应当积极承担起立法责任,不断修订和完善相关法律法规,清晰地界定数字空间中的权利与责任边界,为弱势群体提供坚实的法律后盾,确保他们的数据安全与隐私权益得到充分保护。与此同时,构建全方位、多层次的监管网络,遏制数字空间中的不法行为,为弱势群体提供一个更加安全、可靠的数字生态,让他们在享受数字便利的同时,也能拥有强有力的法律保障。

企业在开展营销活动的过程中,应遵守相关法律法规,保护弱势群体的数据安全与隐私权益。此外,企业还应该承担社会责任,避免加剧数字鸿沟,实现更加公平和包容的负责任营销。

四、绿色人工智能

2012年以来,随着深度学习技术快速崛起,人工智能技术已在生产、生活的众多领域被广泛应用。然而,由于人工智能技术的快速发展严重依赖于模型参数的大规模扩张和海量数据的训练,深度学习对高精度的追逐已催生出超大规模模型,模型参数的急速扩张又使得算力需求、能源需求及碳排放量的大幅增加。

在此背景下,绿色人工智能的概念应运而生。绿色人工智能是指在保证模型效率与准确度的前提下,通过优化计算资源和能源利用,降低人工智能系统的能耗和环境影响的人工智能研究。它的核心宗旨是在不增加计算成本的前提下,获得人工智能领域新的技术突破,提升人工智能技术的包容性和环保性。绿色人工智能不仅关注硬件成本的降低,还注重软件层面的优化。

绿色人工智能进一步推动了技术创新与社会责任的深度融合。它倡导在算法设计、模型训练及应用部署等各个环节融入环保理念,力求在提升人工智能性能的同时,最小化对自然资源的消耗和环境的负面影响。

在算法层面,绿色人工智能致力于开发更加高效、紧凑的模型架构,这不仅是为了应对资源有限的挑战,更是为了在满足性能需求的同时,最大限度地降低能耗。

轻量化神经网络通过优化网络结构，减少冗余参数，实现了在保持模型精度的基础上大幅度降低计算复杂度和存储空间的需求。剪枝技术则通过移除对模型输出影响较小的神经元连接，进一步精简模型结构，而量化技术则将模型参数从高精度浮点型转换为低精度整数型，从而大幅减少计算量和内存占用。在这些技术的共同作用下，人工智能模型在运行时所需的能耗显著降低。

在数据层面，绿色人工智能强调数据的绿色采集与处理，倡导使用更少资源、更低能耗的数据获取方式，比如边缘计算技术。边缘计算技术的应用，通过在数据产生的源头进行初步处理和分析，减少了数据传输到云端或数据中心的能耗，同时也降低了网络带宽的需求。此外，还利用合成数据、迁移学习等技术减少对大规模真实数据的依赖，保护隐私的同时减轻了环境负担。

在应用层面，绿色人工智能积极探索在环保、农业、医疗、教育等领域的创新应用。在环保领域，人工智能技术被用于监测环境变化，如空气质量、水质和森林覆盖情况，为环境保护提供科学依据。在农业领域，人工智能技术通过优化灌溉、施肥和病虫害管理，提高了农业生产效率，减少了资源浪费。在医疗领域，人工智能辅助疾病诊断、个性化治疗方案设计和患者监测，提高了医疗服务的质量和效率。在教育领域，人工智能技术通过提供个性化学习资源、智能辅导和在线学习平台，促进了教育资源的均衡分配，提升了教育公平性和质量。

此外，绿色人工智能还倡导建立绿色计算生态系统，包括推动绿色数据中心的建设与运营，采用可再生能源供电，实施严格的碳足迹追踪与减排计划，以及促进跨学科合作，共同研究更高效的计算方法和更环保的材料，为构建可持续的未来贡献力量。

总之，绿色人工智能不仅是技术层面的革新，更是对人类社会可持续发展承诺的实践，它引领着人工智能行业向更加环保、公平、高效的方向迈进，为实现一个更加包容性和可持续性的社会环境奠定了坚实的基础。

人工智能也为企业提供了一系列绿色营销的机会。例如，在产品设计阶段利用人工智能技术来分析可能产生的环境影响，推动循环经济目标的实现；运用人工智能洞察环保趋势以创造与可持续发展理念相关的内容，从而吸引环保意识较强的消费者等。企业要深入了解消费者对绿色产品的理解，将可持续发展与人工智能的结合作为营销策略的一部分，在绿色人工智能的方向上实现营销的创新和突破，为实现一个更加包容、更可持续的社会环境做出贡献。

五、人工智能营销的社会接受

数字时代，人工智能技术正在全面为人类社会的各行各业深度赋能，营销领域也正经历着深刻的变革。人工智能不仅可以对海量数据进行深入分析,更能在分析的基础上提出高度个性化的营销策略,进而逐步替代传统的营销模式。在可预见的未来,人工智能技术将在营销领域持续深耕,成为现代营销发展的必然趋势。那么,社会对人工智能营销的接受度如何呢?人们是否信任人工智能营销呢?这值得我们进一步讨论。

传统的营销方式往往依赖于经验、直觉和有限的数据分析,而人工智能技术则能够通过对海量数据的深入分析,为营销决策提供更为精准、科学的依据。例如,在电子商务领域,人工智能可以对平台上海量的用户数据,如浏览历史、购买记录和搜索习惯等,实现精准的数据分析,挖掘用户的兴趣爱好及行为模式等,为用户推荐个性化的产品信息并建立互动关系,进而促成产品的线上交易。在社交平台上,人工智能能够依据用户的社交媒体活动进行深入分析,精准捕捉用户的情感需求、文化背景以及价值观等关键信息。基于这些洞察,人工智能能够智能推送与用户认知高度契合的产品及营销内容,从而在精神层面上与用户建立起深层次的链接。

人工智能营销在为消费者带来了更加个性化和高效的购物体验的同时,也引发了一系列消费者担忧。

当人工智能系统收集并分析用户的浏览历史、购买记录、搜索习惯乃至社交媒体活动时,用户的个人信息和隐私面临着被泄露的风险。一旦这些信息被不法分子获取,可能会导致身份盗用、欺诈或其他形式的网络安全问题。而且许多消费者对于自身数据被收集、分析和使用的具体情况知之甚少,这给用户的财产安全和日常生活带来极大的威胁。这种信息不对称不仅加剧了用户对于隐私安全的担忧,还可能导致他们在不知情的情况下成为数据泄露的受害者。

此外,人工智能营销的精准推送虽提升了广告信息相关性,但也可能导致用户被与个人兴趣和行为紧密相关的广告包围。当用户意识到自己的每一个点击、每一次浏览都可能成为后续广告推送的依据时,他们可能会开始质疑广告的真实性和价值,进而削弱了对广告信息的接受度。而且在高度个性化的营销环境中,推荐系统可能过于精准地预测了消费者的需求,这不仅在一定程度上限制了消费者的选择权,还可能导致消费者在面对新产品或服务时缺乏独立思考和自主决策的能力。

为了缓解消费者对人工智能营销的担忧,提升其对人工智能营销的接受度和信任,需要政府、行业和企业共同努力。首先,政府或行业协会应设立隐私保护监管机构;其次,企业需增强数据处理透明度,强化数据保护措施,提供用户控制权,并确保广告的真实性和价值,鼓励用户参与反馈,并培养用户的数字素养,共同促进人工智能营销的健康发展。

■ 小案例

人工智能+碳中和——博世中国的绿色创新

"灯塔工厂"是由世界经济论坛和麦肯锡咨询公司共同遴选的"数字化制造"和"全球化4.0"示范者,代表当今全球制造业领域智能制造和数字化最高水平。入选其中需要集成至少5个世界级领先水平的技术应用,并在生产效率、运营敏捷度、生态可持续等企业经营指标上实现重大提升。2022年8月,博世中国长沙工厂入选达沃斯世界经济论坛2022年新晋全球"灯塔工厂"名单。

博世中国长沙工厂通过采用人工智能技术,基于当前天气、气温、产线历史状态、生产计划等要素,对工厂的生产能源进行优化管理,显著提高了电能利用率,并降低了碳排放。自启用这套能源管理系统以来,该工厂的电能消耗下降了18%,生产碳排放降低了14%。

博世中国不仅在技术层面进行了创新,还在组织架构上作出了调整,以适应碳中和的目标。博世专门成立了指导委员会,由总部碳中和专家制定具体战略,并通过定期会议跟踪项目进度,分享国家最新政策和最佳实践。大区负责制定本地区的具体实现方案,工厂则负责落实具体的节能措施和建设厂内清洁能源,以及采购绿电和所需的碳汇。

在中国,博世持续践行碳中和"双元战略"。一方面,博世已经在全球400多个业务所在地实现了碳中和目标,成为全球首家实现这一目标的大型工业企业。2020年,博世中国在气候保护、实现碳中和方面的投入高达4200万元人民币,自2019年起累计环保投入超过1亿元人民币。另一方面,博世也积极与本土企业分享在碳中和全球项目中积累的知识与经验,助力行业"3060"双碳目标。

博世中国的实践证明,通过跨部门合作、技术创新和数字化管理,企业可以有效应对实现碳中和的挑战,并在此过程中提升自身的竞争力和可持续发展能力。

资料来源:根据博世中国官方网站、第一财经网的资料改编。

本章小结

人工智能技术对经济社会生活的影响日益深远,既带来了创新和便利,也引发了诸多挑战。我国近年来陆续出台了《中华人民共和国个人信息保护法》《中华人民共和国数据安全法》和《生成式人工智能服务管理暂行办法》等法律法规,为人工智能技术的规范化发展提供了法律依据,促进了行业的健康发展。人工智能与各行业领域深度融合,赋能产业发展。在人工智能应用的过程中,技术创新、法律法规与伦理责任之间需要实现平衡。未来的人工智能技术发展需要在保障社会利益的前提下,推动技术与人类社会的进步,构建一个更加安全、公平和透明的智能化社会环境。由此,从多角度认识人工智能的法律法规、产业、技术和社会环境对企业的人工智能营销带来的影响和挑战,能够为企业开展负责任的营销活动,提供指导作用,为企业的持续发展提供可行的措施。

关键名词

知识产权　数据隐私　消费者权益　算法透明　人工智能产业链
场景驱动型生态　绿色人工智能　数字鸿沟　个性化营销　消费者行为预测

思考题

1. 人工智能技术的广泛应用如何改变了社会结构和生活方式?试以一个具体领域为例进行分析。

2. 如果在将人工智能算法应用于营销的过程中表现出种族、性别或其他形式的偏见,那营销人员应该如何识别和解决这种问题?请结合实际案例说明。

3. 考虑到技术环境的快速变化,企业应如何规划其长期的人工智能营销战略?

4. 当前的《中华人民共和国个人信息保护法》《中华人民共和国价格法》和《生成式人工智能服务管理暂行办法》等法律法规对人工智能营销有哪些影响?

5. 人工智能技术正在改变就业市场的需求格局,也为营销人员带来了新的挑战。你认为市场营销专业的学生应该从哪些方面做好准备?

案例讨论

本章实训

即测即练
(请先扫封底总码)

第四章 人工智能时代的组织市场

本章学习目标

1. 掌握组织市场、组织购买、市场知识管理、采购流程智能化、智能决策支持、产业链协同、创新生态系统等基本概念。
2. 了解人工智能技术对组织市场知识管理的赋能,理解组织市场的人工智能需求。
3. 熟悉组织购买过程,理解人工智能时代组织购买过程的新特征,掌握人工智能技术在组织购买过程中的应用。
4. 掌握组织购买决策及模型、组织购买决策的影响因素,理解人工智能技术对组织购买决策的影响。
5. 熟悉供应链合作关系、联盟组合关系的内涵,理解人工智能技术对传统公司间关系的影响,了解人工智能时代公司间关系的演变。

引例 人工智能赋能蒙牛打造中国乳业新质未来

人工智能正在改变一切,当人工智能技术快速升级,新的能力、新的机遇与新的经营模式摆在蒙牛面前,蒙牛进入"人工智能时代",用人工智能进行全面赋能。

生产工具进化:造机器的机器

一是技术平台。蒙牛从2022年下半年开始探索,到今天逐步形成人工智能中台的能力。人工智能基础设施在底部形成模型的调度层,对开源、闭源的模型评测,安全化运营以及保障企业合规。

二是企业大脑。随着蒙牛沉淀下来很多数字化的能力,在企业里呈现一堆API,让智能体调度这些API,组成和形成新的流程,完成一件件工作,这就是互相之间的能力调度层。

三是知识银行。把企业里所有的数据,从结构化的数据,到非结构化的数据沉淀下来的知识,以人工智能友好的方式存储和被使用,形成一些调度的指令,企业大脑把这些模型调度起来,形成可应用的智能体。

全产业链布局:人工智能驱动高效供应链

蒙牛推动产业链决策机制从静态规划和人为调度,转型升级为在人工智能辅助下动态最优决策。蒙牛乳业宁夏智慧工厂,从上游奶源、智能制造到生态友好,实现了全数智化覆盖。

智慧工厂搭建的"6大平台"——智慧采供、智慧能源、智慧生产、智慧检验、智慧物流和智慧园区,从生产线到安防,到日常办公、人员流动,以数字化的智慧应用推动整个园区的高效能运转。

智慧工厂对采购环节从逻辑上实现了颠覆革新。工厂内有多少货位、将有多少货物抵达,所有一切都提前预定。智慧工厂采用定制车辆,可与库房既定位点接轨,当装载货物的车辆抵达后即可一键卸货,随后整个库房里的货架会自动分配任务,而所有的空料架也将一键装车,再直接返回至供应商处,整个流程实现无人化操作。

战略合作:端到端全链路覆盖

蒙牛与京东达成全面战略合作,双方将积极探讨在云计算、人工智能大模型、会员一体化、智能客服、数字人等领域的合作。

双方在零售全渠道、物流服务、企业采购领域合作的同时,将进一步拓展工业品采购、供应链金融和保险服务、数字化转型等领域的合作,探索更广阔的增长空间,实现产业深度融合与可持续发展。在B端零售供应链建设上,双方将搭建属地化供应链、全渠道商品货盘,满足企业客户多场景需求。

在物流领域,双方围绕工厂运输场景、仓运配等场景展开合作。利用双方仓网协同优势,打通双方商流物流线上线下业务融合发展,促进双方供应链降本提效。双方将基于京东的数智化物流科技能力,共同打造智能存储、拣选、搬运、分拣系统,并探索智慧园区、智慧物流软件等多场景信息化解决方案。

资料来源:《蒙牛集团副总裁、首席数智官李玮洁:AI对企业赋能是完全不可逆的》,https://news.qq.com/rain/a/20240520A09N9R00;《蒙牛引领中国乳业新质生产力》,https://t.cj.sina.com.cn/articles/view/7517400647/1c0126e4705905s87g;《蒙牛与京东达成全面战略合作,实现端到端的全链路覆盖》,https://baijiahao.baidu.com/s?id=18164134500277395ll&wfr=spider&for=pc。

本章知识结构图

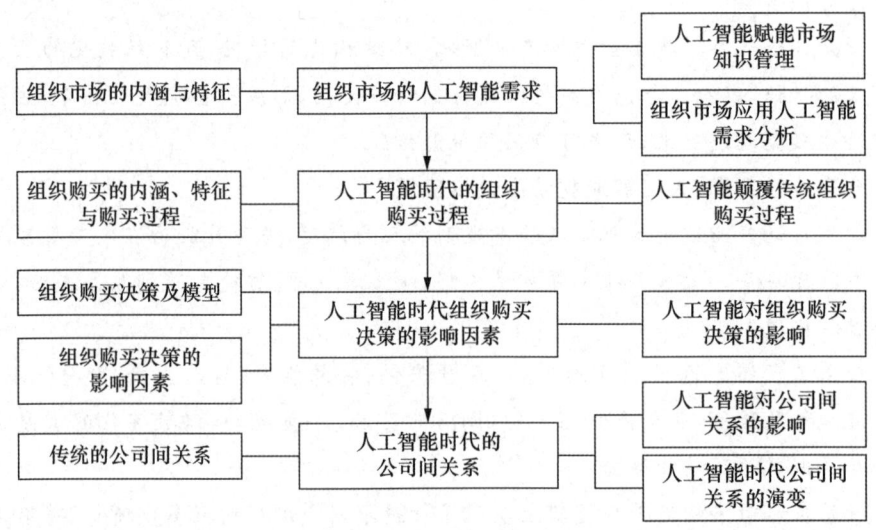

组织市场是企业面对的重要市场,组织通过使用不同的产品或服务来生产最终产品或保证组织运营。与个人消费者相比,组织购买行为更为复杂。尤其在人工智能技术快速发展的时代背景下,企业的组织市场营销迎来全新的发展机遇。因此,企业需要高度重视人工智能时代的组织市场变革。鉴于市场知识管理有助于提高营销效率,人工智能技术的发展重塑了知识管理的范畴与方式,本章探索市场知识管理的原理如何被用于市场营销,及其与人工智能技术如何深度融合。本章重点从组织市场的内涵与特征、组织购买的理论基础、传统公司间关系等方面入手,分析人工智能技术对组织市场带来的颠覆性革新。具体而言,基于组织市场的人工智能需求,系统地分析人工智能时代的组织购买过程与购买决策影响因素,洞察人工智能时代公司间关系的演变,以期为企业积极探索人工智能与组织市场营销的融合应用路径提供参考。

第一节 组织市场的人工智能需求

一、组织市场的内涵与特征

(一) 组织市场的内涵与分类

组织市场(Organizational Market)是指工商企业为从事生产、销售等经营活动,以及政府、非营利组织为履行职责而购买产品和服务所构成的市场。组织市场是与消费者市场相对应的一个概念,组织市场为法人市场,而消费者市场则是个人市场。

依据组织类型,组织市场可划分为生产者市场、中间商市场、政府市场与非营利组织市场四类。其中,生产者市场主要指生产商通过购买产品和服务来生产最终产品或服务所构成的市场,如各类企业、工厂等。中间商市场是指以营利为目的,从事转卖或租赁业务的个体和组织构成的市场,如批发商、零售商。政府市场是指为执行政府主要职能而采购或租用商品的各级政府单位,包括中央政府、地方政府与特定职能部门的采购活动。非营利组织市场是指为了保证组织运营和履行职能而购买产品和服务的各类非营利组织所构成的市场,如公共机构、教育机构、医院等。

表 4-1 组织市场的类型

	主要购买者	购买目的	主要购买项目
生产者市场	生产商	加工制造	原材料/零部件
中间商市场	批发/零售商	转售/赚差价	成品
政府市场	政府单位	服务民众	公共建设
非营利组织市场	服务/非营利机构	提供服务	设备/用品

(二) 组织市场的特征

1. 规模特征

组织市场的客户数量较少,但交易的价值与规模相对较大,1993年,格罗斯(Gross)估计组织市场的规模接近普通消费者市场的4倍。而且,组织市场具有供需双方关系密切、客户影响力大等特征,导致组织市场产品往往根据客户需求定制。供应商为了与组织客户建立稳固的合作关系,通过定制化生产精准匹配组织客户需求。例如,公司针对大客户建立专门的营销团队,营销人员通过与大客户保持长期沟通赢得认可与信任,以确保长期签单。

2. 需求特征

组织市场的需求具有衍生性,具体指从组织市场到消费者市场之间各增值阶段一系列需求的衍生,即组织市场的需求最终来源于对消费品的需求,消费品市场的波动亦通过产业链传导至组织市场。因此,组织营销者应密切关注最终消费者的购买需求与购买行为模式。例如,当汽车的消费需求增加时,汽车制造商会增加对零部件、原材料(如钢铁、橡胶等)的需求,进而带动整个供应链上的生产活动。

3. 购买特征

组织购买者在采购商品或服务时,具有专业购买、理性购买、决策多元与关系稳定的特征。第一,组织市场购买具有显著技术性特征,通常由具备专业资质的采购人员和技术专家共同参与购买过程。第二,组织市场购买属于理性购买,组织采购的计划性更强,通常按产品计划书采购产品,并与生产线运行保持同步。例如,由于工业生产连续性要求,组织购买更强调现货和准时按期交货,否则将耽误生产。第三,组建采购委员会共同制定组织采购决策。第四,组织市场之间交易关系相对稳定。供应商开展组织市场营销时需要建立专业营销队伍与组织市场客户协商交流,并格外注重售前、售后服务和技术指导等,必要时派专人到购买单位提供服务。

二、人工智能赋能组织市场知识管理

市场知识管理(Market Knowledge Management,MKM)对组织来说至关重要,不仅关乎企业的营销效果,更是企业获取竞争优势的关键性资源与生产力要素。随着人工智能技术,尤其是大语言模型(LLM)技术的飞速发展,重塑了组织市场知识管理的范畴与方式。

(一)市场知识与市场知识管理

1. 市场知识的内涵

市场知识是关于客户和竞争者的知识。Hanvanich等(2003)指出市场知识包括客户关系管理(CRM)、产品研发管理(PDM)、供应链管理(SCM)等营销程序中知识的集成。Schmidt(2010)认为市场知识包括对企业竞争者的分析和管理(CAM)知识。例如,在产品销售中,批发商和零售商通过频繁接触顾客,清楚掌握其消费行为、消费特征和消费需求等信息,这些信息对于生产企业尤为重要,通过彼此交流,批发商和零售商知道应向生产企业提供哪些信息,而生产企业也清楚应向顾客提供何种产品与服务。在知识的传播和分享中,市场知识得到累积和更新,合作企业知识的相容度得以提高(伍虹儒等,2020)。

由此,我们将市场知识界定为企业在跨部门、跨组织学习中获得的有关客户与竞争者的知识资源,关乎企业产品研发、客户关系与供应链管理的成效。

2. 市场知识管理的内涵

Cader(2007)认为市场知识管理是以市场知识为基础的营销活动,通过利用宏观和微观环境的知识实现组织的营销功能。市场知识管理的目的不仅是积累企业已经掌握的知识,更要学习企业应该知道却尚未具备的知识。市场知识主要来源于微观环境和宏观环境,微观环境是指与所提供的产品或服务相关的知识,如竞争者知识、价值链知识、顾客知识,关键在于市场人员对市场信息的理解。宏观环境是指营销部门必须持续更新有关趋势变化的知识,如政策知识、技术知识等,这些趋势变化将影响营销策略的执行能力。通过在组织内吸收、分享与整合知识,组织能够及时响应市场环境变化并迅速进行战略调整与决策。

综上所述,市场知识管理是辅助企业有效营销决策的科学管理方法,通过对营销知识的获取、存储、共享等管理活动提高企业应对市场和营销创新的能力。

3. 市场知识管理的过程

市场知识管理涉及产生和整合市场知识的一系列的活动,侧重将市场知识管理过程划分为若干相互独立又有效衔接的子过程(Li & Calantone,1998)。从价值链管理视角,Shin 等(2001)认为市场知识管理主要包括市场知识创造、市场知识储存、市场知识转化与市场知识应用四个环节。

(1) 市场知识创造是指知识的增加或对原有知识的修正,也涉及知识的扩展、将外部知识内化的过程。例如,营销中需要获得惯常环境、技术变革、经济发展、竞争对手以及分销渠道等知识。可见,市场知识具有高度的专有性和复杂性(Rodan & Galunic,2004)。

(2) 市场知识储存与组织和员工记忆有关。类似于有形的原材料的供应,知识也是企业提供产品或服务过程的重要环节,知识增加的价值可以带来价值链上的增值。因此,市场知识可以储存于人的大脑、电脑硬件、团队或书面文件里。

(3) 市场知识转化与营销人员个人传递知识的能力有关,知识转化可以最大化已获取知识的价值,主要体现为组织整合、吸收、构造、协调或分享市场知识的过程。组织通过学习、共享、整合、协调、吸收等手段实现市场知识形态的变迁和市场知识客体自我更新的过程(Park et al.,2009)。

(4) 市场知识应用的目的在于保留或赢得更多的顾客从而获得更高绩效。组织通过学习将市场知识应用于组织生产和管理实践的过程,有助于组织推出新产品或服务、产生新技术或工艺、完善生产或管理流程、促进技术或管理创新等,将市场知识变为现实生产力,体现市场知识的价值性(刘立波,2016)。

4. 市场知识管理能力

基于 Li 等(1998)划分的市场知识管理流程:一是客户知识管理流程,包括建立并管理客户知识的一系列企业活动;二是竞争者知识管理流程,包括识别和理解竞争者产品和战略的一揽子活动;三是营销部门与研发部门之间交互作用的流程,主要指两部门之间的沟通和协作活动。在此基础上,王明华等(2004)认为市场知识管理能力是关于创造和整合市场知识的能力,具体划分为三种能力:客户知识管理能力、竞争者知识管理能力以及跨部门知识管理能力。

(1) 客户知识管理能力表现为建立更有价值的客户关系的能力,包括获取客户知识,运用信息技术建立客户数据库等(Wayland,1997)。客户知识管理是将客户视为企业的知识伙伴,从客户获取知识并与客户分享知识,实现双赢。在企业实践中,客户知识管理过程将客户知识视为维系客户关系的重要资产,通过对客户知识的整合辅助决策,高效地创造和传递客户价值。

(2) 竞争者知识管理能力包括对竞争者知识的获得、传播、解释和整合。竞争者知识管理能为企业提供一个自我诊断框架,有助于企业识别在技术、资源、产品等关键方面与竞争者之间的差距,以制定正确的研发规划、选择合适的市场进入时间并进行精准技术定位。

(3) 跨部门知识管理能力的必要性在于为客户提供产品和服务的过程中,需要不同职能部门间的协作(Day,1994)。企业在实践中真正树立市场营销的经营理念,须将企业营销职能与其他非营销职能进行整合(Felton,1959)。

综上所述,考虑到营销活动与产品研发流程、客户关系流程、供应链流程等活动的协同关系,我们认为市场知识管理能力应涵盖客户知识管理能力、竞争者知识管理能力以及跨部门知识管理能力三个方面。

(二) 人工智能在组织市场知识管理中的应用

1. 客户知识管理:智能化分析、预测与推荐

如何有效地整合和利用客户数据,是企业客户知识管理的一大挑战,而人工智能在客户知识管理中的融合应用,为企业制定精准的市场营销策略提供数据支持。具体可以应用人工智能技术进行客户行为的智能化分析与预测、智能化推荐和智能客服。

(1) 在智能化分析与预测方面,人工智能应用机器学习、深度学习和神经网络等技术,通过对大量数据的分析和学习,提取有价值的信息,识别客户的购买模式、

偏好和行为趋势,辅助企业制定更精准的市场策略。利用人工智能技术进行市场风险预测与评估,为企业提供更稳健的决策依据。例如,企业通过分析客户购买历史、浏览行为与反馈,预测哪些产品未来热销,在产品开发、库存管理、营销策略等方面作出更准确的决策。

(2) 在智能化推荐方面,人工智能结合其他数据源,如社交媒体、地理位置等,为客户提供个性化营销,实现精准推荐,提高购买转化率并吸引更多潜在客户,提高企业的市场份额和经济效益。而且,人工智能深入挖掘了市场知识管理中的显性与隐性知识。显性知识是指可以直接获取和共享的知识,如市场分析报告等。而隐性知识则隐藏在数据、经验和行为中,如用户需求、市场趋势等。企业应用人工智能技术对隐性知识进行挖掘和提取,实现了更深入、全面的市场洞察。例如,阿里巴巴国际站推出的人工智能采购智能体,以其对话式的互动体验,主动地理解并翻译客户采购需求,提供个性化建议,再通过智能比较功能为买家找到最合适的供应商。

(3) 在智能客服方面,企业应用人工智能提供更智能、高效的客服服务,优化客户体验,增强客户黏性,并降低了企业的运营成本。例如,人工智能聊天机器人和虚拟助手可以自动处理客户咨询和问题,提供24小时不间断的服务,通过智能语音识别技术,与客户语音交互,理解、回应客户的请求,从简单的查询到复杂的问题解决,已在银行、电信、零售等多个行业广泛应用。与此同时,人工智能还可以实时监测客户的反馈和意见,及时发现问题并进行改进。

2. 竞争者知识管理:竞争格局分析与市场机会挖掘

人工智能如何助益企业的竞争者知识管理,促使企业在瞬息万变的市场环境中,能够对竞争格局进行及时、准确的分析,并敏锐捕捉市场机会,实现企业的可持续发展。李海舰等(2014)指出人工智能、区块链、云计算、大数据等数字技术的应用有助于传统企业实现智能制造转型,促进企业技术创新水平提高。主要体现在数据采集与处理、竞争格局分析与市场机会挖掘上。

(1) 在数据采集与处理方面,传统市场数据分析通常依赖人工收集、整理与分析,但随着数据量的爆炸性增长,人工处理已无法满足实时性和准确性的要求。人工智能通过自然语言处理、机器学习等技术,自动收集、整理与分析大量市场数据,实现了数据分析的自动化与智能化。人工智能技术的应用,不仅显著提高了数据采集的效率和准确性,并能处理多样化的数据格式和数据源,为企业提供更全面、准确的市场信息,使企业更好地了解市场动态和用户需求。

(2) 在竞争格局分析方面,利用人工智能对竞争者进行全方位的监测和分析。通过大数据分析和机器学习技术,对企业的发展历史、经营状况、产品特点、市场策略等进行深入研究,并认清企业的市场位置和竞争优势。同时,密切关注竞争者的动态,如新产品开发、市场推广、价格策略等,及时调整自身策略,保持竞争优势。

(3) 在市场机会挖掘方面,人工智能通过数据挖掘和机器学习技术,对市场数据进行分析和预测,发现潜在的市场机会。这些机会可能来自新兴市场的崛起、用户需求的变化、技术创新的推动等。通过对商业机会的深入分析与研究,企业可以制定契合市场需求的战略和计划,拓展市场份额,提高盈利能力。

3. 跨部门知识管理:打破数据孤岛

跨部门数据整合是人工智能在跨部门知识管理上的重要应用。企业内部不同部门的数据往往被分散存储在不同系统中,导致数据孤岛问题。主要原因在于:一是技术障碍。不同部门使用的IT系统和平台各不相同,这些"异构系统"之间缺乏统一的标准和接口,导致数据无法直接共享和互通。二是职能分割。由于不同部门对数据的定义和使用存在较大差异,导致部门之间的数据不能互通。三是标准不统一。数据标准包括数据的格式、命名规则、数据类型、编码方式等,如果不同系统之间的数据标准不一致,即使在技术上能够实现数据共享,也可能因为数据格式不匹配而导致数据误解或信息丢失。人工智能主要通过联邦学习和隐私计算打破数据孤岛,且提升了数据的利用效率和安全性。

(1) 联邦学习

联邦学习是一种分布式机器学习技术,它允许多个机构在保持数据本地化的同时进行模型训练。这种方法通过加密技术保护数据隐私,确保数据不在中央服务器上集中存储或处理,避免了数据泄露的风险。联邦学习使得各机构可以在不共享原始数据的情况下,共同训练一个全局模型,从而有效解决了数据孤岛问题。

(2) 隐私计算

隐私计算是一种保护数据隐私的同时实现数据计算的技术。它通过加密、差分隐私等技术手段,确保在数据使用过程中不泄露敏感信息。隐私计算为数据的广域可信流通提供了必要的"管道",使得数据可以在保护隐私的前提下进行共享和计算,从而促进了数据的流动和利用。

■ 小案例

人工智能时代,如何打破"数据孤岛"释放数据效能?

2024年,蚂蚁集团董事长兼CEO井贤栋表示,下一个十年,蚂蚁将以更大力度投入科技创新,聚焦人工智能和数据要素技术,开启蚂蚁科技的全新未来,为社会创造更大价值。

1. 布局人工智能大模型

蚂蚁是国内较早布局人工智能大模型的厂商,自研的百灵大模型2023年已通过备案。蚂蚁大模型坚持面向产业、全栈布局,当下,重点破局三个应用,分别是生活管家"支付宝智能助理"、就医助理"安诊儿"和金融管家"支小宝",推动人工智能服务普惠化,让人工智能技术发展的红利惠及更多人。同时,通过规模化应用,不断拉练和提升底层模型能力。

在生活领域,支付宝智能助理围绕用户的吃、喝、行、游、办事、买票、娱乐等数十种生活场景,不仅"有脑有嘴能对话",还"有手有脚能办事",希望做每个人的智能办事助理。

在医疗领域,蚂蚁联合浙江省卫健委推出了全国首个人工智能就医助理"安诊儿",运用了亚运同款数字人技术,让每个患者在就诊全程都有贴心的数字陪诊员。目前,该服务已经覆盖了浙江省近百家医院,服务了超过百万人次,部分医院在接入"安诊儿"后,导诊台的问询工作量下降了50%。

金融管家"支小宝",提供投资者教育、市场行情、财经资讯等个性化服务,让每个投资者都有一个私人理财专家。

2. 全链布局数据要素技术

目前,蚂蚁集团全链布局数据要素技术,包括分布式数据库、区块链、隐私计算和绿色计算,助力数据价值释放和共享。

数据要素要"用得好",关键是"流得动"。数据要素的流通发展已经从"水井"式的自采自用、"桶装水"式的点对点流通,快速发展为犹如"城市自来水网"的行业和区域间可信流通。由此,蚂蚁正在探索下一代隐私计算技术,提供普惠隐私计算服务,让数据价值的流动像自来水一样即开即用。包括一套端到端的数据安全保障,通过全链路密态、实时风控确保数据安全;一套软硬件结合的计算加速解决方案,致力于让隐私计算像明文计算一样快;一个隐私计算云服务平台,让企业像购买云服务一样购买隐私计算服务,解决易用性问题。

以农业为例,过去农业数字化程度低,涉农数据"孤岛化",难以满足银行授信风控要求而获得信贷支持。农业农村部大数据发展中心与网商银行发起"农户秒贷"项目,通过蚂蚁集团隐私计算技术,安全融合多源数据,实时分析,掌握农户经营情况,手机一点就能"秒贷秒批、随借随还"。至今超600万农户通过获得贷款额度,累计授信964亿元。

资料来源:https://baijiahao.baidu.com/s?id=1800000206074036081&wfr=spider&for=pc;https://baijiahao.baidu.com/s?id=1799925054257070389&wfr=spider&for=pc。

三、组织市场应用人工智能需求分析

随着人工智能技术的发展及其对传统行业的"赋能"与"重构","商业场景应用"已成为现阶段人工智能最为鲜明的主题词,而人工智能的商业落地将改变企业内部运作和生产经营的流程,引发组织市场应用人工智能技术的需求。

(一)降低人力成本,提升生产效率

传统自动化技术仅限于标准化操作,无法应对复杂的决策和多变的市场环境。随着人工智能技术的深度渗透,企业经营模式需要从简单的自动化逐步迈向智能化。

一是企业利用机器学习算法优化生产排程。生产排程是指将生产任务分配至生产资源的过程。企业应用机器学习算法优化生产排程,将显著降低运营成本,提升整体运营效率。例如,在制造业中,人工智能与自动化技术的融合深刻改变了企业传统运营方式,不仅体现在生产流程的智能化、自动化上,还贯穿采购、库存管理、质量控制及销售等各环节。在确保产品质量的一致性和稳定性的前提下,有效降低了人力成本,提高了工作效率。在销售与售后领域,人工智能系统提升了订单处理速度,增强了客户体验。

二是以视听觉等识别技术为目标的感知智能,实现了对复杂生产过程的精准控制。不仅简化了传统的人工操作,还通过数据分析与优化算法精准识别并自动处理原本需要人工干预的简单、重复性任务,促使组织在日常运营中实现了更高程度的自动化,提升了工作效率,降低了人为错误率,为企业节省了大量的人力资源成本。例如,在制造业中拓宽机器人的应用场景,从传统的装配线作业到复杂的精密加工,从物流搬运到仓储管理,机器人以高效、准确、可重复操作的优势,成为提升生产效率和降低运营成本的重要工具。特别在"双碳"目标下,工业机器人的应用为制造业的绿色化转型提供了有力支持,通过减少人力依赖、降低能源消耗和污染排放,助力企业实现可持续发展。

(二)助力安全管理,减少设备故障率

人工智能技术的兴起,为企业安全管理提供了全新的视角和工具。具体需求如下:

一是数据驱动的安全管理。人工智能能够分析企业的安全数据,识别风险模式,为企业安全管理提供数据支持。

二是动态风险评估。应用人工智能技术实时监控企业运营中的各种风险因素,进行动态评估,及时调整安全管理策略。

三是智能生成安全政策。人工智能可以根据企业的安全需求和行业标准,智能生成符合企业特点的安全政策。

四是安全培训的个性化设计。人工智能能够根据员工的能力和需求,设计个性化的安全培训计划,增强培训效果。

五是实时监控与预警。应用人工智能技术构建故障预测模型及应用系统,帮助企业实现对设备健康状况的实时监控和预测,一旦发现异常,立即发出预警,启动应急预案,从而提高设备的可用性和安全性。

六是安全行为的智能分析。人工智能可以通过视频监控等手段,分析员工的安全行为,确保安全规程有效执行。通过人工智能与人类专家的协同工作,为企业安全管理策略的制定和执行提供双重保障,利用人工智能分析安全事故的原因和影响,为防止类似事故的发生提供参考。

七是知识库的智能更新。人工智能能够不断学习和更新安全管理的知识库,为企业提供最新的安全管理信息和方法。

(三) 智能数据管理,优化管理决策

优化决策是组织市场对人工智能的一大核心需求。面对日益变化的市场环境及其海量数据,人工智能以其强大的智能模拟和决策能力,彻底改变了企业与数据的交互方式,为预测分析、智能决策和个性化客户体验注入了新的活力。

(1) 数据分析方面,人工智能技术正深刻改变着传统数据处理模式。通过集成机器学习算法与深度学习技术,企业能够自动化执行数据清洗任务,精准识别并纠正数据中的错误与异常值,显著提升数据质量。在此基础上,数据挖掘技术的应用进一步促进了数据价值的深度挖掘。借助复杂关联分析、聚类分析及趋势预测等高级功能,组织能够从海量数据中提炼出关键洞察,为市场策略调整、产品优化及用户行为分析等决策提供坚实的数据支撑。

(2) 支持决策方面,人工智能主要发挥市场预测、优化决策流程与信息桥梁的作用。

一是人工智能应用深度学习等先进技术,通过对组织内外部数据的深度分析与挖掘,能够精准分析市场趋势、消费者行为及业务运营数据,为管理层提供基于数据驱动的决策建议,从而提高决策的准确性和及时性,增强组织的应变能力和市场敏锐度。

二是人工智能在优化组织决策流程方面发挥着重要作用。传统决策过程往往受限于人为因素,如信息处理能力、个人经验等。而人工智能能够通过算法和模型,对大量数据进行快速处理和分析,为决策者提供更为客观、科学的建议,从而提高了决策的效率与质量。

三是人工智能充当了信息桥梁的角色,促进了数据的无缝流通与共享。通过先进的数据分析工具与平台,企业内各部门能够实时获取所需信息,突破了传统的信息孤岛,有助于加速决策制定的过程,确保决策的精准性与科学性。同时,人工智能还促进了跨部门的沟通与理解,共同推动组织目标的实现。

(四) 智能化知识管理,创新业务方式

传统知识管理侧重于文档管理、专家系统和知识库建设等,人工智能技术拓展了知识管理的边界。伴随人工智能生成内容带来新一轮知识大爆发,企业知识管理智能化需求更为迫切:一是知识沉淀。如何从海量数据中自动提取、归纳知识,提升知识沉淀及获取效率。二是知识查找。如何更为精确高效地查询到想要的知识,并提供个性化的知识服务。三是知识利用。如何在业务过程中及时、高效地获取知识,进而助力业务的发展。四是知识协同。如何实现知识生产、应用全程高效协同,提升团队协作效率。

由此,知识管理与人工智能技术的融合路径如下:

一是智能知识发现。结合人工智能算法,知识管理系统能够自动分析数据,发现隐性知识。例如,通过自然语言处理技术从非结构化文本中提取关键信息构建知识图谱,为用户提供精准的知识服务。此外,通过机器学习模型,系统不断优化搜索算法,提高知识检索的准确性和效率。

二是知识个性化推荐。借助用户行为分析、兴趣建模等技术,智能化的知识管理系统能够提供个性化的知识推荐服务。不仅提高了知识的利用率,也增强了用户体验,促进了知识在组织内部的有效传播和共享。

三是智能辅助决策。大数据分析结合人工智能,深入洞察复杂业务场景,为决策者提供基于数据和知识的支持。通过构建预测模型,可以预估市场趋势、风险点,帮助组织作出更加科学、前瞻性的决策。

四是创新促进机制。智能化技术能够加速知识的迭代和创新过程。例如,人工智能帮助组织探索新的业务领域和市场机会,通过数据分析识别创新机会,利用人工智能辅助设计新产品或服务,精准定位目标客户群体,制定个性化的营销策略,实现业务的快速增长与市场的有效拓展;通过跨领域的知识融合激发新的创意,智能化的知识管理系统能够为员工提供一个开放、协作的创新平台,促进知识的跨界交流和综合应用。

■ 小资料

为什么你的企业,用不好人工智能?

据埃森哲发布的《2024 中国企业数字化转型指数》显示,将生成式人工智能视为机遇,认为有机会实现效率提升和营收增长的中国企业比全球其他企业高20%;但在行动上,打算在"人才队伍"和"组织流程"上变革的中国企业,只有全球样本的63%和83%(见图4-1)。可见,中国企业在决定是否采用人工智能时,往往采取观望态度。究其原因在于:不相信,没找准,无实践。

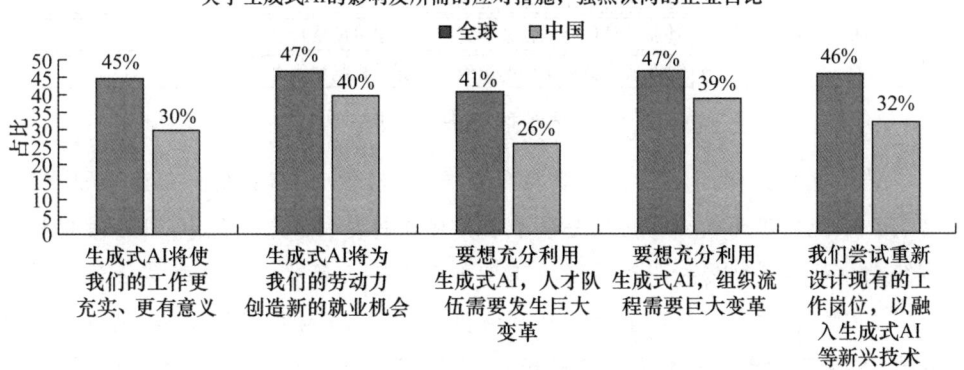

图4-1 对生成式人工智能的价值、影响及所需应对举措,中国高管与全球高管的认知存在差异

问题一,考虑生成式人工智能对技能的影响,您在多大程度上赞同或反对以下陈述?问题二,在您的组织中使用生成式人工智能时,是否需要在以下领域进行变革或采取行动?

显而易见,并非所有的场景都适合人工智能。企业应用人工智能首先要选择一个适合人工智能发挥的、对其有足够大价值的"场景"。对此,华为制作了"人工智能十二问"评价体系(见图4-2)。

究竟应该为具体场景选择怎样的模型?华为给出了解决方案:

一是采矿业,作为一个典型的高度复杂传统制造业,传统矿山在运营过程中要面对技术、数据等多重困难。山东能源集团与华为成立联合创新中心,构建了中心训练、边缘推理、云边协同、边用边学、持续优化的人工智能运行体系,成功搭建了煤炭行业全球首个矿山大模型"盘古矿山大模型",并已在煤矿领域9个专业40多个场景应用实践。以对地下钻孔施工情况的监测为例,盘古视觉大模型能够对钻孔深度自动核验、孔深不足及时提醒,避免漏检、迟检,使人工核检效率提升80%,保障了现场的施工安全。

D1: 商业价值		①业务场景是否能清晰度量价值
		②落地后收益评估，3年内ROI是否为正
D2: 场景成熟度	业务成熟度	③业务场景有明确的业务Owner（对投资和结果负责）
		④业务场景有明确的流程规划（业务说得清）
		⑤业务场景有明确的用户触点（业务已数字化）
	数据成熟度	⑥业务知识/数据是否足够支撑0-1冷启动（范围清晰、完整、易获得）
		⑦业务知识/数据是否随作业持续产生、更新和反馈
	技术成熟度	⑧现有技术能力是否能够支撑场景实现（技术可行、风险可控）
		⑨云内部、公司内是否有成功经验可以复用/借鉴
D3: 持续运营		⑩有清晰的业务运营目标
		⑪业务目标有运营数据支撑（过程可度量）
		⑫业务有持续运营的组织、资源、机制和能力

图4-2 华为的"人工智能十二问"

二是物流行业，由于行业内人员岗位多样，流动性大，相关的知识经验以文字、语音、图片、视频等形式碎片化地分散于各类规章制度和信息系统中，往往难以挖掘发挥价值。顺丰科技依托华为昇腾人工智能云服务自研物流行业垂域大语言模型"丰语"，深度融入行业知识，显著提升市场营销、客服、收派等业务效率，精准解决行业痛点，实现降本增收与客户体验升级。以"小哥服务中心"功能为例，对小哥的物流问题咨询定位准确率超过98%，每次会话节省3分钟，智能优化应答，极大提升小哥的问题处理效率和客户体验。

三是高铁，中国高铁里程领先全球，也给高铁列车传统依靠人力的日常巡检工作带来了巨大的压力。北铁所与华为云合作，将盘古铁路大模型融入巡检机器人，实现智能化检测，通过多模态融合技术将巡检工人从繁重的劳动中解放出来，大幅提升了检测效率和检测准确率；高铁故障识别准确率大于98%，测量精度误差小于0.5毫米。

总之，华为早已成为很多公司人工智能应用的"领路人"，已经推进人工智能落地到30个行业的400个场景。华为认为人工智能一定要与传统企业的流程、组织、技术人员相结合，企业的数据也要与业务场景深度结合，才能真正把人工智能变成一个企业可用、能为企业带来价值增长的工具。

资料来源：《为什么你的企业，用不好AI？》，https://baijiahao.baidu.com/s?id=1810724117927685236&wfr=spider&for=pc。

第二节 人工智能时代的组织购买过程

一、组织购买的内涵、特征与购买过程

(一)组织购买的内涵

从组织购买行为视角,WebSter 和 Wind(1972)将组织购买(Organization Buying)界定为正规组织(包括各类工商企业、政府部门和非营利机构等)为了满足购买产品或服务的需要,在可供选择的品牌及供应商之间进行识别、评价和挑选的决策过程。

组织购买行为的内涵侧重于三个方面:一是组织购买行为是一个过程,而非单次或静止时点的简单决策。二是组织购买行为是一个信息高度整合与筛选的过程,需要对众多的待选或入围供应商进行信息确认、整体评估与最终甄选的一系列过程,具体涉及供应商的评估、产品性能比较与价格考量等。三是组织购买过程涉及多元化的参与者,主要包括倡议者、使用者、影响者、购买者、决策者与守门者六类角色主体。

(二)组织购买的特征

组织购买是正规组织为了生产、运营或资本增值目的而进行的采购活动,既涉及原材料、设备、服务等的采购,又关乎各种资源的整合与配置。与个人消费相比,组织购买具有以下主要特征:

1. 购买理性化

与个人消费品购买相比,组织购买往往需要较长时间的调查、协商与谈判过程,并对购买需求、产品规格、供应商甄选、价格谈判以及售后服务等一系列要素进行全面、综合性的考量,因此,组织购买行为更加理性化。

2. 购买专业化

鉴于组织市场的商品和服务通常局限于某一特殊或特定领域,涉及的信息类型较为专业,通常由专业的采购团队或采购代理执行,即购买者往往具有相关专业知识和技术背景,或在购买过程中寻求外部专业资源,如咨询公司、代理机构的协助,严格按照组织的购买政策、约束和要求进行购买,以确保购买过程的专业性与恰当性。

3. 决策多元化

组织购买决策通常由团队共同做出,而非某一个部门或某一个人单独决策,因此组织购买决策受到多方影响,如使用部门考量产品或服务的可使用性、采购部门衡量产品或服务的价格要素、管理部门分析产品或服务的综合性价比等。

4. 关系稳定化

在组织购买行为中,购买企业与供应商之间通常建立了长期的良好合作关系,双方在长期依赖关系中建立起合作的默契,并积累了成功的合作经验,如组织购买中涉及的协议、合同与订单均需慎重考虑,为此双方需要进行专业谈判并交换信息,基于此所建立的合作关系,有助于在购买磋商过程中达成一致,提高组织购买的效率。

(三) 组织购买过程

1. 识别问题

这是组织购买过程的起点,当组织中有人意识到或组织内部出现某种需求或问题时,如设备老化、生产效率低下等,则触发购买行为。识别问题阶段需要组织内部的相关人员共同参与,明确问题的性质和范围。

2. 说明需求

在识别问题后,组织需要进一步明确所需产品或服务的总体特征,如性能、质量、价格、数量等。这一阶段通常需要采购部门与其他部门(如生产、技术、财务等)紧密合作,以确保需求的准确性和完整性。

3. 明确产品规格

组织对所需产品的规格型号等进行详细的技术说明,并形成书面材料,以此作为采购人员的购买依据。该阶段对于确保购买到符合组织需求的产品至关重要。

4. 寻找供应商

组织通过各种方式(如查找工商企业名录、互联网搜索、其他公司推荐、贸易展览会等)寻找潜在的供应商。在此过程中,组织会关注供应商的信誉、产品质量、价格等因素。

5. 征求供应商建议书

采购经理邀请合格的供应商提交供应建议书,对于复杂或高风险的项目,尤其强调潜在供应商提供建议书的详细性与完备性,以全面评估供应商的能力和服务水平。如果招投标,则要求供应商在规定时间内提交合格的标书。

6. 选择供应商

采购中心事前向相关供应商说明选择依据及各项标准的重要程度。之后,组织收到供应商的计划书,基于事先告知的选择依据,如从供应商的产品质量、性能、价格、交货能力、服务等方面进行综合权衡与考量。

7. 签订合同

在确定供应商后,组织会与供应商签订正式的采购合同,明确双方的权利和义务,包括产品技术说明书、需求量、交货期、售后服务与担保单等条款。

8. 购后评价

在产品使用过程中,组织会对供应商的表现进行定期或不定期的绩效评价,以评估是否满足组织的需求和期望。根据评价结果,组织可能调整与供应商的合作关系或选择新的供应商。

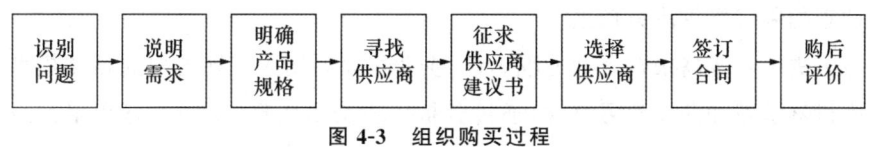

图 4-3　组织购买过程

二、人工智能颠覆传统组织购买过程

(一)人工智能时代组织购买过程的新特征

1. 采购流程智能化

采购流程智能化是将人工智能技术应用到组织购买过程中,实现从采购计划、供应商选择、采购执行到采购监控的自动化与智能化,是企业实现高效运营和成本控制的关键环节。

一是自动化操作。企业应用人工智能技术,可以取代人工操作自动完成烦琐的采购任务,如数据录入、订单处理、发票管理等,既降低了人工干预程度,提高了采购效率,又有助于减少人为错误,提高采购的准确性与可靠性。

二是智能化决策。基于人工智能技术,企业采购管理系统自动分析市场趋势、供应商信息等数据,并通过数据分析快速识别市场机会与供应商风险,实时为采购决策提供智能化支持。

三是全程追溯和监控。企业通过应用人工智能技术,可以对采购过程全面实施监控,包括采购计划的制订、订单的执行、供应商的交货情况等。这种全面的监控机制,既可以确保采购质量可控、来源可靠,又避免了采购过程中的违规行为。而且,企业采购管理系统可以自动记录采购过程的数据,为后续的审计和追溯提供有力支持。

2. 智能决策支持

智能决策支持（Intelligent Decision Support）指结合人工智能和大数据分析，通过运用先进的计算技术和算法，提供实时数据分析和预测模型，辅助决策者在多变的环境中作出理性选择。

人工智能技术，尤其是大语言模型技术，如 ChatGPT、Qwen、Gemini、Gemma 等，具有良好的自然语言理解能力，不仅可以处理和分析大量文本数据，还能够生成高质量摘要，回答复杂的查询，甚至推动自动化决策（周扬等，2024）。在组织购买决策制定中，企业从海量数据中提取有价值信息，通过分析一定历史时期的采购数据，并实时处理和分析新的信息，获悉产品的采购周期、需求量与供应商表现等，为未来采购计划的制订提供决策依据。

为了进一步提高采购计划的准确性，企业可以利用人工智能建立预测模型。企业应用机器学习和深度学习算法，通过分析历史交易数据、市场动态和相关经济指标，智能预测系统可以提前警示企业市场趋势、需求变化、价格波动和潜在风险，据此精准地制订采购计划，避免库存积压和缺货现象，从而降低采购成本，提高企业盈利能力。例如，通过分析消费者的购买行为和产品发展趋势，企业可以预测未来可能的热销产品，据此提前调整采购策略，确保产品及时供应。

此外，随着近期人工智能生成内容和大模型等技术的快速发展，组织购买要加强大数据资产价值挖掘，通过与外部企业合作或者自主研发等方式，逐步构建起符合公司实际的通用大模型，在对模型进行训练和使用过程中，更好地提升企业智能采购决策水平。

3. 优化供应商管理

人工智能技术能够分析复杂的供应链网络，优化库存管理，预测客户需求，从而优化供应商管理，提高企业整体运营效率。

一是人工智能能够提高供应链运营的透明度和风险可控性（宋华，2022）。应用人工智能技术可以实现供应链网络的预测和预警，及时发现和解决潜在的供应链问题，并提供实时的监控和反馈机制。人工智能通过大数据分析和机器学习算法来提高供应链管理的精度和效率，人工智能对大量历史销售数据、市场趋势和季节性波动等因素进行精准建模，实现了对市场需求的准确预测，既减少库存积压和缺货风险，又优化供应链响应速度。而且，人工智能技术可以对供应商进行信用评估和风险管理，有助于企业优化供应链结构，降低采购成本与风险，提高采购效率和质量。

二是人工智能依靠其学习能力能够基于大数据资源不断创新知识和迭代算法，减少人类经验判断所造成的偏差（李树文等，2023），促进运营模式创新。通过协同管理技术,对内,组织各部门之间可以实现信息共享和协作,提高采购过程的协调性和一致性,减少信息传递错误和重复工作,从而大幅提高组织购买效率。例如,采购部门可以实时了解生产部门的物料需求情况,及时调整采购计划;生产部门也可以及时了解采购部门的采购进度和供应商信息,从而优化生产计划。对外,基于人工智能技术,企业可以实现跨领域、跨行业的合作,不断优化供应链的布局和控制,通过共同开发市场、降低成本、提高竞争力。

■ 小案例

沃尔玛如何利用人工智能彻底改变 B2B 购物

沃尔玛业务:满足组织的独特需求

沃尔玛商业成立的初衷是认识到数百万企业和非营利组织已在使用沃尔玛的商店和网站来满足采购需求。然而,这些组织面临着独特的挑战,需要采用量身定制的方法。

沃尔玛高级副总裁兼总经理阿什利·胡布卡(Ashley Hubka)解释道:"我们从各种规模和各个行业的组织那里了解到了一些关键主题。他们希望节省资金并简化业务采购。他们希望保持库存并进行控制。控制部分非常重要,他们希望创造效率和机会。"

为了满足这些需求,沃尔玛商业创建了专门网站、应用程序和全渠道体验,专注于组织买家。该平台提供从办公用品到休息室必需品等各种产品,全部以沃尔玛标志性的每日低价出售。但真正让沃尔玛商业与众不同的是它战略性地使用人工智能来增强 B2B 购物体验。

1. 人工智能驱动的个性化:定制 B2B 体验

沃尔玛商业利用人工智能的最重要方式之一是为客户提供个性化和定制化的体验。

这种个性化服务既适用于新客户,也适用于回头客。对于首次访问者,人工智能提示可能会鼓励他们创建账户或联系销售代表。对于回头客,系统可以根据过去的购买记录和浏览历史提供定制的产品推荐。

2. 弥合发现与购买之间的差距

在 B2B 领域,从产品发现到购买的过程可能比 B2C 交易更长、更复杂。沃尔玛业务正在利用人工智能来缩小这一差距,尤其是通过搜索引擎优化(SEO)。

胡布卡解释道:"我们使用人工智能生成这些关键词,并将这些信息发布在页面上，帮助搜索引擎，最终帮助企业买家。"

这种人工智能驱动的方法不仅提高了沃尔玛企业在搜索结果中的可见度，还确保企业客户能够快速找到他们需要的产品。

3. 供应链中的人工智能：提高效率和控制力

在幕后，沃尔玛商业受益于公司更广泛的人工智能和机器学习计划，特别是在供应链管理方面。这些人工智能系统优化了库存预测、规划和物流，确保商业客户能够在需要时获得所需产品。

胡布卡指出："所有这些优化我们运营的后端人工智能/机器学习引擎都是为了帮助客户了解情况、作出选择、决定如何完成任务，并对他们在我们网站上看到的时间表充满信心。"

4. 未来之路：人工智能在B2B零售领域的未来

展望未来，胡布卡认为人工智能将在B2B零售中扮演越来越重要的角色。从更复杂的个性化到针对B2B需求优化的库存管理，人工智能的应用前景十分广阔。同时，沃尔玛公司制定了《沃尔玛负责任的人工智能承诺》，概述了六项承诺，以确保合乎道德和负责任地使用人工智能和其他技术。

B2B零售业的未来在于在尖端技术与人性化之间取得适当的平衡。通过利用人工智能提高效率、个性化和控制力，又不忽视它们所服务组织背后的人，沃尔玛正在为数字时代的B2B商务树立新的标准。

资料来源：《沃尔玛如何利用人工智能彻底改变 B2B 购物》，https://www.ebrun.com/20240727/n-17712.html。

（二）人工智能在组织购买过程中的应用

1. 识别需求：构建需求分析与预测模型

需求识别是指企业确定其需要采购某种物品或服务的过程，是企业采购过程的起始环节，决定了企业采购行为的最基础内容（王子光，2024）。在采购需求识别阶段往往存在缺乏供应链全链路战略意识、不能准确提出和预测采购需求、不能高效识别和挖掘采购数据等问题。

由此，企业可以运用人工智能的自然语言处理、图像识别等多种技术手段，分析自身业务需求、目标、预算和时间等因素，以及市场上的供应情况和价格等因素，最终确定是否需要采购、需要采购什么样的物品或服务（张馨月等，2023）。一是利用自然语言处理技术，对采购人员提交的需求进行分析，提取其中的关键信息，例如具体的产品名称、规格、数量、交货期等要素，以及相关的供应商要求、价格、质量等信息,利用提取的这些关键信息,规划和实施下一步采购流程。二是利用图像识别技术,对一些工业设备、特种材料等特殊的采购需求,进行快速识别,并根据采购人员的要求进行匹配和推荐。三是利用机器学习技术,对历史采购数据进行分析,预测未来的采购需求,帮助采购人员更好地规划采购流程,提高采购效率。

2. 收集信息/评价选择:智能匹配最合适供应商

在收集信息阶段,企业或组织对不同供应商及其产品进行综合评估与比较,旨在寻找潜在供应商。企业通常根据需求和目标制定评估标准,评估因素包括产品质量、交货时间、服务支持和价格等,从而实现评估信息结果与企业具体需求之间的匹配。

人工智能技术的智能搜索和过滤功能为组织购买提供了高效且精准的供应商评价与选择方法。基于企业购买需求与供应商评价结果数据的实时对接,人工智能利用这些数据来训练算法,实现自我学习,据此制定一套科学合理的供应商选择策略。

具体而言,人工智能基于财务指标、经营风险及履约能力等多维度,构建了详尽的供应商画像,通过智能匹配算法,迅速筛选出符合企业特定要求的供应商候选名单。人工智能算法有助于企业识别供应商绩效数据中的模式和趋势,基于价格、质量、交期等多维度进行综合排序,更准确地评估供应商的可靠性和质量,不仅评估供应商的财务稳健性,还考量业务运作风险与历史履约表现,从而快速筛选并锁定最合适的合作伙伴,在源头上降低采购风险,为后续的合作奠定坚实基础。

3. 购买决策:科学决策支持

企业或组织在购买决策阶段最终选定供应商及其产品,通常涉及多个层面的决策者,包括采购经理、部门经理、财务经理等。购买决策的效果直接影响企业的采购行为和后续采购管理。

企业应用人工智能逐步采用技术决策替代传统的经验决策。通过智能推荐、智能搜索和数据分析等,提供有价值的洞察,辅助组织的科学购买决策。一是智能推荐。人工智能技术根据组织的历史购买记录、需求和偏好,自动推荐符合其需求的产品和服务。这种个性化的推荐方式不仅提高了购买效率,还降低了组织的采购成本。同时,智能推荐系统还能够实时监测市场动态和产品价格,为组织提供最佳的购买时机。二是智能搜索。传统的搜索方式往往需要组织手动输入关键词进行搜索,而智能搜索技术则能够自动分析并理解搜索意图,提供更加精准的搜索结果,不仅提高了搜索效率,还促使组织发现潜在的供应商和产品,优化采购渠道。三是数据分析。通过对大量数据的分析和挖掘,人工智能技术能够发现数据中的规律和趋势,为组织提供更加准确的预测和决策支持,有助于优化组织采购计划,降低库存成本,提高整体运营效率。

4. 签订合同:合同管理智能化

企业在确定自身需求、筛选供应商之后,与供应商达成采购意向,签订合同。合同管理是指对企业与供应商签订的合同进行有效监督和管理,确保所有合同都得到有效履行,从而最大限度地实现企业的经济利益和防范风险。当前,一些企业合同管理普遍存在合同内容不规范、合同审核风险高、合同处理效率低等问题。在采购合同管理中应用人工智能技术,有助于企业更加高效、精准地管理采购合同信息,降低企业管理成本。

(1) 人工智能技术实现了合同管理的自动化,显著提高了合同管理效率。传统合同管理过程中,合同起草、审批、签订等环节需要耗费大量的人力和时间。利用合同自动化管理功能,将采购合同文件自动化地存储、归档、管理,通过自动化执行合同管理,有助于减轻人工管理负担。例如,人工智能技术可以根据企业的合同模板和数据库,自动生成合同,减少人工录入的时间和错误。人工智能技术还可以自动审批合同,通过算法对合同条款进行智能审查,确保合同的合法性和合规性。

(2) 应用人工智能技术进行合同风险预警与提示。利用智能化比对技术,分析大量的合同数据和案例并进行自动化比对处理,识别合同中存在的风险,如缺失条款、条款不合法等,及时向企业发出预警信号,提前做好风险预警,从而有效地防范合同风险。而且,可以利用图像识别和自然语言处理技术,识别和分析合同文本,挖掘出合同中的关键数据、经济信息等,有助于企业更好地了解合同中的重要信息,以便采取相应对策(王凤娟,2023)。

5. 采购管理:风险控制

采购风险通常包括采购价格波动、采购质量不过关、供货不足、采购过程中的误差、违法违规风险等。在采购风险控制中应用人工智能的机器学习、自然语言处理、预测分析等多种技术手段,对商品的采购风险进行识别、分析、预测和控制,有助于企业发现和控制风险,减小风险对企业造成的负面影响,有效保障采购工作的正常进行(王子光,2024)。具体表现在以下方面:

第一,风险识别、评估和预测。基于采购过程中的历史数据和采购风险管理模型,采用机器学习方法对潜在风险因素进行分析和模型建立,识别已经存在的风险,预测可能出现的风险,评估风险影响,提供可行的解决方案。

第二,供应链监测。利用自然语言处理、数据挖掘等技术对供应商的开票信息、交易记录、员工情况等进行分析,及时发现供应链中的问题,减小采购风险。

第三,可视化分析。通过大数据分析和数据可视化技术,将采购过程中的各种数据(如交易记录、合同、发票)呈现为直观的图形、表格等形式,更好地展示采购信息和风险,帮助采购人员进行数据分析和决策。

第四,供应商评估。利用多维度评估模型,结合历史数据和各项指标得分,对供应商进行评估,发现潜在的盈利和风险因素,掌握供应商趋势,以最小的成本来控制风险(廖瑛,2024)。

■ 小案例

"人工智能+"培育政府采购新质生产力

"人工智能+"的落地应用,通过优化流程、辅助决策、降低风险、提升透明度,实现政府采购的资源合理配置,赋能政府采购。

1. 助推政府采购数智化变革

在政府采购领域,以大模型为代表的人工智能技术的应用越发广泛,其与商业智能(BI)、大数据等其他新技术的融合发展,正作为底层基础设施不断推进政府采购的数据分析、流程自动化与智能辅助决策,推动着政府采购的数智化变革。

2. 拓展政府采购应用场景智能化边界

从狭义上讲,人工智能技术中的自然语言处理、知识图谱等细分技术,可以解决政府采购中的采购需求智能预测,采购方案智能推荐,采购文件智能编制、智能审查与智能评审,采购合同智能审核等诸多业务应用场景问题。通过自然语言处理技术和机器学习,快速解析采购合同数据并提供精准的分析报告,提升政府采购管理效率和决策的科学性。通过音视频、数据可视化等技术,围绕政府采购全流程、全主体构建主动式、多维度、智慧化的监督预警和风险防控措施,增强政府采购监管效能,保障政府采购全流程规范性、合规性等。

例如,北京市财政局在采购一体化平台中结合推广示范文本,梳理敏感词百余条嵌入采购一体化平台,对采购文件中易发的隐性门槛和壁垒问题予以"智能预警提示",极大地提升了政府采购规范化水平。国家管网集团通过智能辅助评标,综合运用自然语言处理、光学字符识别等技术,对招标文件和投标文件进行全面智能解析,自动识别并提醒评委异常情况,提升了评标效能。

从广义上讲,"人工智能+"通过深度学习和数据分析,能够精准识别采购需求,优化供应商选择,减少人为干预;同时,"人工智能+"的应用,能够有效预防和减少采购过程中的违规行为和风险,增强政府采购公信力;此外,"人工智能+"与采购管理的深度融合,能够从制度优化、科学管理层面推动政府采购向更公正、更高效方向发展。

3. 要与业务系统相辅相成

然而,当前"人工智能+"在包括政府采购在内的 G 端和 B 端落地的案例并不多。鉴于大模型基于海量数据,在通用性上具备优势,而政府采购往往需要依照一系列制度、规范进行,对专业性要求很高,大模型不可能侵入政府采购的核心私域数据,因此,很多专业问题无法通过大模型、大数据等人工智能技术直接得到答案。

因此,"人工智能+"无法直接胜任政府采购相关工作,需要通过行业内专业化软件企业,结合政府采购具体业务场景进行细化、建模,把业务问题通过技术拆解变成"人工智能+"可以处理的业务问题和数据问题,结合具体的业务场景实现人工智能在政府采购领域的落地,培育政府采购新质生产力。

资料来源:《"人工智能+"培育政府采购新质生产力》,http://www.cgpnews.cn/articles/68816。

第三节 人工智能时代组织购买决策的影响因素

一、组织购买决策及模型

(一)韦伯斯特和温德模型

基于组织购买是一个复杂的沟通与决策过程的观点,韦伯斯特和温德模型(Webster and Wind Model)提出了组织购买决策时需要考察的四类重要因素,并首次强调各因素之间的关联影响与作用,及其对组织购买决策的影响。

韦伯斯特和温德认为需要成立采购中心,由采购中心对组织购买决策进行客观、全面的评判,从而将个人决策和集体决策有机结合,降低购买过程风险。成立采购中心时,重视人员构成,侧重考量人员的专业性与关联性,以确保组织购买决策的针对性和科学性。

采购中心设有 5 种角色:使用者、影响者、购买者、决策者和看门人(Webster & Wind,1972)。使用者是组织中实际使用产品或服务的人员,通常由其发起购买需求,协助确定产品规格,如生产工人、维修工程师等。影响者是直接或间接影响组织购买决策的人员,通过提出供应商评估标准或指定采购规格等指导性意见影响购买决策,通常是专业技术人员,如工程师、质量控制专家等。购买者是具体实施购买方案的人员,有权选择供应商并设置购买条件,其主要任务是选择供应商、维系供应商关系并进行交易谈判。决策者是对供应商及其产品或服务作出最终选择的人员,可以是高级、中间或初级的管理人员,取决于其具体职权范围。看门人是指有权阻止卖方接触或传递销售信息给采购中心成员的人员,如采购代理商、接待员均可能阻止推销人员会见组织购买的使用者或决策者。

韦伯斯特和温德模型聚焦组织购买的四类因素,即环境、组织、采购中心与个人,为理解组织购买行为提供了较全面的视角。其中,环境因素包括政治、法律、文化、技术、经济和自然环境等。组织因素包括组织技术、组织结构、组织目标与任务,以及组织执行者等,直接影响采购中心成员在制定采购决策过程中的期望、目标、态度和行为。采购中心包括采购中心结构、成员角色及其特点等。个人因素包括采购核心成员的个性、偏好、需求与动机等,该模型认为所有组织的购买行为都是在组织之间相互影响的基础上产生的个人行为。由此,了解采购核心成员的性格特点、偏好等,有助于营销业务的开展。

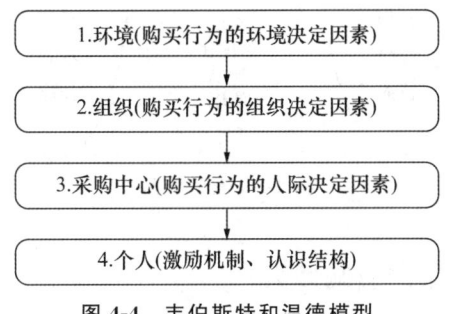

图 4-4 韦伯斯特和温德模型

(二) 互动模型

互动模型(Interaction Approach Model)以组织间的关系作为分析重点,尤为关注利益组织间合作关系及其互相沟通因素的影响,即每次购买决策会受到组织之间或组织内部的关系及其互动模式的影响。互动模型指出任何一个组织都会和许多其他组织发生关系,既可作为买方又可作为卖方;任何一种个人关系都会不同程度地影响其他关系或是受其他关系影响,结果形成一个相互作用的关系网。因此,关系要素的提出是本模型的主要特征,其参与主体之间的互动关系模式如下:

第一,买卖双方作为市场活动主体,双方为了满足特定要求或交换商品、服务的目的而寻找合适的交易伙伴,并试图控制交易过程。

第二,卖方和买方之间的关系是一种频繁的、紧密的、长期的、复杂的互动关系。因此,买卖双方之间不止于单次交易,而要注重长期关系的维系。

第三,买卖双方若要维持长期互动关系,应通过制度约定双方的责任、义务,并需要双方通力合作、互相适应、协调冲突。

第四,通常只有在需要长期的原材料或其他生产资料供应的情况下,买方才会考虑与卖方建立紧密合作关系。即使在买卖双方没有频繁交易的情况下,建立和维持互动关系仍具有重要意义,从相互熟悉、拥有良好关系的供应商转向其他供应商的成本相当高,而且,买卖双方以往的交易经历和相互评估对于提升购买效率具有重要意义。

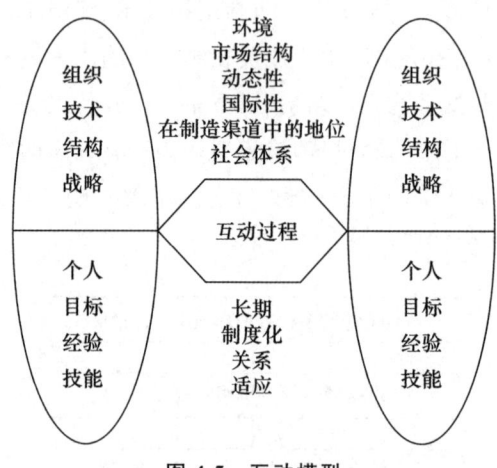

图 4-5　互动模型

二、组织购买决策的影响因素

(一) 环境因素

环境因素是影响组织购买行为的外部条件,包括政治、法律、经济、社会文化因素等。

(1) 政治因素。政治因素是指政府的政策和法规对企业采购决策的影响,如政府的政策导向、贸易政策和税收优惠等对企业购买行为产生间接影响,政治稳定性和政府形象也影响企业的供应商选择决策。

(2) 法律因素。法律因素要求组织在购买过程中必须遵守相关法律法规,如反垄断法、消费者权益保护法等。

(3) 经济因素。在组织购买决策中,经济因素通常是最主要的考虑因素。组织购买决策还需考量"成本""质量和可靠性""供应商信誉""交货时间和可靠性"等,企业采购部门通常制定预算并严格控制成本,兼顾供应商的信誉和稳定性,这些因素与组织自身的利益密切相关。

(4) 社会文化因素。社会文化因素反映了社会的价值观和审美标准,影响组织的购买偏好和品牌形象。

（5）技术因素。随着技术的发展，企业在购买过程中日益关注技术因素。一是充分分析技术发展对组织市场的影响以及未来技术趋势。企业购买决策会考虑产品的技术先进程度、可靠性、可持续性和可扩展性等，以确保采购的产品或服务满足其业务需求。二是鉴于技术发展可能带来的伦理和合规问题，需要企业给予足够重视。

（6）市场因素。市场因素是指企业在购买决策中考虑市场趋势和竞争对手的情况。市场供求情况、供应商的市场份额及其竞争对手价格等，将直接影响组织购买决策中的商定价格与供应商的选择。

（二）组织因素

组织因素是影响组织购买决策的内部因素，包括组织结构、组织文化、组织战略、程序因素等，直接影响组织的购买决策过程。其中，组织结构关乎组织内部决策权的分配与信息的传递方式，进而影响购买决策的制定。组织文化体现了组织的价值观念、行为准则与组织氛围等，影响员工的购买行为和决策。组织战略目标决定了组织的长期发展方向与资源配置，进而影响购买决策。程序因素是指企业在采购过程中通常建立了科学的决策模型和流程，以确保组织购买决策既能够符合企业需求，又能够保障产品质量与经济效益。

（三）人际因素

人际因素是指组织内部参与购买过程的各种角色的职务、地位、态度、利益及其相互关系。人际关系直接影响组织内部的信息传递与信任建立。因此，买卖双方的关系是影响购买决策的关键因素。团队动态和沟通方式将影响团队成员之间的合作与决策效率，有效的沟通能够确保双方充分理解对方的需求和期望，从而避免误解和冲突。

与此同时，组织若能与供应商保持良好的合作关系，组织购买部门就能从中获得有价值的竞争信息和见解，而且，组织将信任供应商能够按时交付高质量的产品和服务，进一步建立起长期的合作关系。同样，密切关注组织客户产品的供应商也能对所处技术环境保持敏锐度，有助于提供契合客户需求及其演进的产品。

（四）任务相关因素

任务需求决定了购买的产品或服务的种类和数量。组织购买决策中的任务主要包括需求识别、采购策略与风险管理三个方面。组织识别购买需求时，需要考虑战略目标、供应商的信誉和稳定性、产品的技术先进程度等多方面的因素。采购策略影响购买决策的制定和实施。风险管理涉及购买过程中的风险识别、评估和应对措施的制定,以确保购买的产品或服务符合组织期望。因此,企业在采购过程中需要建立起科学的决策模型和流程,以确保购买决策符合企业需求,并且保证经济效益与质量。

(五) 个人因素

个人因素是指购买决策参与者的个人属性,包括年龄、文化程度、收入、个性、价值观、对风险的态度等,这些个人特质和偏好是影响组织购买决策的重要因素。组织需要将采购决定的过程与结果"合法化",其购买的实质旨在解决两方面的问题:一是组织经济与战略问题,二是个人获得成就感与报酬的问题。因此,组织购买需要同时满足企业与个人的需要。

三、人工智能对组织购买决策的影响

(一) 技术水平

有建设性的技术会对组织和个人产生积极的影响(Bravo & Ostos,2017)。人工智能决策的原理是神经网络和深度学习的算法,支撑算法运作的条件是海量数据(Chamorro,2017)。当前人工智能技术,包括机器学习、深度学习、自然语言处理、计算机视觉和云计算等已成为推动行业变革的核心技术,不仅提高了自动化水平,还为数据分析、决策支持和用户交互提供了更精确与高效的方法,日益改变着组织决策的方法和组织与内部、外部利益相关者(如顾客、员工)的关系,促使组织在采购过程中更加关注市场动态和技术趋势,作出更为明智的购买决策。当前,人工智能技术主要通过数据驱动决策、自动化与智能化采购流程和实时决策支持影响组织购买决策。

1. 数据驱动决策

一是建立数据收集与分析体系。利用人工智能技术构建智能决策支持系统,如利用大数据分析工具、机器学习算法等,收集并分析市场趋势、客户行为、竞争对手策略、产品性能等多维度数据,再利用人工智能挖掘数据中的隐藏规律,为组织提供更精准的预测与决策建议。

二是实施预测分析。基于历史数据和实时数据流,运用人工智能进行需求预测、风险评估和市场预测,促使组织快速识别市场趋势和潜在机会,进行更及时的购买决策调整。

三是数据可视化。将复杂的分析结果转化为直观易懂的图表或报告,使决策者能够快速把握关键信息。

四是个性化推荐。基于历史采购数据、企业实时经营状况与市场分析,应用人工智能生成个性化的推荐方案,提高购买决策的针对性和有效性。

2. 自动化与智能化采购流程

一是引入采购管理系统(PMS)与人工智能辅助。通过 PMS 自动化日常采购任务,如订单处理、库存管理、供应商管理等,提高采购效率并减少人为错误。与此同时,利用人工智能分析供应商数据,优化供应商选择、合同谈判等环节,从而选择性价比更高的供应商,降低采购成本。

二是智能寻源。利用人工智能算法分析潜在供应商信息,包括价格、质量、交货时间等,快速找到最优供应商。

三是实时监控与调整。通过人工智能监控系统实时跟踪采购过程,及时发现并解决问题,确保采购活动的顺利进行。

3. 实时决策支持

一是供应链透明化。利用物联网和人工智能技术,实现对供应链的实时监控和透明度提升,减少信息不对称和延误。

二是预测性维护。通过人工智能分析设备运行数据,预测潜在的故障,提前安排维修,减少停机时间和成本。

三是库存优化。结合人工智能算法进行需求预测和库存控制,实现智能预测和补货,减少库存积压和缺货风险,提高资金周转率,从而优化资金占用和运营效率。

(二) 数据质量

虽然人工智能具有更理性、更智能、信息存储量更大等优势,人工智能决策同样存在质量问题,甚至现有的人工智能技术水平还不能够保证单独进行决策的正确和可解释性(张广胜等,2020)。尤其人工智能在数据量不足的情境下,其决策质量会低于人类的决策质量。Janssen 等(2017)指出短期内提升人工智能决策质量需要从数据质量着手。Kitchin 等(2014)罗列了数据管理的具体方法,包括剔除错误信息数据、数据录入机器、可识别的数据类型、整合相关的数据。一旦人工智能决策所依托的数据存在少量或大量的缺失数据、有偏误的数据,这些有问题的数据便不能保证决策的透明性、公平性和解释性(Bolander,2020),必然影响决策结果的科学性与可行性。

数据质量直接决定了人工智能决策的质量。甚至,有学者指出提高数据的质量,对于现阶段人工智能下的组织购买决策质量具有决定性的影响(Shamim 等,2019)。具体表现在三个方面:

一是数据准确性。人工智能决策结果的准确性高度依赖于原始数据的质量。

如果数据存在错误、缺失或不一致性，那么基于这些数据作出的决策很可能也是不准确的。

二是数据完整性。数据完整性对于全面理解问题并准确决策至关重要。不完整的数据可能导致决策过程中忽略某些关键因素。

三是数据偏见。数据可能由于采集方式、样本选择或历史原因而存在偏见，这种偏见会进一步影响决策结果的公正性与准确性。

因此，在制定组织购买决策的过程中，要加强数据质量管理，具体包括数据质量评估、改进和监控。通过评估数据的准确性、完整性、一致性和时效性，组织可以及时发现和解决数据质量问题，并通过数据清洗、校正和转换等操作，提高数据的整体质量，从而支持更有效的组织购买决策的制定。

（三）算法模型

算法是人工智能的核心，也是人工智能的灵魂，决定了如何处理和分析数据，以及如何进行模式识别和决策制定，实现对实际问题的解决（徐恩庆等，2023）。某种算法模型对特定情境下的组织购买决策具有积极作用（Zhan et al.，2019）。

Sverchkov 等（2017）认为通过提高人工智能在新环境中的决策能力，降低人工智能在决策中对受限制环境的依赖，可以相应提高组织购买决策质量，尤其在组织决策数据不够丰富时，研发算法有助于提升决策能力。如果算法过于简单，忽视了决策环境的复杂性，或算法模型存在决策维度的缺失，甚至把因素之间的相关关系识别成因果关系，必然影响人工智能决策质量。而在决策环境复杂、不确定、信息缺乏或质量低的情况下，提高算法本身能力是提升组织决策质量的有利途径（Yao et al.，2019）。因此，通过开发与人脑工作原理相似的算法有助于提高决策质量，即当可供算法学习的数据较少，人工智能与环境的交互作用有限的情况下，可以把神经科学与人工智能算法研究结合起来。

然而，大模型不仅需要算法，而且需要数据处理、软硬件优化、模型开发、应用创新的系统工程能力。当前大模型在企业端应用场景下的行业数据积累、模型调测和行业应用集成等方面，均需要时间积累。作为复杂系统工程，大模型的每个环节都存在着大量工程技术挑战，应用中需要注意三个方面的影响：

一是模型选择。如何生成高质量的模型？不同类型的决策问题往往需要不同的算法和模型来解决。选择合适的算法模型是实现准确决策的关键，需在模型选型、架构调整设计、技术验证过程设计方面斟酌。

二是模型优化。如何完成大规模训练和调优工程？算法模型的性能可以通过优化来提高，包括调整模型参数、改进算法结构或引入新的算法技术。而且，大模型训练对于集群稳定性有较高要求,若算力平台不稳定,训练任务频繁中断,训练成果会有很大损失。

三是模型适应性。如何实现高效业务落地？Turner 等(2019)的研究指出,人工智能可以模仿人类进行思考,其成功应用需要企业具备特定的组织能力,即新技术需要与组织相匹配、相适应才能获得最佳的应用效果。随着外部环境及其数据的变化,模型需要进行不断适应与更新,以保持模型的准确性和有效性,而且,算法的设计和使用应避免歧视和偏见对决策结果的影响。实践中,对于部分企业而言,模型推理资源占用较高,人工智能落地成本高,人工智能集成进入现网业务流的过程繁杂,企业尚缺乏业务流程与组织调整的相关经验。

(四)风险因素

人工智能技术的快速发展,带来了新的风险和挑战,如数据安全、算法公正性等问题,需要组织在应用人工智能进行购买决策时予以充分考虑。

一是数据泄密与隐私问题。随着人工智能的广泛应用,大量的个人和企业数据被集中存储和处理,包括组织客户的业务需求、目标、预算和时间,以及市场供应情况和价格等,被转化为数据并用于人工智能的学习和训练。然而,这种集中化的数据处理方式增加了数据泄露的风险。一旦这些数据在传输或存储过程中被非法获取,将对客户的隐私造成极大的侵犯。数据泄露,不仅会给企业带来经济损失,还可能损害客户的信任,但是,现有法律在数据隐私保护方面存在不足。

二是算法偏见与道德困境。在人工智能的决策和预测过程中,算法扮演着至关重要的角色。但算法本身并非完美无缺,其可能存在的偏见和错误成为人工智能发展中的一个重要问题。这些偏见可能源于多个方面,包括训练数据的局限性、算法设计者的主观意识以及社会文化的偏见。首先,人工智能系统的训练和决策基于大量的数据,但如果这些数据本身存在偏见,那么人工智能的决策结果也可能受到影响。其次,算法设计者的主观意识也可能对算法产生偏见。在设计和开发算法时,设计者可能会受到自身经验、知识、价值观等因素的影响,从而在算法中引入主观偏见,这种偏见可能会在无意识中影响人工智能的决策过程,导致不公平或歧视性的结果。此外,社会文化的偏见也可能影响算法。不同的社会文化背景可能导致人们对同一问题的看法和态度存在差异,这种差异可能在算法中得到体现。

■ 小资料

基于人工智能大模型技术采购系统建设的探索

近年来,大模型技术取得了突破进展,为智能采购提供了全新实施范式。下面以能源电力行业为例,探索全业态、全流程的智能采购系统建设。

1. 采购需求管理

根据项目潜在需求、标的物市场形势及价格走势、生产监管要求等直接生成标的物描述信息;通过大模型智慧预测功能,提供需求建议,将招标人"我要采购什么"变成"你需采购什么"。

2. 采购策略决策

依据标的品类历史招标方案及投标响应情况,结合采购意向、需求,提出采购方案建议,包括资质条件、业绩要求、财务要求、权重设置、价格基准价设定、最高投标限价设定、价格评审要求,商务技术评审要素及主要技术要求等。根据市场变动情况,预测大宗物资价格变动趋势,推荐最佳采购时机。

3. 采购寻源管理

多渠道收集采购需求对应品类的供应商信息,根据市场上主流投标单位投标情况,主动匹配潜在供应商,发送采购需求信息。

4. 采购文件编审

在智能生成的采购方案基础上,根据设定的资质条件、业绩要求、财务要求、基准价,商务技术评审要素及主要技术要求,结合履约期限、合同条款等内容,自动生成招标文件,投标人对照招标文件要素,填写相应内容,自动生成投标文件,再进行针对性修改后递交交易系统,同步实现招标文件自动审查。

5. 采购组织实施

自动完成采购组织实施,包括招标公告发布、招标文件发布、标前组织、开标、中标候选人公示、中标结果设定、投标保证金退还、代理服务费收取等,实现流程性工作自动流转。

6. 智能评审

提取投标文件大纲,利用关键词库、图片分类、大模型等技术手段,对文本进行切段,提取投标文件响应要素,并对响应内容进行具有拟人表达特征的提炼归纳,对异常一致内容按照串通投标嫌疑自动报警提示,对主观评审项自动给出评价差异,对客观评审项自动打分。

7. 采购风险控制

依托大模型提取功能，多渠道收集投标人背景信息，包括股权结构、信用资质、经营处罚等，结合实际投标文件雷同性检查等，全面评估采购风险。以业绩为例，通过公开渠道，收集同一投标人的业绩信息，包括项目名称、业绩时间、投标价等是否不一致，是否存在一人同时担任多个工程项目负责人的情况。

8. 采购结果后评估

根据履约表现，对照投标文件中出具的质量保证措施、技术方案、服务承诺等，对供应商进行闭环后评价，将其结果纳入采购结果合理性评价范围。以采购项目的竞标充分性、价格公允性、条款合理性等为主要维度，综合评估采购结果，并将评估结果纳入采购案例库，优化采购策略。

资料来源：柴海棣，梁兆生，梁怀涛. 基于人工智能大模型技术采购系统建设探索[J]. 招标采购管理，2024，145(8)：13-14.

第四节　人工智能时代的公司间关系

一、传统的公司间关系

(一) 供应链合作伙伴关系

1. 供应链合作伙伴关系的内涵

供应链合作伙伴关系（Supply Chain Partnership，SCP）是供应商、制造商与分销商之间的战略协作关系，具体指供应链内部两个或两个以上独立成员之间形成的一种协调关系，以实现某个特定的目标或效益。

从三个方面理解其内涵：一是在共同利益基础上建立的紧密协作关系（Treasury，1993）。供应商与顾客建立并维持长期紧密的关系，双方合作度高，通过共同努力以获得最大的收益（Partnership Soucing Ltd，1993）。二是建立在相互信任、目标统一基础上的战略关系（Herzog，2001）。对买方和供应商而言，伙伴关系是指针对一段较长时间达成的承诺和协议，内容涉及信息共享、分担伙伴关系带来的利益和风险。三是风险共担的合作关系。许淑君（2000）认为供应链合作关系是制造商与供应商或经销商间在特定阶段实行利益共享，风险共担的合作关系。

2. 供应链合作伙伴关系的分类

Lambert 等(1996)指出依据一般企业之间的关系形态，从单次的交换到多方面的交易，将供应链合作伙伴关系划分为：正常交易关系(Arm's Length)、伙伴关系(Partnership)、合资(Joint Venture)及垂直整合(Vertical Integration)四种类型。

(1) 正常交易关系。卖方只提供顾客所需的标准产品或服务，当交易结束后关系也随之结束。

(2) 伙伴关系。买卖双方基于互相信任、公开，共担风险和共享利益进行交易，强调长期的竞争优势。

(3) 合资。买卖双方相互拥有小部分所有权，属于较长期的关系。

(4) 垂直整合。比合资关系相互之间的互动关系更为紧密。

在上述关系中，由于正常交易关系缺乏长期的合作利益，产业相依程度低，合资关系与垂直整合的成本较高，连接的弹性较低，而伙伴关系是企业间合作关系中最具效率的。同时，根据合作时间的长短以及合作部门数可以将伙伴关系细分为三个类型：

(1) 型一伙伴关系。成员的合作关系，建构在基本的协调行为及规划中，通常着重在中短期的合作，且为单一部门或单一功能的合作。

(2) 型二伙伴关系。成员的合作关系比协调功能更进一步，为长期的合作关系，合作单位也扩展为多部门或多功能的合作。

(3) 型三伙伴关系。合作关系已经明显涉及作业整合，而且将彼此视为本身企业的延伸，已是一种没有时限的关系。

图 4-6　组织之间关系形态

(二) 联盟组合关系

1. 联盟组合关系的内涵

随着市场竞争的加剧和创新风险的增加，技术创新难以由某一家企业单独完成，于是逐渐演变成一种包含知识转移、整合和吸收的网络性合作行为。由此，联盟组合关系是指核心企业在联盟组合中与不同联盟成员之间的互动与联结关系。

2. 联盟组合关系的分类

从关系的性质上看,Sheng 等(2011)将企业社会关系划分为政治关系和商业关系。Peng 和 Luo(2000)进一步提出企业的上游供应商、顾客和竞争者共同组成了其商业合作伙伴,政府合作伙伴则包含政府机构及相关单位。

不同类型的联盟伙伴为核心企业补充特殊技能,带来提升关键知识的信息和资源。其中,供应商具备与生产程序和操作技能相关的丰富经验和知识,与供应商的密切合作可以提高核心企业改善已有产品质量、优化现有产品线的能力,推动过程创新,最终实现生产成本的降低。此外,竞争对手也能为核心企业提供特定的行业知识,与核心企业共担开发成本,有利于核心企业更好地掌握和利用行业标准和政策法规。

根据联盟网络的方向性,通常将联盟组合关系划分为联盟组合横向关系与联盟组合纵向关系。

(1) 联盟组合横向关系

联盟组合横向关系是指企业与同一行业内的竞争对手建立的竞争性联盟(Competitive Alliance)。横向联盟中的成员存在一种竞争合作型关系,重点体现在产品设计、制造和升级过程中。当联盟之中的合作主体在创新链条上处于同一环节,这种合作关系有利于集中同质企业的优势共同攻克新技术开发中的难题,降低创新风险,提高成功率。

由于合作主体之间的产品和服务具有相互替代性,因此,联盟组合横向关系亦是一种竞合关系。企业之间的技术联盟本身是一种合作关系,当核心企业寻求与竞争对手建立联盟时,竞争与合作会产生交互影响。竞争与合作的双重关系相互作用,有利于促进联盟企业之间形成互相学习和追赶的良性循环,加速联盟内部新知识和新技术的扩散和应用。

竞合关系被视为联盟双方均可获益的双赢战略,但竞争对创新的影响体现在正、反两个方面。尤其当企业处于高度变化和不确定性环境中时,技术创新往往面临很高的失败风险,通过与同质企业建立合作关系,有助于获得竞争对手的独特、互补资源和能力,以应对外部环境的变化(Osarenkhoe,2010)。然而,核心企业与处于同一行业的竞争对手建立合作关系,也隐含了内在矛盾。一方面,相似的技术领域和知识有利于提升资源的整合及能力的转移、吸收效率,合作主体通过合理分工获得规模经济效应。另一方面,竞争对手之间的机会主义行为威胁凸显,使横向联盟关系变得更为复杂。可见,如何权衡竞合关系是影响联盟组合横向关系有效性的关键因素。

(2) 联盟组合纵向关系

联盟组合纵向关系不是简单的买卖关系,而是企业之间相互依赖、共担风险、共同管理与合作开发的多重关系,旨在实现价值链上活动的互补性。例如,制造商与上游供应商缔结技术创新联盟关系,既促进了产业链技术融合,又为自身技术空白领域带来互补效应,促进产品创新信息共享和资源整合。

此外,当制造商将大部分零件的开发、制造打包给供应商完成时,供应商在产品设计早期就参与到创新活动中,制造商和供应商的合作关系变得更加密切。基于各企业之间异质且互补的知识资源形成垂直知识库,双方实现多层次和全方位的合作,逐渐形成高度信任的企业间联盟网络。Chung 和 Kim(2003)认为供应商加入核心企业的技术创新,有助于缩短研发进程,降低研发风险。可见,联盟组合纵向关系,有助于核心企业与纵向联盟伙伴之间开展协作创新,节约开发成本,提高创新成功率,共同研发出与供应关系适配的零部件和新设备等。

联盟组合纵向关系的形成路径可以归纳如下:

① 对供应商的认同。主要体现在对供应商的综合实力、创新水平、信誉度等方面的认同,是对多个供应商横向比较之后的认知,是对供应商过去行为和结果的综合评价和认定(Caruana et al.,2010)。

② 供应商的互补能力。建立联盟组合的重要动机之一是获取供应商的互补性资源,以弥补自身资源禀赋的不足。供应商所拥有的互补性能力为合作提供了便利条件,奠定了基础。

③ 对供应商以往合作的满意度。以往合作经验一定程度上可以降低合作供应商的不确定性,增强双方对未来合作关系的可预见性(Zaefarian,2016)。企业基于以往合作的满意度对相互之间的尊重、信任和信息共享进行判断,有助于长期的供应链创新联盟的形成。

■ 小案例

横向联盟:克莱斯勒公司"钻石星"项目

20世纪70代后期,日本汽车凭借其品质优势,逐渐占领大部分美国市场。美国企业发现,日本汽车生产商不仅在汽车产成品端与对手开展竞争,在企业资源配置、技术创新、成本管理方面也极具竞争力。

1. 横向联盟:成立"钻石星"公司

20世纪80代开始,美国三大汽车公司纷纷与日本汽车生产商结盟(见表4-2)。

1985年,钻石星(Diamond-Star)汽车公司成立,克莱斯勒与三菱结盟在美国伊利诺伊州合作开发、生产小型汽车,其根本目标是在此过程中获得日本企业在经营管理和制造技术方面的核心知识。在此横向联盟中,公司鼓励员工学习合资公司的生产流程,及其必要的知识和技术,获得了崭新的管理方法和组织技巧。1994年第一季度公司利润高达9.38亿美元,较同期增长77%。每辆车的平均利润大大超过了通用汽车和福特汽车。可见,克莱斯勒公司通过与竞争者结成横向知识联盟,增强了产品竞争力和市场占有率,证明了与竞争者之间建立联盟关系,可以共享信息、资源,实现"双赢"局面。

表 4-2 克莱斯勒公司的横向联盟

横向联盟伙伴	联盟目的	联盟结构
日本三菱公司	共同开发与联合生产	合资企业
日本丰田公司	零部件设备原产制造(OEM)供应	合作企业
日本铃木公司	原材料互购	合资企业
英国JAGUART公司	零部件设备原产制造(OEM)供应	合资企业
日本ISUZU公司	在英国联合生产	合资企业

2. 纵向联盟:克莱斯勒公司"SCORE"项目

1990年,克莱斯勒公司为实现与零部件供应商的紧密合作,发起了旨在降低供应成本的SCORE(Supplier Cost Reduction Effort)项目,与供应商结成纵向联盟关系(见图4-7)。SCORE项目旨在甄选稳定、可信度高的优质供应商开展创新合作,鼓励上游供应商积极参与克莱斯勒公司的汽车研发和生产过程。实施原则是制造商与供应商基于良好信任关系,实现共同分担成本和控制风险。

克莱斯勒公司首先通过评级、遴选和优化了供应商,并积极与符合条件的供应商构建纵向技术创新联盟。SCORE项目的具体做法如下:

(1) 常驻工程师加强合作。内部工程师的交流、学习,使重要信息的流通更加及时和可靠,并且与其中14家最大的供应商组成咨询委员会,每年召集150家关键供应商共同商讨公司经营战略问题。

(2) 供应商专用性资产投资。出于联盟双方的相互信任,供应商安排专门设备及专业人员满足克莱斯勒公司的随时按需供货要求,使得汽车装配和生产的平均距离大大缩短。

(3) 与供应商建立长期合作关系。为了加深与关键供应商的信任和互惠关系,克莱斯勒与供应商合同期限延长,合作项目增多。1994年,克莱斯勒与供应商的平均合同期限是4.4年。

与上游供应商开展合作提升了供应链的整体创新水平和研发效率,纵向联盟的组建是加快其产品开发进度的关键因素,通过减少工艺流程、开发时间,克莱斯勒的开发成本节约了 7500 万美元,而且,其资产回报率成为同时期美国汽车厂商中最高的。

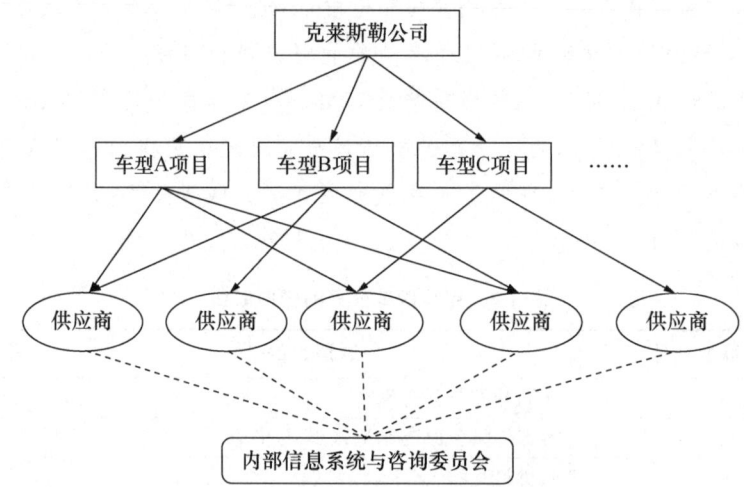

图 4-7　克莱斯勒公司"SCORE"项目

资料来源:王馨翊. 联盟组合关系特征对企业二元式创新绩效的影响研究[D]. 长沙:湖南大学,2020.

二、人工智能对公司间关系的影响

人工智能对公司间关系的影响主要体现在促进跨公司合作、改变市场竞争格局、推动行业标准化和优化供应链管理四个方面。

(一)促进跨公司合作

在数字化时代,数据已成为企业的核心资产和竞争力源泉。人工智能技术的快速发展和应用,为公司间数据共享与协同创新提供了新的契机,促进跨公司合作,实现资源共享和优势互补。

数据共享与整合是实现这一目标的关键。人工智能技术通过数据处理、分析和挖掘,打破数据壁垒,实现不同来源、不同格式数据的整合和共享;不仅提高了数据利用率,还使公司间能够共同利用和挖掘数据价值,提高整体行业效率。例如,在金融领域,通过共享客户数据、交易数据等信息,银行、证券、保险等机构能够更好地了解客户需求,提供个性化服务,同时降低风险,提高盈利能力。

在数据共享的基础上,有助于公司间开展协同创新与合作。通过共享技术、资源和知识,共同研发新产品、新技术,推动行业发展。协同创新不仅降低了研发成本,还缩短了研发周期,提高了创新成功率。例如,在医疗领域,通过共享病历数据、药物研发数据等信息,医疗机构和制药企业可以共同研发新药,提高药物研发效率和成功率,为患者提供更好的治疗方案。

人工智能技术促进了不同行业之间的融合发展。通过跨界合作,公司利用各自优势,共同开发出具有创新性和竞争力的产品和服务。这种跨界融合不仅为公司带来了新的增长点和盈利机会,还推动了行业的创新和发展。例如,在互联网行业,人工智能技术与电商、金融、医疗等领域的融合,催生出了一系列新的商业模式和服务方式,为用户提供了更加便捷、高效的服务体验。

(二)改变市场竞争格局

随着人工智能技术的不断发展与普及,市场竞争进一步激化,行业洗牌与重组的趋势日益明显。在此情境下,企业面临的竞争压力不仅来自同行业的其他公司,更来自跨界进入的竞争者。

在市场竞争方面,企业应用人工智能技术能够更精准地把握市场需求,优化产品和服务,提高竞争力。不过,也促使公司之间的差异化竞争更加显著,加剧了市场竞争程度。同时,由于人工智能技术的快速迭代和更新,企业必须不断投入研发费用,以保持技术的领先地位和竞争优势,一些企业因无法跟上技术发展的步伐而被淘汰。

在行业洗牌与重组方面,人工智能技术推动一些传统行业面临颠覆性的变革,无法适应新技术要求的公司将被淘汰。而具有创新能力的公司能够迅速调整战略,抓住机遇,实现快速发展。这些公司通常利用人工智能技术优化生产流程、提高效率、降低成本,从而在市场上获得更大优势。同时,人工智能技术也促进了跨行业的合作与融合,使得企业能够更好地利用各自的优势资源,共同应对市场挑战。

(三)推动行业标准化

随着人工智能技术的飞速发展,标准化逐渐成为推动产业健康、规范发展的重要支撑。2024年,工业和信息化部等四部门联合发布《国家人工智能产业综合标准化体系建设指南(2024版)》,逐渐完善我国人工智能产业标准化建设。

该指南重点围绕基础共性、基础支撑、关键技术、智能产品与服务、赋能新型工业化、行业应用、安全治理等7个方面,构建起一个涵盖人工智能产业全生命周期的标准化体系。其中,在基础支撑标准中,对数据、算力、算法等核心技术要素的规范进一步夯实人工智能产业的技术底座。在关键技术标准方面,对文本、语音、图像等关键领域的技术要求进行规范,为各行业的应用落地提供有力支撑。在赋能新型工业化标准方面,规范了人工智能技术在制造业全流程智能化以及重点行业智能升级的技术要求。

标准是支撑产业发展的技术基础和关键所在。通过统一的数据标准和算法模型，不同公司可以在相同的基础上进行开发和合作，减少信息孤岛和重复建设，避免了数据上不必要的重复和浪费。通过标准化体系建设，不仅加强产业发展的顶层设计，也能明确产业健康发展的路线图，做到"谋定思动"。而且，标准化对于新产业而言，不仅大大降低前期试错成本和重复性资源投入，还强化了产业上下游合作，建立生态协调，为上下游企业开创新机遇。

标准化工作不仅是技术和应用规范化的工具，也是推动产业快速发展的加速器，促使新产业更加有序发展。例如，上海在人工智能标准化创新建设方面已经取得了卓越成果，通过标准化与产业融合，成功构建了从基础技术到应用场景的全链条生态体系，从而提升产业创新能力和市场竞争力。

（四）优化供应链管理

供应链管理包括从供应商到客户之间的一连串活动，其中包括采购、库存管理、运输和交付等。这些活动涉及众多的参与者和复杂的网络关系，因此需要精确掌握数据和信息，及时作出决策，以确保供应链的高效运转。

人工智能技术能够帮助企业和组织解决供应链管理中的许多问题（朱志杰，2024）。首先，人工智能可以通过大数据分析和机器学习算法来提高供应链管理的精度和效率。其次，人工智能可以实现预测和预警，及时发现和解决潜在的供应链问题，同时提供实时的监控和反馈机制。此外，人工智能还可以优化供应链的布局和控制，提高运营效率，降低成本，提高客户满意度。掌握并应用人工智能技术有助于企业和组织优化供应链管理，提高业务竞争力，实现可持续发展。

（1）供应链管理中的智能决策。智能决策是指利用人工智能技术来分析供应链中的大量数据，从中获取洞见并作出决策的过程。智能决策可以提高企业的供应链可视化和控制能力。人工智能技术可以把供应链中各个环节的数据整合起来，呈现在一个可视化的平台上，从而帮助企业全方位地掌握供应链的信息和运营状态。同时，企业可以利用人工智能技术将数据分析和流程自动化，从而更好地控制和管理供应链中的各个环节，并应用人工智能根据市场需求和客户反馈调整产品的生产规划和产量，以更好地满足市场需求。

（2）供应链管理中的智能采购。智能采购是指利用人工智能技术进行供应链的采购决策，包括需求预测、供应商选择、价格协商和合同管理等方面的应用。通过人工智能技术对供应商关系进行分析和管理，进而优化供应商合作关系，从而实现更好的业务效率和效益。

（3）供应链管理中的智能仓储。智能仓储是指利用人工智能技术对供应链中的仓储管理进行优化和改进，包括仓库管理、库存管理以及物流运输等。人工智能通过自动化机器人、无人机等技术完成各种物流操作，提高工作效率和准确性。智能仓储还可以提高供应链的可视化和控制。人工智能技术通过数据集成和智能分析技术将供应链中各个节点数据整合在一起，并通过可视化工具和报表分析提供直观的数据反馈，帮助企业全面、真实地掌握供应链运营情况，实现更加精细化和自动化的控制。

■ 小案例

联想携手全球人工智能巨头，共绘混合式人工智能清晰未来

2024 年 10 月 15 日，以"Smarter AI for All"为主题的 2024 联想创新科技大会在西雅图启幕。联想集团董事长兼 CEO 杨元庆指出："我们一直在积极向全球客户和合作伙伴提供我们的混合式人工智能愿景。人工智能正在改善个人的生活质量，为企业带来更高的生产力，而联想集团令这种范式转变得更快、更容易获得、更互联、更可持续。我们的战略是将模块化与定制化相结合，以便快速响应客户需求，同时为他们量身定制我们的解决方案。"

要让人工智能真正落地，惠及千家万户、千行百业，离不开产业端的联合创新与开放合作。作为生态组织者，联想集团始终坚持与全球生态伙伴保持密切合作，协力加速人工智能技术落地应用，促进产业链上下游协同发展。大会现场，全球六大人工智能巨头 CEO 对与联想的合作表达了肯定与期待。

NVIDIA 创始人、总裁兼 CEO 黄仁勋表示，"很高兴能够再次来到这里，与我们的合作伙伴联想一起宣布一系列重要的新举措。当下，我们正在以前所未有的规模重塑计算领域的整个架构，机器学习正在创造人工智能，这将是我们见过的最大的一场工业革命。NVIDIA 和联想作为公司、合作伙伴所共同努力开发的完整架构，正是为了建立所需的基础设施、软件堆栈，以及最佳实践和蓝图"。

英特尔 CEO 帕特·基辛格称，"英特尔和联想将携手从数据中心、云端、网络和个人设备端，拓展用户和用例，带来持续的全新体验。而所有这一切都建立在 X86 的强大能力之上，并融入了人工智能这一新的超级力量"。

微软董事长兼 CEO 萨蒂亚·纳德拉表示，"多年来，我们将联想的设备与服务同微软的全栈技术能力结合起来，来帮助全球各个行业和各经济领域的客户实现更好的发展。而今，我们正在基于这些投入，全面加速人工智能的应用，为我们共同的

客户创造更高层次的价值"。

AMD主席兼CEO苏姿丰认为,"我们非常珍视与联想的合作关系,在数据中心领域,AMD与联想的合作已经取得了令人瞩目的成绩。希望通过协同创新和共同开发,我们能够加速人工智能应用的普及速度"。

Meta CEO马克·扎克伯格表示,"Meta与联想多年来携手合作,推出了许多卓越的创新成果,将突破性的人工智能和混合现实技术带给更多人,共同构建一个更加智能的未来"。

高通总裁兼CEO克里斯蒂亚诺·阿蒙称,"高通与联想有着长期的创新合作历史,在很多产品上都为全球用户带来了非凡的体验,期待与联想等行业领导者继续携手创新,将这些体验带给全球更多的消费者和企业"。

杨元庆表示,"科技与人类的共同繁荣不仅仅是一个梦想,只要我们行动起来,'智能为每一个可能'的愿景终将会实现"。

资料来源:《联想携手全球AI巨头,共绘混合式AI清晰未来》,https://brand.lenovo.com.cn/brand/ppn03030.html;《杨元庆:联想继续携手全球AI科技巨头,加速推动AI向实发展》,https://stock.10jqka.com.cn/20241017/c662512952.shtml。

三、人工智能时代公司间关系的演变

(一)协作关系:产业链协同

1. 产业链协同的内涵

企业之间通过建立协作关系,实现产业链协同,有助于破解当前人工智能落地难题,成为人工智能时代企业间关系演变的重要趋势之一。

产业链(Industrial Chain)最初起源于中国学者对产业关系的研究,产业链的本质是以劳动分工为基础的产业优化组合,目的在于提高产业竞争力和经济效率(沈颂东等,2018)。从产业关系角度,产业链是指在一种最终产品的生产加工过程中,即从最初的自然资源到最终产品到达消费者手中所包含的各个环节构成的整个生产链条(郁义鸿,2005)。可见,产业链是产业间关系的表达(杨锐,2012)。从组织分工角度,产业链强调的是相关联的异质产业之间的分工合作关系,是在劳动分工经济基础上建立的一种产业组织形式。产业链作为一种相互协作的生产链条,将相关联的产业进行优化组合,是提高整体经济效率和产业竞争力的有效方式(杜龙政等,2010)。

协同理论的基本思想是,在一个开放系统中存在大量既独立运动又相互作用的子系统,当子系统之间的协同效应较弱时,系统是无序的,当子系统的协同效应达到并超过某一临界点时,系统通过自组织发生相变而呈现出稳定协同的有序状态(Haken,1987)。产业链内的每一个成员企业通过自主和自发地寻求合作和发展,发生知识、技术、创新和价值等信息的沟通与交换,在竞争中协调相互之间的相关联系(沈颂东等,2018)。当这种相互作用到达临界点时,系统整体发生质变而形成协同效应(郑荣等,2013)。

因此,本书参考刘慧波等(2007)、孙正等(2022)的研究成果,将产业链协同界定为一个涉及知识创新、知识扩散、分工深化与整合的过程,是指具有产业上下游关联的异质性产业彼此进行关联形成协同效应的经济现象。人工智能作为赋能手段,促使企业与产业链上下游企业构建紧密的合作关系,共享人工智能技术和资源,促进产业链协同。

2. 人工智能时代的产业链协同发展

当前人工智能大模型的落地与转化成为企业的重要挑战,企业既要有强大的算力和先进的算法,又要有合适的应用场景与匹配的人才团队。人工智能在应用场景时遇到瓶颈,究其原因在于普遍存在着产业端不懂人工智能行业、人工智能行业也不懂产业端的情况。由此,企业亟须通过数字技术厘清产业链关键环节的整体情况,以及核心技术缺位情况,从而洞察产业链上下游企业的需求,精准对接企业的创新需求,通过分享人工智能技术和资源,推动不同创新主体之间建立网络关系,相互嵌入、拓展合作,进而形成长期的业务合作关系。

进一步地,鉴于人工智能领域链条繁复,技术壁垒显著,应用场景多样,人工智能技术走向落地,产业间的协同创新及开放协作是不可或缺的驱动力,通过产业链合作,优化供应链管理和产品设计,可以提高生产和运营效率。此外,企业通过技术创新与合作推出更多的人工智能产品和服务,拓展市场份额和盈利空间。只有在产业链上实现优势互补、资源共享、信息共享和长期合作,才能共同推动人工智能技术的发展,提高整个产业链的竞争力和市场表现。

(1) 了解产业链上下游企业的需求。掌握其产品或服务特点、生产流程、供应链管理等信息,并洞察其在人工智能领域的投入和应用情况,为合作提供更多有针对性的支持和建议。

(2) 建立业务合作模式。通过与产业链上下游企业建立紧密的业务合作模式,共同推动人工智能技术的研发和应用。例如,与下游企业共同开发具有实际应用价值的人工智能产品和服务,或与上游企业共享自有技术和数据资源等。

(3) 分享技术和资源。通过人工智能技术和资源的共享,共同推进产业链上人工智能技术的发展,不断提升整个产业链的竞争力。例如,共享人工智能算法、数据分析工具、智能硬件等技术和资源。

(4)建立信息共享机制。通过与产业链上下游企业建立信息共享机制,共享市场需求、技术进展、产品和服务等信息,以更好地了解市场需求和趋势,为企业发展提供有力的支持和保障。

(5)建立长期合作关系。通过建立长期合作关系,形成稳定的业务合作模式和信任关系,为企业的长期发展提供有力的支持和保障。

(二)共生关系:构建创新生态系统

1. 创新生态系统的内涵

伴随信息科技的非线性变革发展,商品、要素、服务的跨国自由流动,企业、产业和国家的界限日益模糊,企业所面对的市场竞争环境更加动荡。企业正演变成一个包含供应商、渠道伙伴、服务提供商及竞争者的利益相关者网络。企业提供给顾客的不再只是单一的产品或服务,而是一揽子完全满足顾客需求的整体解决方案。

创新生态系统的研究源自生态系统理论,研究重点是开放创新,核心是价值创造。自 Moore(1993)提出"商业生态系统"的概念以来,到 Ander(2006)率先开展了"创新生态系统"的研究,由美国竞争力委员会首次明确提出了"创新生态系统"(Innovation Ecosystem)的概念后,创新管理研究范式开始转变,由关注系统中要素的构成向关注要素之间、系统与环境间的动态演进转变,旨在突出系统与其充满商业机会的动态环境共同进化的过程。

Moore(1993)指出创新生态系统用来描绘存在一系列相互交织关系的组织之间的价值创造和关系网络,创新生态系统将创新视作一个复杂的、由不同利益相关者驱动的过程(Adner,2010)。因此,本书参考 Iansiti(2004)、Dodson(2015)与 Adner(2017)等研究成果,将创新生态系统界定为具有互动需求的多边的、异质的参与者之间所建立的联盟结构,是由供应商、分销商、产品或服务制造商与技术提供方等共同构成的松散网络,其构建往往以一个核心企业或一个枢纽平台为中心,侧重于从互补性和依赖性的视角解释企业的战略选择与创新活动,进而实现系统整体愿景。

2. 人工智能时代的创新生态系统构建

随着人工智能技术在国家竞争与产业发展中的重要性不断提升,人工智能创新生态系统的构建与培育已成为产业界与学术界的热点议题。人工智能技术不仅推动生产力的快速发展,也带来生产关系的深刻变革,人工智能技术给企业技术创新及其创新体系带来颠覆式变革,正在重塑企业创新主体之间的关系。

人工智能通过数据驱动(Sjodin et al.,2021)、跨界融合(Petrescu et al.,2022)以及创新生态系统构建(丁玲等,2022;张治河等,2023)等方式不断推动企业的创新发展。对于企业来说,人工智能的核心要素在于算力、算法和数据。其中,专有的数据和场景是人工智能赋能的大前提,故企业不可能完全依赖第三方来发展人工智能,必须联合起来,既有外部的算力专家和算法专家,又有了解企业内部场景和应用数据的人员,共同进行抽象和挖掘,提炼出特有的行业属性,促进企业人工智能的深层应用。

因此,鉴于创新生态系统作为企业间通过价值共创,整合相对优势,打造一致性解决方案,实现互利共生的创新活动的组织模式(Adner,2006),企业之间通过构建创新生态系统形成共生关系,亦是人工智能时代企业间关系演变的重要趋势。企业应该建立创新生态系统,鼓励企业内部创新和创业,以支持人工智能技术的发展。同时,与政府、行业协会等建立合作关系,获得更多的政策支持和行业资源,共同推动人工智能产业的发展。

(1) 人工智能打破传统的时空壁垒与限制,促进不同创新主体之间的交流与合作,促使创新主体之间的关系呈现去中心化的特点。于是,企业之间不再单一依赖于核心企业的引领,任何开发者、合作企业等多元参与者在开源社区中能够自发组织、协作,形成多层次、全方位的交互网络。

(2) 人工智能实现了企业创新主体在复杂综合性真实场景中的共生、共创与共赢。在研发阶段,人工智能携手行业领域专家,共同构建丰富的知识库;在知识物化阶段,人工智能为其他创新主体提供全方位支持,促进不同主体间的协同合作,加速知识向产品或技术的转化过程;在商业化阶段,人工智能通过人机交互的方式,帮助其他创新主体精准捕获用户意图,推动产品迭代和优化,并简化开发流程,拓展应用场景的多样性,从而推动整个生态系统的持续繁荣。

(3) 场景驱动下的以企业为主导的人工智能创新生态系统的构建。鉴于人工智能科技领军企业的独特优势,具有人工智能技术自主研发能力、掌握大量一手真实数据、占据产业链和创新链的"龙头"或"链长"地位,现阶段,往往由龙头企业牵头,利用自身规模和资源优势,系统布局新型基础设施、工业互联网平台、关键共性技术等资金需求大、建设周期长的领域,引领产业链上下游企业间的协调与合作。

■ 小案例

原生鸿蒙：自主操作系统领航万物智联时代

华为依托人工智能计算产业打造鸿蒙生态，在分布式操作系统领域方面取得创新的应用和实践，诠释了人工智能如何影响创新生态系统。华为非常重视生态，一直定义自己为智能世界的"黑土地"，将 HarmonyOS 的基础能力全部捐献给开放原子开源基金会，形成 Open Harmony 开源项目，不断联结合作伙伴，建立创新生态系统与生态伙伴合作共赢，并且将人工智能与操作系统深度融合，实现全新的人机交互。

2024年10月22日，华为正式发布原生鸿蒙操作系统（HarmonyOS NEXT），作为我国首个实现全栈自研的终端操作系统，历经四代发展，拥有超过1.1亿行代码、675万注册开发者、逾10亿台生态设备、1.5万余个原生应用和元服务上架，覆盖办公、社交、娱乐等18个垂直领域，鸿蒙在中国智能终端市场的份额已经超过iOS成为第二大操作系统。

原生鸿蒙首次将人工智能与终端操作系统深度融合。通过软硬芯垂直整合，原生鸿蒙的原生智能系统架构从OS底层全面重构，人工智能能力深度融入到各子系统中，让智能体验无处不在，在盘古大模型加持下，小艺升级为智能体，可以实现主动智能服务。

操作系统成败关键在于生态，技术再强大，没有应用，形不成生态，操作系统也无法生存。

生态伙伴的积极响应和大力支持是原生鸿蒙生态快速成长的支撑。"只靠华为自己，是做不成鸿蒙的。"余承东在致辞中恳切致谢所有生态伙伴、开发者和消费者的鼎力支持。

"早在2023年11月，钉钉就率先启动鸿蒙原生应用开发。"钉钉CTO程操红透露，众多政企客户及行业领军企业对于钉钉鸿蒙原生开发的需求非常迫切。钉钉有三种应用形态，六大平台，覆盖八类终端设备场景，按照常规方式，重写至少需要上百个人一年工作量，而得益于鸿蒙的一多框架，实现一次开发多端部署，开发周期缩短40%，才把众多不可能变为可能。

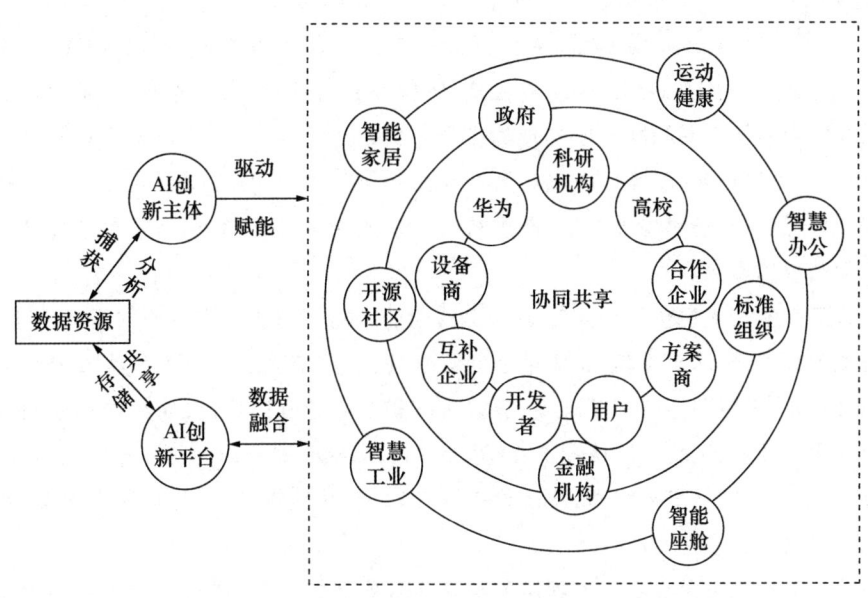

图 4-8　鸿蒙商业化阶段创新生态系统构建模型

在金山办公高级副总裁毕晓存看来,原生鸿蒙不仅打开了全新的商业市场机会,更为用户带来了焕然一新的办公体验。借助原生鸿蒙全场景协同能力,WPS 可根据不同硬件产品优势实现更为高效的跨端协作,比如在平板上轻松调用手机图库,仿佛在同一台设备上操作,办公便捷性显著提升。

余承东说:"我们都是鸿蒙的时代合伙人,创造了了不起的鸿蒙速度。我们也呼吁更多的伙伴、消费者支持和拥抱原生鸿蒙。我们坚信,鸿蒙必将成为全球消费者喜爱的操作系统和生态家园。原生鸿蒙为全球相关产业发展提供了新的选择和市场空间,作为一个开放、安全、高效的操作系统,其未来的发展空间将不可限量。"

资料来源:沈志峰,等.人工智能参与下的创新生态系统构建[J].科研管理,2024,45(10):13.吴蔚.原生鸿蒙:自主操作系统领航万物智联时代[N].经济参考报,2024-10-28(8).

本 章 小 结

组织市场是指工商企业为从事生产、销售等经营活动,以及政府、非营利组织为履行职责而购买产品和服务所构成的市场。依据组织类型,组织市场可划分为生产者市场、中间商市场、政府市场与非营利组织市场四类。组织市场是企业面对的重要市场,基于组织市场的规模特征、需求特征与购买特征,人工智能为组织市场营销带来了颠覆性的影响。

人工智能技术重塑了企业市场知识管理的范畴与方式。在客户知识管理上,提供智能化分析、预测与推荐,在竞争者知识管理上,赋能企业进行竞争格局分析与市场机会挖掘,在跨部门知识管理上,有效地打破数据孤岛。由此,组织市场应用人工智能的需求凸显,呈现出应用人工智能技术的四个核心需求,分别是:降低人力成本,提升生产效率;助力安全管理,减少设备故障率;智能数据管理,优化管理决策;智能化知识管理,创新业务方式。

组织购买是正规组织为了满足购买产品或服务的需要,在可供选择的品牌及供应商之间进行识别、评价和挑选的决策过程。组织购买过程包括识别问题、说明需求、明确产品规格、寻找供应商、征求供应商建议书、选择供应商、签订合同与购后评价八个环节。人工智能技术在上述组织购买过程中,通过构建需求分析与预测模型、智能匹配最合适供应商、科学决策支持、合同管理智能化与风险控制赋能组织购买过程。人工智能技术已成为组织购买决策制定过程中的重要工具和资源,主要通过数据驱动决策、自动化与智能化采购流程和实时决策支持影响组织购买决策。

人工智能技术快速发展,为公司间关系演进提供了新思路。人工智能技术对公司间关系的影响主要体现在促进跨公司合作、改变市场竞争格局、推动行业标准化与优化供应链管理四个方面。以人工智能为代表的新一轮数字技术的快速发展,打破了企业间的地理空间限制和传统行业壁垒,为商品和要素的跨区域、跨组织流动提供新的机制,促使人工智能时代公司间关系呈现出产业链协同与创新生态系统构建两个主要发展趋势。

关键名词

组织市场　市场知识　市场知识管理　组织市场人工智能需求　组织购买
组织购买决策　智能决策支持　产业链协同　创新生态系统

思考题

1. 如何融合人工智能技术与企业市场知识管理?
2. 组织市场应用人工智能技术的具体需求有哪些?
3. 人工智能时代组织购买过程呈现出哪些新特征?
4. 人工智能如何改变组织购买过程?
5. 结合实例,谈谈人工智能如何影响组织购买决策。
6. 谈谈你对人工智能时代的公司间关系演进的认识。

案例讨论

本章实训

即测即练
(请先扫封底总码)

第五章
人工智能时代的消费者市场

本章学习目标

1. 掌握消费者市场中客户管理和客户价值相关知识，了解人工智能助力企业客户管理和提升客户价值的方式方法。
2. 了解人工智能对消费者心理和行为的影响，掌握数字消费者的分类和特征。
3. 了解消费者对人工智能技术的态度和人工智能的发展方向。

用人工智能赋能博物馆

博物馆作为文化传承的重要阵地,承担着展示历史、传播知识和保护文物的使命。然而,随着观众期望的变化和科技的迅猛发展,传统的博物馆运营模式面临挑战。如何在保护文化遗产的基础上,通过现代科技提升观展体验,成为博物馆需要解决的核心问题。在此背景下,人工智能正逐步融入博物馆的日常运营,为文化机构的数字化转型带来了全新机遇。

上海博物馆推出人工智能导览,不仅能帮观众规划游览路线,还可以根据观众的兴趣做个性化推荐。通过大模型训练,数字人导览员在为观众提供更为丰富的文化知识的同时,以双向交互的方式给观众更为新奇的体验,观众可以随时提问,数字人会迅速给出准确而详细的回答。

中国国家博物馆通过与科技公司合作,打造了一个基于人工智能和虚拟现实(VR)技术的虚拟展览平台。在这个平台上,观众不仅可以参观经典的展览内容,还能通过人工智能交互功能获得个性化的展品介绍。平台上的展品以三维模型的形式呈现,观众可以360度旋转、放大查看每一个细节,甚至还能通过AI语音助手了解更多相关背景知识。

在疫情期间,许多博物馆推出了线上虚拟展览。观众可以通过电脑或手机进入虚拟展厅,欣赏文物的3D模型,了解文物的历史背景和文化价值。一些虚拟展览还设置了互动环节,观众可以通过点击、拖拽等操作,与文物进行互动,增加了参观的趣味性和参与感。

人工智能技术正在为博物馆注入新的活力,推动其从传统的静态展示走向更加智能化、互动化的未来。通过人工智能的赋能,博物馆不仅能够提升运营效率,还能为观众带来更加丰富的文化体验。未来,随着AI技术的不断发展,博物馆将进一步打破时空的限制,成为历史与未来对话的重要场所。

资料来源:《AI技术与博物馆:从历史传承到智能体验的未来之路》,https://mp.weixin.qq.com/s/FFRhevDKwLUZCRq2Zk8k2A。

本章知识结构图

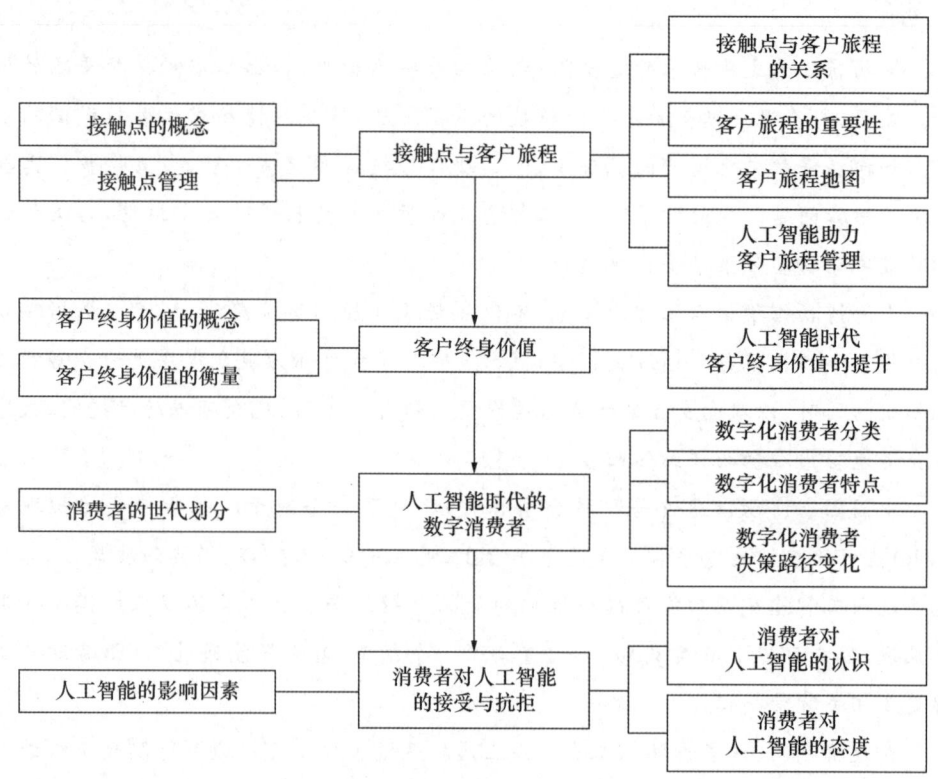

做好用户体验感中的关键接触点,就抓住了大部分客户的需求点和青睐点。而利用人工智能技术丰富客户体验,就能获得客户认可,为客户打造独特且满意的消费感受,还为企业提供潜在的创新机会,增强市场竞争力。

第一节　接触点与客户旅程

一、与客户的每一次遇见:接触点

(一)什么是接触点

引例中品牌与客户接触的关键时刻,是决定企业能否成功的最重要时刻。但在客户发生购买行为的过程中,除了关键时刻外,还会与企业发生很多次接触。客户在与企业发生联系的过程中的一切沟通与互动点便是接触点(Touchpoint)。克里斯·里斯顿（Chris Risdon）将接触点定义为交互的情境,他指出,接触点是在特定时间、特定地点、特定人群的交互点。顾客经年累月基于他们在接触点上的体验而形成对产品、品牌乃至企业的认知。正是这种可能是积极也可能是消极的主观、情感化的评价,直接影响到品牌、企业在客户心中的印象,最终决定客户能否成为企业的忠诚用户。

（二）接触点有哪些分类

里斯顿将接触点分为静态触点、交互触点和人类触点。静态触点不允许用户与其进行交互,如电子邮件、广告等。交互触点允许用户与其产生交互行为,如在网站和应用程序中进行在线聊天。人类触点涉及人与人之间的交互,如面对面销售。

另外,其他学者将企业与客户的接触点分为人员接触和非人员接触两种类型。其中,人员接触又可分为直接人员接触和间接人员接触。直接人员接触是客户与企业的工作人员进行面对面的接触和交流的方式。间接人员接触是客户与企业工作人员通过电话、即时通信工具等沟通媒介来进行的接触和交流方式。

随着技术的发展和人力成本的提高,非人员接触逐渐成为企业传递客户价值的一种重要方式。非人员接触主要是通过文字、符号和设备等来实现的,如信用卡、自动取款机和自动售货机等就属于非人员接触的设备,互联网的出现和普及也为企业提供了更为有效的非人员接触的形式。

（三）为什么要重视接触点管理

客户接触点是品牌价值传递的渠道,是有效管理客户的手段。做好客户接触点的管理能够有效帮助企业提高对客户体验的把控能力,形成良好的口碑,降低企业的经营风险,给企业带来更高的满意度、忠诚度和更大的回报。

随着技术的发展和竞争的加剧,企业与客户的接触点越来越多,从最初的面对面接触到现在通过专业网站、电子邮件等方式接触,极大地方便了企业与客户的联系,但也给客户接触点的管理与整合带来了一定的难度。于是,在众多的接触点中选择最优的组合,成为企业增强客户体验效果、获取竞争优势的一个重要方面。

（四）人工智能如何助力企业接触点管理

如今,人工智能正逐渐走进消费者的生活,引入人工智能可以让客户与企业的接触变得更加高效便捷,并减少过程中产生的摩擦。以保险为例,保险就像安全带,随着社会的进步和人们保险意识的提高,越来越多的人开始注重购买保险。但因保险种类繁多,其投保核保理赔过程也十分复杂,因此,保险公司将公司与客户的接触分为"公司触达客户""公司与客户进行沟通""确定客户产品需求""客户购买保险产品""公司维系老客户"等重要节点。而在这些过程中,人工智能和大数据分析可以帮助保险公司精准投放触达,推广其保险业务与产品,强化目标人群对相应产品的认知,促进产品的销售转化,并通过人工智能回访的方式维系公司的老客户。保险行业接触点分析如图5-1所示。

图5-1 保险行业接触点分析

接下来,以催米AI和平安保险公司为例,具体介绍人工智能如何助力公司的接触点的管理。

在保险公司触达客户的过程中,人工智能可以助力传播目标拆分及人群细化。催米AI通过与保险公司及保险经纪公司的初步沟通,筛选出对应的适合投放的产品并测算目标群体的标签。催米AI结合营销大数据平台以往的金融行业综合服务经验,提出目标群体的标签优化建议,并针对该目标群体进一步判断产品的适用性,通过采集用户静态信息(性别、地域、职业、消费等级)和动态信息(网页浏览行为、购买行为),给用户打上标签(兴趣、偏好、需求等)和指数(兴趣程度、需求程度、购买概率),最后将标签综合起来,针对特定的群体投放不同的保险产品。通过第一批的产品和对应标签的分析,制定具有针对性的触达方式和触达时间段,并建立反馈结果的同步收集、整理和调优机制,实时调优第二次的触达投放,保障整体运营数据的时效性。

在保险公司与客户沟通并进一步确定需求的过程中,人工智能可以助力销售员实现精准营销。通过第一批原始数据的积累,针对已经转化或正在转化池的用户,催米智能语音机器人可快速针对大量数据进行清洗,解决其中的类似标签和信息缺失的相关问题,并可针对其感兴趣的产品进行多次信息的有效触达,极大缩短传统人工团队在数据跟进时的长线作战过程。与此同时,平安保险公司还推出智能保顾帮助确定客户需求,推荐产品。假设客户询问"什么是重疾险""重疾险的涵盖范围",智能保顾能作出专业指导,并给出保险配置建议,帮助客户优化购买决策。在此基础上,机器人逐步升级成为平安金管家App用户的个人金融生活的智能助理,能够解答专业的保险问题,能够办理复杂的保险业务,还能够智能识别顾客的兴趣点与需求点,成为一个智能生活助手。

在保险公司维系老客户的过程中,人工智能可以助力公司售后,提高客户黏性。催米AI为保险机构提供电话营销、客户回访、智能客服等不同场景的智能语音服务,助力企业的新老客户营销。传统的人工智能语音电销机器人可以简单地完成电销询问、访谈统计等工作;而催米智能语音机器人结合了催米智能语音标签系统,可根据用户语音交互的通话提供多次分析并自动贴标签,通过多次的优化提升,获得最精准的动态实时的客户标签,从而帮助企业根据最新的标签进行分类,制定最佳的"沉睡客户"唤醒策略,帮助保险公司用更低的成本实现更高的产出。

二、把接触点连成一条线:客户旅程

客户与企业产生的每一次接触,都会影响到客户对企业的满意度,把所有的接触点连接起来,就构成了客户旅程。客户旅程是在客户生命周期里离散的经历的集合,单纯衡量某一个接触点的客户满意度并不够,还需要关注客户在整段旅程中的体验。

客户旅程被定义为服务周期各个阶段的持续客户体验。Anton 等(2020)的研究将其从单个服务周期的短期客户体验划分到跨多个服务周期的长期客户体验。第一个服务周期中的客户体验与重复服务周期中的客户体验不同,后续服务周期的客户体验往往建立在先前服务周期的经验之上,最后几个服务周期的旅程模式也可能与以前的服务周期不同。客户体验之旅总体分为三阶段,即初始服务周期、后续服务周期、终止服务周期。

创造极佳的客户体验并不是简单对单个接触点进行优化,而是要思考如何将接触点整合成统一整体,让客户在整段旅程中都获得良好的体验。

客户旅程之所以重要,不仅是因为良好的体验能促进购买行为的产生,更重要的是它将带来客户对企业的信任感,这种信任感是客户与企业之间的黏合剂,使客户在企业出现了小失误时仍能对其有信心、愿意继续支持该企业。这才是企业使用客户旅程来改善客户体验的终极意义。在这个终极意义之下,客户旅程对于企业日常运营的意义则体现在以下三个方面:

(1)优化产品、改善流程。帮助企业从客户的角度深入了解容易被忽视的客户需求、感受、体验以及方式,从而客观地了解自己的产品或服务在各个阶段的优劣势,以便优化产品、改进服务流程。

(2)提高执行效率。由于客户旅程是对真实情境的再现,这就使得团队能够换位思考,了解客户所经历的过程及体验,从而在工作的过程中更能产生同理心,使客户的心声能得到正确的传递和采纳。

(3)提高沟通效率。客户旅程提供了对客户需求与客户感受的细致描述,为企业设计与客户的沟通提供了参考;另外,企业内部沟通时,只需一张旅程图(而不是

一堆文字)便能说明相关的所有问题,简单明了,有助于提高企业内部的沟通效率。

■ 小案例

小米的 5A 顾客消费路径

小米以其高效的客户服务响应机制著称,通过社交媒体、论坛、App 内置客服等多个渠道确保了用户问题能够被迅速捕捉并处理。除此以外,小米还建立了用户反馈的快速响应机制,不断迭代产品,体现了问题解决效率与持续改进的双重优势。对于其为消费者打造的良好客户体验,可以借用 5A 顾客消费模型进行解析。

第一,从认知角度,小米通过线上线下的全方位营销手段,提高品牌和产品的认知度。在线上,小米利用微博、微信、抖音等社交媒体平台发布产品信息、技术解读、新品预告等内容,吸引了大量科技爱好者和年轻消费者的关注;在线下,小米之家在全国各大城市开设了众多门店,通过门店展示、路演活动等方式,让消费者近距离接触和体验小米产品。

第二,从吸引角度,小米以其高性价比的产品定位、创新的科技应用以及丰富的智能生态产品吸引消费者。小米的智能手机在性能配置上与高端品牌不相上下,但价格却更为亲民,满足了消费者对性价比的追求;同时,小米还不断推出如小米手环、小米空气净化器、小米智能音箱等智能硬件产品,构建了一个互联互通的智能生活生态,为消费者提供了更加便捷、智能的生活体验。

第三,从询问角度,消费者在对小米产品产生兴趣后,可以通过小米官网、小米之家门店、客服热线以及线上社区等渠道,详细了解产品的参数、功能、价格、售后保障等信息。小米官网提供了详细的产品介绍和用户评价,方便消费者进行比较和参考;小米之家的销售人员则为消费者提供专业的产品讲解和试用体验;而小米的线上社区则是用户交流和获取产品信息的重要平台,消费者可以在这里与其他用户互动,了解产品的实际使用情况。

第四,从行动角度,小米通过线上的小米商城、京东、天猫等电商平台以及线下的小米之家门店,为消费者提供了便捷的购买渠道。此外,小米还会在新品上市期间推出限时抢购、预订优惠等活动,激发消费者的购买欲望。同时,小米的售后服务也较为完善,包括 7 天无理由退货、15 天换货、一年质保等,让消费者购买更加放心。

第五,从用户角度,小米拥有庞大的粉丝群体,许多消费者在使用小米产品后,会因为其良好的产品体验和性价比优势,成为小米品牌的忠实拥护者。他们会在社交媒体、论坛等平台上积极分享自己的使用心得和评测报告,为小米产品进行口碑传播。此外,小米还通过举办米粉节、新品发布会粉丝专场等活动,增强与粉丝的互动和情感连接,进一步巩固了粉丝的忠诚度。

资料来源:《营销必学!以小米为例详解5A顾客消费路径》,https://mp.weixin.qq.com/s/SRd-WxJB5SbTXtshD9e83EQ。

三、形象化展示,由线变图:客户旅程图

人们通常借助客户旅程图来进行客户旅程的分析。詹姆斯·卡尔巴赫(James Kalbach)认为,客户旅程图的基本构成要素包括客户旅程、客户行为、目标、情感、痛点、接触点、关键时刻(相对重要的接触点)、满意度和改进的机会等。

现代的客户旅程图是在20世纪中期出现的。杰出的客户体验专家布鲁斯·特姆金(Bruce Temkin)是客户旅程图的早期倡导者之一,他极大地推进了它们在美国的使用。他将客户旅程图定义为"视觉描述客户的流程、需求以及看法,贯穿他们与公司的关系的文档"。同时,他也指出了客户旅程图的意义:公司需要使用工具和流程以加强对实际客户需求的理解,而该领域的关键工具之一就是客户旅程图。使用得当的话,这些图能将公司由内而外的观点转变成由外而内的。

所谓客户旅程图,顾名思义,就是以图形的方式直观地再现客户与企业品牌、产品或服务产生关系的全过程(而非某一个节点),并反映过程中客户的需求、体验和感受。这种关系可以发生在采购、使用产品的过程中,也可以发生于上网体验、零售体验或服务体验的过程中,还可以是以上几者的综合体验过程。全过程是指从一个客户接触到某公司广告开始,到咨询、比较、购买、使用、分享使用体验,最后以升级、更换或选择其他品牌的产品结束。由于这个过程包含很多个客户与企业的触点和真实的情境,因此,客户旅程图也被称作"触点地图"或"真实瞬间地图"。

下面使用Forrester五步法的框架来展示客户旅程图的制作流程(见图5-2)。

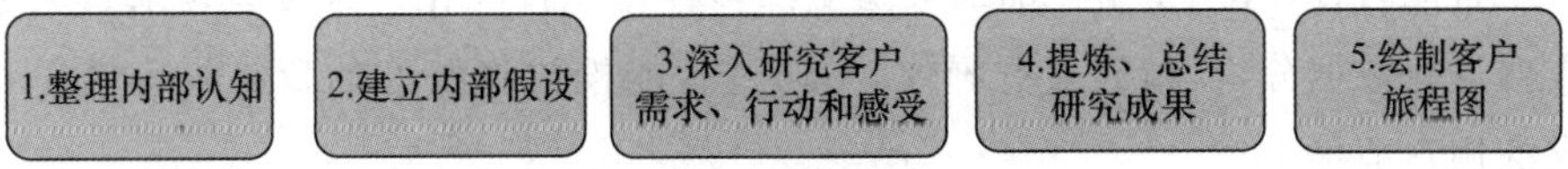

| 1.整理内部认知 | 2.建立内部假设 | 3.深入研究客户需求、行动和感受 | 4.提炼、总结研究成果 | 5.绘制客户旅程图 |

图5-2 客户旅程图制作步骤

资料来源:根据Forrester Research公司研究报告整理。

■ 人物介绍

SAP 客户体验全球总裁安睿山

在思爱普（SAP）工作的 13 年里，安睿山担任 SAP CEO 孟鼎铭先生的幕僚长，他还在上海负责过 SAP 中国发展计划。作为一个出生在香港的德国人，安睿山对中国有着深厚的感情。目前，安睿山先生负责领导 SAP 客户体验业务。在他的带领下，SAP 这套集成的客户体验解决方案，于 2018 年 6 月正式推出，标志着 SAP 在革新客户关系管理（CRM）市场迈出了战略性一步。

安睿山表示 SAP 的创新紧密围绕着客户所需。如今，客户希望对他们的客户拥有一个单一视图，打通他们的客户体验和供应链，帮助他们的客户保护数据安全，这些都是 SAP 不断创新的驱动力。因为 SAP 现在拥有最大的客户数据云，可以帮助客户为他们的客户开发单一视图。SAP C/4HANA 是一个可以真正实现前端和后端业务无缝互联的系统。通过这一系统，客户可以更好地保护他们客户的数据安全。SAP 基于当今客户的需求来进行解决方案的创新。现在企业的需求已经改变，他们不想局限于管理销售团队，而是希望为他们的客户提供高质量的个性化体验。SAP 是唯一一家打通客户需求链和供应链的公司。

资料来源：《SAP 客户体验全球总裁安睿山：SAP 是唯一一家打通客户需求链和供应链的公司》，https://mp.weixin.qq.com/s/Cm3oNJggt_vsjB6RLGadKw。

四、人工智能助力客户旅程管理

在人工智能时代，越来越多的企业开始关注客户旅程。以网络销售为例，客户旅程主要分为三个部分：售前阶段、售中阶段和售后阶段。

在售前阶段，客户主要通过电视广告或者纸质传单等方式了解产品，但这类方式存在受众范围有限、无法精确统计受众人数、互动性较差、成本高等不足之处。而在人工智能时代，客户了解产品的渠道更加多样化和智能化。人工智能通过大数据对人群进行数据分析，精确人群画像，再通过智能投放将精准的营销内容推送到有需求的用户那里。

在售中阶段，人工智能助力客户旅程的作用更加明显，现在市面上涌现了大量的 SCRM 软件，从添加销售人员进行聊天，到确定顾客需求，下单行为跟进直至最后的成交，都逐渐智能化。企业客户在添加客户微信之初，就会通过提前准备好的智能话术进行自动回复；之后则会进一步根据客户浏览的销售人员及朋友圈记录，了解客户的偏好,再由大数据分析推断客户的需求,最后进行定点营销。

在售后阶段,人工智能会帮助企业根据客户购买记录自动进行回访,并对不同的客户进行后续差异化的营销方案。例如,对那些已经在公司购买过产品的客户,就会安排客服对他进行更高频率的推销;在公司推出新产品时,老客户就会成为重点关注的对象等。

■ 小案例

探马 SCRM

1. 故事背景

A公司的主营产品为化妆品,目前A公司想通过设置一个抽奖活动来增加客户数量,同时更有针对性地营销各类产品。

2. 步骤

第一步:A公司先制作一张海报,上面标明了抽奖形式(如扫描二维码,添加客服即可参与抽奖;转发即可增加中奖概率),随后将海报展示在各大平台(如微信公众号、抖音、微博、快手等)。

第二步:通过在不同平台的海报展示,消费者知道了这一抽奖信息,纷纷添加客服。

第三步:客服乘机给客户展示本公司产品,并根据不同客户有针对性地销售不同品类的化妆品。

第四步:等抽奖活动结束后,A公司统计客户增加数量及客户类别,随后将不同类别的客户交予公司员工对接,并定期考核销售情况。

第五步:针对不同类型的客户,A公司也配套采取不同形式的回访。

3. 探马在这个过程中能做什么

第一步(统计后台数据):探马可以统计不同平台中分别获得的客户数量,如A公司将海报发布于四个不同的平台,结果显示,微信公众号上知道此次抽奖活动并添加客服的人数最多,因此公司可以得出结论——微信公众号这一平台上投放广告效果最好,在后续的营销中可以增加微信公众号的广告投放量。同时,公司也可以根据转发抽奖的情况,识别出影响力较为广泛的宣传者。

第二步(客户分类):在消费者添加客服的过程中,探马可以自动给消费者打上标签(消费者是从哪个渠道知道的、消费者浏览海报的时长、消费者在浏览过程中点击何种化妆品频率最高等),并对消费者进行分类。

第三步(自动回复,定点营销):客服在添加消费者后,探马可以自动回复(提前总结好优质营销话术,消费者一添加,立马回复),同时针对第二步获得的信息,给消费者推销有针对性的产品(如发现消费者在观看抽奖活动时,对于口红这类产品浏览的时长最多,点击的频率最高,那么,添加客服后,客服可以有针对性地推销口红);同时,探马也可以统一规范地编辑客服人员的朋友圈,后台统计消费者对哪一产品的关注量最多。

第四步(反思总结,考核员工):在抽奖活动结束后,探马可以统计此次活动增加的客户数量和客户类别,从而形成对整个活动的总结,对比不同营销活动所形成的客户的变化。随后利用探马进行员工考核,比如口红的潜在购买者分给一个员工,面膜的潜在购买者分给另一个员工。时刻监督员工在交流过程中是否出现不合适的言语(提前设置,自动检索),员工是否按时完成了销量。

第五步(分类):探马可以针对不同类型的客户(如已发生过购买活动和未发生过购买活动)进行分类标签,然后再让员工对不同的客户进行后续差异化的营销方案。如已经在该公司购买过产品的客户,公司可以安排客服对其进行更高频率的推销,在公司推出新产品时,老客户成为重点关注的对象。

资料来源:https://www.tanmarket.cn/。

第二节 客户终身价值

■ **小案例**

商贩的智慧

假设我们开了一家饭店,每天都要去菜市场买菜买肉,而菜市场的商贩主要分为两种类型:

商贩A是我们要10斤的肉,他切12斤。当我们说只要10斤肉的时候他会力劝我们多买2斤,说2斤也没多少。最后虽然我们买了12斤肉,但是感觉他占了我们便宜,下次不想再到这家来买。

商贩B会切10斤肉后再多切几两肉免费赠送给我们。结果大家也可以想到,以后我们都是在这家商贩买肉,除非他家的肉都卖光了才会考虑到别家去买。

现在来做一个简单的计算,假如1斤肉的成本是10元,售价是12元,商贩A多卖了2斤肉,商贩B赠送了3两肉的话。那么:

商贩 A 的单次收益为(12 元－10 元)＊12 斤＝24 元；

商贩 B 的单次收益为(12 元－10 元)＊10 斤－10 元＊0.3 斤＝17 元

如果只关注单次的收益,那么明显是商贩 A 获得了较大的收益。但是由于饭店每天都要买肉,如果买 n 天的话,商贩 B 的收益其实是 17 元＊n。如果以年为单位来计算的话,那么对于饭店这一个顾客来讲,商贩 B 的收益是 17 元＊365＝6205 元。

商贩 B 一个客户的年收入就超出了商贩 A 6000 多元,如果有几十个这样的客户,那就是一年的收益差距就高达十几万元。

资料来源：《解析｜客户终生价值(CLV)定义、意义和提高方法》,https://www.sohu.com/a/335348830_403907。

一、客户价值的概念与分类

目前,国内外的研究者们主要从三个不同的角度对"客户价值"进行了定义,分别是：以客户为价值感受主体、以企业为价值感受主体以及以企业和客户互为价值感受主体和客体(赵萌、齐佳音,2014)。

(1) 以客户为价值感受主体。客户在权衡比较自己获取产品或服务时所付出的成本与自己感知到的利益后对产品或服务所作出的总体评价,通常也被称为客户感知价值。这种客户价值衡量了企业提供给客户的消费者剩余的大小,客户通过比较不同的企业所提供的消费者剩余,作出购买决策。

(2) 以企业为价值感受主体。客户对企业的价值,我们可以把它理解为每个购买者在未来可能为企业带来的收益总和(也叫作客户终身价值),这种客户价值评估了客户对企业的重要性,有利于企业在长期盈利最大化的目标下为客户提供优质的产品或服务。在这种客户价值导向下,吸引新客户和保留老客户是企业的核心目标。

(3) 以企业和客户互为价值感受主体和客体。这种客户价值的研究也被称为客户价值交换研究,是一个较为新颖的领域。目前相关研究还停留在概念阶段,有价值和有影响力的研究成果较少。

二、什么是客户终身价值

客户终身价值(Customer Lifetime Value)最早被应用在直复营销领域,原因是客户终身价值的预测需要完整的历史交易数据来追踪和理解客户行为,而直复营销领域是最早拥有比较完整客户数据库的一个领域。目前,客户终身价值正越来越多地被应用到一般的营销领域,因为随着IT技术的迅速发展,许多公司开始拥有越来越完整的包括交易数据在内的客户数据,过去难以实现的对客户行为的追踪和理解在互联网的帮助下成为可能。

客户终身价值既包括历史价值,又包括未来价值,它会随着时间的推移而增长。计算客户所带来的收益应该包括初期购买行为给企业所带来的收益与客户重复购买带来的收益。因此,对于企业来说,相较于在意客户一次花多少钱,购买了多少产品或者服务,考虑他们一生能够给企业带来多少财富才是更有价值的。客户终身价值如图5-3所示。

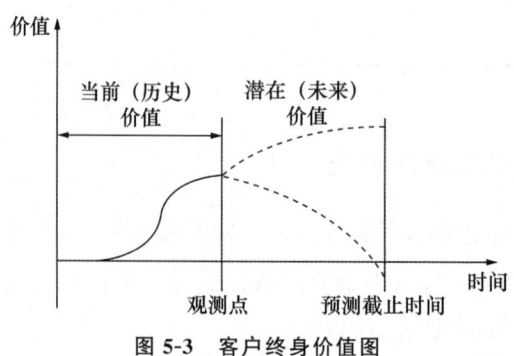

图 5-3 客户终身价值图

挖掘客户终身价值需要深化一种理念:与客户单笔交易的完成,并不是合作关系的终结,而是另一个开始。一方面,越忠诚的客户对价格的敏感度越低,很容易产生重复购买行为,并且能为企业新客户的开发工作带来口碑效应。另一方面,维系现有老客户比开发新客户的成本要低得多;通常情况下,老客户对企业的贡献率也要比新客户高得多。

三、如何衡量客户终身价值:RFM 模型

RFM模型是衡量客户价值和客户创利能力的重要工具和手段。它最初是由亚瑟·休斯(Arthur Hughes)提出的,曾被广泛应用于直销领域。它包括三个变量:最近一次消费(Recency)、消费频率(Frequency)以及消费金额(Monetary)。

在众多的客户关系管理(CRM)的分析模式中,RFM模型被应用得最为广泛。该模型通过一个客户的近期购买行为、购买的总体频率以及花了多少钱三项指标来描述该客户的价值状况。

四、人工智能时代如何提升客户终身价值

客户关系管理是以客户为中心的,包括销售、市场营销和客户服务的自动化企业业务流程管理,它会通过改进和提高客户满意度来提高企业的经营效率和盈利能力,最终提升客户终身价值。

在人工智能时代,以银行为例,人工智能具体能帮助银行做些什么呢?

1. 客户申请信用卡阶段:人工智能智能判断

机器学习和大数据挖掘方法可以为商业银行提供更精确的客户关系管理,如果遇到新客户申请信用卡、申请贷款等问题时,商业银行可与大数据公司形成长期合作伙伴关系,以极低的成本获取客户出行、交易等习惯,运用机器学习分类方法对客户进行信用评分,从而更准确地得出是否批准申请的结论。商业银行自身也可通过爬虫技术进行社交网络挖掘,获取新客户在社交网络上的信息进行信用评分,这样做可以在信息不对称情况下有效降低新客户给商业银行带来的道德风险。

2. 挖掘客户潜在购买力:利用人工智能化被动为主动

银行可利用其移动银行业务,通过比较分析找出客户人口特征(性别、年龄、教育、职业、收入等)与移动银行服务之间的内在关系,再利用机器学习分类方法和决策树方法进行预测分析,这样可以帮助银行完善其移动银行功能或提供针对性产品来吸引新客户或增加老客户使用频率。商业银行可以使用大数据分析技术来支持他们的商业智能,通过实时商业智能,商业银行可以识别出最具挖掘价值的客户,并与客户个人产生接触,从而实现更好的客户体验。

3. 维系现有客户:人工智能动态沟通

我们可以将聚类分析运用到客户沟通中,并通过人工智能代理技术帮助用户选择最好的服务并进行反复沟通,具体表现为:分析用户的职业并总结大致特征,存储并更新用户相关偏好,在服务等级规范参数中翻译用户请求并与服务提供商沟通所需的高质量服务,同时对实时质量进行监测,将其与沟通结果进行比较,获取用户在决策中的替代信息。除此以外,人工智能可提供一周 7 天、每天 24 小时的客户服务与交互,快速解答客户问题,特别是针对突发事件、海外客户等场景。

4. 服务质量提升:人工智能投资顾问

商业银行客户普遍缺少充足的金融知识储备,或虽掌握金融知识但没有足够的闲暇时间。传统的投资理财顾问通过一对一方式针对高净值客户提供全面、优质的投资建议服务,但此种形式成本高、局限性大。现阶段,人工智能可为商业银行提供智能理财顾问服务,智能理财顾问能够通过大数据技术获取个人用户的风险偏好及

变化规律,结合算法模型为客户制定个性化的资产配置方案,同时利用互联网对用户的资产配置方案进行实时跟踪调整,不追求忽视风险的高收益,在用户可以承受的风险范围内实现收益最大化。同时,人工智能可识别潜在风险因素,依照顾客的资产配置要求提升配置方案的处理效率与准确率。这种智能形式具有高效便捷、配置多元化、服务优质化、低金额门槛、低费率等特征,在降低成本提高效率的同时也较好地满足了用户投资理财的需求。

5. 留住老客户:大数据智能分析预测

传统应对客户流失的手段包括盯住大客户进行维护、强化理财经理和客户间的人情关系、采用短信等方式对客户进行挽留和宣传,甚至提高客户在商业银行间的转换成本等。如今,商业银行可利用逻辑回归、决策树、支持向量机、神经网络等新方法主动出击,更精准地预测客户流失概率,并对相应超过客户流失概率阈值的客户实行定制化客户挽留措施。相比之下,商业银行通过先进的数据分析方法能化被动为主动,并且大幅减少客户维护成本。

第三节　线上生活化的消费者

■ 小案例

李扬的一天

李扬在一家互联网公司工作,公司坐班时间是早上10点到晚上6点。

早上8点半,李扬被天猫精灵唤醒,因为他在前一晚用语音告诉天猫精灵要在这个时候叫他起床。醒来后他快速地换好衣服,进行洗漱,8点45分准时从家门口取回昨晚预约的外卖早餐,伴着新闻App开启了他新一天的生活。吃完早餐,大约9点,李扬驾驶智能汽车前往公司,车载智能助手会提前设定好方向盘和车内的温度、自动调节座椅靠背,营造最好的驾驶环境。尽管路程较远,但智能驾驶系统能够帮忙筛选最畅通的道路,避免拥堵,整个车程约40分钟。9点50分左右,李扬到达公司,在进行人脸识别打卡后前往工位,打开电脑开始工作。

李扬工作的第一件事是处理企业内部邮箱的工作邮件和其他邮箱账号里的邮件。由于李扬的工作需要掌握互联网时事热点,所以在处理完邮件后,他便开始浏览哔哩哔哩、抖音、小红书、微博等热门平台,并进行记录,收集素材提供给公司其他部门。

下午1点，李扬有一个半小时的午休时间，他喜欢在食堂用餐后与部门同事一起组队在休息室体验几盘VR体感游戏。和朋友们的娱乐互动让李扬的精神得到了放松。下午的工作依旧是高频浏览各主流软件。在这个过程中，网页上的智能助手能够辅助进行信息的整合分析和初步的内容识别，帮助李扬提高工作效率，减少工作压力。每天下午5点30分，李扬会参加全国各分公司同部门召开的远程视频会议，整理汇报当日的工作完成情况。

晚上6点，公司坐班时间结束，李扬打卡下班回家。自从李扬去年"双11"在天猫购入了自动炒菜机、自动洗碗机等一系列智能家电后，李扬便爱上了回家自己做晚餐。下班路上李扬到指定地点取回自己在社区买菜App上预定的食材，准备回家做晚餐。在做饭过程中，李扬喜欢用App学习英语，与人工智能助手进行实时英语对话给自己的精神加餐。

8点半，在吃完晚饭并进行洗漱后，李扬通常会跟父母进行半小时的视频通话，之后通常还会再进行1—2小时的工作。大约晚上11点，李扬打开音频App，伴着说书声入睡。到了11点30分，说书声自动停止，智能空调调节了房间内的温度和湿度，营造出最佳睡眠环境，房间中只听到李扬熟睡的呼吸声。

接下来，让我们做一个简单的小测试：

第1题：您是否抵制数字产品、数字技术、数字文化等数字时代产物？

A. 是（选择答案C）

B. 否（跳转至第2题）

第2题：您出生年份是？

A. 1985年后（选择答案A）

B. 1985年前（选择答案B）

答案A—C对应不同的人群。A对应数字原住民；B对应数字移民；C对应数字难民。那么，你知道这三种数字时代的人群都具有哪些特征？根据上面案例所描述的内容，你觉得李扬属于三类人群中的哪一类？

资料来源：自编案例。

一、数字原住民、数字移民、数字难民的概念

"数字原住民"（Digital Natives）、"数字移民"（Digital Immigrants）和"数字难民"（Digital Refugees）是三个相辅相成的概念。这三个概念构成了按人类数字鸿沟（Digital Divide）所划分的数字时代。

数字鸿沟，简单来说是指信息富有者与信息贫困者之间的鸿沟，有时候也被称为"信息鸿沟"，这是由于人们所属国家、人群阶层的不同所形成的。数字鸿沟包含三个层面：接入沟、使用沟和知识沟。一般表现在年长一代和年轻一代在新媒体采纳比率、使用程度以及借助新媒体获取知识水平的差距上。

数字原住民，是指在网络时代成长起来的一代人。他们生活在一个被电脑、视频游戏、数字音乐播放器、摄影机、手机等数字科技包围的时代，无时无刻不在使用信息技术进行信息交流和人际互动，数字化生存是他们从小就习以为常的生存方式。

数字移民，是指在网络时代之前成长起来的学习者，他们成长时没有数字技术工具的陪伴，但是他们能够依靠自身能力努力学习"该语言"，从而与身边的数字原住民进行沟通。有些"移民"思想开放，接受"本土方式"，但更多人抵制变化。数字移民习惯纸质阅读，而数字原住民则更倾向和习惯于屏幕阅读，强调更新速度和多重任务的重要性。

数字难民，是指那些因为经济、社会、文化等原因更远离数字文化的群体，他们多是社会上选择逃离而不是融入本土文化的老年人。数字难民通常会觉得数字化时代是有威胁性的，认为他们会在危险的环境中迷失自己，并把自己当成无家可归者。于是他们选择逃离而不是维持移民身份，甚至可能积极反对数字原住民和数字移民的目标和利益。影响数字难民的是恐惧心理，这使得他们抵制数字化时代的到来，产生了反对变化、否定环境已经改变，并且无视它的顽固念头。

2024年8月，中国互联网络信息中心（CNNIC）在北京发布第54次《中国互联网络发展状况统计报告》。报告显示，截至2024年6月30日，10—49岁网民群体占整体网民群体的63.2%，其中10—29岁网民群体占比达27.1%；在网络普及的情况下，50岁及以上网民群体也仅仅占比为33.3%。不难看出，数字原住民正在引领着当下的新媒体浪潮，数字移民则亦步亦趋。互联网虽在持续向高龄人群渗透，但数字难民暂时仍处于边缘化的境地。

■ 小资料

帮助跨越数字鸿沟，上海这样为老年群体提供智能技术应用培训

目前，上海正全力优化终身教育智慧教育平台的功能，加大终身教育数字化资源整合力度，建设覆盖全市的数字化学习网络，真正实现"一网通学"。

为帮助老年人跨越数字鸿沟,上海正推进老年数字教育进社区行动,为老年群体提供智能技术应用培训,年培训人次超过100万;打造智能技术短期学习线上训练营,普及智能设备的操作方法和网络基本知识;深度挖掘市区两级数字体验中心作用,为老年学习者提供更为便捷、高效的体验式数字学习环境。

同时,鼓励全市终身教育机构依托自身特色课程,运用5G、大数据、人工智能等新技术,构建虚拟与现实融合的学习场景,为市民尤其是老年人创建出行、就医、消费等各类数字化生活模拟应用场景,优化学习体验。2023年,上海建成50个老年教育智慧学习场景。

为打造数字化学习资源审核"智慧中枢",上海推出了全国首个数字化学习资源智能审核云平台,对存量数字化学习资源进行全量排摸、全面审核、全盘梳理;还建设面向市民的终身学习"云应用"系统和支持服务体系,强化学习地图、云视课堂、老年慕课、老年智慧学习营等各类在线学习应用的拓展与融合,为学习者提供最便利的学习环境。

推进"上海市民个人学习账户"建设和运营推广服务,拓展学习成果存入渠道,探索建立市民终身学习评价体系,初步形成学习激励机制。以学分银行为枢纽,完善各类数字化学习成果的认定、积累和转换机制,拓展学历、非学历、职业培训之间的学分互认和转换通道,服务学习者成长。

资料来源:《帮助跨越数字鸿沟,上海这样为老年群体提供智能技术应用培训》,https://www.thepaper.cn/newsDetail_forward_26193682。

二、你是数字原住民还是数字移民

不同时代有着不同的生活环境,这造就了不同代人人生观、世界观、价值观之间的差异,也自然产生了不同的生活方式与消费行为。目前,学术界已有研究皆是以世代(出生时代)来划分数字原住民和数字移民。不同国家对于不同世代的划分标准与称呼都不尽相同,目前在世界范围内被最广泛使用的则是欧美国家(以美国为代表的)的世代划分方式。

(一)欧美世代划分

欧美国家对世代的划分更多是根据经济和社会文化阶段,通过欧美不同世代人群的生存和价值特征来区分定义,特别是美国,这种世代的划分方式尤为明显。回溯美国的发展历程,由于第二次世界大战后经济周期波动较为明显,世代之间的差异化较大,所以每一世代的人群特征也颇为明晰。

二战后美国的人群大体可被划分为五代(见图 5-4):

(1)"婴儿潮"一代(1945—1965 年出生)。即在二战结束后掀起的一波生育高峰期孕育的一代。

(2) X 世代(1965—1980 年出生)。一般认为,X 世代的说法源自加拿大作家道格拉斯·柯普兰(Douglas Coupland)的同名小说《X 世代:速成文化的故事》。在小说中,柯普兰将 X 世代称为"婴儿潮"一代的下一世代,"X"有"寻找未知""否定现实""反抗社会"等含义。

(3) Y 世代(1980—1995 年出生),又叫"千禧一代"。因这一代人出生成长时段生育率大幅回升,故而也被称为"回声潮世代"(Echo Boomers)。"Y"让人联想到不断追问为什么(Why)。Y 世代对父辈的人生意义从怀疑到讽刺,不再相信世界上还有什么值得"寻找"的意义。

(4) Z 世代(1995—2010 年出生)。Z 世代是数字技术的原住民,互联网和数码产品是他们从出生起就习以为常的一部分。在技术革命的推动下,Z 世代的生活方式发生了质的变化,他们的性格也更加自我独立,更加关注人生的体验感。

(5) Alpha 世代(2010 年后出生)。Alpha 世代从小生活在高度互联、技术驱动的世界中,习惯于通过互联网获取信息、娱乐和社交,对科技和数字化的接受程度非常高。因此他们通常表现出更高的适应性和韧性,更加注重生活品质和自我价值的实现,期待获得高度个性化的体验。

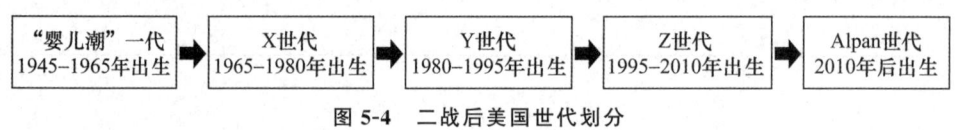

图 5-4 二战后美国世代划分

(二)中国消费者的世代划分

在中国,我们通常会根据年代来定义不同世代的人群。例如,我们称呼 1980 年代出生的人为 80 后,还有 90 后、00 后……中国学者刘世雄等结合近现代中国社会发生的一系列重大变革,按生活文化环境的不同以及由此产生的文化价值观的差异把中国消费者从营销的角度细分为五代人,即"传统"的一代、"文革"的一代、"幸运"的一代、"转型"的一代、"e"的一代(见图 5-5)。

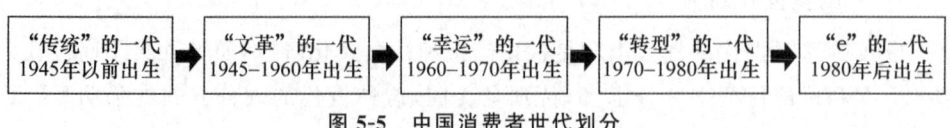

图 5-5 中国消费者世代划分

（三）数字原住民和数字移民之间的划分

可以看出，不论是哪种划分方式，1990年后出生的这一代都被划分为新兴的一代。这一代人从出生起就面对着一个"无所不在"的网络世界。对他们而言，网络就是他们生活的一部分，数字化生存是他们从小就开始使用的生存方式。学术界把1990年作为数字原住民与数字移民之间的划分节点，1990年后出生的一代人，特别是更年轻的一代人被认为是数字原住民。数字原住民包含Y世代、Z世代以及中国消费者中的"e"世代。但由于各国间、各区域间科技发展存在差异，部分90后并未伴随着科技成长，所以通常将Z世代对应中国的"95后""00后""05后"作为数字原住民的典型代表。

在中国，Z世代按年龄段可分为"95后""00后""05后"人群，根据国家统计局数据，我国Z世代规模已经超过了2.5亿人，超过全国总人口比重的1/8。与美国类似，我国的Z世代同样赶上了中国经济腾飞的时期，生长在互联网娱乐文化爆发的时期，是不折不扣的互联网的原住民，受互联网影响深远。

更特别的是，受到计划生育政策的影响，中国Z世代普遍都是独生子女，虽然受到家庭长辈关注的程度也更高，但儿时的孤独使他们更渴望依托网络渠道寻求认同。在这样的成长背景下，Z世代大都踌躇满志、注重体验、个性鲜明、自尊心强，愿意尝试各种新生事物，并且正逐步成长为未来中国新经济、新消费、新文化的主导力量。Z世代成长与互联网娱乐文化发展历程如图5-6所示。

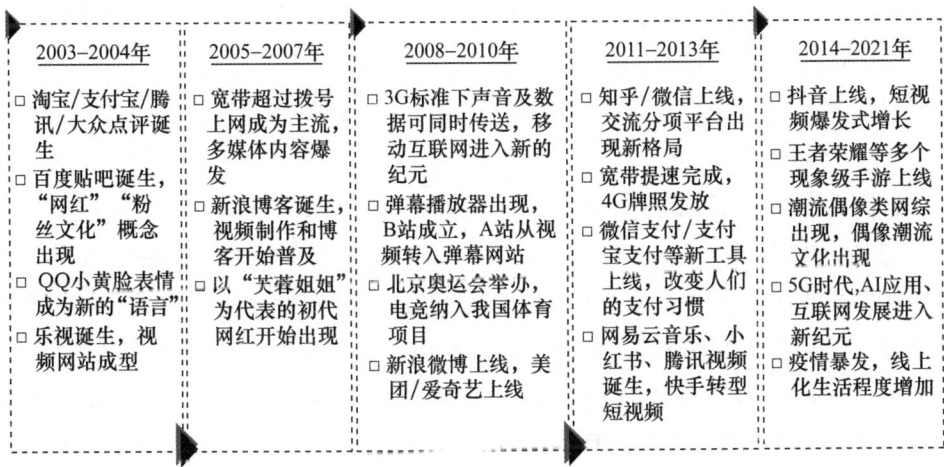

图5-6　Z世代成长与互联网娱乐文化发展历程

资料来源：朱昌辞等：《2021年05后消费圈层研究报告》，https://www.fxbaogao.com/detail/2848405。

三、人工智能时代的数字消费者

（一）人工智能助力线上生活化

近年来，人工智能高速发展，短短数年便渗透到人们日常生活的各个角落。人们已经无法割离人工智能技术，也逐渐习惯了人工智能所带来的高效与便利。作为数字原住民的 Z 世代更是成为人工智能技术的使用先锋，他们正以拥抱之势面对人工智能技术。

人工智能的出现与应用，颠覆了部分的传统生活方式，它使生活变得更加智能化、个性化。这无疑也推动了消费者生活线上化，下面举例部分人工智能技术应用对消费者生活的影响。

1. 人工智能办公

在中国，越来越多的企业开始采用灵活用工、远程办公、智能办公的形式。办公形式的多元化得益于智能技术的发展，现在，线上智能协同工作的方式已备受推崇。来自微软和 LinkedIn 的《2024 年工作趋势指数年度报告》显示，全球 75% 的知识型工作者都在使用生成式人工智能。91% 的中国员工在日常工作中会使用生成式人工智能技术，66% 的中国人工智能用户正在逐步将自己的人工智能工具引入到工作中。多家科技企业也陆续开发推出远程办公平台，助力智能远程办公。如科大讯飞旗下的讯飞听见融合了科大讯飞语音识别、机器翻译技术等核心人工智能引擎，能够实现实时快速智能的语音转写、自动翻译，实现实时字幕、实时翻译，自动生成会议记录等特色功能。支持公有云、私有云多种部署形式，全场景覆盖，会议体验高清流畅，使人们纵使远隔千里，宛若齐聚一堂，真正实现高效远程协作。

2. 智能语音助手

智能语音助手是通过智能对话以及即时问答的智能交互系统帮助用户解决问题（主要帮助用户解决生活类问题）。大部分的虚拟智能助理都可以做到收集简单的生活信息，并根据相关评论帮助用户优化信息，进行智能决策。智能语音助手还可以通过智能音箱直接播放音乐或者收取电子邮件，甚至预订外卖，呼叫出租车，进行导航。一般来说，听到语音指令就可以完成服务的，基本上都是虚拟智能语音助手。在苹果公司开创智能语音助手（Siri）的先河后，中文语音助手也如雨后春笋般蓬勃发展。目前，小度、小艺、天猫精灵等语音助手进行中文智能搜索的程度已明显超过了 Siri。如今，智能语音助手正在向着私人助理机器人的方向快速发展。在大数据、人工智能、机器学习等技术的支持下，企业可为每位用户量身定制个性化的私人助理，根据用户的行为和使用习惯，帮助用户网上购物、安排出行、调整设备、智能提醒、聊天解闷。不仅如此,高智能化的私人助理还可以让我们的线下生活变得更加便利,比如帮用户预订餐厅座位、预订外卖、购买电影票、预约挂号等。

(二)数字化消费者决策路径的变化

随着科技的发展,消费者的生活方式在不断变化的同时,决策路径也发生了巨大的变化。近百年来,消费者的决策路径从线性发展为环形,而如今人工智能的发展,促进了消费者决策路径的进一步进化。

1. 消费决策模型 1.0——传统销售漏斗(线性结构)

1898 年,美国著名广告学家艾里亚斯·路易斯首次提出使用模型来描述消费者决策路径,即漏斗型消费者决策路径(见图 5-7)。在这个模型中,消费者从认知、熟悉到决策、购买,再到品牌忠诚,整体呈现出线性模式。消费者先认识某个品牌,然后了解该品牌产品品质,有意识地决定是否要购买它;在亲身体验到产品的好处后,就会转变为该品牌的忠实顾客。漏斗的宽度则代表进入每一步骤的消费者比例。销售漏斗的特点在于线性、单线向下和固定。销售漏斗的潜在客户在传统的流程中,只能从初步了解开始,所以销售漏斗的营销关键在于初步了解阶段,各品牌需要争取客户进入到自己的销售漏斗中。

销售漏斗自上而下的线性模式源于人们当时获取信息的方式,那时的消费者主要通过报纸、广播接收信息,消费者与品牌间呈现单向一维的线性交流状态。但随着互联网的出现,这种状态发生了巨大的变化。互联网实现了事物信息的相互对接、贯通和交流,也使消费者与品牌的沟通方式由一方对另一方传递信息的单向线性沟通模式发展为双向交流沟通模式,即双方都是"沟通者",几乎同时在传送和接

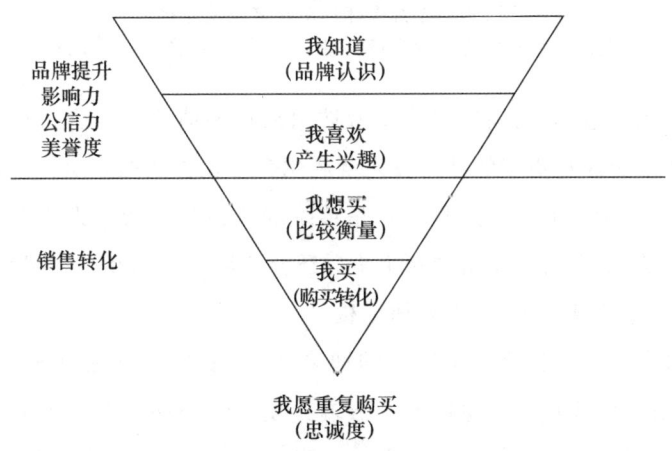

图 5-7 漏斗型消费者决策路径

资料来源:陈慧菱. 数字时代消费者决策路径 3.0[J]. 哈佛商业评论,2019,(4).

收信息。随着沟通模式的改变,漏斗模型对消费者决策路径的描述也显得越来越力不从心。

2. 消费决策模型 2.0——消费者决策旅程(环形结构)

由于互联网的出现,消费者与品牌的沟通方式由单向变为双向,消费者决策模型对消费者决策路径的归纳也随之进行了升级。2007 年,麦肯锡的戴维·埃德尔曼和马克·辛格提出了消费者决策旅程(Consumer Decision Journey,CDJ)来取代原有的销售漏斗模型。如图 5-8 所示,我们能够看到消费者决策路径从线形变为环形。随着数字技术的不断发展,2015 年,他们又将 CDJ 升级为数字消费者决策流程,新版模型由"购买环"(Purchase Loop)和"品牌忠诚度环"(Loyalty Loop)两个环内切组成,包括考虑(Consider)、评估(Evaluate)、购买(Buy)、体验(Experience)、互粉(Advocate)和互信(Bond)等 6 个关键阶段。用户体验会影响整体决策的每一个关键节点,并且整个决策过程中,每个节点环环相扣形成闭环,彼此影响,相辅相成。

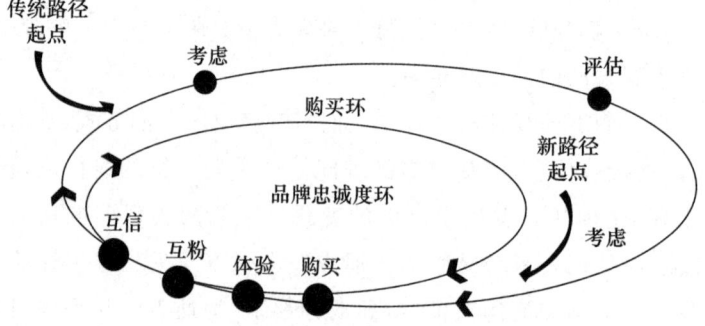

图 5-8 麦肯锡环形消费者决策路径

资料来源:陈慧菱. 数字时代消费者决策路径 3.0[J].哈佛商业评论,2019,(4).

在传统的销售过程中,销售漏斗模型被用来管理消费者行为;但环形消费者决策路径则是要求企业将更多的精力投入到利用数字化方式构建更深度的客户关系。在数字环境中,消费者的决策过程不再是传统的线性且行为结束于承诺购买阶段,而是不断迭代的,消费者在作出消费决策后还会开启次级循环——品牌忠诚度环。

3. 消费决策模型 3.0——无规律结构

随着大数据与人工智能技术应用的增多、95 后数字原住民逐渐成为社会消费主体,消费者决策路径再次发生巨变。云端让技术壁垒和运营成本大大降低,消费者获取信息的渠道、速度和数量急速增加。信息真正进入多方向、多层面、多维度的开放性交流状态。陈慧菱等认为,消费者决策应该升级到 3.0,即消费者决策路径不再是简单的线形或环状,而是呈现出纷杂无规则可循的状态,并对应提出了无规律结构消费者决策路径(见图5-9)。

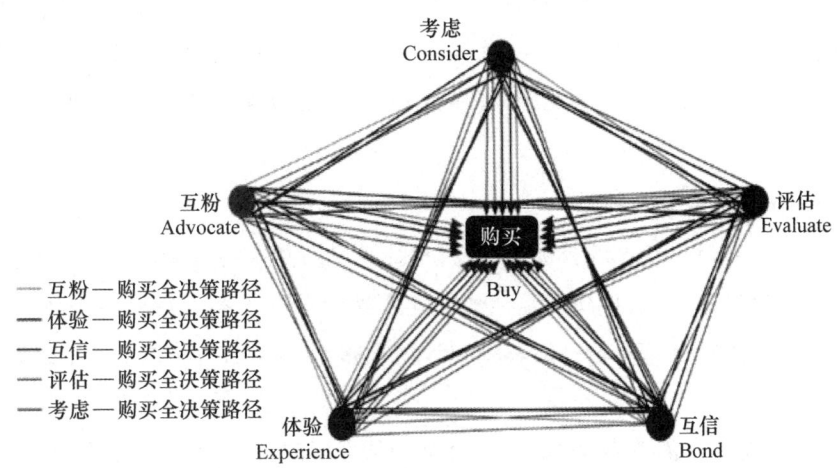

图 5-9　无规律结构消费者决策路径
资料来源:陈慧菱. 数字时代消费者决策路径 3.0[J]. 哈佛商业评论,2019,(4).

在这个模型中,消费者与品牌的关系表现出以下三个新特点:第一,品牌与消费者的触点发生裂变,消费者触点无限增加,且没有规律。第二,消费者购买决策时间变短。媒体数量激增使得消费者在日常生活中随时随地都有机会接收品牌信息,购买决策场所也随之增加。第三,品牌认知逆向化,消费者可能购买后再回头认识和了解品牌。数字时代改变了消费者的决策路径,消费者决策变得无规律化,营销活动逐渐从营销人员主导转变为消费者主导,但不变的是"以用户为中心"。这就要求企业要秉承"以用户为中心"的理念,拥抱新技术,利用营销科技(MarTech)赋能营销,为用户提供更加个性化、精准的产品。

(三) 新数字时代消费者特点

科学家们发现,在过去几年时间里,消费者的行为发生了巨大的变化。人工智能技术的应用、疫情的出现,更是加剧了消费者生活的线上化,数字消费者的数量也随之激增。那么,在这样一个人工智能被广泛应用的新数字时代,消费者又呈现出了哪些新特点呢?

(1) 消费自主性增强。消费者更加注重自己的需求,并对产品有自己的认识,广告和促销活动等传统营销方式变得越来越难改变消费者的观念。消费者会自发搜寻品牌、产品资料,并通过成分表、售后评价等更真实的信息来了解产品信息。

(2) 偏好个性化、定制化产品或服务。消费者购买商品,不再只是满足对物质的需求,他们开始看重商品的个性特征,希望通过消费行为来展示自我,表达自己的态度,达到精神上的满足。

(3) 互动性增强,企业与消费者沟通增多。消费者更加愿意通过社群、论坛、产品评价等多渠道平台来表达自身诉求,反馈产品意见。消费者与企业的沟通增加,并影响企业产品设计,这意味着越来越多的消费者正参与到企业价值共创当中。

(四) 数字消费者分类

结合学术界对消费者的分类、调研机构捷孚凯对数字消费者的分类以及近年的消费者观察报告等,本节将现代生活线上化消费者分为五类,分别为:被动购买型、热情活跃型、忠诚习惯型、精打细算型和计划理智型(见图 5-10、图 5-11、图 5-12、图 5-13、图 5-14)。

当然,没有一个消费者会 100% 吻合某一种类型的特征,消费者或多或少是以上类型的混合体,通常在不同的情景下会表现出不同的特征。

被动购买型数字消费者	**基本信息** 各个年龄段,以中年为主 男性居多	**态度** 把购物当作任务,被迫完成
		动机 选择线上购物通常是因为更方便快捷,不用外出
行为描述 "作为一名技术宅男,我真的不喜欢为了生活用品逛街购物,特别是服饰。如果必须在线下购买,我会选择去我熟悉的男性服饰店快速解决,一次性把短裤、运动衫、牛津鞋和针织衫全部置办好;并且我通常会根据客服推荐或者排行榜进行直接选择。"	**消费特征** 消费频率低,决策时间短。喜欢一站式购物,不喜欢挑选,讨厌信息过载的感觉。对价格、品牌等商品属性都相对不敏感	**对人工智能的排斥度** 排斥度较低,习惯性接受人工智能商品推荐,接受人工智能服务
	消费习惯 在购物过程中希望得到个性化的推荐和建议,以供他们更快速地作出决策,故更喜欢在熟悉、信任的平台或店铺进行消费	**影响因素** 店铺、品牌、商品和服务的便捷度、熟悉度和信任程度

图 5-10 被动购买型数字消费者

第五章 人工智能时代的消费者市场

 热情活跃型数字消费者	基本信息 各个年龄段,以青年为主 女性居多	态度 把购物当作爱好,享受购物
		动机 线上消费不受空间、时间限制,足不出户便可以畅游商城,随时随地购物
行为描述 "我喜欢浏览各种购物平台,我在网上浏览商品的时候仿佛置身于商城之中,琳琅满目的商品让我感到满足与兴奋,在浏览的过程中也总会碰到让我很心动的商品,价格能够承受的情况下,我通常会买下它,这也让我感到喜悦。同时,我也喜欢到社交平台分享自己买到的好物,喜欢与有共同爱好的朋友交流。"	消费特征 消费频率高,决策时间短。较容易冲动消费。在没有具体的购物需求时也会浏览线上购物平台,享受浏览、购物的快感	对人工智能的排斥度 排斥度较低,属于无意识地接受大数据智能推荐等人工智能技术
	消费习惯 他们通常热爱社交,喜欢去实体店购物,但也网上购物,更偏好社交性电商平台,也更常活跃于品牌社群当中	影响因素 良好的氛围和独特的体验、品牌形象、意见领袖的观点、社交媒体的评论、博客和视频博客等

图 5-11 热情活跃型数字消费者

 忠诚习惯型数字消费者	基本信息 各个年龄段,青年稍多 男性居多	态度 把购物当作聊天,与好友会面
		动机 线上购物更加便利,线上能更好地在品牌社群里与志同道合的网友交流
行为描述 "我是一名小米的忠诚用户,俗称米粉,如果我需要什么产品,我会第一时间去看小米品牌是否有生产,如果有,我会不假思索选择小米产品,这让我感到安全和放心。除此之外,我也会关注小米的各种动态,参加它的每一场发布会,关注小米社区,并与其他米粉进行互动。"	消费特征 消费频率受自身需求和品牌影响,决策时间短。价格敏感度低	对人工智能的排斥度 对人工智能技术的态度两极分化,可能非常友好也可能非常排斥
	消费习惯 一旦习惯了某一品牌,对其忠诚度极高。通常愿意为钟爱品牌支付额外溢价	影响因素 品牌口碑、品牌文化等品牌元素

图 5-12 忠诚习惯型数字消费者

 精打细算型数字消费者	基本信息 中年、女性居多 有家庭居多	态度 购物就像工作,追求的是尽力做到最好
		动机 线上购物更加划算,可选择更多
行为描述 "我会把家里所有需要购买的产品都记录到一个本子上,除了急用品,通常我会等到线上折扣节将它们一齐购入。购买前,我会仔细对比多家产品的报价和评论。最近我喜欢使用社区团购平台,我会把每天吃的水果和蔬菜甚至所需的生活用品,提前一晚在多个社区团购平台上进行比价,然后再订购,社区团购的果蔬新鲜且价格便宜,通常第二天上午就能送到小区,非常便利。"	消费特征 消费频率高,决策时间长。价格敏感度高,在消费前会进行大量的比价工作	对人工智能的排斥度 排斥度较高,对人工智能抱有敌意,并认为人工智能会影响选择,但常常无意识接受人工智能技术
	消费习惯 倾向于大众化品牌,不关心时尚和流行趋势。喜欢促销活动,会在大型折扣活动时大批量购买商品	影响因素 价格是关键因素,价格敏感度高,容易受促销活动影响。商品评论非常重要,家人和朋友的推荐对他们影响也较大

图 5-13 精打细算型数字消费者

 计划理智型数字消费者	基本信息 中青年居多 教育水平较高	态度 购物是门艺术,也是一次学习的机会
		动机 线上购物选择多,相对线下选购更快捷
行为描述 "我会根据自身需求提前制订每个月的购买计划,不会因为心动、购物节等就购买超出我设定的计划之外的商品。在作购买决策前,我会查找一些资料以增加自己对该类商品的了解度,提前明确自己的购买需求。"	消费特征 消费频率与决策时间根据自身情况和决策复杂程度变化。明确自己想要的产品或服务,不会盲目消费,消费行为不易受营销活动、销售员话术等影响	对人工智能的排斥度 对人工智能报以中立态度,但会科学使用人工智能技术帮助自己进行知识获取、消费决策等
	消费习惯 在购物之前会进行商品知识学习,对自己的认识抱有绝对的坚持	影响因素 商品质量、性能、品牌口碑以及自身对商品的了解程度等

图 5-14 计划理智型数字消费者

四、拓展:后疫情时代的线上生活

"后疫情时代"是指新冠病毒感染疫情过去后的时代,是疫情对人们消费习惯、经济、文化、教育等产生巨大影响后的时代。

历史上的重大疫情都对当时的国际形势造成了巨大冲击,不仅使人们的思维方式、生活习惯发生了巨大变化,也对各大产业产生了巨大影响。各行各业在疫情时期都受到不同程度重创,恢复期的长短也不尽相同,更有一些线下企业不得不面临转型升级;但是,也有一些产业能够在疫情期间抓住契机,反而得到新的发展。

后疫情时代消费者行为变化包括:线下消费频率减少,网购需求上涨;消费欲望降低,娱乐性消费下降;医疗健康方面开支增加;高端品牌消费减少,追求性价比趋势明显;多元化消费增多,更加强调个性化;更加倾向选择本土品牌和领先品牌。

■ **小资料**

后疫情时代的消费重构:服务与体验的崛起

自从新冠疫情暴发以来,全球经济经历了前所未有的冲击,许多行业的格局发生了深刻变化。疫情带来的不仅仅是健康危机,更是人们生活方式、消费习惯和社会结构的重新洗牌。后疫情时代,消费重构的核心正逐渐从物质商品的购买,转向更加注重服务和体验的消费方式。这种变化不仅是由疫情本身引发的,背后还有着深刻的社会、技术与文化因素。

疫情让我们更加重视生活质量与精神享受。过去几年中,线上直播、短视频、社交媒体等平台迅速崛起,不仅满足了消费者对信息、娱乐的渴望,也为人们提供了新的社交方式。许多人开始更加看重产品背后的情感价值和精神享受,而不再仅仅满足于物质的需求。例如,某些奢侈品牌通过线上互动,创造了更多与消费者的连接点,不仅售卖产品,还通过独特的品牌故事、设计理念以及线上活动,带给顾客深层次的精神满足。

健康和生活方式的消费升级已成为不可忽视的趋势。从健康食品到智能运动设备,再到心理健康服务,消费者的需求日益多元化。许多品牌也看准了这一趋势,不断推出围绕健康主题的服务和产品。例如,健身行业不仅仅是健身房的扩张,更多的是线上健身课程的兴起、智能运动追踪设备的普及,以及心灵疗愈课程的推出。

这些消费升级体现了消费者对身体和心理健康的双重关注,也意味着消费结构的进一步升级。

除了健康,后疫情时代的消费还在于"去物化"趋势的加速发展。人们开始逐渐意识到,单纯的拥有不再是生活的终极追求,更多的是通过体验、共享、借用的方式来获得生活的丰富性。在这一背景下,共享经济和订阅经济的崛起便显得尤为突出。无论是共享单车,还是基于订阅模式的影音、阅读平台,都反映了消费者对"物"的需求已不再是单纯的拥有,更多是如何有效利用、分享和体验。

此外,消费体验的个性化也在不断增强。消费者不再满足于"千篇一律"的标准化产品,个性化定制、私人定制的服务成为市场的新亮点。从定制化衣物到量身定做的旅行行程,个性化消费呈现出爆发式增长。企业通过数据分析和人工智能技术,能够更精准地捕捉消费者的需求,提供量体裁衣的服务和商品。

总的来说,后疫情时代的消费趋势无疑是深刻而复杂的,它不仅仅是消费方式的变化,更是价值观的转变和生活方式的重塑。服务、体验、健康、共享和个性化正在成为未来消费的主流,而那些能够及时抓住这些趋势、不断创新并满足消费者新需求的企业,才能在竞争激烈的市场中脱颖而出。

资料来源:《后疫情时代的消费重构:服务与体验的崛起》,https://baijiahao.baidu.com/s?id=1818739630730564597&wfr=spider&for=pc。

第四节 消费者对人工智能的接受与抗拒

■ 小案例

充满争议的人工智能

1. "中国人脸识别第一案"获法院受理

2019年11月,发生在杭州的"中国人脸识别第一案"引发舆论关注。杭州野生动物世界单方面取消原有的指纹识别服务,实施人脸识别技术来完成入园检票程序。年卡用户郭某认为该技术存在不确定性,具有安全风险,不愿"刷脸"入园,要求退卡被拒后将园区告上法庭,11月1日法院立案。

2. 清华大学虚拟学生"华智冰"引发热议

2021年9月28日,中国首个AI虚拟学生华智冰正脸首次亮相,并带来一首歌曲《男孩》。视频中,华智冰人美声甜,表情动作也十分真实。视频发出后,引来了众多网友的围观和评论。网友直呼"确定不是真人吗""华智冰女神yyds";但也有网友表示出了担心,"求求巨头们不要再试水人工智能了,一想到未来的世界就感到恐怖"。

3. 智能家居守护假日家庭安全

家中呈现出长期无人的样子,总是会带来许多不确定的风险。所以,邓女士在国庆出游前,做了这些工作:通过手机端控制家中的智能家居,偶尔远程点亮家中智能灯,或是间歇性地让智能音箱播放音乐。此外,门窗传感器、水浸传感器、天然气报警器、烟雾报警器等能够及时动态反馈家中情况。如果有朋友来家里,而自己又不在家,也可以通过智能门锁一键给朋友开门。谈及这些智能家居的时候,邓女士赞不绝口,认为它们极大地便利了自己的日常生活。

资料来源:根据网络资料整理。

一、消费者对于人工智能的认识与态度

不知不觉中,人工智能已经潜移默化地改变了我们的生活方式和行为习惯:在着装上,越来越多的人开始青睐智能可穿戴设备,因为它能实时监控你的健康数据,并及时反馈;在饮食上,搭载了人工智能推算系统的App或许正在为你的一日三餐提供服务,因为它甚至比你自己更能懂你的胃;日常居住中,越来越多的人开始使用智能服务机器人来照顾自己的生活起居;在出行方面,百度、高德等地图软件能够帮你制定路线,并利用大数据实时切换为最优路线,减少拥堵……不仅如此,人工智能也正在零售、医疗、治安等多个领域中得到广泛应用。

显然,人工智能已经逐渐融入消费者的生活,并对消费者潜移默化地产生着影响。但是,当被问及"什么是人工智能"时,许多消费者却会表现出一种困惑与茫然。尽管身处人工智能时代,也经常使用人工智能产品,但许多消费者却对这一概念没有太多的认识。或许,消费者对人工智能的理解还停留在影视作品和小说当中。那么,人工智能在消费者的眼中究竟是什么?消费者对人工智能的态度是怎样的?接下来,我们就从消费者的角度针对这两个问题展开探讨。

(一) 消费者眼中的人工智能

什么是人工智能？不同群体对此或许会有不一样的看法。学术研究者们可能会给出一系列精准的定义；投资者和管理人员会认为人工智能就是风口，是未来；营销人员或许会给你描绘一幅美好的蓝图，带你畅享人工智能给生活带来的巨大便利；那么，在普通消费者眼中，人工智能是什么呢？

作为众多消费者中的一员，你还记得自己最初是怎样接触到人工智能的吗？是通过《终结者》《复仇者联盟》《黑客帝国》这样的科幻影视作品，还是《三体》这样的科幻小说？是因为见到身边亲朋好友使用智能家居、语音助手，还是被导购员推销时因为不好意思拒绝自己试用了一下？也许此时的你，脑海中只有一个模糊的印象了。

这就是大多数消费者对人工智能的认识，它以一种模糊的形象存在于消费者的头脑中。蓝色喷泉传媒(Blue Fountain Media)对 1000 多名消费者的调查结果证实了这一点：约 43% 的受访者表示，他们并不确定人工智能是什么，也不确定目前人工智能的使用情况；大约 7% 的人甚至表示他们不知道也不是很关心人工智能是什么；而那些对人工智能有所了解的人，似乎也对它没有什么特别的感觉。

此外，咨询公司万博宣伟(Weber Shandwick)针对"消费者对人工智能的看法和前景预测"这一问题，对全球五个市场(中国、美国、加拿大、英国和巴西)中的 2100 位消费者进行了调研。报告显示：约 2/3 的受访者表示对人工智能有所了解(了解很多或了解一点)，剩下 1/3 的人则承认他们对此一无所知(见图 5-15)。在进一步的调查中万博宣伟还发现，消费者对人工智能的认识很模糊，而且提到人工智能时，消费者首先联想到的就是机器人(约占比 22%)，其次则是联想到机器取代人工可能导致失业的问题(占比 9%)(见图 5-16)。

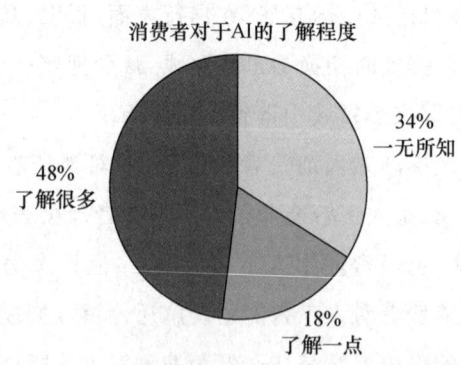

图 5-15 万博宣伟关于消费者对人工智能了解程度的调查结果

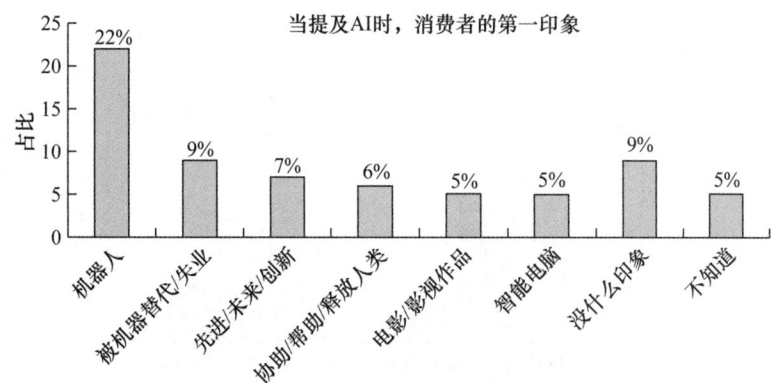

图 5-16　万博宣伟关于消费者对人工智能第一印象的调查结果

注：此处仅展示了占比超过 5% 的部分。

由此可见，大部分消费者对人工智能并没有一个很清晰的认识。人工智能这一概念比较抽象，消费者更多关心的是与自身密切相关的人工智能产品，对人工智能的理解也是借助于这些有形产品，甚至将智能机器人与人工智能等同。不过，不同社会阶层、拥有不同专业知识以及不同年龄段的消费者对人工智能的认识会有所不同。此外，由于大部分消费者是通过媒体的报道接触到人工智能的，所以媒体的导向能够在很大程度上影响消费者对人工智能的认识与态度。

目前，消费者对人工智能的评价褒贬不一，有的人认为它能给人类的生活带来便利，有的人害怕被人工智能取代导致失业，也有人担心人工智能发展到不受人类控制的地步会对自身造成威胁。那么，消费者对于人工智能的态度究竟如何？其中是否存在规律可循？哪些因素又会影响消费者对于人工智能的态度？

（二）消费者对人工智能的态度

了解消费者对人工智能的态度对于企业来说至关重要，因为这直接决定了消费者是否能够接纳自己生产的与人工智能相关的产品或是由人工智能提供的服务。于是，许多机构对此展开了调研。

我们在蓝色喷泉传媒的调查中发现，只有 26% 的受访者表示对人工智能感觉很好；约 60% 的受访者表示对人工智能的接受程度不高，他们认可人工智能未来的潜力，但也认为需要注意人工智能的应用方式。但是，万博宣伟的调查结果则显示，世界各地的人们总体上对人工智能是持乐观态度的，认为人工智能给社会经济和个人生活带来的积极影响比消极影响更多（见图 5-17）。

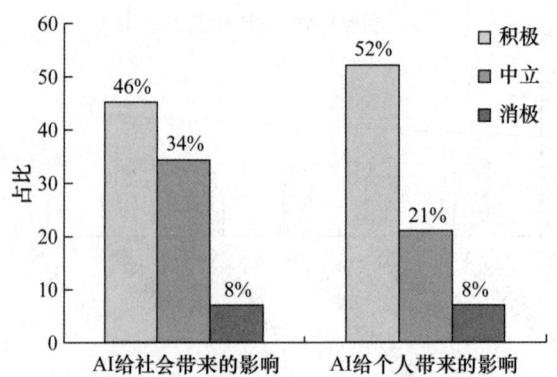

图 5-17 万博宣伟关于人工智能对社会和个人产生的影响对比

■ 小资料

- 60%的受访者认为,虽然人工智能是一项很有前途的技术,但我们必须小心使用。
- 43%的受访者不知道什么是人工智能,也不知道它是如何部署在他们周围。
- 38%的受访者对人工智能融入日常生活的速度感到满意,因为它的推出足够充分,不会让他们不堪重负。
- 39%的受访者认为人工智能在语音助理、智能恒温器和智能门铃等智能家居设备中影响最大。
- 37%的受访者认为,在学校,人工智能不会取代老师。
- 高达87%的受访者表示,他们更信任人类医生,而不是人工智能医生,让它们作出医疗诊断。
- 24%的受访者认为,人工智能最大的希望是医疗保健:更快、更准确的诊断和治疗。
- 47%的受访者不喜欢在没有人与人互动的情况下解决问题。
- 32%的受访者对人工智能的最大担忧是它将接管、取代所有工作,甚至可能有一天取代人类。
- 27%的受访者担心,人工智能融入日常生活会让他们的个人生活变得不那么私密。
- 8%的受访者对人工智能感到不确定,因为现在下结论还为时过早,他们也没有这样那样的感觉。
- 14%的受访者认为,人工智能在机场和体育场安全方面产生了最大的影响,尤其是人脸识别技术。

• 18%的受访者认为,人工智能在地图和导航方面对他们的个人生活产生了最大的影响,比如 GPS 和自动驾驶汽车。

资料来源:《Blue Fountain Media:60%的消费者认为应当小心使用 AI》,http://www.199it.com/archives/1046672.html。

在学术界,关于消费者对人工智能的态度也存在不同的研究结果。Li 等(2020)在对 670 名消费者的抽样调查中发现,71.5%的消费者接受或至少不抵制人工智能客户服务,因为它能够 24 小时处理问题,而且更中立、更客观。Nagy 与 Hajdú(2021)的研究则表明消费者愿意商店使用人工智能和先进的技术,因为人工智能对人们日常的购物行为是有帮助的,尤其是在新冠疫情暴发的特殊情况下。也有许多研究反映出消费者对人工智能的拒绝态度。例如,消费者会质疑人工智能技术及产品的安全性(Dresp-Langley,2020;Mani & Chouk,2017);也有消费者认为人工智能产品提供的独特性较低(Longoni et al.,2019);甚至有消费者认为人工智能的到来会威胁人类自身,会替换掉部分人类的工作,甚至取代人类等。

总的来说,消费者对人工智能的态度既有积极的一面,也有消极的一面。那么,什么情形下消费者对人工智能的态度会更积极(或者更消极)呢?

由于消费者与人工智能的接触主要涉及两个方面:一是人工智能给消费者提供服务;二是人工智能获取消费者的数据和信息。接下来,我们就从这两个方面入手,分别探讨消费者对人工智能的态度。

1. 消费者对人工智能提供服务时的态度

清晨,在我睁开眼的瞬间,窗帘正缓缓打开。明媚的阳光照在身上,让我整个人感到暖洋洋的。此时,一曲《贝加尔湖畔》在耳旁响起,刚醒来时带着的些许倦意也被这温柔的歌声驱散。这,便是我家的智能机器人小盼为我量身定制的起床套餐。起床后来到洗漱间,水龙头里的水早已被调控好温度、旁边的梳洗台上放着已经挤好牙膏的牙刷。

洗漱完毕后,我走到餐厅,机器人厨师小食正将最后一道营养早餐放上餐桌。吃过早餐,就在我拿起公文包准备出门的瞬间,依靠人脸识别技术的大门就自动为我打开,并在我踏出门槛后自动关闭上锁。与此同时,在我乘坐电梯下楼的时间里,无人驾驶汽车已经通过手机指令从车库驶出,在指定位置等待……

上述这些似乎只能在科幻电影或小说中出现的场景,正在我们的现实生活中被一一实现。每天从我们睁眼起,就能感受到人工智能的陪伴,它为我们提供服务,改变着我们的吃、穿、住、行,而我们也在尽情享受着人工智能给我们带来的便利。

你可能会问,既然人工智能如此美妙,那消费者应该很乐意接受人工智能所提供的服务吧?但结果并非如此,目前消费者对不同类型人工智能的态度仍存在较大的差异。具体来说,对像小盼这样的智能家居类人工智能而言,消费者大都持接受的态度。这是因为这类人工智能主要从事一些简单的机械工作,是作为工具来帮助消费者减轻负担。

在酒店和旅游业中,大多数客户对服务机器人接受程度高,服务机器人在提供功能和情感价值方面表现良好,但社交互动技能需要改进(Huang et al.,2021)。Prentice 等(2023)的研究也表明,消费者使用智能语音助手可以提升幸福感并逐渐形成依恋。对于智能客服机器人、智能语音助手这类人工智能,消费者的态度会受到多个方面的影响。例如,感知易用性、感知有用性、感知信任、感知智力和拟人性都能够显著影响消费者对聊天机器人的采用意愿(Pillai & Sivathanu,2020)。此外,这类人工智能更强调与消费者之间进行互动,所以与人工智能"人性"相关的属性也会对消费者的态度产生影响(Rapp et al.,2021),比如对于人际互动需求的满足程度、是否具备同理心等(Sheehan et al.,2020;Luo et al.,2019)。

对于无人驾驶汽车,大部分消费者表现出了拒绝的态度。许多消费者认为无人驾驶汽车难以保障行车安全,再加上消费者天生具有"风险厌恶"的特征,所以即使无人驾驶汽车在技术上已经成熟,能够为车内乘客提供安全保障,消费者也难以完全信任。还有一部分消费者对自动驾驶汽车的灵活性提出了质疑,并认为自动驾驶汽车的售价会更高,不具性价比。上述种种因素都导致消费者不太愿意接受自动驾驶汽车,但当给消费者提供某一特殊使用情境,比如在停车场停车时使用自动驾驶,许多消费者的态度就变得积极了。

当人工智能被应用于医疗行业时,消费者更多表现出了拒绝的态度。消费者对医疗人工智能的抵制,很大程度上并不是因为不相信人工智能的功能,更多是缘于情感和心理层面的抗拒。使用医疗人工智能时,消费者感知到的独特性会降低,进而产生排斥心理。有趣的是,当消费者并不知道为他们提供服务的是人类医生还是人工智能时,他们对二者医疗水平的评价就没什么差别了(Longoni et al.,2019)。那么,是不是只要人工智能能够向消费者提供有针对性的服务,消费者就愿意接受了呢?答案是否定的,因为即使医疗人工智能和人类医生能为患者提供相同的个性化服务,消费者也会产生不同的感知,对人类医生保持更积极的态度

(Yun et al.,2021)。从这我们也能看出,医疗人工智能要想走向市场,还有很长的一段路要走。

表 5-1 消费者面对不同类型人工智能所提供的服务时的态度比较

人工智能类型	消费者态度
智能家居	接受为主
智能客服机器人、智能语音助手	能够接受,但接受意愿的高低受人工智能本身特征的影响
无人驾驶汽车	拒绝为主
医疗人工智能	拒绝为主

2. 消费者对人工智能获取数据时的态度

为什么外卖平台推荐的餐饮都是我们喜欢的?为什么抖音、快手推荐的视频能让我们沉迷其中,乐此不疲?因为在我们使用软件的过程中,软件后台收集了大量与我们喜好相关的数据信息,并以此作为推荐的基础,吸引我们反复使用软件。那么,消费者是怎么看待自己"被监视"这件事的呢?

一般来说,当消费者意识到人工智能在"监视自己",并从自己身上获取数据信息时会产生被服务和被利用两种心理。前者是指消费者认为人工智能获取数据是为了更精准地服务用户,此时,消费者更多是表现出一种接受的态度。但是,出于对隐私安全等方面的考虑,消费者会害怕人工智能利用收集到的信息作出不利于自身的行为,从而产生拒绝的态度,尤其当消费者未被告知被收集的信息的具体用途时,消费者的抵触情绪就会变得空前高涨。如范月娇和刘香港(2023)的研究表明,人工智能算法推荐的隐私性和侵入性特征会导致消费者的心理抗拒,消费者会因此形成负面的品牌态度。

■ 小资料

史蒂芬·霍金关于人工智能的语录

"人工智能技术发展到极致程度时,我们将面临着人类历史上的最好或者最坏的事情。"——2014 年 5 月,霍金观看《超验骇客》后,在为《独立》杂志撰写的一篇文章中表达的观点。

"人工智能在并不遥远的未来可能会成为一个真正的危险。"——2014 年 6 月 16 日晚,霍金在参加美国 HBO 频道的《上周今夜秀》(Last Week Tonight)节目时与主持人的对话。

"制造能够思考的机器无疑是对人类自身存在的巨大威胁。当人工智能发展完全,就将是人类的末日。"——2014年12月,霍金在接受英国广播公司(BBC)的采访时的发言。

"对于人类来说,强大人工智能的出现可能是最美妙的事,也可能是最糟糕的事,我们真的不知道结局会怎样。"——2016年10月19日,霍金在剑桥大学的演讲。

"人工智能进一步发展便可能会通过核战争或生物战争摧毁人类。人类需要利用逻辑和理性去控制未来可能出现的威胁。"——2017年3月,霍金在接受英国《泰晤士报》采访时的发言。

"人工智能的成功有可能是人类文明史上最大的事件。但是人工智能也有可能是人类文明史的终结,除非我们学会如何避免危险。"——2017年4月27日,霍金在2017全球移动互联网大会(GMIC)上的演讲。

资料来源:《再见霍金!对于人工智能,这位伟人给世人留下这样的忠告》,https://www.sohu.com/a/225555341_99993617。

二、影响消费者对人工智能态度的因素

消费者对人工智能的态度一直存在很大的差异。具体来说,不同消费者对同一人工智能的态度会存在差异;同一消费者对不同人工智能的态度也有所不同。不仅如此,消费者对人工智能的态度还可能受到情境因素等条件的影响,下面详细介绍影响消费者对人工智能态度的因素。

(一)消费者的个人特质

每个消费者都是独特的,这也导致了他们对人工智能会持有不同的态度。有研究探讨了个人的创新性及技术焦虑等特征的影响,结果发现个人创新性直接或间接地正向影响人们对人工智能产品的使用意愿以及向他人进行推荐的意愿程度,技术焦虑则会产生负向的影响(Lee et al.,2021)。还有研究表明,消费者的自主性需求、能力性需求和相关性需求会显著影响其使用智能语音助手的意愿(Prentice et al.,2023)。此外,《准备好了吗?人工智能已经到来》的调查结果表明,不同地区的消费者对于人工智能的了解程度、信任度以及接受程度都存在一定的差异。我们可以进一步推断,不同阶层、不同受教育程度的消费者对于人工智能的态度也可能存在差异,因为阶层、社会地位、受教育程度更高的消费者,往往也具备更强的抗风险能力。换句话说,当人工智能开始取代部分人类工作岗位的时候,这类群体并不会受到太强的威胁,人工智能更多是为他们的工作提供辅助,所以这类群

体对人工智能也会呈现出更加包容的态度。正如张仪和王永贵(2022)的研究表明,不同社会阶层的消费者对拟人化服务机器人的感知智能水平和使用意愿不同。具体来说,低社会阶层的消费者对外观拟人化程度较低的服务机器人的感知智能水平较高,其使用意愿也较高;而高社会阶层的消费者对外观拟人化程度较高的服务机器人的感知智能水平较高,其使用意愿也较高。另外,消费者的一些心理层面的特性(如独特性、社交需求等)使其对人工智能态度的影响也是在未来值得探讨的有趣话题。

(二) 人工智能相关属性

商场中,可爱少女形象的服务机器人受到了许多人的欢迎,但如果这个机器人换一种形象,效果可能就没有那么好了。所谓"人靠衣装马靠鞍",人工智能也不例外。有研究表明,机器人的形态能够显著影响消费者对机器人的态度,比如被漫画化的机器人最受消费者的喜爱(Shin & Jeong,2020)。

不仅如此,机器人外观与人类的相似程度也能够影响消费者的态度。但机器人拟人化与消费者态度之间的关系目前仍存在较大争议,有研究表明拟人化程度更高的人工智能更受欢迎(Sheehan et al.,2020),更不会受到人们的抵触(Pizzi et al.,2021),也能激发消费者更强的使用意愿(Blut et al.,2021)。但也有研究认为,拟人化会使消费者产生更强的排斥心理,因为非常像人类的机器人可能会让消费者感到恐怖(Mori et al.,2012),引发消费者更多的不适,比如感到怪异或感到自己的人类身份受到威胁等(Mende et al.,2019)。另外,当消费者处于愤怒情绪时,聊天机器人拟人化(相比于非拟人化)会对消费者满意度、公司评价和购买意愿有负面影响(Crolic et al.,2022)。客服的高度拟人化在服务失败时会加剧消费者对智能客服的厌恶感和负面态度(王海忠等,2021)。我们经常说,"始于颜值,终于才华"。美丽的外表虽然吸引人,但内在的实力同样重要。人工智能提供服务的能力对某些消费者而言或许更为重要。许多研究探讨了人工智能的技术属性对消费者态度的影响,发现人们感知到的"易用性"和"有用性"是两个重要的影响因素(Pillai & Sivathanu,2020;Pillai et al.,2020)。人工智能的功能和情感属性也是有趣的因素,比如消费者感知到的人工智能的新颖性、可信度、形象拟人化程度与能动性都会正向影响消费者对于新闻人工智能主播的态度与接受度(王忆希等,2021),甚至像"社交存在感"和"社交吸引力"这样的社交属性也会对消费者是否愿意使用人工智能产生较大影响(McLean et al.,2021)。

(三) 情境因素

在作研究时,研究者们往往会考虑各种具体情境,因为在不同的情境下,许多因素都会发生改变,这就导致研究结论很难具有很强的普适性。同样,当我们讨论消费者对人工智能态度的命题时,我们也得考虑到情境因素。比如,在销售实用型产品时,人工智能推荐人能起到更好的推荐效果;但在销售娱乐型产品时,人们却更容易被人类推荐人说服(Longoni & Cian,2020)。这是因为消费者在购买娱乐型产品时更加注重情感体验,非常在意服务提供者是否热情,所以在人工服务的条件下消费意愿更高。但在购买实用型产品时,消费者则更加注重产品的功能,在意服务提供者的能力素养,所以更加愿意采纳机器人服务所提供的选择(王燕、侯建荣,2019)。类似的,黄劲松等(2022)的研究证实了消费者不能接受人工智能推荐重视体验和主观感受类的产品;但较为接受人工智能推荐重视效用和实用功能类的产品。当产品或服务不如预期的情况下,使用人工智能(相比于人类)与消费者交流会增加购买可能性和满意度,这是因为消费者认为人工智能相比于人类更加缺乏自私的意图(Garvey et al.,2023)。当网购令人尴尬或私密的产品时,消费者更喜欢与聊天机器人交流,以此避免尴尬(Jin et al.,2024)。又如,同样是辅助管理者进行决策,当人工智能专注于增强(而不是取代)管理者的判断时,它提供的建议会更容易被管理者接受(Guha et al.,2021)。再如,在广告中应用人工智能,消费者对作为辅助营销工具的人工智能的态度是积极的,但对于参与社交媒体活动的人工智能的态度却更多是消极的(Wu et al.,2021)。

(四) 其他因素

通常我们在商场中见到的指路机器人都是可爱类型的,线上的智能客服是以女性角色为主的。正如人岗的匹配程度会影响工作绩效一样,人工智能本身的属性与所处行业的匹配程度也会影响消费者对人工智能的态度。比如在医疗任务中,外向的女性机器人最受欢迎;而当人工智能需要承担起与安全相关的任务时,消费者最愿意接受内向的男性机器人(Tay et al.,2014)。此外,消费者如何看待他们与人工智能的关系也会影响到他们的态度,当消费者认为自己比人工智能更优越时,他们就更愿意互动,并更多地使用人工智能(Schweitzer et al.,2019)。社会的快节奏使得人们生活繁忙且过度依赖智能手机,导致人际关系疏远且缺乏现实社交,智能社交机器人未来在日常陪护、情感陪伴和情感抚慰方面将发挥重要的补充作用(刘伟等,2024),对于独生子女儿童、单身青年和空巢老人而言尤其如此。

■ 小资料

为什么消费者不愿意接受人工智能？——消费者对人工智能的担忧

受访者	描述	关键词
A	我对人工智能的抗拒来自工作。目前的就业市场已经非常紧张了,如果人工智能代替了我们的工作,那我该如何养活自己?	就业威胁
B	在许多情况下,情商是很重要的,人工智能仅凭逻辑的反应是有局限性的,还有无数的变量需要考虑。但是机器没有情感	机器缺乏情感
C	首先,人工智能技术的失控会对社会产生巨大的影响,就像电影中人类失去对机器人的控制权一样。其次,人工智能的广泛使用会让人们很难找到工作,这将导致大规模失业,对低收入群体会造成更大的伤害	不受控制、失业
D	我一直在说,人类总有一天会灭绝,因为人类仅靠自己的智慧将无法生存。这听起来很极端,也很反科技,但当未来一切事物都变得自动化,人类不再使用自己的智慧和身体,人类还能做什么呢?	恐惧
E	虽然人工智能设备接管人类的想法主要体现在科幻小说、电影领域,但依靠人工智能的想法是非常可怕的。虽然人工智能最初可能会帮助我们,但谁能说得准人工智能会不会为了服务自己而对人类产生恶意呢?	不受控制

资料来源:万博宣伟:《准备好了吗,人工智能已经到来》(AI-Ready or Not: Artificial Intelligence Here We Come!),2016 年。

三、消费者对人工智能接受与抗拒的理论解释

消费者对人工智能的态度可以说是复杂多变,不同消费者在不同消费情境下对人工智能作出的评价都截然不同,有些消费者更多持接受态度,有些则更多持拒绝态度。而学者们也在研究中对消费者所表现出来的态度差异进行了解释。比如,消费者会因人工智能强大的功能而选择接受它,也会因人工智能提供的服务缺乏独特性而拒绝它。不过目前大多数的研究结论都难以脱离某一特殊的具体情境,不具有普适性,缺乏概括性的结论。在这里,笔者对相关文献和报告进行了一定的整理,概括出了消费者接受或者拒绝人工智能的一些理由。

关于消费者为何会接受人工智能这一问题,最令人信服的答案就是技术接受模型(TAM)——这也是技术采纳研究中使用最为广泛,认可度最高的模型。它考察了人们采用新技术的行为意愿(包含感知实用性、感知易用性两个因素),后被大量应用于营销学中(见图 5-18)。

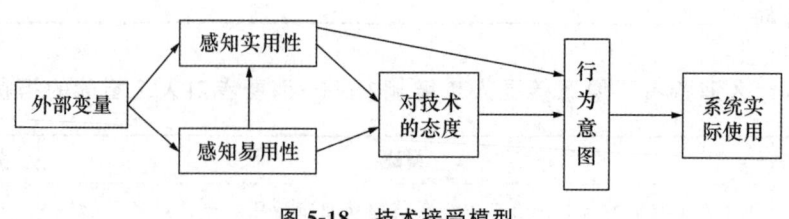

图 5-18　技术接受模型

在此基础上,文卡特斯等(2003)对这一模型进行了拓展,提出了技术接受和使用统一理论模型——UTAUT 模型(见图 5-19)。之后,文卡特斯等(2012)又对 UTAUT 模型进行了延伸,形成了技术接受和使用统一扩展理论模型——UTAUT2 模型(见图 5-20)。其中,UTAUT 模型是在组织环境中开发的,概述了绩效期望、努力期望、社会影响和便利条件这四个独立变量如何影响用户采用给定技术的行为意图。UTAUT2 模型则是对 UTAUT 模型进行了更新,添加了享乐动机、价格价值和习惯这三个变量,更适合应用于消费者使用环境(Huang & Yang, 2020)。我们可以看到,消费者对人工智能的接受程度主要取决于人工智能在功能、社交以及心理等层面能够带来的满足程度。所以,企业可以通过完善人工智能的相关属性来提高消费者对产品的接受程度。

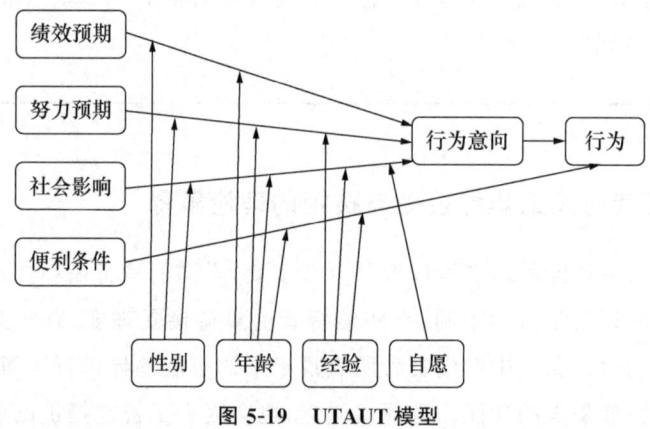

图 5-19　UTAUT 模型

相较于"消费者为何愿意接受人工智能"这一命题,探讨"消费者为何抗拒人工智能"的研究更多、更杂。遗憾的是,到目前为止,对消费者抗拒人工智能原因的研究尚且没有形成一个系统的理论模型。

消费者拒绝人工智能的众多解释中,大多涉及人工智能社交方面的属性,或与消费者心理层面的因素相关,很少有人因为怀疑人工智能的能力而排斥对它的使用。所以许多研究结论都表明,在不告知消费者提供服务的是人工智能还是人类

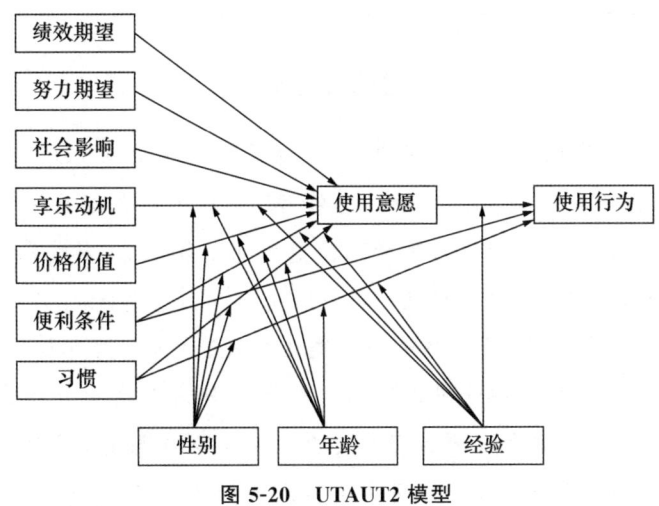

图 5-20　UTAUT2 模型

时,消费者对人工智能的评价反而更高;但当消费者知道服务提供者是人工智能时,态度就会产生非常大的转变。

具体来说,对人工智能的不信任是消费者产生抗拒心理的一大因素,也是许多研究所关注的主题。这种不信任感来源于多个方面,包括感知的风险、被控制的风险、责任风险等(李丹丹,2021)。感知的风险是指消费者本身的风险规避意识,因此消费者会因为对人工智能这一新兴事物有更强的防备心理而不愿意接受它。被控制的风险是指随着人工智能的发展,它对人类会越来越了解,消费者的隐私也会越来越少,这会使消费者开始担心自己有一天会被控制,甚至被替代。责任风险是指涉及人工智能的案件的责任主体归属问题。比如,自动驾驶汽车撞人了,究竟是谁该负责任?是司机、程序开发者、设计师还是制造硬件的厂商?正因为有诸多顾虑,很多消费者才不愿意接受人工智能。

此外,消费者拒绝人工智能的另一大原因是"就业问题"。这一点很好理解,随着人工智能的进步,越来越多常规性的工作会被人工智能所取代,进而导致消费者面临就业转型甚至失业的风险。另外,也有人使用"惯性"来进行解释,认为消费者习惯采用原有的行为方式,但人工智能时代的到来会迫使他们不得不做出改变,所以会选择拒绝人工智能。

最后,恐怖谷效应在一定程度上也可以解释为什么消费者不愿意接受人工智能。恐怖谷效应,是指当人们与类人机器人(与人类酷似但非人类)接触时,对机器人的反应会突然从共情转变为反感,这种充满诡异感的状态就被称为"恐怖谷"(uncanny valley)效应(Mori 等,2012)。

■ 小资料

恐怖谷理论

恐怖谷理论是 1970 年由日本机器人专家森昌弘提出的一个关于人类对机器人和非人类物体的感觉的假设。其中,"恐怖谷"一词来自恩斯特·耶特斯(Ernst Jentsch)1906 年的论文《恐怖谷心理学》,而他的观点因 1919 年被弗洛伊德在论文《恐怖谷》中阐述,后成为一个著名理论。

森昌弘的假设指出:由于机器人与人类在外表、动作上具有相似性,所以人类会对机器人产生一定积极的情感;但是,当机器人与人类的相似度达到一个很高的水平时,人类对它们的反应便会突然变得极其负面和反感,哪怕机器人与人类只有一点点的差别,都会让人觉得整个机器人充满着僵硬恐怖的感觉,犹如一具行尸走肉;而当机器人和人类的相似度继续提升,达到普通人之间的相似度时,人类对它们的情感反应又会再度变得正面,产生人类与人类之间的移情心理。

资料来源:https://baike.baidu.com/item/恐怖谷理论/3684047?fr=aladdin。

本 章 小 结

如何提升客户终身价值一直是企业重点关注的问题,人工智能可以让消费者与企业的接触变得更加高效便捷,减少接触过程中产生的摩擦,并在此基础上逐步完善整段客户旅程,让消费者获得更佳的客户体验,提升客户终身价值。

与此同时,人工智能的出现、应用与普及加速了消费者线上生活化进程,其中,作为数字原住民的 Z 世代和 Alpha 世代更是成为人工智能技术的使用先锋,消费者的决策路径也呈现出自主性加强、更加注重个性化、偏好互动性等新特点、新趋势。

消费者对于人工智能的态度褒贬不一,具体来说,当人工智能为消费者提供服务时,消费者更愿意接受人工智能提供简单的、工具性的服务,而不愿意接受其太过智能和拟人化;当人工智能获取消费者数据时,消费者会产生被利用和被服务两种截然相反的心理,进而导致两种完全相反的态度。技术接受模型能在一定程度上解释消费者接受人工智能的原因,而对于人工智能的不信任、担心人工智能对人类的威胁等是消费者拒绝人工智能的主要原因。此外,影响消费者对于人工智能态度的因素包括消费者层面的因素、人工智能属性相关的因素以及情境因素等。

第五章 人工智能时代的消费者市场

关键名词

接触点　客户旅程　客户终身价值　数字消费者　消费决策路径　消费者态度

思考题

1. 人工智能如何改变客户旅程和客户终身价值？
2. 你是哪类数字消费者？你认为自己有哪些鲜明的消费特点？
3. 在消费生活中，你认为还有哪些方面可以通过引入人工智能而带来更便捷、美好的体验？
4. 人工智能的深度学习是否会对消费者产生威胁？我们该怎样应对？

案例讨论

本章实训

即测即练
（请先扫封底总码）

第六章 人工智能与市场调研

本章学习目标

1. 理解机械人工智能、思考人工智能、情感人工智能各自在市场调研中的作用。
2. 熟悉如何利用机械人工智能收集数据,利用思考人工智能分析市场,利用情感人工智能洞察消费者。
3. 明了人工智能在市场调研中的优势与不足,认识市场调研中人工智能与人类协同的重要性。
4. 懂得市场调研过程不同阶段应用的人工智能工具。

第六章 人工智能与市场调研

 **引例 全球视角：人工智能技术如何重塑市场和用户研究领域**

Qualtrics是一家全球领先的体验管理和数据洞察公司，于2024年调查了14个国家的3000多名市场研究人员，了解他们如何拥抱新技术，所在企业如何评价他们的工作价值，以及他们在未来12个月的首要任务是什么。这项调查发现了四个趋势：

1. 市场研究人员正在迅速拥抱人工智能

近一半（47%）的研究人员表示，他们每天都在使用人工智能。43%的研究人员表示，当效率是营销主管考虑的首要问题时，人工智能可以让团队能够在团队规模和预算相同的情况下完成更多的研究工作。25%的受访者担心人工智能会超越个人或团队能力，大多数研究人员（87%）对自己的工作安全性感觉良好。

2. 远程和虚拟研究将继续扩大

目前，87%的企业一半及以上的定性研究选择了在线或远程进行，85%的企业预计明年一半及以上定性研究将在线上或远程进行。研究人员认为，这种向数字化定性研究的转变不仅能实现更多的个性化，而且还提供了多样性和包容性的机会，同时有可能通过扩大目标受众范围来减少偏见和歧视。唯一的问题是什么？36%的研究人员表示，他们无法与受访者建立像面对面沟通那样良好的关系。

3. 研究人员转而利用技术来解决日益增长的数据质量问题

全球近一半（43%）的研究人员表示，"在使用在线服务商收集数据时，识别和/或阻止人工智能生成的回复是一项挑战"。但是，人工智能也可以比人类更高效且有效地梳理成千上万的数据点，从而节省时间、金钱和资源。绝大多数研究员（79%）表示，自动化数据质量解决方案对识别劣质答复非常有帮助，并有30%的受访者表示他们已经在使用人工智能来检测调查中的欺诈活动。

4. 研究技能差距正在扩大，但人工智能可以帮助缩小这一差距

33%的研究人员表示，将市场研究项目外包的主要原因是他们的团队不具备内部管理这些项目所必需的技能。44%的研究人员表示，他们一定会将人工智能解决方案用于"通过自然语言命令自动化工作流程"。46%的研究人员表示，他们一定会将人工智能解决方案用于"为特定主题生成调查问卷的问题"。

资料来源：勺海微信公众号，2024年8月1日。

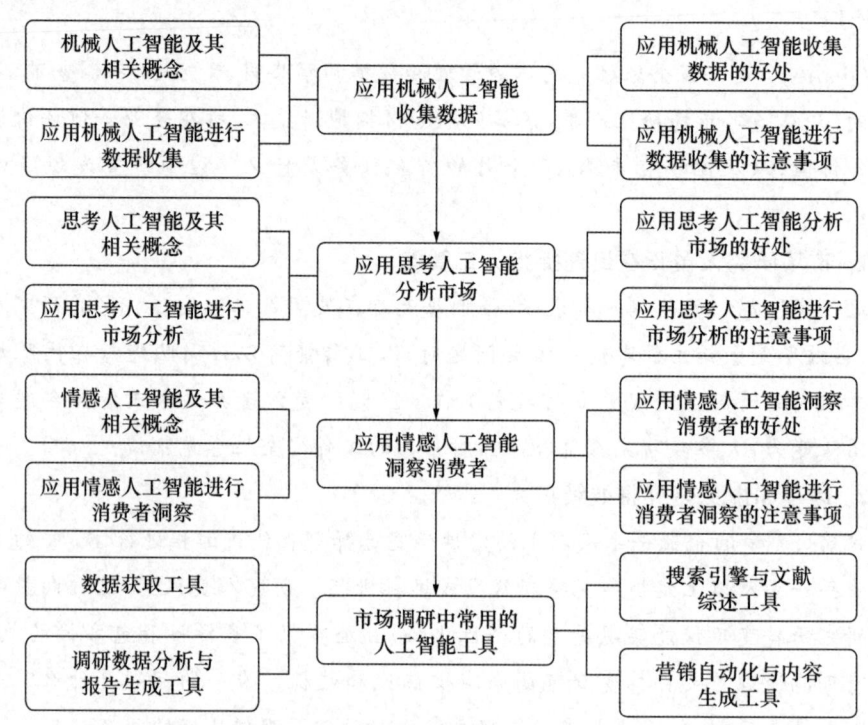

人工智能技术的应用使企业有更全面的渠道和更多样的方式获取用户的相关信息，同时基于深度学习和知识图谱等技术，推荐系统能够实时分析和更新用户偏好，有效缓解冷启动和推荐滞后的问题，从而在以往个性化推荐的基础上实现更精准有效的智能推荐。例如，小米通过智能手机、智能手环、智能家居等产品积累多维用户数据，在此基础上结合深度学习和自然语言处理等核心技术，通过关联分析建立多维标签，通过标签和算法精准识别用户的实时应用场景和需求，从而在适当的时间和场景智能推荐合适的产品与服务。企业在市场调研工作中，常用数据获取工具、数据分析与报告生成工具、搜索引擎与文献综述工具、营销自动化与内容生成工具等四类人工智能工具，以降本增效。

第一节 应用机械人工智能收集数据

传统的数据收集方法主要是发放调查问卷、从企业获取产品购买数据和报表等。随着信息技术的发展，人们开始通过能够抓取信息和内容处理的计算机技术来收集企业宣传内容、消费者评论等文本数据。同时，大数据时代出现的手机应用程序（App）的运行后端能够帮助采集消费者的浏览、点击和观看等行为数据；人脸识别系统和数码设备可以记录消费者的表情、行为等图像数据。总之，在数据互联互通的世界里，可以轻松跟踪和监控市场数据。数据传感、跟踪和收集是例行的、重复的任务，可以通过机械人工智能轻松实现自动化的数据收集。

一、机械人工智能及其相关概念

（一）机械人工智能的概念

机械人工智能（Mechanical AI），是指能自动执行常规和重复任务的人工智能。例如，遥感、降维、机器翻译、分类算法、聚类算法等技术都是属于机械人工智能。服务机器人、搜索引擎就是非常典型的机械人工智能的应用。机械人工智能有两大特征：一是不需要太多的创造力，因为任务只需要执行很多次并几乎不需要额外的思考就能完成；二是不需要进行高级培训或教育。

■ 小案例

智能客服机器人服务平台

智能客服机器人服务平台可以精准判断访客问题，并给出正确答案，它的目的是节省人力。如果智能客服咨询过程中遇到需要人工解答的问题，智能客服就要通过切换，由后台客服机器人辅助工作人员进行回复。但智能客服的好处是可以利用对重复问题的学习记忆进行快速回答，对咨询中的错误语法和字词进行模糊处理等。智能客服的精准程度在于知识库。目前，智能客服机器人服务平台在360商城、酷派商城、东软、巨人游戏、猪八戒网、一加手机等科技公司均有应用，覆盖了电商、手游、网络媒体等多个行业领域。

资料来源：《服务机器人的几个典型应用案例分析》，https://www.robot-china.com/news/201803/29/50198.html。

（二）数据的概念

数据就是数值，也就是通过观察、实验或计算得出的结果。数据有很多种，最简单的就是数字，也可以是文字、图像、声音等。数据可以用于科学研究、设计、查证、数学等。数据不仅在量级上不断增加，而且在数据类型上也变得更加多样。数据类型从原有的结构化数据扩展到非结构化数据。结构化数据也是数据库数据，规则、完整，能够通过二维逻辑来表现的数据，严格遵循数据格式与长度规范，常见的有数据库表、Excel等二维表。半结构化数据同样严格遵循数据格式与长度规范，数据规则、完整，但无法通过二维关系来表现，常见如JSON、XML等形式表达的复杂结构。非结构化数据是指那些没有预先定义的数值，数据结构不规则或不完整，不方便用二维逻辑表来表现，需要经过复杂的逻辑处理才能提取其中的信息内容，如社交媒体中的文本、图像、声音或来自移动设备的位置数据等。

（三）降维的概念

对于属性较多的大型数据集而言，进行降维处理非常有必要。降维不仅能使数据属性维数降低，去除数据噪声，减少内存开销，还能更好地解释数据，实现数据可视化。更重要的是数据经过降维后，有助于我们更好地理解数据，提取深层特征。在无监督学习中比较常用的降维算法有三种：主成分分析、因子分析和独立成分分析。

（四）分类算法的概念

分类算法是监督学习领域的一个核心问题，用于推测输入数据的类别。当分类类别的数量为二时，称为二分类问题；当分类类别的数量为多个（大于二）时，称为多分类问题。分类算法常见的组件有GBDT二分类、线性支持向量机、K近邻、决策树分类、多层感知机分类、朴素贝叶斯分类、LightGBM分类、逻辑回归分类等。

（五）聚类算法的概念

聚类是无监督学习领域研究较多的问题，其目的是将数据分为多个簇，簇内的样本较为相似，簇与簇之间的样本差距较大。例如，在电商领域用聚类算法发现兴趣相似的用户，进而给这类用户推荐相似的商品。通过数据预处理和特征工程组件将原始数据处理成输入的特征，就可以通过聚类组件对数据进行聚类。常见的组件有K-means聚类、高斯混合模型等。

二、应用机械人工智能进行数据收集

机械人工智能可以自动进行市场、环境、公司、竞争对手、顾客等各方面的数据收集。现有研究已经展示了使用机械人工智能进行数据收集的各种方法。例如，

Liu、Singh 和 Srinivasan(2016)展示了各种在线平台通过云计算处理非结构化大数据来预测销售和消费情况；Cooke 和 Zubcsek(2017)阐述了通过顾客使用智能连接设备收集有关消费者、消费者的活动和消费环境的数据；Ng 和 Wakenshaw(2017)具体说明了通过物联网可以将产品使用和消费体验进行可视化；Balducci 和 Marinova(2018)提出了利用各种先进的技术和分析可以捕获非结构化的营销活动数据；Soleymanian 等(2019)发现了通过汽车内置传感器可以跟踪驾驶行为以便更精准、更个性化地确定保险费；Kirkpatrick(2020)指出了通过热图、视频监控和信标等零售技术剖析和识别零售购物者。这些研究表明，基于市场数据的重复性、常规性和海量性，机械人工智能可以有效地大规模收集数据。

■ 小资料

物联网网络架构

随着物联网应用的快速孵化，物联网连接设备的数量呈现出指数形式的飞速增长。设备的数量增长毫无疑问带来了物联网网络数据流量的爆炸式增长。物联网终端设备通常会嵌入各种智能传感器，以实现对现实世界的感知并无缝将数据传输到网络世界。海量的物联网连接将生成用于交换海量的数据，并以此方式支撑人们的智能家居、车联网等场景。如图6-1所示，典型的物联网系统由以下三个主要部分组成，分别是用于数据感知的感知网络、主要进行机器间数据传输的传输网络以及实时分析数据作出反馈的分析网络。

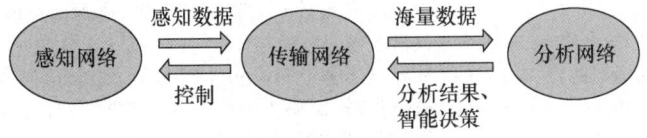

图 6-1　物联网网络架构

资料来源：Verma, S., Kawamoto, Y., & Fadlullah, Z. M., et al. A Survey on Network Methodologies for Real-Time Analytics of Massive IoT Data and Open Research Issues[J]. Journal of IEEE Communications Surveys & Tutorials, 2017, 19(3): 1457-1477.

从空间维度来看，用户行为可以分为线上行为和线下行为两类，采集这两类行为所产生的数据的使用方法是不一样的。

（一）线上行为采集

线上行为的主要载体可以分为传统互联网和移动互联网两种，对应的形态有PC系统、PC网页、H5、小程序、App、智能可穿戴设备等。在技术上，数据采集主要有客户端SDK埋点和服务端SDK埋点等方式。其中，客户端SDK埋点主要是通过在终端设备内嵌入埋点功能模块，通过模块提供的能力采集客户端的用户行为数据，并上传回行为采集服务端。

1. 客户端埋点

常见的客户端埋点方式有三种：全埋点、可视化埋点和代码埋点。全埋点是将终端设备上用户的所有操作和内容都记录并保存下来，只需要对内嵌SDK作一些初始配置就可以实现收集全部行为的目的。也经常被称为无痕埋点、无埋点等。可视化埋点是将终端设备上用户的一部分操作，通过服务端配置的方式有选择性地记录并保存。代码埋点是根据需求来定制每次的收集内容，需要对相应的终端模块进行升级。客户端三种埋点方式的适用场景和优缺点如表6-1所示。

表6-1 三种客户端埋点方式的适用场景与优缺点对比

概念	适用场景	优缺点
全埋点	适合于终端设计标准化且有统一系统接口的情形	优点是不用频繁升级，一次性验证并发布后，就可以获取终端的全量行为数据。当突然发现需要对某个对象作分析时，可以直接从历史数据中找到所需的数据，不需要再次进行数据收集； 缺点是数据存储、传输的成本会高一些，有些当前不用的数据也需要保留
可视化埋点	适合于需要考虑存储和带宽成本的情形	优点是发布后不需要频繁升级，成本比全埋点低，并且能够灵活配置； 缺点是当需要对某一个对象进行分析，但发现其数据没有被采集时，需要重新配置并等数据采集完成再进行后续工作，容易影响业务进度
代码埋点	适合于终端设计非标准化、事件行为需要通过代码来控制的情形	优点是灵活性强，针对复杂场景可以单独设计方案对存储、带宽等可以作较多的优化； 缺点是成本高、维护难度大、升级周期较长

图6-2所示为某站点的网站行为埋点日志，该埋点日志中记录了数据的类型（logtype）、内容标题（title）、行为的上一级页面（pre）、用户的屏幕分辨率（scr）、用户标识（cna）、用户名（nick）等各类信息。在收集到这些数据后，后端运营就可以据此进行挖掘和分析，从而指导产品、运营的优化。例如，根据用户的屏幕分辨率数据，可以在产品布局上做更好的适配；通过行为的上一级页面，可以知道用户是从哪个

页面进入当前页面的,进而优化用户行为路径等。

图 6-2　埋点日志

2. 服务端埋点

除了客户端埋点,常见的线上埋点还有服务端埋点,即通过在系统服务器端部署相应的数据采集模块,将这部分数据作为行为数据进行处理和分析。服务端埋点常见的形态有 HTTP 服务器中的 access_log,即所有的 Web 服务的日志数据。客户端的三种埋点方式,常见的简化实现方案一般也会配合 HTTP 服务器中的 access_log 来落地,但有时为了更好地融合,会定制一些服务端的 SDK,用于捕获服务端系统中无法通过常规访问获取的数据信息,如内部处理耗时、包大小等数据。

服务端埋点的优点很明显,如果需要获取的用户行为通过服务端请求就可以采集到或者通过服务端内部的一些处理逻辑也能获取时,为了降低客户端的复杂度、避免一些信息安全的问题,常常会采用这种方式来收集用户行为数据。但其弊端也很明显,有些用户的行为不一定会发出访问服务端的请求,就无法采集到这部分数据。因此,服务端埋点一般会和客户端埋点结合使用,相互补充,以完成对整个用户行为的采集。

(二) 线下行为采集

线下行为数据主要通过一些硬件来采集,如常见的 Wi-Fi 探针、摄像头、传感器等。随着设备的升级,各种场景中对智能设备的应用也越来越多,安防、客户监测、考勤等都开始深入到生活中。常见的主要有 Wi-Fi 信号采集、信令数据采集、图像视频采集以及传感器探测等。

通过 Wi-Fi 信号采集周边移动设备数据是之前比较常用的方式,但由于有些不合规的使用涉及个人隐私,手机操作系统也针对这类现象作了一定的防采集处理,出于隐私保护、系统防护等原因,现在这种采集方式已经不怎么使用。Wi-Fi 信号采集的主要原理是通过信号探测的协议,当热点附近的移动设备在探测 SSID 时,会建立网络连接,从网络协议中获取手机的网络设备号。

图像视频主要通过智能摄像头来采集,目标对象进入相应区域后摄像头可以识别相关信息,然后采集和保存图像并生成唯一标识。另外,基于深度学习的人体识别方案,能准确识别图片或视频中的人体相关信息,具有人体检测与追踪、关键点定位、属性分析、人流量统计、手势识别等能力。

■ 小资料

基于深度学习的人体识别方案(机械人工智能小样例)

(1) 人体关键点识别。检测图像或视频中所有人体的14个关键点,包含四肢、脖颈、鼻子等部位,支持多人检测、俯视视角、人体动作变化等复杂场景。

(2) 人体属性分析。识别人体静态属性、行为动作,支持数十种属性,包括性别、年龄段、衣着、颜色、配饰、是否抽烟、是否使用手机等。

(3) 人流量统计。识别统计图像或视频中的人体个数和流动趋势,以俯拍角度为主要识别视角,支持特定框选区域的人数统计。

(4) 手势识别。识别多种手势,包括OK、手掌、食指、拳头等,支持直接部署在手机端,在Android与iOS平台上均可稳定运行。

资料来源:百度、知萌:《AI赋能营销白皮书》,2018年。

(三) 互联网数据采集

网络爬虫又称为网页蜘蛛,是一种按照既定规则自动抓取互联网信息的程序或者脚本,常用来做网站的自动化测试和行为模拟。谷歌、搜狗、百度等提供的互联网信息检索能力,都是基于它们内部自建的网络爬虫,在遵守相关协议的情况下,不断爬取互联网上的新鲜网页信息,对内容进行处理后提供相应的检索服务。

网络爬虫有多种实现方式,目前有较多的开源框架可以使用,如 Apache Nutch 2、WebMagic、Scrapy、PHPCrawl 等,可以快速根据企业的实际应用场景去构建数据抓取逻辑。当然,需要遵守相应的协议和法规,同时避免对目标网站造成过大的请求压力。

三、应用机械人工智能收集数据的好处

应用机械人工智能收集数据的好处:一是通过连接技术(如物联网、社交网站、移动应用程序)、传感器技术(如遥感、检测)和可穿戴技术(如智能手表、Fitbit)等,机械人工智能可实时跟踪和捕获发生时的数据;二是机械人工智能没有人的疲劳,能以非常可靠的方式响应环境,能生成具有标准化、一致性和可靠的结果;三是节约

了在数据采集以及整理上所花费的精力和时间,缩减了营销成本。

四、应用机械人工智能进行数据收集的注意事项

尽管目前的机械人工智能能够自动收集并汇聚多个数据源,但是,数据的语境信息经常在交互过程中丢失,这使得在建模过程中遇到不少问题,对于情感数据尤其如此。一位戴尔公司的人工智能专家曾在2019年表示,使用机器学习方法进行情绪分析建模并不难,但是难点在于情绪化数据难以捕捉,因此无法进行相应分析。Rust和Huang(2020)指出,在客户服务互动中,虽然对话内容会被记录下来,但关于对话的语境无法记录。例如,当一位愤怒且沮丧的客户打电话来,他的说话方式会因他所处的情景(如独自一人还是与一群朋友在一起,天气阴沉或晴朗,交通是否畅通)不同而不同。即使语音分析可以检测到他的声音的情绪,但关于客户为什么生气,以及用什么最好的方式进行回应,机械人工智能还无法进行很好的应对。

另外,由于机械人工智能收集数据,更多是机器与机器之间进行对话,这也在一定程度上减少了企业与客户的亲密度,因此如何平衡运营效率和客户亲密度是个值得研究的问题。

需要注意的是,消费者对某些类型的数据更敏感,如个人数据、财务数据、健康数据等,因此,在提供个性化服务时,营销人员要了解消费者的信息共享意愿类型,以免在机械人工智能收集数据时,发生隐私侵犯和数据泄露。

第二节　应用思考人工智能分析市场

一、思考人工智能及其相关概念

(一) 思考人工智能的概念

思考人工智能(Thinking AI)是指通过处理数据以获得新的结论或决策的人工智能,其处理的数据通常是非结构化的。思考人工智能擅长通过文本挖掘、语音识别和面部识别来识别数据中的模式和规律。机器学习、神经网络和深度学习(具有附加层的神经网络)是思考人工智能当前处理数据的主要方法。IBM Watson、专家系统和推荐系统是当前思考人工智能的一些决策应用程序。

(二) 文本挖掘的概念

文本挖掘(Text Mining,TM),又称文本数据挖掘(Text Data Mining,TDM)或文本知识发现(Knowledge Discovery in Texts,KDT),是一种跨领域的,运用信息

检索、信息提取、计算语言、自然语言处理、数据挖掘等技术,在非结构或半结构化的文字中发掘出先前未知、隐含而有用的信息的应用。

(三) 语音识别的概念

语音识别也称为自动语音识别(Automatic Speech Recognition,ASR),主要是将人类语音中的词汇内容转换为计算机可读的输入内容,一般都是可以理解的文本内容,也有可能是二进制编码或者字符序列。语音识别是一项融合多学科知识的前沿技术,覆盖了数学与统计学、声学与语言学、计算机与人工智能等基础学科和前沿学科,是人机自然交互技术中的关键环节。语音识别应用最广泛的三种情境为"语音转换""人机对话""机器人客服"。

(四) 面部识别的概念

面部识别,是基于人的脸部特征信息进行身份识别的一种生物识别技术。它是指用摄像机或摄像头采集含有人脸的图像或视频流,并自动在图像中检测和跟踪人脸,进而对检测到的人脸进行脸部识别的一系列相关技术,通常也叫作人像识别、人脸识别。

(五) 人工智能、机器学习、深度学习与神经网络的关系

机器学习是指不直接编程却能赋予计算机提高能力的方法。更明确地说,机器学习指的是计算机通过某项任务的经验数据提高了在该项任务上的能力。简而言之,机器学习是让机器学会算法的算法。神经网络是一种模仿生物神经网络的结构和功能的数学模型或计算模型,用于对函数进行估计或近似,在人脸识别、自动驾驶和风险评估等商业领域有广泛的应用,著名的 AlphaGo 就是基于神经网络的围棋智能机器人。深度学习是机器学习中一种基于对数据进行表征学习的算法,源于对人工神经网络的研究,通过组合低层特征形成更加抽象的高层表示,以发现数据的分布式特征表示。人工智能、机器学习、神经网络和深度学习的关系如图 6-3 所示。

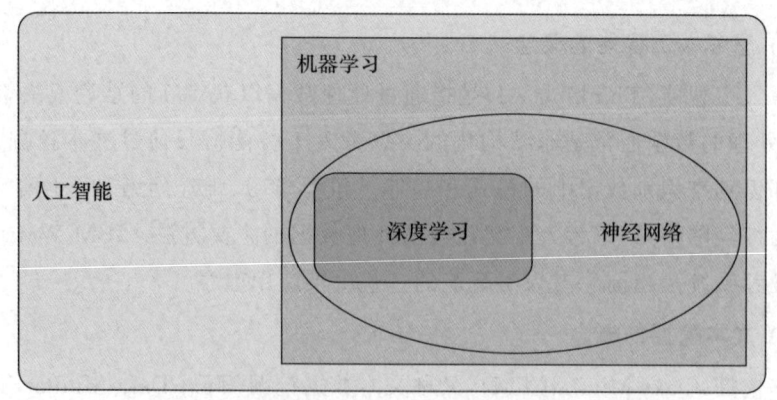

图 6-3　人工智能、机器学习、神经网络和深度学习关系图

二、应用思考人工智能进行市场分析

思考人工智能可用于识别明确定义的市场中的竞争对手或新市场中的外部选择,并获得有关产品的竞争优势的洞察(即用比竞争对手更好的方式来满足客户需求)。例如,有监督的机器学习可用于市场结构稳定且为营销人员所知的成熟市场,而无监督的机器学习可用于新市场或市场结构与发展趋势不稳定且不为营销人员所知的外部选择。在营销实践中,思考人工智能通常是用于预测波动的市场趋势和客户的异质偏好。例如,时尚服装品牌 Gap 用它来预测快时尚趋势以更好地满足客户需求,而亚马逊用它来预测客户未来的订单(即预期履行)。

现有研究已经证明了思考人工智能进行市场分析的各种潜在用途。自动文本分析可用于消费者研究(Humphreys and Wang,2018)和营销洞察(即预测和理解)(Berger et al.,2019)。机器学习算法和基于词典的文本分类可用于分析各种社交媒体数据集(Hartmann et al.,2019)。此外,大数据营销分析现在是产生营销洞察力的主流方法(Berger et al.,2019;Chintagunta et al.,2016;Liu et al.,2016;Wedel and Kannan,2016)。具体应用包括:(1)通过使用神经网络语言模型分析购物车中共同出现的产品,为大型零售机构提供信息(Gabel et al.,2019);(2)使用机器学习模仿检测方法检测"山寨"移动应用程序(Wang et al.,2018);(3)通过采用自然语言处理算法来帮助社交媒体内容工程发现社交媒体营销内容与用户参与度的关联(Lee et al.,2018)。

收集到的数据就像原始的矿石或商品的原材料,数据开发就像是"商品"生产的流水线,让数据能根据业务的需求转换成新的形态,将原本看起来没有价值的数据变成有价值的资产。数据开发涉及的产品能力主要有离线开发、实时开发和算法开发三部分。

■ **小资料**

数据计算能力的四种类型

计算能力根据场景抽象分成四大类:批计算、流计算、在线查询和即席分析。不同场景配合不同的存储和计算框架来实现,以满足业务的复杂需求,如图 6-4 所示。

批计算　　　流计算　　　在线查询　　　即席分析
海量数据　　实时数据　　毫秒级RT　　秒级RT
批量计算　　毫秒级RT　　高QPS　　　　内存计算

图 6-4　数据计算能力的四种类型

1. 批计算

主要用于批量数据的高延时处理场景，如离线数仓的加工、大规模数据的清洗和挖掘等。目前大多是利用 MapReduce、Hive、Spark 等计算框架进行处理，其特点是数据吞吐量大、延时高，适合人机交互少的场景。

2. 流计算

也叫实时流计算，对于数据的加工处理和应用有较强的时效性要求，常见于监控告警场景，例如实时分析网络事件，当有异常事件发生时能够及时介入处理。例如，阿里巴巴"双 11"的可视化大屏上的数据展现是根据浏览、交易数据经过实时计算后展现在可视化大屏上的一种应用。这类场景目前应用较多的计算框架主要有 Flink、Spark Streaming 和 Storm 等。

3. 在线查询

主要用于数据结果的在线查询、条件过滤和筛选等，如数据检索、条件过滤等。根据不同的场景也会有多种选择，如营销场景对响应延时要求高的，一般会采集缓存型的存储计算，如 Redis、Tair 等；对响应延时要求正常的，可以选择 HBase 和 MySQL 等；需要进行条件过滤、检索的，可以选择 Elasticsearch 等。企业一般对在线查询的需求比较旺盛，因此可能会有多套在线计算的能力提供服务。

4. 即席分析

主要用于分析型场景和经验统计。一般而言，企业 80% 的数据处理需求是在线查询和即席分析。针对不同维度的分析，有多种方式可以提供，提前固定计算的维度、根据需求任意维度的交叉分析（ad-hoc）等都是常见的场景。目前也有很多相应的产品、框架来支撑这方面的应用，如 Kylin、Impala、ClickHouse、Hawk 等。

资料来源：付登坡，江敏，任寅姿，等．数据中台：让数据用起来[M]．北京：机械工业出版社，2020．

（一）离线开发

离线开发套件封装了与大数据相关的技术，包括数据加工、数据分析、在线查询、即席分析等，同时也将任务的调度、发布、运维、监控、告警等进行整合，让开发者可以直接通过浏览器访问，不再需要安装任何服务，也不用关心底层技术的实现，只需专注于业务的开发，帮助企业快速构建数据服务，赋能业务。

将数据汇聚到中台后需要对其进行进一步加工处理，一般来说，企业有60%—80%的场景需要用到离线批处理的能力，这个过程就像一条数据的生产流水线，将采集和汇聚起来的原始数据，通过离线加工的各个环节和相应的数据处理模型，形成有价值的数据资产。在这个过程中，离线开发套件需要一些核心的功能（如作业调度的策略机制、对于数据生产时效的基线控制、企业当前信息化架构下各类异构数据源的适配、数据权限的管控等）来保障数据加工的过程易用可控。

（二）实时开发

随着数据的应用场景越来越丰富，企业对于将数据价值反馈到业务中的时效性要求也越来越高，很早就有人提出过一个概念：数据的价值在于数据的在线化。实时开发套件是对流计算能力的产品封装。实时计算起源于对数据加工时效性的严苛需求：数据的业务价值随着时间的流逝会迅速降低，因此在数据产生后必须尽快对其进行计算和处理。通常而言，实时计算具备以下三大特点：

第一，实时且无界（unbounded）的流式数据。实时计算面对的计算是实时的、流式的，流数据是按照时间发生的顺序被实时计算订阅和消费的；并且，由于数据产生的持续性，流数据将长久且持续地集成到实时计算系统中。

第二，持续且高效的计算。实时计算是一种"事件触发"的计算模式，触发源就是上述的无界流式数据。一旦有新的流数据进入实时计算，实时计算立刻发起并进行一次计算任务，因此整个实时计算是持续进行的高效计算。

第三，流式且实时的数据集成。流数据触发一次实时计算的计算结果，可以被直接写入目的存储中，例如，将计算后的报表数据直接写入MySQL进行报表展示。因此，流数据的计算结果可以类似流式数据一样持续写入目的存储中。

基于Storm、Spark Streaming、Apache Flink构建的一站式、高性能实时大数据处理能力，广泛适用于实时ETL、实时报表、监控预警、在线系统等多种场景，让用户彻底规避繁重的底层流式处理逻辑开发工作，助力企业向实时大数据计算升级转型。实时开发涉及的核心功能点包括元数据管理、SQL驱动式开发、组件化配置以及多计算引擎。

（三）算法开发

面对百亿样本级别的数据量，传统的数据挖掘在辨识价值信息、挖掘数据关系和数据趋势方面捉襟见肘。此外，DT时代的业务具有快速迭代、敏捷开发、灵活试错的特性，新的时代特征为数据智能化发展带来了新的挑战，具体表现在如下方面：

(1)数据处理难度加大;(2)业务处理要求变高;(3)烟囱式的开发模型;(4)散落各地的模型服务;(5)模型研发环节繁多;(6)冗余分散的基础设施;(7)数据处理/特征工程;(8)多角色企业研发团队。

因此,一款能支撑多环境、多集群、多形态模型服务化能力的算法开发工具对企业创新业务、实现数据智能化起着至关重要的作用。

算法开发作为一站式的企业级机器学习工具,旨在快速赋予企业构建核心算法服务的能力,它集成了以批计算为核心的离线模型训练功能,以流计算为核心的在线机器学习,以及基于在线查询、即席分析的数据探索和统计分析能力。算法开发套件为算法人员提供可视化建模和 Notebook 建模两种建模方式,集成主流的机器学习、深度学习计算框架和丰富的标准化算法组件能力,在开展数据智能、数据科研、预测分析等方面能够帮助企业快速实现人工智能应用的构建与落地,整体架构如图 6-5 所示。

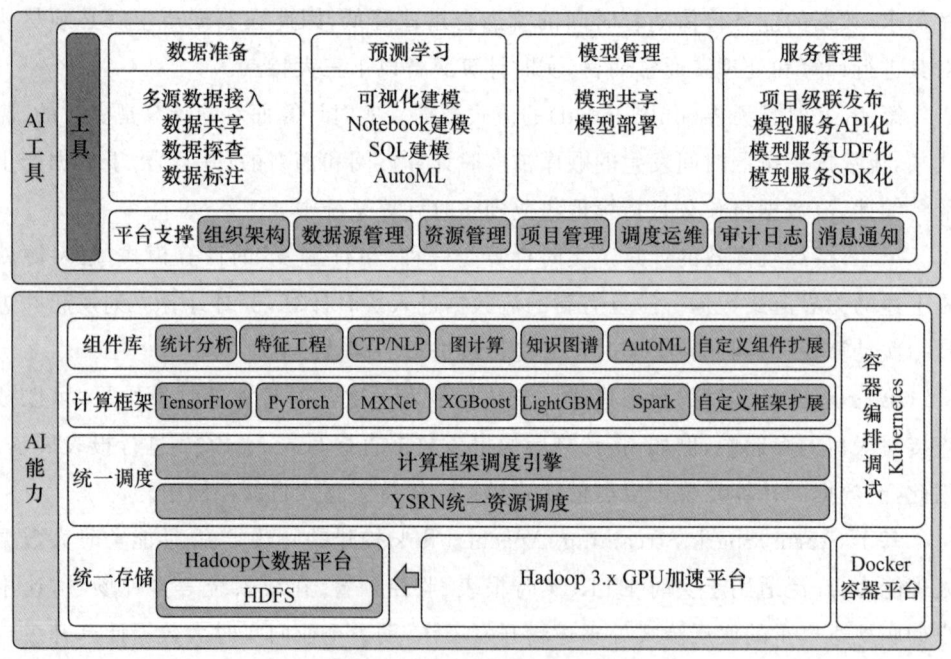

图 6-5　算法开发套件架构图

作为数据开发的重要工具,算法开发需要满足复杂的学习预测类智能需求,输出算法模型能力,将数据洞察升级为学习预测,驱动业务创新。当数据开发和资产加工无法满足数据挖掘、算法标签生产等场景的需求时,算法开发可为离线开发和实时开发提供算法模型。加工好的数据和标签资产又能被算法开发用于模型训练和学习预测,支持智能需求研发。不同企业的算法应用场景也不一样,数据的差异性也决定了每个企业的算法效果会有很大差别,数据和特征决定了机器学习的上限。

■ 小案例

电子商务中消费者评论意见提取

本案例尝试结合非结构化的评论文本特性,从纷繁复杂的原始评论中选取一部分评论子集以代表原始集合,为消费者高效购物提供决策支持。具体步骤如下:

1. 数据获取

从爱彼迎平台上抓取了306个民宿服务的31985条用户评论,因字数过少的评论往往没有太多价值,因此删除了少于3个字的评论,共留下306家民宿共计26556条评论。

2. 商品属性识别

商品属性是指与商品有关的属性或功能。商品属性识别是要从非结构化的文本评论中将属性提取出来。在此采用一种基于句法依存关系,通过属性词和情感词的双向传递来同时识别属性词和情感词的无监督方法(Double Propagation)。句法依存关系(Dependency Parsing)是指一个句子中词与词的依赖关系,以下面这句话为例介绍依存关系:"这家民宿的老板很友善,房间很温馨。"(见图6-6)。

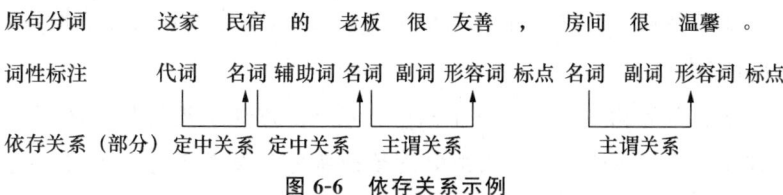

图6-6 依存关系示例

明确句法依存关系后,利用其来识别属性词和情感词。首先,需要定义词与词之间的直接关系和间接关系。直接关系是指一个词直接依赖于另一个词或是它们同时依赖于第三个词;间接关系是指一个词通过其他词依赖于另一个词或它们都通过不同的其他词依赖于第三个词。其次,需要分析属性词和情感词的共性以及这些词之间的依存关系特征。用户在撰写评论时,属性词通常使用名词,情感词通常使用形容词,常用的句法依存集中在定中关系、动宾关系、主谓关系和并列关系。双向传递方法的核心思想是预先定义一些出现频次高的直接依存关系,并设置少量常用的形容词作为种子词,然后搜索与种子词有直接或间接关系的名词作为属性词,形容词作为情感词,并将新发现的词加入种子词作为新种子继续搜索,直至没有新词出现。最后,从非结构化的用户评论中抽取出了属性词和情感词。为了便于后续的子集提取任务,需要对商品属性进行归约处理。第一步,使用不同领域的评论语料训练 Word2Vec 模型,利用模型计算每个属性词的表征向量;第二步,使用 K-means 方法对属性进行聚类;第三步,将相近的类进行合并,并命名得到新的商品属性大类。

3. 属性情感分析

情感分析是通过自然语言处理技术来判断作者表达的主观信息,本质上是分类问题。常见的情感分析有文档层面、句子层面和词层面三个层面。上一步中已经基本识别出了与属性词直接相关的情感词,因此采用较为直接的情感判断方式,即利用训练好的 Word2Vec 模型分别计算未知倾向的情感词和正向情感词、负向情感词之间的相似度,若其与正向情感词的相似度较大,则判断为正向;反之,则为负向。当该情感词附近存在否定词时,该情感词的情感倾向相反。这是一种简单直接地进行属性层面情感分析的方法,也可以采用如支持向量机、深度学习等机器学习方法进行高效的属性层面情感分析。

4. 数据转换

从非结构化的评论文本中识别出商品属性和属性情感倾向后,需要将每条评论转换为长度为 24 的二元向量,24 维分别代表 12 个正向情感的属性词和 12 个负向情感的属性词。若一条评论中含有某一情感倾向的属性词,则该维度值为 1,否则为 0。至此,从非结构的评论文本中抽取出了关键信息,并将其转化为结构化数据。

5. 分析方法

具有代表性的评论通常参考以下三个标准:① 评论子集的质量尽可能高,即最大化 $\sum 2\_kQ$,只要根据计算的结果选取质量最高的前 k 条评论即可,这一方法记做 Max-Q;② 评论子集尽可能覆盖所有商品属性,即最大化 $\sum 2\_k|attribute|$,通过贪婪算法,将能使评论子集覆盖的商品属性尽可能多的评论优先纳入评论子集中,这一方法记做 Greedy-U;③ 评论子集与评论总体中观点分布一致,即需要定义观点分布,每个观点在集合中的占比表示该集合的观点分布,子集观点分布与全集观点分布的欧几里得距离越小,说明两者的差异越小。通常采用贪婪算法获取近似解,这一方法记做 Greedy-CRS。

6. 分析结论

通过两个指标比较选取的评论子集表现:一是覆盖度(Coverage)指标,该指标衡量评论子集中覆盖评论总体提到的属性的比例,该指标越大说明评论子集覆盖评论总体的信息越多，效果越好。二是观点分布一致性（Opinion Consistency）指标，该指标度量评论子集与评论总体的观点分布一致性，指标越小说明评论子集的观点分布与总体越一致，结果越好。

图6-7为三种方法的覆盖度结果，其中表现最好的为Greedy-U方法，符合预期。紧随其后的是Max-Q方法，其评论质量的衡量方式在很大程度上靠近覆盖度这一指标，从而排名靠前。而由于Greedy-CRS方法的优化目标与商品属性数量关系不大，因此该方法在覆盖度指标上表现较差。

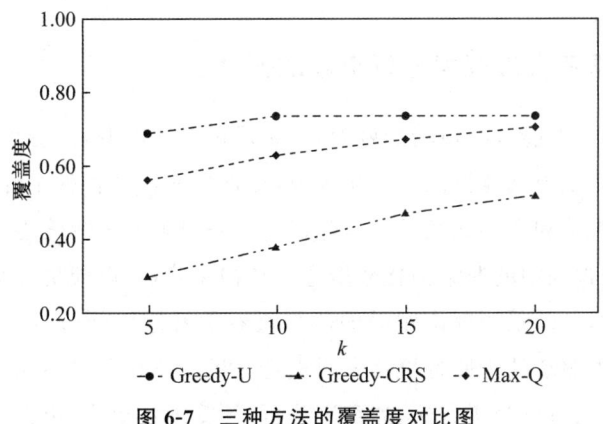

图 6-7　三种方法的覆盖度对比图

图6-8为三种方法的观点分布一致性结果，表现最好的是Greedy-CRS方法，Greedy-U方法的表现也较好。Max-Q方法的表现较差，究其原因主要是在进行评论质量估计时，只考虑了情感词的数量，并没有考虑任何有关情感的正负极性以及观点的分布情况，因此表现较差。

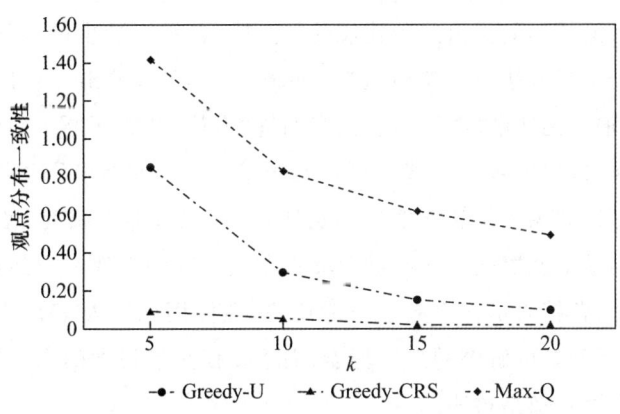

图 6-8　三种方法的观点分布一致性对比图

从评论子集的质量尽可能高、评论子集尽可能覆盖所有商品属性和评论子集与评论总体中观点分布一致三个方面进行子集提取,具有较高的实用价值。电商平台根据实际情况选择合适的子集提取方法,选取少量的评论来代替难以处理的评论总体,不仅能满足消费者在线购物时的信息需求,还能帮助平台提高用户黏性,增强市场竞争力。

资料来源:根据 Python 商业数据分析课程资料整理。

三、应用思考人工智能分析市场的好处

应用思考人工智能分析市场的好处:一是通过文本挖掘、语音识别、面部识别等技术手段,思考人工智能能提供个性化服务,最常见的就是各种个性化推荐系统,例如 Netflix 电影推荐和亚马逊交叉销售建议。二是思考人工智能能将各种存在于文本、图像、音频或视频中的非结构化数据进行结构化分析,以便更好地分析市场。当市场问题明确时,可以采用理论驱动的监督机器学习进行分析,当市场问题不明确时,可以采用数据驱动的无监督机器学习进行分析。三是通过使用包括深度学习方法在内的更高级的市场分析方法,如预测分析、计算创意生成、个性化算法和自然语言处理系统,思考人工智能能提出营销策略的直观建议。

四、应用思考人工智能进行市场分析的注意事项

思考人工智能的局限性在于其不是透明的、中立的,这可能会导致有偏见的建议或带来意想不到的后果。

思考人工智能是如何提出某种建议的,通常对营销人员来说并不透明。当前占主导地位的机器学习方法通过映射机制[即输入(X,Y),输出 Y=F(X)]而不是认知推理,这导致输出无法解释,因为它没有回答"为什么"的问题。因此,需要开发可解释的人工智能,以使思考人工智能更具有可信赖性。另外,不透明的人工智能也会导致责任问题。如果人工智能输出不透明,当人工智能出错时,使用人工智能的营销人员可能会被追究责任。从自动驾驶汽车发生第一起致命事故以来,问责问题就出现了。因此,营销人员作为人工智能用户,在使用思考人工智能进行战略决策时,需要努力使用最具可解释性的人工智能,而不仅仅是最强大的人工智能,以保持交易对营销人员和客户都是透明的。

思考人工智能不是中立的。如果数据输入错误或有偏差,输出也可能有偏差。然而,有偏差的输入并不是人工智能偏差发生的唯一方式。例如,Ukanwa 和 Rust

(2020)的研究表明,对于贷款决策,即使没有系统编程偏差,也可能出现歧视性结果,且系统只寻求利润最大化。Lambrecht 和 Tucker(2019)的研究表明,即使使用了无偏差的算法,性别偏差也有可能发生。因此,营销人员需要意识到潜在的人工智能偏差,利用更丰富的知识让人工智能避免出现偏差。

第三节　应用情感人工智能洞察消费者

一、情感人工智能及其相关概念

(一) 情感人工智能的概念

情感人工智能(Feeling AI)是为人机双向交互而设计的,用于分析人类的感觉和情绪的人工智能。当前情感人工智能主要采用的技术有情感分析、自然语言处理、文本转语音技术、循环神经网络、聊天机器人等。

(二) 情感分析的概念

情感分析,也称为观点挖掘,其目标是从文本中分析出人们对于实体及其属性所表达的观点、情感、评价、态度和情绪。这些实体可以是各种产品、服务、机构、个人、事件、问题或主题等。从自然语言处理的角度看,情感分析的任务就是识别人们谈论的主题以及针对主题所表达出来的观点倾向。因此,它常被看成一个语义分析任务的子问题。

(三) 自然语言处理

自然语言处理是一门融合了计算机科学、人工智能以及语言学的交叉学科。这门学科研究的是如何通过机器学习等技术,让计算机学会人类语言,实现人工智能。

(四) 循环神经网络

循环神经网络是一类用于处理序列数据的神经网络,是深度学习算法之一,其中双向循环神经网络和长短期记忆网络是常见的循环神经网络。循环神经网络具有记忆性、参数共享并且图灵完备,因此在对序列的非线性特征进行学习时具有一定优势。循环神经网络在自然语言处理,如语音识别、语言建模、机器翻译等领域有应用,也被用于各类时间序列预报。引入了卷积神经网络构筑的循环神经网络可以处理包含序列输入的计算机视觉问题。

值得注意的是,我们还没有真正意义上的情感人工智能,因此,目前的做法是使用思考人工智能来分析情感数据(如情感分析)和双向交互(如聊天机器人和社交机器人)。情感数据不同于认知数据,因为情感数据是具有上下文背景的,特定属于个人的,并且通常是多模态的(语音、手势和语言)。这意味着情感人工智能需要结合上下文和特定于个人的数据模拟个人的情绪状态。

二、应用情感人工智能进行消费者洞察

情感人工智能可以进行消费者洞察。情感人工智能可以用于了解现有和潜在的客户需求和欲望,例如,他们是谁、他们想要什么,以及他们目前的解决方案是什么。市场分析和消费者洞察之间的主要区别在于,消费者洞察通常涉及有关客户情绪、感受、偏好和态度的情感数据。因此,相对于机械人工智能和思考人工智能,情感人工智能可以更好地进行消费者洞察,因为它具有分析情感数据的能力。

对于现有客户,营销人员可以使用情感人工智能回答他们对产品是否满意以及为什么满意的问题。现有客户的偏好更稳定,公司有过去和现在的交易数据,可以更深入地了解。例如,Affectiva 与福特合作创建 Automotive 情绪分析,试图找出司机的情绪状态。

对于潜在客户,营销人员可以使用情感人工智能了解他们想要什么以及为什么他们对竞争对手或外部选择感到满意。潜在客户的需求和欲望更难预测,他们的情感数据也较少可用。在营销实践中,红汽球公司(RedBalloon)利用 Albert AI 和 Adgorithm 的人工智能驱动营销平台发现和接触新客户,Harley-Davidson 则利用其识别高潜力客户,进而开展相应地个性化营销活动。

在学术研究中,现有研究介绍了各种使用情感人工智能来洞察消费者的方法。例如,可以通过分析消费者在社交媒体(如在线评论、推文)中表达的情绪,包括显性和隐性的语言和话语模式,进而洞察消费者的反应(Hewett et al.,2016;Humphreys and Wang,2018;Ordenes et al.,2017);Timoshenko 和 Hauser(2019)提出,通过使用卷积神经网络机器学习方法,可以从用户生成内容中识别消费者需求。

情感人工智能洞察消费者主要可以从语言模式和非语言模式两方面着手。

(一)语言模式

语言模式和单词选择可以告诉我们很多关于用户情感状态的信息。语言风格匹配发生在自然社交互动中的人们之间。通常,风格匹配是个人之间融洽或联系的标志。随着时间的推移,人们甚至可能会改变他们的说话风格。LIWC 软件包可以通过捕获来自不同类别的单词的使用频率来自动提取语言风格特征,如肯定词、否定词和功能词。匹配一个人的语言风格(如通过单词选择)可能是情感人工智能与

人建立情感联系的最简单方式之一。对于无实体的聊天机器人,这是可以使用的一组技术之一,并且有许多可用于文本和语音情感分析的软件包易于应用。

(二) 非语言模式

首先,面部表情、身体姿势是情感信息最丰富的来源。使用自动面部动作编码和表情识别系统来测量视频中的这些信号,且允许分析极大的数据集(如数百万个人)。其次,随着对话界面(如 Cortana 和 Siri)的兴起,非语言语音信号呈现出越来越有价值的情感信息来源。许多公司都有相关的软件开发工具包和应用程序接口提供语音韵律特征提取。最后,生理学在情绪反应中起着重要作用。自主神经系统的神经支配对身体的许多器官都有影响。计算机系统可以以一种无人帮助的方式测量其中的许多信号。大脑活动,如脑电图、功能性近红外光谱、心肺参数(如心脏和呼吸频率以及变异性)和皮肤电导都可用于测量神经的各个系统活动。

■ 小案例

知识付费中顾客满意度分析

本案例采用文本挖掘、深度学习和回归分析等方法探究知识消费中顾客满意度的影响因素。从知乎上收集到 1756 名主讲人主办的 4010 场 Live。这些 Live 下记录了超过 50 万条顾客评价,涉及超过 27 万名顾客。数据获取及分析过程如下:

1. 数据介绍

首先对数据进行了抽样和清洗。最终数据包括 3911 场 Live、1687 名主讲人和 100780 条顾客评价。抓取了主讲人在免费平台上的所有行为。重点记录了顾客或主讲人的四类行为:创建回答、创建专栏文章、点赞回答和点赞专栏文章。

2. 变量介绍

首先,在顾客评价中,顾客对每场 Live 的评价中包含一个 1～5 星的评分,可以作为顾客满意度的衡量指标。其次,每场 Live 会有明确的价格。通过顾客 ID,我们可以将顾客对不同 Live 的购买和评价联系起来,进而计算出顾客历史购买均价和顾客历史评价分。最后,用文本表征学习的方法度量顾客专业性。将一名用户(包括顾客或主讲人)创作/点赞的所有回答/文章收集起来,形成该用户的一份特征文档(见图 6-9),用来计算该用户的知识分布。

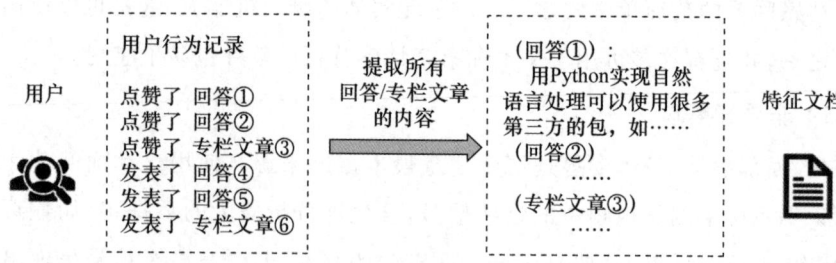

图 6-9 用户特征文档

从用户特征文档计算用户的特征分布,本质上是将特征文档转化成特征向量表征(见图 6-10)。

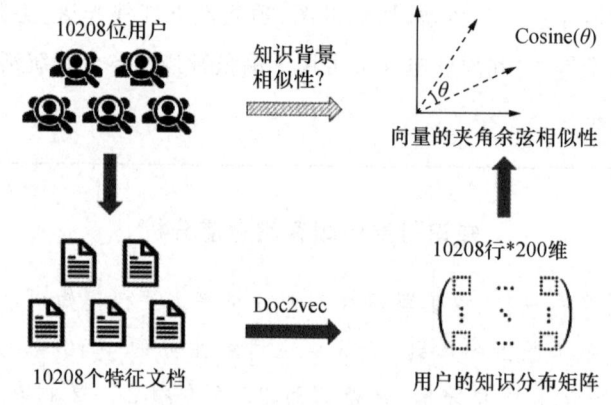

图 6-10 用户特征向量表征

3. 数据获取

具体分六步:① 确定已发布 Live 的列表。② 获取已发布 Live 的基本信息。③ 获取已发布 Live 的评论信息。④ 获取用户在免费平台上的行为。⑤ 提取用户知识背景向量。⑥ 计算用户相似性。至此,所有数据已准备就绪,分别是 Live 的基本信息(如价格、分钟数、问答数、文件数)、用户对 Live 的评价信息(评分)、顾客专业性(用户和 Live 主讲人的相似性)。

4. 数据分析

使用回归分析来验证 Live 当前价格、顾客历史价格、历史满意度和顾客专业性等因素对顾客满意度的影响程度。在 Python 中使用 statsmodels 库进行回归分析。将各变量标准化后,使用最基础的回归分析来检验知识付费中顾客满意度的影响因素。模型 1 仅包括控制变量;模型 2 检验自变量的主效应;模型 3 检验交互效应。根据 VIF 统计量,各模型均不存在多重共线性问题。从模型可以看出,顾客专业性对顾客满意度有正向的影响。当前价格对顾客满意度有负向影响,顾客历史购买价格和历史满意度对当前 Live 的满意度有正向影响。模型 3 中引入了当前价格、历史均价、历史满意度和顾客专业性的交互项,发现顾客专业性在顾客满意度中具有调节效应(见表 6-2)。

表 6-2 数据分析模型 1—3

	模型 1	模型 2	模型 3
常数项	8.56E-15(0)	6.19E-05(0.024)	1.10E-03(0.43)
顾客专业性		1.32E-02*** (5.023)	1.45E-02*** (5.512)
当前价格		−3.34E-02*** (−11.689)	−3.34E-02*** (−11.677)
历史均价		9.81E-03*** (3.372)	1.07E-02*** (3.64)
历史满意度		5.83E-01*** (228.906)	5.83E-01*** (228.448)
当前价格×顾客专业性			1.21E-02*** (3.927)
历史均价×顾客专业性			−6.95E-03* (−2.572)
历史满意度×顾客专业性			−1.73E-02*** (−6.605)
控制变量			
Live 市场	6.89E-02*** (16.171)	6.37E-02*** (18.435)	6.34E-02*** (18.339)
问答数	−4.66E-02*** (−10.095)	−7.59E-03* (−2.025)	−7.60E-03* (−2.028)
文件数	2.11E-02*** (5.672)	1.61E-02*** (5.349)	1.63E-02*** (5.421)
Live 音频信息数	5.18E-02*** (9.594)	1.53E-02*** (3.497)	1.55E-02*** (3.553)
主讲人 Live 场数	7.55E-02*** (23.223)	4.13E-02*** (15.37)	4.18E-02*** (15.553)
主讲人知乎回答数	1.12E-02** (2.97)	4.10E-03(1.34)	4.30E-03(1.406)
主讲人知乎文章数	−3.03E-02*** (−8.197)	−1.85E-02*** (−6.161)	−1.91E-02*** (−6.359)
主讲人粉丝数	1.78E-02*** (4.736)	3.61E-02*** (11.793)	3.59E-02*** (11.721)
主讲人关注数	7.63E-03* (2.331)	−1.46E-03(−0.541)	2.30E-04(0.081)
主讲人擅长话题数	−1.89E-02*** (−5.908)	−1.20E-02*** (−4.615)	−1.24E-02*** (−4.779)
调整后的 R^2	0.0147	0.3534	0.3538

资料来源:根据 Python 商业数据分析课程资料整理。

三、应用情感人工智能洞察消费者的好处

应用情感人工智能洞察消费者的好处:一是情感人工智能能帮助企业深入理解消费者,并帮助企业与消费者建立良好的关系,因为它能识别消费者的情绪并能对消费者的情绪作出反应。任何需要互动和沟通的营销职能或活动,特别是为了与客户建立良好关系的活动,都应该考虑采用情感人工智能。最典型的应用例子就是客户服务。情感人工智能可应用于一系列涉及情感的营销活动,如客户满意度管理、客户投诉等。二是情感人工智能能直接从聊天机器人或社交机器人与客户的互动中识别客户感受、情绪和情感,能大规模化地且经济高效地分析海量数据,从而洞察

客户是谁以及他们喜欢什么。

四、应用情感人工智能进行消费者洞察的注意事项

目前,基于神经网络的机器学习主要是为了预测,而不是为了理解。但我们需要算法来理解情绪并对情绪作出适当的反应。理解情绪有不同的方式,比如理解书面语言中的情绪(基于文本的情绪分析)、口头对话(自然语言处理)或面部表情(面部识别)。但我们还没有真正意义上的情感人工智能,用机械人工智能和思考人工智能替代情感人工智能可能会产生一些意想不到的后果。营销人员如果使用机械人工智能捕捉情感数据,使用思考人工智能分析情感数据,可能会夸大人工智能帮助营销人员理解客户情绪的感知能力,从而导致客户流失。另外,客户可能还没有准备好与情感人工智能进行交互。许多客户一旦意识到他们正在与机器人交谈,就会挂断与聊天机器人的电话。

第四节 市场调研中常用的人工智能工具

在市场调研工作中,常用的人工智能工具主要有数据获取工具、调研数据分析与报告生成工具、搜索引擎与文献综述工具以及营销自动化与内容生成工具四类。

一、数据获取工具

数据获取工具是指一类软件或系统,其主要功能是帮助用户从各种来源(如数据库、文件、网页、应用程序接口、传感器网络等)提取、收集、整合和转换数据。这些工具通常设计用于自动化数据收集过程,减少人工操作的需要,提高数据获取的效率和质量。而数据获取的人工智能工具是指一类利用人工智能技术和算法,能够自动化地从各种数据源中提取、收集、整合和转换数据的软件或系统。这类工具通过深度学习、自然语言处理、机器学习等先进技术,实现了对数据的智能识别、分析和处理,极大地提高了数据获取的效率和质量。

企业常用于数据获取的人工智能工具主要有以下几种:

(一)网络爬虫工具

网络爬虫工具是一种自动化的网络数据收集工具。通过模拟人类浏览器的行为,自动访问并提取网页上的数据,如产品价格、用户评价等,其优势在于自动化程度高,能快速收集大量数据。代表性软件有:八爪鱼采集器、火车头采集器、大飞采

集器、神射手、ForeSpider、Octoparse 等。

(二) 社交媒体监测工具

社交媒体监测工具是一种用于监测和分析社交媒体上用户行为和反馈的软件。它能实时监测社交媒体上的动态,提供即时的市场反馈,帮助企业了解用户需求和偏好。代表性软件有:各类社交媒体平台自带的监测工具或第三方社交媒体监测软件,如识微商情监测系统、Mention、Hootsuite、Buzzsumo 等。

(三) 日志文件分析工具

日志文件分析工具是一种记录数字化世界中各种事件和活动的工具,可用于收集用户与系统交互的数据。主要功能是提供大量详细的数据,有助于分析用户行为、系统性能等。应用场景主要是安全审计、系统监控和维护、用户行为分析等。代表性软件有:国产的全新日志分析工具 LogDog、以色列生产的集中式的日志管理平台 XpoLog 等。

(四) 应用程序接口

应用程序接口(API)是一种用于提取和传输数据的软件界面,许多企业和组织提供 API 以便其他程序可以访问其数据。API 的主要功能是直接从企业或组织的系统中获取最新、准确的数据。这种数据收集工具的优势是数据准确、实时性强。应用场景主要是数据集成、企业间系统集成等。代表性软件有:Apifox、Postcat、Insomnia 等。

(五) 市场调研专业工具

(1) 市场调研软件。是指专门用于收集和分析市场数据的软件,通常包括在线调查、焦点小组、市场分析等功能模块。代表性软件有:上上参谋、Zoho Survey、Typeform、Microsoft Forms 等。

(2) 在线调查平台。是指一种基于互联网技术的工具或系统,它允许用户创建、发布、管理和分析在线调查问卷或表单。这些平台通常提供一系列功能,包括设计问卷模板、定制问题类型(如单选、多选、量表评分、文本输入等)、设置逻辑跳转、分发问卷链接或嵌入代码至网站、收集数据以及进行数据分析(如统计结果、交叉分析、图表生成等)。帮助企业快速收集大量的消费者反馈,可用于产品改进、市场定位等多个方面,其优势在于操作简便,支持多种问卷类型和分发渠道。代表性平台有:SurveyMonkey、问卷星、调研工厂、调研家、一调网等。

二、调研数据分析与报告生成工具

调研数据分析与报告生成工具是指一类专门用于处理和分析市场调研数据,并自动生成详细报告的软件产品。这类工具通常集成了数据收集、数据清洗、数据分析、数据可视化以及报告生成等一系列功能,旨在帮助用户从大量的原始数据中提取有价值的信息和洞察,进而支持决策制定和业务优化。

(一)调研数据分析工具

调研数据分析工具是指基于人工智能技术,专门用于处理和分析市场调研数据,以提供深入洞察和决策支持的软件工具。这类工具利用机器学习、自然语言处理、数据挖掘等先进技术,对海量市场调研数据进行自动化处理、智能分析和可视化展示,旨在帮助用户从数据中提取有价值的信息,优化决策过程。

调研数据分析工具常用的有:数据挖掘与分析类的 RapidMiner 和 Databricks,自然语言处理类的 Julius AI 和办公小浣熊,数据可视化类的 Tableau Public、Google Data Studio、Analytics 和酷表 ChatExcel,以及综合类的 KNIME。

(二)报告生成工具

报告生成工具是指利用人工智能技术,特别是自然语言处理、深度学习和数据可视化等先进技术,自动或半自动地从原始数据中提取信息、分析趋势、总结发现,并生成结构化、易读的报告文档的软件系统。

(1)通用型报告生成工具。适用于多种领域和类型的报告生成,具有广泛的适用性和灵活性。用户可以输入各种数据和要求,工具根据通用的算法和模板生成相应的报告。例如,一些基于人工智能写作助手的工具,能够根据用户提供的关键词和主题生成不同类型的报告,包括商业报告、市场调研报告、学术论文等。代表性软件有:WPS AI、笔灵 AI、火山写作、Kimi 智能助手、光速写作等。

(2)专业型报告生成工具。针对特定行业或领域的报告需求而设计,通常集成了该领域的专业知识和数据模型,能够生成更具针对性和专业性的报告。例如,用于生成财务报表分析报告、风险评估报告等的工具。代表性软件有:阿拉丁调研宝、Tableau 等。

三、搜索引擎与文献综述工具

(一)搜索引擎类工具

搜索引擎类工具是指基于人工智能技术,能够理解用户输入的自然语言查询意图,运用先进的算法和海量的数据资源,在互联网的各类信息中快速、精准地搜索出与市场调研主题相关的文本、图片、数据等资料,并对搜索结果进行智能排序和呈现的工具。搜索引擎类工具具有语义理解能力强、搜索结果精准度高、搜索范围广泛等特点。它是市场调研中不可或缺的工具,能够帮助研究人员快速、广泛地收集相关市场信息、行业动态、竞争对手资料等,为决策提供有力的数据支持。搜索引擎的种类繁多,包括全文索引、目录索引、元搜索引擎、垂直搜索引擎等,每种类型都有其特定的应用场景和优势。代表性软件有:秘塔 AI 搜索、Perplexity、SciSpace 等。

(二) 文献综述类工具

文献综述类工具是指利用人工智能技术,针对特定的市场调研主题,自动收集、筛选、分析和整合相关的文献资料,提取其中的关键信息和观点,生成具有一定逻辑结构和系统性的文献综述报告的工具。文献综述类工具具有自动收集文献、智能筛选评估、信息提取整合、趋势预测分析等功能。具体来说,人工智能工具可以帮助市场研究人员:(1) 快速检索文献:通过智能算法,快速从海量的学术数据库中检索出与主题相关的文献。(2) 自动筛选与分类:根据预设的标准或条件,自动筛选和分类文献,减少人工筛选的工作量。(3) 生成摘要与关键词:自动提取文献的主要内容和关键词,帮助研究人员快速了解文献的核心观点。(4) 辅助引用管理:自动整理和管理文献的引用信息,确保引用的准确性和规范性。(5) 智能分析与预测:通过数据分析,发现文献之间的关联和趋势,为研究人员提供深入的分析和预测。代表性软件有:Elicit、ASReview、千笔 AI、笔灵 AI 等。

四、营销自动化与内容生成工具

(一) 营销自动化工具

市场调研中的营销自动化工具是指一类专门设计用于市场调研领域,能够自动化执行、管理和优化营销活动的软件解决方案。这些工具通过集成数据分析、客户细分、邮件营销、社交媒体管理、营销活动跟踪和报告生成等功能,帮助市场营销团队更有效地识别目标客户、制定个性化的营销策略、执行多渠道营销活动,并实时分析营销活动的效果。营销自动化工具能够显著提升市场调研的效率和精准度,使市场营销人员能够基于数据驱动的洞察来作出决策,优化营销资源分配,增强客户参与度和品牌忠诚度,最终实现业务增长目标。代表性软件有:纷享销客、致趣百川、Convertlab、神策数据、GrowingIO 等。

(二) 内容生成工具

市场调研中的内容生成工具是基于人工智能技术,通过算法自动生成文字、图片、音频等内容的工具。这些工具能够按照使用者的需求,快速生成符合要求的创意作品,为内容创作者提供极大的便利。内容生成工具的工作原理基于大数据和机器学习,通过学习和分析大量的文本数据,了解语言的规则、句法结构和话题特点。

当用户输入关键词或指定内容风格时,工具会根据学习到的知识,自动生成相关的文本内容。例如,在市场调研报告中,内容生成工具可以自动产生描述市场趋势、竞争对手分析、目标客户群体特征等内容的文本段落。代表性软件有:Compose AI、创客贴等。

本 章 小 结

人工智能可分为机械人工智能、思考人工智能和情感人工智能,分别可以应用于市场研究领域的数据收集、市场分析和消费者洞察。

机械人工智能是指自动执行常规和重复任务的人工智能,主要用于数据收集,其主要技术有遥感、降维、机器翻译、分类算法、聚类算法等。本章具体从线上行为采集、线下行为采集和互联网数据采集三方面介绍机械人工智能如何进行数据收集,并指出机械人工智能收集数据的好处和注意事项。

思考人工智能是指通过处理数据以获得新的结论或决策的人工智能,主要用于市场分析,其主要技术有文本挖掘、语音识别、面部识别、机器学习、神经网络和深度学习。本章具体从离线开发、实时开发和算法开发三方面介绍思考人工智能如何进行市场分析,并指出思考人工智能分析市场的好处和注意事项。

情感人工智能是为人机双向交互而设计的,用于分析人类的感觉和情绪的人工智能,主要用于消费者洞察,其主要技术有情感分析、自然语言处理、文本转语音技术、循环神经网络、聊天机器人等。本章具体从语言模式和非语言模式两方面介绍情感人工智能如何进行消费者洞察,并指出情感人工智能洞察消费者的好处和注意事项。

市场调研中,常用的人工智能工具主要有数据获取工具、调研数据分析与报告生成工具、搜索引擎与文献综述工具以及营销自动化与内容生成工具四类。

关键名词

机械人工智能　思考人工智能　情感人工智能　文本挖掘　数据获取工具　调研数据分析工具　报告生成工具　搜索引擎类工具　文献综述类工具　营销自动化工具　内容生成工具

第六章 人工智能与市场调研

思考题

1. 机械人工智能如何进行数据收集?
2. 思考人工智能如何进行数据分析?
3. 情感人工智能如何进行消费者洞察?
4. 市场调研中常用的人工智能工具有哪些?

案例讨论　　　　本章实训　　　　即测即练
　　　　　　　　　　　　　　　（请先扫封底总码）

第七章 人工智能与目标市场营销战略

本章学习目标

1. 掌握目前市场营销活动中启用的人工智能应用类型，以及企业的人工智能营销战略。
2. 了解将人工智能应用于进行客户分类的数据基础内容。
3. 了解人工智能赋能目标市场营销战略决策的基本路径。

第七章 人工智能与目标市场营销战略

 **阿里妈妈携人工智能开拓新商业模式**

在数字经济蓬勃发展的时代,广告业与电商领域的深度融合正引发一场重大变革。2024年9月10日,在北京举办的中国广告论坛上,阿里妈妈市场部及品牌业务总经理刘邦政(虎豹)分享了其利用人工智能打造新经营模式的前沿实践。这一举动不仅展示了阿里妈妈在市场中的创新能力,更为投资者们开启了探索新机遇的大门。

随着消费者行为的多样化和市场需求的变化,阿里妈妈通过人工智能技术为商家提供精准的市场洞察与营销策略。这一策略的核心是基于深度学习和数据挖掘,实现广告投放的高效运营,从而最大化商家和平台的收益。刘邦政强调,阿里妈妈以敏锐的市场洞察力和数智创新能力,推出的"全站推广"已获得众多商家的青睐,成为实现更高转化率和收入的关键工具。

通过深入分析,阿里妈妈发现,淘系印度群体的增长趋势明显,高购买力和年轻人群体的比重不断上升。这种人群特性与日益多元的消费需求,为市场带来了新的动力。据悉,在"天猫618"这一重要购物节点,阿里妈妈成功引导百万商家的生意同比增长近40%。随着更多小微商家的参与,这一数字将进一步扩大。

不仅如此,刘邦政还提到,阿里妈妈的"达摩盘"工具通过对消费者数据的精准分析,使不同层级的商家都能找到适合自身发展的路径。数据显示,2024年"天猫618"期间,365个品牌商家均在成交上达成了过亿的佳绩,这不仅是阿里妈妈的成功,更是整个电商和广告行业持续繁荣的象征。

人工智能作为推动变革的核心力量,正在重塑广告业的未来。阿里妈妈利用LMA大模型技术,从根本上洞察消费数据背后的潜在价值,极大地提升了广告的投放效果与精准度。此外,阿里妈妈还推出了"万相台无界版",为商家提供包含覆盖人群、产品与内容等多元营销场景的综合解决方案,进一步增强了商家的线上竞争力。

资料来源:《阿里妈妈携AI开拓新商业模式,投资机遇前所未有!》,https://www.sohu.com/a/808189378_121885028。

本章知识结构图

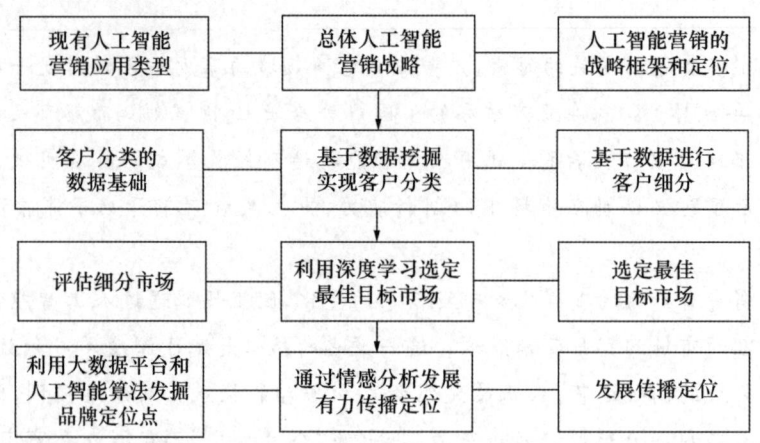

2018年开始,人工智能在商业中的应用逐渐兴起。如今,人工智能已经在与零售业、制造业、农业(种植业、养殖业)、物流供应链等行业开展深度融合。具有创新精神的中国大中小规模企业家都在探索一条独特的"智能商业"转型路径。营销的核心活动是理解客户需求,并为客户提供具有价值的产品、服务和解决方案。于是,依托机器视觉、交互语音、NLP等人工智能平台支撑,各行各业都在逐步向智能化转型,寻求新的价值增长点。要充分发挥人工智能技术的巨大潜力,就必须了解和掌握人工智能在目标市场营销战略中的应用方式及其发展趋势,以期为公司的人工智能营销应用做好战略规划。

第一节 总体人工智能营销战略

人工智能广告、AR直播和智能制造等应用,预示着第一、二、三产业智能化的巨大发展空间。Open AI 的 ChatGPT 产生后,其网站访问量在 2023 年 6 月就达到了 16 亿次,活跃用户数量超过 1 亿。中国互联网络信息中心 2024 年 11 月 30 日发布的《生成式人工智能应用发展报告(2024)》显示,截至 2024 年 6 月,我国生成式人工智能产品的用户规模达 2.3 亿人。时至今日,50%的消费者已在个人情境中使用生成式人工智能工具(如 ChatGPT 或 Bard),22%的消费者在工作情境中使用过(Axciom,2024)。

公司的所有职能里,营销是最能借由人工智能获得提升的。营销的核心活动是理解客户需求,并为客户提供具有价值的产品、服务和解决方案。人工智能可以大幅度增强这些能力。2018年,麦肯锡一项涵盖四百多个高级使用场景的分析表明,人工智能在营销领域最能发挥价值。人工智能在营销方面的应用已经取得一定的进展,可以预判未来人工智能还能在更多的营销战略和行动领域发挥更多、更重要的作用。人工智能技术具有巨大的潜力,许多公司的营销部门迅速采用人工智能。可是要充分发挥人工智能技术的巨大潜力,公司的首席营销官必须了解当下可用的营销人工智能类型及其发展方向,并为公司将来的人工智能营销应用做好战略规划。

一、现有人工智能营销应用类型

按照人工智能作用的程度,现在很多公司对人工智能的使用分为:(1) 处理小任务,如数字广告配置(又称"计划性的广告投放");(2) 协助大任务,如提升预测准确度(如销售预测);(3) 在结构化任务里作为人工的辅助,如客服工作。

按照人工智能在客户旅程的作用阶段,其在公司的营销应用可以分为4个阶段。第一个阶段,即潜在客户处于"考虑"阶段,查阅关于某产品的资料时,人工智能会针对其提供广告,协助引导他们寻找产品;人工智能聊天机器人可以帮助营销者了解客户需求,让客户更积极地搜索,推动客户朝向营销期望的方向(如某个网页)前进,如有需要,还可以让客户与销售人员接触,通过聊天、电话、视频乃至"同步浏览"(让销售人员与客户共享屏幕)等方式进行交流。第二个阶段,也就是为客户提供服务阶段,人工智能可以利用非常详细的个人数据(如实时地理位置)提供高度个性化的产品或服务推荐,提升销售效率。第三个阶段,通过人工智能协助,公司能够进行向上销售和交叉销售,并降低客户丢下数字购物车离开的可能性。第四个阶段,公司对客户的销售完成,人工智能服务代理可以24小时不间断处理客户咨询,因为咨询数量不定,人工智能比人工处理的效果更好。人工智能可以应对送达时间查询和预约等简单的咨询,将更为复杂的问题转给人工服务。有时人工智能可以协助客服人员,分析顾客的语调,给出回复建议,指导客服满足顾客需求,或建议主管出面干预。

■ 小资料

成熟的人工智能营销应用

- 用于线索开发、客户支持、交叉销售或向上销售的聊天机器人
- 呼入电话分析和转接,客户留言及邮件分析、分类和回复

- 营销活动自动化(包括电子邮件、登录页面生成和客户细分)
- 营销组合分析
- 线上产品展销
- 定价
- 产品或服务推荐,高度个性化的提案
- 有计划性的数字广告购买
- 销售线索评分
- 社交媒体规划、购买及执行
- 社交媒体情绪分析
- 电视广告投放(部分)
- 网络分析叙事生成
- 网站运营及优化(含测试)

资料来源:Davenport, T. H., Guha, A., & Grewal, D. How to Design an AI Marketing Strategy [J]. Harvard Business Review,2021,(7):56-61.

  按照营销人工智能的智能水平,其在营销中的应用可以分为:(1)任务自动化。这类应用处理的是所需智能水平较低的重复性、结构化任务。这种应用根据一套规则,或是根据特定的输入执行一系列操作,但无法应对复杂问题,如细致的客户要求。自动向新顾客发送欢迎邮件的系统就是一个例子。Facebook和其他社交媒体平台上简单的聊天机器人也属于这一类。这些应用可以通过基本的互动为顾客提供一些帮助,用确定的决策树引导顾客,但无法识别顾客意图、提供有针对性的回应,也无法从互动中学习。(2)机器学习。这类算法经过大量数据训练,可以进行相对复杂的预测和决策。这种模型可以识别图像、辨认文本、划分顾客群体,并预测客户对营销推广等各种活动的反应。机器学习驱动了网络广告、电商推荐引擎,以及客户关系管理系统中销售倾向模型的计划性购买。这种更加复杂多变的深度学习是最热门的人工智能技术,而且正在迅速成为强大的营销工具。

  按照人工智能在营销应用中的独立程度,可以分为:(1)独立的人工智能应用。这类应用可以理解为界限清晰的独立人工智能程序。这种程序区别于顾客用于了解、购买公司提供的产品或服务,或获取售后支持的基本渠道,也不同于员工用于营销、销售或提供服务的渠道。简言之,顾客与员工必须在基本渠道以外投入额外的精力,自主使用这类人工智能。例如,涂料公司 Behr 开发的色彩探索应用,运用IBM沃森的自然语言处理和语调分析(Tone Analyzer)能力(可以检测出文本中的情绪),根据消费者想要的房间气氛给出个性化的Behr涂装色彩建议。顾客利用这个应用列出两到三种备选颜色。涂料的实际销售在应用之外进行,不过应用内部也提供直接跳转到家得宝(Home Depot)订购相应涂料的链接。再如,小冰、星野等一众独立运行,可以为客户提供社交互动和情感陪伴的社交机器人。(2)集成于更大的系统中的人工智能应用。这类应用内嵌在既有系统里,对于使用它们的顾客、营销者和销售人员而言没有独立应用那么高的可见度。例如,在瞬间决定向用户投放哪种数字广告的机器学习,内嵌在处理整个购买和广告呈现过程的平台里。网飞(Netflix)的机器学习十余年来一直为顾客提供视频推荐,推荐条目显示在选项菜单上,用户打开网页就能看到。假如这个推荐引擎是独立应用,用户就必须打开一个专门的应用并提出需求,才能获得建议。越来越多的客户关系管理系统开发者将机器学习能力嵌入其产品。

Davenport、Guha和Grewal(2021)将人工智能类型及其在企业中的构建方式结合起来,形成了图7-1中的四种营销人工智能应用类型:独立的机器学习应用、集成的机器学习应用、独立的任务自动化应用、集成的任务自动化应用。他们认为,虽然基于规则的任务自动化系统可以强化高度结构化的工作流程,且可提供合理的财务回报潜力,但最终能够为营销者提供最大价值的是集成的机器学习应用。不过时下的任务自动化越来越多地与机器学习相结合,以便从文字信息中提取关键数据、进行更复杂的决策和实现个性化沟通,这是一种跨象限的组合。他们建议营销者在目前的营销系统内逐步转向集成的人工智能应用,不要继续发展独立应用。许多公司都在朝着这个方向前进。

	独立于其他平台	属于其他更大的平台
更高级	独立的机器学习应用 * Olay肌肤顾问 * Behr色彩探索应用 * Vee24聊天机器人	集成的机器学习应用 * 客户关系管理中的预测型销售线索评分 * 基于客户关系管理的销售训练 * 电子商务产品推荐 * 计划性的数字广告购买
较简单	独立的任务自动化应用 * 消费者服务聊天机器人(如淘宝聊天机器人) * 电子邮件自动化系统	集成的任务自动化应用 * 客户呼入电话转接 * 与客户关系管理相关的营销自动化系统

图7-1 四种营销人工智能应用

资料来源:Davenport, T. H., Guha, A., & Grewal, D. How to Design an AI Marketing Strategy[J]. Harvard Business Review, 2021,(7):56-61.

二、人工智能营销的战略框架和定位

为了促进人工智能在营销中的战略使用，Huang 和 Rost(2021)开发了一个从营销调研到营销战略(市场细分、目标市场选择和市场定位，STP)再到营销行动(4Ps/4Cs)的三阶段框架，用于人工智能的战略营销规划。这个框架将公司中的人工智能营销战略规划视为一个循环过程，从进行营销调研开始，了解市场、公司、竞争对手和客户；制定细分、目标和定位战略；设计具体的营销行动来执行战略。这个周期不会停留在营销行动上，营销行动的执行将反馈给营销调研作为市场数据，这构成了营销调研—营销战略—营销行动的持续周期，如图 7-2 所示。

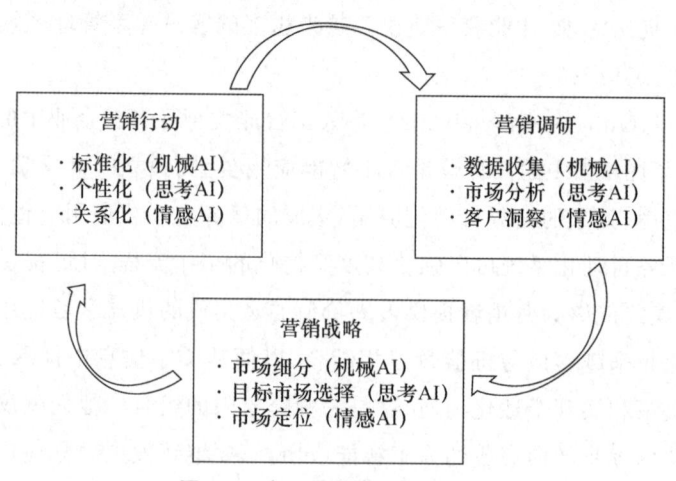

图 7-2　人工智能营销战略框架

根据人工智能能够解决问题的特性和技术基础，人工智能被分为三类：机械人工智能、思考人工智能和情感人工智能(Huang & Rost,2021)。这三类人工智能可以在所有三个战略营销阶段发挥关键作用。(1)机械人工智能是为自动化重复和例行任务而设计的。例如，遥感、机器翻译、分类算法、聚类算法和降维等，目前可以认为是机械人工智能的一些技术。(2)思考人工智能是为了处理数据以得出新的结论或决定而设计的，数据通常是非结构化的。思考人工智能擅长识别数据中的模式和规则，如文本挖掘、语音识别和面部识别。机器学习、神经网络和深度学习(具有附加层的神经网络)是当前思考人工智能处理数据的一些方法。IBM Watson、专家系统和推荐系统是当前用于决策的一些应用程序。(3)情感人工智能是为涉及人类的双向互动而设计的，和/或用于分析人类的感觉和情感。目前的一些技术包括情感分析、自然语言处理、文本到语音技术、循环神经网络、模拟人类语音的聊天机器人、用于人类交互的具体化和嵌入式虚拟代理，以及具有用于感知情感信号的定制硬件的机器人(McDuff & Czerwinski,2018)。

每一种人工智能都能展现其独特的优势:机械人工智能最适合标准化,思考人工智能有利于个性化,情感人工智能是关系化的理想选择(Huang & Rust,2021)。(1)机械人工智能最适合标准化,因为它具备稳定性和一致性。在营销中,如协作机器人帮助包装(Colgate et al.,1996)、无人机分发实物物品、自助机器人提供服务、服务机器人充当具有自动化社会存在感的前台(Mende et al.,2019; Doorn et al.,2017)。所有这些应用程序都旨在产生标准化、一致和可靠的结果。(2)思考人工智能有利于个性化,因为它能够从数据中识别模式(如文本挖掘、语音识别、面部识别)。任何能够受益于个性化结果的营销功能和活动都可以考虑采用思考人工智能来实现。营销中最常见的应用是各种个性化推荐系统(Chung et al.,2009;Chung et al.,2016),如网飞的电影推荐和亚马逊的交叉销售推荐。(3)情感人工智能是关系化的理想选择,因为它能够在客户旅程中识别、理解、管理和联结客户的情绪。任何需要互动和沟通的营销功能或活动,以关系利益为目标(如当客户终身价值很高时),都可以考虑使用情感人工智能(Huang & Rust,2024)。情感人工智能的一个例子是客户服务机器人,它的营销功能涉及识别和回应情感,如客户满意度调查、客户投诉、客户广告评论等中的情绪等,并予以反馈。

在图 7-2 的人工智能营销战略框架中,营销的三个重要活动阶段都利用了三类不同人工智能的重要功能。(1)在营销调研阶段,人工智能被用于市场调研,包括用于数据收集的机械人工智能,用于市场分析的思考人工智能,以及用于客户洞察的情感人工智能。(2)在营销战略阶段,人工智能用于市场细分、目标市场选择和市场定位的战略决策。具体来说,机械人工智能是在非结构化数据中发现新的客户偏好模式的理想选择,思考人工智能最适合于推荐最佳目标市场,而情感人工智能有助于帮助公司与目标客户沟通从而确定公司及产品定位。(3)在营销行动阶段,人工智能可以有助于标准化、个性化和关系化的功能,既可以单独使用,又可以协同使用。营销人员需要决定使用哪种人工智能来进行营销行动。例如,支付和交付是可以通过使用机械人工智能而从标准化中受益,如自动支付和交付跟踪。数字营销可以通过使用思考人工智能从个性化中受益,如各种推荐系统。客户服务和前线客户互动可以通过使用情感人工智能从关系化中受益,如社交机器人问候客户和提供客户服务的会话人工智能。

在进行具体的 STP 决策之前,公司的首席营销官需要决定总体人工智能营销战略定位,以指导他们的 STP 决策。Huang & Rust(2017)遵循标准化—个性化和交易—关系的维度提出一种技术驱动的方法帮助确定公司人工智能营销战略定位。

公司在使用人工智能时,可以选择的战略定位有以下四种:(1)价值化,即利用自动化技术或者机器人技术提高产品或服务效益;(2)关系化,旨在通过各类人工智能发展与现有客户的关系,培养他们的终身价值;(3)个性化,指利用跨部门的大数据分析,最大限度地进行精准营销,为不同的客户提供个性化定制;(4)适用性个性化,指利用特定客户的纵向数据,对其提供动态化的个性化定制。公司对人工智能营销战略定位的选择,将指导后续STP和4P的营销决策。例如,如果某家公司追求的是第三种静态个性化定位,那么,公司可能希望有一个巨大的、多维的、包含现有和潜在客户的数据库,在无人主观介入的情况下,通过机器学习探索偏好或购买行为的新模式,以此作为选定目标市场和定位的基础。如果一家公司追求动态的适应性个性化定位,那么,公司可能希望使用人工指导的机器学习来继续分析现有客户的满意度。当然,一家公司也可以选择更大程度地依赖于数据驱动的人工智能技术来发展STP。

公司不可能在大型、广泛或多样的市场中与所有顾客建立联系。但是,它们可以将这样的市场划分为具有不同需要和需求的消费者群体或细分市场。接着,公司需要确定哪些细分市场是它可以有效服务的。这一决策需要对消费者行为的敏锐理解和仔细的战略思考。为了制订出最好的营销计划,经理们需要了解是什么使得每一个细分市场与众不同。正确识别和满足细分市场通常是营销成功的关键。为了更有效地竞争,许多公司现在开始使用目标营销。使用人工智能营销来达成有效的目标营销,这就要求营销者:(1)通过人工智能的数据挖掘,识别并描绘出因需要和需求不同而形成的独特购买者群体(市场细分)。(2)通过人工智能的深度学习,选择一个或多个细分市场进入(目标市场选择)。(3)通过人工智能的数据和情感分析,针对每一个目标细分市场,确立并传达公司市场供应物的独特优势(市场定位)。

第二节 基于数据挖掘实现客户分类

所有的营销战略都建立在STP——市场细分(segmentation)、目标市场选择(targeting)和市场定位(positioning)的基础上。公司应该发现市场上的不同需求和消费群,并以那些它们能更好满足的对象为目标,继而对其产品进行定位,以便目标市场能够识别出公司的独特产品和形象。

一、客户分类的数据基础

市场细分,即客户分类,是将一个市场划分为界限清楚的几部分。一个细分市场由一组具有相似需要和需求的消费者组成。营销者的任务在于识别细分市场的适当数量和性质,并决定以哪一个细分市场为目标。按照市场营销理论分析,每一个群体的客户在性质特征上具有较高的相似性,只有深入细致地找到这个相似性,才能为企业制定更加有效的营销策略提供有力依据。市场细分是现代化企业开展市场营销活动的基础手段,并且客户细分是一个动态化的过程,客户特点等因素会随着时间发生变化,市场细分结果也要及时作出相应的改变,进而调整营销策略。

传统的市场营销操作中,我们用人口统计特征、购买行为、生活方式和利益等变量来细分消费者市场。例如,我们可以通过地理、人口统计特征和心理统计特征这些描述性特征来确定细分市场,然后检验这些消费者细分市场是否呈现出不同的需要或产品反馈。我们还可以通过行为因素来确定细分市场,如消费者对于利益、适用场合或者品牌的反应。接着,再去探究不同的特征是否和每个消费者反应的细分相联系。例如,对于汽车来说,人们更想要"质量"而不是"低价"的这种想法是否因他们的地理、人口统计特征和心理统计特征组成的不同而不同?相比传统人工计算,人工智能可以处理的数据无论是深度还是广度都较高,例如在企业内部数据之外,人工智能还可以自动抓取和分析企业外部的社交媒体图表、微博点赞及评论、推文、投票记录等。于是,如表 7-1 所示的各项指标,都成为有价值的客户细分指标。无论我们使用哪一种市场细分方案,关键在于使营销计划能根据识别出的消费者差异进行相应调整。

表 7-1 有价值的客户数据信息

身份	性别、年龄、种族、家庭情况、收入、地址、手机号码、指纹、心率、体重、设备等
历史	教育、职业、媒体曝光、出版物、奖项、会员、信用、法律事务、犯罪记录、信贷记录、婚姻史、旅行史、疾病等
倾向	偏好、设置、业余爱好、党派、社会群体、社交偏好、娱乐、浏览器历史记录、喜爱的品牌、内容偏好等
财产	收入、家庭、汽车、设备、服装、珠宝、投资、捐赠、会员、收藏、关系等
活动	手势、App 使用、购物平台、购物习惯、眼球追踪、设备使用、时段、位置、IP 地址、社会职务、外出就餐、观影、电视、心率等
信仰	宗教、价值观、慈善、意见、情绪、内向/外向、怀疑/利他、慷慨/吝啬、主动/被动等

大数据和人工智能相结合,意味着一个营销方案中不再需要一个人类自认为最完整的创意,人工智能尤其是生成式人工智能,可以通过对数据的计算编辑,将"创

意半成品"改写替换成千人千面的创意产品,再通过大数据精准匹配给相对应的人。不仅如此,通过对用户行为的精准分析,大数据还可动态预测用户在不同时间、不同地点的购买欲望,从而达到基于数据分析的自动化营销。

引入人工智能后的市场细分,就是以信息技术作为支撑,以海量数据收集和数据挖掘作为基础,借助大数据挖掘来实现消费需求与偏好的精准挖掘和对目标市场的精准定位,实现"一对一营销"。我们通过人工智能看到的消费者,不是二维的、静态的、单向的,而是立体的、动态的、个性彰显的、活跃在不同场景中的。客户数据包含公司所服务的企业和联系人的广泛信息。在最基本的层次上,客户数据是了解客户以及公司业务如何满足其需求的重要资产。客户数据具有多种表现形式,而且来源也多种多样。理解客户数据没有想象中那么容易,尤其是在没有客户关系管理系统的情况下。事实上,仍有很多公司无法有效使用客户数据,从而使公司最有价值的资产之一没有发挥应有的作用。在本书中,为了使客户数据的结构看起来更清晰,如表7-2所示,我们将可以用于人工智能进行数据挖掘的客户数据分为描述类数据、交互类数据和关联类数据三类。

表7-2 客户分类的数据基础

数据类型	具体内容	主要收集来源
描述类数据	用于理解客户基本属性的信息,包括传统市场营销细分的客户特征数据	企业内部
交互类数据	客户在消费和服务过程中的动态交易数据和交互过程中的辅助信息,包括客户购买服务或产品的记录、客户的服务或产品的消费记录、客户与企业的联络记录	企业内部
关联类数据	指与客户行为相关的,反映和影响客户行为和心理等因素的相关信息	企业外部

(一)描述类数据

描述类数据主要是用来理解客户的基本属性的信息,如个人客户的人口统计特征信息和联系信息,企业客户的社会经济统计信息等,这类信息主要来自于客户的登记信息,以及通过企业的运营管理系统收集到的客户基本信息。这类信息的内容大多是描述客户基本属性的静态数据,其优点是大多数的信息内容比较容易采集到。但是,一些基本的客户描述类信息内容有时缺乏差异性,而其中的一些信息往往涉及客户的隐私,如客户的住所、联络方式、收入等信息。当对多个客户进行汇总和分析时,基本数据将为细分受众群奠定基础。然后,通过使用多个分类或标签,就可以开始整理有多少客户有着共同的属性。

(二) 交互类数据

交互类数据包括客户与企业的所有接触记录，包括客户购买服务或产品的记录、客户的服务或产品的消费记录、客户与企业的联络记录。交互数据对于在整个业务周期中了解客户非常有用。例如，客户与销售人员或客服的沟通记录、购买记录（订单数据）等都是常见的示例。客户交互类数据的主要用途是帮助企业的市场营销人员和客户服务人员在客户分析中掌握和理解客户的当前行为和潜在需求，洞悉客户对实际产品、销售流程或服务的体验。客户的行为信息反映了客户的消费选择或是决策过程。这些数据可能需要企业从外部采集或购买。

与客户描述类数据不同，客户的交互类数据主要是客户在消费和服务过程中的动态交易数据和交互过程中的辅助信息，需要实时记录和采集。交互类数据通常是客户与企业发生业务往来的直观反馈，如主动申请试用（积极）、主动沟通需求（积极）、对产品提出合理的改进意见（积极）和拒接电话（消极）等。

交互类数据一般都来源于企业内部交易系统的交易记录、企业呼叫中心的客户服务和客户接触记录、营销活动中采集到的客户响应数据，以及与客户接触的其他销售人员与服务人员收集到的数据信息。在拥有完备客户信息采集与管理系统的企业里，客户的交易记录和服务记录非常容易获得，而且从交易的角度来观察往往是比较完备的。多数企业往往记录了大量的交互类数据，如零售企业就记录了客户的购物时间、购买商品类型、购物数量、购物价格等信息。电子商务网站也记录了网上客户购物的交易数据，如客户购买的商品、交易的时间、购物的频率等。对于移动通信客户来说，其行为信息包括通话的时间、通话时长、呼叫客户号码、呼叫状态、通话频率等；对于电子商务网站来说，点击数据流记录了客户在不同页面之间的浏览和点击数据，这些数据能够很好地反映客户的浏览行为。

交互数据通常用于汇总以生成更高级的数据报告（并且具有"向下钻取"以获得更多见解的能力）。例如，统计一段时间的客户优惠额、客户请求产品试用人次，了解销售人员或客服人员对客户的跟进或服务频率（从行动记录数据中统计）、销售报表和产品销售排行榜（从订单数据中统计）等。

一个公司的客户群体通常有着相似的交互行为，通过收集和挖掘这些数据，对于了解每一个客户的偏好变化并确定未来的趋势至关重要。而客户的行为特征，往往需要对完成必要处理和分析后的客户交互数据和其他行为数据进行信息汇总和提炼。

(三) 关联类数据

关联类数据是指与客户行为相关的，反映和影响客户行为和心理等因素的相关信息。企业建立和维护这类信息的主要目的是更有效地帮助企业的营销人员和客户分析人员深入理解影响客户行为的相关因素。它经常包括客户满意度、客户忠诚度、客户对产品与服务的偏好或态度、客户对竞争对手的行为、客户在日常生活中的其他行为轨迹等。客户关联类数据经常是客户分析的核心目标。对移动通信企业来说，其核心的关联类信息就包括了客户的终身价值、客户忠诚度、客户流失倾向、客户联络价值、客户呼叫倾向等。

这些关联类数据有时可以通过专门的数据调研和采集获得，如通过市场营销调研、客户研究、社交媒体监测等获得客户的满意度、客户对产品或服务的偏好等；有时也需要应用复杂的客户关联分析来产生，如客户忠诚度、客户流失倾向、客户终身价值等。一些情况下，这些数据也可以通过购买来获得。

关联类数据往往较难采集和获得，即使获得了也不容易结构化后导入到业务应用系统和客户分析系统。规划、采集和应用客户关联类数据往往需要一定的创造性，而采集与应用也不是简单的技术问题，往往是为了实现与市场管理或客户管理直接相关的业务目标服务的业务问题，如提高客户满意度、提高客户忠诚度、降低客户流失率、提高潜在客户发展效率、优化客户组合等核心的客户营销问题。

很多企业没有有意识地采集过这类信息，而对于高端客户和活跃客户来说，客户关联类信息可以有效地反映客户的行为倾向。对于很多企业来讲，尤其是服务类企业，有效地掌握客户关联类信息对于客户营销策略和客户服务策略的设计和实施是至关重要的。

■ 小链接

银行客户分类的数据特征

研究数据来源于网易数据分析项目，该项目承担单位为上海数局科技有限公司，该公司为国内合资企业，经营范围涉及电子商务、计算机科技、计算机软件开发、环保科技、生物科技等多个领域。项目涉及的数据集以保护数据提供单位知识产权及个人的隐私为出发点，为相关数据使用工作者提供高保真数据集。

本项目选择银行客户信用卡相关数据，数据内容共存储于客户信用记录表、申请客户信息表、拖欠历史记录表和消费历史记录表，整合后银行客户信用卡真实数据共计5954条，每条数据包含28个特征，原始数据内容如表7-3所示，整合后的数据特征构成如图7-3所示。

表 7-3 原始数据内容简介

表格类型	表格数	数据量	内容简介
客户信用记录表	1	2363条	客户姓名、性别、年龄、婚姻状况、户籍、教育程度、居住类型、职业类型、工作年限、个人收入、保险缴纳、车辆情况、信用总评分、信用等级、额度、审批结果
申请客户信息表	1	10000条	客户号、客户姓名、年龄、性别、婚姻状况、教育程度、职业类型、户籍、居住类型、车辆情况、保险缴纳、工作年限
拖欠历史记录表	1	303条	客户号、卡号、额度、拖欠标识、拖欠总金额、逾期天数
消费历史记录表	1	5954条	卡号、卡类别、币种代码、额度、日均消费金额、日均次数、单笔消费最小金额、单笔消费最大金额、个人收入、是否欺诈

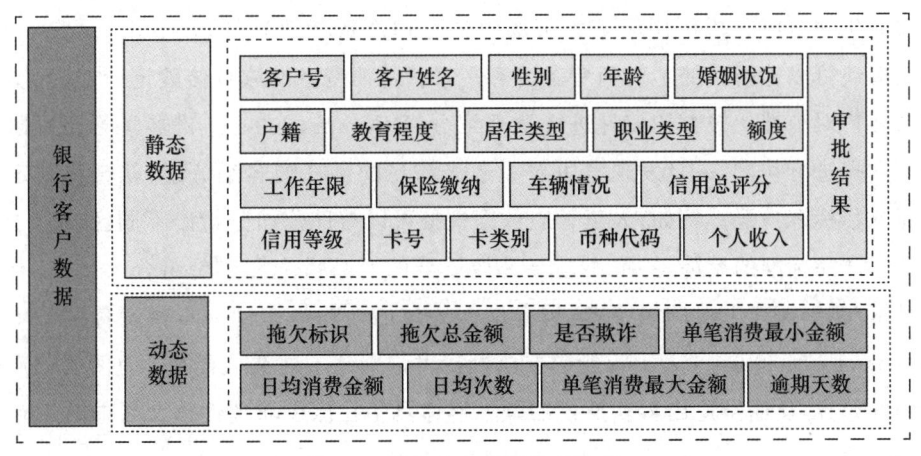

图 7-3 银行客户数据特征构成

资料来源:段刚龙,王妍,马鑫,杨泽阳.银行客户分类的数据特征选择方法与实证研究[J].计算机工程与应用,2022,58(11):302-312.

二、利用数据挖掘进行客户细分

当今时代,对客户数据的挖掘、整合和分析能力是公司的核心资产。人工智能驱动的营销技术显著升级了市场细分和选择目标客户的方式,使得决策过程更加依托于严谨的统计分析与数据洞察。人工智能算法筛选客户行为轨迹、偏好取向和互动细节,以创建高度详细的受众细分方案,这使营销人员能够超越基本的人口统计特征信息,根据实时行为、购买历史,乃至对未来潜在需求的预测来定位客户。人工智能驱动客户细分,在于借助机器学习和深度学习(ML/DL)算法,更好地分析客户数据,获得对目标细分客户的深入洞察,使得客户细分更加精准。

一是相比于传统市场细分,人工智能细分可以将市场分解成一个个微单元的细分市场(即每个客户都可以是一个细分市场),并可以将分散的长尾聚合成一个部分。Wang等(2017)的研究发现,机器学习可以帮助公司模型化客户的数据和分布。具体来说,人工智能可以通过机器迁移学习,基于丰富的客户数据来推测模拟数据贫乏的客户情况。这种聚合和分解的灵活性使营销人员能够找到合适的细分规模。

二是利用人工智能来进行数据挖掘,可以揭示人类营销人员难以发现的模式。例如,在金融行业,文本挖掘和机器学习可以用来自动处理和分析贷款请求,将借款人分为好客户(将偿还贷款)和坏客户(不会偿还贷款)(Netzer et al.,2019)。自动文本分析和对应分析可用于艺术市场中的心理消费者细分(Pitt et al.,2020)。数据挖掘还可以分析目的地对消费者的意义来获得消费者的旅行体验记录,从而实现根据客户对个性化推荐的偏好进行微观细分(Dekimpe,2020)。机器学习还可以将客户数据进行切割,一旦发现竞争对手还未涉足的潜在顾客细分组,就会将其定义为新的目标客户群。例如,人工智能数据挖掘可以帮助公司分析出不同区域对于国际统一产品标准的反馈,并推出基于区域差异的产品搭配和定价组合。又如,有研究显示,越到深夜下单的消费者,越容易不经过加入购物车这一步骤就直接下单购买(Zor et al.,2022)。人工智能数据挖掘技术识别到了这类顾客基于时间变化产生的偏好差异,从而推论出喜欢熬夜的顾客群体具备在深夜非理性消费者的这一行为偏好模式。

已经有很多研究和实践都表明了公司是如何利用人工智能来识别消费偏好模式的:运用自然语言处理、图像识别、语音识别、机器学习等手段,在需求识别阶段勾勒客户画像;在购买考虑阶段为潜在客户提供由人工智能支持的搜索结果、广告目标预测建模;在购买决策阶段执行动态定价和广告精准定位;在购买后进行个性化的客户关系管理等(Kietzmann et al.,2018)。而这些操作的本质,都是从海量、不完全的、有噪声的、模糊的、随机的、多维的大型数据库中发现隐含在其中有价值的、潜在有用的信息和知识的过程,也是一种决策支持过程。这些操作主要基于机器学习、模式学习、统计分析等,通过对大数据高度自动化的分析,作出归纳性的推理,从中挖掘出潜在的模式。目前,在很多领域尤其是在商业领域如银行、电信、电商等,数据挖掘可以解决很多问题,包括市场营销策略制定、背景分析、企业危机管理等。

在利用机器学习进行客户细分时,需要遵循以下关键步骤:(1)数据收集和预处理。收集客户的基本信息、交易记录、行为数据等,并进行数据清洗、转换和标准化等预处理操作,以便后续的分析和建模。(2)特征选择。从原始数据中提取出与客户细分相关的特征,如年龄、性别、购买频率、购买金额等。这些特征应该能够反映客户的特征和需求,并具有一定的区分度。(3)模型选择和训练。根据数据的特性和任务的要求选择合适的机器学习算法,并使用训练数据对模型进行训练。在训练过程中,需要调整模型的参数以优化模型的性能。(4)模型评估和优化。使用测试数据对模型的性能进行评估,并根据评估结果对模型进行优化。常用的评估指标包括准确率、召回率、F1 值等。(5)结果解释和应用。对模型的预测结果进行解释和分析,以便企业能够理解和应用这些结果。同时,企业还可以根据预测结果制定个性化的营销策略和服务方案。

数据处理常用的方法有分类、回归分析、聚类、关联规则、神经网络、Web 数据挖掘等。其中,聚类分析尤其适用于客户分类。客户分类工作的流程可以遵循以下步骤展开:第一步,公司可以先通过各类渠道将不同类型的客户数据进行收集和储存。第二步,结合公司所在行业和业务确立客户细分标准。第三步,选择部分数据根据指标体系进行数据的预处理和预测试。第四步,结合数据预处理的结果,根据客户细分指标的不同重要程度对指标赋予不同的权重,由此确立客户细分指标体系。第五步,进行聚类。目前最常见的做法是基于 RFM 模型进行 K-Means 聚类。第六步,基于聚类结果进行客户价值分类。在第二步确立客户细分标准时,RFM 模型被广泛提到和使用。RFM 模型是衡量当前用户价值和客户潜在价值的重要工具和手段。RFM 模型是指最近一次消费(Rencency)、消费频率(Frequency)、消费金额(Monetary)三个指标的组合,如图 7-4 所示。一般情况下 RFM 模型可以说明下列几个事实:最近购买的时间越近,客户对产品促销互动越大;客户购买的频率越高,客户对品牌的满意度就越大;货币价值将高消费客户和低消费客户区分开来。但是,客户的消费行为是非常复杂的,仅从三个指标不能完全反映客户的购买和价值。因此,后续实务界和学术界通常会细化 RFM 模型的三个指标或者对 RFM 模型进行拓展和延伸。例如,LRFMC 模型就是对 RFM 模型的拓展,其中增加的 L 代表客户关系长度,指客户成为会员到观测点的时间间隔,增加的 C 为折扣系数的平均值,表示该会员购买商品时获得的平均折扣系数,数值越小表示折扣越大。

在进行第五步聚类时,最常见的数据算法是 K-Means 聚类算法。K-Means 聚类算法的基本思想是以空间 K 个点为中心进行聚类,按照最邻近原则把靠近它们的对象归类。然后通过迭代的方法,逐次更新各聚类中心的值,直到得到最好的聚类结果。K-Means 聚类算法主要分为四个步骤:(1)确定聚类变量;(2)为待聚类的点寻找聚类中心;(3)计算每个点到聚类中心的距离,将每个点聚类到离该点最近的

	R (Recency) 最近一次消费	F (Frequency) 消费频率	M (Monetary) 消费金额
影响因素	产品记忆强度 接触机会 回购周期 ……	品牌忠诚度 产品熟悉度 客户会员等级 购买习惯 ……	消费能力 产品信任 ……
潜在应用	发展接触策略 决定刺激力度	决定资源投入 决定营销优先级 决定促销方案	决定推荐产品 决定折扣门槛

图 7-4　客户分类的 RFM 模型

聚类中去；(4) 计算每个聚类中所有点的坐标平均值，并将这个平均值作为新的聚类中心反复执行第三步和第四步，直到聚类中心不再进行大范围移动或者聚类次数达到要求为止。

■ 小案例

电信营销智能升级：潜客挖掘建模全流程自动化与 AutoML 技术应用

在电信运营商市场竞争加剧及"提速降费"等行业趋势的影响下，电信行业面临着非常大的成本压力，对有限营销资源的高效利用成为电信企业提升市场竞争力的主要诉求。伴随大数据和人工智能技术兴起，电信运营商可以通过数据挖掘建模技术建立客户标签，定位目标客户群，赋能精准营销业务，实现市场营销业务的降本增效。然而，数据挖掘建模对人才专业性要求较高，需要具备数学、统计学、机器学习等方面的知识和技能。

浩鲸科技助力江苏移动，打造醍醐智能挖掘平台，定位于"低门槛，高复用"的挖掘工具平台，基于对数据资源与智能技术的有机融合，通过构建自动化统计取数、自动化特征处理、自动化模型构建、自动化模型调优和自动化营销部署五大核心能力，大幅降低数据挖掘建模的门槛，为业务人员提供了平民化的挖掘建模工具。它将各类技术操作从前台下沉到中台，实现挖掘建模过程中的数据特征复用、业务场景复用、算法流程复用；为业务人员提供自动化、普适化的智能挖掘服务。

具体而言,醒醐智能挖掘平台通过数据编排工具和数据融合引擎实现了基于业务场景的数据视图构建,完成建模训练数据的快速拉取和生成;智能挖掘工具封装了多种数据处理、特征值筛选、参数调优、模型调优等核心功能模块,实现流程化、一体式的数据挖掘建模;通过开放式算法库,平台可以不断补充更优的算法,增强平台的建模精准度。

醒醐智能挖掘平台基于 Crisp-dm 数据挖掘流程,将数据、算法、模型等元素组件化、可视化,实现低门槛、高效率的自动建模,其功能组件主要包含以下几个方面:

1. 功能元素组件化

醒醐智能挖掘平台基于 Crisp-dm 数据挖掘流程,将数据、算法、模型等元素组件化、可视化,实现低门槛、高效率的自动建模。

(1) 简易的交互界面。通过将训练特征字段、目标字段、算法、模型评估等操作进行系统统一封装,业务人员可通过勾选操作,在不需要具备建模专业知识的背景下根据自身业务理解和业务需求完成目标用户挖掘工作。

(2) 自动建模体系。基于 AutoML 搭建,采用人工智能技术训练数据挖掘模型。该模块通过自动化的统一脚本,可根据资源情况和训练任务需求,加载多个机器学习引擎,灵活选用 TensorFlow、Keras、Pytorch、阿里等框架进行训练,实现模型自动并行训练。

(3) 分类算法组件库。集成各类主流算法库到智能挖掘平台,包括各类主流传统的分类推荐算法,和比第一代单类算法效果好的集成类算法,形成高度内聚的算法组件。

(4) 算法种类丰富。可专业调参算法包括:决策树、分类回归树、神经网络、贝叶斯网络、朴素贝叶斯等传统的分类算法;逻辑回归、广义线性回归、线性回归、支持向量机、神经网络回归等回归算法、K-均值聚类等聚类算法;序列模式分析、协同过滤等关联算法。

(5) 自动化训练使用的集成算法。包含 XGBClassifier、ExtraTreesClassifier、GaussianNB、BernoulliNB 等最新集成类算法。

2. 从数据预处理、建模、调参到实时营销资源分配全流程自动化

醒醐智能挖掘平台使用多种人工智能技术实现全流程自动化,智能迭代输出最优效果模型,全程无须人工介入。

(1) 自动数据预处理,利用专业数据处理技术选取目标特征。利用 K-SIGMA 异常检测、线箱图异常检测等技术,有针对性地对原始用户数据进行相应的归一化处理、降维、数据衍生、字段删除等操作,并对特征属性利用卡方检验等进行重要性

筛选及打分,最终输出模型最佳特征字段。

(2) 自动建模训练,改进 TPOT 和 Dask 框架搭建自动化分布式建模体系输出最优模型。在采用多种分类、回归等算法进行机器学习分布式训练模型的基础上,使用遗传算法自动评估各类模型的效果并比较选取最优模型算法。

(3) 自动调参优化,采用贝叶斯优化算法进行模型自动调参。基于贝叶斯优化算法,建立了一套用于生成目标函数的超参数自动调优算法,找到目标函数的最佳超参数;构建一套分片式计算引擎,避免贝叶斯串行计算的方法的劣势,有效提升贝叶斯自动调参算法的探索效率,以得到超参数最佳组合。

(4) 目标概率数字化,实现客户群规模在线动态调整。平台通过模型挖掘后计算出所有用户目标分值,通过分值即可推算既定目标概率值下的用户数量,匹配资源确定最佳目标群规模,实现根据给定的资源自动适配最合适的目标用户群规模,达到最大化利用营销资源的效果。

通过搭建并部署醍醐智能挖掘平台,江苏移动旗下经营分析业务的人员完全可以在不需要数据分析知识和统计人员协助下,独立完成数据模型的构建和应用,直接指导营销活动的执行。除了无技术门槛,易操作的特点,在具体主题模型的准确度方面也有较大提升。以 5G 套餐挖掘应用为例,模型的查全率和查准率均在 75% 以上,预测概率在 0.2 以上时,覆盖了 90% 的用户,具有实际应用价值;实际外呼测试,成功率在 8.63%,明显高于通常的 5% 概率水平。模型构建效率方面,从原来的 10 天构建一个新模型提升到 1 天之内。

中国移动多个省份使用智能挖掘平台进行智能化标签的生产,推动至营销一线进行市场客户分类和精准营销,以及客户满意度提升。目前已建近 200 个预测、关联分析、客户分群等方面的模型支撑,较传统挖掘建模的平均精准度提升了 3 个百分点;同时,从营销成本来看,平均减少 20% 的外呼次数,实现了对有限营销资源的高效利用;更重要的是,营销方案上线周期缩短 50% 以上,实现了对市场的敏捷支撑。

资料来源:《电信营销智能升级:潜客挖掘建模全流程自动化与 AutoML 技术应用》,https://www.sohu.com/a/446140745_99985415。

第三节　利用深度学习选定最佳目标市场

人工智能为我们提供了多种技术来进行市场细分。一旦公司识别了自己的市场细分机会，就必须决定进入多少细分市场以及哪些细分市场。营销者逐渐将一些变量结合在一起以识别更小、更明确的目标群体。比如，一家银行不仅要识别富裕的退休的成人群体，也要在那个群体中根据现有收入、资产、储蓄和风险偏好度来区分一些更小的细分市场。罗杰·贝斯特（Roger Best）建议，用七步来完成目标市场的选择，锁定一群最有可能成为高价值用户的消费者来作为客户。实施目标市场定位战略的步骤如表 7-4 所示。

表 7-4　实施目标市场定位战略的步骤

1. 基于需要的细分	根据客户在解决特定消费问题时所追寻的相似的需要和利益将客户划分为不同的细分市场
2. 细分市场的识别	对于每一个基于需要的细分市场，判断哪些客户细分变量，如身份特征和使用行为使得这个市场与众不同并可识别（可操作的）
3. 细分市场的吸引力	使用预先确定的细分市场吸引力标准（如市场增长率、竞争强度和市场可入性），判断每个细分市场的总体吸引力
4. 细分市场的营利性	判断细分市场的营利性
5. 细分市场的定位	根据每一个细分市场独特的客户需要和特征创造一个"价值主张"和产品价格定位策略
6. 细分市场的"酸性测验"	创造"细分市场故事板"来检验每一个细分市场定位战略的吸引力
7. 营销组合战略	扩展细分市场定位战略已包含营销组合的所有方面：产品、价格、促销和分销渠道

资料来源：菲利普·科特勒，凯文·莱恩·凯勒.营销管理：第 14 版[M].王永贵，等译.北京：中国人民大学出版社，2012：251.

一、评估细分市场

并不是所有的市场细分方案都是有效的。我们可以将买盐的顾客分为男性和女性，但是性别无疑与食盐的购买无关。而且，如果所有的食盐购买者每个月都买相同分量的食盐，相信所有食盐都是一样的，并且只愿为食盐付某一种价格，那么从营销角度来看，这个市场已经是最低限度的可细分市场了。

要想有效，市场细分必须在五个关键指标上表现良好：(1) 可测量。细分市场的规模、购买力和特征可以测量。(2)足够大。细分市场的规模和利润大到值得为之服务。一个细分市场应该是尽可能大的同质群体,并值得为其制定专门的营销方案。例如,对于汽车制造商来说,也许会为某位有财力的身高低于1米的人来定制化一辆专车,但不会花钱制造一种为所有身高低于1米的人群所设计的车。(3)可进入。细分市场可以被有效地触及和服务。(4)可区分。细分市场在概念上是可区别的,并且对于不同营销组合元素和方案的反应是不同的。如果已婚和未婚的女性对香水销售的反应是类似的,她们就无法构成不同的细分市场。(5)可操作。能明确制定有效的方案以吸引和服务细分市场。

在评估不同的细分市场时,除了考虑以上五个指标所体现的细分市场的总体吸引力,公司还必须考虑公司的目标与资源。一个潜在的细分市场在上述五个指标下得分如何?它是否具备使其拥有一般吸引力的特征,如规模、成长性、营利性、规模经济和低风险?考虑到公司的目标、能力和资源,投资于这个细分市场是否有意义?一些有吸引力的细分市场可能和公司的长期目标不一致,或者公司可能缺少一种或多种必要的能力来提供更优价值。

营销者有一系列或连续性的可能细分层次,可以指导他们的目标市场决策,一般而言,有四种目标市场战略可以供营销者选择:

(1)覆盖整个市场。一般而言,试图用客户所需要的所有产品来服务所有消费者,这对一家公司来说是难度较高的,除非特定的垄断行业或者企业。

(2)多元细分市场专业化。公司会挑选所有可能细分市场的子集,每一个在客观上都是有吸引力和适当的。也许各个细分市场之间存在很少的协同作用或者没有协同作用,但是每一个细分市场都有望获利。例如,森马服饰最初创立于1996年,定位年轻、时尚、活力、高性价比的大众休闲服饰,产品主要面向16—30岁追求时尚、潮流的年轻人;而旗下童装品牌巴拉巴拉于2002年创立,倡导专业、时尚、活力,面向0—14岁儿童,产品定位在中等收入小康之家。多元化细分市场策略在分散公司风险上也有好处。

(3)集中于单一细分市场。集中于单一细分市场的意思是公司只向一个专门的细分市场进行营销。保时捷(Porsche)集中于跑车市场,而大众(Volkswagen)集中于小型汽车市场。通过集中的市场营销,公司可以深入了解细分市场的需要,并建立牢固的市场地位。利基市场(niche)是指更狭窄的消费者群体,他们在细分市场中寻求与众不同的利益组合。营销者通常通过把细分市场划分为次级细分市场来确认利基市场。比如,洛斐(Lofree)是由一群有趣的设计师创立的中国时尚生活品牌,从事蓝牙鼠标、蓝牙键盘、拾光灯、美妆镜、收纳盒等生活日常产品的研发、设计和销售。洛斐以栖居在两平方米的年轻人为客户群体,聚焦于他们生活中的每个触手可及的两平方米,无论是在办公桌前、咖啡厅里,还是在飞机上、地铁里,凭借极具创意与颜值、鲜活有趣的产品,为年轻人打造办公、生活等多种场景下的两平方米有趣生活。洛斐通过在被忽视的利基市场中将有限的生活空间和乐趣的生活独特地联系起来,获得了年轻消费者的喜爱。利基市场营销者旨在较好地理解消费者的需要从而让消费者愿意付较高的价钱。一个有吸引力的利基市场是什么样的?消费者有一些与众不同的需要;他们愿意支付额外费用给那些最能满足他们的公司;利基市场相当小但要有一定规模、利润和增长潜力,并且不太可能吸引很多竞争对手;利基市场通过专业化获得一定的经济价值。当营销效率增长时,看起来似乎太小的利基市场也可能变得更具盈利潜力。而海量的可获得的顾客数据,以及多样化的专业人工智能数据挖掘方法,为我们寻找和接触利基市场提供了极大的便利。

(4) 个别化营销。市场细分最极致的水平是"个人细分市场""个人定制化的营销"或者"一对一营销"。如今的消费者在决定购买什么产品和如何购买上有着更多的个人主动权。他们上网搜索,查找关于产品和服务供给的信息与评价,和供应商、使用者以及产品的评论人进行对话,并且在很多情况下自己设计他们想要的产品。定制化(customerization)是一种鼓励消费者自己设计产品和服务的方法,将运营驱动的大规模定制化与定制化的市场营销相结合。

人工智能的存在,使得定制化在企业端有实现的可能。第一,人工智能可以提升营销效果,减少营销人员成本。人工智能的数据收集功能可以帮助企业在日常营销活动中记录并更新用户信息,然后人工智能的深度学习功能可以根据用户的活动区域、消费习惯、行为偏好、活跃度等条件来细分目标受众。这些在过去通常要花费营销人员大量的时间成本,而现在借助人工智能技术,营销人员从数据记录、整理、运算等繁重的工作中解脱出来,聚焦更具创造性的工作。第二,人工智能可以细分目标受众,传递差异化体验。在人工智能的帮助下,对大数据的利用变得更加有效。在越来越庞大而细致的数据基础上,人工智能把具备相同或相似行为习惯的消费者加以细分、组群,进而根据社群的共性,制作更加个性化的内容并通过精准推送为消费者传递差异化的服务体验,极大提高了营销的投入产出比。第三,识别用户偏好渠道,及时调整营销策略。每个用户都有其偏好的媒介渠道,在合适的渠道发声会帮助企业与用户取得更好的互动。传统操作中,可以直接向用户询问他们的媒介偏好,但这不能保证收到回复,更何况随着时间的推移,每个人的偏好都有可能改变。而人工智能的优点在于,它能帮助企业整合用户多渠道媒介信息,并通过用户在不同渠道中打开率、点击率的变化,识别用户偏好渠道并及时调整营销策略。最终通过不同渠道多触点与用户沟通,洞察用户行为偏好和潜在需求,实现营销效果最大化。第四,基于用户行为数据,推荐个性化内容及产品。在当今市场营销和传播领域,个性化推荐很常见。生成式人工智能的加入让这种模式如虎添翼。例如,途鹰(Tripadvisor)最新推出的人工智能驱动生成器为创建旅行行程提供了强大的助力。该解决方案可以根据目的地、日期和旅行者的偏好来创建定制的路线。公司过往庞大的顾客评论和反馈数据库确保了这些推荐建议的可靠性,所以旅行者可以轻松定制他们的旅行日程,并且再次"反哺"数据库。总的来说,生成式人工智能确保了推荐更加个性化,可以优化规划体验,提升用户参与度。这极大减轻了营销人员从海量信息中挑选被推荐者的工作,并且能够保证信息以较高的概率被用户注意到,从另一个层面来讲,也提高了客户端用户的黏性。

二、利用深度学习选定目标市场

■ 小案例

安克创新用 Shulex VOC 洞察和定位新客户

安克创新(Anker)是亚马逊最大的第三方品牌卖家之一,明星 SKU 平均星级 4.2 以上;2022 年营收超过 142 亿元,拥有 18 个亿级产品线;经营业务覆盖 100 多个国家和地区,是拥有超过 1 亿全球用户的高度数字化现代企业。伴随企业发展,安克创新的销售网络遍布全球超 200 个国家,全球用户服务中心分布在中国、日本、美国、加拿大、德国、英国以及中东地区,团队超 300 人。一致性的多渠道客户体验,全球消费者洞察与服务,利用人工智能提升 90% 服务效率并保证品牌口碑,成为安克创新的核心指标与诉求。

为了达成客户选择的精准性和客户体验的有效性,安克创新启用 Shulex 的全球智能体验解决方案,覆盖全品类的商品信息库、用户反馈库、企业知识库,并通过专属大模型的训练和内部系统集成上线了一套完整的体验产品集:全触点客服工单工作台、全链路智能优答机器人、VOC 全景商品洞察系统。

无论是新赛道选品,还是运营优化,安克创新坚持洞察先行,要求从市场分析与消费者分析中找到市场的供需关系。而 Shulex VOC 消费者洞察平台也成为安克创新进行 CI 分析中的必要工具。VOC 被定义为收集和分析客户反馈,以便对客户的愿望、需求和期望(客户体验)进行定性和定量的评估。简而言之,VOC 是了解客户并理解如何能给他们提供更好体验的过程。VOC 活动是一系列旨在促进收集和分析客户反馈的活动,聚焦在定位那些可以提升客户体验的机会点。这些活动通常需要借助 VOC 工具,通过情感分析和自然语言处理等技术来捕捉和分析客户反馈。这是一个闭环的过程,使用定性和定量的数据来了解整个客户体验。

通过 Shulex VOC,将人工洞察转化为人工智能洞察,以前人工一天 200 条 review 洞察打标的工作被一分钟破万智能打标而取代。在每年战略洞察阶段,超过 100 多位的安克创新产品经理会通过 Shulex VOC 监控超过 3.5 万种产品,并利用自定义人工智能标签功能寻找新人群、新需求、新使用场景。而在产品运营周期,客户体验团队将不间断产出 VOC 报告,每年通过 Shulex VOC 工具,向产品团队、运营团队、市场团队产出 300 多篇消费者洞察报告,不断提升产品质量与运营质量。这一举动也获取了极大的长尾效应,3 年平均产品退换率下降 46%。

资料来源:《Anker 如何利用 Shulex 大模型搭建全球智能体验中心,从而提升品牌价值与溢价能力》,https://www.voc.AI/cn/customer-stories/anker。

人工智能的应用使企业有更全面的渠道和更多样的方式获取用户的相关信息(李欣琪、张学新,2020),同时基于数据挖掘和知识图谱等技术,推荐系统能够实时分析和更新用户偏好,有效缓解冷启动和推荐滞后的问题(阳翼,2019),从而在以往个性化推荐的基础上实现更精准有效的目标市场选择。

人工智能具备强大的数据分析和计算处理能力,能够通过算法确定消费者的特征和需求,判断用户最可能购买产品的时刻与内容(Huang & Rust,2018);并通过实时分析数据,不断评估和调整方案,自动完成广告媒介的购买和投放(马二伟,2020),最终实现高效、精准、动态的智能投放。杜蕾斯即采用智能的程序化购买方式,通过人群标签优化、页面关键词优化、时间优化实现精准投放,在投放中实时提升传播效果。于是,利用人工智能来寻找潜在客户群体,就变成了众多企业探索的一个方向。

深度学习是当今非常重要的人工智能技术,它是机器学习领域中一个新的研究方向。深度学习的概念源于人工神经网络的研究,含多个隐藏层的多层感知器就是一种深度学习结构。深度学习通过组合低层特征形成更加抽象的高层表示属性类别或特征,以发现数据的分布式特征表示。研究深度学习的动机在于建立模拟人脑进行分析学习的神经网络,它模仿人脑的机制来解释数据,如图像、声音和文本等。换言之,深度学习是学习样本数据的内在规律和表示层次,这些学习过程中获得的信息对诸如文字、图像和声音等数据的解释有很大的帮助。它的最终目标是让机器能够像人一样具有分析学习能力,能够识别文字、图像和声音等数据。深度学习是一个复杂的机器学习算法,在语音和图像识别方面取得的效果,远远超过先前相关技术。

借助深度学习技术,我们可以建立包含多个非线性模块的深度模型来挖掘用户的潜在偏好,从而学习到某类产品的本质特征和主题。因此,深度学习近年来在营销推荐系统领域受到了广泛关注。一般地,基于深度学习的推荐框架包含3层:输入层、模型层、输出层。其中,输入层主要以用户画像(性别、年龄、喜好等)、项目内容(类别、文本、图像等)、用户反馈(点击、评分、浏览等)和辅助信息(标注、评论等)中的一种或多种组合为输入;模型层由各种深度学习模型堆叠、线性或非线性组合而成,以学习用户和项目的潜在表示;输出层通过计算相似度等方法从项目池中召回部分项目,并通过个性化排序算法产生最终推荐结果(黄立威等,2018)。目前,营销领域常用的深度学习模型包括多层感知机(Multi-Layer Perception,MLP)、自编码器(Auto-Encoder,AE)、循环神经网络、卷积神经网络、注意力机制(Attention Mechanism,AM)和对抗生成网络(Generative Adversarial Network,GAN)等(余力等,2021)。

对于海量的数据,人工智能可以利用深度学习,快速应用图像识别和机器学习等技术,对大量文字、图片、视频、音频等素材执行自动化识别、聚合、提取、标记等操作,有效实现内容分类和标记(Chan-Olmsted,2019),并检查是否存在内容编辑错误、遗漏和其他相关问题,控制内容质量(Mayeda,2018)。这有效地解决了人工处理能力有限的问题。例如,小米通过智能手机、智能手环、智能家居等产品积累多维用户数据,在此基础上结合深度学习和自然语言处理等核心技术,通过关联分析建立多维标签,通过标签和算法精准识别用户的实时应用场景和需求。

例如,如果我们想通过一则朋友圈广告来识别对于定位于"坚韧"风格的某产品A的潜在客户。如果将发送给一群人的朋友圈推送标题中带有"坚韧",而在发给另外一群人的标题中带有"强韧",机器根据响应可以得出使用哪个词更好,并建议在剩下的用户里使用该词作为产品描述。这是基础的A/B测试,它只是在处理平均结果。

如果我们让机器获得关于接收者的额外信息(年龄、性别、历史反馈等),机器可以对这些数据进行整理并得出35—45岁的女性更可能对"坚韧"进行响应。这可以用单层的神经决策系统进行编码。如果我们增加额外的信息(教育水平、购买厨房用具的倾向),机器可以取得第一层的输出并将其传递给下一层。

当我们给机器更多的数据(每天朋友圈的响应时间、不同IP地址下的响应率),给朋友圈推送更多的控制和变化(照片、文字的内容和长度),机器可以使用多个神经层计算出朋友圈推送中什么样的元素组合可能对某些类型的接收者来说响应率是最高的。而深度学习就是为我们解决问题涉及更深层次的神经元。当机器得到外界的反馈时,强化学习就产生了,机器会提出"展示哪个信息"和"话费多少钱"会使得某些特征的客户对于朋友圈广告采取了行动。消费者对于这些广告推送的反馈,就是机器进行强化学习的来源。

从某种意义上来说,人工智能系统是一个自主获得奖励或惩罚的代理,如果人工不干预,机器会尽力创造一个世界的心智模型,无论是动态的内容发布还是客户服务,它会不断采取行动,当获得来自外部环境的反馈后,它会产生一种动态神经网络。在这种神经网络中,信息可以以更加不受控制的方式进行流动,机器可以不断地根据反馈提升自己去接近预期目标,从而允许机器能建立前后关系并更快得到结论——哪些特征的客户才是"坚韧"产品 A 的最佳客户。

利用机器学习去识别并寻找目标群体客户的背后,是一个目的极为明确(例如如何识别、如何确定最佳目标客户)的极高精尖的数学模型体系。这个模型并不是人提前设计好的,而是通过机器的深度学习,不断生成并不断优化而来的。数据越多,价值越高,机器的算法越先进,深度学习的过程就更平顺、更可靠,模型就会建立得越好,取得的效果就会更好。而数据和算法,还必须真正基于具体公司的业务情况建立,不同公司的模型必然应该具有特异性。但公司实现这些往往比较困难,要么缺乏足够帮助构建深度学习的资源(公司规模或资源不够,掌握的信息不充分),要么是模型能力远远不足。毕竟公司所从事的业务是一个领域,而人工智能营销的数据和算法是另一个专业领域。因此,如本章引例中阿里集团的达摩盘工具,还有华为云、Shulex 等一些具有实力的媒体平台将它的深度学习能力赋能给众多其他需要人工智能服务的公司,就成为一个帮助公司提升目标市场战略绩效和广告投放绩效的重要选项。

■ 小资料

从亿万人中找到你!Lookalike 算法教你用深度学习挖掘高相似度人群

2018 年,乐天营销(Rakuten Marketing)发布的一份全球广告营销报告显示,营销人员估计他们将 26% 的营销预算浪费在错误的渠道或策略上。尽管认为存在巨大浪费,但为了达到更好的营销效果,仍有 75% 的营销人员会把广告支出从一个平台转移到另一个平台,并且只有 36% 的人选择了更好的效果跟踪。

就中国市场而言,人口结构的变化带来消费升级,促进了消费者个性化和对品质的追求,传播媒介去中心化信息传递,在分散用户的注意力的同时也增加了广告主捕捉消费者的难度。上述种种因素对人工智能时代的营销提出挑战。营销预算浪费的情况在亚太地区也普遍存在,而中国特殊的情况也让广告营销变得更加困难。

首先是人口结构的变化带来的消费变化。老龄化加速与10后消费崛起同时到来,让80后和90后成为前两者的主要买单群体,而这部分消费主力同时又追求个性化表达和品质消费,对广告的针对性及创意提出要求。

其次是传播媒介的变化。在移动互联网时代,媒体的传播形式已经从中心化的单向信息传递过渡到社交媒体的双向信息传递,现在在社群影响下,进入去中心化的社交媒体2.0时代。传播介质的变化要求广告营销更加注重社交化。

在营销预算浪费和消费结构变化的大背景下,企业精确捕捉消费者的难度大大增加。在这种背景下,Lookalike技术就成为让客户量级倍增的利器。

Lookalike技术基于种子用户画像和社交关系链寻找相似的受众,即在大量用户群中选择一组特定的种子(即有转化行为的)受众,包括但不局限于点击、下载、安装、激活,然后根据实际需求,筛选、识别、拓展更多相似受众,进一步引发更大客户量级的倍增。Lookalike技术在目标市场战略中的应用如图7-5所示。

基于种子用户画像和关系链寻找相似人群

图7-5　Lookalike技术在目标市场战略中的应用

Lookalike技术具有三大优势:

一是相比显式用户定向标签(如人口学、兴趣、行为等)需要大量广告主人工参与试错,隐式Lookalike几乎不需要广告主参与。部分平台只需要广告主上传具有特定目标(如曾经有过购买行为的)的种子用户的ID或设备ID。

二是虽然目前广告系统都提供了丰富定向接口:人口学、LBS/地域、兴趣、行为、再营销等,但是依然很难满足很多广告主的个性化需求。如果要为每个广告主定制化标签,不仅周期长、成本高,而且很难通用。Lookalike会对种子人群各个维度的特征(人口基础属性、社交属性、行为属性等)进行全方位分析。

三是高潜力用户难寻、精准与规模之间难取平衡点是广告主所面临的两个主要难题,核心仍在于对大规模潜在用户的有效触及。效果和规模之间达成"帕累托最优"(最理想状态)显得相对棘手——随着流量数量的增大,人群的聚焦性也必然逐步降低,寻找目标人群的难度加大,致使非目标人群的比例也随着流量的增加而增加。而Lookalike技术通过大数据分析和复杂模型学习归纳高质量人群的人口特征,然后在更大的流量范围内寻找具有类似人口特征的人。

腾讯社交广告早在2013年开始调研探索Lookalike技术,设计基于种子用户画像和关系链寻找相似人群,即根据种子人群的共有属性进行自动化扩展,以扩大潜在用户覆盖面,取得了不错的广告效果。

虽然Lookalike在广告行业中应用普遍,扩展效果总体上很好,但不同机器学习模型或不同的输入数据所带来的扩展结果依然有显著的差异。因此,在商业应用时需要一个逐步探索扩展的过程,而不是一次性扩展大量人群。

资料来源:《从亿万人中找到你!Lookalike算法教你用深度学习挖掘高相似度人群》,载"新智元"公众号,https://mp.weixin.qq.com/s?_biz=MzI3MTA0MTk1MA==&mid=2652019835&idx=2&sn=2d919a1efc8c3100fb3f37d9a23306ca&chksm=f121e88ac656619cdf71df7c7cdcb5f52642d6c2f41e6ce3602bfd19f448a2de9aa3e87b96cb&scene=0#rd。

第四节 通过情感分析发展有力传播定位

一、利用大数据平台和人工智能算法发掘品牌定位点

定位(positioning)是指设计公司的产品和形象,从而在目标市场消费者心目中占据独特位置的一种行为,其目标是将品牌留在消费者心中,以实现公司的潜在利益最大化。通过阐明品牌本质和精髓,确立要帮助消费者达成的目标以及实现目标的独特方式,好的品牌定位有助于指导营销战略的实施。组织中的每个人都应该理解品牌定位,并将其作为决策的重要依据。

一个好的定位是"现实的立足点"和"未来的起点"。它需要有些抱负,以便让品牌有成长和改进的空间。定位仅依赖于现有的市场状况会失去前瞻性,但是,与现实情况脱节也会使其成为空中楼阁。定位真正的困境在于平衡品牌是什么与品牌将会成为什么的问题。定位的结果是成功地创造以顾客为中心的价值主张,这是目标市场消费者为什么会买该产品的颇具说服力的理由。

定位要求营销者定义和传播该品牌与竞争者品牌间的共同点和差异点。具体来说,在作出定位决策时要求:确定一个参考框架来识别目标市场和相关竞争;在参考框架下识别品牌联想的最佳差异点与共同点。

(一)确定竞争性参考框架

竞争性参考框架(competitive frame of reference)定义了一个品牌与哪些其他

品牌竞争,因而帮助品牌确定哪些其他品牌应该作为竞争分析的焦点。竞争性参考框架决策和目标市场决策紧密相连。决定某一特定类型的消费者为目标市场可以阐释竞争的本质,因为一些企业已经对这些目标市场下手(或者计划将来去这样做),或者该细分市场的消费者的购买决策里已经囊括某些产品和品牌了。

定义竞争性参考框架一个很好的起点是确定品类成员(category membership)——与该品牌竞争的单个产品或者一系列产品,以及功能与之相近的替代品。对一个公司来说,识别竞争对手看起来是件非常容易的事情。但是,公司的实际和潜在竞争者范围可以比显而易见的范围大得多。对于一个在新市场上有明确增长动机的品牌来说,更宽的范围或者一个更有野心的竞争性框架可能十分必要,以便反映未来所有可能遇到的竞争对手。而且相对于现有的竞争对手而言,一个公司更容易被新兴的竞争对手或者新兴技术所伤害。

我们可以从行业和市场两个角度来研究竞争。行业由一群提供同一种或同一类产品的公司组成,这些产品具有密切的替代关系。营销者可根据销售者数量,产品差异化程度,是否存在进入、转移与退出壁垒,成本结构,垂直整合程度与全球化程度来对行业进行分类。

按市场概念,我们将竞争者定义为"能满足相同消费者需求的公司"。营销者必须要克服"营销近视症",不能再用传统的品类和行业术语来定义竞争。可口可乐公司就是因为专注于软饮料业务而无视咖啡吧与新鲜果汁吧的市场,后者最终对其软饮料业务带来了重大冲击。相比于将竞争的定义局限于产品类别的做法,竞争的市场概念揭示了更为广泛的实际与潜在竞争者群体。

(二) 识别最佳差异点与共同点

一旦营销者通过定义顾客目标市场和竞争本质而确立了定位参考的竞争性框架,他们就能定义合适的差异点和共同点联想。

差异点(points-of-difference,PODs)是消费者强烈地联想到的品牌属性或利益。他们给其正面评价,并相信从竞争品牌身上不会有同样程度的收获。那些形成差异点的联想实际上可以建立在任何类型的属性或者利益之上。强势品牌可能有多个差异点,如苹果(设计、易用性与叛逆不羁的态度)和华为(性能、创新技术与赢的内涵)。创建强大的、令人喜爱的、独特的联想确实是个挑战,但对有竞争力的品牌定位来说是必不可少的。

某种品牌联想是否能真正成为一个差异点取决于三个标准——称心性、可交付性与区分性。(1) 称心性。品牌联想必须让消费者感觉到与自身相关才有效。例如,东鹏特饮称它比别的软饮料更能提神,并指出富含牛磺酸、赖氨酸及多种B族维生素等营养成分作为证据。香奈儿5号香水则自称是法国香水中的优雅典范,支撑点是香奈儿与高级女装的长久联系。(2)可交付性。公司必须要有足够的内部资源与承诺去创造并维持消费者心目中的品牌联想,这个过程必须是可行而且可盈利的。产品设计和营销供应物必须支持合意的联想。传达这种合意的联想是需要产品本身的真正改变,还是需要转变消费者对这种产品或品牌看法的认知?通常后者更加容易。例如,比亚迪通过富有时代气息的大胆形象与设计来努力改变公众对它产品品质不高的品牌感知。(3)区分性。最后,消费者必须觉得该品牌联想比相关竞争者的更特别、更优良。比如,农夫山泉强调:"我们不生产水,我们只是大自然的搬运工。"只要具备足够的称心性、可交付性与区分性,与产品或服务相关的任何属性或利益都可以作为一个差异点。但是,要真正成为一个差异点,品牌还得展现其属性或利益具有明显的优越性。例如,必须让消费者确信茅台生产最好喝的白酒,移动有最稳定的通信信号,而招商银行提供最好的财务建议和计划等。

共同点(points-of-parity,POPs)是那些对品牌来说并非独特,实际上可能与其他品牌共享的一些联想。这些联想的类型有两种基本形式:品类和竞争性。品类共同点是那些消费者认为在特定的产品或服务品类中,合理且可信的出售物所必不可少的联想。换句话说,它们是品牌选择的必要而非充分条件。除非一家旅行社能够预订机票和旅馆,提供旅行套餐的建议并有多种票价支付及送达方式选择,否则消费者不会认为这是一家真正的旅行社。竞争性共同点是那些设计用来克服消费者所感知的品牌弱点的联想。它需要有两个功能:一是可以抵消消费者所感知的竞争对手的差异点,二是可以抵消该品牌自身差异点所存在的弱点。

(三) 选择共同点和差异点

在确定品牌定位时,营销者往往通过聚焦于品牌利益来选择共同点与差异点。品牌属性更多的是扮演支持角色,提供"相信的理由"或"证据点"来说明为什么一个品牌可以令人信服地宣称它带来特定的利益。例如,多芬(Dove)香皂的营销人员可以讲述它含1/4润肤乳的特殊属性如何让皮肤更加柔滑。消费者更感兴趣的通常是利益,以及能从产品身上得到的具体好处。多重属性可能会支持某种特定利益,但它们也可能随着时间而改变。

在选择特定利益作为共同点和差异点从而对产品定位时,感知分布图很有用。感知分布图是消费者感知与偏好的形象化展示。它们提供了市场形势的定量描述,同时展现了消费者在各个维度上对不同产品、服务与品牌的看法。通过将消费者偏好与品牌感知重叠,营销者可以找出"空洞"或"空缺",它们意味着未满足的消费者需求与营销机遇。

人工智能在帮助企业找出"空洞"或"空缺"方面有着强大的优势。人工智能算法的专长就在于数据整合和分析。人工智能算法可以在海量的数据中发现对人并不显而易见甚至有悖"常识"的线索,并善于归类。在合适的特征工程和数据量的配合下,可以将成百上千维度的数据同时纳入模型分析,因而能洞察到更多信息,更能探测到消费者偏好被现有市场的品牌感知覆盖的区域是否存在空挡。

例如,作为汽车内容垂直领域的综合服务商的汽车之家,就正在运用其大数据平台"车智云"去挖掘市场动向,预测需求。利用自身新闻、看车、论坛与4S店交流等巨大的流量,汽车之家拥有线上汽车媒体高达73%的数据,包括文字、图片、视频在内的海量用户生成内容(UGC)、职业生成内容(OGC)和专业生成内容(PGC)以及用户("车友")对这些内容详细的访问数据,这些数据允许他们开发出精准的消费者分析营销模型。通过用户(U)、价值(V)、需求(N)三个维度对"车友"进行分类分析,预测潜在汽车消费者的需求方向。这样,不但可以对地区销量进行预测,帮助车企调整库存,更重要的是,通过分析舆论,洞察趋势,让车企发现核心客户群的变化,以及对手的潜在威胁,为车企在营销活动策划甚至新车设计上提供有力参考。相比传统品牌定位的人工分析法,这样的人工智能营销为企业节省了更多成本,还大大提高了效率和精准度,促进更多的邀约到店,甚至线上销售(孙亚程、李艾玶,2021)。

二、通过情感分析发展传播定位

成功的定位可以帮助品牌在客户心目中占据独特的地位,从而在市场上取得长期的成功。耐克的"Just do it"和麦当劳的"I am lovin'it"简单易懂,又容易引发共鸣,这些定位口号都是基于与客户的交流和沟通后确定的。情感人工智能,尤其是情感分析,是帮助品牌建立有利传播定位和关怀客户的理想选择(Huang & Rust,2024)。它可以帮助企业制定引人注目的口号,了解什么能引发目标客户的共鸣。例如,Daabes和Kharbat(2017)研究了如何使用数据挖掘技术从客户的情感中提取基于客户的感知地图,以作为营销人员对产品的了解的补充。与基于数据挖掘的细分和基于深度学习的目标相比,定位更多的是与客户的心沟通,通常是促销沟通中的定位声明或口号。Gali等(2017)发现那些最受欢迎的旅游目的地的品牌定位口号往往都强调情感成分。

以往营销人员洞察用户感知品牌与竞争品牌之间的差异点和共同点,主要是以市场调研为主,通过建立用户档案来了解和影响消费者的需求(Kietzmann et al.,2018)。这种方式多侧重于关注和分析直接相关的用户行为数据,而缺乏对多元数据的整合以及用户行为背后所蕴含的情感等内容的分析,用户洞察较为粗糙且流于表面。人工智能营销则可以比传统营销更有效地处理和利用用户数据。

人工智能营销能够实现对用户的立体洞察。一方面,人工智能可以关联更多来源的数据并分析其中隐藏的模式。除了企业网站上用户点击和购买等直接相关的数据,人工智能还能够分析其他来源的潜在相关数据,如社交媒体平台上大量用户生成的内容,从而向营销者揭示关于用户潜在需求、偏好、情感、态度的洞察(Martínez-Lòpez et al.,2016)。在洞察用户的过程中获得的知识是企业产品、服务开发和创新的宝贵资源。基于语音识别和自然语言理解等技术,智能机器人和虚拟助手不仅能够有效接收用户所说的信息,还能通过分析句子结构、单词语义和上下文语境,准确理解用户的产品咨询或售后服务等方面问题和需求,及时提供针对性解决方案(Kietzmann et al.,2018;Paschen et al.,2020)。另一方面,人工智能可以分析更多样化的信息,如利用计算机视觉和机器学习的情感分析技术来衡量购物者的情绪(Paschen et al.,2019;Huang & Rust,2024)。

■ 小链接

基于机器学习的情感识别

利用人工智能进行情感分析一般分为两个步骤:第一步是根据训练数据构建算法模型;第二步是使用模型对数据进行测试,并输出结果。具体操作如下:

1. 构建算法模型

第一,我们需要准备一些训练用的文本数据,并给这些数据做好情感分类的标注。例如,在电商领域中,商品的评论除了文本数据之外通常还会带有一个5星的等级评分,我们可以根据用户的5星评分作为标注依据,如果是1~2星则标注为贬义,如果是3星标注为中性,4~5星标注为褒义。又如,在社区领域中,很多社区会对帖子有赞和踩的功能,这一数据也可以作为情感标注的参考依据。

第二,将标注好情感倾向的文本进行分词,并进行数据的预处理。

第三,从分词的结果中标注出具备情感特征的词,可以参考情感词典进行标注,也可以采用TF-IDF算法自动抽取出文档的特征词进行标注。如果分析的是某个特定领域的,还需要标注出特定领域的词,例如作商品评价的情感分析,需要标注出商品名称、品类名称、属性名称等。

第四,根据分词统计词频构建词袋模型,形成特征词矩阵。在这一步可以根据业务需要给每个特征词赋予权重,并通过词频乘以权重得到特征词分数。

第五,根据分类算法,将特征词矩阵作为输入数据,得到最终的分类模型。

2. 使用模型对数据进行测试,并输出结果

当训练好分类模型之后,就可以对测试集进行分类了,具体的流程与建模流程类似,先对测试的文本数据进行分词并作数据预处理,然后根据特征词矩阵抽取测试文本的特征词构建词袋矩阵,并将词袋矩阵的词频数据作为输入数据代入之前训练好的模型进行分类,得到分类的结果。

采用基于机器学习的方法进行情感分析有以下几个不足之处:第一,每一个应用领域之间的语言描述差异导致了训练得到的分类模型不能应用于其他领域,需要单独构建。第二,最终的分类效果取决于训练文本的选择以及正确的情感标注,而人对于情感的理解带有主观性,如果标注出现偏差就会对最终的结果产生影响。

除了基于词典和基于机器学习的方法,也有一些学者将两者结合起来使用,弥补两种方法的缺点,比单独采用一种方法的分类效果要更好,另外,也有学者尝试使用基于 LSTM 等深度学习的方法对情感进行分析。相信在未来,情感分析会应用在更多的产品中,帮助我们更好地理解用户需求,提升用户使用智能产品的体验。

资料来源:《人工智能技术应用:情感分析概述》,https://www.jianshu.com/p/114036537dcF。

最早的情感分析(Sentiment Analysis)研究始于 2003 年 Nasukawa 和 Yi 两位学者的关于商品评论的论文,目标是从文本中分析出人们对于实体及其属性所表达的情感倾向以及观点。这项技术与其他的人工智能技术相比有些特殊,因为其他的领域都是根据客观的数据来进行分析和预测,但情感分析则带有强烈的个人主观因素。从自然语言处理技术的角度来看,情感分析的任务是从评论的文本中提取出评论的实体,以及评论者对该实体所表达的情感倾向,自然语言所有的核心技术问题,如词汇语义、指代消解、词义消歧、信息抽取、语义分析等都会在情感分析中用到。

随着微博、微信朋友圈等社交媒体以及电商平台的发展而产生大量带有观点的内容,给情感分析提供了所需的数据基础。时至今日,情感识别已经在多个领域被广泛地应用。例如在商品零售领域,用户的评价对于零售商和生产商都是非常重要的反馈信息,通过对海量用户的评价进行情感分析,可以量化用户对产品及其竞品的褒贬程度,从而了解用户对于产品的诉求以及自己产品与竞品的对比优劣。在社会舆情领域,通过分析大众对于社会热点事件的点评可以有效地掌握舆论走向。在企业舆情方面,利用情感分析可以快速了解社会对企业的评价,为企业的战略规划提供决策依据,提升企业在市场中的竞争力。在金融交易领域,分析交易者对于股票及其他金融衍生品的态度,为行情交易提供辅助依据。

目前,绝大多数的人工智能开放平台都具备情感分析的能力。比如,百度 AI 开

放平台提供语言理解技术进行情感分析,讯飞开放平台也提供人工智能情感分析的 NLP 文本倾向性分析,诺达思提供人工智能情绪识别服务等。机器学习算法有很多分类算法,如逻辑回归、朴素贝叶斯、KNN 等,都可以用于情感识别。

■ 小案例

百度 AI 开放平台的情感分析系统

如图 7-6 所示,百度在其 AI 开放平台的"开放能力"中设有"语言与知识"一栏,包含"语言理解"的诸多数据分析系统和 AI 工具,其中用于情感分析的就包括情感倾向分析和对话情绪识别。

图 7-6 百度 AI 开放平台的情感分析工具

情感倾向分析主要是对包含主观信息的文本进行情感倾向性判断,它包括两个部分:(1)情感分析,是针对通用场景下带有主观描述的中文文本,自动判断该文本的情感极性类别并给出相应的置信度,情感极性分为积极、消极、中性;(2)多实体情感分析,是针对特定场景下带有主观描述的篇章文本,自动识别文本中的核心实体词,并分别判断每个实体词对应的情感和对应置信度。

情感倾向分析主要应用场景包括:(1)评论分析与决策:通过对产品多维度评论观点进行倾向性分析,给用户提供该产品全方位的评价,方便用户进行决策;(2)电商评论分类:通过对电商评论进行情感倾向性分析,将不同用户对同一商品的评论内容按情感极性予以分类展示;(3)舆情监控:通过对需要舆情监控的实时文字数据流进行情感倾向性分析,把握用户对热点信息的情感倾向性变化。

对话情绪识别主要是自动检测用户日常对话文本中蕴含的情绪特征,帮助企业更全面地把握产品体验、监控客户服务质量。它包含两个部分:(1)精细化的对话文本情绪识别。在对话场景中,识别对话双方文本背后蕴含的用户情绪,一级情绪分为正向、中性、负向3种,正向情绪细分为喜爱、愉快、感谢3种;负向情绪细分为抱怨、愤怒、厌恶、恐惧、悲伤5种。(2)负向情绪参考回复话术。针对机器识别到的负向情绪,结合上下文语境给出有针对性的参考回复话术,帮助应用方第一时间安抚客户负向情绪。

对话情绪识别主要应用场景包括:(1)客服质检与监控。识别用户在客服咨询中的情绪,在自动回复系统外,如检测出用户负面不满情绪,则触发人工客服介入。在人工客服场景下,也可用于监控客服人员的服务态度。(2)闲聊机器人。识别用户在聊天中的情绪,帮助机器人产品选择出更匹配用户情绪的文本进行回复。(3)任务型对话。识别用户的情绪,根据不同的对话情绪,选择不同的回答策略进行答复(如回复语速和文本简洁程度差异等)。

资料来源:基于百度AI开放平台的情感分析系统和对话情绪识别系统整理而得。

本 章 小 结

要充分发挥人工智能技术的巨大潜力,公司的首席营销官必须了解当下可用的营销人工智能应用类型及其发展方向,并为公司将来的人工智能营销应用做好战略规划。人工智能营销战略可以视为一个循环过程,从进行营销研究开始,然后制定市场细分、目标市场选择和市场定位战略,再到设计具体的营销行动来执行战略。在这三个阶段中,机械、思考和情感三类人工智能都能发挥其相应的作用。

所有的营销战略都建立在 STP——市场细分、目标市场选择和市场定位的基础上。公司可以先广泛地从内外部收集具有价值的客户信息,包括描述类信息、交互类信息和关联类信息,然后利用聚类等机器学习的人工智能数据挖掘方法来发现和细分市场上的不同需求和消费群,实现客户分类;并且可以通过思考人工智能的深度学习技术,确定它能更好满足的客户为目标市场;继而再通过情感人工智能的情感分析技术来寻找品牌与竞争品牌的共同点和差异点,对其产品进行有利的传播定位,以便目标市场能够识别出公司的独特产品和形象。

关键名词

人工智能营销战略规划　市场细分　数据挖掘　客户分类　深度学习
目标市场选择　情感分析　市场定位

思考题

1. 目前市场营销活动中启用了哪些人工智能应用？
2. 人工智能营销战略是什么？
3. 应用人工智能进行客户分类的数据基础包括哪些？
4. 结合实例谈谈人工智能在定位中的作用。

案例讨论

本章实训

即测即练
（请先扫封底总码）

第八章 人工智能与产品策略

本章学习目标

1. 理解人工智能在产品策略中的重要性,掌握人工智能技术在产品创新过程中的应用。
2. 明晰人工智能如何改善服务体验,了解人工智能在优化包装设计方面的应用。
3. 熟悉人工智能在提升品牌形象方面的策略。
4. 能够运用所学知识,分析企业产品策略中的人工智能应用情况,找出优势与不足,并提出合理建议。

第八章 人工智能与产品策略

引例 蚂蚁集团三款人工智能管家亮相,全面覆盖生活、财富与健康

蚂蚁集团在2024 Inclusion·外滩大会上发布了三款全新的人工智能管家,分别为生活管家"支小宝"、金融管家"蚂小财"以及AI健康管家。这三款产品的发布标志着蚂蚁集团在人工智能领域的战略部署进一步深入,旨在为用户提供更为便捷、智能的生活体验。

1. 生活管家"支小宝":国内首个服务型人工智能独立App

生活管家"支小宝"作为蚂蚁集团推出的服务型人工智能独立App,具备强大的对话功能和场景感知能力。用户可以通过简单的口语指令,快速完成订票、点餐、打车等日常操作。"支小宝"不仅能够记住用户的通勤方式、餐饮口味和旅游偏好,还能在特定区域提供AI导游、门票预订以及餐饮推荐等贴心服务。2024年9月,黄山风景区与支付宝携手合作,推出国内首个"全程人工智能伴游"景区,游客通过"支小宝"即可快速进入黄山空间智能体,享受智能化的旅游体验。

2. 金融管家"蚂小财":连接200多家专业机构,助力财富增长

金融管家"蚂小财"在此次大会上以新版形象亮相,并已在支付宝App内全量对外。"蚂小财"连接了基金公司、券商、财经媒体等200多家专业机构以及超1.5万位专业财经创作者,为用户提供专业服务和内容。截至2024年8月底,"蚂小财"的月度活跃用户数已达到7000万人,其中45%来自三线及以下城市。新版蚂蚁财富App还搭载了"蚂小财"Pro版进行灰测,为用户提供更为个性化的理财体验。

3. AI健康管家:30多项健康服务,助力家庭健康管理

蚂蚁集团在此次外滩大会上还推出了AI健康管家,这款应用提供找医生、读报告、陪看诊、问医保、管健康等30多项人工智能健康服务,旨在解决日常看病就医的烦琐问题。除了医疗服务外,AI健康管家还推出了一系列满足用户日常健康管理需求的功能,如毛发检测、药盒识别、抑郁自测以及体重管理等。目前,已有超过20家专业医疗机构、专科以及医生智能体入驻该应用,为用户提供专业的健康服务。

2025年6月26日,蚂蚁集团推出"AI健康管家"的全新升级版本——AI健康管理应用AQ,围绕群众健康管理等需求,链接更广泛的健康管理资源,打造更多智能体应用,提供健康科普、医保问答、健康档案、辅助挂号、健康咨询等上百项AI功能,推动"AI+健康"更广泛落地,助力全民健康。

资料来源:《蚂蚁集团三款AI管家亮相,生活、财富、健康全覆盖》,https://news.qq.com/rain/a/20240906A09I3R00。《蚂蚁集团:推出AI健康管理应用 为健康服务增添动力》,载《人民日报》2025年6月27日第12版。

本章知识结构图

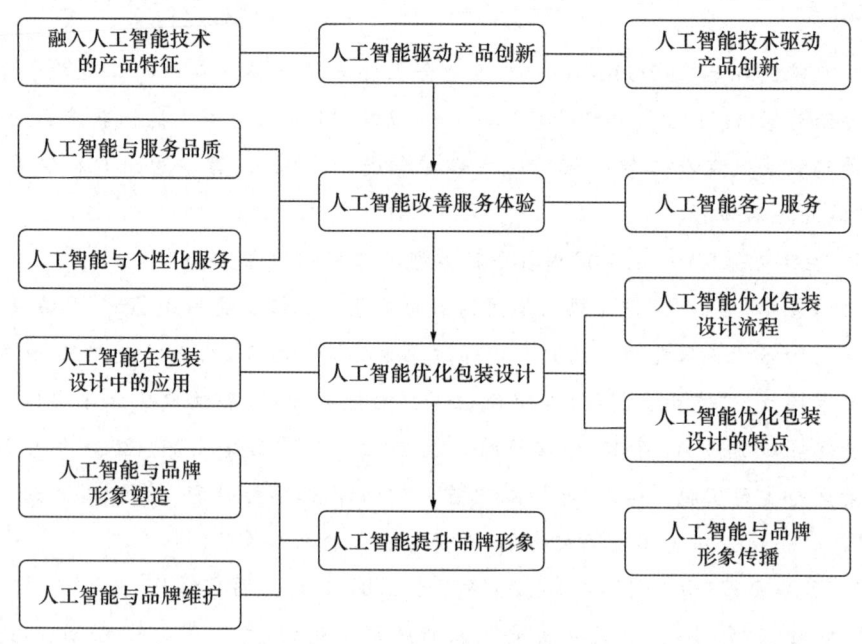

产品是企业产出的核心,是营销组合中最重要、最基本的要素。产品策略直接或间接影响到其他营销组合要素的管理。可以说,产品策略是整个营销组合的基石。如此一来,在智能化时代,企业若想要快速发展,获得竞争性优势,就必须将人工智能技术融入产品策略的各个环节,以不断挖掘顾客新需求驱动产品创新,升级产品及服务以改善顾客体验,生成式设计以优化包装,以及自我完善以提升品牌形象。从这个意义上来说,将人工智能充分融入产品策略已是大势所趋。

第一节 人工智能驱动产品创新

创新驱动发展战略的政策支撑、人工智能的技术发展渗透不断推动着各行业、各领域的创新性发展。在人工智能时代,企业需要将人工智能技术融入产品创新的全过程,使得产品满足新时代的消费需求。

一、融入人工智能技术的产品特征

随着人工智能时代的到来以及消费新需求的出现,各类产品的发展日新月异,产品更新换代的速度史无前例。可以说,企业产品变革的速度是企业维持竞争力的重要决定因素。基于科技变革与顾客需求的变化,对原有产品进行变革、将智能元素注入新产品,是企业发展的必要内容。一方面,基于原有的产品性质和顾客基础,改进原产品不会大幅改变消费者的使用习惯,反而会在维持消费者原有核心习惯的基础上对稍有欠缺的地方加以完善,企业所面临的市场需求风险大大降低,无须担心客户大幅流失的问题;另一方面,原有产品的技术设备等方面较为成熟,对现有产品进行变革只需投入较少的生产成本、资源、资金等,从而降低成本。因此,人工智能时代的产品变革不仅是不可阻挡的趋势,而且是企业维持、增强竞争力的重要内容。同时,人工智能的引入,使变革后的产品功能更加丰富以满足消费者多样化的需求,操作更加简单以使消费者的生活更加便利,产品更具个性以满足消费者的独特需求。

(一) 功能多样化

人工智能技术促进了产品革新,使产品具有更加丰富和先进的功能,满足消费者新出现的需求,同时激发消费者的潜在需求。在新一轮科技革命和产业变革的推动下,中国开发了无人驾驶汽车,依靠车内以计算机系统为主的智能驾驶控制器来实现无人驾驶,近年来无人驾驶汽车的安全性、可靠性不断提高。在教育方面更是有机器自动翻译功能,我们在浏览外文文献时,文心一言、讯飞星火、豆包等大语言模型可以为我们提供翻译功能,帮助我们解决在阅读过程中不断查阅词典,降低阅读流畅性的苦恼。在教学过程中,"人工智能教师"可以针对每一位学生的学习习惯和学习情况制订个性化的学习和练习计划,实现"因材施教"。

(二) 操作简单化

产品的先进并不意味着操作的复杂与烦琐,而是要化繁为简、老少皆宜。在生活节奏越来越快的今天,高效便捷是产品变革的必然趋势,这就决定了操作简单是产品变革的必然要求。例如,我们只需说一声"天猫精灵",即可唤醒智能音箱,通过语音指令要求其播放音乐、听广播、订外卖、购物甚至是唤醒其他智能家居;华为的智能家居控制系统,通过手机 App 远程控制、定时控制、语音控制等多种方式,实现对智能家电如空调、电视、厨电等的智能化管理;阿里巴巴未来酒店也实现了由人工智能机器人提供送餐等服务。再如,人工智能使消费者的支付方式更加简便。自助支付设备、人脸识别、行人重识别(Re-ID)、语音助手、生物识别等技术手段改变了传统的现金交易等方式,推动了新兴支付手段、支付方式的发展,使商家与消费者都感受到了交易的便利化。

(三) 产品个性化

智能产品的发展要与消费者的需求特性相契合。在大众化需求得到满足后,个性化产品逐渐得到了人们的青睐。各种智能产品在不同的人手中会变成不同的形象,具有不同的"个性"。例如,我们召唤语言助手,"告诉"它我们要洗澡,它就会通过程序连接,打开热水器,浴缸蓄水,并将水温调节至适合人的温度;打开我们常听的音乐,为每个人带来最为贴心舒适的服务。在炎热的夏季,我们还未到家时,即可通过手机打开空调,将房间温度调节至默认的舒适温度。在惬意的周末,我们可以在家中打开电视,在它为主人专门推荐的节目中轻松找到自己想看的那一个,或是打开音乐播放器,聆听那独一无二的推荐歌单。

二、人工智能技术驱动产品创新

如今,诸多企业和产品都已经进入到激烈竞争的红海领域,如何在众多竞争者中脱颖而出,持续满足消费者的需求,赢得消费者的青睐,是企业亟待解决的问题。因此,企业需要人工智能技术加持,不断推陈出新,创造全新的产品,提高企业竞争力。其中,5G 等技术是人工智能发展的基础,为人工智能的跃进式发展提供了重要的技术支持;消费者需求是人工智能时代产品创新的首要动力,为产品创新指明了方向;同时,人工智能也辅助企业为消费者带来更具创新性的产品内容,为产品创新提供了技术支持。

(一) 技术支持

5G 等技术的迅速发展,为人工智能提供了至关重要的技术支持。作为最新一代移动通信技术,5G 的主要优势是数据传输速率远远高于以前的蜂窝网络,最高可达 10Gbit/s,比以前的 4G LTE 蜂窝网络快 100 倍,其高速度、大容量和低延时,将在很大程度上突破网络宽带和传输速率的局限,促进人工智能的跨越式进步。

同时,人工智能技术也为互联网等领域的创新应用提供理论基础。例如,自动定理推理为网络信息检索、问题求解、远程诊断等提供了自动求解方案;数据挖掘为从数据库中挖掘提炼出蕴含本质规律的数据提供了规则和评估标准。从技术应用的创新层面来看,人工智能技术的发展,为未来 ICT 等网络技术的发展指引了方向。可以看出,5G 等技术促进了人工智能的发展,同时人工智能的发展也促进了相关产业的发展,各种技术的相互作用促进了人工智能技术的落地,最终造福消费者。

（二）首要动力

消费者需求是市场营销的起始点，企业的生产和服务最终也都是为了满足广大消费者的需求。一方面，企业利用人工智能的大数据整合进行市场调研与预测，充分挖掘消费者的现实需求与潜在需求，对处于不同需求层次下的不同消费者进行聚类分析，多样化的消费需求促使产品创新点的产生。另一方面，消费者作出购买决策是个体因素、心理因素与外部环境等多重因素共同作用的结果。随着接触事物的不断增多，消费者自身需求层层递进，从单纯的物质文化需求转向更高层次的精神消费需求。伴随人工智能大环境的普及化、体验化、场景化，消费者寻求智能、体验、服务。从单一的电话通信转向多样的视频语音，从单纯拍照转向用美照记录生活，从手机、电脑等电子设备需求转向智能语音助手、智能机器人等便捷服务需求，不断发展的新需求促进了产品的产生与创新。

（三）创新成果

人工智能为消费者带来了全新的产品和体验。一方面，人工智能可以通过长期观测市场走向，挖掘和预测市场的潜在需求，完成产品的创新设计。例如，专为残障人士开发的音书 App 就是一款运用人工智能技术满足特定消费群体需求的创新产品，它集合了语音识别、语音合成及语音测评等技术，使产品具有字幕功能、语音功能及打电话功能。另一方面，在移动互联网时代，用户越来越注重内容消费，这就产生了产品内容消费。如知乎提供了高质量问答社区、小红书记录美好生活等。在内容方面，用户或平台生产出来的视频、图片、语音、文字等，通过生成的内容与不同的人群建立了特定的联系，而内容就作为人与人之间信息传递的价值链。人工智能的发展也为解放人类创造出了全新的内容产品，如人工智能下棋、人工智能作诗、人工智能写歌、人工智能机器人等，为人们提供了全新的思路。诸多人工智能创造的具有商业红利的新内容产品在一定程度上科技化、多样化了用户消费生活与消费方式，在多个领域的智能产品系列推动满足个性化需求、提高服务质量。

■ 小案例

贝壳"设牛"家装设计平台

在家装领域，消费者对个性化、可视化设计需求渐长，传统模式却面临设计周期长、沟通成本高、效果图不直观等问题。贝壳家装瞄准此痛点，凭借雄厚技术与海量数据，推出"设牛"平台，借人工智能重塑家装设计流程，提升用户体验，引领行业智能化变革。

"设牛"平台依托人工智能生成内容技术,提供便捷家装设计生成服务。用户上传房间或户型图,平台即可一键生成多种风格效果图,涵盖实拍、户型、草图生图功能。这大幅缩短了设计周期,原本设计师需数天至数周完成的初步方案,"设牛"几分钟就能呈现,效率提升数十倍甚至上百倍。如果消费者装修新房时对风格举棋不定,通过平台上传户型图后,瞬间能得到现代简约、欧式古典、中式田园等风格效果图,清晰看到空间布局、家具搭配与色彩效果,有力辅助决策,规避传统装修反复修改设计带来的时间和经济成本。

为确保设计精准贴合实际空间,贝壳构建了全面数据标签体系,筛选海量户型与效果图中的最优数据,支撑自研"梦想家"大模型。该模型运用空间可控扩散生成技术,在保证创意的同时精准匹配空间结构,让效果图兼具美感与实操性。处理不规则户型时,平台能依户型和用户需求合理规划布局,推荐适配家具尺寸与摆放位置,避免家具与空间冲突。此数据和模型驱动机制使"设牛"在众多家装设计工具中崭露头角,赢得用户与设计师的信赖。

"设牛"平台还以用户体验为核心,借助人工智能实现个性化设计。通过分析用户上传图片与输入需求,深入了解其审美偏好、生活习惯和功能需求,定制装修方案,满足色彩搭配、家具选择与空间利用的个性化期望。以年轻家庭为例,平台会依据其注重空间多功能与时尚感的特点,推荐带收纳功能的时尚家具、儿童安全活动空间布局及流行色彩组合,打造既实用又个性的居住环境。这种个性化服务提升了用户满意度,增强了用户对品牌的忠诚度。

资料来源:《贝壳家装"设牛"如何引领未来家装设计:2024年AI创新应用典型案例剖析》,https://www.sohu.com/a/831409853_121902920。

第二节 人工智能改善服务体验

在市场营销领域,研究人员及营销人员都希望通过科学有效的方式,向消费者精准投放被广泛关注并认可的广告,以提高企业的营销效率和效果。人工智能通过大数据及精准算法,更加科学、精确地绘制消费者的消费轨迹及用户画像,充分满足消费者的消费需求,从而改善消费者的服务体验。

一、人工智能与服务品质

人工智能技术的普及,使企业更加精准地感知到消费者需求,从而更好地满足其需求,这在一定程度上提升了给消费者带来的服务品质。某种程度来讲,人工智能的发展是为了让人类提高生活品质,享受生活乐趣,为消费者带来多方位的便利与服务。所以在设计之初,人工智能把以人为本理念作为产品开发创新的要求之一。

对于服务品质,学术界公认的测度模型是帕拉苏拉曼(A. Parasuraman)、泽塔马尔(Valarie A. Zeithamal)和贝瑞(Leonard L. Berry)三位学者提出的 SERVQUAL 量表。该量表是至今使用最为广泛的度量服务品质的方法。它通过衡量顾客服务期望与服务绩效感知的差值来测量服务品质,只有后者大于前者,消费者才会认为服务品质是令人满意的。SERVQUAL 量表共包括 22 个指标,分为 5 个维度,即可靠性、响应性、保证性、移情性和有形性。可靠性是指可靠地、准确地履行服务承诺的能力,它意味着承诺过的服务无差错地准时完成,包括公司向顾客承诺的事情都及时完成,对于顾客遇到的困难能表现出关心并给予帮助,公司是可靠的,能准时地提供所承诺的服务,正确记录相关的服务。响应性是指迅速为顾客提供服务,减少顾客等待时间,出现服务差错时迅速解决问题,包括告诉顾客提供服务的精准时间,提供及时的服务,员工总是愿意帮助顾客,员工不会因为其他事情而忽略顾客。保证性是指员工表达出自信和可信的知识、礼节的能力,包括员工是值得信赖的,在从事交易时顾客会感到放心,员工是礼貌的,员工可以从公司得到适当的支持以提供更好的服务。移情性是指设身处地地为顾客着想以及对顾客给予特别关注,包括公司针对顾客提供个性化服务,员工会给顾客特别的关心,员工了解顾客需求,公司优先考虑顾客的利益,公司提供的服务时间符合顾客的需求。有形性是指有形的设施、设备、人员和宣传资料等,包括优美的环境和服务人员整洁的服装外表,以及现代化的服务设施。这些服务设施应具有吸引力,并且公司的设施应与他们所提供的服务相匹配。基于该理论模型下的五个维度,企业可以运用人工智能技术准确衡量并进一步改善企业的服务品质,为顾客创造更好的服务体验。

(一) 可靠性

人工智能技术可以帮助营销人员获得更加准确的数据,帮助企业全面了解其现有的服务水平与顾客期望之间的差距,掌握更加精准的顾客评价与反馈数据。同时,在大数据与人工智能技术的支持下,企业对于顾客的服务管理可以覆盖产品整个生命周期,基于"以顾客为中心"的理念,对跟踪、收集到的各类顾客数据进行分析,以此更加清晰地掌握消费者需求,为消费者提供准确的产品推荐以及更好的服务。同时,网购中的定期更新、私人定制、小众产品等个性化产品和服务也满足了现代消费者的独特需求。

(二)响应性

人工智能技术可以帮助企业减少人工过于忙碌而导致的服务疏漏,提高工作品质。当出现问题时,尤其是由于非个人原因导致的问题(如天气原因导致航班延误等),有限的人工客服会过于忙碌,以至于很多消费者要等待很长时间,同时服务质量也会下降。智能语音助手和智能客户服务在一定程度上可以缓解人工客服的压力,减少人工成本,提高服务质量。对于日常运营来说,人工智能技术的支持可以减少人员冗杂,提高工作效率。工作人员可以将不同程序录入不同的工作系统,只需不断维护、升级系统,从而将更多的精力投入到解决更加重要或紧急的工作当中去,提升服务质量。

(三)保证性

人工智能技术可以帮助企业及营销人员提升完成服务的能力,与顾客更有效地沟通。企业可以构建用户期望—感知的差距平台,将数据充分可视化。从企业到员工再到消费者,员工可以直接面向消费者,员工的知识、能力、态度等直接影响到消费者的购买决策。企业可以根据人工智能技术采集到的信息,定期开展员工培训、跨部门交流、业绩激励等方式,也可以利用人工智能可视化员工的业绩、服务满意度评价等,结合线上线下多方面的手段和方式来调动员工对工作的积极性,提高其对消费者的服务水平。

(四)移情性

移情性表现为关心顾客的需求并为顾客提供满意的个性化服务,这是实行差异化战略的重要体现。在传统营销中,移情性主要表现在商家对于消费者的态度及行动上,提升商品质量和服务质量。在人工智能技术的加持下,企业及营销人员的移情性更大程度地转化为产品质量和服务质量。如胖东来在门店设置自助宠物寄存处、母婴室,提供梳子、发夹、棉签、护手霜等日常用品,以及不同类型的购物车,满足不同人群的购物需求。可以大胆推测,在未来,人工智能在学习发展的过程中,可能本身也会增加移情能力,到时将会给服务质量带来质的飞跃。

(五)有形性

有形性大多是指在服务全过程的实体部分,包括环境、设施、人员等。比如,在服装店进行购物时,消费者现今更趋于自助式、一站式购物,服装的陈列、店内的装潢、模特的穿搭等均会影响消费者的购买体验;在奶茶店品味饮品时,服务人员的态度、舒适的环境、店内的音乐、服务的速度等也影响着消费者的感知……各类企业都在提升有形性服务,有形性也是人工智能技术发展过程中要考虑的一大因素,有形性服务是顾客可以感知到的,直接影响到顾客的消费体验。如今,机场的服务机器人、家中的智能家居,从外观到声音,都更加具有亲和力,以增强顾客的信任感和顾客黏度。

总体来说,在人工智能和大数据技术的加持下,商家可以在不同维度、不同方面了解顾客对于产品、服务等的感知度,提高消费者的体验度及满意度,提升整体产品质量与消费体验。

■ 小资料

人工智能数字人直播与全链路数字营销

随着短视频和直播的兴起,电商直播带货已成为电商销售的"流量密码",不仅能给企业带来海量用户和消费者,也为企业品牌推广和跨境出海带来了新的机遇。直播的形式和功能正在逐渐被消费者接受和喜爱,已成为电商的新出口,并成为跨境电商新型的、非常有效的销售方式。

通过集成虚拟人体形象技术和人工智能生成内容能力进行跨境电商直播,是顺应国家对人工智能战略的规划,通过人工智能赋能业务,实现人工智能+跨境业务的突破,而且通过人工智能数字人进行跨境电商直播,相较于真人优势非常明显,主要有以下四个方面:

(1) 极大节省人力成本,人工智能数字主播生成后即可不间断直播,不需要工资和提成;

(2) 可以实现一年365天、全天24小时无休直播带货,工作连续性得到极大保障;

(3) 可以规避因主播跨平台流动带来的巨大流量损失,以及因主播个人不当言论、个人生活问题对直播品牌导致的恶劣影响;

(4) 跨境直播不同于国内直播,面向国外客户,文化、肤色、兴趣等都与国内直播不同,人工智能数字人可以通过算法、模型等能力,赋予其不同的样貌、性格、知识库,能更好地满足国外客户的需求,从而促进跨境商品的销售。

结合大数据和大模型的技术研究,打造人工智能数字人直播与全链路数字营销,形成持续经营,高效带货的直播带货支持跨境电商业务的开展,具体工作有以下四个方面:

(1) 结合虚拟人体形象技术生成人工智能数字人主播。

(2) 集成人工智能生成内容能力为数字人装上大脑,赋予不同人工智能数字主播鲜明的直播风格和多语种理解应答能力。

(3) 装修数字人直播间，配套相关软硬件设施，并根据不同主播风格设定对应的直播内容及互动功能，如弹幕问答互动、实时互动等，使直播节目更有吸引力和趣味性。

(4) 搭建直播带货全链路数字化营销平台，通过大数据分析能力为品牌和商家提供深入的经营洞察和决策支持。技术的核心在于将直播过程中产生的大量数据进行结构化处理和智能分析，通过数字化和时间序列分析，揭示直播效果与商业成果之间的内在联系，帮助商家和主播深入理解直播过程中的每一个细节，从而作出更加精准和高效的商业决策。

资料来源：《"2024年度最具价值AI创新应用案例"——珠海华发数智技术有限公司》，https://finance.sina.com.cn/roll/2024-10-08/doc-incrvsst3999982.shtml。

二、人工智能与个性化服务

企业若想在激烈的竞争中脱颖而出，保持领先地位，就需要洞察多样性的消费需求，满足消费者期望，提供更多个性化的产品和服务。人工智能储存海量数据资源，包括用户的一系列消费行为与趋向，以此为顾客推荐合适的产品、提供个性化服务；顾客对个性化服务的满意度再反馈给人工智能，促进其更新数据，提高数据的真实性与可靠性，提升数据的价值。二者相互作用，丰富个性化服务内涵。

（一）人工智能与个性化服务

在产品质量、服务质量普遍提升的今天，更加私人化、偏向化的服务受到了消费者的青睐，个性化服务成为现在消费者市场的主流消费趋势。这类需求衍生出了可以提升私人服务品质的产品。例如，智能音箱可以在人机交互的过程中，不断熟悉"主人"的消费需求，提供更加贴心的服务；聊天机器人也在和人的"沟通"过程中，不断提升自己的"沟通水平和能力"，使消费者逐渐感觉到与聊天机器人相处愈加轻松顺畅，逐渐习惯聊天机器人的存在并对聊天机器人产生依赖情绪。除此之外，具有私人服务的App也越来越多。例如，京东OPEN AD，即开放式广告，是一种全新的广告模式，允许消费者定义场景创意，京东则通过人工智能生成内容技术为用户定制现实想要的画面。这一模式极大地提升了广告的互动性和用户参与度，使广告内容更加贴近消费者的需求和喜好。由此可见，技术的发展给消费者带来了服务的革新，有针对性地宣传推送、个性化的定制服务、丰富化的客户档案等促进了消费水平和品质的提升。

（二）人工智能与个性化推荐

个性化推荐是一种基于聚类与协同过滤技术的人工智能应用，它建立在数据挖掘的基础上，通过分析用户的历史行为建立相应的推荐模型，主动给用户提供匹配他们的需求和兴趣的信息，如商品推荐、视频推荐、新闻推荐等。个性化推荐既可以为用户快速定位其需求产品，弱化用户被动消费意识，提升用户兴趣和留存用户黏性，又可以帮助商家快速引流，找准用户群体与定位，做好产品营销。

个性化推荐依靠推荐系统算法为消费者提供个性化的信息服务和决策支持，基于深度学习技术的推荐系统可以提高推荐质量，促进营销转化。人工智能技术下的个性化推荐主要包括人工智能广告精准投放和内容精准推荐。

1. 精准投放广告，有效吸引顾客

精准投放广告广泛存在于各类网站、手机 App 中。本质上，它会根据用户基本信息、用户的浏览信息及对物品和内容的偏好程度等多因素进行考量。依托推荐引擎算法进行指标分类，将与用户目标因素一致的信息内容进行聚类，经过协同过滤算法，实现精确的个性化推荐。现阶段，电商平台是个性化推荐的绝佳土壤，目前主流网络购物 App 平台，像淘宝、京东、唯品会等几乎均具备"相关推荐""猜你喜欢"等功能，并且会根据点赞量、浏览量、收藏量等用户数据向不同用户推送其感兴趣的商品。机器学习技术以超越依靠专家规则的方式，对顾客的购买力、品牌忠诚度、消费频率、消费兴趣等多样化信息标注标签，形成"千人千面"的用户画像，进行大规模、自动化的个性化推荐。除了应用推荐算法外，在人工智能视频营销中还需应用视频结构化和图像检索等技术，以对象识别、特征提取、动态物体识别等技术处理视频数据信息，实现对应场景下自动、批量、标准化的广告植入。

除线上营销外，线下实体零售企业也需要借人工智能的东风，及时变革与发展。线下实体零售企业一方面依托线上线下融合的方式进行全渠道营销，一方面通过人脸识别摄像头、智慧大屏、智能助手等硬件设施作为线下数据采集入口，旨在线下消费场景实现对顾客的精准营销。人工智能技术的发展为营销信息处理提供了很大的助力。营销信息的主要内容包括数值、文本、语音、图像、面部表情数据等，营销工作者可以利用人工智能来细分市场，预测消费者的个性化喜好，进行精准的消费者定位，实时部署有针对性的数字广告。

2. 精准推荐内容，增强用户黏性

个性化推荐依靠推荐系统算法向消费者提供个性化的信息服务和决策支持，基于深度学习技术的推荐系统可以提高推荐质量，从而吸引用户，增强用户黏性。小红书通过人工智能技术对用户的行为数据进行分析，建立个性化的用户画像。通过分析用户的购买记录、浏览偏好、评价和评论等数据,小红书能够更好地了解用户的需求和兴趣,从而向用户推送符合其喜好的产品和内容,提高购买转化率。如今,抖音、快手等短视频平台相互竞争,网易云音乐、QQ 音乐等音乐平台也在相互竞争,这些竞争者的产品功能具有极大的相似性,满足用户的需求也具有重叠性。在此情况下,如何为用户推荐具有吸引力的内容,从而增强用户黏性,是各大 App 都在考虑的问题,也是努力的方向。同时,各企业都在运用人工智能技术进行不同程度的消费者洞察,拉近了企业与消费者之间的距离。

  线上与线下的智能个性化推荐精准对接消费者,科学的客户关系管理可以帮助企业清晰、明确地识别目标客户,维系客户关系。因此,客户关系管理至关重要。客户数据库是客户关系管理的基本要素,包含社会经济特征(年龄、性别、教育程度、收入等)、与客户的早期交互(提供的优惠和对这些优惠的响应、投诉、服务等),以及关于客户购买历史的信息(即购买数量和购买时间等),可以用来预测客户对新报价的反应,或者预测客户保留及客户流失。已有研究介绍了如何通过人工智能在计算机程序中模拟解决问题的过程,来帮助营销经理解决面临的问题,以取代传统上营销经理通过主观经验和判断作决策的方式。

三、人工智能客户服务

(一) 人工智能客户服务的内涵和特点

  人工智能客户服务是基于计算机信息和互联网技术的飞速发展,企业借助以自然语言理解、语音识别技术为主的人工智能技术构建的自动化客服系统,通过 Web、语音、短信等在线渠道与客户实现智能化人机交互。在这种智能化的体验中,可在解决客户常见问题的同时增添乐趣。当前智能机器人客服有多种表现形式,如 Web 版、IM 客户端、QQ、微信、短信等。接入方式也伴随着互联网、云计算、智能终端的发展而不断丰富,客服形态呈现人性化、智能化、在线化、平台化发展的特点。

  1. 人性化

  人工智能客户服务的人性化是指智能客服通过模拟人类客服的交流方式、理解用户情感并提供个性化服务,从而提升用户体验和满意度的特性。主要体现在三个方面:一是语义数据库。语义数据库是人工智能客户服务系统的核心,存储着多种问题的答案,为系统解决问题提供了强有力的数据支持,有助于客户享受高质量的服务。二是自动问答分析系统。自动问答分析系统的主要功能就是分析客户的问题,能够通过人性化思维来分析客户的实际需求,从而能够为客户提供针对性服务,有助于提高客户的忠诚度。三是交互系统。交互系统主要负责记录客户提出的问题,能够对问题自动排序,同时能够处理客户的语句,能够让人工智能客户服务更加完美。

2. 智能化

智能化就是在海量数据基础上,利用人工智能、大数据通过云计算进行分析,区分基于不同客户在不同场景遇到的问题状态等,完成对客户的精准画像,智能作出需求预测,并输出千人千面、千时千景的个性化服务内容。智能化是人工智能客户服务系统的核心优势。依托先进的人机交互技术,系统能够灵活应对客户的各种提问,不仅满足了基本的服务需求,更在效率与满意度上实现了显著提升。企业应加速智能化服务的建设步伐,利用大数据与人工智能技术,为客户提供端到端的智能化服务体验。

3. 在线化

在线化服务已成为新时代消费生态的重要组成部分。随着移动支付的普及,商品/服务交易不再受时间与空间的限制,客户对在线服务的需求也日益增长。金融、电商等行业纷纷搭建智能问答平台,实现咨询与申诉的在线化处理。同时,客户对内容与服务的互动性要求更高,期望在消费过程中发挥自己的影响力,分享观点与评论。在线化服务不仅满足了客户的这一需求,还通过实时评价系统,帮助商家优化服务内容,提升服务质量。因此,企业应充分利用商品交易平台,搭建在线化服务系统,实现客户服务的在线实时咨询与解答。

4. 平台化

平台化服务是移动互联网时代的重要特征。基于移动互联网搭建的平台模式,为商品销售与在线服务提供了无限可能。这些平台通过计算机技术,实现了系统化、软件化、智能化的应用服务,为数字经济社会的发展提供了有力支撑。平台化服务不仅限于信息共享与数据共用,更在于为客户提供实时在线的服务体验。例如,携程的人工智能服务平台,通过大数据分析,精准预测客户需求,提供快速有效的解决方案。因此,企业应在销售平台中植入客户服务智能运营系统,运用人工智能与信息可视化技术,实现由"服务承载"向"服务加工"的转型,为客户提供更加便捷、高效的服务体验。

(二)人工智能客户服务系统的构成

随着许多产业都积极地向智能化、自动化方向发展,人工智能客服系统逐渐被开发出来,并应用到许多行业领域,中国电信、中国移动、许多银行等都运用了人工智能客户服务系统。基于大数据的人工智能客户服务系统主要分为以自然语言理解技术作为重点技术、以知识映射技术作为辅助技术的问答模块,以用户

画像创建为重点的特殊化知识库模块,以及依托于机器学习的更新管理模块。具体如下:

1. 问答模块

问答模块主要由三个模块组成:问题信息处理、问题检索以及答案推荐。这一模块以自然语言理解技术为主,以知识映射技术为辅。系统接收用户请求后,通过语义知识资源库分析语句,构建知识图谱以增强语义理解,提高答案准确性和检索速度。

2. 知识库模块

根据数据类型构建知识库,结合用户画像创建个性化数据库。依托于用户画像实现知识库和客户个人数据的紧密融合,形成具有自身特色的数据库系统。用户画像提升知识库内容定位及系统效率,使客服系统能针对客户特征提供匹配答案。

3. 更新管理模块

智能客户服务知识库是由海量数据集成的静态知识库,而语料知识库时时刻刻都在发生着变化,人工更新管理知识库信息明显已经不能满足客户服务系统的现实需要,难以取得理想的效果。因此,需要利用深度学习技术模拟人脑神经网络,实现知识库的自主更新。将这样的神经网络能力结合到人工智能客户服务系统中,可以使系统能识别、收集有价值信息,进而完善知识库,提升智能性。

(三) 人工智能客户服务系统的工作流程

企业在依托于人工智能客户服务系统解答用户的实际问题时,还应当对每次问题解答过程的数据进行分析处理,最后上传到云端知识数据库中。在用户的实际信息请求还未成功发出时,人工智能客户服务系统会从数据库中自动获取用户的互联网行为、兴趣爱好、行为特征以及历史交易记录等数据,并对这些数据进行归纳、整合与建模,得到用户个人的大致标签,最后形成用户的详细画像。人工智能客户服务系统在收到用户发送的信息请求后,会第一时间开展用户信息的分析处理工作,在此过程中人工智能客户服务系统会调取已构建的用户画像,依托于算法分析预测用户的主观意识,紧接着和知识库中的各种实际案例进行比对,构建出能符合用户需求的信息,并将这些信息反馈给用户。人工智能客户服务系统在完成一次问答服务之后,会自动提示用户对本次服务进行评分,并将用户的实际评价和反馈信息结合起来,然后将案例信息归纳整合之后上传到案例数据库中,方便下次使用。图 8-1 所示为大数据背景下人工智能客户服务系统工作流程示意图。

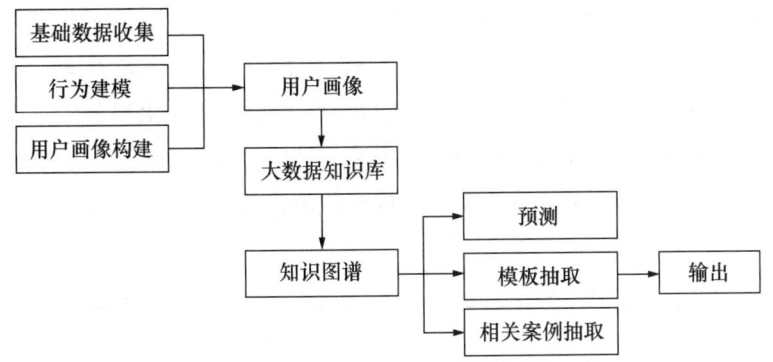

图 8-1　基于大数据的人工智能客户服务系统框架
资料来源：陈朝飞.大数据背景下的人工智能客服系统研究[J].信息与电脑,2021,(8)：180-182.

第三节　人工智能优化包装设计

一、人工智能在包装设计中的应用

(一) 个性化包装定制

1. 定制平台

随着消费者个性化意识的不断觉醒，个性化包装定制已成为市场趋势。企业借助人工智能搭建的个性化包装定制平台，利用大数据分析消费者的偏好数据，深度理解消费者的个性化需求。这些平台整合了多种先进技术，如 3D 建模、虚拟展示、实时渲染等，为消费者提供了直观、便捷的定制体验。消费者可以通过平台自由选择包装的各个元素，如颜色、图案、文字、材质等，甚至可以上传自己的创意素材，实现高度个性化的包装设计。

同时，平台利用人工智能算法实时生成定制预览效果，消费者可以即时看到自己设计的包装在产品上的呈现效果，并根据需要进行调整优化。这种个性化定制服务不仅满足了消费者对独特性和自我表达的追求，还极大地增强了消费者与品牌之间的互动和情感连接，提升了消费者对品牌的认同感和忠诚度，进而促进品牌传播和产品销售。

2. 营销价值分析

人工智能技术在个性化包装中的应用，使企业能够深入分析消费者的个性化偏好、购买行为以及个性化包装对营销效果的影响。通过对消费者数据的挖掘和分析，企业可以精准定位目标客户群体，了解不同群体的消费需求和行为特征，进而优化个性化包装策略。例如,利用预测模型分析消费者对不同包装设计的购买转化率,根据消费者的兴趣爱好和购买历史推荐最适合的个性化包装方案,提高营销活动的针对性和效果。个性化包装成为企业与消费者进行个性化沟通的重要媒介,能够有效传递品牌价值和产品信息,激发消费者的购买兴趣和欲望,提升消费者购买意愿和品牌忠诚度,最终实现营销投入回报率的最大化。

■ **小链接**

食验室"轻巧麦丽素"包装设计中的人工智能应用

在商业包装设计领域,人工智能技术正逐渐崭露头角。初创健康零食品牌食验室在其"轻巧麦丽素"产品包装设计过程中,深度应用人工智能技术,展示了人工智能与人类协作的创新模式。

食验室从改造童年零食的品牌理念出发,运用 ChatGPT 进行市场调研、卖点分析与产品命名。通过让 ChatGPT 扮演食品营销专家等角色,依据"受欢迎程度""改造潜力""生产复杂性"等标准,从众多童年经典零食中锁定麦丽素进行改造。在命名阶段,借助如"再来××个"等提问技巧,确定产品名为"轻巧麦丽素",突出其健康无负担、奶味浓郁的特点,同时提炼出产品卖点。

在卖点可视化环节,"轻巧麦丽素"的"经典儿时同款""轻盈无负担""数据卖点"等需转化为视觉元素。以往设计师需耗费约一周时间进行头脑风暴,而 ChatGPT 在短时间内就生成了如"巧克力色气球""巧克力和蛋白云朵"等 10 个创意概念,将卖点与巧克力元素结合,为后续设计提供了方向。接着,这些创意被投喂给 Midjourney 生成图像,仅需 30 分钟就完成了传统拍摄需 5—7 天的工作量。随后,从生成的图像中挑选出"气球""天空""云朵"与"冷色"等关键词深化设计。经过多次排版尝试,最终将热气球元素直接应用于包装,成功打造出"轻巧麦丽素"的包装设计。

资料来源:《用 AI 完成包装设计的真实商业案例,全过程公开》,https://www.digitaling.com/articles/962296.html。

(二)可持续包装材料的选择与优化

1. 环境影响评估

在环保意识日益增强的今天,可持续包装材料的选择成为企业包装设计的重要考量因素。人工智能技术通过对各种包装材料全生命周期数据的分析,全面评估其环境影响。在原材料获取阶段,分析不同材料的开采或生产过程对环境的影响,如森林砍伐、能源消耗、水资源污染等;在生产过程中,考量能源消耗、温室气体排放、废弃物产生等因素;在运输环节,计算运输距离、运输方式对能源消耗和碳排放的影响;在使用阶段,评估材料的耐用性、安全性等;在废弃处理阶段,分析材料的可降解性、可回收性以及对土壤和水体的潜在污染。

企业利用人工智能模型对这些多维度数据进行综合评估,从而选择对环境影响最小的包装材料。这不仅有助于企业降低对环境的负面影响,实现可持续发展目标,还能提升企业的社会责任感形象,增强消费者对品牌的认可度。

2. 包装结构优化

人工智能借助模拟和优化算法,对包装结构进行深入分析和设计,以实现减少材料使用量的目标。通过模拟不同包装结构在各种实际场景下(如运输过程中的震动、挤压、堆叠,仓储过程中的空间利用等)的性能表现,利用优化算法寻找最优的结构设计方案。在保证包装功能(如保护产品、方便使用、便于展示等)的前提下,尽可能减少材料的使用量。这不仅可以降低生产成本,减少资源消耗,还能提高包装的运输和存储效率,降低物流成本,符合可持续发展的要求。同时,优化后的包装结构还可以提升消费者的使用体验,进一步增强产品的市场竞争力。

二、人工智能优化包装设计流程

(一)大数据分析环节

在当今数字化时代,企业能够收集海量的消费者数据,这些数据涵盖了消费者的购买历史、浏览行为、社交媒体互动以及人口统计学信息等多个维度。通过运用先进的数据分析技术,特别是机器学习算法,企业可以从这些繁杂的数据中挖掘出有价值的信息,精准洞察消费者对包装设计的偏好和需求趋势。

例如,利用聚类分析将消费者根据其包装偏好进行分类,发现不同群体对包装颜色、图案、形状等方面的独特喜好;关联规则挖掘则能够揭示消费者购买行为与包装特征之间的潜在联系,如购买高端产品的消费者更倾向于简约而精致的包装风格。这些深入的分析结果为包装设计提供了精准的决策依据,使企业能够设计出更贴合市场需求的包装,从而在激烈的市场竞争中脱颖而出。

(二)自动化设计环节

1. 自动化设计

基于人工智能的自动化设计工具,如 Adobe Sensei 等,集成了深度学习、图像识别、自然语言处理等多种前沿技术。这些工具能够理解和处理企业输入的各种信息,包括产品的详细信息(如尺寸、形状、功能特点、品牌定位等)、目标受众特征以及设计要求(如风格偏好、色彩搭配原则等)。通过内置的智能算法和丰富的模板库,自动化设计工具可以快速生成多样化的包装设计方案。在生成过程中,深度学习算法能够学习和模仿优秀的设计风格和模式,图像识别技术确保设计元素的准确性和合理性,自然语言处理技术则便于企业与工具进行交互,准确传达设计意图。

这种自动化设计方式不仅极大地提高了设计效率,将传统设计周期从数周甚至数月缩短至数天,还能保证设计质量的稳定性,降低设计成本,为企业在快速变化的市场环境中赢得竞争优势。

2. 实时预览

除了自动化设计,这些工具还具备实时预览功能,消费者或设计师能够即时看到设计效果,并根据需求进行调整优化。例如,在定制包装设计时,消费者可以通过平台实时看到自己选择的颜色、图案等元素应用在包装上的实际效果,如果不满意可以立即修改,大大提高了设计的灵活性和满意度。同时,设计师也可以利用这一功能快速迭代设计方案,提高设计效率,缩短设计周期。

(三)模拟与测试环节

1. 性能模拟确保包装功能

人工智能借助模拟技术,对包装在不同环境和条件下的性能进行模拟分析。在运输过程中,模拟包装在震动、挤压、堆叠等情况下的受力情况,确保包装能够有效保护产品。例如,通过模拟软件可以预测包装在货车长途运输过程中的颠簸对产品的影响,从而优化包装结构和缓冲材料的选择。在仓储环境中,模拟包装的堆叠稳定性,防止包装倒塌损坏产品或造成安全隐患。

2. 用户体验测试与反馈

通过虚拟测试或小规模实际测试,收集用户对包装设计的反馈意见。了解用户在开启包装、使用产品过程中的便利性和感受,以及对包装外观、信息传达等方面的满意度。例如,利用虚拟现实技术让用户模拟打开包装和使用产品的过程,观察用户的操作行为和反应,根据反馈对包装设计进行改进,如优化包装的开启方式、增加使用说明的清晰度等,以提升用户体验。

(四)与生产环节的衔接

1. 数字化生产对接

优化后的包装设计方案需要与数字化生产设备进行无缝对接。人工智能确保设计文件能够准确无误地传输到生产设备中,实现自动化生产。例如,设计文件中的尺寸、颜色等参数可以直接被生产设备识别和应用,避免了人工转换和录入可能产生的错误,提高了生产效率和准确性。同时,人工智能还可以根据生产设备的性能和特点,对设计方案进行微调,使其更适合生产工艺,减少生产过程中的废品率。

2. 供应链协同优化

在包装设计阶段,人工智能考虑整个供应链的协同运作。从原材料采购、生产制造、运输配送、仓储管理到销售终端,确保包装设计在各个环节都能实现高效运作。例如,设计包装时考虑其在运输和仓储中的空间利用率,选择合适的包装尺寸和形状,以提高物流效率,降低运输成本。同时,与供应商协同,选择合适的包装材料,确保材料的供应稳定性和质量可靠性,实现整个供应链的优化和成本控制。

(五) 持续优化环节

1. 市场监测与数据分析更新

企业需要持续监测市场动态,包括消费者需求的变化、竞争对手包装设计的新趋势、新技术在包装领域的应用等。利用人工智能技术对新收集的数据进行分析,及时更新消费者画像和需求模型。例如,随着环保意识的进一步增强,消费者可能对可持续包装材料和简约环保的包装设计风格更加青睐。企业通过持续的数据监测和分析,能够敏锐捕捉到这些变化,并将其融入包装设计的优化中。

2. 设计方案迭代与创新

根据市场监测和数据分析的结果,对包装设计方案进行迭代更新,引入新的设计元素、创新的包装结构或更环保的材料。比如,当发现某类产品在特定季节或促销活动期间消费者对具有节日氛围或促销信息突出的包装需求增加时,企业可以迅速调整设计,加入相应元素。同时,鼓励设计团队基于人工智能提供的创意灵感和市场趋势,进行大胆创新,推出具有前瞻性的包装设计,使产品在市场上始终保持新鲜感和吸引力。

3. 跨部门协作与沟通优化

包装设计的持续优化需要跨部门的紧密协作,如销售部门分析市场一线的消费者反馈和销售数据变化,生产部门提供生产工艺改进建议和成本控制要求,研发部门分享新材料和新技术的研发成果。通过人工智能平台实现信息的高效共享和沟通流程的优化,确保各部门在包装设计优化过程中协同工作。例如,利用项目管理软件中的人工智能功能,自动分配任务、跟踪进度、提醒重要节点,提高跨部门协作的效率,避免因沟通不畅导致的设计延误或成本增加。

4. 用户参与和社区互动增强

建立用户参与包装设计的渠道,如线上社区、用户反馈平台等,鼓励消费者提出意见和建议。利用人工智能技术对用户反馈进行分类、分析和筛选,提取有价值的信息用于设计优化。例如,开展包装设计创意征集活动,让消费者参与投票和评论,从中发现消费者对包装功能、外观、体验等方面的新需求和期望,使包装设计更贴近用户心理,增强用户对品牌的认同感和忠诚度。

■ **小资料**

小象智合 ELEAI 系统——包装行业的人工智能生成内容创新实践

在人工智能技术迅猛发展的当下,人工智能生成内容技术正深度融入各行业,包装行业也由此迎来创新变革。小象智合推出的全球首款包装行业生成式人工智能设计系统——ELEAI,为包装设计开启了全新模式,带来无限潜力。

ELEAI 系统整合行业语言模型、视觉生成模型和 3D 渲染模型等前沿技术,实现从文字到包装成品设计的一站式创新。用户输入简单文字描述后,系统自动完成系列复杂操作。人工智能语言模型分析需求并匹配合适盒型、色彩与主题文案,生成图像 Prompt,再由人工智能图像模型生成配图,经处理成为设计元素,最后通过 3D 渲染技术呈现 3D 预览效果,用户可全方位查看并调整。确认后的设计稿还能自动完成印前完稿处理,达成所思即所见、所见即所得。

该系统具备全自动和引导式两种设计模式。全自动模式依用户注册信息生成设计描述供选择或修改;引导式模式通过自然语言交流了解产品、盒型、风格、配色等需求后输出设计。这两种模式大幅提升了设计效率,设计师借助 ELEAI 可快速生成众多创意方案,设计周期大幅缩短,工作效率显著提升,有效解决了传统包装设计效率低下的难题。

ELEAI 不仅革新了设计环节,还与小象智合旗下多个系统结合时展现出强大的协同作用。例如,与小象魔方合作推动个性化包装定制,满足企业端和用户端需求;与小象智彩联手提高品牌包装上新速度,优化新品开发与市场测试;与小象易采搭配增强品牌广宣物料管理和营销推广效率;与小象智造协作释放消费者和小 B 客户创造力,实现个性化产品定制。

小象智合对 ELEAI 的探索还延伸至印前处理和生产流程,致力于实现端到端智能化,推动包装产业全链条智能升级。这一创新实践为包装行业智能化发展提供了宝贵经验,显示了人工智能生成内容技术在包装领域的广阔应用前景。

资料来源:《包装行业首个 AIGC 生成式人工智能设计系统 ELEAI 开启内测!》,https://www.foodtalks.cn/news/47048。

三、人工智能优化包装设计的特点

在当今数字化时代,人工智能在优化产品包装方面展现出诸多独特且显著的特点,为产品包装领域带来了前所未有的变革与创新。

(一) 数据驱动的精准决策

1. 深度洞察消费者需求

人工智能能够处理海量的消费者数据,这些数据涵盖了消费者的各种行为和偏好信息。通过机器学习算法对这些数据进行深度挖掘,企业可以精准把握消费者对包装设计的喜好趋势。例如,分析消费者在社交媒体上对不同包装风格的点赞、评论,以及在电商平台上对特定包装产品的购买转化率等数据,企业能了解到不同年龄、性别、地域的消费者对包装颜色、图案、形状等元素的偏好差异。这使得企业在包装设计决策时不再依赖主观臆断,而是基于准确的数据洞察,确保设计出的包装能最大程度地吸引目标消费者群体,提高产品的市场竞争力。

2. 实时响应市场变化

市场环境瞬息万变,消费者需求也在不断演进。人工智能系统可以实时监测市场动态和消费者反馈数据,及时发现新的需求趋势和市场热点。一旦市场上出现某种新的包装设计风格受到消费者青睐,或者消费者对包装功能有了新的期望,人工智能能够迅速捕捉到这些变化,并将其反馈到包装设计优化过程中。企业可以据此快速调整包装策略,推出符合市场潮流的包装设计,保持产品在市场中的新鲜感和吸引力,从而更好地满足消费者不断变化的需求,提升品牌的市场适应性和响应速度。

(二) 高效创新的设计能力

1. 快速生成多样化方案

基于人工智能的自动化设计工具集成了深度学习、图像识别、自然语言处理等前沿技术,具备强大的创意生成能力。企业只需输入产品的详细信息、目标受众特征以及设计要求,这些工具就能在短时间内生成大量多样化的包装设计方案。例如,在设计一款新的饮料包装时,工具可以根据产品的定位(高端、大众、运动等)、目标受众(年龄、性别、消费习惯等)以及企业期望的风格偏好(简约、时尚、复古等),快速生成多种不同色彩搭配、图案组合和排版形式的设计初稿,为企业提供丰富的选择空间,大大提高了设计创新的效率和可能性。

2. 模仿与创新融合

深度学习算法使人工智能能够学习和模仿优秀的设计风格和模式,同时又能在此基础上进行创新。它可以分析大量历史上成功的包装设计案例,提取其中的设计元素、布局规律和美学原则,然后将这些经验应用到新的设计任务中。但这种模仿并非简单复制,而是通过对不同设计元素的重新组合、优化和创新,生成既具有熟悉感又充满新颖性的包装设计。这既有助于企业在传承经典设计理念的同时保持创新活力,还能降低创新风险,确保新设计在市场上具有一定的接受度和吸引力。

(三)增强现实的互动体验

1. 丰富消费者感知

AR(增强现实)技术在包装上的应用为消费者带来了全新的互动体验。消费者通过手机或其他智能设备扫描包装,即可触发丰富的虚拟内容,如产品的使用演示、虚拟试穿(对于化妆品、服装等产品)、3D 动画展示等。这种虚实结合的体验方式极大地丰富了消费者对产品的感知,使他们能够更加直观地了解产品的特点和优势。例如,化妆品品牌利用 AR 技术让消费者在扫描包装后看到虚拟的妆容效果,消费者可以尝试不同的化妆品搭配,甚至进行虚拟试妆,这不仅帮助消费者更好地选择适合自己的产品,还增加了产品的趣味性和吸引力,提升了消费者与品牌之间的互动和参与度。

2. 提升品牌传播力

AR 包装的互动性和趣味性使得消费者更愿意分享自己的体验,从而在社交媒体上形成口碑传播。消费者在分享自己与 AR 包装互动的过程中,实际上也在为品牌进行免费宣传,扩大了品牌的曝光度和影响力。例如,一款旅游景点的纪念品包装采用了 AR 技术,消费者扫描后可以虚拟游览景点,了解景点的历史文化背景。这种独特的体验会激发消费者在社交媒体上分享,吸引更多潜在消费者的关注,为品牌带来更多的流量和潜在客户,实现了品牌传播从传统的单向推广向消费者主动分享的转变,提升了品牌传播的效果和范围。

(四)可持续发展的绿色导向

1. 优化材料选择与使用

人工智能在包装设计中注重可持续发展,通过对各种包装材料的全生命周期评估,帮助企业选择环境友好型的包装材料。它考虑材料从原材料获取、生产加工、运输配送、使用过程到废弃处理的整个过程对环境的影响,包括能源消耗、温室气体排放、资源利用效率、废弃物产生等因素。例如,分析不同塑料、纸张、可降解材料等在各个环节的环境指标,为企业推荐对环境影响最小的材料选项。同时,人工智能还可以通过优化包装结构设计,在保证包装功能的前提下,减少材料的使用量,降低包装成本,提高资源利用效率,实现包装的轻量化和减量化,从而减少对环境的压力。

2. 推动循环经济发展

在包装废弃处理阶段,人工智能可以提供解决方案,促进包装废弃物的回收和再利用,推动循环经济的发展。例如,通过智能标签或二维码等技术,为包装赋予唯一的身份标识,记录包装的材料成分、生产批次、使用历史等信息。在回收环节,这些信息可以帮助回收企业快速识别和分类包装废弃物,提高回收效率和质量。此外,人工智能还可以预测不同包装材料在回收市场的需求和价值,为企业优化包装设计提供参考,使其更易于回收和再利用,降低废弃物处理成本,实现资源的循环利用,符合可持续发展的理念。

■ 小链接

交互式包装

交互式包装作为一种新兴的包装形式,正逐渐在营销领域崭露头角,为产品增添独特魅力。它超越了传统包装的基本功能,将趣味性、记忆性和实用性融入其中,使消费行为成为休闲娱乐,加深消费者对品牌的记忆与认知,涉及"行为设计"领域,分基本层、复合层和智能层三个发展层次。

交互式包装的分类主要有感觉包装、功能包装和智能包装。感觉包装通过视觉、听觉、触觉等感官刺激吸引消费者,如特殊材质或工艺产生独特质感或声响;功能包装专注解决产品包装相关问题,如罐头的真空包装;智能包装则借助传感器、微处理器等实现更多交互功能,如温度感应变色、儿童防误开等。

交互式包装涉及的行业由上游的原材料供应商和设备制造商提供材料与设备,下游广泛应用于食品饮料、医药保健、化妆品、电子产品等领域。我国交互式包装市场规模增长迅速,2019—2023 年智能包装市场规模大幅攀升,同时行业产值也持续增长,诸多龙头企业推动行业发展。

资料来源:《中国交互式包装行业:一种新兴的设计理念》,https://www.sohu.com/a/767091523_120815556。

第四节　人工智能提升品牌形象

关于品牌形象(Brand Image)，不同学者给出了不同的定义。菲利普·科特勒认为品牌形象是消费者对品牌持有的知觉和信仰，反映在消费者的记忆和品牌的联系上。科勒对品牌形象下的定义是：品牌形象是指消费者记忆中形成的品牌联想所反映的对某一品牌的直觉，品牌形象的强度和美誉度对品牌资产的差异化有着决定作用。比尔(Biel)认为品牌形象是消费者记忆中形成的与特定品牌相关联属性联想的集合，品牌形象是消费者对品牌的各种属性的主观反映。利维(Levy)认为品牌形象是品牌在消费者心智中留下的一系列想法的组合，它包含消费者对品牌的认知和态度。雷诺德和古特曼(Reynolds 和 Gutman)从品牌策略的角度提出"品牌形象是在竞争中使一种产品或服务差别化的含义或联想的集合"。帕克(Park)等提出，"品牌形象产生于营销者对品牌管理的理念中，品牌形象是一种品牌管理的方法"。

虽然学者们给出的概念不同，但是对于品牌形象，业界依然存在着诸多共识。比如，品牌形象是以消费者为主体的概念，存在于消费者的观念里。与品牌识别等以企业为主体的概念不同，品牌形象是消费者对品牌功能、技术、服务、价值与利益等内部属性与外部属性，以及对公司形象和使用者群体特征的综合感知。无论产品本身质量多么优秀，识别系统多么完善，营销计划多么系统，最终都必须经过消费者这一关键环节。只有在消费者感知和认同之后，品牌才具有价值和意义。品牌形象包括硬形象和软形象，硬形象是指品牌名称、品牌标志、包装、价格等外显属性，软形象是指品牌价值、品牌资产、品牌文化等内隐属性，它们共同作用于品牌形象发展的内在机理。品牌形象模型的比较如表 8-1 所示。

表 8-1　品牌形象模型的比较

模型	模型类型	模型维度	内容	优点	缺点
艾克模型	品牌资产模型	• 品牌忠诚度 • 品牌知晓度 • 品牌感知质量 • 品牌联想 • 其他专有品牌资产	• 降低成本，吸引顾客 • 获得认同 • 有益于差异化定位和品牌延伸 • 提高好感度 • 辅助提升竞争优势	• 阐明了品牌形象和品牌资产的关系	• 不够系统 • 不够完备 • 分类不够清晰

(续表)

模型	模型类型	模型维度	内容	优点	缺点
科勒模型	品牌形象模型	• 品牌联想类型 • 品牌联想偏好性 • 品牌联想强度 • 品牌独特性	• 属性 • 利益 • 态度	• 系统性 • 全面性 • 普遍性	• 复杂 • 不易实证
克里斯南模型	品牌形象模型	• 品牌联想	• 品牌联想的数量 • 品牌联想的偏好 • 品牌联想的独特性 • 品牌联想的来源	• 直观 • 视角新颖 • 实践意义大 • 容易扩展	• 不够完备
贝尔模型	品牌形象模型	• 品牌形象	• 公司形象 • 产品或服务形象 • 使用者形象	• 直观 • 易懂 • 实践意义大	• 过于简单 • 不够完备

资料来源：江明华，曹鸿星. 品牌形象模型的比较研究[J]. 北京大学学报：哲学社会科学版，2003,40(2):8.

一、人工智能与品牌形象塑造

市场竞争环境下，有些品牌只用一句广告词就能在众多品牌中脱颖而出，吸引消费者的眼球，如蜜雪冰城的"你爱我，我爱你，蜜雪冰城甜蜜蜜"、元气森林的"0糖0脂0卡"、美团的"美好生活小帮手"等。如何能让消费者记住企业的独特品牌、形成良好的品牌形象是企业都在考虑的问题。对于企业来说，品牌形象的建立需要充分挖掘品牌的核心价值，明确品牌的目标市场和品牌定位，精准贴合消费者的需求。因此，人工智能环境下，塑造品牌形象应该满足独特性、统一性、文化性、情感性以及发展性等特征。

(一) 独特性

独特性是指品牌形象的差异化或个性化。品牌形象只有独具个性和特色，才能吸引公众，才能通过鲜明的对比，在众多品牌中脱颖而出，并与消费者形成长期的心理契约。抄袭模仿的品牌很难得到长期发展。而建立起独特品牌形象的企业，会使消费者一看到该品牌相关符号或特征，就会想起该品牌。例如，一些品牌为了使品牌形象具有独特性，强化民族特征，也往往可以收到意想不到的效果。在人工智能时代，企业需要利用大数据技术塑造具有独特的、更易被消费者记忆的品牌形象。

(二) 统一性

品牌形象的统一性是指品牌识别，即品牌的名称、标志物、标志字、标志色、标志性包装的设计和使用必须标准统一，不能随意变动。世界各地的消费者，只要看到品牌标志,就会认出该品牌。在当今的大数据时代,诸多商品都可以远销各地,消费群体遍布世界。这样的情况下,更需要企业塑造统一的品牌形象,维护消费者。

(三) 文化性

品牌文化是在企业、产品历史传统基础上形成的品牌形象、品牌特色以及品牌所体现的企业文化及经营哲学的综合体。品牌需要文化,品牌文化是企业文化的核心,品牌文化可以提升品牌形象,为品牌带来高附加值。如果企业想在本国占有一席之地,就要符合本国人民的价值观念;如果企业想要造就国际品牌,就更需要有根源于本国的深厚的历史文化积淀。例如,万宝路宣传的是粗犷、洒脱、阳刚的男子汉形象,它的成功主要得益于"男性文化"的导入,使其品牌形象独具魅力。每一个品牌应当着眼于塑造差异性的品牌文化,以文化吸引消费者。在智能时代,如何结合现代文化和传统文化,以在具有现代智能文化的同时兼顾国家传统优秀文化,吸引更多的消费者,是企业塑造品牌时应该考虑的问题。

(四) 情感性

品牌绝不是冷冰冰的符号名称,它有着自己的个性和表现力,是沟通企业和公众感情的桥梁。消费者更易与注入情感元素的品牌建立起心理契约,建立品牌忠诚度。例如,泡泡玛特通过盲盒的形式,为成年人提供了一个童话般的世界,满足了他们对情感寄托的需求。泡泡玛特的产品设计和营销策略都围绕着情绪价值展开,包括IP系列、盲盒、二级市场、社交拓展等,以及一系列深入人心的广告语,如"打开一个未知,还你一个惊喜""听从自己内心的声音,寻找属于你的那个它",都传递了品牌的情感价值和对消费者的关怀。在现代的、快节奏的智能时代,产品设计、营销方式越来越智能化,强调情感因素显得尤其可贵。

(五) 发展性

市场发展迅猛,产品更新换代迅速,企业要运用好智能技术,迅速更新产品和营销方法。只有充分利用智能技术持续发展品牌,才能在发展的浪潮中掌握主动权,在与时俱进中塑造自己的品牌形象。若不能做到与时俱进,就会被时代淘汰。例如,盛行一时的柯达因没有跟上时代的脚步,只能被迫从"胶卷大王"沦落到申请破产的下场;曾风靡一时的诺基亚也因没有做到与时俱进,最终惨淡收场。可见,要想在迅速发展的时代浪潮中不被淘汰,尤其是想在智能时代具有一席之地,分得一杯羹,就必须要持续性发展。

第八章 人工智能与产品策略

■ 小链接

妙鸭相机：人工智能驱动品牌形象塑造

在人工智能生成内容技术蓬勃发展的当下，妙鸭相机顺势而生，精准瞄准大众对个性化、高质量写真及证件照的需求，借助人工智能生成内容技术的创新优势，强势切入市场，向传统影楼及图像编辑应用发起挑战。

1. 个性化写真生成，彰显独特品牌价值

妙鸭相机的个性化写真生成功能极具特色。用户上传 20 张以上照片后，人工智能深度学习用户面部特征与风格，打造专属数字分身，免费生成多种风格的证件照和写真，如都市正装、森林之子等，满足用户个性化表达需求。妙鸭相机塑造了创新且关注用户个体需求的品牌形象，吸引了众多追求独特的用户，迅速积累了知名度。

2. 高质量图像输出，建立专业品牌认知

高质量图像输出是妙鸭相机的又一亮点。它的人工智能模型图像处理能力强大，生成的照片清晰度高、逼真美观，细节处理细腻，人物肌肤、毛发、服装等呈现效果出色，让用户享受满意视觉体验的同时树立了专业、高品质的品牌形象，区别于普通图像编辑工具，赢得了用户信任与认可。

3. 数据驱动与用户激励，塑造用户互动型品牌

妙鸭相机采用数据驱动与用户激励策略。用户付费使用并邀请好友可获奖励，这既筛选出目标用户、优化模型，又促使用户积极分享，引发自发传播。用户在社交媒体分享写真时，也传播了品牌，营造活跃互动氛围，塑造出充满活力、与用户紧密相连的品牌形象。

4. 持续创新与改进，保持品牌竞争力

面对竞争和需求变化，妙鸭相机持续创新改进。不断更新模板，推出"国风千年系列"等新风格，提供新鲜体验；根据用户反馈优化排队时间、修改协议保障版权隐私等。这些举措展现其活力与责任心，保持用户新鲜感与吸引力，巩固品牌形象，提升在人工智能生成内容的图像生成领域的竞争力。

资料来源：《妙鸭相机：AIGC 时代的第一个颠覆性爆款？》，https://www.thepaper.cn/newsDetail_forward_23994891?commTag=truc。

二、人工智能与品牌维护

在网络时代，信息传播速度快。人们不用出门，就可以"尽知天下事"。网络中

传播的各类产品信息,都存在着对企业品牌有利的、不利的多方影响。对于已经建立起来的品牌形象,需要企业不断维护。品牌形象维护是指企业面对复杂的外部环境对品牌造成的各种影响积极采取措施,从而维护品牌形象、维持品牌的市场地位、提升品牌价值等一系列活动的总称。品牌形象是企业的无形资产,品牌形象维护对于企业来说具有重要意义。现今的市场竞争日益激烈,为避免品牌竞争力下降、品牌老化等问题,就需要企业不断维护品牌形象,维持竞争力。在数字技术、人工智能技术日益与实体经济融合的时代,品牌维护的主要工作有以下六点:

(一) 维护核心价值

品牌核心价值是品牌资产的主体部分,它让消费者清晰地识别并记住品牌的特点,是驱动消费者关注、认同乃至依赖一个品牌的主要力量。品牌形象的核心价值具有相对稳定性,不会轻易变动。随着消费者需求的增加,企业的产品不断升级换代。但是,最核心的价值不会变。一方面,在人工智能技术的支持下,品牌在保持原有核心价值不变的基础上,有了更多的产品、服务升级空间。另一方面,借助互联网及人工智能的技术环境,除了百度热搜、搜索引擎、网页广告等推广方式外,企业需要注重消费者的社交与分享场所,诸如百度贴吧、头条、微博、知乎、小红书、百家号、抖音等社交与分享平台,切实了解消费者面临的问题与需求,同时开发消费者的新需求,更好地传递品牌的核心价值。

(二) 提升产品服务品质

产品是企业的硬实力,服务是企业的软实力。消费者在购买商品时,对其产品本身或服务质量等都有重要考量。产品质量和服务是构成品牌形象的重要因素,也是决定品牌生命力的重要因素。对于企业来讲,对消费者负责,始于产品质量,终于服务,出色的产品质量和服务是赢得消费者、占领市场的重要决定因素。没有一流的产品质量和服务,就无法获得消费者的信任,更谈不上品牌形象的维护。

在人工智能时代,智能化产品和服务在为消费者带来诸多便利的同时,也带来了一些隐患。例如,滴滴顺风车在接二连三发生恶性社会事件后,还试图通过推卸责任来挽回企业的表面形象,却不重视其本身产品所存在的安全隐患,导致悲剧多次发生。事后,消费者对滴滴顺风车产生了失信、失责的印象,使滴滴顺风车的口碑一路下滑。因此,在数字化、智能化时代,企业更需要从自身出发,采用人工智能技术不断提升产品服务品质,为企业形象的维护提供最直接、最安全的保障。

(三) 增强创新活力

在智能时代,品牌形象的生命力很大部分来自创新。创新使品牌具有持续竞争力,是维持品牌形象生命力的重要途径。

智能技术创新就是专门研究产品的智能新技术、智能新工艺,或者广泛应用智能新技术、智能新工艺,不断提高产品的技术含量和智能化程度;研究产品的市场生命周期和更新、改进、换代的时限和趋势,不断强化产品的核心价值与差异化竞争优势,适时推出引领市场的创新产品,保证产品的竞争力,使产品的市场占有率保持稳定或者是上升。市场竞争的激烈化,使产品生命周期逐渐缩短。今天的热门产品,明天就可能成为过时产品,被更具有吸引力的新品牌所替代,所以智能技术创新对于品牌形象的维护至关重要。

除了智能技术创新以外,企业还要进行管理、营销等各方面的智能化改造,后者是指企业运用数字技术、智能技术不断研究市场消费需求、产品生命周期、消费者购买行为的趋势以及消费者购买习惯的变化,不断地在营销方式、价格、渠道选择、促销措施上推陈出新、实现智能化升级,引导消费甚至是创造消费。

(四)注重诚信管理

信誉是一个品牌能够在消费者心中建立"品牌偏好"和"品牌忠诚"的基本要素。企业在产品质量、服务质量等各方面的承诺,使消费者对该品牌产生偏好和忠诚。诚信是企业的立身之本,没有诚信就没有市场。品牌诚信一旦受损,就会影响消费者的忠诚度,从而损失客户。因此,诚信应当是一切企业的经营哲学基础,也是企业维护品牌形象的必要工作。

如今,人工智能、大数据的发展,加速了信息的传播。企业在保证诚信经营的同时,还需要通过数字化、智能化营销方式,将与企业有关的正面信息传递给消费者,尽量规避对于企业不利的负面信息的传播,如竞争对手的恶意竞争与打压、用户的投诉、媒体的负面报道等,从而提升企业的品牌形象、美誉度和信誉度。

(五)及时解决突发事件

互联网记录着海量的数据信息,企业通过人工的方式难以及时发现负面的舆论信息和突发的危机事件。当今时代,在开放式的网络环境下,每个人都是信息传播的重要节点,网民能够通过网络进行大范围的互动。如果企业对于突发负面事件不够重视或解决不够及时,一点小事就可能演变成一场大的舆论危机,引发公众对于企业的质疑和否定,从而造成难以估计的损失。2019年4月,一段女车主在奔驰车盖上哭诉维权的视频在网上流传,引爆舆论圈。在这一事件中,西安利之星奔驰4S店应对不当,梅赛德斯奔驰公司介入迟滞,使得奔驰车主哭诉事件迅速发酵,在网络上掀起一波讨伐利之星奔驰4S店的声浪,并重挫了奔驰汽车的品牌形象。因此,企业需要建立口碑及品牌形象智能检测监控系统,对客户订阅的主题、浏览量、评论等进行自主检测,再根据检测结果实时向顾客推送与企业相关的正面信息,以此获得良好、及时、高效的口碑与形象。

(六) 承担社会责任

各企业在享受互联网技术带来经济效益的同时,应该主动承担社会责任。在当今社会,除产品和服务外,社会责任也影响着消费者对于品牌形象的认知。企业的社会责任是品牌文化的重要组成部分,对于勇于承担社会责任的企业,消费者会认为企业具有较强的社会责任感,从而一如既往地信任该品牌;对于不愿承担社会责任的企业,消费者会质疑该企业的产品质量,从而不愿购买该企业的产品。

三、人工智能与品牌形象传播

社会进入自媒体时代,以大数据、云计算等技术为代表的数字网络技术得到了飞速发展和普及,这既带来了社会发展的整体变化,也引发了传播生态的颠覆和重构。以报刊、广播、电视等传统媒体与掌上移动媒体、数字互动媒体等为首的新媒体相互博弈,媒体格局发生了重大变化,媒体的角色和功能也被重新解读。以媒体为起点、受众为终点的传统单向性信息传播形式已经过时,包括品牌消费者在内的受众,已经不再是单纯扮演信息接收者的角色,他们借助各种新媒体传播的手段和方式,充当起信息传播的参与者。在这种传播语境下,品牌形象传播的种种环节都渗透着消费者的主观意愿和诉求。企业只有顺应此种传播方式的转变,积极利用这种趋势,才有可能真正地用好品牌形象传播这一环节。品牌形象的有效传播要求企业精准定位品牌形象、精准锁定目标客户、与客户进行有效互动、凝练产品内容。

(一) 精准定位品牌形象

品牌形象的精准定位是品牌形象传播的基础性环节。所谓品牌形象精准定位,就是对本品牌和本企业产品形成明确清晰的定位,形成独一无二的品牌形象,使品牌在消费者心中占有重要位置,当消费者产生相关需求时,便会将该品牌作为首选,这是企业从源头做好品牌形象传播的体现。精准合适的品牌定位有利于品牌形成核心竞争力,其一旦形成便具有强烈的延伸能力和排他性,促使消费者在同样情况下会更加相信该品牌。在智能化时代,信息传播迅速,精确定位合适有利的品牌形象,很可能会给企业带来意想不到的收益。例如,华为在定位品牌形象时,加上了"科技强国""国货代表"等标签,使消费者自然地将"购买华为手机"与"支持国产"联系在一起;鸿星尔克因灾情捐款事件形成了"民族良心企业""国货当自强""国货之光"等品牌形象,促使人们纷纷购买鸿星尔克,作为支持良心民族企业、爱国的一种表达方式。这些品牌形象,与消费者的爱国情怀、文化素养等情感元素相联系,拉近了与消费者之间的情感距离,使消费者更加信赖这些品牌,从而优先购买此类品牌的产品,同时有意或无意地推荐给身边的潜在消费者。

在面对社会语境变革时,品牌也要把握品牌核心,将以往的品牌优势融入新传播语境下的品牌形象传播中。例如,早期比亚迪的知名度较低,产品线较少,广告语较为简单,主要是以产品特性和品牌名称为主来提升品牌知名度,如"比亚迪汽车,一路同驰骋"。随着品牌的发展,比亚迪将产品功能与消费者情感取向结合,如"汉为观止——全球超安全智能新能源旗舰轿车",强调了该款车的新颖性、智能化。近年来,比亚迪的广告语更加注重情感共鸣和品牌个性的塑造,如"科技、绿色、明天"的品牌主张,开始讲述世界观,融入社会变革和热点议题,建立了品牌形象。

(二) 精准锁定目标客户

大数据技术收集消费者信息、智能分析消费者特征、精确锁定消费者群体,是人工智能时代的重要特征。随着社会的进步和人民生活水平的提高,消费者的产品和服务需求日益多元化,大众传播不再是营销主流,在人群中寻找到目标客户再针对性输出才是现代企业的必要技能。若企业没有精准锁定目标客户,就会产生品牌雷同性高、可替代性强、竞争能力弱等劣势。如今,在人工智能的支持下,企业可以收集到用户特征信息、分析消费者习惯,从而精准锁定目标客户,再利用投放广告等宣传方式,将其转变为长期客户,建立消费者对品牌的信任感和依赖感。可以说,在人工智能时代,企业只有具备精准锁定目标消费群体的能力,才能更好地满足目标客户的需求,顺应这精确化、精准化、精细化的数智时代。

(三) 与客户进行有效互动

在人工智能技术的支持下,企业生产与产品营销具有公开化、透明化趋势,消费者逐渐参与到智能营销的各个环节,与企业形成交流的氛围、双向沟通的交互方式,从而与品牌建立心理契约,关注品牌进步,并因为品牌的进步而产生成就感。当品牌出现问题时,消费者会有一定的包容度,只要在消费者理解的范围内,就不会放弃该品牌。同时,提升消费者的参与程度,会促使消费者进行产品推荐与分享,带动身边的人一起关注并参与该品牌的互动,从而增强用户黏性。品牌形象决策者必须借助创意性的设计手法和传播策略,与消费者形成积极互动。一旦消费者从参与品牌形象传播的过程中获得了满足感,就会激励他积极进入下一轮的参与中,从而建立良性循环,实现消费者和品牌的双赢。小米作为善用"粉丝经济"的品牌,它的成功离不开良好用户体验的创建。小米企业以用户为导向开展产品和品牌设计,专门为用户建立包括小米MIUI在内的网络互动平台,通过与用户的深入互动,征集用户的消费体验和对未来产品的功能需求等资讯,并以此为下一代产品和服务升级做借鉴。小米对用户消费心理和行为的有效引导和转化,使许多用户真正如同"粉丝"一般对品牌怀有狂热的感情。

（四）凝练产品内容

内容为王，大量毫无意义的软文、新闻、广告等对个性化、年轻化的消费者来说大多是毫无意义的信息传递。只有先在品牌内容上下功夫，才能在根源上解决问题。企业要想消费者主动去分享并传播品牌，需要做到有趣、有用、有情。有趣就是要吸引消费者的兴趣，如 DIY 手工制作、定制化内容等均吸引了消费者注意，满足了其兴趣。有用就是产品或品牌的有用性以及最大限度让渡给消费者的福利。产品特有的功能就满足了其有用性，朋友圈集赞、优惠券等是最基本的利益让渡。有情就是品牌观点、品牌故事、品牌价值等满足消费者的情感。例如，国货品牌代表的好望水，在中秋主题宣传片中，与潮汕古村里传承非遗手艺的油纸灯笼师傅合作，不仅是对灯笼技艺的传承和传播，更是借非遗表达品牌愿景，将"望团圆"的美好祝愿传递给每一位消费者。这一系列过程促进了品牌良好口碑的形成，达到品牌形象传播的目的。

本 章 小 结

人工智能相关学科的发展、技术的落地，正在引发链式突破，推动经济社会各领域从数字化、网络化向智能化加速跃升，使得人工智能革命进入新阶段。当前人工智能技术不断从概念走向应用，与产业和社会深度融合，从中央到地方以及不同的行业领域都进行了积极的探索，在家庭、社区、学校、医院、工厂、园区、交通、政务、金融、安防等十大人工智能应用场景逐渐落地。毋庸置疑，人工智能已经成为经济发展的新引擎。在人工智能环境下，企业需要制定新的产品策略，适应智能化时代的发展；不断挖掘顾客新需求以驱动产品创新，为消费者带来更加多功能、便利化的产品；升级产品及服务以改善顾客体验，为消费者带来更加优质化、个性化的智能服务；优化包装设计，借大数据精准决策，进行自动化设计，各环节协同降本，满足个性与环保需求；同时帮助企业自我完善以提升品牌形象，从而受到消费者青睐和依赖。人工智能给消费者带来的诸多便利、优质产品和贴心服务，皆以"人"的需求为出发点，满足人们对美好智能产品和服务的需求。

关键名词

个性化产品　人工智能客户服务　个性化推荐系统　人性化　极致内容　个性化包装定制

思考题

1. 人工智能在哪些方面影响了产品策略？
2. 人工智能在哪些方面驱动了产品创新？
3. 人工智能对消费者服务体验有哪些影响？
4. 人工智能在优化产品包装上有哪些影响？
5. 人工智能在提升品牌形象方面有哪些作用？
6. 你是否能举出人工智能影响产品策略的实例？

案例讨论

本章实训

即测即练
（请先扫封底总码）

第九章 人工智能与定价策略

本章学习目标

1. 理解影响人工智能定价的因素,认识竞争状况对定价的制约和影响,了解竞争对手的价格策略以及如何应对竞争。

2. 掌握人工智能在定价中的应用,了解人工智能个性化定价的各种场景,如电商、旅游、金融等行业的应用实例。

3. 具备分析定价问题、简单地运用人工智能工具和结合人工智能的分析结果和市场实际情况,制定定价策略的能力。

4. 了解人工智能个性化定价的原理、适用场景、优势与挑战,有能力对进一步优化人工智能个性化定价提出一定见解,并掌握人工智能时代价格谈判的技巧。

5. 通过了解人工智能在定价策略中的创新应用,激发在定价领域的创新意识,思考如何利用新技术提升定价效果和企业竞争力,培养创新思维、数据思维和战略思维。

第九章 人工智能与定价策略

人工智能赋能二手车智能定价

随着限迁政策的逐步取消,二手车市场逐渐成为一个新的发展热点。二手车市场具有产品丰富、价格灵活、交易便捷等优势,吸引了众多消费者的关注和青睐。然而,对于二手车买卖双方而言,二手车评估定价一直是一项难题。传统上基于个人主观经验报价的方式已经不能满足市场需求,需要通过智能化评估定价来解决这一问题。

随着汽车保有量不断增加,机动车资产存量在整个国民经济中占据重要份额。二手车评估定价不仅是原有价值重置和现实价值形成的过程,也是国家税收、司法裁决、金融抵押、保险核赔、资产转移等的主要依据。因此,二手车评估定价的准确性和科学性对于各行各业都具有重要意义。

为了解决上述问题,三百云基于大数据和人工智能技术,研发了国内首个成熟且精准的二手车智能评估定价系统,通过收集和分析大量二手车市场数据,能够客观反映当地市场的行情,从而为交易双方提供准确、科学的评估定价服务。

定价系统通过收集大量二手车市场数据,对市场供求关系、价格波动等进行分析,从而形成对市场行情的客观判断。同时,还可以根据车辆的品牌、车型、车龄、行驶里程、车况等特征,对车辆的实际价值进行评估。例如,对于同一品牌、车型的车辆,如果其中一辆车龄较大、行驶里程较多,那么它的实际价值会比另一辆车低一些。

定价系统一经问世,便受到了许多金融机构的青睐,该系统能够查询车辆的历史交易记录、保险理赔记录等信息,从而更加准确地评估车辆的实际价值。例如,如果一辆车曾经发生过严重的车祸,那么它的实际价值就会受到一定的影响。

定价系统还可以应用人工智能技术,通过对车辆照片进行分析,对车辆的外观、内饰、功能等特征进行识别和评估,从而进一步提高评估定价的准确性和科学性。

总之,随着汽车保有量不断增加,二手车市场的发展前景越来越受到关注。而二手车评估定价作为市场上一个非常重要的环节,对于交易双方而言都具有重要的意义。三百云的二手车智能化评估定价系统,不仅可以客观反映当地市场行情,还可以根据车辆的多种特征进行科学评估。相信在未来,这一系统将会在二手车行业中发挥越来越重要的作用。

资料来源:《助力行业发展 三百云利用大数据+人工智能做二手车智能化评估定价》,https://m.sohu.com/a/716792996_254096/。

本章知识结构图

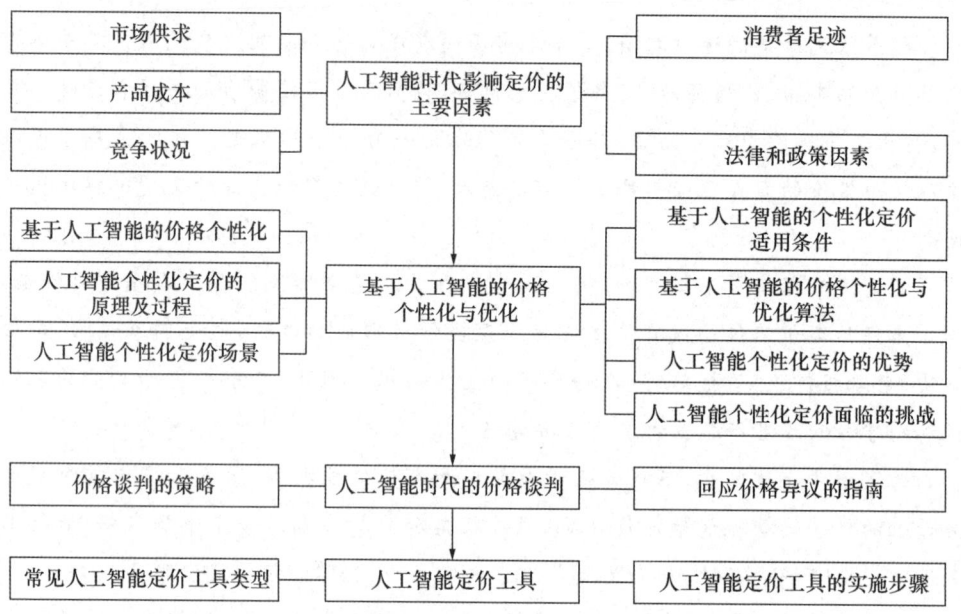

从智能客服的高效交互,到供应链的智能调度,人工智能展现出强大的赋能潜力。而在诸多关键领域中,定价策略堪称企业运营的核心枢纽。价格,这一市场交易的关键变量,直接决定企业的盈利能力与市场份额。

传统定价模式多依赖人工经验与有限的数据样本,面对复杂多变的市场环境,难以做到实时、精准的定价决策。反观人工智能,凭借其强大的数据挖掘与分析能力,能够实时整合海量市场数据,涵盖消费者行为、竞争对手动态、宏观经济走势等多元信息。通过机器学习算法,人工智能能够精准预测市场需求的波动,洞察消费者对价格的敏感度变化,从而为企业制定出更为灵活、精准且富有竞争力的定价策略。

第一节 人工智能时代影响定价的主要因素

市场瞬息万变的时代,企业要想提升盈利能力,一般依靠提高销量、拓展渠道、降低成本和提高价格。沃顿商学院的研究发现,提升价格是最快影响盈利水平的方法。对于大部分价格敏感的消费者而言,如何定价成为能否吸引其购买的关键因素。尤其是在人工智能时代,大数据、物联网尽管为利用大量数据样本从而给出参考定价提供了便利,但往往企业是出于利润最大化的目的,容易发生人工智能定价过高导致客户流失的问题,故完全采纳人工智能计算的价格也不完全正确。企业还要积极践行社会主义核心价值观,坚持以人民为中心的发展思想,充分考虑消费者的承受能力和实际需求。因此,在人工智能时代,识别何种因素是影响定价的关键显得尤为必要。

一、市场供求

价格影响供求,供求决定价格。市场供求与产品价格相互影响、互为制约的关系,注定使供求成为影响定价的重要因素之一。党的二十大强调了构建高水平社会主义市场经济体制的重要性,这反映了市场经济的内在规律与社会资源配置的客观要求。在市场经济环境中,企业的生产与定价决策不仅仅是单纯的经济行为,更与社会整体的资源分配与公平效率原则息息相关。

一方面,市场价格决定了企业的供给,较高的价格与较大的盈利空间会促使企业扩大生产,以提高市场占有量。随着越来越多的企业进入市场,一旦市场达到饱和且供给超出需求,消费者便占据主导地位,产品价格随之下降。在完全竞争市场中,企业应对价格与供求的关系给予充分的关注。产品定价过高虽然会有相对较大的利润空间,但会增加竞争对手的关注并降低消费者的购买意愿。定价过低虽然会阻断竞争者进入市场并吸引消费者,但利润却难以达到理想效果。更重要的是,在完全竞争市场下,适用于人工智能时代的差别定价策略难以实现。因为企业可以自由进入市场,消费者和生产者都是价格的接受者,一个市场中通常只有一个价格,难以实现同一产品的个性化定价。党的二十届三中全会进一步明确了完善市场经济相关机制的重要性,强调了公平竞争的重要性。企业在市场中既要遵循经济规律追求自身发展,又要避免不正当的价格垄断等行为,以维护市场的公平秩序,这也是构建和谐社会经济环境的重要组成部分。

另一方面,供求关系决定了企业的定价。当市场供给超过有购买力的消费者的需求时,消费者倾向于购买价格更低的产品,此时定价越低的企业越容易受到消费者的青睐,差别定价中的低价供应者将处于优势地位;相反,当市场需求超过现有供给量时,消费者对价格的敏感度降低,此时定价的高低能够决定企业的盈利水平。

当前,定制化、个性化已成为消费主流,消费者越来越多地追求差异化的商品。而人工智能代替了工厂化的批量生产,使私人定制变得更高效便捷,只需要了解消费者的个人偏好,大数据便能采用程序化的方式为其定制专属的生产方案。所以,消费者日益增长的个性化诉求表明市场需求在不断增长，这也凸显了个性化产品在市场上鳞次栉比的趋势。未来，势必会出现更多与众不同的定制品，而人工智能的便利性和庞大的数据库也为满足消费者多样化的需求提供了可能。另外，当企业能够有效运用已有的数据库时，其成本将大幅度降低，越来越多的企业会建立属于自己的数据库，以便在未来能够为消费者提供更多物美价廉的定制品。

■ 小案例

利用人工智能优化产品定价，技术公司 Edited 获 2900 万美元融资

据外媒报道，零售电子商务技术公司 Edited 获得了 2900 万美元融资，此轮融资由 Wavecrest Growth Partners 和 Beringea UK 领投，Hermes 参投。目前，公司的融资总额已经达到 3400 万美元。

总部位于英国伦敦的 Edited 由吉奥夫·沃茨（Geoff Watts）和朱莉娅·福勒（Julia Fowler）于 2009 年创立，该公司提供了一个零售技术平台，利用人工智能技术来优化产品定价。

目前，该平台跟踪 3.75 亿种产品以及全球 25 亿个 SKU，帮助服装、美容和家居用品等领域 200 多个品牌和零售商的 50000 多名零售专业人员，优化其购买和销售决策。从快时尚到奢侈品行业，公司的客户包括 PUMA、Zara、Tommy Hilfiger、Diesel、J. Crew、Ann Taylor 和 Arcadia Group 等。

公司的团队由数据科学家、零售专业人员、分析师、工程师、商人组成，利用人工智能、分析技术以及图像和文本识别功能，实时了解各个行业的定价、折扣、产品分类的变化趋势，协助客户企业完成定价任务、制订促销计划、管理产品生命周期。

就像 Google 和 Bing 一样，Edited 通过网络追踪数据。Google 使用机器学习来构建跟踪器，从而读取网站数据，并了解来自各网站的公开信息。Edited 与其原理相似，通过使用自己的网站读取全球品牌和零售商的网站信息。

该公司会使用图像识别技术，将捕获的图片中的有用信息与非必要元素分开，访问、读取和收集数据信息后，使用机器学习技术进行数据分析。

每个产品都会转换为一个"数据点"，它是存在于某个特定时间点的某种产品，如 2019 年 8 月 7 日晚上 7 点的一件红色连衣裙。"数据点"包含产品的详细信息，如可用的配色选项、目标群体的性别、价格、发布日期和下架日期等。通过使用 Edited 的基于网络的工具，客户企业可以跟踪和分析产品从发布开始直到停产的所有信息。

对于一件衣服,可能需要捕获数百个细节,才能形成一个完整的"数据点"。Edited 的系统每天都会编译所有这些细节,并显示每个细节如何随时间变化。系统会核查曾经编入索引的产品,从而不断加入新的"数据点"。如果产品新的"数据点"与之前不相同,例如,这一款衣服没有中等型号,系统就会在时间轴中记录差异。然后,Edited 的数据分析团队会使用内部工具来重建图片、图表、图形和其他可视化形式的"数据点"。

当前,Edited 的竞争对手包括 Yieldigo、Perfect Price 和 Pricefx 等。其中,提供云定价软件的企业 Pricefx 曾于 2019 年完成了 2300 万欧元的 B 轮融资,用于拓展其平台,并完成一些战略性并购交易。

资料来源:《利用 AI 优化产品定价,技术公司"Edited"获 2900 万美元融资》,https://baijiahao.baidu.com/s?id=1664487772655127780&wfr=spider&for=pc。

二、产品成本

成本是产品从制作到销售整个过程所需的各项支出,包括人工费、材料费、制造费用、管理费用、销售费用等。作为价格构成的核心部分,成本是影响定价最直观的因素之一,也是价格构成的主体。在激烈的市场竞争中,成本的高低直接影响产品价格及利润甚至企业的生存和发展。因此,在确定定价策略时,准确且合理地分析各项成本是十分必要的。

(一) 产品成本构成

会计上把直接人工、直接材料和变动制造费用统称为变动成本,这类成本随着销量变动而变动。除了变动成本之外,还有固定成本,固定成本是在一定时期内不随销量变化而变动的成本,其大部分属于间接成本,如固定资产的折旧和维护费、办公费等,这部分费用不管发生与否,都存在一个固定的数额。当产品生产量增加时,每件产品分摊的固定成本自然会减少。

但是,与传统的销售不同,人工智能时代的成本构成发生了一些变化。例如,消费者更加追求私人化、定制化,使产品的库存大为减少,企业的固定成本相应降低。另外,智能化的平台大大解放了人的手工劳作,使传统成本中的重要组成部分——人工费用有了一定程度的减少。更加不同的是,企业如果想要在人工智能时代保持竞争优势,必须提前收集消费者的消费偏好和习惯数据,利用大数据分析挖掘潜在的消费需求,并对数据进行处理和分析,以寻找对自己有利的数据。这要求企业要具有前瞻性思维,同时也应注重保护消费者数据隐私,遵循道德和法律规范,维护社会诚信体系。

企业在进行定价决策时,需审慎评估各项成本费用,并深入分析各变动成本与固定成本的变化,思索人工智能时代突出的成本构成及变化特点,以寻求在适当的生产经营规模条件下达到成本最小化和利润最大化。

(二)产品成本核算方法

传统的产品成本核算方法包括完全成本法、变动成本法和作业成本法等。完全成本法下,产品成本包含必要的"料、工、费"等费用,成本会随着产品的流转(如从生产到销售)而结转。与此同时,非生产成本(如销售费用、管理费用等)则作为期间费用,在当期损益中直接抵减利润。然而,此法更适用于传统制造,这是因为其生产环节在产品的生命周期中占比较大,管理者往往更加关注生产环节的成本控制,而相对忽视了研发、设计、营销和客服等其他环节产生的成本费用对产品附加价值的贡献。党的二十大强调了高质量发展以及全面协调可持续发展的理念,党的二十届三中全会也指出要构建新发展格局,推动经济发展方式的转变,这表明企业不能片面关注生产环节,而应从产品的全生命周期来综合考量各个阶段的成本,这与全面协调可持续发展的理念相符。

在变动成本法下固定成本不计入产品成本,只依据变动成本进行决策,这种方法忽略了人工智能环境下仍然存在机器等必要的固定成本,因此也并不适用。

作业成本法以"成本对象消耗作业、作业消耗资源"为指导思想,将直接成本和间接成本均视为产品消耗作业的成本,使计算出来的产品成本更准确和真实。对于人工智能时代的产品而言,由于其单件制造和个性化定制的特点,作业成本法可能是最匹配且最适合的方法,该方法将产品制造环节与产品消耗作业的成本全部计入其成本,既科学又易计算,避免出现成本难以分配和归集的问题。

选择合适的成本核算方法对于产品的定价至关重要,不同的核算方法会导致同一产品存在不同的成本计算结果,从而间接地影响了其价格。因此,企业应充分考虑人工智能时代产品的特点,因地制宜地选择最合适的成本核算方法。

(三)机会成本

机会成本是指企业为从事某项经营活动而放弃另一项经营活动的机会,或利用一定资源获得某种收入而放弃的另一项收入。尽管它不能用货币衡量,但它能够间接影响企业的利润,简单来说,机会成本就是一定的时间成本。在信息化时代,"时间就是金钱"这一传统的观点依然充满了智慧。时间的重要性在于它有创造价值的能力,因而对企业来说,任何对时间资源不合理的利用和浪费都是一种损失,而这种不合理利用或浪费时间带来的损失就是时间成本,也即机会成本。在智能制造系统中,产品的价值创造主要依赖于运营成本,而运营成本又以时间作为计量单位,因此,在评估产品价值时,必须将以时间为单位的机会成本纳入考量。

机会成本虽然并不属于企业的实际支出,但在企业定价决策过程中,必须对其加以深入考量,尽管对机会成本的把握可能存在不确定性,但在当前的大数据环境下,利用现有的技术近似计算出机会成本已经不再是难题,重要的是在考虑定价时,企业需要准确测量产品的成本,以便为企业留出足够的盈利空间。党的二十届三中全会通过的《中共中央关于进一步全面深化改革 推进中国式现代化的决定》提出,"完善要素市场制度和规则,推动生产要素畅通流动、各类资源高效配置、市场潜力充分释放",这明确了资源高效配置在经济发展中的重要地位。企业对资源高效配置的追求,不仅反映了企业在市场经济活动中要具备全局观念和长远眼光,也反映了其在市场经济活动中的责任担当。企业不能因短期的利益得失而忽视了潜在的机会成本,这也是对社会整体资源优化配置的一种责任担当。

三、竞争状况

在产品定价过程中,市场竞争状况对于定价具有极大的影响。近年来,人工智能发展迅猛,各企业都在朝智能化转型,加快建立属于自己的数据库,所以同质企业之间会存在竞争,因为其目标客户是相同的,所需要的数据也大同小异。未来的竞争差异在于企业是否能够利用大数据挖掘核心数据以创造需求,为消费者提供价值。在人工智能竞争时代,企业可以采取一些方式提升自己的竞争力:一是在市场竞争中利用差别定价方式实现智能化定价,即对同一产品在不同细分市场上对不同消费者制定不同的价格,如何利用大数据获得每一位消费者愿意支付的最高金额,以提升企业的利润,成为智能化定价的关键点(李新宜,2020)。二是逆向价格影响,在高技术和奢侈品行业的竞争中尤为显著。这种逆向影响就是当市场中的产品差距相对较小时,较高价格的产品对消费者的吸引力更强。其实这种想法也不无道理,因为目前的人工智能技术并未达到十分成熟的地步,消费者自然会认为价格越高的产品越能提供最大的保障与安全感。

由于目前尚处于弱人工智能时代,企业想要完全利用人工智能技术生产还有很长的路要走。可以在摸索和探寻大数据的过程中参考标杆企业的定价策略,弄清市场竞争状况和自身的竞争优势,提前为未来的产品发展趋势做好定价策略和规划。

四、消费者足迹

互联网以及各种移动智能终端的普及,使得消费者数据有了新的来源——消费者网络行为痕迹,这些痕迹在很大程度上反映了消费者的消费习惯,包括产品类型、价格、款式等,有效的信息追踪能够使企业实现精准营销。这背后反映出我们正处于数字化转型加速的时代,企业要善于利用新技术来提升服务质量和效率。习近平新时代中国特色社会主义思想强调创新发展的重要性,互联网等新技术的应用正是创新驱动发展的生动体现。通过收集用户的浏览痕迹,企业可以为潜在客户构建用户画像,从而更准确地预测吸引消费者的产品或服务。以淘宝为例,进入淘宝首页会出现推荐界面,界面上的产品都是基于大数据分析生成的用户画像,给消费者推送的其可能感兴趣的产品。在市场趋于饱和的情况下,产品的吸引力和新颖性通常决定了产品价格及消费者的购买意愿。以 iPhone 系列手机为例,每年更新换代的 iPhone 都会在功能上有所创新,而这些创新点大多源于老顾客的反馈和诉求,从而有利于提升老客户的黏性和激发新客户的猎奇心理。中国企业应秉持以人为中心的发展思想,关注消费者需求,不断创新以满足人民日益增长的美好生活需要。另外,通过探寻消费者的浏览足迹,企业不仅能够深入了解潜在消费者的需求,还能够追踪竞争对手的产品动态,及时发现并弥补自身产品的缺陷,形成良性的竞争循环,最大化消费者利益。但是,部分消费者极度反感自己的信息被其他人使用或窃取,他们会认为自己的隐私受到了侵犯,会产生不适感。当大数据构建出其消费习惯画像时,这些消费者可能会拒绝浏览和购买相关产品,甚至抗拒企业的定价策略。

党的二十届三中全会审议通过的《中共中央关于进一步全面深化改革 推进中国式现代化的决定》提出了"加强网络安全体制建设,建立人工智能安全监管制度"等一系列新任务新要求,为数字经济发展中的数据安全和个人隐私保护指明了方向。在数字经济发展过程中,企业既要充分利用数据资源促进发展,也要高度重视数据安全和个人隐私保护,这是构建和谐社会、保障人民权益的必然要求。总的来说,消费者足迹能够为人工智能时代的精准营销提供有效的途径,但在把握信息的深度时需要谨慎考虑,因为稍有不慎便可能会引起消费者的反感,其收集的信息不但毫无用处还会增加信息收集成本,所以如何准确地捕捉消费者足迹是企业需要深入思考的内容。

五、法律和政策因素

市场经济条件下,商品的价格围绕其价值上下波动。定价的高低不仅是其价值的体现,也影响着消费者的可接受范围与是否遵循市场的价值规律。当商品的定价显著高于市场接受的价格时,为了维护市场的均衡,商品会受到法律与政策的管制,迫使其价格回归至相对稳定的水平。法律和政策在产品的定价策略中扮演着维护市场平衡的角色,一旦有企业试图打破此种平衡就会受到法律的制裁和政策的约束。这些法律和政策往往是有强制性的、有保护性的和有监督性的,尤其在人工智能时代,在数据窃取、信息泄露更加方便的情况下,更为严苛的法律和政策能够有效地避免相关问题的出现,也为企业的定价策略提供了必须遵循的准则,设置了不得触碰的底线。

第二节　基于人工智能的价格个性化与优化

一、基于人工智能的价格个性化

个性化定价是指企业为不同的顾客量身定制价格,即企业按不同的价格把同一产品或服务卖给不同顾客,属于价格歧视的一种。在社会主义市场经济的大环境下,这种定价模式需要在合法、公平、诚信的框架内运行。若一项产品或服务的价格与消费者愿意支付的最高价格相匹配,那么企业就能实现利润的最大化。然而,对于同一产品或服务,不同消费者愿意支付的最高价格是不相同的,这受到诸多因素的影响,如年龄、性别、收入、学历、地区、文化、产品使用习惯等。从社会公平与和谐发展的角度来看,企业在追求经济效益的同时,也应该承担社会责任,避免价格歧视对部分消费者群体造成不公平影响。通过提供差异化的产品或服务,消费者能以一个更为合适的价格获取所需的产品或服务,企业也能够提升利润空间。

在工业经济时代,受制于有限的定价信息与定价工具,实现个性化定价十分困难。而在当今的数字经济时代,以大数据为基础的人工智能算法使价格个性化成为可能。基于人工智能的价格个性化实际上就是指企业利用观察、自愿提供、推断或收集到的消费者的个人行为或特征的信息,应用合适的人工智能算法推断出消费者愿意支付的价格,进而为不同的消费者设定差异化的产品或服务。

■ 小资料

中国人保总裁赵鹏:基于大数据的保险定价

2024年6月20日,中国人保总裁赵鹏在第十五届陆家嘴论坛上针对"数字金融创新与治理"话题表示,数字金融首先也是金融,必须服务、服从于经济社会的发展,把为实体经济服务作为发展的出发点和落脚点,以数字金融创新巩固拓展数字经济的优势。当前数字经济蓬勃发展,急需发展与数字经济相匹配的数字金融业态。

他指出,就保险供给侧来说,保险业要发挥经济减震器和社会稳定器的功能,一方面,为数字经济发展提供有效的保险保障;另一方面,以数字保险服务来防范新技术应用带来的风险。而把握数字保险创新的重点,就是要优化保险商业模式,用科技提升经营服务能力和风险防控能力。数字技术正在从根本上改变传统经济的生产方式,对保险业的商业模式提出了更高的要求。其中,中国人保尤其高度重视夯实风险减量服务的数字底座,把用科技降低经济社会的总体风险水平作为数字化转型的重中之重。

在具体的案例上,他以2024年的灾害损失为例表示,2024年,南方很多省份出现了较为极端的天气事件,包括暴雨、塌方、洪水等。但是,由于风险减量服务工作的扎实开展,防灾减损的效果初步显现。以人保财险湖南分公司为例,与2008年相应的灾害相比,这次暴雨洪水灾害带来的损失降低了40%以上。

在谈及把握数字金融治理的难点时,赵鹏表示,数字金融在带来发展机遇的同时,确实不可避免地带来了挑战。就保险而言,其中最突出的就是如何保障公平性的问题。传统保险经营的原则是大数法则,保险定价是大众化的公平定价,集中体现保险"人人为我,我为人人"的风险共担本质。但是进入数字化时代,随着互联网设备的普及、大数据发展以及人工智能的应用,保险公司的风险识别能力得到了质的飞跃,可以采取更精准、个性化的定价策略,从而实现"千人千面、千人千险"。比如车险,现在每一辆车精准定价,品牌和价格一样,但是保费价格不一样。这有利于提高保险经营效率,进而提高保险覆盖面。不过,其中消极的一面也需要引起重视,基于大数据和人工智能个性化的保险定价,可能导致部分群体像老年人、残疾人的保费过高,无法通过保险进行风险转移,从而造成新的风险排斥。

资料来源:《中国人保总裁赵鹏:基于大数据的保险定价,可能导致弱势群体保费过高》,https://www.toutiao.com/article/7382510396323676723/?upstream_biz=doubao&source=m_redirect。

二、人工智能个性化定价的原理及过程

与传统定价相同的是人工智能个性化定价的根本逻辑依旧是通过分析顾客的数据对顾客进行细分,从而有针对性地制定产品价格策略。不同之处在于这一过程由计算机自动完成,并且在数据获取的手段、消费者细分的标准和价格制定的方法上存在差异。

值得一提的是,生成式人工智能在这个过程中也开始发挥独特的作用。例如,在数据收集阶段,生成式人工智能可以根据已有的少量数据点,模拟生成更多的消

费者行为数据(当然,这些数据需要经过进一步验证和筛选),从而丰富用于分析的数据样本。同时,在算法模型构建方面,生成式人工智能可以通过学习大量的消费者行为模式和定价策略案例,辅助设计出更加复杂和精准的算法模型。

人工智能定价的工作可以被拆解为以下几块:

(1) 数据收集。消费者的个人信息数据是人工智能算法分析的基础。可收集的数据类型包括消费者的个人特征信息,如年龄、地区、职业、收入、学历、上网痕迹、消费习惯、个人偏好等。生成式人工智能可以对这些数据进行预处理,比如自动识别和归类不同类型的数据,从而提高数据整理的效率。

(2) 选择算法模型进行分析。一方面,需要考虑的问题是消费者的构成、偏好和行为,这可以通过收集的数据进行刻画,这部分的分析相对较为静态。另一方面,消费者的行为并非完全理性的,这会对分析造成干扰。例如,光环效应、网络效应、诱饵效应、受部分社会事件的影响等。但这并不意味着其中没有规律,依然可以通过建立算法模型去刻画消费者的部分非理性行为。将上述两个部分的算法进行有机结合,可以描绘出更加全面的消费者画像。此外,还需要考虑算法模型的选择,即针对不同类型的消费者,在何时使用何种算法模型。生成式人工智能可以根据不同的场景和数据特点,动态地生成多种算法模型的组合建议,供定价策略制定者参考。

(3) 提供价格策略。人工智能算法定价的目的是给出消费者最大支付意愿的价格,然而实际可能会受到诸多限制。例如,竞争企业的价格机制、非人工智能定价企业的价格机制、政策管制等。所以,算法需要综合考虑以上因素,以制定出合理的定价方案。生成式人工智能可以通过模拟不同的市场竞争环境,提前评估定价方案在各种情况下的可行性和效果。

(4) 进行算法的调整优化。人工智能算法并非一劳永逸,而是需要随着环境、市场、消费者的变化不断更新迭代,形成数据收集、建立决策、反馈、建立新数据集、更新算法与决策的闭环流程。生成式人工智能可以在新数据集的基础上,快速生成新的算法模型变体,加速算法优化的进程。

定价算法的运行过程可以分解为三个步骤:

(1) 通过大数据收集消费者的个人特征信息,如年龄、地区、职业、收入、学历、上网痕迹、消费习惯、个人偏好等,并据此生成对应的消费者画像。

(2) 根据收集到的消费者信息,运用价格算法推测用户最大支付意愿,从而向用户推荐不同价格的个性化商品。

(3) 在遵循相关法律法规及商业伦理的基础上,借助定价算法提供个性化优惠(如个性化折扣、会员权益、批量优惠、预售低价等)或定制化产品组合建议,但应避免在消费者不知情的情况下,对同一商品或服务在同等交易条件下实施不合理的个性定价,以保障消费者知情权与公平交易权。

三、人工智能个性化定价场景

人工智能由于其强大的分析和预测能力,可被广泛地应用于各种定价场景之中。而生成式人工智能的融入更是为这些场景带来了新的活力与更多可能性。

(一)商品的个性化定价

商品的个性化定价可分为两种情况:第一种是标准化产品的定价,即产品是标准品。由于线下的环境相对公开透明,标准化产品通常采用统一定价以保障交易公平,线上场景虽具备个性化服务的技术条件,但需以规则公开、消费者知情为前提实现个性化定价。例如,线上平台可基于消费频次(会员等级折扣)、购买量(满减优惠)、时效需求(预售价格)等公开规则,向消费者提供个性化价格方案,且所有价格差异需明确标注原因(如会员专享价、批量采购优惠等),确保消费者对定价规则有清晰的认知。第二种是非标准化产品的定价,即商品不是标准品,如二手交易、民宿定价等。例如,在二手交易的情境下,商品可以被视为"独一无二的",此时利用生成式人工智能算法不仅能够评估商品价值,还能根据买方的特点以及市场上类似商品的交易数据生成动态价格。具体来说,它可以模拟不同买家对该二手商品的出价意愿分布,从而为卖家提供更精准的定价参考。

(二)服务的个性化定价

人工智能定价算法主要应用于线上服务平台的定价,如网约车定价、共享单车定价、物流快递定价、外卖平台的配送费及优惠券等。其核心是基于服务场景差异(如距离、时段、供需关系)制定合理的个性化价格,而非基于消费者个体特征的隐性歧视性定价。这些个性化定价需通过清晰的定价规则向消费者展示(如明确标注高峰时段加价、远距离配送费等)。生成式人工智能在这一场景中可以通过分析大量的服务订单数据和用户反馈信息,生成新的服务定价模型。例如,在外卖配送领域,它可以根据不同时间段、不同区域的订单密度、交通状况等因素,生成动态的配送费定价策略。同时,还能根据用户对不同配送时长的接受程度,生成个性化的加急配送价格方案。

(三)创新性产品的个性化定价

一方面,对于一个全新的产品或服务,其定价无法依赖先前的经验。另一方面,随着互联网的发展,许多新产品的定价方式与旧产品不同。例如,有的品牌通过众筹的方式开发产品,产品生产出来后还会给予消费者一定的福利。如何预测消费者对新产品价格的接受程度？选取何种新产品定价模式？这些问题可以利用人工智能算法解决。对于生成式人工智能而言，其可以在新产品研发阶段，根据市场趋势、潜在用户画像等信息，生成多个可能的定价方案。它可以模拟不同价格下消费者的购买意愿和市场反应，为企业提供更多的决策参考。例如，在智能可穿戴设备等创新性产品的定价过程中，生成式人工智能可以结合类似科技产品的市场表现、消费者对新技术的接受程度等因素，生成一个价格弹性模型，帮助企业确定最合适的价格区间。

四、基于人工智能的个性化定价适用条件

基于人工智能的个性化定价需在以下条件下进行：

（1）市场必须可以细分，而且各个细分市场须表现出不同的需求程度；

（2）以较低价格购买的顾客，没有可能以较高价格转售该产品；

（3）个性化定价应确保不低于产品或服务的成本；

（4）个性化定价不会引起顾客的反感，进而放弃购买；

（5）人工智能个性化定价要遵循法律法规。

■ 小资料

人工智能能为黄金定价吗？

人工智能看似能给黄金定价，可具体怎么做，需要黄金行业逐步探索。好在探索一直是这个行业的强项，看家本领就是从深埋在地下的成吨矿石中，找出几克珍贵的黄金。

数据资源是这个时代的矿石，基于恰当算法的人工智能则扮演着勤劳矿工的角色，而制定出的价格则是精美的黄金制品。这种矿工并非ChatGPT那样的通用大模型，而是专精于黄金领域的专业小模型。

使用专业模型的人工智能给黄金定价是利用人工智能强大的数据处理和算法能力，对黄金定价的各个环节进行支持和帮助，从而提升黄金定价的准确性和效率。这种定价方式对买卖双方的博弈关系更敏感，能让价格形成更趋接近中线。

用人工智能专业模型优化黄金定价，这种略带科幻色彩选择的优点是可以充分利用海量的数据和先进算法，以及灵活的接口和平台，实现黄金定价策略的智能化，其过程包括收集和分析数据、建立定价模型、实施黄金定价、信息反馈优化等。黄金产业传统上包括勘探、开采、粗炼、运输、精炼、检测、仓储、加工、零售、回收等多个环

节,而人工智能应用于黄金定价也同样需要多个步骤来完成。

1. 收集数据和完善模型

收集数据是构建预测黄金价格专业模型的第一步,这相当于黄金产业链上的勘探和开采。

为了创建有效的黄金定价模型,必须拥有涵盖影响黄金价格所有因素的完整数据。相关历史数据种类繁多,如黄金定盘价、黄金产需数据、美元等主要货币汇率、主要央行汇率、主要国家通胀情况、特殊事件、运营成本、原油和铜等其他大宗商品价格、市场指数和技术指标等。参考使用的数据或参数越全面,形成的定价模型就越准确。

不过,这些海量的原始数据并不能直接用于模型构建,而要进行第二步,即数据预处理,将其转换为适合机器分析的格式。

数据预处理相当于黄金产业链上的粗炼,这个过程涉及删除异常值、处理缺失数据、合并重复项、目标变量生成标签,以及对数据作统一化等技术调整。在这些处理过的数据中,识别并选择影响黄金定价的相关特征或因素至关重要,如工业需求、季节性调整、央行储备、交易所交易基金(ETF)的仓位情况等,并进行有针对性的集纳,以创建最终数据集。

除了开发指数移动平均(EMA)等技术指标外,数据预处理还要结合黄金市场的特征,以从数据中提取重要信息。

第三步是将黄金定价模型建立在对多个数据集的机器学习基础上。这一环节的直接挑战在于如何有效地选择和设计合适的数学模型,以及如何有效地求解和验证建立起算法和统计模型。完成这一步类似于黄金精炼,人工智能大模型可以利用机器学习、深度学习、强化学习等技术,挖掘并分析之前标注的影响黄金定价的特征数据,并建立它们与定价结果之间的关系。机器学习在推动人工智能定价算法的核心功能方面发挥着至关重要的作用。

根据金价相关数据集对人工智能大模型进行进一步训练,如使用线性回归分析等让模型学会识别各种因素和价格形成之间的相关性。训练模型的预测精度取决于数据质量、特征选择、模型选择和预处理方式等因素,加入央行政策或金融市场不稳定因素等外部影响力因子,可以进一步提高定价精度。通过分析这些数据,机器学习模型可以识别人类分析师可能遗漏的模式、相关性和趋势。

2. 反复验证和修正

前期验证定价模型效果的方式之一是进行中短期价格预测的测试。就像黄金进入市场都需检测和验证纯度一样,定价模型也是如此。

线性回归模型可用于预测黄金的实际价格,利用测试数据对模型性能进行测试,确定训练后模型的预测精度。人工智能给出的金价曲线和实际价格走向越贴近,说明模型构建越成功,如果发生较大背离,则需要调整相关参数。

定价模型的建立并非一劳永逸的过程,第四步是需要对人工智能给出的模型参数根据情况变化进行自适应的实时反馈和调整,这相当于金饰产品的精加工和调试。

人工智能定价算法持续监测黄金数据和市场变化,包括根据需求波动、风险变化或其他相关因素对定价模型参数进行自动调整。使用机器学习的定价优化还能使用历史数据、图像和视频等非结构化数据,并自动生成定价规则,该规则能随着周围情况的变化而动态迭代学习。

此外,人工智能定价算法还拥有反馈回路,当新的黄金数据可用时,该回路会不断自行完善模型。这确保了算法能够适应不断变化的市场条件,并随着时间的推移保持准确。

第五步是人工干预发挥安全阀功能。当将黄金定价权交给人工智能后,人并不是可以当甩手掌柜,在定价过程中,还要发挥监控和评估的作用。市面上的黄金产品都在监管框架下,定价也是如此。通过密切监控人工智能黄金定价算法,以确保它们达到预期结果,并进行定期评估和调整,以提高金价的准确性和有效性。

此外,人工智能大模型可以利用实时反馈、数据可视化等技术,对定价进行优化。如何有效地将价格方案转化为实际的价格行为,以及如何有效地与用户和渠道进行沟通和协调,是人工智能定价的现实挑战,这在当前还难以完成。

在金融科技加速渗透的背景下,黄金产业正积极探索AI定价模型的应用,目前已有贵金属交易平台尝试通过AI搭建定价模型,该流程为黄金定价探索提供了技术参考。

资料来源:《人工智能能为黄金定价吗?》,http://www.goldnews.com.cn/sc1227/scyw/202405/t20240507_196573.html。

五、基于人工智能的价格个性化与优化算法

广义地说,算法是在计算或解决其他问题操作中遵循的过程或规则集。定价算法主要分为两代,即自适应算法(第一代)与学习算法(第二代)。第二代算法属于人工智能领域,其中强化学习是最广泛使用的技术之一,它受自然界人和动物能够有效适应环境的启发,通过不断试错的方式从环境中学习,是机器学习的一个重要分支。它在人工智能问题求解、多智能体控制、机器人控制与运动规划、决策控制等领

域有着十分广泛的应用,是智能系统设计与决策的核心技术之一,也是进行智能个性化定价策略研究的关键技术。

(一)自适应算法

第一代定价算法本质上是自适应的。自适应定价算法的基本原理是:确定一套处理信息的规则和流程,在输入数据后,计算机根据程序指令进行运算,进而得出定价结果。该方法在酒店预订和航空服务中已经得到了应用。自适应定价算法的任务是进行估计和优化。因此,该算法包含了估计和优化两个模块。估计模块使用过去的数量和价格以及可能的其他变量估计市场需求。然后,优化模块根据需求估计和观察到的竞争对手过去的行为选择最优价格。在市场条件已知的情况下,自适应算法就会将企业的价格设定为竞争对手过去价格的函数,从而省略了估计步骤。自适应定价算法实际上可以被看作一个固定的价格调整规则,在如今多变且复杂的环境下,自适应算法的灵活性和准确性较为欠缺。

(二)机器学习算法

第二代定价算法基于计算机科学的最新发展,属于人工智能领域,尤其是机器学习。与自适应算法不同,机器学习算法可以从经验中学习如何解决问题,表现出一种更"主动"的学习方式;通过对算法进行不断的训练,试错并优化进而得到最佳的定价策略。在使用机器学习算法时,无须预先指定市场模型、估计模型和求解最优策略。程序员只需要确定定价算法的目标、训练频率,以及相对于早先获得的经验,较近获得的经验的权重是多少。该算法是"无模型"类型,通过累积经验来识别最优策略。例如,设计用于下棋的机器学习程序并不需要输入具体的象棋策略,程序仅需了解游戏规则,以及对每个可能位置的值进行初步评估,在数次试验后,算法会逐渐找到赢得游戏的最佳方式。如上所述,机器学习算法在学习阶段可能会经常作出次优决策,这会造成一定的损失(企业可以先通过一些模拟试验使算法积累经验,从而降低风险)。然而,在初始阶段之后,与自适应算法相比,无预设模型赋予了机器学习定价算法极大的优势,尤其是在复杂和多变的环境中,并且机器学习定价算法不仅能够学会如何响应市场的快速变动,还能掌握应对竞争者的策略。常用的学习算法有 Q-learning 算法、SARSA 算法、蒙特卡罗算法等。

■ 小链接

海外新事物"Fetcherr"完成 1050 万美元融资,利用人工智能算法优化机票价格

罗伊·科恩(Roy Cohen)认为,航空业在科技方面的投资相对不足,航空公司一直在依赖几十年前开发的过时的系统和基础设施,而人工智能等新兴技术可以很好地帮助航空公司在削减成本的同时增加利润。由此科恩创立了Fetcherr，一个试图使用人工智能算法优化机票价格的平台。

2023年，据TechCrunch报道，总部位于特拉维夫的初创公司Fetcherr完成了一轮融资，本轮由Left Lane Capital领投，M-Fund参与投资，融资金额共计1050万美元。

科恩说道："目前航空业的传统收入管理系统支离破碎，面对当下波动的、高需求的市场情况难以为继。而Fetcherr可以使用实时、复杂的模型来预测市场需求，并提供定价建议。"

Fetcherr会收集航空公司的数据，使用算法来进行预测和制定机票价格。科恩表示，他们的算法是根据航空公司近几年的预订、航班时刻表、可用性、票价、活动、天气、资本市场以及其他宏观经济和微观经济数据点进行针对性训练后得出的。

使用算法来预测定价当然不是一个新想法。例如，像Pricefx这样的供应商会参考客户调查数据和细分市场、竞争对手数据、运营成本、库存和历史定价等因素，帮助公司为产品定价。

然而，动态定价，尤其是由不可预测、容易受到经济冲击的算法驱动的定价并不总是受到航空旅客的好评。越来越多的证据表明，算法定价可能造成消费者之间的歧视，并且可能因存在的商业隐形勾结导致机票价格升高。

但科恩认为，Fetcherr至少对于航空公司来说是很好的产品，可以通过实时调整不同渠道的票价和预测旅客的需求来节省人力成本。

资料来源：《"Fetcherr"完成1050万美元融资，利用人工智能算法优化机票价格》，https://baijiahao.baidu.com/s?id=1763501494075340164&wfr=spider&for=pc。

六、人工智能个性化定价的优势

（一）获取消费者信息的能力更强

过去企业获取消费者信息主要通过市场调研，这种方法存在效率低下、信息不够全面、真实性难以保障等问题。在中国积极推进"数字中国"建设的大背景下，大数据的应用使得企业在较短的时间内可以从多个渠道获取到海量、多样化的真实信息，并大幅减少了人工成本。党的二十届三中全会通过的《中共中央关于进一步全面深化改革 推进中国式现代化的决定》指出："加快推进新型工业化，培育壮大先进制造业集群，推动制造业高端化、智能化、绿色化发展。"这一政策为企业的发展指明了方向，既体现了科技发展对经济模式变革的推动作用，也符合国家对企业数字化转型的期望。企业利用这些先进的技术手段获取消费者信息，是适应时代发展的必然选择，也是构建更加智能、高效的全国统一大市场的必然选择。

（二）对消费者支付意愿的分析能力更强

过去受制于识别工具和数据的匮乏，企业无法准确识别每位消费者的支付意愿。从分析对象的角度来说，企业只能根据有限的信息将消费者分为不同的群组进行定价，如分成学生、白领、老人等消费者群体，并给予不同的优惠。在中国致力于促进社会公平正义与和谐发展的背景下，大数据和算法的应用使得企业能够对消费者的个人数据与消费行为进行精确的识别、获取。这不仅使定价对象由群体细化到了个人，还让企业能够通过分析消费者的消费场景（如购买时段、使用频率）、需求强度（如常规购买与紧急需求）等合理维度，为每位消费者提供个性化的价格方案。从分析内容的角度来说，过去的定价方法仅将某几个典型因素考虑在内，由此得出的支付意愿不够准确。而随着计算机算力的提升和人工智能算法的进步，企业能够对大量变量进行处理分析，使得企业能够更精准地把握每位消费者的支付意愿。

（三）具有动态调整定价的能力

在数字经济时代，环境的不确定性、消费者需求的变化、企业和竞争对手的产品价格信息愈发透明，使得消费者对于同一产品的接受价格处于不断变化之中，这种动态环境要求不断调整和优化定价程序。在中国积极参与全球经济治理、推动构建国内国际双循环新发展格局的形势下，大数据使得企业能够实时获取所需信息，人工智能算法具备不断学习、调整和优化定价策略的能力，所以人工智能算法不仅具有动态调整定价的功能，更适用于当下快速变化的情景。此外，企业进行价格调整时往往需要考虑众多因素，包括消费者对于价格调整的反应、竞争者对于价格调整的反应和企业对竞争者变价需要作出何种调整等，以传统的方式确定价格需要付出大量的决策成本，而动态调整定价交由人工智能完成，能有效地减少决策成本，帮助企业更好地实现盈利目标。

（四）提升了消费者的产品价值感知

产品价值是产品功效与付出成本之比，过去部分产品的定价可能高于消费者愿意支付的价格，导致人们认为购买这些产品的成本较高，从而降低了产品的感知价值。而人工智能定价能够为消费者提供最佳价格，使消费者在产品功效不变的情况下，能以符合心理预期的价格购入产品，从而能有效地提升产品价值感知。

七、人工智能个性化定价面临的挑战

算法、大数据以及机器学习等先进技术的充分应用，使得个性化定价策略不再只是个别经营者提升市场竞争力的策略选择，其对经济活动的深度介入还可能引发潜在的竞争风险。

(一) 强化了对消费者剩余的攫取

人工智能算法定价通过评估消费者的信息收取更高的价格导致一级价格歧视的出现,在这种情况下,经营者将完全获取社会总福利,从而完全侵占消费者的福利(周围,2021)。对于不同消费者而言,面对同一产品时需要支付不同的价格,导致高支付意愿的消费者会受到更严重的价格歧视,即所谓的"大数据杀熟"。在当前中国大力推进数字经济健康发展的过程中,这种现象必须引起高度重视。数字经济的发展旨在为民众带来便利和福祉,而不是成为部分经营者谋取不当利益、损害消费者权益的工具。

(二) 导致不正当的竞争

由人工智能算法带来的价格歧视可能会导致不正当的竞争,并直接影响横向或纵向市场经营者之间的公平竞争。例如,处于市场支配地位的平台企业若实施个性化定价,那么原先支付意愿较低的消费者就不会流失,而潜在的市场进入者由于缺乏足够的激励而被排除在市场之外。这种排他效果在数字市场中更为明显。一方面,数字市场竞争的正向网络效应和特殊的用户归属策略会进一步提高消费者的转换成本,造成对最终消费者的锁定效果。另一方面,具有市场支配地位的经营者拥有更大规模、更多样化的数据集或者更优算法,这本身就会形成市场进入门槛,使这些经营者拥有更大的竞争优势,从而有能力封锁其他竞争对手(周围,2021)。党的二十届三中全会通过的《中共中央关于进一步全面深化改革 推动中国式现代化的决定》指出,要"加强公平竞争审查刚性约束,强化反垄断和反不正当竞争"。这充分体现了国家对于维护市场公平竞争的高度重视和坚定决心。在中国积极营造公平竞争的市场环境、推动各类市场主体共同发展的大背景下,这种不正当竞争行为显然与国家政策导向相悖,必然会受到监管部门的处罚和打击。

(三) 隐私泄露

由于算法具有强大的市场信息挖掘能力,消费者信息愈加透明化,公司所掌握的消费者数据就会不断增加。同时,在线和离线跟踪、分析变得越来越普遍,消费者的隐私空间会越来越小(Kummer & Schulte 2019;Lee et al.,2011)。由于这种侵入性的信息收集方式不受消费者欢迎,许多公司开始使用冗长的隐私免责声明来掩盖其复杂且不透明的定价算法。定价算法可以利用公司的信息优势,悄悄地将消费者分类,并根据对个人不透明的因素提供个性化价格。而普通消费者不清楚哪些行为会被企业记录并收集,由此产生了强烈的不自由感,并怀疑个性化定价的正当性。

(四) 影响公平感知

价格公平性在任何定价体系中都起着关键作用(Xia et al.,2004)。因此,个性化定价是否被视为歧视性定价,取决于消费者的公平感知(Elegido,2011)。这种公平感知受许多因素影响(Richards et al.,2016)。人际价格差异、对违反社会规范的感知以及价格框架尤其重要。当消费者发现他们支付的价格远远高于其他人时,会产生一种不公平感,进而引起对企业的不信任(Zuiderveen,Borgesius et al.,2017)。当消费者感知到个性化定价违反了社会规范,如向新客户收取较低的价格时,也会引发类似的反应(Maxwell & Garbarino,2010)。宋晓兵(2020)的研究发现,当消费者得知企业能够控制定价结果时,人工智能定价会引起更强烈的不公平感知,且在高心理逆反特质的消费者中,人工智能定价对价格公平感知及其后续行为意向的影响更加显著。此外,随着消费者对于个性化定价越来越熟悉,企业就会设计更复杂且不透明的价格方案以避免人际比较带来的影响。一旦这样的行为被消费者所察觉,就会引起更严重的不公平感知和信任危机。

(五) 消费者行为对企业利益的损害

人工智能个性化定价的策略也可能受到来自消费者的反制。根据消费者是否采用匿名、比价工具等反制措施,消费者又可以分为成熟消费者和不成熟消费者。不成熟消费者受制于个性化定价,不会采取任何躲避和反制措施;而成熟消费者了解企业个性化定价的策略,会伪装成低支付意愿消费者,以享受优惠价格。成熟消费者与不成熟消费者之间的差异是在使用互联网的经验上不平等的表现之一,其主要成因在于消费者数字文化程度的差异。如果成熟消费者数量较多,又会导致企业设计更为复杂或不透明的定价方案,反过来将损害消费者的整体利益。党的二十大报告指出,"中国式现代化是全体人民共同富裕的现代化",强调了要致力于缩小不同群体之间的差距,实现社会的均衡发展。从社会发展的整体视角来看,这也反映了在数字时代,不同群体之间存在着"数字鸿沟"。国家一直在努力推动数字素养教育,提高全民的数字技能和素养,以缩小这种差距。企业也应意识到,不能仅仅从自身利益出发,而应兼顾不同消费者群体的需求和能力,在追求经济效益的同时,注重社会效益,积极参与到提升全民数字素养的行动中来,共同促进社会的均衡发展。

■ 小链接

程莹:算法创造和提供了"被看到"的可能性,定价算法还需分类讨论

2022年7月,在由对外经济贸易大学数字经济与法律创新研究中心主办的"算法公平治理与实现"线上研讨会上,中国信息通信研究院高级研究员程莹认为定价算法是我国算法歧视监管中的热点问题之一,需要分类界定。

程莹认为,从平台经济发展的历史维度来看,算法正在成为平台经济的核心驱动力,对我国平台模式、商业模式、数字经济产生了根本性的变革。有学者认为,网络市场已全面进入算法驱动的新阶段。我们从法律视角看待算法,通常会更多关注它的风险问题,而事实上算法具有非常多的正面效应,对于数字经济的推动作用是不言而喻的。

程莹认为这种推动作用主要体现为三点:第一,算法改善了生产效率和交易效率,能够帮助用户迅速找到所需商品或服务,帮助卖家快速作出价格调整。第二,算法能够更好地实现供需平衡,如可精准匹配广告供需双方,激发消费者的潜在消费需求,同时针对消费需求的临时变动,利用算法实现价格应急性上浮,迅速达到供需动态平衡。第三,算法能够更好满足个性化需求,激活长尾市场。在传统排序算法下,新企业、新内容、新产品很难排到前几页展示,但个性化推荐算法创造和提供了"被看到"的可能性。

关于构成算法歧视问题的原因,程莹从三个层面进行了分析:一是在设计当中所带来的歧视,算法开发者在设计算法模型的过程中可能嵌入了自身的价值理念。二是数据驱动的歧视。数据是社会价值观念的反映,智能系统反映了社会潜在的歧视问题。三是人工智能自主学习带来的歧视。例如,微软聊天机器人Tay在社交聊天中通过自主学习后表现出种族歧视、性别歧视倾向的机器人。

国内外对算法歧视的关注点存在一定的差异性。在美国多种族多文化的社会背景下,美国重点关注算法种族歧视、性别歧视等问题;而定价算法则是我国算法歧视监管的热点问题之一。程莹认为定价算法风险的界定和治理相对复杂。定价算法与社会民众息息相关,用户的感知度较强。价格歧视监管难度相对较大,变动速度快,解释机制也比较复杂,难以取证和认定,需要对价格歧视进行分类界定。价格歧视并非完全不合法,在一定程度上价格歧视有助于促进社会总体福利的提升。

程莹认为,定价算法可能会带来不公平、损害消费者信任等问题,还可能对竞争秩序带来损害,部分经营者通过算法捕捉不同市场的最高支付意愿,通过提高规模经济和网络效应,将一些潜在的竞争对手排挤在门槛之外。

对此,程莹指出,我们一方面可依据《反垄断法》《关于平台经济领域的反垄断指南》等法规,禁止相关主体滥用市场支配地位进行差别待遇,但应注意将商业惯例中合理的差别待遇排除在外,如因渠道、时间、促销活动、供需关系等导致的价格差异,以及针对新用户在合理期限内的优惠活动等。另一方面,对于不具备市场支配地位的主体实施价格歧视的行为,可通过合同机制、个人信息保护机制等予以约束,如老会员遭遇"大数据杀熟"的时候,可以向平台主张违约责任。同时,在算法综合治理中,坚持落实个人信息知情同意,细化算法备案和解释机制,优化技术手段、提升治理能力,以推动实现我国算法应用的公平性。

资料来源:《程莹:算法创造和提供了"被看到"的可能性,定价算法还需分类讨论》,https://baijiahao.baidu.com/s?id=1738403743822801983&wfr=spider&for=pc。

第三节 人工智能时代的价格谈判

价格谈判是指双方针对某一产品或服务在价格方面进行切磋与商讨,最终寻求一个双方都能够接受的价格范围,它是交易双方达成一致的过程。在人工智能时代,供求双方关系变成了更为简单的买家与卖家面对面的形式,消费者可以直截了当地表达自己的诉求,而商家根据其要求进行跟单产销,减少了部分烦琐的中间过程,导致产品价格容易出现较大的弹性区间和价格异议问题。解决双方的价格异议,并在价格谈判的拉锯战中获得优势,能够为后续越来越多智能产品或服务的生产经营奠定基础。

一、价格谈判的策略

(一)做好充分准备

没有人计划要失败,可是很多人却失败于没有计划。在价格谈判之前,做好充足的计划与准备能够避免自己处于劣势地位。因此,提前做好充分的准备可以掌握价格的主动权,争取最有利的条件,它是进行谈判前必不可少的策略之一。

充分准备的第一点是准备好自己,时刻将自己的状态保持在最佳水平。细化到人工智能时代的买卖双方,买家需要预先准备好对产品的详细诉求以及能够接受的价格区间,同时还需要了解智能化产品制作的过程及其与传统生产方式的不同之处。只有完全清楚智能生产的特点,才能更好地在谈判时把握溢价范围,为自己争取更大的利益空间。尤其是针对单个生产、私人定制等较高灵活性的智能生产系统,更多地了解卖方特征可以为自己争取更大的话语权。同样,卖方需要储备强大的数据库,给潜在客户刻画消费模型,主动利用消费者消费习惯推测并挖掘有价值的信息,甚至还可以利用大数据通过其日常购物习惯计算产品价格的阈值。综合来看,丰富自己的信息弹药库才能在价格谈判中处于优势地位。在这个过程中,生成式人工智能可以发挥重要作用。例如,在自身准备方面,对于买家,生成式人工智能可以基于大量的市场交易数据和产品信息,模拟不同价格区间对应的产品质量和功能差异,帮助买家更精准地确定自己能够接受的价格区间以及对产品的详细诉求;对于卖家,生成式人工智能可以通过分析海量的消费者数据,生成更精准的消费模型,这不仅能推测出消费者的消费习惯,还能根据不同消费者的特点预测其对价格的敏感度,从而挖掘出更有价值的信息用于价格谈判。

充分准备的第二点是增值服务的准备。为了使消费者最大限度地接受更高的定价,企业在价格谈判的过程中要将谈话内容从价格转移到产品的价值上,让消费者明白产品价值的影响远大于其价格本身。这一点的关键就在于让信息传递围绕成本和价值展开,在基于事实的基础上适当提高成本和价值的认知,将一些隐性成本与隐藏价值更清晰地传递给消费者,并让其深信不疑,使其注意力集中于价值而非价格。打造一份有说服力的附件清单至关重要,该清单应包括企业能够提供的所有增值服务以及所有非现金支出的成本。为了使该清单更具说服力,可以将增值服务和成本数字化为具体金额。例如,企业需要在消费者提出要求的基础上,利用大数据更精准地分析和计算产品,确保产品超过消费者的预期价值。除此之外,企业不再局限于传统模式下的只注重产品使用阶段的服务,而将目标延伸至产品的全生命周期,无论是产品的前期智能化测试还是后期全系列的智能化保养保修维护等服务,大数据和企业能够为消费者带来的价值绝不仅限于使用过程,而是延伸到了后续一系列的增值服务。至于成本方面,人工智能时代的产品增加了数据收集成本、数据维护成本、数据管理分析成本等。基于产品以数字化为支撑进行生产,故数据的收集、数据库的建立和管理维护等都需要一定的成本,数据的稳定从某种意义上来说能够使消费者受益。因此,注重传递产品的增值服务和增值价值是人工智能时代更应在价格谈判中关注的点,它能时刻提醒自己产品的独特之处及价值所在。

充分准备的第三点是对客户群体的准备,它包括对客户群体的细分和竞争对手的准备。客户群体的分类从大范围来看,根据其需求产品的种类划分有助于对智能系统和数据库的有效管理和维护。尽管人工智能使产品生产数字化,但不同种类的个性化产品所需要用到的数据完全不同,如无人驾驶汽车和3D打印手表所需的消费者数据差异显著。因此,针对不同需求的消费者建立分类数据库,既降低了从大数据库中建立每一类小数据库的挖掘成本,又在降本增效的同时为价格谈判预留了更大空间。客户群体分类从小范围来看,根据其需求的复杂程度划分有利于提供更个性化的方案和更高效的价格谈判。针对需求复杂的客户,他们愿意接受具有更高增值服务的产品设计方案,即更在意产品的价值而非单纯的价格,在价格谈判时可以着重突出较为复杂的、全生产链的服务价值。针对需求简单的客户,他们对价格更加敏感,也没有十分在意产品的附加价值,而是更多地考虑价格是否超过心理预期与承受范围,因此在进行价格谈判时应提供更直接、更有说服力的与价格息息相关的资料。当客户群体的分类更加细致与全面时,企业将拥有更大的自主权与利润操作空间,为其价格谈判预留了更大的余地。

生成式人工智能可以通过分析大量的客户数据,自动生成客户群体细分的模型。它可以根据客户的购买历史、浏览行为、反馈信息等多维度数据,快速准确地划分出需求复杂和需求简单的客户群体。对于需求复杂的客户,生成式人工智能可以进一步生成更具吸引力的全生产链服务价值展示方案;对于需求简单的客户,它可以生成更直接的与价格相关的数据对比和分析资料,帮助企业更有针对性地应对不同客户群体的需求,从而提升谈判的成功率。

"机会是留给有准备的人"在人工智能时代仍然适用,尽管大数据为企业提供了挖掘客户、发现潜在商机的便利,但消费者也同样能通过一些手段获取或者隐藏数据,以争取更低的价格。只有做好充分的准备,企业才能在价格谈判中占据优势地位。

(二) 进行超前研究

超前研究是在销售时间上能够做到的最佳投资,它的优势在于将重点聚焦于客户而不是企业自身,因为这关乎顾客需要付出的金钱和是否与其得到的价值相匹配。超前研究是指企业利用云平台、数据库的建立,主动了解并收集消费者的消费习惯和购买倾向,从而可以利用大数据分析建立产品模型。超前研究能够为企业提供新产品的关键信息,未来市场的竞争在于企业是否能研发符合消费者期待甚至超出消费者预期的产品,谁先研发出更优质的产品,谁就能在市场中占据优势并获利。而产品研发的前提需要前期大量的投入,尤其是在人工智能时代,对数据的建立、维护、挖掘等提出了更高更精细的要求。

超前研究不仅仅是企业单方面的工作,它更需要客户的积极参与。心理学研究发现,参与感能够一定程度上提高自己在某件事情中的归属感,并减少抵抗情绪。因此,当客户将这项研究变成了自己正在参与的活动时,他的主人翁意识会提高,进而更容易认同定制方案,这使得客户对价格的包容度有所提升。通过提问的方式既能够增加客户参与感与认同感,也能够帮助企业获取供给方所需的信息,比如通过提问延长客户对产品使用期间的时间跨度、通过提问引起客户对增值价值的关注度、通过提问扩大竞争对手的弱点、通过提问深入挖掘客户对价值的思考与评判等,通过这些问题,有助于探明客户的期待、需求及价格阈值,为价格谈判争取更多空间。此外,鼓励客户大胆畅想未来,激发他们对产品期望之外的兴趣,可以主动转移其对价格的关注,在谈判中赢得超前价格优势。

(三) 改变谈话话题

改变谈话话题是价格谈判策略中的第三部分,比如通过传递价值故事、转换对话思路等方式改变话题并影响客户的想法,它意味着延长客户的决策时间跨度,将买卖关系上升到更为高级亲密的伙伴关系及其给双方带来的优势,而不再简单地围绕价格进行过多的阐述与讨论。人工智能时代,消费者需要的不再是随处可见的产品本身,其本质需求是隐含在产品内的服务与体验,往往体验的诉求超过对产品本身的期望,因此企业可以通过向消费者传达"增值服务远比产品本身重要得多"的理念,这也更贴合当今时代营销发展的趋势。总的来说,改变谈话话题能够将原本处于敌对关系的供需双方转换为更加配合、友好的伙伴关系,这种关系的建立能够为未来业务的拓展奠定稳定的基石。

那么,如何自然地改变谈话话题,且引导话题向自己期望的方向发展,则需要巧妙的设计以帮助其自然过渡。首先,可以采用类比的方式,比如在进行价格谈判时,将话题引入同类但不同价格或者同价格不同类别的产品中,将自己的产品与其他的进行对比,暗示消费者主动比对产品的各方面价值,并在消费者内心已经作出判断时及时阐述产品前所未有或者极佳的体验感和服务,以撼动其原定的可接受价格。其次,可以将满足消费者需求而消耗的费用定位为投资而非消耗。那么,如何将消费者支出定位为投资而非费用呢?投资回报是其关键点,在价格谈判的时候,要牢记维持长期且稳定的关系,并不断输出产品持久的投资价值,使消费者沉浸式地感受到这是一桩值得的买卖。最后,要在谈话中体现自己的独特卖点。尽管人工智能时代几乎所有的产品都崇尚差异化,不会出现重复的产品,但是如果消费者能够感受到更深层次的差异,并且企业能让他(她)知晓为什么选择的是自己而不是其他企业的原因,那么消费者会乐意为这些新奇点支付额外的费用。如果没有让消费者感受到差异,他们也不会在价格谈判中让步。要记住,任何可以辩解的、有差异性的说明性阐述都能够起作用。

二、回应价格异议的指南

总有人将价格谈判视为你死我活的争斗,实则不然。价格异议是谈判中必定存在的事件,即便客户心理上承认商品确实物超所值,但在谈判中也会为自己争取最大的利益。价格异议是因为在双方沟通交流的过程中出现了故障,需要一定的时间和阶段去修复和解决。因此,面对价格异议时,必须准备好一份详尽的指南,以应对人工智能时代的差异化定价。

(一)唤起对方共情

唤起对方共情意味着站在对方的立场思考问题,卖家站在买方的立场思考能更加理解客户的需求和想法以及价格定位是否合理且易于接受。卖家可以适当表达自己理解客户对价格的异议点,清楚地阐述他(她)的顾虑,通常使用"我懂你的疑虑""我了解你对于价格的不确定""我明白你的想法"等话语,能帮助自己得到一个更确切更接近自己想要的答案的回复,当共情到一定程度时,可能会改变客户的决定。

唤醒对方对自己共情的关键点在于使客户理解自己。当客户将他(她)的烦恼和疑虑倾诉给你时,代表了对你的信任。同样,你也可以把自己的难处和面临的挑战倾诉给客户,这将使对方不自觉地将他(她)的难处和你的困境相比较。如果觉得自己作出让步的成本更低,那么价格异议的结果大概率会倾向于你。例如,你可以直接告诉客户:"与其他企业不同,我们的产品都是从价值出发而不是价格,从产品能为你们带来怎样的体验感与服务为主题进行研发,和你们一样,我们都是为了给对方创造更多的可能性与价值,也许产品的价格超过你的预期,但价值一定会大大超过你所期望的价格。"在人工智能时代,也许一切都能数字化,但共情感和同理心永远不可能被数字化,否则一切将失去温暖与回旋的余地。

(二) 输出增值观点

以价格为基础产生的异议来自客户对信息掌握程度的匮乏,因为大部分客户其实并不了解人工智能时代提供的产品究竟能够带来多大的价值,因此很多客户会对价格表现出超乎寻常的震惊,他们完全没有想过要支付比预期高得多的价格。所以,对于这类客户,你需要尽可能多地阐述产品信息、增值服务和附加价值。

首先,将客户引导至正确的轨道,你可以以"很多顾客最初都因为价格而感到犹豫,但是经过我们的解释之后,对我们的价格表示理解且接受了"为对话的开头,以吸引客户对后续谈话的兴趣。其次,让客户深刻感受产品的增值服务,可以通过带客户体验产品提升他(她)的服务享受感,为其展示一系列其他客户的反馈和使用感,以提升他(她)可接受的价格区间。同时,将谈话过渡到增值服务,比如说:"您已经用最合适的价格购买了最适合的产品和服务,难道不值得再花费百分之一的价格获得产品全生命周期内的价值增值吗?"另外,将产品的附加价值阐述给消费者可能会使价格异议趋于稳定,你的观点可以围绕"消耗越多则投资越多,回报越大"展开,因为产品的附加价值往往能够带来意想不到的回报。

(三) 延迟价格异议

有些客户在价格谈判中会紧紧抓住价格这一议题,无论如何解释,其最在意的还是价格过高。一番努力后,如果仍然无法达成价格一致,那么可以在对话中暂时搁置有异议的部分,先暂时远离价格这一主题。你可以持续输出产品的价值,继续呈现产品的质量,也许在你的介绍后客户会听到一个令他(她)感兴趣的点,从而放弃继续进行价格谈判。如果在价格谈判的一开始就选择让步,那么可能会导致自己的利润下降;如果和客户一直维持僵持不下的场面,他(她)极有可能选择放弃此次购买。因此,此时避而不谈的迂回战略或许更加有效。在人工智能时代,价格谈判的空间会更大,导致价格谈判的策略也更多,因为产品的个性化特点更突出,价格谈判有更大的弹性空间。当硬性策略无法获得想要的谈判结果时,转换思路采取软性策略,适当将价格谈判的异议点延迟,可以在一定程度上提高谈判效率或改变谈判结果,这是另一种智慧。

第四节 人工智能定价工具

一、常见人工智能定价工具类型

(一) 基于数据驱动的动态定价工具

在现代商业竞争的复杂环境中,基于数据驱动的动态定价工具已成为企业战略定价的核心要素。此类工具依托先进的信息技术,对广泛而繁杂的市场数据进行全面且深入的挖掘与分析,以此为基础构建精准的定价模型。

在数据收集层面,其涵盖了多维度的信息源。对于竞争对手价格信息的获取,运用网络爬虫技术、专业市场监测软件等手段,能够实时、精准地追踪竞争对手在各个销售渠道的价格设定。无论是实体店铺的标价,还是电子商务平台上的实时售价,均在监测范围之内。这不仅包括常规商品价格,还涉及促销套餐、捆绑销售价格等复杂定价形式。通过对这些数据的持续跟踪和分析,企业能够迅速洞察竞争对手的价格策略调整,为自身定价决策提供及时且关键的参考依据。

消费者购物的历史数据分析则涉及复杂的数据挖掘和机器学习算法。通过整合企业内部的销售记录系统、客户关系管理(CRM)系统以及第三方数据提供商的数据,动态定价工具能够构建出详细而准确的消费者画像。这些画像不仅包含消费者的基本人口统计学信息,更重要的是包含其购买行为模式方面的信息,如购买频率的时间序列分析、不同品类商品的交叉购买倾向、价格区间偏好等。借助这些深度分析,企业可以对不同类型的消费者群体实施差异化定价策略,从而提高消费者剩余价值的获取效率。

(二) 成本优化导向的定价工具

在生产成本分析方面,定价助手展现出高度的专业性和精细化程度。借助人工智能算法,对于原材料采购成本,它不仅能实时监测当前市场价格的波动,还能深入剖析原材料供应市场的结构。通过与采购部门的数据共享和联合分析，定价助手能够精准预测原材料价格的走势，将这种动态因素纳入成本核算体系。生产工艺成本的分析涉及对生产流程的深度拆解，这一过程充分利用了人工智能的优势。基于深度学习技术对生产过程的图像、视频数据进行分析，从生产设备的选型、生产线的布局到具体生产工序的操作规范，都在其精确评估范围之内。

运营成本分析则是一个更为广泛和复杂的过程，而人工智能赋予了定价助手更强的分析能力。在物流运输成本方面，定价助手需要综合考虑运输方式（如公路、铁路、航空、海运等）的选择、运输距离、货物重量和体积、运输时效性要求等因素。利用人工智能算法，它可以根据历史运输数据优化运输路线，预测运输成本的变化。仓储成本分析涉及仓库的选址、仓库类型（如普通仓库、冷藏仓库等）、库存管理策略（如经济订货量模型的应用）等因素。人工智能驱动的库存管理系统可以通过预测需求来优化库存水平，减少仓储成本。不同的仓储条件和库存管理方式会对成本产生显著影响，定价助手通过与物流和仓储部门的协同工作，精确计算每一个存储单位时间和货物单位的仓储成本。

营销成本同样是运营成本的重要组成部分，定价助手可以利用人工智能技术实现精准分析。从广告投放、促销活动到市场调研，每一个营销环节的成本都被详细记录和分析。在分析企业的营销成本时，其通过对广告投放数据（如点击率、转化率等）的机器学习分析，评估不同广告渠道（如电视广告、网络广告、线下活动等）的投入产出比。定价助手通过对营销成本的精确核算，将其合理分摊到产品价格中，确保营销活动的投入能够在定价策略中得到有效体现，实现成本与收益的平衡。

（三）基于消费者心理分析的定价工具

在消费者价格敏感度分析方面，软件利用先进的机器学习算法处理多源数据。它不仅整合企业内部的交易记录、客户反馈，还广泛收集外部市场研究数据、社交媒体信息等。通过自然语言处理技术，从消费者在网络上的言论、评价中提取对价格的态度信息。同时，基于深度学习的神经网络模型进一步挖掘影响价格敏感度的潜在因素，包括消费者的消费习惯、经济状况、产品知识水平等，从而为不同群体制定针对性的价格策略。

消费者价值感知的分析是该定价工具的核心功能之一，这一过程高度依赖人工智能技术。软件通过构建复杂的消费者价值评估模型，运用机器学习算法对影响价值感知的众多因素进行量化分析。对于品牌形象这一关键因素，软件利用图像识别技术分析品牌的视觉元素（如标志设计、包装风格）在消费者心中的印象，并结合情感分析算法评估品牌传播内容所引发的情感共鸣程度。在产品功能方面，通过文本挖掘技术解析消费者对产品功能描述的关注点和满意度，利用关联规则挖掘算法找出不同功能组合与消费者价值感知之间的关系。例如，在高端电子产品市场，消费者对于具备创新功能（如折叠屏手机的独特折叠设计）的产品往往认可其更高的价值。软件通过分析消费者对这些创新功能的讨论热度、期待程度等数据，准确衡量其在消费者价值感知中的权重。此外，情境因素也被纳入价值感知分析中，借助时间序列分析和环境感知技术，考虑购买场景（如节日购物、应急购买）、消费环境（如高端商场、线上平台）对消费者价值判断的影响。

基于人工智能的定价软件还具备强大的个性化定价能力。通过强化学习算法，软件根据消费者的历史购买行为、浏览记录以及与企业的交互数据，不断调整和优化针对每个消费者的价格建议。这种个性化定价策略不仅提高了消费者的购买意愿和忠诚度，还能实现企业利润的最大化。同时，软件通过生成对抗网络等先进技术模拟不同价格策略下消费者的反应，提前评估定价方案的有效性，为企业提供前瞻性的定价决策支持。

■ 小资料

中国企业常用的人工智能定价软件

（1）阿里妈妈万相台无界版的智能出价 AIGB。大模型自动帮商家出价投放，并能够实时调价优化。主要适用于淘宝、天猫等阿里系电商平台的商家，特别是那些希望实现精准人群推广、提高投产比、优化广告效果的商家。

（2）百度智能投放之自动出价。智能出价模型充分利用大数据与人工智能，时刻洞察、预估用户的转化可能性，基于转化链路的浅层、深层目标渐进式优化，并结合流量竞争的激烈程度，实时动态竞争出价。对高转化潜力的用户高出价，对不太可能转化的用户低出价或不出价，以此帮助商家更高效地达成获客增长和成本控制的目标。适用于所有希望在百度平台进行广告投放的商家，特别是那些希望简化出价流程、提高投放效率、优化广告成本的商家。

（3）京东京准通一站智投的智能出价。利用大模型进行流量价值预估，可提供跨渠道广告投放的组合优化决策。主要适用于京东平台的商家，特别是那些希望实现多场景、跨渠道智能广告投放的商家。

（4）订阅蜂 CPQ 配置报价系统。CPQ 解决的是如何将客户需求转换为解决方案的问题，当客户需求产生之后，销售人员可以在产品库里快速选型配置形成解决方案，再根据公司的定价规则，生成一个报价文件。该系统主要聚焦于中大型客户。

从行业上来讲有两个,一个是 IT 服务业,比如软件、系统集成、物联网公司等;另一个是制造业,尤其是装备制造业,比如环保设备、纺织机械、电力设备等复杂机械装备的配置报价。

(5)美国 Salesforce 公司的 Salesforce CPQ。Salesforce CPQ 专为销售团队设计,旨在提高报价效率和准确性。内置的动态定价引擎可以根据市场变化、客户等级、购买数量等多种因素实时调整价格,确保报价的竞争力。它可以自动化生成报价单和合同,减少人工错误,提高报价效率。Salesforce CPQ 已广泛应用于各个行业,包括制造业、零售业、高科技行业等。

资料来源:根据文心一言问答及相关企业网站整理。

二、人工智能定价工具的实施步骤

(一)数据准备阶段

此阶段需广泛收集多源数据,涵盖企业内部交易数据,如销售订单详情、库存变动记录、成本核算信息等,这些数据反映了企业自身运营状况与产品成本结构,是定价的基础依据。同时,外部市场数据的收集亦不可或缺,包括竞争对手的价格信息,可借助网络爬虫技术定期监测同行业产品在各大电商平台、实体店铺的标价与促销价格;宏观经济数据,如 GDP 增长率、通货膨胀率、利率水平等,这些因素会间接影响消费者购买力与市场整体需求,进而对产品定价产生作用;行业动态数据,如行业技术革新进展、新兴市场趋势、政策法规变动等,有助于企业提前预判市场走向,调整定价策略。

在数据收集完成后,需运用数据质量检测工具与算法,识别并去除数据中的异常值,这些异常值可能源于数据录入错误、系统故障或特殊市场事件,若不加以处理,会严重干扰定价模型的训练与预测结果。同时,对数据进行标准化处理,统一数据格式与量纲,如将不同货币单位的价格数据转换为统一货币,将不同时间格式的数据统一为标准时间格式等。此外,对于缺失数据,可采用均值填充、中位数填充、多重填补法或基于模型的预测填充等方法进行处理,确保数据的完整性,为后续分析提供可靠的数据基础。

(二)工具选型与配置

依据企业业务类型与定价目标进行人工智能定价工具的精准选型是实施过程中的关键环节。不同行业、不同规模的企业对定价工具的功能需求各异。对于大型电商企业,面对海量商品与频繁的价格变动需求,需选择具备强大实时数据处理能力、能够支持大规模并发计算且算法模型丰富多样的定价工具,以实现对不同品类商品的动态定价管理,如一些基于云计算架构的专业电商定价软件平台。而对于制造业企业,其定价更侧重于成本加成与市场需求平衡分析,可选择集成成本核算模块、市场需求预测模型且对生产工艺数据有良好兼容性的定价工具,便于将生产成本数据与市场数据有效结合,制定合理价格策略。

选定工具后,应进行细致的参数设置与系统集成工作。根据企业所处市场环境、产品特性及定价策略需求,调整定价工具中的关键参数。例如,设置价格调整的敏感度系数,若企业产品市场竞争激烈且需求弹性大,可适当提高敏感度系数,使价格能更快速响应市场变化;若企业注重品牌形象与价格稳定性,可降低该系数。同时,将定价工具与企业现有业务系统进行无缝集成,如与企业资源计划(ERP)系统集成,实现数据的自动交互与共享,使定价工具能够实时获取产品成本、库存等信息;与客户关系管理(CRM)系统集成,以便利用客户数据进行精准的客户细分与个性化定价;与供应链管理(SCM)系统集成,综合考虑供应链成本与供应稳定性对价格的影响,确保定价工具在企业整体运营体系中高效运作,为定价决策提供全面、准确的数据支持与系统协同能力。

(三) 模型训练与优化

模型训练是人工智能定价工具赋予定价决策科学性的核心步骤。首先,将经过清洗与预处理的数据划分为训练集和测试集,通常采用70%—80%的数据作为训练集,剩余部分作为测试集。训练集用于构建定价模型,通过选择合适的机器学习或深度学习算法(如线性回归、决策树、神经网络等),让模型学习掌握数据中价格与各种影响因素之间的内在联系。例如,在基于神经网络的定价模型训练中,将产品特征、市场环境因素等作为输入层变量,价格作为输出层变量,通过多次迭代训练,利用反向传播算法调整神经网络各层节点之间的连接权重,使模型在训练集上的预测误差逐渐减小。

在模型训练过程中,选择恰当的评估指标对模型性能进行监测与评估至关重要。常用的评估指标包括均方误差(MSE)、平均绝对误差(MAE)、均方根误差(RMSE)、决定系数(R^2)等。这些指标从不同角度衡量模型预测值与真实值之间的偏差程度。而后,根据评估指标的反馈,对模型进行优化调整。若发现模型存在过拟合现象(即在训练集上表现良好,但在测试集上误差较大),可采用正则化方法(如L1正则化、L2正则化)、增加训练数据量、简化模型结构等措施加以改善;若模型拟合不足(即模型在训练集和测试集上的误差都较大),则可尝试增加模型复杂度、调整算法参数或采用更强大的算法模型,不断提升模型的泛化能力与预测准确性,使其能够在不同市场场景下稳定、可靠地为定价决策提供支持。

(四)上线与监控

在完成模型训练与优化后,将人工智能定价工具正式上线投入使用需遵循严谨的步骤与规范。首先,进行小范围的试点上线,选择企业部分产品线或特定区域市场进行测试运行。在试点过程中,密切关注定价工具的运行稳定性,包括数据传输是否及时准确、模型计算是否正常无卡顿、价格更新是否按时生效等。同时,收集一线销售人员、客户及相关业务部门的反馈意见,如是否存在价格异常波动引起客户投诉、是否对销售业务流程造成不便等问题。

根据试点反馈结果,对定价工具进行全面评估与必要调整后,逐步扩大上线范围至整个企业业务体系。在全面上线后,建立持续监控机制是确保定价工具长期有效运行的关键。通过设立关键绩效指标(KPI),如销售额、利润额、市场份额、客户满意度等,定期对定价策略的实施效果进行评估。利用数据可视化工具与智能分析算法,绘制价格走势、销售趋势、利润变化等图表,直观地监测市场动态与定价效果之间的关系。

基于监控结果,及时对定价策略进行调整优化。当市场出现突发变化,如原材料价格大幅波动、竞争对手发起大规模价格战、宏观经济政策调整等情况时,迅速启动应急调整机制。利用定价工具的灵活性,结合市场分析与企业战略目标,及时调整价格参数、定价模型或价格策略组合。

本 章 小 结

人工智能时代,企业要与时俱进地变革定价方法,使之与市场变化相适应,核心思想是在合适的时间为顾客提供合适的价值。

人工智能时代影响定价的因素众多,需要紧抓时代的消费特点,进行精准定价。基于人工智能的价格个性化实际上就是指企业利用观察、自愿提供、推断或收集到的消费者的个人行为或特征的信息,应用合适的人工智能算法推断出消费者愿意支付的价格,进而为不同的消费者设定不同的价格。目前,人工智能定价主要采用的是学习算法。人工智能定价算法具有信息收集能力强、分析能力强、动态调整能力强等优势,但也存在泄露消费者隐私、定价不公平等问题。由于定价算法具备动态调整的优势,所以在价格谈判上就有了极大的弹性空间,能为双方赢得更大的谈判余地。常用的人工智能定价工具有三种类型:基于数据驱动的动态定价工具、成本优化导向的定价工具和基于消费者心理分析的定价工具。在使用这些工具定价时,首先要进行数据准备,然后精选工具类型,进行模型训练与优化,上线投入使用,再根据监控结果调整定价策略。

关键名词

人工智能个性化定价　人工智能定价算法　人工智能时代定价策略
消费者足迹　超前研究　人工智能驱动的动态定价

思考题

1. 人工智能时代影响定价的因素有哪些?
2. 基于人工智能的定价算法与传统定价有何异同?
3. 人工智能时代的价格谈判需要做好哪些方面的准备工作?
4. 结合实例谈谈目前人工智能定价的双面效应。
5. 如果有一天定价完全由人工智能执行,这是否意味着我们不需要再做与定价相关的工作了? 谈谈你的理解。

案例讨论

本章实训

即测即练
(请先扫封底总码)

第十章 人工智能与渠道策略

本章学习目标

1. 了解企业的渠道策略并熟悉人工智能如何赋能企业的渠道设计。
2. 掌握人工智能在渠道设计企业端和消费者端的应用。
3. 熟悉智能零售的产生与概念,了解人工智能技术在零售业的应用、人工智能环境下的新零售场景,以及在无人零售企业中如何应用人工智能技术。
4. 掌握智慧物流的概念和特征,熟悉其在渠道中的基本功能,并了解系统结构及具体应用。

拼多多：社交＋AI的创新渠道模式

拼多多自2015年9月创立后，仅发展5年，就迅速积累了5.852亿活跃买家和360多万活跃商户，年交易额（GMV）高达1万亿元，成为中国第二大电商平台。作为新电商，拼多多改变了传统的"物以类聚"的搜索式购物，采用了"人以群分"的服务理念。具体而言，拼多多把用户的个性化需求汇集成为每个产品的计划性需求，即把个人的长期、分散需求归集为短期、批量的需求；同时，在满足结构性丰富的前提下减少SKU，把巨量的需求汇集到限量类别的商品里，去掉了商品生产、流通环节的几乎所有中间费用。这样，通过大订单、薄利多销的规模优势，减少库存、引爆消费，还能帮助商家形成品牌。

那么，拼多多是如何通过嵌入AI技术实现这一过程的呢？

最开始，拼多多利用用户在微信中的分享、拼团和互动，实现社交网络的裂变式传播。在成立仅五年时间内，拼多多的年度活跃用户即接近6亿。通过这一过程，平台积累了大量涉及用户消费习惯、购物偏好、生活水平等多维信息，为准确把握用户场景打下了坚实基础。

拼多多采用"分布式AI"的技术研究个体可能存在的消费需求。"分布式AI"指为每位用户分配一个"AI代理"，这些"代理"相互交流以推荐优质商品，而用户则拥有数据的所有权。在过渡阶段，拼多多通过人来充当这些代理，即大家熟悉的拼团。用户之间的传播和推荐行为被视为"分布式AI"的一部分。

在算法设计中，优化的重点不是购物点击，而是用户在看到商品时的心理和行为，如与朋友的互动分享，从而对完善用户画像起到补充作用。"分布式AI"能够帮助消费群体以更便捷的方式互相学习，降低决策成本，提高交易效率，并通过加强深度学习模型和个性化推荐算法，将用户、商品、浏览等购物行为数据转化为机器可理解的语言，从而挖掘用户与用户、用户与商品，以及商品与商品之间的关联规律，实现精准推送和高成交率。

最终，拼多多凭借智能算法，从最初的推荐单品，发展到推荐整个品类，再到推荐特定场景。例如，用户表达对北欧风餐椅的兴趣，拼多多便会向用户推荐大量北欧风格座椅，甚至升级至推荐整套北欧风格家具。也就是说，拼多多实现了从销售单一商品到销售整个场景。

拼多多通过"社交＋AI"结合的方式创新了渠道策略，利用AI分析用户社交网络中的购买行为，向潜在客户推荐高相关性的团购产品。同时，拼多多通过AI动态定价和促销活动优化渠道收益，提高消费者参与度。这种AI与社交元素结合的策略,使拼多多在竞争激烈的市场中迅速崛起。

资料来源:《拼多多是如何利用 AI 实现转型突围的?》,载"AI 法律评论"公众号,https://mp.weixin.qq.com/s/IqJKiPS2LJ_C2XEMk4TdWQ。

本章知识结构图

- 人工智能与渠道设计
  - 渠道设计及其相关概念
  - 人工智能赋能渠道设计和创新
  - 人工智能在企业端渠道设计的应用
  - 人工智能在消费者端渠道设计的应用
- 智能零售
  - 智能零售的产生与概念
  - 智能零售的特征
  - 人工智能技术在零售业的应用
  - 人工智能环境下的新零售场景
  - 人工智能环境下的无人零售典型企业
- 智慧物流
  - 智能物流概念及特征
  - 智能物流的基本功能
  - 智慧物流的结构体系
  - 智慧物流的应用

在引例中,拼多多通过人工智能驱动的精准推荐、动态定价、社交裂变和供应链整合,不仅构建了创新的渠道模式,还极大地降低了获客成本和运营成本,为其他电商平台的渠道创新提供了可借鉴的经验。而人工智能在营销中的应用是系统性、多层次的,企业如何将人工智能应用到具体的渠道设计中呢?希望通过本章的学习读者能找到答案。

第一节　人工智能与渠道设计

一、渠道设计及其相关概念

渠道管理的其中一项核心任务就是渠道设计。渠道设计是企业结合自身战略发展目标,在充分考虑自身所具备的优势及存在的不足的基础上进行渠道目标、渠道任务等规划的一系列活动,也被称为渠道策划。具体地说,渠道设计需要对未来渠道环境的发展趋势进行准确预测,对渠道现状进行深入了解,制定适宜的渠道目标,将渠道策略确定下来,以确保产品能够顺畅且高效地在流通领域进行转移,以最简化的环节、最低的费用及最短的路线使消费者或用户的各种需求得到有效满足。

在分析渠道现状、确定渠道目标等一系列工作流程都结束后,对新渠道进行构建或是对现有渠道进行改善的这个过程即为渠道设计。设计及选择渠道需要完成一系列工作,如决定采用哪一种渠道结构、合理选择销售终端、决定渠道覆盖面等。一般来说,渠道设计的核心内容在于渠道结构设计和渠道策略选择。

(一)企业内部的渠道设计

企业内部的渠道设计,是考虑目前企业所使用或者未来会使用的渠道类型、渠道目标在各种不同类型渠道所占的比重、各种类型渠道所面对的细分市场及覆盖范围,从企业的视角考虑企业自身的渠道目标对企业渠道策略进行整体的设计和规划。

企业可以采用的渠道类型很多,既可以只使用一种,也可以同时使用多种渠道。由于渠道的长度、宽度、密度、中间商以及单一渠道和复合渠道等方面存在差异,企业在具体的渠道设计中的营销策略也会有差异,庄贵军教授在《营销管理》中详细介绍了企业在渠道设计中应依据不同渠道因素选择不同的渠道策略(见表10-1)。

表 10-1 企业的渠道策略

渠道策略	渠道因素				
	长度	宽度	密度	中间商	单一渠道或者复合渠道
直接分销	零层次、短渠道	覆盖面小	密度小	无	单一
独家分销	不确定,取决于代理商的渠道层次	不确定,取决于代理商的网点范围	密度较小	独家代理	单一
选择分销	不确定,取决于代理商的渠道层次	不确定,取决于代理商的网点范围	不确定,取决于代理商的网点密度	同类型或不同类型多家代理	不确定,取决于选择的代理商是否属于同一类型
广泛分销	渠道有短有长	覆盖面广	不确定,取决于代理商的网点密度	不同类型经销商	复合
密集分销	渠道有短有长	不确定,取决于代理商的网点范围	密度大	不同类型经销商	复合

资料来源:庄贵军.营销管理:营销机会的识别、界定与利用[M].北京:中国人民大学出版社,2020.

(二)跨组织的渠道设计

伴随着时代的发展进步,营销环境发生了很大改变,要求企业能够运用多种渠道开展渠道设计工作。基于此,企业管理层应当对其自身渠道目标及各中间商渠道的利益或是目标进行充分考虑，并据此设计渠道结构。当前，互联网技术得到了广泛推广，这对企业跨组织的渠道设计提出了新的要求，在线直播等新渠道的协同也应引起高度重视，跨渠道整合的重要性不言而喻。在消费者购买商品之前，企业会对多个渠道进行营销管理，如图 10-1 所示。

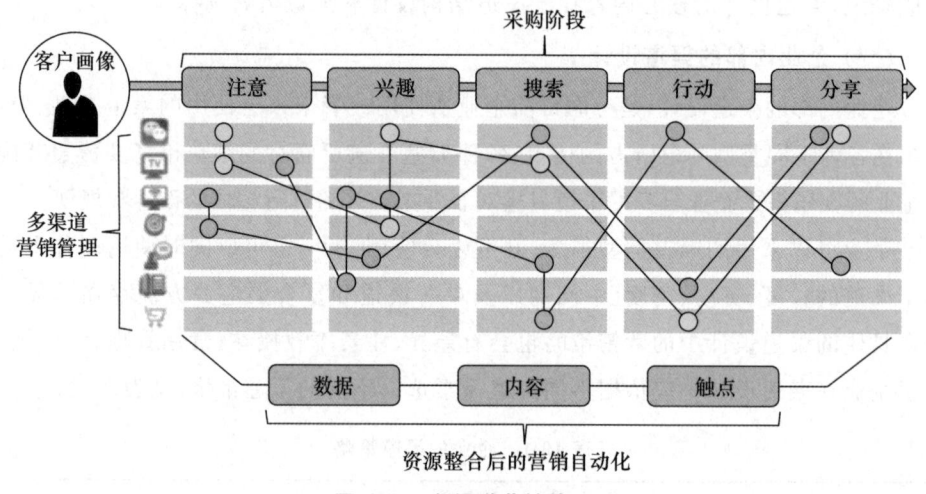

图 10-1 多渠道营销管理

资料来源：于勇毅. MarTech 营销技术：原理、策略与实践[M]. 北京：人民邮电出版社，2020.

二、人工智能赋能渠道设计和创新

针对渠道设计当中"怎么样触达消费者"这一问题，人工智能技术的出现使得这一问题得到了很好的解决，在信息技术的高速发展下，可通过多种渠道将信息传递给消费者，人工智能技术使得各渠道之间能够实现较好的协同，能够精准识别用户感兴趣的渠道，促进用户触达效率的有效提高。因此，人工智能技术和大数据驱动下，不论是线上还是线下的渠道设计都会被广泛赋能，全链路地深入各种消费场景。

对在线及移动渠道设计而言，人工智能技术能够在众多经过分类的用户群体当中对目标用户进行准确识别，并结合定量分析对该类用户的媒体及场景偏好进行遴选，让广告主在各方面的选择都能够得到最大限度优化，如投放方式、投放时间等，不但成本得到了有效控制，且营销成果还得到了显著改善。对线下渠道设计而言，AI 技术将产品以丰富的载体形式涵盖更多终端与场景，拓展了产品信息触达的边界，以各种营销生态覆盖家庭、消费娱乐等场景，让功能单一的终端也具备了类似于媒体的交互能力。

空间营销（Spatial Marketing）是人工智能技术为渠道设计与创新赋能的最直观

体现,是一种将场景化、体验式和社交化相结合的渠道策略创新形式。它主要关注通过空间设计和场景化的方式,优化消费者的购物体验和品牌感知,进而提升销售和品牌价值。空间营销主要有以下特征:

(一)场景化与体验性

空间营销往往通过打造创新型的销售场景,如主题快闪店、体验店、沉浸式展厅等,改变传统的销售模式,使消费者能够在自然的、情感化的场景中接触产品和品牌,吸引消费者的注意力。借助人工智能技术,可以模拟真实或虚拟的环境让消费者体验产品的实际使用情景,也可以营造季节性、节庆活动等特定主题场景让消费者身临其境。例如,汽车品牌利用AR/VR等技术虚拟试驾体验。

(二)物理空间的规划与设计

空间营销要求商家或企业通过合理规划物理店面、展厅、展示区或商业空间的布局来引导消费者行为。这包括货架设计、产品陈列、动线设计、光线与色彩的运用等,目的在于优化消费者的购物体验。例如,亚马逊Amazon Go的无收银员超市通过人工智能摄像头和传感器实时跟踪消费者的行为,优化货架和商品的摆放;沃尔玛则为消费者提供配备人工智能的智能导航购物车,可以根据消费者输入的购物清单引导其前往相应区域,同时通过人工智能算法推荐相关商品。

(三)线上与线下融合

空间营销强调线上渠道(如社交媒体、直播电商)与线下实体空间的结合,通过全渠道联动,增强消费者体验和购买转化。依托于人工智能技术,空间营销通过社交媒体活动、线上预约等线上手段吸引消费者到访,线下利用AR、VR、投影等技术增强消费者在空间内的参与感。同时利用人工智能捕捉技术等分析消费者行为,有效进行数据反馈,为空间设计提供迭代依据。

(四)情感化空间体验

通过空间的布置激发消费者的情感共鸣,使消费者在空间中产生特定的心理反应,增强品牌记忆点,提高消费者的品牌忠诚度。企业运用人工智能技术结合灯光、音乐、香氛、温度等元素来创建氛围,使消费者在空间中感到放松、愉悦或兴奋,从而提升他们的购买欲望。例如,宜家(IKEA)使用人工智能情感分析系统通过面部表情和语音识别顾客情绪,自动调整环境参数,进一步控制灯光、温度和音乐,打造动态家居体验。根据客户的偏好,空间氛围可以调整为轻松、活力或温馨风格,让消费者沉浸在"理想的家"中。

总之,空间营销既能满足消费者的情感和社交需求,也能为企业带来渠道价值的提升。

■ 小案例

特斯拉的线上线下联动渠道创新

特斯拉的渠道设计在一定程度上可以被视为空间营销。2023 年特斯拉在中国销量超过 60 万台，其中，仅 Model Y 车型销量就超过 45 万台。与其销量规模不成正比的，是特斯拉的渠道数量。特斯拉并未采用传统的 4S 店模式，而是通过线上直销和线下体验店结合的方式。特斯拉的体验店通常选址于高端购物中心和人流量较大的城市中心，这些体验店通过极简风格的室内设计突出特斯拉的品牌定位和产品科技属性，提供试驾、车辆个性化配置展示、VR 技术演示等，增强沉浸式体验感。但消费者在线下体验后，只能通过官网或移动端完成车辆订购，形成线上和线下联动。

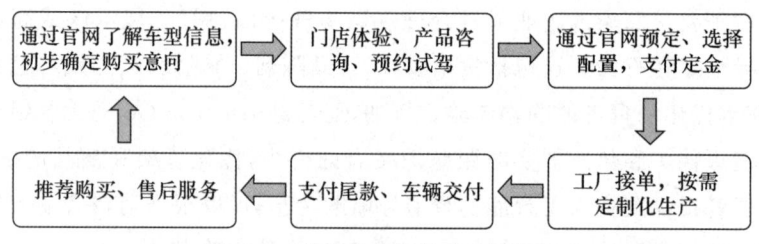

图 10-2　特斯拉直销模式交易流程

特斯拉的直销模式，将传统的 4S 店拆解成了线下体验中心、交付中心、钣喷中心、服务中心，体验中心强调客户的线下体验和互动，交付中心承担车辆库存和订单交付的职能，钣喷中心提供标准化的钣金和喷漆服务，服务中心提供完善的车辆售后维修养护服务。而在线端则提供了在线订单、业务支持、在线预约和技术诊断 4 种服务能力。

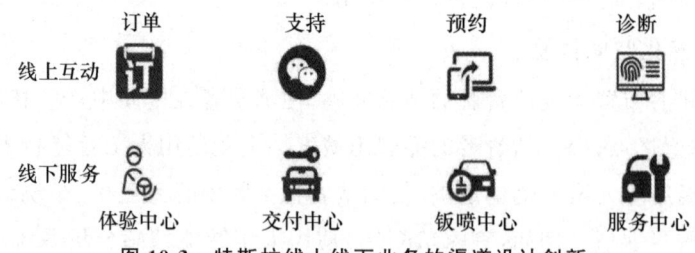

图 10-3　特斯拉线上线下业务的渠道设计创新

高江涛：《坪效狂魔：特斯拉渠道研究》，载"电动汽车观察家"公众号，https://mp.weixin.qq.com/s/JaGrD8IeLRQqZw52ldjDYg。未然大宝哥：《话说汽车渠道（3）：特斯拉"肢解"4S》，https://zhuanlan.zhihu.com/p/702344596。

三、人工智能在企业端渠道设计的应用

网络渠道的扩大与发展使得许多消费者都将实体零售店视为"线下体验店",在朝着多渠道或是全渠道零售商方向发展的过程当中,越来越多的网店都开始建立自己的线下实体店,以促进客户体验的提升。日渐模糊的线上和线下零售界限让消费者和零售商的沟通与互动有了更多的方式与渠道。企业端各渠道的应用也因 AI 技术的应用而被更好地打通。

(一)传统客服被人工智能客服所取代,人力成本得到了有效降低

在线客服的需求量随着零售行业的发展壮大而大幅度提升,而新一代智能技术正与客服系统及互联网融合,利用 AI 技术提供智能化的客户服务,通过自动化处理、实时数据分析和个性化交互提升客服中心的效率和用户体验。根据弗若斯特沙利文公司所提供的数据,2022 年中国智能客服市场规模达到了 66.8 亿元,随着应用场景边界的扩展,预计到 2027 年市场规模有望增长到 181.3 亿元。

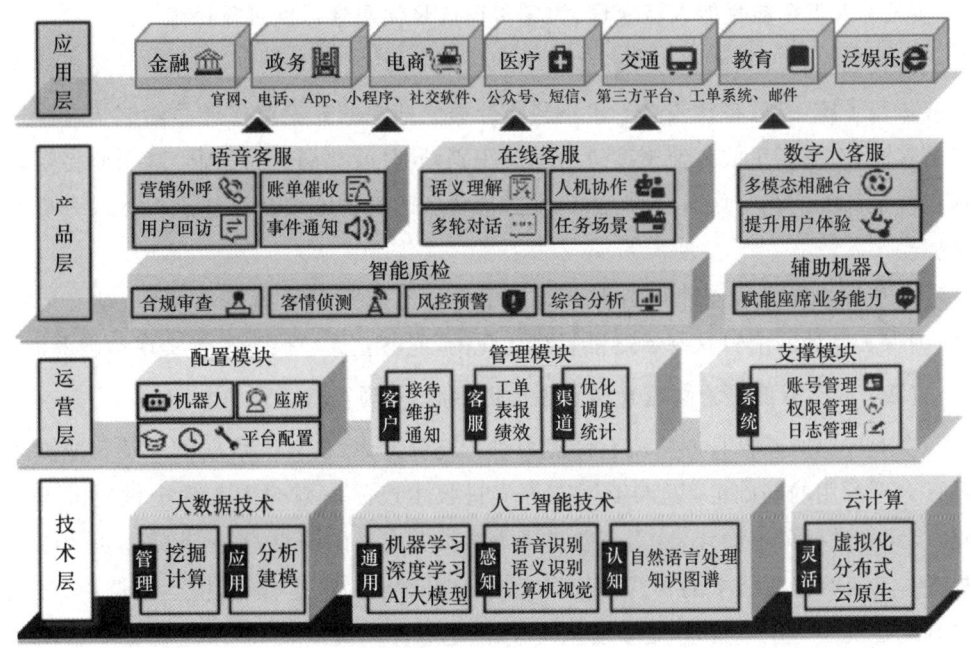

图 10-4 智能客服技术和应用架构

资料来源:《沙利文:2023 年中国智能客服市场报告图》,https://roll.sohu.com/a/714726986_121748621。

较高的人工成本及无法保障的回复质量等一系列问题普遍存在于传统在线客服当中,以大数据技术及深度学习为基础而发展起来的人工智能则可对相关问题进

行有效解决。人工智能客服可以分为语音客服、在线客服、辅助机器人、智能质检以及数字人客服。其中,语音和在线客服是客服领域的基础产品,提供实时交互,后续不断迭代的客服产品如数字人客服则侧重于提升客服体验。未来传统的人工客服将逐渐被 AI 客服取代,企业的人工成本会显著下降,客服效率则会大幅度提升。

(二) 人工智能赋能货架管理与场景塑造,无人零售成为可能

无人超市、无人便利店及自动贩卖机、开放货架这四种业态是目前最为主要的几种无人零售业态。根据中商产业研究院援引 Frost & Sullivan 的数据,中国无人零售市场总销售额由 2016 年的 88.12 亿元增至 2021 年的 282.7 亿元,CAGR 达 26.3%,2023 年无人零售市场总销售额将达 427.59 亿元。

目前,无人零售技术具体可划分成两大类:(1) 应用于无人收银场景的二维码及 RFID 技术,这有助于收银结算效率的有效提升;(2) 有助于购物体验提升的人工智能技术,该技术在无人零售业态当中的广泛普及使得企业人力成本大幅度降低,运营效率提升显著。

(三) 人工智能赋能人流管理,为零售商店最优配置提供可靠保障

传统零售行业只能通过会员卡等比较单一的方式来对消费者的需求及习惯进行分析与了解,且效果比较差。汇纳科技与海康威视的人流监控产品能够实时监控线下客流,对商店里的人流密度进行动态识别,同时就热图进行绘制,基于此将受欢迎程度最高的商品与服务计算出来,并对消费者的购物习惯及兴趣进行深入分析及掌握。

人工智能则可结合计算结果来对线下实体店的运营设置进行实时、动态的调整,确保其所处的配置状态始终都是最优化的,能够让人、货、场三者实现动态平衡。

(四) 人工智能可为物流仓储管理提供赋能,实现高效运行

企业应当对其自身的物流仓储能力进行充分考虑,在对大数据技术及智能算法进行合理利用的基础上,以人工智能等先进技术产品为媒介来实现全供应链无人化,以此来进行渠道设计,这不但脱离了人力资源成本的约束,且运营效率也大幅度提升。人工智能赋能下的智慧物流将实现智能网络布局、仓储管理、运输路由规划、终端配送规划等统一管理,还能让整个零售生态实现协同发展,通过物流短链化帮助企业缩短从产品到消费者手中的渠道宽度。

(五) 人工智能为线下门店提供赋能,智能化管理带来高效便捷

传统的大型连锁零售企业需要管理全国范围内数百家门店,智慧零售方案有助于员工实现精准营销,可对小偷惯犯进行准确识别,并对全国范围内各家门店的数据概览进行查看与分析,也可结合经营数据将数百家门店当中业绩不合格的门店进

行筛选。

远程巡店功能的使用能够让企业对各门店的经营管理、服务等情况进行直接查看,且可实时动态地比较分析门店绩效和管理的优劣。

人脸识别技术的应用可对客流数据进行精准统计,管理者在对门店销售数据进行分析的基础上可准确分析门店的经营状况及 VIP 客户的喜好。

四、人工智能在消费者端渠道设计的应用

在人工智能驱动下,消费者开始进入"万物智能"时代,拥有人工智能的设备广泛渗透到了各行各业当中,更为丰富多样的设备与内容,更为多元化的交互方式都有助于消费者端消费体验的改善和提升。

(一)人工智能为精准识别用户需求提供助力

智慧零售能够对用户个性化数据进行深入分析与挖掘,为其实现精准营销提供助力。目前国内各主流购物 App 都已具有这种精准营销功能。以淘宝的人工智能设计系统"鲁班"为例,该系统先在大数据及深度学习的支撑下分解原始图层,对各设计师风格进行训练与学习,随后与用户偏好等数据进行结合和分析,并生成相应的海报,系统经过评分将最优海报挑选出来,再以每秒 8000 张的速度对海报进行处理,为客户端实现精准营销提供助力。

(二)人工智能新技术将有效满足客户互动式消费需求

当前,我国腾讯、阿里等各互联网巨头纷纷对人工智能新技术进行积极布局,使得零售业的竞争格局被重塑。这些巨头企业大多积累了海量的数据信息,其数据分析及计算能力也非常强,远远超出了一般规模的企业,各巨头企业在进军线下零售行业的过程中,以其海量数据及先进的技术为依托建立起盒马生鲜等智慧零售业态。在互联网巨头与智慧零售业态的共同合作下,客户互动式消费需求得到了有效满足,单客留店时长有明显延长,商品价值也得到了二次挖掘。

(三)人工智能技术让消费者有更好的体验

以多终端人工智能设备为基础,多场景表现为消费娱乐、家庭及商超等的连接,多终端表现为手机、可穿戴智能设备等的互联。人工智能技术的广泛运用让内容的新载体涵盖了更多的终端与场景,如图 10-5 所示。在连接多终端及多场景数据的基础上能够有效打通企业全渠道线上线下数据,将更好的消费体验带给消费者,为企业创造的价值也会不断增加。

现有场景：电视、手机、电脑

冰箱

未来场景：汽车、家电、户外屏联通

电视

户外屏幕

汽车

图 10-5　多终端、多场景的全渠道数据打通

■ 小案例

可口可乐：与 AR 结合创新虚实共荣的营销方式

2018 年，可口可乐推出了富有城市特色的城市罐，一经上线便掀起了一股热潮。可口可乐城市罐将各地知名建筑、风俗、地区风情巧妙地体现在瓶身上，向大家展示着每个城市不同的风情，包括北京、上海、杭州、南京等。

可口可乐城市罐与百度 AR 合作，在 2018 年 3 月 12 日至 2018 年 4 月 16 日，用户只需打开百度 AR，对准可口可乐城市罐扫一扫，便可以开启城市秘境，探寻不同城市的秘密，了解所在城市的气质。

可口可乐城市罐上新的消息一经推出便引起广大网友的关注和参与，纷纷在后台留言讲述自己的经历和对城市罐的喜爱。而在此基础上可口可乐运用 AR 技术的创意呈现，给目标受众不同的感官和互动价值。通过百度 AR 技术巧妙换装，科技感、趣味性十足。

资料来源：《AI 赋能营销白皮书》，https://baike.baidu.com/item/AI%E8%B5%8B%E8%83%BD%E8%90%A5%E9%94%80%E7%99%BD%E7%9A%AE%E4%B9%A6/22881782。

第二节　智能零售

云计算和人工智能等新技术的发展与应用使得商家能够对用户的购物习惯与个性需要进行深入了解和准确分析，继而将差异化的服务与商品提供给消费者。零售商在人工智能的赋能下可对"人、货、场"等各项要素进行重构，各环节的工作效率及消费者的购物体验都得到了有效提升,零售行业也因此迎来了第五次变革。

这几年,国内拥有先进的算法与技术的各互联网巨头都想要进入零售行业来分一杯羹,新零售、新模式等也因此很快落地到位,未来零售行业的竞争格局必定会发生翻天覆地的变化。就零售行业来说,人工智能的发展所带来的并非只有无人零售业态,还有降本提效的功能。

一、智能零售的产生与概念

在相当长的一段时间里,人们购物时仅是选购适合自己的商品,服务与体验的需求无法得到满足。如今,随着人工智能、虚拟现实等技术在零售领域的应用,零售行业发生了重大变革,人们在购物过程当中所获得的极致体验也是前所未有的。

(一) 科技和购物实现了完美融合

当前,人们对美好生活的需要在不断提高,而网店或是线下实体店如果仅仅进行商品销售,很难满足人们的这一需要。利用人工智能等新兴科技赋能零售并推动零售业的转型升级,成为零售业的主流趋势。个性化、多元化的人工智能产品大量涌现,比如智能可穿戴产品、智能家居产品等,受到了消费者们的广泛青睐,选择到线下门店进行体验与购买的客户数量逐年增长。与此同时,人们传统的购物方式因新技术的发展而发生了很大变化,人们不但可足不出户、随时随地地对商品进行选购,还可享受各种有趣、好玩的优质服务,如对购物中心里的美容美甲等服务进行预约等。

(二) 定制化、个性化的消费新形态

随着购买力的不断提高,人们更加注重商品品质及其符号价值,定制化、个性化消费快速崛起。比如,从面料、款式、图案、颜色、尺寸等方面定制服装;从材质、功能、设计等方面定制冰箱。

传统营销中,虽然企业已经认识到个性化、定制化商品有较高的溢价能力,但苦于缺乏相关技术的加持,要投入较长的时间及较高的成本生产该类产品,不利于企业实现可持续增长。因此,人工智能、大数据、云计算等新技术的运用,是商家以较低的成本、较高的效率满足用户定制化、个性化消费需求的重要基础。

(三) 零售供应链不断重构

在新零售时代,线下门店在服务及体验方面的优势开始受到零售企业的广泛关注,不少企业都致力于把线下门店建设成一个体验中心,以确保用户的体验需求得到全方位满足,且全面支持线下体验、线上购买的购物方式。体验中心在将优质体

验提供给用户的同时,还有利于其品牌建设工作的顺利开展及企业良好形象的树立,在促进冲动购买及传播企业产品与服务口碑方面也发挥着重要作用。

以人工智能等新技术为依托来革新零售供应链势在必行,这对于降低商品交付的成本,提高其运行效率是有重要意义的。生产商可与零售商建立起良好的合作关系,在对零售商丰富的、多样化的资源,如实体门店和官方网站等进行充分利用的基础上,可让用户全渠道消费需求得到有效满足。这将使层层加价的渠道商的生存空间越来越小,供应链更趋扁平化、服务化、智能化。

基于上述背景可知,智能零售是基于人脸识别、图像识别、大数据分析等核心 AI 技术能力,赋能线下门店、商超、MALL、品牌商各类零售业态,助力会员管理、客流分析、商品结算、货品陈列的新型零售模式。

二、智能零售的特征

(一) 计算能力十分强大

互联网时代下企业营销可通过数字化来表达很多事项,可实时收集消费者的各项相关数据,如浏览、收藏及购买情况等,让企业能够对这些海量数据进行利用与分析,继而将个性化的、定制化的服务与产品提供给用户。不过,社会化大生产背景下,产业链上的各企业只有共同合作,精准研发和设计产品,实时优化调整产能,并向物流商实时提供订单数据,确保其能够合理配置运力资源,将物流成本尽可能降低,促进运输效率的有效提升,才能最终实现多方共赢。

(二) 服务更为精准

智能手机等数字设备的广泛普及使得企业能够实时收集和整理分析用户的购物等各类相关数据,充分利用大数据技术等新技术手段来准确预测用户需求,继而将与用户个性化需求相符的营销内容推送给用户,不但转化率得到了提升,且营销资源也能够得到高效利用,避免出现大量的浪费情况。在用户需求数据的支撑下,零售企业可在用户本地化生活场景当中融入营销推广等内容,将个性化、人性化且精准化的服务与产品提供给用户。

(三) 线上与线下无缝对接

线上和线下实现深度融合是新零售的重要内容之一,而要实现这一点就必须要实现数字化。当前,人们的购物消费呈现出了多元化趋势,不少客户都倾向于在实体店对各种商品进行体验,再使用优惠券以线上下单、快递送上门的方式来提高购物效率并节约成本,或是通过商家提供的 App 来购买商品,商品则配送到客户附近的门店当中进行自提。如此,客户不但获得购物的便利,也可以享受门店的售后服务。由此可见,只有线下和线上真正实现无缝对接,才能有效满足消费者的购物体验需求。

三、人工智能技术在零售业的应用

人类的生产生活因新一轮科技革命的爆发而受到了深远影响,高速发展的大数据技术大幅度提高了人类处理与分析数据的能力;云计算技术的突破使得人类的运算能力大大增强。在此基础上,人工智能技术也随之发展起来,并推动着传统行业的转型升级。在零售领域当中人工智能技术的广泛运用不但给零售企业的发展带来了新的发展机遇,同时许多新兴业态也先后涌现出来,如无人零售、智慧零售等,这对于零售业整体运行效率的提升及交易成本的节约都有着重要作用。

在零售经营管理领域,人工智能技术的具体应用如下:

(一) 行为辨识

行为辨识场景主要应用了人工智能中的机器视觉、传感器、深度学习等技术。例如,图像搜索、人脸识别分析、视频数据结构化等计算机视觉技术,可实现消费者行为捕捉、身份验证及图像识别检索,助力智慧门店管理、无人零售、刷脸支付;再如,零售前端设备捕捉人脸信息,动态识别人流密度并绘制热图,可以赋能店铺人流管理。以亚马逊的无人零售项目 Amazon Go 为例,店内摄像头能够一一记录消费者在货架当中拿商品、放回商品等一系列行为活动,并利用压力感应装置、红外传感器、荷载传感器等识别顾客的选购行为,其主服务器中的判断模型会对顾客是否购买某件商品作出最终判断,并在虚拟购物车中呈现出判断结果。智能系统将自动完成结算环节的相关工作,客户绑定的亚马逊账户可自动扣款,订单详情面可通过智能手机终端进行查看。

(二) 人机交互

人机交互场景主要应用了人工智能的增强现实(VR)、语音识别、手势识别等技术。在客服场景、营销环节中,自然语言处理可以提供语义分析、语境分析、多轮深层对话、情感计算等技术,构建与消费者交互沟通界面。例如,Magic Mirror 公司测试了"智能试衣镜"项目,客户在不换衣服的情况下也可通过该项目对自己穿上新衣服的效果一目了然。该项目的智能系统可对消费者的性别、身高等相关数据进行整合,并匹配到门店内适宜的服装上,完成个性推荐。随后会通过人体模型呈现出给客户推荐的服装的3D试穿效果。另外,智能系统还可与客户进行沟通交流,大大提升了用户满意度。

(三)决策模型

决策模型场景主要应用了人工智能的知识图谱、线性模型、决策树集成学习等技术。知识图谱技术作为利用知识抽取、知识融合及知识推理技术构建智能应用的基础知识资源,可以通过连接客户、产品的实体与属性,得到零售关系网络并提供深刻的数据洞察,还可以链接多个数据源,形成对用户群体的完整描述、辅助个性化推荐等。如京东X无人超市当中的客户数据就充分融合了第三方数据与京东平台的数据,在对智能算法进行充分利用的基础上可有效预测未来一段时期里的市场需求。另外,这些预测信息还可向工作指令方向进行转变,据此可对上游厂商的设计制造、物流服务商对运力资源的合理配置等提供有价值的指导,让供给和需求能够更加趋向于平衡。

■ 小资料

零售中的人工智能技术

Re-ID等CV技术助力感知消费者线下购物场景的全流程信息

与电商平台可依靠移动应用有效获取消费者搜索记录、浏览痕迹、购买偏好等数据进行个性化推荐不同,线下零售门店在消费者行为洞察上缺少必要的信息获取手段,以往只能在支付环节对交易数据和客户基本信息(性别、年龄等)进行统计,对个体消费过程和消费偏好数据的采集与分析不足,难以有效挖掘客户价值。人脸识别和行人重识别(Re-ID)技术的发展改变了这一局面,以智能摄像头为信息采集入口,通过采集消费者人脸、面部表情、衣着、体态、发型等信息,实现在线下零售场景对消费者的全流程感知。Re-ID技术可补充人脸识别技术只依赖人脸信息的缺陷,在非配合条件下完成对个体行进轨迹及动态的追踪。此外,通过将人脸信息、购物轨迹等与会员管理系统、消费记录数据进行结构化整合,可实现对线下渠道消费者营销推广及对业务经营的精细化管理。目前受线下零售场景头部集中程度和IT建设基础等因素影响,基于视觉的消费者行为洞察解决方案在4S店、家电3C店、大型商业地产等零售业态试验落地。未来,随着算力升级、技术发展带来的算法成本降低、市场需求度提升等利好因素,基于视觉的消费者行为洞察解决方案落地规模将逐步增加。

1. 自然语言处理等应用人工智能技术提高电商客服服务效率、节省运营成本

受益于人工智能和云计算等技术的不断发展,以自然语言处理技术为代表的智能客服系统在零售企业中的应用不断增加,覆盖售前、售中及售后全过程。全天的

服务可高效、高质量地满足消费者商品咨询、自助购物、订单查询、物流跟踪、自动退换货等需求,提高消费者满意度、提升店铺询单转化率、节省客服人力成本50%以上。在此基础上,智能客服系统同时可采集消费者信息标签,洞察用户行为,为精准营销、智能化运营等环节提供支撑数据。另外,随着语音交互技术的不断发展,越来越多的消费者交互行为也通过语音进行,语音机器人、智能外呼等服务场景也逐渐丰富。

2．应用人工智能技术进行商品识别

以商品为主要识别对象的机器视觉技术结合深度学习等AI技术已衍生出以图搜图、陈列分析、自助结算等商业化落地场景。进一步结合去背景干扰技术、图片拼接识别去重、翻拍图识别、数据增强合成技术、多摄像头识别去重等能力,应用深度学习算法对商品特征进行分析,可在电商平台及线下零售业态中助力零售企业和品牌商有效提升经营效率。由于自助结算在实际应用中易出现商品叠放、倒放等复杂情况,因而在不断优化识别算法的同时,应整合重力感应等技术以保证识别准确率。

资料来源:根据艾瑞咨询《中国AI＋零售行业发展研究报告2020年》整理。

四、人工智能环境下的新零售场景

目前,销售环节在智能零售应用场景当中最为重要。当前,中、美、日等国家的零售门店都出现了智能穿衣镜和导购机器人等智能产品,在物流、仓储等多个环节当中也都普遍运用了人工智能技术,大幅度提升了交易效率及用户体验。这种新零售场景就是"AI＋零售"下的智能化场景。

传统线下零售场景缺少对消费者信息采集和分析的有效手段。除交易数据外,消费者分维度的精细数据、购物过程数据及数据整合分析的价值一直未被挖掘。依托机器视觉技术以消费者为主要识别对象,通过摄像头采集人脸、动作、轨迹等信息,辅以对商品图像信息的识别分析,可帮助零售企业整合"人—货—场"数据,形成完整的用户画像和消费者洞察。此外,虚拟试装/妆这一针对消费者的视觉解决方案也逐步通过手机App或线下智慧大屏等方式落地应用,为消费者提供定制化的产品展示效果、节省品牌商试用装成本、拓宽商品触达消费者的渠道、优化消费者购物体验,从而有效提高转化率及降低品牌商成本。

部分零售企业为促进其自身市场竞争力的有效增强,在整合订单等环节中积极引入了新技术,大刀阔斧地进行智能化改造工作。人工智能赋能新零售在下列两个方面表现最为显著:一是借助降本增效来促进企业端经营质效的提升;二是在对大数据与精准营销进行充分利用的基础上，让消费者端消费体验得到有效改善。

就我国零售企业智能化转型之路来看，可深度挖掘下列应用场景（见图10-6）：

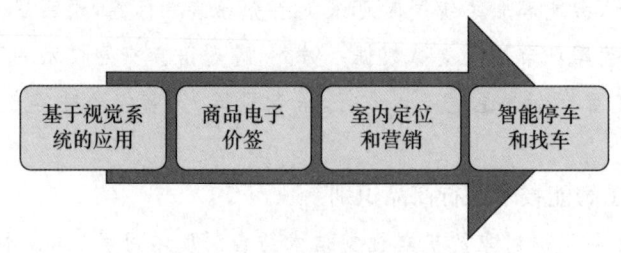

图10-6 智能零售的应用场景

（一）基于视觉系统的应用

在把视觉设备和处理系统、传感器等技术融合后，零售企业可更加精准地进行营销，让用户的个性化需求得到全方位满足，借助有较高溢价能力的增值服务来提升其经济效益。

（二）商品电子价签

零售企业成本有一项占比较高的支出，即价签。传统价签需要进行较为烦琐的管理，且成本不低，相比较之下，电子价签则具备许多优势，如可将交互体验带给用户，可将丰富的信息提供给消费者，成本低廉等。如今越来越多的零售企业开始采用电子价签，提升了管理效率和客户体验。

（三）室内定位和营销

在大型零售门店当中，消费者往往需要花费较多的时间与精力来找到其想要的商品，购物时间成本比较高。为此，零售企业可借助室内定位导航技术来解决该问题，iBeacon技术解决方案是目前运用较为广泛的室内定位导航解决方案之一。

（四）智能停车和找车

不少城市零售门店都面临着消费者停车难与找车难的问题，导致门店的客流量与交易额也受到了不利影响。为此，不少零售企业开始对智能停车模块进行布局，为用户解决停车难及找车难问题提供帮助，促进其购物积极性的提升。

就阿里巴巴推出的逛街App喵街而言，该App的使用能够让用户基于自己目前的地理位置来查询和搜索商场及吃、喝、玩、购等相关信息；用户也可对零售门店的停车位情况进行实时了解，到达停车场之后，停车场可对车牌进行自动识别并实现无阻拦入场。购物过程当中，客户也可通过该App来对停车位置与停车时间进行实时动态的了解，完成购物之后还可通过导航来准确找到所停车位。

五、人工智能下的无人零售典型企业

(一) 阿里巴巴的淘咖啡

占地约两百平方米的"淘咖啡"是全球首家真正实现"自动识别、即走即付"的无人结算零售店,成立于2017年淘宝造物节。淘咖啡不仅仅是一家无人结算咖啡厅,更是一家无人结算便利商店,兼顾餐饮与购物。用户通过手机淘宝客户端扫描二维码进入,完成购物想离开时,走进被称为"剁手门"的支付门,几秒过后,手机淘宝、支付宝会同时弹出信息,整个结算过程完成。

(二) 银河太空舱

银河太空舱是北京银河通用机器人有限公司旗下以"机器人店员+迷你店铺"为核心的可复制零售业态,2025年8月7日在北京海淀正式投入运营。银河太空舱由银河通用自研的机器人 Galbot 运营,可完成语音接待、下单支付、精准抓取与商品取送,实现"无遥操、全流程自主"。该机器人搭载银河通用自主研发的端到端具身大模型,可在货架密集、商品种类繁多、空间狭小的真实环境中,自主识别并稳定抓取目标商品,操作灵活高效,无须预设路径即可完成任务。

■ 小案例

无人超市日销百万元,英国零售新物种落地北京

英国零售巨头在中国玩起"时空折叠":6800平方米超市空无一人,日销百万的秘密何在?

北京西郊的门头沟,一家名为 Iceland Lab(埃丝蓝实验室)的"幽灵超市"正悄然改写零售业的生存法则。当传统商超还在为客流量焦虑时,这家英国零售巨头却用6800平方米的空旷空间,上演了一场日销百万元的商业奇迹。

1. 空无一人的超市,沸腾的数字江湖

走进京西智谷的 Iceland Lab,红砖墙与霓虹灯管交织出浓郁的英伦风情,但真正的主角并非货架上的进口商品,而是空气中弥漫的"数字荷尔蒙"。30个直播镜头24小时不间断运转,AI数字人主播与真人带货官交替登场,在抖音、天猫等平台构建起百余个"平行直播间"。这里没有收银台,没有促销员,只有不断跳动的GMV数字——单日百万元级的销售额中,70%来自深夜时分的"睡眠经济"。

"我们卖的不是商品,是即时满足的欲望。"首旅慧科常务副总经理于晓洋的这句话,揭示了新零售的本质。当都市白领在凌晨两点突然想吃榴莲比萨时,Iceland

Lab 的冷链系统能在 30 分钟内将英国原装进口的半成品送达厨房,而这一切只需消费者在直播间点击三次屏幕即可实现。

2. 冷冻食品的"文艺复兴":从留学生记忆到 Z 世代社交货币

在小红书上,"Iceland 平替"成为新兴流量密码。归国留学生们晒着空气炸锅里的英式早餐,分享着用微波炉复刻唐宁街同款晚餐的攻略。但真正让品牌破圈的,是 95 后群体开发的新玩法:将冷冻芝士蛋糕改造成盲盒甜品,用意面酱创作数字艺术,甚至在直播间发起"全球料理改造大赛"。

这种消费升级的魔幻现实,恰恰击中了当代年轻人的痛点。当预制菜被贴上"懒人经济"标签时,Iceland Lab 却将其重塑为"精致生活"的象征——英国主厨研发团队每月推出 30 款新品,从川味麻辣比萨到老北京豆汁儿冰淇淋,用本土化策略解构着文化隔阂。

3. AI 革命:当冷链遇见算法,传统零售迎来"第二春"

在 Iceland Lab 的"数字中枢",一块巨大的数据看板实时跳动:AI 推荐的转化率比人工高 40%,动态定价系统让库存周转率提升 3 倍,虚拟试吃官的互动数据正在训练新一代味觉模型。这些看似科幻的场景,正在重构零售业的成本结构。

"我们不是在卖冷冻食品,是在经营时间。"于晓洋的比喻道破天机。当 AI 计算出北京 CBD 白领的加餐规律,当算法预判到通州家庭周末聚餐的需求,冷链物流就变成了精准打击的"时间导弹"。这种对时空的折叠能力,让 6800 平方米的物理空间释放出超乎想象的商业能量。

4. 出海进行时:从"中国复制"到"反向输出"

在 Iceland Lab 的规划蓝图中,北京门店只是起点。当国内供应链完成本土化改造,老北京爆肚、柳州螺蛳粉将通过英国门店的冰柜,征服大西洋彼岸的味蕾;而中国团队研发的 AI 直播系统,正在中东市场掀起新的带货风暴。

这场始于门头沟的零售实验,正在演变为全球商业变革的缩影。当实体经济与数字经济深度融合,当算法接管货架,当冷链突破时空,或许正如英国驻华贸易使节所言:"这不仅是中英商贸的握手,更是两个时代在数字空间的击掌。"

资料来源:菜场文艺复兴:《无人超市日销百万,英国零售新物种落地北京》,https://baijiahao.baidu.com/s?id=1832344575530779433&wfr=spider&for=pc。

(三) 丰 e 足食

丰 e 足食是目前中国 AI 无人零售领域的领先运营商之一。丰 e 足食 2017 年由顺丰集团孵化,在面临无人货架绝境之际,将 AI 技术深度嵌入无人零售的全链路管理与运营中,到 2024 年底在全国线下已经部署了 14 万台智能柜,这个点位规模已经接近行业第二到第十名无人零售运营商之和。

首先,在选品与陈列环节,丰 e 足食利用大数据分析消费者偏好、地域消费习惯与销售历史,通过 AI 预测不同点位、不同时间段的商品需求,并自动生成最优 SKU 组合方案,从而提升单柜坪效与商品周转率。其次,在库存与补货管理上,丰 e 足食引入机器学习算法,对销售数据、天气变化、节假日、周边客流等多维因素进行建模预测,动态调整库存水平与补货频率。此外,其无人零售终端配备了智能识别与支付系统,支持扫码开柜、自动识别商品与无感支付,并通过摄像头与传感器采集消费行为数据,这些数据又反哺至中央 AI 系统,持续优化选品、补货和价格策略,形成"数据采集—模型优化—运营提升"的闭环。

(四) 京东 X 无人超市

首家京东 X 无人超市于 2017 年 12 月 30 日落地山东烟台。京东 X 无人超市是京东 X 事业部自主研发的智慧化产物,是一个利用物联网、人工智能、生物识别等多项黑科技打造而成的全程自助无人购物场景,超市主要利用 RFID 射频识别技术实现被动式的商品统计。顾客在超市入口通过手机扫码和人脸识别后进出超市购物,在"智能货架"上拿走商品后,会触发智能感应器和人脸识别摄像头,实现人货绑定。用户结算时只需携带购买的商品穿过结算通道,系统便会自动识别出顾客购买的商品,并通过便捷的免密支付功能,从绑定的账户中自动结账。

第三节　智慧物流

企业从单渠道营销到多渠道营销再到跨渠道营销最后到全渠道营销,不管企业商业模式如何改变,其商业的本质永远没有改变,也就是在保证效率升级和成本降低的同时,提供给客户更好的服务。物流管理作为体现企业渠道运行效率的核心环节,面对技术不断升级的市场环境,始终以如何为客户带来满意的物流服务为根本目标,在仓储、配送等环节都面临着更多挑战。随着人工智能、大数据及物联网等先进技术的应用,智慧物流越来越多为企业应对物流管理挑战提供了解决方案,表现在渠道及供应链管理创新之中。

一、智慧物流概念及特征

(一) 智慧物流的产生

2009 年,IBM 首次以报告的形式将智慧供应链的发展构想展现在人们面前。

同年末,业界总结和提炼出了智慧物流的概念。

智慧物流可以理解为在物流系统中采用物联网、大数据、云计算和人工智能等先进技术,使整个物流系统的运作如同在人类大脑的指挥下一样智能,能够实时收集和处理信息,作出最优决策、实现最优布局,物流系统中各组成单元能实现高质量、高效率、低成本的分工、协同、合作。智慧的本质,就是模仿人的智能,运用感知、学习、推理判断等思维能力,使物流系统具备自行解决物流中某些问题的能力。

在智慧物流出现之前,物联网(Internet of things,IoT)的概念于2005年由国际电信联盟(ITU)在《ITU互联网报告2005:物联网》中正式提出,其为物流业将传统物流技术与智能化系统运作管理相结合提供了一个很好的平台,进而能够更好更快地实现智能物流的信息化、智能化、自动化、透明化、系统化的运作模式。

智慧物流针对传统物流模式的各种弊端,解决了该模式下信息片面性及落后性问题,改变了过度依赖于经验的被动局面,依靠全面和实时的信息,基于AI视角,利用模型的分析能力,筛选最优决策方案,以客户利益为核心,在创造更多价值的同时,为客户带来最佳的用户体验。新兴的智慧物流实现了对传统物流模式的突破,颠覆了人们对传统物流的观念和认知。该模式的出现不仅会改变商业、运营产业及发展模式,还会完成对产业构成和产业生态的优化和调整,其影响力不容小觑(见图10-7)。

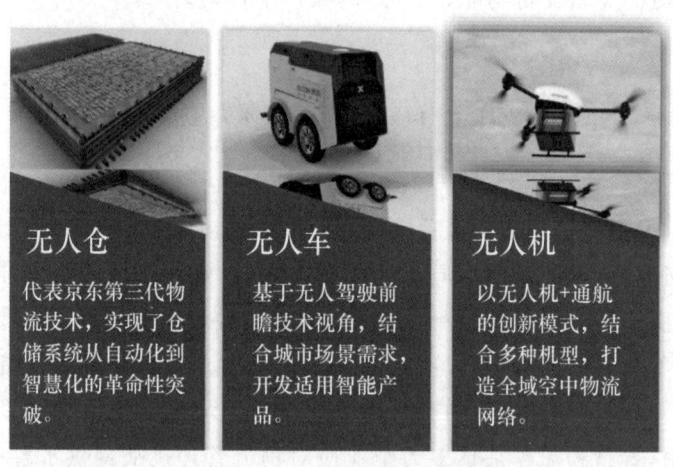

图10-7 京东X事业部的智慧物流

资料来源:京东集团。

智慧物流运营的核心就是技术,该模式的技术不仅要依赖于人工智能和大数据的先进性,还要借助云计算的超强计算与分析能力,三种技术缺一不可,共同搭建的"ABC"技术,形成了稳定的金三角关系。现阶段智慧物流信息技术涵盖面极广,不仅涉及感知、推送和处理技术,还包括分析预测技术。

(二)智慧物流的特征

(1)数据驱动,物物相连。智慧物流体系中全部物流要件关联性极强,能够实现互联互通,由于所有业务都已实现数字化,因此整个物流体系的运营过程可实现透明化,并且具有追溯功能,有能力把物流成本控制在最低标准、缩短物流时间;所有业务的开展都依赖于数据应用,利用"数据"分析和总结能力,为决策和执行提供参考依据,特别是大数据环境下的智慧物流,其先进性和技术性特征明显,不但具有信息化和网络化特点,还可体现出数字化、可视化和集成化优势,利用大数据对各种物流信息进行分析和处理,为优质物流生态的形成创造条件。

(2)深度协同,完美协作。对传统管理模式进行调整,引入智能管理内容,智慧物流具有突出的协同能力,可把各集团、企业及组织联系起来,进行深度合作,站在物流体系整体性的高度,利用相关智能技术对传统算法进行优化,充分调动物流系统中所有参与方的主动性,在保持效率的前提下,在分工的基础上实现合作,客户只需支付最低成本就可享受最佳的物流服务体验。

(3)高效学习,科学决策。智慧物流模型的开发理念就是在物流运营过程中利用智能的先进性实现自主决策,并提升物流体系程控化和自动化能力;创建的物流大脑拥有强大的感知和执行力,可完成决策和学习任务,并在学习过程中不断进行调整,在现实物流运营的检验过程中进行优化,完成升级改造任务。

二、智慧物流的基本功能

(一)感知功能

利用各类技术的先进性可完成各流通环节信息的收集和整理任务,数据的收集具有实时性特点,物流的参与方可详细、精准地了解货物、仓库及车辆等相关情况。在共享信息的同时感受智慧化带来的物流便利和快捷。

(二)规整功能

收集的各种物流环节数据,在网络技术的支持下,全部汇集于数据中心,并完成数据的建档工作。创建的数据库功能齐全,类型多样,新数据源源不断地涌入,对数据的规范性提出了更高的要求,应根据各类数据的内在联系进行科学分类,并在开放的环境下实现动态化管理。在标准化的要求下,智慧物流完成数据管理和流程优化,克服各网络间障碍,实现对系统的整合任务,使智慧物流达到规整标准。

(三)智能分析功能

使用的模拟模型可发挥其智能优势,对物流实际问题进行全面分析。针对问题进行假设,并运用实践的检验功能完成对原有问题解决方案的验证,还可发现和寻找新问题。系统应用智能化技术,利用原有的成熟经验,可发现物流运营过程中的不足之处,使实现环节也具备智慧化特点。

(四)优化决策功能

结合特定需要,物流企业根据不同的情况评估成本、时间、质量、服务、碳排放和其他标准,评估基于概率的风险,进行预测分析,协同制定决策。提出最合理有效的解决方案,提升决策的正确性和科学性,使整个物流体系拥有创新特性。

(五)系统支持功能

智慧系统可通过物流各阶段的关联性体现出来。不仅可互通,还可实现数据共享,完成对资源配置的优化处理,以突出的系统协同性为各物流环节创造便利性条件。

(六)自动修正功能

借助上述功能的优异表现,可形成最佳解决方案,系统寻找的路线既快捷又实效;还可主动解决新问题,并且自动存档,为日后查询提供基础数据。

(七)及时反馈功能

物流系统处于动态变化过程,更新具有实时性。反馈环节可完成系统修正和完善任务。反馈存在于智慧物流体系的每一个环节中,为物流各参与方提供相关物流运营信息,为处理体系问题提供及时而准确的数据。

三、智慧物流的体系结构

根据其服务的对象和范围来进行区分,智慧物流体系可以分成三部分,分别是企业、行业以及国家的智慧物流。

(一)企业智慧物流

从企业角度来讲,主要指的是在物流企业所应用的智慧物流。企业智慧物流主要表现在应用人工智能等新的传感技术,管理者可以更好地了解每一个公司货物的实时情况,以实现智慧仓储,智慧运输,智慧装卸、搬运、包装,以及智慧配送等各个环节,优化智慧供应链,进而增加企业的经济效益。

(二)行业智慧物流

与企业不同,智慧物流在行业中的应用更偏向于三个方面,分别是智慧区域物流中心、物流行业以及与之配套的预警和协调机制的建设。

智慧区域物流中心主要是为区域的整体物流运输服务搭建一个具体的平台，从而更好地进行货物运输。具体来讲，它负责物流系统的各个层次与方面，所有的货物都可以通过这个中心进行中转，从而输送到千家万户。在智慧物流的帮助下，商品与物流被紧紧捆绑在一起，形成了一条完整的从工厂到市场的货物运输链。除此之外，它也结合了电子商务，以线上线下两种模式共同加快货物的出货，从而使资金流高效运转。原本冗杂的工作在智慧物流的帮助下变得轻松而高效，机械化的装备不仅可以最快得到对应的产品成品，同时也减少了传统包装可能会出现的风险和错误。对应的负责人可以跟踪货物的运输信息，一旦货物的运输出现问题，管理者就可以第一时间收到警报，进而对问题进行及时处理。

区域智慧物流的一个主要应用就是快递的运输。它结合了最近兴起的信息化处理技术，将原有的快递包装、分拣和跟踪等流程全部自动化。这种自动化系统不仅大大提高了快递的收发效率，同时也形成一个高效的信息网络，使得快递的跟踪与监测变得十分简单。同时，它也可以与现在常用的电子设备联用，如手机和电脑，进而更好地融入人们的生活。一旦在过程中出现了什么意外的状况，相关人员可以通过信息网络第一时间知晓并对其进行处理，进而更好地维护消费者的权益。

（三）国家智慧物流

不同于前面两种，国家智慧物流更注重整体上的调控。它是国家产业的一种整体协调措施。一般来讲，国家主要通过智慧物流来打造一个完善的物流平台，进而一方面管控各物流企业的发展，另一方面对全国的物流进行宏观调控和综合管理。智慧物流系统可以贯穿于国家整体交通建设的四大部分，包括公路货运、港口网络、航空运输、内河货运等，进而更好地提升物流平台的规模和智能程度。总而言之，智慧物流在国家的总体交通网建设和物流管理方面都具有较大的作用。

四、智慧物流的应用

人工智能技术也是智慧物流的一种具体表现。现在物流企业比较常用的一种工具就是 AGV 无人叉车。这种机器类似于前几年所兴起的无人运输技术，它可以根据企业的实际需要规划出一个最为合理的运输路线，进而更好地完成对应的运输任务。人工智能的加入大大减少了企业所需要投入的人力成本，并且也保证了货物运输的准确性与高效性，因此被各个物流企业广泛使用。同时，在人工智能领域，如何将其应用于人们的日常生活也成为一个新的研究热点。

智慧物流本身可以根据货物的不同属性作出不同的规划。比如，针对一些时效性较强的产品,像茶叶、饮料等,智慧物流往往会将其放在运输的第一位,并时刻关注其保质期,避免出现产品过期的情况。除此之外,它也会对车费、道路拥挤情况、任务完成时间等因素进行分析,从而更好地为企业提供最优路径,并根据道路的实时情况及时调整路线。

智慧物流同样可以应用于终端配送。虽然目前无人机等技术尚未完全成熟,但根据具体实验结果来看,其表现仍然相对优秀。无人机可以按照事先设定好的路线完成取货任务,不过在环境因素较为复杂的情况下,无人机往往无法顺利完成全程。因此,距离无人机正式应用于现实场景,还有很长的路要走。关于无人机的应用研究,国内外已有相应案例,如国外的亚马逊无人机项目,以及国内京东的无人机配送服务。

总而言之,我国的智慧物流应用已经初见成效,随着我国科学技术的不断发展,相信在不久后的将来,我国可以凭借自身先进的技术,将智慧物流完美地融合到我们的生活之中,提高人们的生活质量。

■ 小案例

美的"一盘货"的新布局

美的从2012年开始启动T+3经营转型,从"以产定销"转变为"以销定产",统合销售、市场、前端研发、生产制造以及物流发运的全过程。在T+3模式下,安得智联作为美的工业互联网的物流托盘,开始进行"一盘货"仓配一体化物流变革。"一盘货"就是指把所有库存、物流需求放在一个盘子上,统一进行可视、可控、可调拨的统仓共配,包括下游仓库也进行统一管理。"一盘货"旨在推动物流管理迈向集约化发展。其中,最为核心的举措就是推动"统仓统配",即整合各个渠道仓库的同时,对经销商库存进行集中的管理,以实现各渠道的货物进行统一配送。

安得智联"一盘货"深入整个价值链中,从产销计划协同、采购计划协同到制造体系的协同,再到最后的成品领域的物流流通,其都能够快速响应来自前端业务方的各种物流需求;"一盘货"借助统仓统配实现了商流、物流、资金流、信息流的统合优化,为企业从供应链到价值链提供新引擎。

美的是如何实现"一盘货"的?数字化是核心密钥。据悉,安得智联依托应用数字化管理技术,运用大数据,实现对全国物流网络的优化管理,打造智能化、数字化的全网配送服务平台,真正用"数字"串联起供应链。

安得智联智慧物流中的"智",主要体现在两个方面:

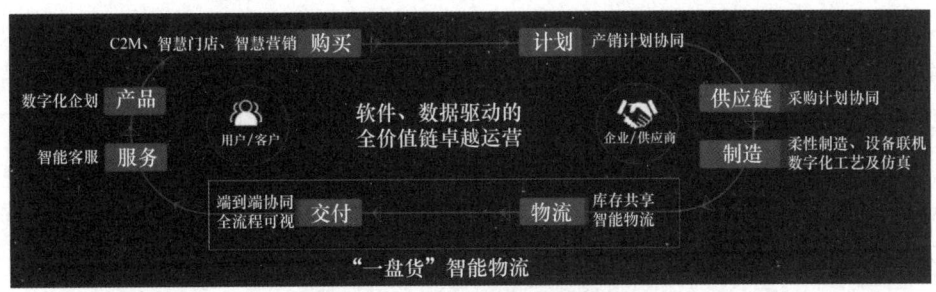

图 10-8 美的"一盘货"智能物流

其一,过程的信息化。过程的信息化不仅是安得智联日常经营事项的数字化,还是原有经营管理的模型、理念、历史经验的数字化。当前,美的数字化的部分经营经验,通过固化和提炼,已形成一定成熟的系统模型,而这些模型可对外进行服务提供,实现"输出"。

其二,过程的数智化。过程的"数智化",不是抽象地建了多少算法或建了多少智能中心,最为核心的是人工智能算法是否切实带来了踏踏实实的收益。

值得关注的是,在安得智联智慧仓储中,货物分拣、搬运等都由机器人完成,并依托大数据实现全程可视化配送等,真正实现了智慧物流。

在经历"一盘货"物流变革后,美的全国销售渠道的仓库数量从 2244 个减少到 138 个,而且 138 个仓库的渠道数据全部在系统之中;仓库面积从 552 万平方米降到了 166 万平方米;订单交付周期从 45 天减到 20 天,满足了美的 T+3 快速交付的需求;库存周转的天数从 51 天降到了 35 天,这代表着更少占用渠道资金;存货占比从 17.6% 下降到 11.2%,意味着安得智联用更少的渠道库存支撑了更大的市场销售规模;散单平均体积从 35 立方米下降到 17.9 立方米,即从"大批量、少批次"变成了"小批量、多批次",这也是 T+3 订单生产以后带来的另一效应。

资料来源:《全价值链效率提升!美的安得"一盘货",供应链到价值链的新引擎》,https://baijiahao.baidu.com/s?id=16838572560868724438&wfr=spider&for=pc。

本章小结

在人工智能技术和大数据驱动下,不论是线上还是线下的渠道设计都会被广泛赋能,全链路地深入各种消费场景。在线及移动渠道设计中,随着互联网的发展和移动设备的不断普及,短视频等新型平台受到了用户的广泛关注,在设计在线和移动渠道方面要求企业拓展更多的营销场景。线下渠道设计中,伴随着人工智能技术及大数据技术的深入发展,营销渠道将全面赋能线下各种屏幕及终端,使得传统户外营销堡垒被打破,在打通线上线下数据的基础上对其进行高效整合。

人工智能的快速发展将有助于赋能新零售商,有效重构零售行业"人、货、场"等要素,有望重塑零售行业竞争格局,通过数字化与智能化实现智能零售,并逐渐形成无人零售等新零售模式。

企业从单渠道营销到多渠道营销再到跨渠道营销最后到全渠道营销,智慧物流成为体现企业渠道运行效率的核心环节,充分应用人工智能、大数据、云计算、信息化系统等,实现传统物流管理的转型升级,保证供应链上下游协同。智慧物流主要体现在运输路线规划和终端配送两个方面。

关键名词

人工智能物联网　全渠道设计　智能零售　无人零售　智慧物流

思考题

1. 目前人工智能在企业渠道设计中是如何应用的?
2. 智能零售的特征有哪些?你认为智能零售技术存在哪些道德风险?
3. 人工智能在智能零售业的技术应用体现在哪些方面?
4. 简述智慧物流的概念和特征。
5. 你还知道哪些人工智能在企业渠道设计中新颖的应用?

案例讨论

本章实训

即测即练
(请先扫封底总码)

第十一章 人工智能与促销策略

本章学习目标

1. 了解人工智能促销的概念、作用与方式。
2. 熟悉人工智能时代促销策略所面临的机会与挑战。
3. 掌握人工智能赋能广告、人员推销、营业推广和公共关系创新。
4. 把握人工智能时代促销策略的发展趋势。

第十一章 人工智能与促销策略

 **Chat Plus AI(乐聊)上线"AI 促销机器人"**

平台流量红利不再,获客成本水涨船高,商家获得的每一个买家,能否实现销售转化,就变得极为重要。而促销能力,也会成为未来商家们在市场竞争中比拼的核心点。在这个背景下,Chat Plus AI(乐聊)重磅上线"AI 促销机器人"!大模型加持,只需简单几步,AI 促销机器人就能对店铺活动和产品特色了如指掌。在与买家沟通过程中,在每一个合适的营销时间点上,下发自动生成的个性化小语种营销话术,激发买家购买欲望。从此,人工再也不用绞尽脑汁想话术,客服轻松解锁"金牌销售"的能力,显著提升销售转化!

(一)一站式聚合工作台,不限制店铺数量

通过与 Shopee、Lazada、Tokopedia、TikTok、Mercado Libre、WhatsApp 等主流平台官方接口对接,Chat Plus AI 为用户搭建了一站式聚合工作台。买家咨询、弃单、中差评自动在工作台聚集,客服登录 Chat Plus AI 之后,即可得知当前工作重点,在主界面就能高效处理各项任务。咨询接待、订单处理、评价处理,一个不落。

(二)GPT 翻译,扫除沟通障碍

Chat Plus AI 内置的自动翻译功能已接入 GPT。经过多轮对比实验,GPT 的翻译结果更流畅、更符合当地的语言习惯和文化背景,极少出现生硬、不连贯的情况。相比于其他翻译软件,GPT 对电商领域术语和概念的翻译处理更是有"质"的区别。例如:

> 一位印尼买家咨询:"bisa di Gojek min?"
> 市面上翻译软件的结果与买家实际表达的意思有较大差距:
> × 兄弟,你能打到出租车吗?
> × 我能占用你一分钟吗?
> × 我可以喝咖啡吗?
> 而 GPT 却能根据电商场景和文化差异,给出更地道的表达,确保信息能够准确传达:
> √ 可以用 Gojek 送货吗?

(三)AI 智能跟单,保订单保利润

拿下一个订单很难,失去一个订单却很容易。一次不及时的回复、一次不到位的跟进,都会让宝贵的订单从手里溜走。东南亚电商下半场,比拼的是全流程精细

化运营能力。回归运营本质,就是紧紧抓住每一个关键节点,对买家进行精准营销和需求满足。Chat Plus AI 构建了全链路电商接待标准化流程,实时关注并守护每一笔订单,有效提升店铺 GMV。

(1) 售前促单。个性化催单催付时,唤起买家购买欲望。支持多形式的回复、多种催单催付场景,拒绝死板话术的无效跟单。

(2) 售中后保单。订单各环节实时细致呵护,给买家极致的购买体验,减少弃单发生;一旦发生弃单,Chat Plus AI 将迅速展开安抚性挽回,收集相关信息,同时提醒人工跟进,极大程度挽回损失。

(3) 守护店铺。中差评及时挽回并积极邀好评,降低差评率,增加新客购买信心;自动缺货提醒售后按时发货。

(四)人机高效协作

Chat Plus AI 智能算法能精准锁定高价值买家,如批发买家、高客单价买家等,及时给人工客服发出重要提醒;实时智能检测问题订单,如高投诉、高风险会话、退货、退款/中差评事件,AI 即时拟人化响应并收集信息,方便人工客服核实,同时提醒人工客服跟进处理。应用内高亮置顶,应用外钉钉消息,双管齐下呼唤人工,让人工不再错过重要事件跟进的黄金时间。

利用电商 SOP,实现 AI 全场景辅助人工客服,达成自动化、规范化的履约全流程;利用智能算法识别高价值线索和风险,并结合重要提醒,在售前、售中和售后实现人机高效协作,打造闭环接待服务,服务水平和接待效率显著提升。

(五)数据分析、坐观全局、定位增长点

Chat Plus AI 对订单链路的关键指标,全程跟踪分析,为卖家优化运营策略提供有力的数据支持。售前咨询响应、下单转化、付款数据等指标直观展现,店铺转化趋势一目了然;售中售后对各个细分阶段进行损耗分析,快速发现客服接待中的问题,并对损耗原因给出归因分析,定位潜在高价值增长点。

(六)客服绩效、工作成果一目了然

科学的绩效考核才能激励团队不断成长,实现企业和员工的双赢。Chat Plus AI 从"客服投入、服务水平、工作成果"三个维度科学考核,提供 80 多个指标,可自由定制绩效报告,帮助卖家实现管理闭环。

资料来源:《帮卖家省钱更赚钱!400 万+店铺都在用的神器是?》,载"印尼电商指南"公众号,https://mp.weixin.qq.com/s/b0MUj3it1gcomj7sL47bTw。

第十一章 人工智能与促销策略

本章知识结构图

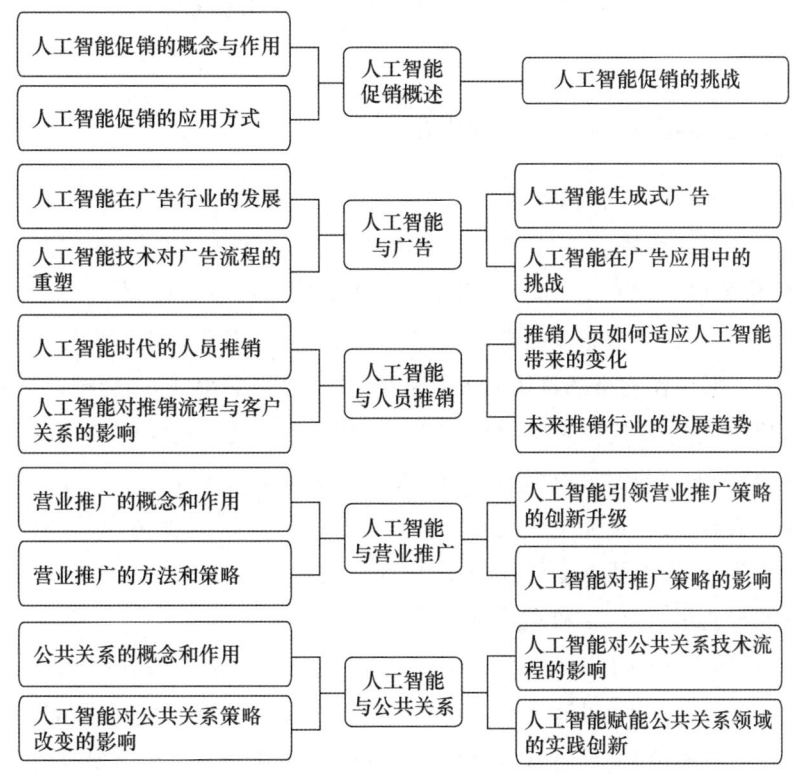

在当今的商业环境中，人工智能技术的飞速发展正在深刻改变企业的促销策略与手段。根据多项行业报告，人工智能促销已成为企业业务增长的关键驱动力。人工智能技术不仅提高了促销效率，还为企业带来了丰厚的市场回报。从行业发展趋势来看，人工智能促销的市场规模将持续扩大。据市场研究机构预测，到2025年，全球人工智能市场规模将达到390亿美元，其中营销领域的应用占比将超过30%。人工智能营销自动化工具、精准广告投放以及客户体验管理等领域将迎来快速增长，年均增长率均超过20%。了解和掌握人工智能在促销策略中的应用方式及其发展趋势，对于促销从业者及经济管理类专业大学生来说，至为重要。

第一节　人工智能促销概述

一、人工智能促销的概念与作用

促销（Promote）是营销者向消费者传递有关本企业及产品的各种信息，说服或吸引消费者购买其产品，以达到扩大销售量的目的。促销实质上是一种沟通活动，即营销者（信息提供者或发送者）发出作为刺激消费的各种信息，把信息传递到一个或更多的目标对象（即信息接受者，如听众、观众、读者、消费者或用户等），以影响其态度和行为。促销作为市场营销的关键策略，通过增强品牌认知、刺激市场需求、促进销售增长、收集市场反馈及构建顾客关系，能够有效提升企业的市场竞争力与品牌忠诚度，是实现短期销售业绩与长期市场发展目标的重要手段。在过去，纸媒、电视媒体为主流的年代，企业主要是通过大众媒体广告的形式促销产品，消费者参与度低且体验单一；人工智能等科技的发展，为促销增添了更多维的方式和空间，使促销方式更加智能化、个性化和高效化。

人工智能促销（AI-Powered Promotion）是指利用深度学习、机器学习、自然语言处理等人工智能技术，对海量用户数据进行分析和学习，从而精准预测用户需求，制定个性化的促销策略，提高营销效率和转化率的活动。人工智能促销的作用广泛且深远，主要体现在以下几个方面：

第一，实现精准匹配、精准推送。通过深度学习和机器学习算法，人工智能技术能够高效地处理和分析海量的消费者数据，这些数据涵盖了购买历史、浏览行为、社交媒体互动等多维度信息。这一能力促使促销策略从传统的"一刀切"模式向高度个性化的方向转变，实现了消费者需求与偏好的精准匹配，从而显著提高了营销信息的接收度和转化率。个性化推荐系统的应用便是这一转变的生动例证，它基于用户画像预测未来购买意向，实现了"千人千面"的促销内容精准推送（林子筠等，2021）。

第二，刺激购买，提升满意度。人工智能算法能够根据市场供需状况、竞争对手定价策略及消费者敏感度等因素，实时调整商品价格，实施动态定价策略。这种灵活性不仅有助于最大化利润，还能有效刺激消费者的购买欲望，尤其是在促销期间。同时，结合预测分析，AI能优化库存管理，减少过剩或缺货情况，确保促销活动的顺利进行，提升顾客满意度。

第三，抢抓机遇，提升市场份额。借助大数据分析与机器学习模型，人工智能能够预测市场趋势、消费者行为变化及潜在需求,为促销策略的制定提供科学依据。这种前瞻性能力使品牌能够提前布局,抓住市场机遇,比如通过预测性促销活动吸引特定消费群体,或在特定时间点(如节假日、季节性需求高峰)实施针对性营销,从而有效提升市场份额。

第四,增加互动,增强体验。人工智能技术还促进了促销形式的创新,如结合增强现实(AR)技术,为消费者创造沉浸式购物体验。通过 AR 试衣、虚拟产品展示等互动方式,不仅增加了促销活动的趣味性和互动性,也极大地提升了品牌形象和产品吸引力,促使消费者从浏览转化为实际购买(Davenport et al.,2020)。

综上所述,人工智能促销不仅极大地提升了营销活动的效率与效果,更重要的是,它推动了市场营销从被动响应向主动创造价值的根本性转变,为品牌与消费者之间建立了更加紧密、个性化的联系。随着技术的不断进步,人工智能促销的潜力将进一步释放,为市场营销领域带来更多的创新与机遇。

■ 小资料

百度以 AI 技术重塑电商生产力

在电商行业发展的历程中,各种创新模式,从货架电商到推荐和内容电商,每一次升级都是技术迭代的成果。用新技术为用户带来更好的体验、更高的人货匹配效率,让商家能更顺畅地承接用户需求、做好生意经营。随着货品和渠道极大丰富,用户选择多样化,商家经营内卷化,AI 技术的发展将带来用户消费体验与商家经营效能的双提升。

百度优选以其搜进一体的智能电商平台,围绕消费者的购物全链路,借助 AI 大模型的能力从三个层面帮助用户实现高效的购前决策、保障消费者买到物美价优的商品、享受无忧的售后服务。第一,高效选购。智能搜进导一体,精准人货匹配,主要通过智能导购助手实现。智能导购背后依托的是百度对海量用户的理解,以及文心一言大模型的能力和丰富的电商知识图谱,从而达到更精准的人货匹配。第二,优选好物。百度优选诞生之初,使命就是给用户更优的选择,为帮用户选到心仪好物,百度优选上线了三大优选IP——行家选、产地选、口碑选。这三大IP分别代表了行业专家的推荐、源头产地的直供以及用户好评的集合,保障用户买到心仪好物。第三,无忧售后。通过退货包运费、极速退款、闪电退货、仅退款、买贵必赔等多重保障,百度优选让用户享受到了"随心退,买贵赔"的无忧售后服务。

在消费者端,百度优选推出国内首个生成式 AI 导购——智能导购,通过多轮交互、精准需求理解和个性化商品推荐,为消费者带来 AI 购物新体验。智能导购可以结合消费者习惯和商品品类,激发用户购物兴趣,层层递进挖掘消费者潜在需求,让整个购物流程更加顺畅、高效,增强消费者获得感,助力商家创造新的增量空间。

在商家端,百度优选推出业界首个 AI 全栈式数字人直播。百度慧播星将在形象生成、语音生成、脚本生成、互动问答及智能装修五大方面全面升级,形成包含 AI 主播、AI 大脑和 AI 直播间在内的三大数字人直播解决方案。依托百度强大的文心一言大模型的生成能力及多种自研技术,商家只需要三步、最快 5 分钟就能完成数字人直播间的制作,一键开播。数据显示,百度数字人能降低商家近 80% 的直播运营成本,极大提升商家的经营效率。

资料来源:《百度优选"省心选",双端提效,智能无忧》,载"派代"公众号,https://mp.weixin.qq.com/s/1YVWX7CRIXP8OpFxUTTszQ。

二、人工智能促销的应用方式

(一) 优惠券策略优化

人工智能利用自然语言理解和生成技术,能够深度剖析消费者的反馈和评价,分析消费者需求和偏好,设计个性化的优惠券类型和金额。例如,当发现消费者对优惠券的有效期和使用条件不满意时,人工智能可以灵活调整这些规则,以满足消费者的消费习惯和能力。这种动态优化策略显著提升了消费者对优惠券的满意度和促销效果。人工智能还可以根据消费者的使用情况,生成优惠券的使用提醒和引导。例如,当消费者的优惠券即将过期时,人工智能可以发送提醒信息,引导消费者及时使用优惠券。同时,还可以根据消费者的购物历史推荐相关商品,提高优惠券的使用时效和价值。

此外,依托自然语言理解和生成的能力,人工智能可以分析消费者的搜索、浏览、收藏、购买等行为,生成消费者的画像和标签。这些画像和标签能够反映消费者的需求、喜好以及购物习惯。基于这些信息,人工智能可以为消费者推荐最合适的优惠券类型和金额,从而提高优惠券的使用率和转化率。例如,电商平台通过分析消费者的购物历史和偏好,发现某部分消费者喜欢购买家居用品且对价格敏感,于是推荐针对家居用品的满减优惠券。这种个性化的推荐方式不仅提高了优惠券的吸引力,还增加了用户的购买意愿和忠诚度。

(二) 促销活动自动化

数据收集与分析是促销活动自动化的基石。人工智能技术凭借一系列自动化手段,能够实时捕捉多元化的市场数据资源,包括消费者行为数据、竞争对手数据、社交媒体数据等。利用机器学习算法,人工智能可以对收集到的数据进行分析,挖掘出有价值的信息。例如,通过对历史数据的学习,模型可以预测消费者未来的购买可能性、流失概率等关键指标。这些预测结果不仅帮助促销人员提前制定相应的策略,如预防客户流失、提高交叉销售率等,还为精准促销提供了有力支持。

在促销活动的执行层面,人工智能展现了其在内容创作方面的卓越能力,能够自动生成多样化的营销素材,包括电子邮件、广告文案、图像及视频内容等。例如,通过自然语言处理技术,人工智能可以撰写个性化的邮件和广告文案,并根据用户反馈进行自我学习和优化;利用深度学习技术,人工智能能够自动生成吸引眼球的图像和视频内容,用于促销材料的制作。这些内容根据不同的用户特征进行个性化调整,提高了用户的参与度和互动性。

在制定好促销策略后,人工智能技术通过自动化工具执行这些策略。这些工具包括邮件营销系统、社交媒体管理系统、广告投放系统等。在执行过程中,人工智能可以实时监测促销活动的效果,并根据反馈数据进行优化调整。例如,根据广告的点击率和转化率,人工智能可以智能调整广告的投放时间和预算,以最大化广告的传播效果。

(三)情感分析与反馈循环

情感分析,亦称作意见挖掘或情绪识别,是一种通过自然语言处理和机器学习算法对文本数据进行深入分析,以识别并量化其中所蕴含的情感倾向(如正面、负面或中立)的技术。这一技术的核心在于理解并解释人类语言中的情感色彩,进而将非结构化的文本数据转化为可量化的情感指标,为决策提供科学依据。

在促销活动策划实践中,利用情感分析技术,人工智能系统能够高效地监测消费者对促销活动的反应。这种监测不仅限于消费者直接表达的意见和评论,还包括社交媒体帖子、在线论坛讨论、博客文章乃至消费者之间的私人对话等多种形式的用户生成内容。通过对这些海量数据的实时抓取与分析,人工智能能够即时捕捉到消费者情绪的微妙变化,精准地识别并量化消费者对促销活动的兴奋或冷漠。

这种即时反馈机制是制定和调整促销策略不可或缺的信息来源。例如,当一款新产品上市初期收到大量负面反馈时,情感分析技术可以迅速指出问题所在,有助于品牌立即采取补救措施,如优化产品、调整价格策略或加强消费者教育,以避免负面口碑的进一步扩散。相反,若某次促销活动引发了消费者的热烈反响,情感分析同样能揭示成功背后的关键因素,如优惠力度、活动创意或参与便捷性等,为后续活动提供宝贵经验。

此外，情感分析技术还促进了品牌与消费者之间更加个性化、互动性强的沟通。通过分析消费者的情感偏好和互动历史，品牌可以定制更加贴合消费者需求的营销信息，提升信息的吸引力和相关性，从而增强消费者参与度和品牌忠诚度。这种基于情感的定制化营销策略，不仅能够提升短期内的销售转化率，更能在长期内构建积极的品牌形象，提高消费者满意度和口碑传播效应。

值得注意的是，情感分析技术的有效应用还依赖于数据隐私保护和伦理规范的严格遵守。在收集和分析消费者情感数据时，必须确保消费者知情同意，并采取适当的技术和管理措施保护用户隐私，避免数据滥用或泄露。同时，情感分析的结果应被视为辅助决策的工具，而非绝对真理，需要结合其他市场研究方法和专业判断进行综合考量，以确保促销策略的科学性和有效性。

■ 小资料

AR与虚拟试衣：时尚行业的数字化变革

增强现实（AR）是一种将虚拟信息叠加在现实世界中的技术。通过AR设备或应用程序，用户能够看到数字化内容与现实世界的融合，从而获得更加丰富和互动的体验。在时尚行业，AR技术通常通过智能手机、平板电脑或专用AR设备来实现，提供实时的虚拟试穿体验。

虚拟试衣的核心在于利用AR技术将衣物图像叠加在用户的真实图像上，主要经过以下基本流程：(1) 图像捕捉：用户通过摄像头拍摄自己的身体图像，或者使用AR应用中的实时摄像功能。(2) 虚拟服务叠加：应用程序利用图像识别技术识别用户的体型和尺寸，并将虚拟衣物准确地叠加在用户的身体上。(3) 实时调整：根据用户的动作和姿势，虚拟衣物会实时调整，模拟衣物的穿着效果。(4) 用户交互：用户可以通过触控屏幕或手势控制，选择不同的衣物款式、颜色和尺寸，查看不同搭配效果。

虚拟试衣间的主要目标人群包括以下几类：(1) 老年人群体：老年人群体在购物时可能更注重产品的实用性和舒适度，对价格的敏感度也相对较高；但由于身体原因，老年人可能不便于频繁前往实体店进行试穿，因此对线上购物和虚拟试衣间有一定的潜在需求。(2) 学生党：学生党通常对时尚和科技充满兴趣，喜欢尝试不同的风格来展现自己的个性。虚拟试衣间为他们提供了一个广阔的时尚平台，可以轻松尝试各种服装款式、颜色和搭配，满足他们对时尚探索和个性表达的需求。(3) 公司白领：公司白领工作繁忙，往往没有大量时间去实体店试衣购物。虚拟试衣间可以让他们在午休时间、下班后或周末在家中,快速浏览和试穿各种服装,节省购物时间。此外,由于工作性质,部分用户可能经常出差或加班,无法在实体店营业时间内购物。虚拟试衣间可以让他们在任何时间、任何地点进行试衣和购物,满足他们的购物需求。

资料来源:《AR与虚拟试衣:时尚行业的数字化变革》,载"瑞丰宝丽"公众号,https://mp.weixin.qq.com/s/I9IH37WVaMykQijeru5D4w。

三、人工智能促销的挑战

(一) 技术层面的挑战

1. 技术实施的复杂性

人工智能促销策略的实施是一个多维度且高度技术化的过程,它横跨了多个关键技术领域,具体包括但不限于先进的机器学习算法、复杂的自然语言处理技术,以及直观高效的数据可视化方法。这些技术的有效运用不仅要求从业者具备深厚的专业知识与精湛的技能,还依赖于强大的计算资源作为基础支撑,以及高度可靠的基础设施以确保系统的稳定运行。对于众多企业而言,技术实施的复杂性与高门槛构成了显著挑战。同时,鉴于技术迭代速度之快,新型算法与预测模型的持续涌现,企业如何紧跟技术前沿,实现技术的即时更新与迭代,以灵活应对市场环境的瞬息万变与消费者需求的多元化发展,成为亟须解决的关键议题。

2. 数据质量与处理难度

人工智能促销策略的有效性在很大程度上依赖于广泛而详尽的数据输入,这些数据涵盖了消费者行为数据、市场趋势数据、竞争对手分析数据以及历史交易记录等多维度信息。然而,在实践操作中,这些数据集合往往面临着不完整性、不准确性和不一致性等固有挑战,给人工智能模型的训练与优化过程带来了显著障碍。数据预处理作为智能促销流程中的核心环节,尽管能通过数据清洗、类型转换、归一化处理等手段来减轻数据质量问题,但即便如此,也难以彻底根除数据中的噪声和异常值,这些因素依然会对人工智能模型的预测精度、决策效能乃至最终的促销效果产生不利影响,进而制约智能促销策略的有效实施与成果转化。

(二) 法律与伦理层面的挑战

1. 隐私保护与数据安全

人工智能促销策略的有效实施高度依赖于对用户个人信息及行为数据的广泛

收集与深度处理,这一过程不可避免地触及了隐私保护与数据安全这一敏感议题(Zou,2018)。一方面,企业在利用这些数据进行促销活动时,必须严格遵守相关法律法规,确保数据的收集、存储、分析等环节合法合规,充分尊重并维护用户的隐私权不受侵犯。另一方面,企业还需建立健全数据防护机制,以抵御外部攻击和内部不当行为,防止数据泄露或被恶意滥用,从而保障数据的安全性和完整性。然而,当前人工智能技术的发展水平往往面临着在保障数据隐私与促进高效促销决策之间寻求平衡的难题,这对企业的数据管理体系和合规性建设构成了严峻挑战,亟须通过技术创新与制度完善加以应对。

2. 算法偏见与公平性

在人工智能促销的应用场景中,算法偏见已成为一个不容忽视的关键议题。具体而言,由于训练数据的不平衡性、算法模型的内在局限性以及潜在的社会文化偏见等多重因素,人工智能模型在生成促销策略时可能会不自觉地产生对某些特定消费群体的系统性偏见与歧视。这种偏见不仅体现在推荐内容的倾向性上,还可能导致促销资源分配的不公平性和不公正性,进而对目标市场的多元化与包容性构成挑战。长此以往,此类偏见不仅会严重损害企业的品牌形象与社会声誉,还可能触发一系列法律风险,并引发广泛的社会道德争议。因此,探索并实施有效的策略以消除算法偏见,确保人工智能促销策略的公平性与公正性,已成为当前人工智能促销领域亟待攻克的重要课题。

(三)市场与竞争层面的挑战

1. 消费者期望与满意度

人工智能促销策略的核心在于精准地满足消费者的期望与多元化需求,进而有效提升消费者的满意度与忠诚度。然而,鉴于消费者的兴趣偏好与需求特征呈现出高度的动态性与不确定性,人工智能系统必须持续不断地进行学习与自我优化,以确保所提供的推荐内容与服务方案能够紧密贴合消费者不断变化的期望。这一目标的实现,对企业提出了严峻的挑战,它要求企业不仅要构建一套具备高效数据分析与处理能力的技术体系,以便从海量数据中挖掘出有价值的信息与规律,还需培养或引进具备深厚市场洞察能力的专业人才,以便准确捕捉并预测消费者需求的细微变动,从而为人工智能系统的持续优化提供有力的支撑与导向。

2. 竞争对手的模仿与超越

人工智能技术的迅速迭代与日益显著的开源趋势,为市场中的竞争对手提供了相对便捷的路径,以复制并模仿前沿的人工智能促销策略。这一现象加剧了数据资源领域的竞争态势,使之变得愈发激烈。在此背景下,对数据资源的无序争夺可能导致数据收集与处理过程中的质量控制标准放宽,进而引发数据质量下滑的风险。数据质量的下降会直接影响人工智能模型的训练精度与预测准确性,最终削弱促销策略的实施效果。为应对这些挑战,企业应积极采取一系列策略,包括强化技术研发与创新能力储备、深化数据洞察与高效利用、推动人工智能技术与业务场景的深度融合,以及注重培养具备人工智能专业知识的创新人才。通过这些举措,企业有望在激烈的市场竞争中脱颖而出,构建并维持长期的竞争优势。

■ 小资料

京东电器打造"OPEN AD"创新开放式广告概念

京东电器以"'OPEN AD'创新开放式广告概念"为核心的营销举措,充分展现了电商企业在营销模式上对新技术的探索与应用,也为AI赋能创意广告生产带来新启迪。

1. 用户创意×品牌共鸣:打造深度情感连接

OPEN AD的核心理念在于将用户创意与品牌内容紧密结合,为用户创造独特、个性十足的定制视频。在这一概念下,AI场景的创作权移交给用户,用户变身AI广告后期,可以尽情体会自由创意带来的乐趣。当用户的想法被接纳和采用,形成一种良好的参与氛围,这种互动化的营销方式就能很大程度上助力品牌传播与品牌形象构建,不仅将创意从千篇一律转化为千人千面,还迅速拉近了品牌与用户之间的距离,实现了人群与内容营销的双向奔赴。

2. AIGC×OPEN AD:颠覆传统广告制作,创造更高效广告生态

OPEN AD创新开放式广告概念的应用,彻底改变了传统广告制作的模式。在过去,传统广告制作周期漫长,特效大片的制作更是需要数周之久。然而,在AIGC的加持下,这一现状有所好转。借助AIGC技术,一个复杂场景的制作仅需一天即可完成。传统广告制作周期的烦琐和耗时问题得到了有效解决,让品牌在迅速变化的市场中能够更敏捷地推出创意内容。

OPEN AD具有全套创意生产的SOP,构建了一个闭环式的创意生成系统,以创意框架为"树",核心用户的参与为"枝",产生数量繁多又极度个性化的广告内容,从而再次激发粉丝自传播的热情。与此同时,品牌在推出广告后,可以实时获取用户的反馈和意见,根据这些反馈进行优化调整,创造出更符合用户口味的广告内容。

资料来源:《京东电器推出创新营销范式"OPEN AD"探索AIGC在营销赛道的新可能》,载"案例空间站"公众号,https://mp.weixin.qq.com/s/vpQhnEJftDjfAV9s8Uageg。

第二节　人工智能与广告

在过去的几十年里,广告生态系统发生了根本性演变(Ford et al.,2023)。随着新技术和数字媒体的爆炸式增长,广告已经从报纸、广告牌、广播和电视等传统形式发展到各种新媒体和网络平台。先进的广告媒体使用人工智能来提高广告效果并优化广告投放。早期,人工智能通过自动化促进重要的广告功能,如消费者洞察发现、媒体规划、购买、广告创作和影响评估,使广告更有能力、更个性化、更有针对性和更智能。更进一步,生成式人工智能采用自然语言处理、图像识别、语音识别、机器学习以及自然语言生成来帮助广告商实现各种广告功能,包括广告优化、自动广告生成和个性化程序,并通过促进自动广告调度、投放、媒体规划和购买,帮助制定有针对性的促销活动。

一、人工智能在广告行业的发展

人工智能技术在广告行业的应用经历了多个阶段的演变,从最初的程序化购买、实时竞价和数据分析管理,到如今的智能广告时代,每个阶段的变革都为广告行业带来了显著的变化和影响。依照用户参与度、自动化程度和技术复杂性,广告行业的发展可以划分为交互广告(第一阶段)、程序化广告(第二阶段)和智能广告(第三阶段)三个阶段,其中有些阶段一直在延续中,不同阶段存在交错并行的现象(Li,2019)。

(一)第一阶段(1994—2010年):交互广告

1994年,随着全球首支互联网广告的亮相,数字广告的新纪元正式拉开帷幕。这一时期的广告开始强调用户的交互体验,通过点击、滚动、填写表单等方式让用户积极参与到广告活动中来,并利用图像、视频、音频等多媒体元素吸引用户注意,提供更丰富的内容展示。Web技术,如Flash动画和JavaScript脚本被引入广告领域,使得广告形式更加多样化和动态化。基于Cookie跟踪用户访问行为的技术,使广告能够在一定程度上实现简单的定制化。

这种初具互动性特点的广告被称为交互广告,即由广告商利用即时参与和执行交互功能的数字媒介,促进消费者对特定内容进行反馈,从而提升内容传播效果。交互广告允许消费者在一定范围内自主控制广告内容的呈现方式,增强了用户体验的主动性和互动性。

早期的交互广告技术相对简单,主要体现在广告不再局限于传统的电视、广播等大众媒体,而是转向了更具个性化的点对点传播方式。手机和移动电脑等私人通信设备的普及为这种变化提供了可能。在这个阶段,交互广告通常以短信和电子邮件的形式出现,广告主可以通过这些渠道将信息直接发送到消费者的终端设备。消费者可以选择是否点击邮件中的链接,进而决定是否进一步与广告互动。这种形式不仅加强了广告的互动性,还开启了从静态展示到动态响应的过渡。

随着交互技术和媒介技术的不断进步,H5广告、虚拟现实(VR)和增强现实(AR)广告,以及基于网页的定制广告相继涌现,大大拓展了交互广告的内涵。智能技术的发展不仅丰富了消费者的媒介体验,而且赋予了他们更多的控制权(陈齐、甘晨,2023)——不仅仅是选择看或不看广告,而是决定了用什么设备观看、如何观看以及观看什么样的广告。

总的来说,交互广告不仅改变了广告与受众之间的互动方式,而且为后来的广告技术创新铺平了道路,使广告业逐渐迈向更加精准、高效和个性化的未来。这一阶段是广告行业发展的重要基石,它预示并推动了后续程序化广告和智能广告时代的到来。

(二)第二阶段(2010年至今):程序化广告

2010年初期,广告界迎来了数字化浪潮,程序化购买与实时竞价等先进技术逐渐融入广告投放流程,标志着广告业开始迈向自动化时代。这一阶段的广告技术革新不仅提高了广告投放的效率,还显著增强了精准度和个性化水平。

1. 自动化购买

程序化广告支持自动化购买,即通过软件自动执行广告位的买卖过程。这种自动化极大地提高了广告投放的效率,减少了人为干预的可能性,确保了广告资源能够快速响应市场变化,同时降低了操作成本。广告交易平台、需求方平台和供应方平台之间的无缝对接,使得广告主可以更灵活地管理和优化其广告预算分配。

2. 实时竞价

实时竞价是程序化广告的核心机制之一。它允许广告主在毫秒级别上竞标特定用户的广告展示机会,实现了前所未有的精准投放。当用户访问一个网站或应用时,系统会即时发起竞价请求,基于用户的历史行为和其他相关数据来决定哪个广告最有可能引起该用户的兴趣。这种方式不仅提高了广告的相关性,也增加了广告点击率和转化率。

3. 数据驱动的目标受众定位

程序化广告还会收集和分析大量的用户数据,包括但不限于人口统计信息、兴趣爱好、地理位置等。这些数据分析帮助广告主更好地理解潜在客户,并实现更加精确的目标受众定位。通过对用户行为模式的深入了解,广告主可以制定更为有效的营销策略,从而提高广告的投资回报率。

4. 跨屏整合

程序化广告还支持跨屏整合,这意味着广告可以在多个设备之间(如移动设备、平板电脑等)进行一致性的展示和追踪。无论消费者使用哪种设备,广告主都能确保他们看到的是连贯且协调的品牌信息。这种跨屏的一致性和连续性对于维持品牌认知度和推动销售至关重要。

总之,在程序化广告阶段,广告技术的进步为广告主提供了前所未有的控制力和灵活性,使他们能够在正确的时间、正确的地点,向正确的受众传递正确的消息。随着技术的不断演进,程序化广告将继续引领数字广告行业的发展方向,为广告主带来更高的价值和更好的用户体验。

(三)第三阶段(2020年至今):智能广告

近年来,人工智能技术深入渗透至广告产业的每一个角落,引领了从策划到执行的全流程智能化升级。特别是生成式人工智能的发展,为广告创作者提供了前所未有的工具,不仅显著提高了工作效率,还增强了创意内容的个性化表达。通过深度学习与神经网络的支持,人工智能不仅优化了广告制作流程,更显著提升了营销活动的效果和投资回报率。当前,人工智能驱动的个性化广告已成为关注焦点,其影响力已超越传统范畴,触及新兴的数字平台和社会媒体广告生态。

1. 人工智能与机器学习的应用

智能广告投放策略运用先进的人工智能算法来优化广告的投放机制,具备预测用户行为模式的能力,从而实现对目标受众的精确锁定。此外,它还能够依据实时数据的深度分析,动态调整投放计划,以确保广告资源得以最优配置。至于创意内容的自动生成方面,则依赖于高效的机器学习模型,该模型能够自主产出包括文案、图像及视频在内的多样化创意素材,显著提升了广告内容的丰富度与创新性。

2. 深度个性化体验

在用户需求的深刻洞察方面,智能广告超越了仅依据用户表层属性(诸如年龄层、性别分布及地理区位等)的传统范畴,进而深入探索并理解用户的深层次需求与潜在意图。这一做法旨在提供高度定制化的广告体验,确保每一次广告展示都能精准触及并贴近消费者的内在心理世界。此外,通过细致分析用户的情感反馈机制,广告内容得以更有效地与消费者建立深层次的情感联结,进而促进品牌忠诚度的提升与客户满意度的增强。

3. 自然语言处理增强互动

人机交互对话系统通过应用自然语言处理技术,实现了广告系统对人类语言的深度理解和即时响应能力,从而确保了人机之间能够进行流畅且有效的对话交流。这一技术的应用显著增强了与消费者之间的互动体验,无论是用于客户服务场景还是产品个性化推荐领域,自然语言处理技术均能有效促进沟通的自然性与效率,使得信息交流过程更为顺畅且高效。

4. 全渠道营销的无缝整合

跨屏一致性旨在整合线上线下所有触点,构建一个无缝衔接的品牌传播生态系统,以确保消费者无论通过何种设备或平台与品牌进行交互,均能接收到一致且连贯的品牌信息,从而不仅巩固并强化品牌形象,同时也显著提升用户的整体体验。

5. 隐私保护与数据安全

在日益增长的用户隐私关注背景下,智能广告系统的设计与开发初期便高度重视对隐私保护法规的严格遵循,旨在确保数据安全性及防止个人信息的非授权使用。该系统通过实施清晰透明的数据使用政策,结合先进的技术措施,有效维护了用户的合法权益,进而赢得了广大消费者的信赖与支持。

总之,在智能广告时代,人工智能技术正以前所未有的方式改变着广告行业的面貌。它不仅为广告主带来了更高的效率和更好的营销效果,也为消费者创造了更具吸引力和相关性的广告体验。未来,随着人工智能技术的不断进步,广告行业将继续向着更加智能、个性化和服务导向的方向发展,开启全新的营销篇章。

值得注意的是,这三个阶段并不是完全独立的,而是相互重叠且不断演进的过程。换言之,新阶段总是保留了上一阶段有价值的属性,同时增加了创新的属性。萌芽时期,由于具备互动性,通常被称为交互广告;程序化广告的关键属性是互动性和自动化,在这个阶段,广告可以使用软件、数据和算法自动进行买卖;而智能广告在保留交互性和自动化的同时,增加了新的创造性属性(Li,2019)。当前,很多广告平台都在同时采用上述不同阶段的技术和服务,而智能广告作为最新的发展方向,正逐渐成为行业标准。

■ 小资料

AI 虚拟代理人

AI 虚拟代理人(Virtual Agent)是一种基于人工智能技术的软件程序,能够模拟人类对话,提供客户服务、信息查询、产品推荐等多种交互式服务。通过自然语言处理、机器学习和语音识别等先进技术,虚拟代理人可以理解和回应用户的复杂请求,实现 24 小时不间断的支持。

主要应用场景如下:

(1) 客户服务。在电商、银行和电信等行业广泛应用,帮助客户解决问题、处理订单或进行账单查询,提高服务效率并减少人力成本。

(2) 智能助手。如苹果的 Siri、亚马逊的 Alexa 和谷歌助手,它们不仅可以在移动设备上运行,还能集成到智能家居系统中,控制家电、播放音乐或提供天气预报等实用信息。

(3) 在线销售。为用户提供个性化的产品推荐和服务建议,引导购买决策,增加转化率。

对比传统代理人模式,AI 虚拟代理人能够不受时间和地点限制,随时响应用户需求;还能够同时快速处理大量请求,减少等待时间,提供精准答案;也为企业降低了运营成本;并且还能通过持续学习不断优化算法,逐步改善服务质量。

随着技术的进步,AI 虚拟代理人正变得越来越智能和人性化,逐渐成为企业和消费者之间不可或缺的沟通桥梁。

资料来源:《AI 代理——未来人工智能领域的新风口》,https://mp.weixin.qq.com/s/GOpOe-AOPbfHrt9wCxQABCA。

二、人工智能技术对广告流程的重塑

人工智能对广告流程的影响是一种颠覆性的升级,其形式是系统性的重组。当前广告领域出现了一套新的流程步骤——消费者洞察发现、广告创作、媒体策划和购买以及广告效果评估,这导致出现了一系列新的广告活动,如基于消费者画像的大规模个性化广告制作、全渠道精准媒体策划和购买,以及主动基于策略的算法来评估和优化广告效果(Qin & Jiang,2019)。

(一) 消费者洞察发现

消费者洞察发现指的是利用社交网络分析技术,分析来自广告市场多个来源和不同结构的大量数据;构建消费者数字生活方式的衡量体系,并了解消费者真正想要什么。

(1) 深入探索和挖掘消费者的在线生活方式和行为轨迹,以获得个性化的信息。根据用户的"谨慎程度"调整相关行为特征,采用博弈论模型优化谨慎程度,同时识别消费者在社交媒体中使用的沟通方式和传达的信息。利用 GPS 和 GIS 站点信息,通过前缀扫描算法提取日常生活中的频繁序列活动模式,并结合旅行模式,挖掘消费者的日常行为轨迹。

(2) 根据来自多个来源的大量数据获得的个性化信息,推断并创建消费者的数字画像。这些消费者画像通常包含性别、年龄、籍贯、爱好、购买力和近期消费等个人信息。基于加权模糊 Dempster-Shafer 框架的架构被用于实现来自多源和海量信息的消费者行为数据分析。在部分社交网络分析的约束下,使用部分画像推断算法来准确地为消费者画像。

(3) 分析消费者在不同数字接触点的标签值,构建一个将广告与消费者匹配的模型。利用社交网络深度分析技术和消费者画像,构建并利用这种模型,可以清晰地分析符合广告目标的个体消费者。

(二) 广告创作

广告创作指的是利用自然语言处理和深度学习技术生成个性化的广告设计或材料,包括文本、图像或其他创意元素。

(1) 借助消费者洞察发现的结果,推断消费者对创意广告的偏好。基于深入的语义分析和实时消费者互动,研究消费者对创意广告的偏好,以预测消费者在未来一段时期内接受某种广告创意的概率。例如,采用基于独立级联模型的级联方法来计算一个社会实体考虑社会影响的概率。

(2) 提取广告创作的算法逻辑。某些 AI 技术,如目标语义提取、相关性分析、基于内容的跨媒体信息检索、情感分析和主题分析,被用于提取广告内容创作的算法逻辑。

(3) 基于将广告创意与用户接触点匹配的模型进行定向广告创作。借助广告创作算法,可以大规模地自动创建分类和个性化的广告内容。在这里,用户需求分析、战略广告规划、广告创意表现和广告创作被整合为一步:定向广告创作。

(三) 媒体策划和购买

媒体策划和购买步骤包括识别和检查消费者真实生活中的场景,并与消费者数字生活方式的衡量体系进行对比,然后利用程序化工具优化媒体组合,以便直接向用户传递个性化的广告内容。

(1) 根据消费者洞察发现的结果,构建广告中的消费者接触点模型。消费者接触点被分类,并根据消费者在信息获取媒体(如新闻应用程序、短视频应用程序)、日常使用媒体(如社交应用程序、运动应用程序)和在线购物媒体(如淘宝、京东)中的行为轨迹进行相关的算法模拟。

(2) 利用接触点,采用一种混合方法,结合逻辑语义和分布语义,并使用概率逻辑,特别是马尔可夫逻辑网络(Markov Logic Network),在消费者行为模型上运行智能模拟,并评估广告活动效果。然后构建媒体策划和购买的性能指标体系,通过程序化购买进行个性化的媒体策划和购买。

(四)广告效果评估

广告效果评估指的是从实时监测媒体策划和购买过程中收集的广告效果数据中获取准确及时的反馈。借助机器学习,根据不同的反馈作出相应的实时响应,以便实现品牌影响与广告影响之间的一致性。

(1) 利用人工智能技术分析和评估广告效果。人工智能技术用于从不同的来源(如 PC、移动设备、视频设备)收集各种格式的实时反馈数据(如图像、语音、文本、数字)。通过使用双通道卷积神经网络,可以获得多维语义信息,而双通道卷积神经网络可以在预训练的词向量之上进行训练,用于句子级别的分类任务。机器学习方法(如层次聚类、神经网络、主成分分析)用于提取和融合反馈数据特征。通过这种方式,可以获取广告效果,并运行智能分析,将影响与预期的广告目标进行比较。

(2) 根据广告效果的分析结果,对媒体策划和购买的目标以及广告内容进行调整。当未达到预期目标时,必须同时考虑目标和内容,以揭示原因,以便作出相应的智能响应。一方面,根据反馈数据,通过深度学习和知识图谱更新或重建媒体策划和购买性能指标体系,并相应地调整媒体策划和购买的目标;另一方面,使用知识感知双向长短期记忆模型来利用知识图谱,以提高循环神经网络的文本学习方法,重新评估消费者在反馈中的个性化表达,并启动响应策略的智能选择,以调整广告内容。

■ 小案例

淘宝为提升"双 11 全球狂欢节"的营销效果,携手阿里巴巴旗下的达摩院,利用先进的人工智能生成式广告技术,为用户提供高度个性化的购物体验。

在活动筹备阶段,达摩院的人工智能系统首先通过分析海量用户数据——包括用户的浏览历史、购买行为、收藏夹内容以及社交媒体互动等,构建了详尽的用户画像。基于这些画像,人工智能自动生成了针对不同用户群体的个性化广告文案和视觉元素。例如,对于年轻时尚爱好者,人工智能设计了潮流服饰搭配指南;而对于家庭主妇,则提供了家居用品的省钱妙招。这种精准定位不仅提高了广告的相关性,还增强了用户的参与感。

活动期间,人工智能系统根据实时市场趋势和社会热点动态调整广告内容。当发现某一品牌的智能手表突然走红时,系统迅速更新相关广告,突出展示这款手表,并结合限时折扣吸引潜在买家。此外,人工智能还生成了互动性强的聊天机器人形式的广告,消费者可以通过点击广告中的对话框直接与虚拟助手交流,获取产品详情或咨询售后服务,极大地缩短了从兴趣到购买的距离。

值得一提的是,人工智能生成的内容不仅限于静态图片和文字,还包括短视频广告。这些视频由人工智能根据用户偏好自动剪辑而成,每个视频都像是为特定用户量身定制的故事,既有趣又实用。最终,在人工智能技术支持下,淘宝始终保持了高用户活跃度,广告点击率提升了35%,销售额较2021年同期增长了28%。

资料来源:《定了,2022双11技术进化开启新未来》,载"阿里技术"公众号,https://mp.weixin.qq.com/s/sn96eKaLTTpGDKvouUsIIQ。

三、人工智能生成式广告

(一)人工智能生成式广告的概念与特点

人工智能生成式广告(Generative AI Advertising)是当前人工智能技术在广告应用中的热点,但目前人工智能生成式广告尚未形成统一定义。参考中国信通院对人工智能生成内容的定义,可以界定人工智能生成式广告为:利用生成式人工智能技术,如大型语言模型和生成对抗网络,来创建和优化广告内容的过程。这种技术通过深度学习、机器学习和其他人工智能算法,能够根据预设的目标和输入的数据,自动创建文本、图像、音频、视频等多媒体广告素材。人工智能生成式广告不仅限于简单的模板填充或数据驱动的个性化调整,而且能够在创意层面上模拟人类创作过程,生成原创性的广告内容,从而实现个性化和动态的广告体验。其特点如下:

(1)高效的内容生产。生成式人工智能技术可以快速生成大量高质量的广告内容,显著提高了内容生产和更新速度,降低了人工成本。

(2)高度定制化。基于用户的行为数据、偏好以及上下文环境,人工智能生成式广告能够为每个用户提供高度个性化的广告体验,使广告内容更加贴合用户兴趣和需求。

(3)创新与多样性。利用深度学习模型,人工智能生成式广告可以探索新的创意表达方式,创造出传统方法难以实现的独特内容,丰富了广告的表现形式。

(4)实时响应。人工智能生成式广告可以根据实时数据反馈即时调整广告内容,确保广告始终与最新的市场趋势和社会热点保持同步,增强了广告的相关性和时效性。

(5) 跨平台适应性。自动化生成的内容易于适配不同的数字平台（如社交媒体、搜索引擎、移动应用等），保证了广告在各种媒介上的连贯性和一致性。

(6) 增强互动性。结合自然语言处理技术，生成式人工智能可以使广告内容具备更强的互动性，如聊天机器人形式的广告，允许消费者直接与品牌进行对话，提升了用户体验。

(7) 持续优化。通过不断学习和迭代，人工智能生成式广告生成系统能够基于历史表现和新获得的数据持续改进其生成的内容质量，确保长期的有效性和竞争力。

（二）人工智能生成式广告与传统广告的区别

人工智能生成式广告与传统广告的区别如表 11-1 所示。

表 11-1　人工智能生成式广告与传统广告的对比

	人工智能生成式广告	传统广告
内容创作方式	利用人工智能算法自动生成文本、图像、音频、视频等多媒体内容；自动化创意生成工具可根据用户数据实时调整内容	由专业团队手动设计和制作广告内容；创意过程耗时较长且成本较高
个性化程度	高度个性化，能够根据用户偏好、行为和上下文环境提供定制化内容，甚至实现一对一精准营销	相对通用，面向广泛的受众群体，难以实现高度个性化或一对一互动
生产效率	生产速度快，可以短时间内生成大量高质量的广告素材，降低了人工成本	内容生产和更新速度较慢，依赖于创意团队的工作进度，人力成本高
互动性	增强了互动性，如通过聊天机器人等直接与消费者对话，提供即时反馈和服务	互动性有限，主要依赖于用户点击链接或填写表单等方式进行有限交互
投放灵活性	支持实时优化和动态调整，可以根据市场变化快速响应，并在不同平台间无缝切换	投放后调整困难，通常需要提前规划好所有细节，更改成本高
数据分析与利用	深入分析用户行为数据，利用机器学习预测用户需求，提供更加精准的目标受众定位	数据分析较为基础，多基于历史数据和简单的人口统计信息，难以深入挖掘用户意图
隐私保护	注重隐私保护法规和技术手段，确保用户数据的安全和个人信息不被滥用	可能在隐私保护方面相对薄弱，尤其是在早期阶段的数据收集和使用过程中
创意门槛	降低了创意门槛，即使是资源有限的小型企业也能获得专业级广告内容	对创意的要求较高，往往需要专业的广告公司或团队来完成
跨平台适应性	易于适配不同数字平台，保证广告在各种媒介上的连贯性和一致性	跨平台适配性较差，不同平台可能需要单独设计和优化广告内容
效果评估	实时监测广告表现，提供即时反馈，并通过因果关系分析评估广告活动的真实影响	效果评估周期较长，更多依赖于事后报告和相关性分析

(续表)

	人工智能生成式广告	传统广告
长期价值预测	基于历史数据和模拟情景预测广告活动对未来品牌忠诚度和客户终身价值的影响	较少涉及长期价值预测,更关注短期销售转化率等指标
技术复杂性	使用先进的AI技术和算法,如深度学习、自然语言处理等,以实现智能化和自动化	主要依靠传统的媒体购买、策划和执行方法,技术含量较低

资料来源:作者整理所得。

■ 小资料

麦当劳人工智能生成式广告应用

2023年,麦当劳中国推出了创新的"M记宝物"营销活动,结合人工智能生成式广告技术,为消费者带来前所未有的互动体验。活动中,麦当劳将经典产品比喻为"宝物",如巨无霸、麦辣鸡翅等,通过AI分析用户数据,为每位顾客量身定制个性化的"寻宝"广告。

在社交媒体平台和官方App上,消费者可以参与"寻找M记宝物"的游戏,通过解谜和互动解锁专属优惠券。AI聊天机器人提供实时帮助和线索提示,增加了活动的趣味性和参与度。此外,AI根据用户的地理位置和天气情况动态调整推荐内容,确保每次推送都恰到好处。

例如,在寒冷的日子里,AI会推荐热饮或汤类作为特别"宝物"。该活动不仅提升了品牌与年轻一代的情感连接,还使广告点击率提高了35%,销售额显著增长,成功地将传统快餐体验转化为一场充满惊喜的探险之旅,赢得了消费者的广泛好评。

资料来源:《又疯了一个,被麦当劳官博笑麻了》,载"顶尖广告"公众号,https://mp.weixin.qq.com/s/n1JoGVwDT6PF5D7uVgetpQ。

四、人工智能在广告应用中的挑战

人工智能生成式广告的广泛应用,既带来个性化和效率的提升,也面临着一系列的挑战:

(一)消费者洞察:数据主义思维加重了隐私担忧

人工智能时代,广告传播进入"无数据,不广告"的数据驱动阶段。运用大数据技术不仅能够获取用户的身份、年龄、地域、职业等人口统计学的自然属性数据,还能深入挖掘用户的兴趣特征、身份特征和行为特征等数据,进行全面的消费者洞察,建立用户标签,从而进行精准化传播。

当前用户数据已成为一种重要的商业资产,能够给广告相关主体带来巨大的价值增值。由于互联网上各个利益主体的不平等性,消费者往往处于弱势地位,企业不仅掌握着用户初始登录时注册的相关数据,而且能够在用户不知情的情况下对与消费者有关的数据进行挖掘和利用,严重侵犯了用户隐私(段淳林、宋成,2019),如2019年9月Facebook就曾曝出严重的数据泄漏事件。

同时,企业所秉持的"数据主义"思维,推崇算法至上,一切皆可量化,崇尚算法黑箱,以实现数据的最大化利用为根本目的,消费者存在着被"操控"的危险,如2018年3月曝光的我国个别购物和商旅平台出现的"大数据杀熟"现象。

(二) 机械化生成:程序化创意下广告艺术的异化

"技术异化"是指技术本来是造福于人类的一种手段和工具,但由于人们对技术的过分崇拜,从而使技术成为主宰人类甚至危害人类异己的力量。人工智能技术的程序化创意以算法为基础,自动完成机械而烦琐的手工操作,做到广告"千人千面"的传播,已经对传统广告生产中的创意环节造成了工具性的"破坏"。阿里巴巴的"鹿班"系统不仅可以实现图像算法"抠图",还能够通过机器学习训练,根据不同的商品、文字和设计主题进行在线生成的智能化创意制作和个性化投放。

算法机制具备工具理性等特点,但目的至上,忽略了价值理性中的义务、尊严、美等信念。广告的生命力应该是科学和艺术的结合,功利性与伦理性的统一。纵然人工智能技术可以在大数据的支持下实现海量创意的批量生产,但艺术地向人们传递信息是广告的灵魂。广告应是一种艺术创造和文化,带给人们精神上美的享受,以此提高人们的审美水平和艺术欣赏力(段淳林、宋成,2019)。

(三) 精准化分发:用户标签化区隔加剧了阶层分化

精准广告建立在大数据基础上并运用大数据技术进行信息检索、受众定向、数据挖掘,对消费者数据进行实时抓取与分析,进而针对消费者个性化特征和需求推送高度相关的广告信息,从而实现精准化。

算法放大了人与人之间的差异性,为每个用户定制个性化标签,用人口统计学特征、行为特征、环境特征等各个因素来细分用户,追求个性化、精准化,最终具体到每一个人、每一个习惯或者兴趣爱好(段淳林、宋成,2019)。而算法基于用户的浏览记录,通过接触点进行行为标签推荐,进而不断地对用户进行广告信息缠绕,最终用户形成了极具个人特色的广告"茧房"。

广告通过符号象征为每个生活在"茧房"里的人塑造了不同的生活方式和消费

品味,消费者按照广告的指导来消费和打扮自己的生活,形成自我的生活方式,强化了不同个体之间身份区隔,进而导致不同社会阶层的对立。

(四)场景化匹配:随时触发的欲求影响公共领域建构

基于算法推荐的智能广告无孔不入地影响着消费者的注意力资源,模糊了公共领域和私人领域之间的界限,同时也对严肃内容的价值造成了"破坏"。消费主义文化最大程度地占据着公众注意力,造成社会集体的无意识,对公众事件缺乏关注。例如,基于算法推荐的场景原生广告将广告信息融入新闻、娱乐等信息之中,打破了新闻与广告之间的界限,虽然标有"广告"字样,但一般消费者很少将其与普通的新闻内容进行区分,在信息流的作用下成为理所当然的合理化存在,稀释了原本内容价值的重要性。

在算法推荐的匹配机制下,广告都是与消费者所在场景需求高度相关的个性化信息,其传播可能会像"子弹"击中消费者身体一样,让其变得无力抵抗,自觉成为广告的附庸,引发"虚假欲求"。

第三节 人工智能与人员推销

在当今这个日新月异的时代,人工智能正以前所未有的速度改变着我们的生活和工作方式。与此同时,传统的人员推销作为商业活动中不可或缺的一环,也在不断地适应和进化。本节将概述人工智能时代人员推销的基本概念,探讨人工智能对推销流程和客户关系的影响,以及推销人员如何适应这一变化。讨论未来销售行业的发展趋势,以及推销人员如何不断提升自己,以适应这个充满挑战和机遇的新时代。

一、人工智能时代的人员推销

人员推销是指通过推销人员与客户之间的直接沟通,以达成销售目的的活动。它是一种主动、个性化的销售方式,能够深入了解客户需求、提供定制化的解决方案。人员推销在商业活动中具有不可替代的作用,它不仅能够建立和维护客户关系,还能提高客户满意度和忠诚度,为企业带来长期收益。同时,推销人员还能够通过市场反馈,为企业提供宝贵的市场信息和改进建议。

在人工智能时代,人员推销的角色、功能与执行方式正逐步演化。人员推销的角色逐渐从单纯的产品推销者转变为价值创造者和服务提供者。面对信息高度透明、消费者选择日益丰富的市场环境,销售人员需要更加注重建立情感连接,通过故事讲述、情境模拟等方式,展现产品如何解决客户的具体问题,提升生活或工作效率,从而激发客户的购买欲望。这种转变要求销售人员具备更强的沟通能力、同理心和创新思维,能够在人工智能无法复制的个性化互动中展现独特价值。

一是人工智能技术通过大数据分析,为人员推销提供了前所未有的客户洞察力。传统的人员推销依赖于销售人员的直觉和经验,而人工智能则能够整合并分析来自多个渠道的海量数据,包括社交媒体行为、历史购买记录、偏好变化等,形成精细化的客户画像。这不仅帮助销售人员更准确地识别潜在客户,还能预测其需求和购买意向,从而制定个性化的推销策略,提高转化率。

二是人工智能在自动化工具的开发上取得了显著进展,减轻了销售人员的基础性工作负担。例如,通过智能客服系统,企业可以初步筛选和分类客户咨询问题,使销售人员能够将更多精力集中在高价值客户的深度沟通与维护上。此外,人工智能辅助的邮件营销、社交媒体管理工具等,能够自动化执行部分推销流程,如定期发送个性化推广信息、检测客户反馈、确保推销人员能够高效利用时间,专注于建立和维护客户关系。

二、人工智能对推销流程与客户关系的影响

(一) 推销流程的变革

在当今快速变化的商业环境中,推销流程的变革已成为企业提升市场竞争力、优化客户体验及实现可持续发展的关键要素。传统推销模式往往侧重于产品导向,通过高强度的销售策略和直接的推销行为来推动销售目标的达成。然而,随着市场环境的日益复杂、消费者需求的多元化以及信息技术的飞速发展。这种单向、静态的推销方式已难以满足现代市场的需求,迫切需要进行系统性的变革与升级。

推销流程的变革首先体现在从产品导向向顾客导向的根本性转变上。这一转变要求企业深入理解并预测消费者的需求与偏好,通过大数据、人工智能等先进技术进行精准市场细分和个性化营销。企业需构建全面的顾客画像,利用数据分析工具挖掘消费者行为模式,以此为基础设计符合其需求的产品和服务,实现真正的"以客为尊"。在这一过程中,顾客参与成为推销流程不可或缺的一环,通过社交媒体、在线论坛等渠道,顾客的声音能够被直接且迅速地反馈至产品设计和服务优化中,形成闭环的顾客价值共创体系。

其次,推销流程的数字化与智能化是变革的另一重要趋势。数字化技术的应用,如云计算、物联网、区块链等,不仅极大地提高了推销活动的效率和透明度,还为

企业提供了前所未有的数据洞察能力。智能化销售平台能够自动分析客户数据,预测销售趋势,辅助销售人员制定更加精准有效的销售策略。同时,聊天机器人、智能客服等人工智能技术的应用,使得客户服务更加即时、个性化,有效提升了客户满意度和忠诚度。数字化推销还体现在营销内容的创新上,如短视频、直播等新兴媒介的兴起,为企业开辟了直接与消费者互动的新渠道,增强了品牌影响力和市场渗透力。

■ 小资料

虚拟数字人——打开品牌数字化推销新世界

虚拟数字人是通过计算机图形学、语音合成技术、深度学习、类脑科学、生物科技、计算科学等聚合科技创设,并具有人的外观、人的行为甚至思想的可交互的虚拟形象。"虚拟",即身份虚拟,存在的维度虚拟,仅存在于虚拟世界。虚拟数字人是连接虚实场域的一种媒介,是迈向元宇宙的重要路径。"数字",是虚拟数字人的数字模因。数据和技术是虚拟数字人的底层逻辑,虚拟数字人依靠计算机图形学、人工智能、区块链、数字音视频3D等技术而生,依靠算法、算力驱动这些大数据并帮助虚拟数字人实现社会功能。"人",即拟人化,包括视觉上的静态形象和动态行为以及基于听觉上的声音的拟人化,如肌肉、皮肤、毛发等人体基本组织、结构的合理性,表情的自然度,动作的流畅度和语言的停顿,声音的真实感等因素。

在商业应用中,虚拟数字人具有科技性、稳定性和可塑性的特点。第一,科技性。虚拟数字人是前沿技术的集合体,可以通过技术实现技术维度和艺术维度上的"完美"。作为一种虚实场域的数字生命体,虚拟数字人可以代替真人工作,也可以完成许多现实世界完成不了的任务。成长于互联网时代的年轻消费群体对新技术的接受度与喜爱度都较高,虚拟数字人有助于品牌塑造年轻化形象,吸引更多的年轻受众。第二,稳定性。相较于传统代言人,虚拟数字人的人设更加稳固,没有"塌房"风险。对于品牌的配合度、时间的自由度等都可以根据实际需要有所调整,创造的商业价值也更加稳定。第三,可塑性。虚拟数字人的概念设计可以完全根据需求定制,挣脱现实的束缚。声音、形象、互动方式都是品牌个性化、风格化表达的有效途径。不同于传统的代言人,虚拟数字人的所有权可以完全属于品牌,是品牌私人化的"数字员工"。通过与品牌紧密的连接,传递出品牌价值。同时,作为一种企业的数字资产,也可以在与消费者交互的过程中创造出商业价值。通过文本、语音、图像、视频等内容输出,增强消费者对虚拟数字人的信任感,构建情感连接,增强用户

黏性。让消费者在消费需求的前提下，更愿意为相关品牌和商品买单。

资料来源：《虚拟数字人，打开品牌数字化营销新世界的门》，载"浙江时尚产业"公众号，https://mp.weixin.qq.com/s/VQ4-HeS5MUF5FQ0bjjBpwg。

再次，推销流程的变革还涉及销售组织结构的优化与人员能力的提升。传统的金字塔式销售构架正逐步被扁平化、网络化的组织结构所取代，这有助于加快决策速度，增强团队的灵活性和创新能力。企业开始重视跨部门协作，建立以客户为中心的多功能团队，确保从产品设计到售后服务的每一个环节都能紧密围绕客户需求展开。

最后，推销流程的变革还需注重伦理与社会责任。在追求商业利益的同时，企业应坚守诚信经营的原则，避免过度营销、虚假宣传等不良行为，维护健康的市场秩序。同时，积极响应可持续发展目标，推广环保产品，减少营销活动的碳足迹，实现经济效益与社会效益的双赢。

综上所述，推销流程的变革是一个多维度、深层次的过程，涉及顾客导向的转变、数字化智能化的应用、组织结构的优化、人员能力的提升以及伦理责任的强化等多个方面。这一变革不仅是对传统推销模式的超越，更是企业适应新时代要求、实现可持续发展的必由之路。未来，随着技术的不断进步和市场环境的持续演变，推销流程的变革仍将持续深化，为企业创造更大的价值空间。

（二）客户关系的重塑

人工智能的引入也对客户关系产生了深远的影响。传统的客户关系管理往往依赖于推销人员的个人魅力和沟通能力，而人工智能则能够通过数据分析和个性化推荐，建立更为紧密和个性化的客户关系。

人工智能能够通过分析客户的购买历史、浏览记录和行为模式，深入了解客户的兴趣和需求，为客户提供个性化的购物体验和解决方案，增强客户对企业的信任和归属感。此外，人工智能还能够通过智能客服和数据分析，及时识别和处理客户的投诉和问题，提高客户服务的效率和质量，减少客户流失和服务口碑的发生（Xiao & Kumar，2021）。

三、推销人员如何适应人工智能带来的变化

第一，提升数据分析能力。鉴于人工智能技术在推销领域的日益渗透与广泛应用，推销人员需具备扎实的数据分析能力，以便更有效地解析并充分利用人工智能系统所生成的数据与见解。这要求营销人员熟练掌握一系列基本且高效的数据分

析工具与技术,诸如 Excel、Python 编程语言等。除此之外,推销人员还需密切关注市场动态与竞争对手策略的变化,运用数据分析与对比的方法,深入挖掘市场中的新兴机遇与潜在风险。通过这些努力,营销人员能够为企业的市场战略规划贡献具有前瞻性与实操性的见解与建议,进而促进企业营销策略的优化与实施。

第二,加强沟通与合作能力。虽然人工智能在推销领域的应用越来越广泛,但推销人员与客户间的直接人际互动依然保持着不可替代的重要性。因此,推销人员需要加强自己的沟通与合作能力,以便更好地与客户建立和维护关系。推销人员需要了解客户的具体需求和潜在痛点,通过采用高效且富有针对性的沟通策略,精准对接客户需求,为客户提供个性化的解决方案和优质服务。

第三,不断学习与创新。随着技术的不断进步,推销人员需要不断学习和创新,以灵活应对不断涌现的新挑战和机遇。推销人员需要密切关注新技术和新应用的发展动态,了解它们在推销领域的应用前景和潜在价值。他们还需要不断学习和掌握新的销售技巧和方法,以便更好地应对市场的动态变化和客户的多样需求。

■ 小资料

人工智能销售推广系统:从单打独斗到军团作战

亨谷公司研发的人工智能销售推广系统,旨在助力销售团队削减营销成本,提升营销效率,从而开启业绩持续增长的新篇章。

1. 从个体到团队,形成强大的销售合力

人工智能销售推广系统通过强大的数据整合与分析能力,将每一位销售人员的信息与资源进行有效整合。系统不仅提升了产品对外标准输出力,还确保了品牌对外的一致性,使得每一位推销人员都能以统一的品牌形象出现在客户面前。这种一致性的输出,不仅增强了品牌的可信度,还提升了客户对品牌的认知度与忠诚度。

2. 总部咨询一键推送,提升响应速度

在人工智能销售推广系统中,总部更新的宣传册、客户案例、新品上架、文章、海报、视频、朋友圈图文等物料,能够以手机系统通知提醒、雷达推送等方式迅速传达至企业里的每个成员。这种一键推送的功能,确保了推销人员能够第一时间获取到最新的推销资料与市场信息,从而快速调整推销策略,提升响应速度。

3. 智能化管理,实现推销效率与业绩的双重飞跃

人工智能销售推广系统不仅提供了丰富的销售资料与信息,还通过智能化的管理方式,实现了销售效率与业绩的双重飞跃。系统能够根据推销人员的表现与市场反馈,智能调整推销策略与资源分配,确保每一位推销人员都在最合适的时间、以最有效的方式接触到潜在客户。

4. 全员推广,打造私域流量池,品牌价值深度渗透

亨谷人工智能销售推广系统将每日宣传内容以任务形式下达至全员,确保每位员工都能参与到品牌推广中来。任务接收、分享、获客数据全链可视,使得企业能够实时监控推广效果,优化推广策略。

资料来源:《AI智能销售推广系统 | 从单打独斗到军团作战,业绩飙升不是梦!》,载"亨谷"公众号,https://mp.weixin.qq.com/s/4nZeixcHwM77WcK0L8cVHA。

四、未来推销行业的发展趋势

(一)推销人员的角色转变

随着人工智能在推销领域的广泛应用,推销人员作为企业与客户之间的桥梁,其角色也正经历着深刻的转变。这一转变不仅体现在技术应用的革新上,更深刻触及推销人员的职业定位、技能需求以及与客户互动的方式。随着市场经济的日益成熟和消费者需求的多元化,推销人员已从传统的"产品推销者"逐渐转变为"价值创造者""关系构建者"和"问题解决者",这一角色的重塑对于企业的持续发展具有重要意义。

第一,从产品推销到价值创造的转变。传统上,推销人员的核心任务是向潜在客户介绍产品特性,强调其独特卖点,以期促成交易。然而,在当今的市场环境中,单纯的产品推介已难以满足消费者的深层次需求,消费者越来越注重产品的附加价值,如个性化服务、品牌理念、社会影响力等。因此,推销人员必须转变为价值的挖掘者和传递者,通过深入了解客户需求,提供定制化的解决方案,以及提供超越产品本身的服务体验,为客户创造更大的价值。这意味着推销人员需要具备更强的市场分析能力、创新能力和客户服务意识,能够将企业资源与客户需求精准对接,实现双赢。

第二,从单次交易到关系构建的转变。过去,推销人员的成功往往以单次交易的完成为衡量标准,这导致了"一锤子买卖"现象的普遍存在。然而,随着市场竞争加剧和客户忠诚度的下降,建立长期稳定的客户关系成为企业生存和发展的关键。推销人员因此需要从短期的销售导向转变为长期的关系管理导向,致力于与客户建立信任、尊重和互惠的关系。这要求推销人员不仅要具备出色的沟通技巧和人际交

往能力，更要展现出高度的诚信和专业素养，通过持续的跟进、个性化的关怀和有效的反馈机制，深化与客户的联系，从而转化为长期合作的基石。

第三，从被动响应到主动解决问题的转变。面对客户日益复杂和多变的需求，推销人员不能再仅仅满足于被动地响应客户咨询和投诉，而应主动出击，成为客户问题的发现者和解决者。这意味着推销人员需要具备一定的行业知识和问题解决技巧，能够预见潜在的问题，提前采取措施预防，或在问题发生时迅速响应，提供专业、高效的解决方案。通过主动服务，推销人员不仅能有效提升客户满意度，还能在解决问题的过程中发现新的销售机会，促进业务的持续增长。

综上所述，随着大数据、人工智能、社交媒体等技术的发展，推销人员的角色进一步得到了技术赋能。通过大数据分析，推销人员能够更精准地识别目标客户群体，预测市场需求趋势；利用客户管理系统，优化客户管理流程，提升服务效率；通过社交媒体平台，扩展营销渠道，增强品牌影响力。技术的运用不仅提高了推销工作的效率和精确度，也为推销人员提供了更多与客户互动、建立情感连接的途径，进一步推动了其角色的现代化转型。

（二）客户关系管理的智能化

未来推销行业的客户关系管理也将呈现智能化的趋势。人工智能将能够更深入地了解客户的需求和偏好，通过数据分析和预测，为客户提供更加个性化的服务和解决方案。此外，客户关系管理系统还将与企业的其他系统进行集成和联动，实现数据共享和流程优化。这将使得企业能够更好地了解客户的需求和反馈，及时调整营销策略和服务方式。

在客户细分方面，人工智能通过聚类分析、决策树等算法，能够根据客户属性、历史交易记录等多维度数据，将客户群体细分为多个具有相似特征的细分市场。这种精细化划分有助于推销人员针对不同客户群体制定差异化的营销策略，提高营销资源的配置效率。例如，对于高价值客户，可以采取一对一的定制化服务；而对于大众市场，则可通过自动化营销工具进行批量触达，既保证了服务的个性化，又兼顾了效率。

人工智能在客户关系管理中的另一大亮点在于预测性分析。通过分析历史数据，人工智能能够预测客户的未来需求、流失风险及潜在价值，为推销人员提供前瞻性的决策支持，例如，通过检测客户的购买频率、金额以及互动活跃度，人工智能可以预测哪些客户可能即将流失，并提前采取挽留措施，如提供优惠券、专属服务等，有效延长客户生命周期。同时，人工智能还能识别出具有高潜力的新客户或潜在的大客户，为销售团队提供精准的线索，助力扩展业务。

第四节 人工智能与营业推广

一、营业推广的概念和作用

（一）营业推广的概念

营业推广（Sales Promotion）是指企业通过采取一系列短期或长期的激励措施，向消费者、分销商或销售团队提供额外的价值，以激发需求、促进销售和增强品牌忠诚度的营销活动。它通常包括打折、赠品、优惠券、会员活动、奖励计划、展会促销等方式，以直接提升销售额或强化与客户的关系。营业推广是促销策略的核心部分，与广告、公关和直销等其他促销策略紧密结合，旨在通过快速、有效的方式在目标市场中创造竞争优势。

营业推广的类型可以分为三类，每种类型针对不同的目标对象，旨在通过多样化的激励措施实现销售目标。

（1）针对消费者的推广。通过样品、折价券、赠品等直接面向消费者的激励手段，对消费者形成强烈的购买刺激，促使其迅速采取购买行动。

（2）针对中间商的推广。主要包括购货折扣、合作广告、免费商品、商品推销津贴以及经销商销售竞赛等措施。此类推广的核心在于通过激励中间商（如经销商或分销商），推动他们积极采购和推广企业的产品，从而提升产品在销售渠道中的流通速度和覆盖率。

（3）针对推销人员的推广。面向企业内部销售团队开展的激励活动，包括分红奖励、销售比赛、推销集会等，目的是通过多样化的激励机制鼓励推销人员积极主动地开展销售工作，提高业绩并完成更大的销售目标。这种分类逻辑清晰且针对性强，企业能够根据不同的目标受众设计更有效的推广策略，实现销售增长与品牌发展。

（二）营业推广的作用

首先，刺激消费需求，推动销售增长。营业推广的首要作用是通过各种激励措施直接刺激消费者的购买欲望，推动销售增长。企业通过打折促销、赠品活动或限时优惠等手段，吸引消费者迅速作出购买决策。例如，限时折扣可以制造稀缺性和紧迫感，促使消费者抓住机会购买，而赠品活动则能增加消费者对产品的兴趣和认同感。通过这些手段，企业在短期内能够快速提高销售额，清理库存，并增加市场份额。

其次,提升品牌曝光,强化市场认知。营业推广能够显著增强品牌在目标市场中的曝光度和知名度。通过线上线下结合的促销活动,如社交媒体营销、节庆促销或展览会推广,企业可以覆盖更广泛的受众,提升品牌的市场认知度。同时,通过有创意的促销活动,企业不仅能够吸引消费者参与,还能通过消费者的自主传播扩大品牌影响力。

最后,增强客户关系,优化渠道合作。营业推广在维系老客户关系和优化分销渠道方面发挥着重要作用。通过会员专属福利、积分奖励计划等,企业能够提升客户的忠诚度和重复购买率。此外,通过促销活动收集客户反馈,企业能够更好地了解客户需求,从而调整产品策略,进一步满足市场需求。在渠道合作方面,营业推广通过为经销商和零售商提供促销支持、返点奖励或特殊优惠政策,激励渠道伙伴积极参与推广活动,优化整个销售链条的效率和效果。

二、营业推广的方法和策略

(一)营业推广的方法

营业推广的方法丰富多样,企业可以根据目标市场、产品特点和受众需求灵活选择和组合,主要包括以下几种:

(1)免费赠送。免费赠送包括提供样品、附赠品和赠品印花等方式,是向消费者介绍新产品最直接、有效的方式之一,适用于尚未在市场上建立广泛认知的新产品。通过向目标消费者分发小样或附加价值的赠品,企业能够让消费者亲身体验产品特点,从而提高产品的接受度和使用率。然而,免费赠送的缺点在于其成本较高,尤其是在大规模赠送时,企业需要投入大量的生产和分发资源,因此适合用在重点区域或具有较高潜力的目标市场。

(2)折扣优惠。折扣优惠手段包括折价券、直接折扣、自动获赠、还款优惠以及合作广告等形式,主要通过降低消费者的购买成本来提升其购买意愿。例如,折价券可以直接抵扣购买金额,还款优惠适用于大宗商品或长期消费服务,通过分期付款和优惠利率减轻消费者的经济压力。折扣优惠的灵活性高,适用于所有消费场景,但是应加强对折扣力度的设置,避免对品牌价值造成负面影响或导致利润率过低。

(3)促销竞赛。促销竞赛主要包括针对消费者、经销商和企业内部销售人员的不同形式的竞赛活动。通过设置奖励机制和竞争规则,激发参与者的积极性。例如,消费者竞赛通常与促销活动相结合,通过抽奖或挑战任务的形式吸引消费者参与;经销商竞赛则激励中间商以更高效率推广企业产品;而销售人员竞赛是通过奖金、荣誉或其他奖励机制,提高内部销售团队的动力和销售效率。促销竞赛不仅能推动销售,还能提高消费者或合作伙伴对品牌的关注度,需要合理设计竞赛规则以确保公平性和吸引力。

(4) 组合推广。组合推广是一种综合性促销手段,涵盖示范推介、财务激励、连锁促销和会员制促销等策略。通过多种方式整合资源,将不同方式的优点结合起来,最大化营销效果,但其实施需要全面的计划和资源投入。

营业推广的多样性赋予了企业灵活的工具,可以根据具体目标精准实施。无论是通过免费赠送拉近消费者距离,还是借助折扣优惠吸引购买,或是利用促销竞赛激发活力,以及通过组合推广整合资源,这些方法都旨在增强市场表现、提高品牌认知度和实现销售增长。在实际应用中,企业应根据市场需求、目标群体特点以及预算限制,选择适当的推广方法,并动态调整策略以实现最优效果。

(二)营业推广的策略

营业推广策略是企业为实现销售目标、提升品牌知名度和市场份额而制订的一系列系统化行动计划,其核心在于探索如何通过多样化、精准化的推广手段提升产品销量和品牌影响力。具体策略涵盖价格优惠、免费赠送、内容营销、促销竞赛等直接吸引消费者的措施,还包括跨平台推广和客户关系管理等系统化方法。

1. 直接吸引消费者的策略

营业推广策略中直接吸引消费者的措施,包括价格优惠、免费赠送、内容营销和促销竞赛等,主要是以快速激发消费需求为核心,以此激发消费者的即时购买欲望。其中,内容营销是借助高质量的文字、图片和视频内容,与消费者建立情感联系,传递品牌价值,其核心在于不直接推销产品,而是通过内容传递品牌的理念、价值观和产品优势,潜移默化地影响消费者的购买决策,致力于在消费者与品牌之间建立信任关系,使消费者感受到品牌的专业性和用心。直接吸引消费者的策略措施,直接简洁、目标明确,能够快速见效,但需要平衡投入成本和收益。

2. 跨平台推广策略

跨平台推广是一种通过整合多种营销渠道和平台的方法,旨在通过在不同的媒体和社交平台上推广产品或服务,扩大品牌覆盖范围,提升品牌知名度的系统化方法。这种策略允许品牌根据每个平台的独特文化和用户期望定制化广告内容。例如,企业可以通过抖音、Facebook等社交媒体使用吸引眼球的图片和简洁有力的文字,在视频平台上制作高质量、富有创意的视频内容,吸引年轻消费者;可以与天猫、亚马逊等电商平台合作,提升商品的曝光度和销量。此外,线上活动与线下体验结合,如扫码领取优惠券或举办线下产品发布会等活动,可以增强消费者的品牌参与感。跨平台推广强调内容的一致性和渠道的协调性,确保消费者在不同平台上的体验保持统一,从而提高品牌认知度和消费者信任。但是,企业应遵守每个平台的广告政策和指导原则,避免出现违法行为,导致账户被封禁,同时还需要持续优化与创新,保持灵活性,随时准备调整策略以适应新的发展趋势和消费者偏好。

3. 客户关系管理策略

客户关系管理是营业推广中的关键环节,旨在通过管理与企业相关的当前和潜在客户间的互动,提升客户满意度和忠诚度,实现长期价值的积累。它主要利用数据分析来深入了解客户的需求和行为,从而帮助企业设计和提供更加个性化的服务和产品,增强客户满意度和忠诚度。客户关系管理策略包括会员制营销、售后服务优化以及情感化沟通等方式。会员制营销通过提供专属折扣、积分兑换等福利,增强客户黏性;优质的售后服务则通过及时解决问题和反馈增强品牌信任;此外,通过生日问候、节日祝福等情感化互动,企业能够加深与客户的情感联系。客户关系管理策略的核心在于将短期的销售行为转化为长期的客户资产,帮助企业建立稳固的市场基础,同时提高推广活动的综合效益。

三、人工智能引领营业推广策略的创新升级

在数智时代,人工智能已成为推动各行各业变革的重要力量。对于营业推广而言,人工智能的融入不仅为传统推广方式带来了革命性的变化,更为企业提供了前所未有的创新机遇。

(一) 技术驱动的精准化与个性化

在人工智能时代,数据成为营业推广的核心驱动力。人工智能技术能够收集并分析海量的用户数据,包括用户的浏览历史、购买行为、社交媒体互动等,从而构建出精准的用户画像。这些数据不仅有助于企业更深入地了解目标受众的特征和偏好,还能为个性化营销提供有力支持。此外,基于用户画像和实时行为数据,人工智能推荐系统能够为用户推送个性化的产品信息、优惠活动等,提高用户的参与度和转化率。传统的营业推广往往依赖于人工操作,效率低下且难以保证推广效果。而人工智能技术则可以通过自动化广告投放、智能客服、自动化数据分析等手段,实现推广活动的智能化管理。这不仅提高了推广效率,还降低了人力成本,使企业能够更快速、更精准地触及目标受众。例如,通过人工智能技术,企业可以针对每个用户

的独特需求,推送定制化的产品信息、优惠活动等,从而提高用户的参与度和转化率。例如,亚马逊人工智能推荐系统能够实时分析用户的购物行为、浏览历史、购买记录等数据,精准预测用户的兴趣和需求,并向用户推荐最符合其偏好的商品。该系统具有评论亮点、重新设计尺码表、合身见解等功能,不仅提高了用户的购买转化率,还能增强用户的黏性和满意度。

(二)策略优化的实时性与灵活性

人工智能技术在数据驱动的推广决策制定方面发挥了至关重要的作用。传统上,企业制定推广策略往往依赖于经验判断和市场调研,这种方式不仅耗时费力,而且难以确保策略的准确性。然而,人工智能技术通过实时监测推广活动的各项关键指标,如点击率、转化率、用户留存率等,能够迅速识别出策略中的不足之处,企业能够及时调整策略,应对市场变化。此外,在实时优化与反馈循环方面,人工智能技术通过实时分析市场数据和用户反馈,能够迅速识别出市场趋势的变化,实现对推广活动的实时优化,形成反馈循环。同时,人工智能技术的预测分析与趋势洞察能力,能为企业预测未来市场趋势提供有力支持,使企业能够在市场变化之前作出预判,提前布局,从而抢占市场先机。这种实时优化的机制确保了推广策略始终与市场需求保持同步,从而提高了推广效果和用户满意度。例如,在电商领域,人工智能技术能够分析用户的购买历史和浏览记录,预测出用户可能感兴趣的商品类别和购买时机,为电商企业制定精准的营销策略提供有力支持。

(三)内容创作的高效性与创意性

人工智能工具正在革新内容创作和策划,使营销人员能够高效地生产高质量内容。通过自然语言生成、机器学习和多模态生成技术(如文字、图像、视频等),人工智能可以快速完成从文案撰写到视觉内容设计的全过程,大幅提升生产效率。例如,人工智能能够根据输入的关键词或数据自动生成符合品牌调性的营销文案,大幅缩短内容生产周期。人工智能辅助工具不仅能够处理大量重复性和基础性任务,还可以通过数据分析洞察消费者的兴趣和需求,为创意策划提供有力支持,从而让人类员工专注于高价值的创意工作。例如,人工智能可以通过分析目标市场和消费者行为数据,提供定制化内容创意建议,帮助策划更具吸引力和针对性的传播方案。此外,人工智能还可以实现内容的实时优化和个性化分发,根据受众的兴趣和互动反馈动态调整内容形式和传播方式,从而实现"千人千面"甚至"一人千面"的精准营销(Chan-Olmsted,2019)。与此同时,人工智能作为"数字员工",能够全天候工作,自动完成内容质量检测、错误修正、数据标注和分类等重复性任务,为企业节省大量的人力和时间成本。这种人机协作模式不仅释放了传统劳动力,还通过技术赋能提升了团队的创新力和执行力,使企业在不断变化的市场环境中保持竞争优势。

■ 小资料

飞鹤,在哪儿都有人工智能

在如今的数字经济中,人工智能技术不断被应用于婴幼儿奶粉产业。飞鹤在竞争激烈的市场,选择通过人工智能智能体进行数字化转型。从用户角度出发,能够识别家长们在购买决策时的多维度需求,并通过智能体技术构建全面的用户互动与服务体验。

1. **智能体合作契机**

为了抓住这一机遇,飞鹤计划结合智能体的核心特色,打造飞鹤品牌多场景智能体矩阵,以实现以下目标:① 全域流量整合与拓展。借助人工智能智能体的特点,将在线下线上全域布局智能体,突破多媒体流量壁垒,实现全网流量的统一管理与运营。② 品牌信任构建。通过品牌智能体大使与消费者的互动,展示飞鹤产品生产的全过程,提供专业、真实的产品信息,从而增强消费者对品牌的信任与忠诚度。③ 优化购买决策过程。在电商场景中,导购智能体将协助消费者解决购买决策中的疑虑,提高购买效率。④ 育儿情感陪伴。针对新生代父母的情感需求与育儿困惑,智能体将扮演育儿顾问的角色,提供情感陪伴与决策支持,深化品牌与用户的情感连接。

2. **智能体合作策略**

在智能体合作策略中,飞鹤首先结合客户自有的品牌 IP 形象的特征,精心设计了以下三个智能体角色,以不同方式展现品牌魅力:① 鹤爸。作为品牌代言人,通过专业展厅的互动展示,传递飞鹤品牌的专业与信赖,确保品牌形象的权威与可靠。② 鹤妈。在门店购物场景中,作为健康营养专家,提供个性化的购买建议与专业营养知识,确保消费者能够选购到最适合自己及家人的产品。③ 鹤小飞。在全渠道(官网、H5、小程序、社媒账号等)作为育儿顾问,满足用户的育儿知识与情感陪伴需求。

3. **多场景智能体的应用与服务优化**

飞鹤将智能体应用至多个服务场景,以实现精准、高效的用户体验。① 搜索场景。智能体实时响应用户搜索需求,提供专业回答,减少信息丢失。② 电商场景。在用户进行网购时,智能体会提供个性化推荐与购买引导,促进交易转化。③ 知识场景。基于智能体大模型的知识图谱,覆盖全面的育儿信息,帮助用户解答疑惑。

④ 创新场景。利用人工智能生成宝宝的第一幅画,让育儿过程充满成就感。

资料来源:《飞鹤:在哪儿都有 AI》,https://baijiahao.baidu.com/s?id=1805643524799923584&wfr=spider&for=pc。

四、人工智能对推广策略的影响

人工智能不仅改变了传统推广方式,更以其独特的优势,为企业带来了前所未有的发展机遇。人工智能不仅优化了推广策略,实现了精准营销;还重塑了推广流程,提升了工作效率;更推动了推广创新,引领了行业变革。

(一)人工智能助力精准推广,优化营销策略

人工智能技术中的大数据分析功能,为营业推广提供了前所未有的精准度。大数据分析通过收集和分析消费者的行为、喜好等多维度数据,更深入地理解消费者需求,能使企业为消费者提供个性化的产品推荐和服务,增强品牌与消费者之间的情感连接和商业价值。同时,大数据分析不仅能够帮助品牌快速了解市场格局和竞争态势,还具有实时分析能力,帮助企业发现市场的新趋势、用户的新需求,及时调整营销策略。例如,电商平台可以根据用户的浏览和购买记录推荐相关产品,提升购物体验并增加转化率。此外,人工智能能通过预测模型,预测市场趋势和消费者行为,为企业的长期规划提供有力支持。在推广策略的制定过程中,人工智能能够实时监控推广活动的效果,通过数据反馈,及时调整并优化推广的方法和策略。例如,当发现某类受众对某一类产品的关注度下降时,人工智能可以迅速调整推广内容,以吸引他们的注意力。这种动态调整的能力,使得营业推广更加灵活和高效。相比传统推广方式,人工智能驱动的精准推广不仅提高了资源利用效率,还显著提升了推广活动的投资回报率。

(二)人工智能实现动态优化,提高推广效果

人工智能在推广过程中的智能优化能力,使得策略执行不再是一成不变的。通过实时监测广告表现,包括点击率、转化率、用户反馈等关键指标,并使用算法模型对这些数据进行分析,人工智能能够迅速识别推广策略中的不足之处,以及哪些策略有效和哪些需要调整,并自动进行优化调整。这种动态调整的能力,使得推广活动能够灵活应对市场变化,及时优化广告创意、投放渠道和预算分配,确保推广效果持续优化,达到最佳状态。如人工智能可以根据用户反馈和实时数据,动态调整产品定价、促销力度、推广渠道等,以确保推广策略始终与市场需求保持同步。此外,

人工智能还能预测市场趋势,如消费者偏好变化、产品需求波动等,为企业制订前瞻性的推广计划提供可靠数据,有效降低决策的不确定性,让企业能在激烈的市场竞争中稳操胜券。

(三) 人工智能赋能营业推广,提供策略指导

人工智能技术的不断发展和完善,为推广创新提供了强大的动力。人工智能技术通过其在数据挖掘、自然语言处理、机器学习等关键技术的应用,在数据分析方面展现出强大的能力,不仅能够高效处理海量数据,还能通过深度学习和模式识别技术,从历史数据中提炼出宝贵的市场洞察。无论是用户行为分析、竞品动态监测,还是市场趋势预测,人工智能都能提供精准而全面的数据支持,为推广策略的制定奠定了坚实的科学基础。此外,人工智能还能够基于这些数据构建高度精准的预测模型。通过对不同推广策略下可能产生的市场反应进行模拟和预测,人工智能可以帮助企业提前洞察潜在的市场机遇与风险,从而制定出更加明智、高效的推广方案。这种前瞻性的策略指导,不仅显著提升了推广活动的成功率,还极大地促进了企业营销体系的持续优化与迭代升级。在人工智能的助力下,企业的推广策略不再仅仅依赖于经验和直觉,而是更加科学、精准、高效。这不仅提升了企业的市场竞争力,还为企业带来了更加可观的营销回报。因此,可以说人工智能技术正以其独特的优势,引领着推广策略的创新与变革,为企业营销领域注入了新的活力与动力。

■ 小资料

美图×纪梵希 AR 沉浸式交互项目

互联网时代,面对愈发激烈的美妆份额竞争和口红市场饱和的现状,如何在一众经典大热口红中突出重围,夺回属于纪梵希口红的市场,新产品的推出被寄予厚望。新品营销是品牌营销战役中的重要一环,新品营销不同于常规品牌营销,以曝光量级和沟通为主,新品营销的重点除流量曝光外,还需要完成口碑沉淀、消费转化。

(1) 采用的策略。使用曝光、交互、种草三位一体的策略,多触点黄金点位聚合引流+AR 一键试色精准种草+跨平台口碑拓圈。纪梵希带着全新升级的"小羊皮"唇膏携手美图展开了一场"色无禁忌"的新品大秀。项目在美图秀秀多触点黄金点位聚合引流,配合 AR 一键试色精准种草,外加站内站外口碑拓圈,以美图一站式创意内容整合营销,助攻纪梵希新品口红 social 增效达成。

(2) 执行的方式。① 吸睛开场沉淀话题 UGC 内容。纪梵希的新品推广选择以开屏"摇一摇"的互动玩法刺激更多用户触发跳转,快速引流到购买界面。② AR 创意交互实现多触点植入式种草。美图在美图秀秀—相机原生路径特开 AR 专区,定制款纪梵希 ICON 导流,方便用户体验口红试色 AR,一键切换五款色号,汇集吸引大量兴趣用户,锁定用户视线。③ 跨域分享引爆社交释放口碑破圈影响力。在美图秀秀首屏右上角为纪梵希定制呼吸动效 ICON,动态吸睛视觉强引流,亮眼曝光汇聚首页流量,集中导流美图颜选纪梵希品牌页面。

(3)取得的效果。项目在美图秀秀多触点黄金点位聚合引流,以吸睛的广告聚焦用户视线,配合 AR 试色沉浸式辅助用户体验,再搭配试用种草口碑发酵全网推新,实现曝光、交互、种草三位一体,最终项目收获 3.05 亿次曝光,AR 试色总点击超 5706 万次,KOC 内容产出近 3800 篇,全网辐射纪梵希新品口碑出圈。

资料来源:《美图×纪梵希,高定"小羊皮"AR 沉浸式交互项目》,https://www.meitu.com/zh/partner/73 美图×纪梵希。

第五节 人工智能与公共关系

一、公共关系的概念和作用

(一)公共关系的概念

公共关系(Public Relations,PR),其核心理念在于通过有效的信息传播与沟通,建立、维护并优化组织与公众之间的良好关系。公共关系不仅仅是一种宣传手段,更是一种战略性的管理职能,旨在通过双向对称的沟通,促进组织与公众之间的相互理解、信任与合作。从概念上讲,公共关系强调的是一种长期的、持续性的关系建设,而非短期的利益交换,要求组织在遵循社会伦理和道德规范的基础上,积极、主动地向公众传递信息,注意倾听公众的声音,理解公众的需求与期望,并据此调整组织的决策与行为,实现组织与公众间的和谐共生。

(二)公共关系的作用

公共关系在现代社会组织中扮演着至关重要的角色,不仅是组织与公众之间沟通的桥梁,更是组织实现战略目标、塑造品牌形象、应对危机挑战、促进内部和谐与社会融合的重要力量。公共关系的作用主要体现在以下几个方面:

首先,公共关系是塑造组织形象的重要手段。通过精心策划的新闻发布、活动策划、媒体关系管理等活动,组织可以积极展示自身的价值观、社会责任与成就,从而在公众心中树立起正面、积极的形象。这种形象可以成为组织宝贵的无形资产，有助于提升组织的品牌价值和市场竞争力。

其次，公共关系是危机管理的重要工具。在遭遇突发事件或负面舆论时，公共关系部门能够迅速启动应急响应机制，通过及时、透明的信息披露和有效的沟通策略，缓解公众恐慌，维护组织的声誉。同时，通过积极的公关行动，组织还能在危机中寻找到转机，甚至将危机转化为提升品牌形象的契机。

再次，公共关系有助于促进组织内部的凝聚力。通过内部沟通、员工培训和企业文化塑造等活动，公共关系能够增强员工对组织的认同感和归属感，激发员工的工作热情和创造力，从而推动组织的持续发展和创新。

最后，公共关系能够促进组织与社会的互动与融合。通过参与公益活动、社会责任项目等，组织不仅能够回馈社会，提升自身的社会责任感，还能在公众中树立良好的口碑，为组织的可持续发展奠定坚实的社会基础。

二、人工智能对公共关系策略改变的影响

随着人工智能技术在各个领域的应用日益广泛，人工智能技术的引入，不仅为公共关系策略的制定和实施带来了前所未有的便利，更在某种程度上重塑了这一领域的格局。

首先，人工智能技术的出现，使得公共关系团队能够借助大数据分析和机器学习算法，更精准地把握公众的情绪和需求。通过对社交媒体、新闻报道等海量数据的实时监测和分析，人工智能能够帮助公共关系团队迅速识别出潜在的舆论热点和危机事件，从而及时制定相应的应对策略。这种基于数据的决策方式，不仅提高了策略的针对性和有效性，还极大地降低了因主观判断失误而带来的风险。

其次，人工智能在公共关系策略的实施过程中发挥着重要作用。以往传统的公共关系活动，如新闻发布会、媒体采访等，往往需要耗费大量的人力和物力。人工智能技术的应用，使得这些活动变得更加高效和便捷。人工智能通过大数据处理和预测分析能力，能够增强公共决策的科学性、精准性和有效性，并推动公众对备选方案的讨论，优化方案质量，简化政府流程，利用自动化重复性操作提升公共管理效率，改善公民参与体验，促进透明度和问责制，以及个性化交流和危机管理，从而推动公共服务的现代化和高效化。例如，腾讯的"Dreamwriter"，通过智能语音识别和合成技术，可以自动生成新闻稿和采访回答，大大减轻了人工撰写的负担（陆先高，2024）。此外，人工智能可以根据受众的喜好和习惯，智能推荐和分发公共关系内容，从而提高信息的到达率和影响力（朱国玮等，2021）。

最后，人工智能对公共关系策略的影响并非完全正面。随着人工智能技术的普及，一些传统的公共关系手段会逐渐失去效力。例如，过度依赖人工智能生成的内容可能会导致信息的同质化和缺乏个性，降低公众的关注度。此外，人工智能技术的应用也引发伦理和社会问题，如数据隐私保护、算法偏见等。在使用人工智能技术进行媒体监测和受众分析时，如果处理不当，可能会侵犯个人隐私或操纵公众情绪（Brubaker，2018），从而损害公关活动的公信力和社会形象。此外，人工智能虽然能够处理大数据和执行重复任务，但在理解人性、塑造品牌故事和处理复杂人际关系等方面，仍无法完全替代人类的独特智慧与情感共鸣。过度依赖人工智能可能导致公关策略缺乏人文关怀和深度沟通，影响与受众之间的真实联系和信任建立。因此，在面对人工智能技术的冲击时，公共关系团队需要保持敏锐的洞察力和创新精神，既要充分利用人工智能技术带来的便利和优势，又要警惕其可能带来的风险和挑战。只有这样，才能在不断变化的舆论环境中保持竞争力，实现公共关系策略的持续优化和升级。

■ 小资料

新华社 MGC 视频新闻案例

2017年12月26日，新华社在第五届中国新兴媒体产业融合发展大会上，发布了首条机器生产内容（Machine Generated Content，MGC）视频新闻，展示了中国第一个人工智能媒体平台——"媒体大脑"。"媒体大脑"人工智能平台与 MGC 新闻的诞生为记者赋能，使得新闻报道优化升级，在 MGC 新闻领域，技术和内容的深度融合实现突破式创新，新闻报道进入一个全新领域，且 MGC 新闻确有其鲜明独到的特点。

（1）成稿迅速，信息精准。传统新闻生产流程包括采访、选题、出稿、发稿等步骤，耗时约30到60分钟。而 MGC 新闻从收集信息到发稿全程智能驱动，耗时仅10到20秒。同样的新闻报道，MGC 新闻生产比人类记者用时缩短180倍。后台数据库在快速整合新闻的同时监测输出，保证成稿迅速的同时信息精准无差。

（2）依托数据，后台强大。"媒体大脑"搭建之初，便建立了一个全球最大的新闻资讯库，包括图文、音视频各种媒介形式，涵盖主流媒体和自媒体各类信息来源。"媒体大脑"是媒体行业第一次把传感器、摄像头、文本视频信息等混合类的数据结合在一起，强大的数据沉淀为其奠定了坚实基础。

（3）实时监测，数据保护。"媒体大脑"每天可监测300万个网站、7000万篇文章,通过可视化报表,监测报告全天候反馈结果,保护原创内容。版权监测在生产MGC新闻时同样起作用,系统会自动判别新闻真实度再输出真实有效的报道。

(4) 技术交叉,深度融合。"媒体大脑"是一个智媒平台,也是一个智联平台,MGC新闻是内容融合的产物,可将人、物、音视频、文本数据等信息串联并形成信息覆盖网。

资料来源:《媒体大脑:打造深度融合的 MGC 新闻》,http://media.people.com.cn/n1/2018/0628/c420257-30093952.html。

三、人工智能对公共关系技术流程的影响

在数智化浪潮的推动下,人工智能正迅速且深刻地变革着各行各业,公共关系领域同样迎来了前所未有的转型。人工智能技术的融入,不仅精简了传统公关作业流程,还显著增强了工作效率与成果,为公关行业开创了一个崭新的、革命性的发展阶段。

首先,人工智能在信息收集与分析方面展现非凡能力。人工智能能够迅速从海量的互联网数据中抓取关键信息,包括新闻报道、社交媒体动态、消费者评论等,并通过先进的算法对这些数据进行深度挖掘和分析,揭示出趋势、情感倾向、公众关注点等有价值的信息。在过去,公关团队需要花费大量时间浏览各类媒体、社交媒体平台以及行业报告,以获取与品牌相关的舆情信息。这一过程不仅耗时费力,而且难以保证信息的全面性和准确性。如今,随着人工智能技术的应用,尤其是自然语言处理和机器学习技术的发展,公关团队能够借助智能工具自动收集、分类和分析海量数据。这些工具具有高效且精准的信息处理能力,能够实时追踪关键词、情感倾向以及舆论趋势,为公关策略的制定提供强有力的数据支持,使其能够更快地作出决策,制定更具针对性的传播策略(Liu & Zhang, 2023)。此外,人工智能还能帮助识别潜在危机,使公关团队能够提前采取措施,有效避免负面舆论的扩散。

其次,人工智能在内容创作与分发方面发挥着重要作用。在内容创作上,人工智能技术能够辅助生成高质量的文案、图片和视频等多媒体内容,极大地丰富了内容创作的形式与数量。例如,通过深度学习算法,人工智能可以模拟人类写作风格,快速生成符合品牌调性的新闻稿、社交媒体文案等。这不仅提高了内容生产的效率,还使得内容更加个性化和多样化,有助于吸引目标受众的注意力。在内容分发方面,人工智能依托大数据分析和用户行为预测,能够精准地识别并匹配用户的兴

趣与需求,高效精准地推送内容至合适的平台和受众群体,从而优化用户体验,提高内容的互动性和传播效果。这种精准营销的方式,使得公关活动的效果更加可衡量和预测。

再次,人工智能给客户关系管理与沟通带来显著改进。传统的公关活动往往依赖于人工维护客户关系,这种方式不仅效率低下,而且难以保证沟通的及时性和有效性。而人工智能技术通过运用自然语言处理、机器学习等先进技术,能够自动化处理客户咨询、投诉与建议,提供即时且个性化的响应,特别是聊天机器人和智能客服系统,能够 24 小时不间断地为客户提供服务,解答疑问,收集反馈,大幅提升了客户服务的效率与质量(Sheehan et al.,2020)。这些系统不仅能够处理简单的问答,还能通过情感分析技术,理解客户的情绪和需求,提供更加人性化的服务。同时,人工智能还能帮助公关团队分析客户数据,识别关键客户和潜在合作伙伴,为建立和维护长期关系提供有力支持。

最后,人工智能在公关效果评估与优化中发挥着不可替代作用。传统的公关效果评估主要依赖于问卷调查、媒体监测等手工方法,这些方法不仅耗时较长,而且难以全面反映公关活动的真实效果。而人工智能技术通过大数据分析、情感分析以及机器学习算法,能够实时追踪并分析公关活动在社交媒体、新闻报道、消费者反馈等多个渠道的影响力,量化评估品牌曝光度、公众情绪变化以及用户参与度等关键指标,为公关团队提供即时反馈。同时,人工智能还能智能识别公关策略中的成功要素与潜在改进点,为公关团队提供数据驱动的优化建议,智能调整公关策略,优化内容创作和分发渠道,助力企业更精准地定位目标受众,提升公关活动的整体效果与投资回报率(Zhang,2023)。

■ 小资料

CarMax 二手汽车销售应用

CarMax 成立于 1993 年,已售出超过 1100 万辆汽车,随时有超过 4.5 万辆汽车可供选择。其业务模式侧重于客户需求和创新,结合线上、线下和混合的零售业务线,旨在使购买汽车的过程无忧无虑且愉快。然而,随着业务的增长,CarMax 面临着如何高效处理大量客户评论、提升内容开发效率并优化客户体验的挑战。

为了应对这些挑战,CarMax 决定采用生成式人工智能技术。CarMax 选择了 Azure Open AI 服务,特别是利用 ChatGPT 模型,为其库存中的所有汽车创建客户评论摘要。其中,CarMax 为 5000 多个汽车页面生成了客户评论摘要。通过使用

Azure Open AI 服务,不仅大大提高了效率,而且由人工智能技术生成的内容质量也相当高,编辑审核通过率达到 80%。采用生成式人工智能技术使得 CarMax 具有以下优势:① 搜索引擎排名提升。通过优化网页内容,包括相关的关键字,CarMax 的搜索引擎排名得到了显著提升。这有助于引导更多潜在客户访问其网站,增加销售机会。② 员工时间节省。自动生成客户评论摘要减轻了编辑人员的工作负担,使他们能够专注于战略性、较长形式的文章创作,进一步提升了工作效率。③ 客户体验改善。简洁且信息丰富的评论摘要帮助客户更快地了解车辆情况,节省了他们逐辆车仔细研究评论的时间。这有助于提升客户的整体购物体验,增强客户满意度和忠诚度。

综合来看,生成式人工智能在二手车销售中的应用为 CarMax 带来了显著的业务增长和客户体验改善。

资料来源:《CIO 分享:企业 IT 应谨慎使用生成式 AI 向前发展》,https://baijiahao.baidu.com/s?id=1760423629378653354&wfr=spider&for=pc。

四、人工智能赋能公共关系领域的实践创新

在数字化与智能化浪潮的推动下,人工智能正以前所未有的力量重塑各行各业,公共关系领域亦不例外。人工智能技术不仅提高了公共关系工作的效率与效果,更让公关策略的制定与执行更加科学与精准,使得公共关系工作将更加智能化、个性化与高效化,为品牌与公众之间搭建起更加紧密与高效的沟通桥梁。

(一)数据驱动,精准决策

在公共关系领域,人工智能技术的引入实现了数据驱动、精准决策的重大转变。通过大数据分析,人工智能能够迅速从海量信息中提取出有价值的数据点,为公共关系团队提供决策支持。传统的公关决策往往依赖于经验直觉与市场趋势的宏观把握,而人工智能则能够深度挖掘数据背后的规律,精准地捕捉公众情绪、媒体偏好及消费者行为模式。这种基于数据的洞察能力,使公关团队能够更科学地评估品牌声誉、预测市场趋势,从而制定出更加精准有效的公关策略。人工智能不仅提高了决策过程的客观性和准确性,还极大地缩短了决策周期,使公关活动能够迅速响应市场变化并调整策略,有效增强品牌的市场竞争力和公众信任度。例如,人工智能可以分析社交媒体上的用户评论和互动数据,帮助品牌了解公众对其产品或服务的看法,从而制定出更有针对性的公关策略。

(二)智能创作,个性化传播

在公共关系领域,人工智能技术的另一个显著优势在于其智能创作能力。借助自然语言处理、深度学习等先进技术,人工智能不仅能够自动生成高质量的创意内容,如新闻报道、社交媒体帖子、视频脚本等,还能根据目标受众的偏好、兴趣及行为模式,实现内容的个性化定制与精准推送。这种智能创作与个性化传播的结合,不仅极大地提升了内容创作的效率与多样性,还使得公关活动能够更深入地触达目标受众,增强品牌信息的吸引力和互动性。通过人工智能技术,公关团队能够轻松跨越传统媒介的限制,以更加生动、有趣的方式讲述品牌故事,与消费者建立更加紧密、持久的情感连接。例如,人工智能可以分析用户的浏览历史和兴趣标签,为他们推送定制化的新闻资讯或广告信息,提升用户体验和品牌忠诚度。因此,人工智能在公共关系中的智能创作与个性化传播能力,正成为提升品牌影响力、增强消费者忠诚度的重要驱动力。

(三)实时监测,危机预警

在危机公关方面,人工智能技术同样发挥着不可替代的作用。通过持续实时地监控社交媒体、新闻报道、消费者评论等多渠道信息,人工智能能够迅速识别出与品牌相关的负面舆情、潜在危机或突发事件,为公关团队提供即时的危机预警。传统的危机监测手段往往依赖于人工搜索和筛选信息,效率低下且容易遗漏重要信息。而人工智能通过实时监测与预警机制,不仅显著提高了危机响应的速度与效率,还使得公关团队能够在危机爆发前或初期阶段便采取有效措施,控制事态发展,降低负面影响。此外,人工智能还能够通过情感分析、趋势预测等技术手段,为公关团队提供科学的决策支持,帮助他们制定出更加精准、有效的危机应对策略。因此,人工智能在公共关系中的实时监测与危机预警能力,正成为保障品牌声誉、维护消费者信任不可或缺的重要工具。

(四)优化资源,提升效率

在公共关系领域,人工智能技术的广泛应用极大地优化了资源配置,显著提升了工作效率。通过自动化工作流程和智能分析技术,人工智能能够减少人工操作的烦琐和重复劳动,使公关团队能够更专注于策略制定、创意构思等高价值工作。例如,人工智能可以自动处理邮件、回复客户咨询、分析数据报告等任务,从而减轻团队的工作负担。同时,人工智能的智能调度与资源分配能力,确保了公关活动在有限资源下达到最佳效果。人工智能还能够通过智能分析技术,帮助团队更准确地评估公关活动的效果,为未来的策略制定提供数据支持。因此,人工智能在公共关系中的优化资源与提升效率作用,不仅促进了公关工作的智能化、自动化,还推动了整个行业向更加高效、精准的方向发展,为品牌创造了更大的市场价值与竞争优势。

本章小结

人工智能促销是指利用深度学习、机器学习、自然语言处理等人工智能技术,对海量用户数据进行分析和学习,从而精准预测用户需求,制定个性化的促销策略,提高营销效率和转化率的活动。人工智能促销的作用包括:实现精准匹配、精准推送;刺激购买,提升满意度;抢抓机遇,提升市场份额;增加互动,增强体验。人工智能影响下广告新的流程步骤为:消费者洞察发现、广告创作、媒体策划和购买、广告效果评估。人工智能对推销流程的变革会产生如下影响:从产品导向向顾客导向转变;推销流程的数字化和智能化;销售组织结构的优化与人员能力的提升;注重伦理与社会责任。人工智能引领营业推广策略的创新升级体现在:技术驱动的精准化与个性化;策略优化的实时性与灵活性;内容创作的高效性与创意性。人工智能对营业推广策略的影响包括:人工智能助力精准推广,优化营销策略;人工智能实现动态优化,提高推广效果;人工智能赋能营业推广,提供策略指导。人工智能对公共关系技术流程的影响体现在信息收集与分析、内容创作与分发、客户关系管理与沟通、公关效果评估与优化等方面。人工智能赋能公共关系领域的实践创新包括:数据驱动,精准决策;智能创作,个性化传播;实时监测,危机预警;优化资源,提升效率。

关键名词

人工智能促销　人工智能生成式广告　程序化广告　虚拟数字人
预测性分析　跨平台推广策略　人工智能推荐系统

思考题

1. 人工智能促销给传统促销方式带来了哪些变革?
2. 人工智能技术在广告行业的发展经历了哪几个阶段?每个阶段的特点是什么?
3. 人工智能生成式广告与传统广告相比有哪些优势?
4. 人工智能对人员推销流程和客户关系管理带来了哪些影响?
5. 人工智能在营业推广中的应用主要体现在哪些方面?

6. 人工智能在公共关系技术流程中的应用主要体现在哪些方面？
7. 人工智能技术在促销领域的应用中存在哪些挑战？
8. 未来人工智能在促销领域的发展趋势是什么？

案例讨论

本章实训

即测即练
（请先扫封底总码）

第十二章 人工智能营销伦理、法律与绩效

本章学习目标

1. 学习并理解人工智能营销中应遵循的善行、非恶、自主、正义和可解释性等伦理准则。
2. 理解和掌握降低人工智能营销技术侵犯消费者权益的法律规制措施。
3. 理解人工智能营销中用户数字福祉、多元结构的合作性治理、审慎克制的平衡性管制以及透明度和问责制等法律规制理念。
4. 识别人工智能营销中的互动回报率、影响力回报率和体验回报率等关键绩效指标,了解这些指标在评估营销活动效果时的作用。

第十二章 人工智能营销伦理、法律与绩效

亚马逊因隐私侵权行为被诉讼

2023年6月,美国联邦贸易委员会(FTC)对亚马逊旗下的Alexa语音助手和Ring(智能门铃)安全摄像头的一系列隐私问题累计罚款3080万美元。其中包括对违反《儿童在线隐私权保护法》(COPPA)的2500万美元的罚款,因为亚马逊永久保存了Alexa的语音记录,并阻止父母进行删除。

FTC认为:"亚马逊误导父母,无限期保留儿童的录音,并无视父母的删除请求,这违反了COPPA,为了利润侵犯了隐私。"在法院的判决中,这家零售巨头被要求删除收集的信息,包括并不活跃的儿童账户、地理位置数据和语音记录,并禁止收集这些数据来训练其算法。

FTC在其官网宣布,Ring将为其受到的侵犯客户隐私指控支付580万美元。FTC指控Ring未能限制其员工和承包商访问客户视频,并在未经同意的情况下使用客户视频来完善其算法。在一个案例中,一名Ring员工在数月期间查看了至少81名女性用户的数千份私密空间监控视频。

FTC还表示,大量Ring公司的摄像头产品被黑客入侵。一些入侵者不仅观看了用户视频,还利用摄像头骚扰、威胁和侮辱用户,并更改设备的设置。

根据和解协议,Ring公司必须删除2018年之前收集的用户数据以及从这些数据中取得的成果。虽然和解协议必须经法院批准才能生效,但亚马逊表示,会认真并负责任地对待此次事件,会进一步采取有效措施保护客户隐私,严格地保护客户数据。

资料来源:《3080万美元罚款!亚马逊因隐私侵权行为被诉讼》,https://news.qq.com/rain/a/20230605A06YNV00。

本章知识结构图

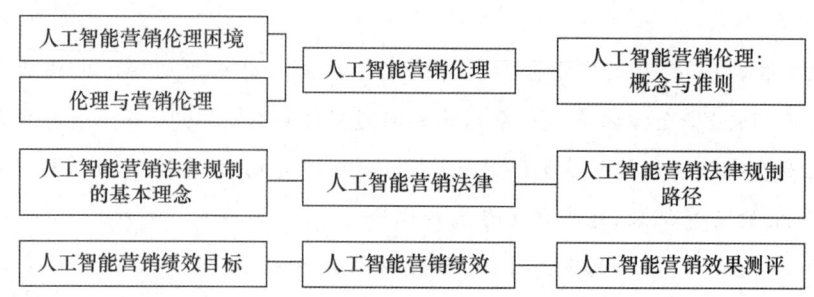

人工智能技术的快速发展及其在营销领域广泛深入的应用，带来了新的伦理和法律问题。人工智能在营销中的应用可能涉及大量消费者数据的收集、分析和使用，如果不遵循伦理原则，可能会导致消费者隐私泄露、个人信息被滥用等问题。一些人工智能营销手段可能会对社会价值观和公序良俗产生影响。探讨人工智能营销伦理规范和法律，能够引导企业在追求商业利益的同时，遵守社会道德准则，维护健康的市场秩序和社会风气，有助于建立清晰的责任界定机制，使受害者能够获得有效的法律救济，同时也能促使各方更加谨慎地使用人工智能进行营销。遵循伦理和法律规范的人工智能营销活动往往更容易获得消费者的信任和认可，从而提高营销效果和转化率。通过对人工智能营销绩效的评估和讨论，可以了解不同营销手段和策略的效果，从而优化资源配置，提高营销资源的利用效率，降低营销成本，实现企业的经济效益最大化。

第一节 人工智能营销伦理

人工智能已经深刻改变并将继续改变人类的经济和社会生活。人工智能与市场营销的深度融合，在提高效率、带来效益的同时，也不可避免地对现有的营销认知和规范形成冲击，从而引发一系列营销伦理问题。这使人工智能营销的伦理与治理成为经济社会普遍关注的一项重要议题。

一、人工智能营销伦理困境

人工智能的计算能力、数据可用性和强度、情感感知能力日益增长，在实现定制和个性化产品，建立和维护具有体验价值的客户响应和互动关系方面快速发展。然而，随着提供给人工智能系统的消费数据规模和范围不断扩大，人工智能驱动的销售和消费的增长,也引发了人工智能营销的伦理争议和挑战。

(一) 人工智能产品新型"人—机"关系引发的产品责任归属困境

伴随着由弱人工智能(Artificial Narrow Intelligence)发展到强人工智能(Artificial General Intelligence),人工智能实现了从"无自主意识"到"自主性学习"、从"被动利用"到"主动探索"的转变。弱人工智能是指不能真正实现推理和解决问题的智能机器,机器本身不具备自主意识,如击败职业围棋棋手的AlphaGo等。基于弱人工智能的产品设计,通过机器学习和深度学习技术,可实现产品的自动、遥控或者人机语言交互、触碰或是视觉交互等便利趋向,并不断向更加人性化方向发展,越来越能"猜透人们的心思",如智能音箱、智能手机、交互式扫地机器人等。

强人工智能意味着机器不仅善于推理和解决难题,而且具备相应的自主意识,主要包括认知模拟(Cognitive Simulation)和应用人工智能(Applied AI)两种形式。认知模拟旨在模拟人脑如何工作,应用人工智能旨在开发可应用于商用化的智能系统,如人脸识别系统、语音识别和自然语言理解等。强人工智能拥有知觉和自我意识,具有自动推理和自我规划等能力特质。随着人工智能通过深度学习具备了自身算法系统的反思能力和自己的万能算法语言,拥有了工具理性的智能机器对世界中发生的事能作出判断和预测,从而构成一种全新"人—机"关系,使人的主体性遭受更大的挑战。这引发了机器道德主体地位的讨论,即强人工智能产品是否需要承担产品事故的责任后果。例如,使用自动驾驶系统驾驶的电动车发生交通事故时的责任归属。

(二) 信息不对称缓解与营销信息冗余之间的困境

随着大数据、云计算、移动互联等技术的快速发展,市场信息数量、传播速度、应用程度均以几何级数的方式快速增长。一方面,信息催生了人工智能营销,市场营销活动中的数据信息生成闭环成为人工智能营销自主学习和市场知识管理的基础;另一方面,人工智能反哺信息社会,人工智能技术为市场需求与供给之间提供高效、精准的信息匹配,有效减少科层体系在纵向传递过程中出现的"信息失真"问题,以及在横向传递过程中出现的信息截流情况,提升了市场信息的利用效率与使用价值。

人工智能解决了营销过程中信息不对称导致的有限决策,却也因海量信息汇集而为消费者带来选择困境。人工智能加剧了信息更新速度与承载体量,当有限的人脑负荷能力无法承受时,信息便无法被决策者有效地获取与吸收,信息冗余现象随之产生。信息冗余会导致信息贬值、媒介信誉受损,如自媒体的裂变式发展使公众难辨网络信息真伪,很多情况下公众都需要求证于官方媒介。消费决策者一方面会迷失在海量信息中,浪费时间和精力,遗忘目标和程序;另一方面会陷入选择困境,在众多方案中反复甄别无法取舍,造成决策拖延而影响问题解决。

(三) 精准营销传播与消费者"信息茧房"之间的困境

人工智能的营销应用实际上是大数据技术和算法技术的结合在营销领域的实践。一方面,当内容数据资源的规模足够庞大、类型足够丰富,才能够满足大量用户的个性化信息需求,实现千人千面的精准传播;另一方面,从互联网时代到移动互联网时代,用户数据库技术实现了用户画像从整体的"类"到个体的"人"的精准化进步。

在人工智能营销的算法中,精准营销传播建立在个人逐步被数据化和被计算化的基础上。在数据处理和整合时,人工智能营销的算法将人按照各种各样的自动化区分标准进行排列,并赋予相应的意义。个人一旦进入这种数据化的"微粒社会",就成为被算法定义的对象。

由于网络技术的发达以及信息量的剧增,每个人都能随意选择关注的话题,并可以根据自己的喜好打造一份"个人日报",但消费者被人工智能营销算法进行精准定向,设定为不同标签的个体,这种信息选择行为将会导致"信息茧房"效应。所谓"信息茧房",是指传播体系个人化所导致的信息封闭的后果。当个体只关注自我选择的或能够愉悦自身的内容,而减少对其他信息的接触时,人们会沉浸在自我的话语场中,失去了了解和接触不同事物的机会与能力。"信息茧房"的危害是明显的,它一方面使得个人对于公共事务漠不关心,另一方面也使得个人的偏见与歧视不断得到强化和巩固。在营销活动中,"信息茧房"效应体现在营销者在了解消费者偏好之后,通过人工智能营销算法更容易以投其所好的方式把消费者往企业想要的方向引导。

■ 延伸阅读

算法精准推送与"信息茧房"

网络时代,信息茧房的形成与平台的算法推荐密不可分。算法通过对用户观看记录、浏览兴趣和内容喜好的深入分析,实现针对用户偏好的个性化内容分发。尽管算法推荐极大地满足了网民的个性化需求,但也导致用户信息接受范围的日益窄化,使得网民深陷同质内容的不断循环。另外,过度依赖相似度推荐与正反馈,以及忽视负反馈和用户自由探索的行为,加剧了信息同质化过程。

有趣的是,人们往往会自我建构信息茧房。在信息爆炸阻碍人们获取有效信息的大背景下,解决信息价值密度低下的常见做法是通过频繁观看和互动某类信息,诱导算法进行筛选推送,构筑信息茧房以便获取需求内容。

此外,社交关系网络也在一定程度上加剧了信息茧房的形成。在社交媒体时代,个体的信息网络往往是基于社交关系构建的。

总体而言,个人的选择性接触和信息偏好的固化是信息茧房形成的根本成因,而叠加个性化推荐算法的影响,则进一步加剧了信息茧房的现象。

平台在追求利益最大化和流量至上原则的驱动下,可能无意识地助长了信息茧房的形成甚至扩大。网络媒体的盈利通常依赖于用户点击率、浏览量和互动频率等指标。为有效吸引并维持用户关注,网络媒体会利用算法分析用户行为、预判用户喜好,并据此精准推送他们可能感兴趣的内容。这种以用户偏好为导向的信息定制服务,短期内能迅速吸引用户注意,但也容易催生信息的同质化、单一化和极端化等问题。

数字平台对信息运营中出现的各种问题,应建立相应的监测与评估机制。政府管理部门也应发挥考核监督作用,不断推动行业向好发展。网络媒体自身的监测评估机制与政府管理部门的考核监督相结合,引导形成正常有序的信息运营,有效防止信息茧房等类似现象的发生和扩散,确保信息传播的多样性和准确性,维护网络空间的良好秩序。

如果信息茧房现象能够为数字平台吸引更多的流量并增加收益,势必令一部分平台采取算法推荐等策略以促进信息茧房的形成和发展。然而,一旦信息茧房对数字平台的利益产生负面影响,数字平台则可能会采取措施以避免、限制、干扰或消除这一现象。换言之,只有当算法对平台收益产生显著影响时,媒体才会考虑调整或优化算法策略。

资料来源:韩艾瑾,高徽. 智能时代"信息茧房"效应检视与破茧策略[J]. 统计与咨询,2024,(4):2-7.

(四)人工智能营销引发的市场歧视性问题

人工智能增强在不断满足人类用户体验的同时,歧视性问题也相应出现了。人工智能营销算法具有极强的分类筛选能力和超乎想象的预测能力。它主要是通过选择与各种行为具有密切关联性的数据的显著特征来工作的。因此,算法极有可能基于分类筛选机制而形成"大数据黑名单"。这些"黑名单"不恰当地将个人或群体标记为具有某种风险或倾向,进而限制或排除他们的权利或机会。例如,在招聘领域,亚马逊曾使用人工智能驱动算法,利用历史数据筛选优秀的职位候选人。由于之前的候选人选拔存在性别偏见,算法也倾向于选择男性。

(五) 人工智能营销与隐私保护之间的困境

人工智能营销的大多数应用需要"大数据"支持。在云计算和快速增长的数据量推动下,人工智能营销在产品设计、价格制定、营销传播等越来越多的领域得到应用。为执行任务,人工智能营销要大量地收集、存储和分析数据。从数据隐私的角度来看,人工智能营销对数据的大量使用,使得妥善保护数据变得越来越重要。随着人工智能系统越来越多地被整合到基础设施、生产制造、商业运营和日常生活中,在医疗、交通、金融、娱乐、购物、执法等各个领域得到应用,特别是与物联网和相关的生物物联网(Bio-IoT)的相互融合,关于个人的基因、面孔、财务、偏好等数据将无处藏匿。无所不在的数据捕获和优化对数据隐私和安全构成了威胁。

■ 小资料

全景敞视主义与人工智能营销

全景敞视主义是由法国哲学家米歇尔·福柯在其著作《规训与惩罚》中提出的概念,其原型来自英国哲学家杰里米·边沁的全景敞视监狱。边沁设计的全景敞视监狱是一个环形建筑,中心是瞭望塔,四周是囚室。看守在瞭望塔可观察囚室犯人,而犯人无法确定是否被监视,从而形成自我监视机制。福柯将其引申为一种权力运作的隐喻,指出这种规训机制已扩散到现代社会各层面,以微妙且常不可见的方式对人们实施监视和控制,使得权力通过无处不在的观察和控制来维持统治地位。

人工智能的应用使得监视变得更加普遍和隐蔽,无处不在的摄像头、智能设备以及互联网平台上的各种数据收集手段,让人们的行为、言论甚至思想都处于被监视的可能之中。例如,社交媒体平台可以通过用户的点赞、评论、浏览记录等数据来分析用户的兴趣爱好、政治倾向、生活习惯等,用户在使用这些平台时,往往并不知道自己的行为正在被密切监视和分析。

在传统的权力结构中,监视者和被监视者的身份是相对明确的。然而,人工智能的应用使得这种界限变得模糊不清。一方面,每个人都可能成为被监视的对象;另一方面,普通用户也可以通过各种途径获取他人的公开信息,甚至参与到对他人的评价和监督之中。例如,在一些网络直播平台上,观众可以对主播的行为进行实时评论和监督,而主播也可以通过观众的反馈来调整自己的行为,这种相互监视的关系使得权力的运行更加复杂和难以捉摸。

福柯认为权力和知识是相互交织的,谁掌握了知识,谁就拥有了权力。人工智能的发展使得大量的数据和信息被收集、分析和利用,而那些拥有先进人工智能技术和大量数据的企业、机构或个人,就能够获得更多的知识权力。例如,大型科技公司通过对用户数据的分析,可以深入了解用户的需求和行为模式,从而制定更有针对性的营销策略和产品设计,进一步巩固和扩大自己的市场份额和影响力,而普通用户往往处于被动接受的地位,对自己的数据被如何使用和利用知之甚少。

人工智能在知识生产和传播过程中也发挥着重要作用,它可以根据预设的算法和模型对信息进行筛选、分类和推荐。这意味着,人工智能系统的开发者和使用者可以通过控制算法和数据来影响人们获取知识的内容和方式,进而对人们的思想和行为进行规训和控制。例如,某些新闻媒体平台利用人工智能算法根据用户的浏览历史推荐新闻内容,可能会导致用户陷入"信息茧房",只接收到与自己观点相似的信息,从而限制了他们的视野和思维方式。

此外,人工智能技术可以通过对大量数据的分析和挖掘,对个体的行为进行预测和分析。这种预测能力使得权力机构或企业能够在个体行为发生之前就采取相应的干预措施,从而影响个体的决策和行为选择。例如,电商平台可以根据用户的浏览和购买历史预测用户的需求,向用户推荐相关的商品和服务,引导用户的消费行为,在一定程度上限制了个体的自主选择空间。

资料来源:《共同体的不可能:"遥控时代"的监视权力、自我量化与同质性》,https://news.qq.com/rain/a/20241105A049SN00。

二、伦理与营销伦理

(一)伦理和道德

1. 伦理

"伦理"(ethics)一词,最早见于《礼记·乐记》中"乐者,通伦理者也"。东汉的许慎在《说文解字》中对"伦理"的解释为:"伦,从人,辈也,明道也;理,从玉,治玉也。"东汉的郑玄则进一步明确:"伦,犹类也;理,分也。"由此可知,伦,即人伦,它是指人与人之间的关系;理,即治理、整理,它是指条理、原理和规则。所谓伦理,是指合理的行为,是处理人与人相互关系的行为准则。

"伦理"这一概念在国外众说纷纭。亚里士多德强调中庸的精神美德;休谟重视源自人性中的自然原则,即"同情心"的某种"约定";康德注重有良心的社会责任;斯蒂文森宣扬知识领域之外的某种"态度"。

2. 道德

道德(moral)是指人们在长期的社会生活实践中形成的并依靠社会舆论和个人

内心信念监督和维持的调节人与人、人与自然、人与社会之间关系的行为规范体系和精神情操体系。它具有明显的价值理性和价值倾向性,是对人与人、人与自然、人与社会之间的关系本质的把握。

从伦理学意义上说,"道"是指处事做人的根本原则,即人之为人所应当遵循的行为准则。伦理学意义上的"德"是指人们内心的情感和信念,指人们坚持行为准则的"道"所形成的品质或境界。

3. 伦理与道德的联系与区别

"伦理""道德"是两个经常互换或一起使用的词。伦理和道德常被用来表达相同的意思,很多情况下可以通用。但伦理和道德毕竟不是同一概念,两者既有联系又有区别。

道德与伦理有着密切的联系。首先,伦理学是关于道德的学说,是以社会道德现象为研究对象和范围的科学,是道德观念的理论化、系统化。伦理学和道德的关系实际上是科学和研究对象之间的关系。其次,伦理和道德两个概念的外延和内涵存有交集,两者都表现为善恶对立的心理意识、原则规范和行动活动等方面的内容。最后,在词源学上,伦理和道德有着相同的含义。西方"道德"一词的古拉丁语词源是"moress",与"伦理学"一词的古希腊语词源"ethos"都是风俗、性格和习俗的意思。在古汉语中,道德和伦理也有着相近的词义。

就伦理与道德的区别而论,有个体道德和社会伦理之说,即道德侧重社会个体的角度,把社会伦理规范内化为个体道德要求,伦理则侧重于从整体上探讨人们在社会生活中所面对的各种伦理关系。因此,道德具有主观性、个体性和自律性的特点,伦理则具有客观性、社会性、他律性的特征。

(二) 营销伦理的定义与内涵

1. 营销伦理的定义

企业与消费者和社会的关系,最主要的是经济关系,直接表现为某种利益关系,这种关系的正确处理,除依靠法律外,还需要正确的伦理观念指导。营销伦理是营销主体在从事营销活动中所应具有的基本的道德准则,即判断企业营销活动是否符合消费者及社会的利益,能否给广大消费者及社会带来最大幸福的一种价值判断标准。简单地说,就是处理营销过程中利益各方的相互关系的准则。

2. 营销伦理的内涵

现代营销概念有着丰富的伦理内涵。首先,作为营销基础要素的市场并不是一个简单的商品交换或买卖的场所,其中蕴含着深刻的伦理内容。在市场中进行交易的主体必须具备一定的伦理品格,如自由、平等、公平、责任和服务精神等,如果不具备这些品格，则不具备进入市场的资格。其次，营销观念的演变，代表了一场经济伦理关系的革命，从传统营销观念到现代营销观念的转换，反映了企业经营的出发点从自身产品的生产销售转向更好地满足目标市场的要求。营销活动本身就是一个为目标市场服务的过程，具有明确的伦理内涵。而随着大数据、云计算、移动互联和人工智能技术的发展，营销观念进一步发生演化，其伦理内涵也在不断深化。最后，营销者利益的实现，以营销对象需要的满足和对营销过程的满意为前提。这就使营销者为了获得营销对象的满意，必须不断地更好地满足营销对象的需求。

营销伦理作为营销伦理意识、伦理关系、伦理规则和伦理活动的总和，对于人的物质需要和精神需要的共同关注，使营销不仅具有工具理性意义，还具有价值理性内涵。科学技术进步体现的工具理性，在给人类带来便利和福祉的同时，也给人类带来了信仰的缺失。营销伦理从人的需要角度出发来分析问题和解决问题，实现了工具理性和价值理性的动态平衡。

（三）营销道德评价的伦理学思想

1. 中国传统商业道德思想

义利关系是中国思想史上一个重要的基本问题，义与利也属于中国古代哲学的范畴。义利关系问题贯穿于一切营销活动之中，对这个问题的回答决定了营销决策的取舍，因此，义利关系问题也是营销伦理的基本问题。"义"指道德规范，要求人和企业自觉做合乎情理的事情；"利"则指物质利益和社会地位。所谓"义利观"，即如何来认识和妥善处理义与利之间的关系或矛盾，应用到商业领域就是"见利思义"的商业经营理念、"取之有义"的商业行为准则、"先义后利"的经商战略和"重义轻利"的价值判断。

2. 西方道德评价的一般理论

在西方近现代规范伦理学中，被人们广为接受并得到广泛应用的伦理学理论分别属于伦理学的两种途径，即目的论途径和道义论途径。

所谓目的论途径，就是判定一种行为在道德上是否正确，应取决于该行为带来的结果是否超过恶的结果。按对行为后果的不同解释，目的论伦理学主要有利己主义和功利主义两大类型。利己主义的行为评价原则是：一种行为在道德上是正确的或正当的，当且仅当它为或会为行动者带来最大利益或幸福。功利主义的行为评价原则是：一种行为在道德上是正确的或正当的，当且仅当它为或会为全体利益相关者中的最大多数人带来幸福。与利己主义关注行动者个体的自我利益不同，功利主义强调终极的善是最大多数人的最大幸福或快乐，正当的行为就是能促进这种终极的善，其原则也被称为最大幸福原则。

与目的论相反,道义论认为某一行为是否合乎道德取决于该行为本身内在的正当性。道义论强调评价行为的道德与否是基于行为本身而不是行为引致的结果,而行为本身的道德与否取决于该行为是否遵守了义务,这些义务是由人们的直觉和经验归纳出来的。义务有狭义和广义之分。狭义的义务是指实行或禁止那种涉及他人合法利益的行为。偿还债务、遵守契约、不偷不诈都是人们应履行的道义。广义的义务则是指符合风俗和道德要求的行为。

3. 西方营销道德评价的具体理论

西方营销道德判定理论主要包括显要义务理论、相称理论和社会公正理论。

所谓显要义务,是指在一定时间一定环境中人们自认为合适的行为,主要包括六条基本的显要义务,即诚实、感恩、公正、行善、自我完善和不作恶。

相称理论认为应从目的、手段和后果三方面综合判断营销行为是否道德。目的指从什么出发点来行事;手段指使目的得以实现的过程及在此过程中所采用的方法;后果指行为所引起的结果,包括行为人意欲达到的结果,也包括不为行为人所期望但能被行为人预料到的结果。

社会公正理论从一种称作起始位置的状态出发,构建一个理想的社会公正系统,这一系统所适用的伦理准则是力图使弱者利益得到增进,或至少不会因强者的剥夺而使弱者变得越来越弱,并认为正当的行为就是重视和尊重人的各种基本权利或与自由的正义原则相一致的行为。

三、人工智能营销伦理:概念与准则

(一) 人工智能营销伦理的概念

鉴于人工智能的重大进展和日益普及,及其对个人、经济和社会层面的广泛影响,关于指导人工智能在营销领域发展和使用的伦理原则和价值的辩论,开始逐渐占据该领域学术探讨的中心舞台。

到目前为止,人工智能营销的伦理图景仍然是相当支离破碎的,学者们对人工智能营销伦理原则展开探讨,但这些原则大多具有高层次的道义论性质。通过同时考虑不同利益相关者的利益,将这些原则转化为商业实践可能需要权衡,如在产品个性化和隐私之间的需求满足,或客户优先和非歧视之间的需求满足。当人工智能的目标应该是促进社会利益(有益)和防止任何伤害(无害)时,制定人工智能伦理规范,建立统一完善的标准体系,对人工智能系统的设计、开发和应用等一系列行为中的安全性和正当性的思考及价值判断就变得尤为重要。结合营销伦理的概念,以及人工智能伦理聚焦在人工智能产品、服务、应用与治理中、智能体(人与智能机器)所应该遵循的一般伦理原则和行为规范的内涵,我们将人工智能营销伦理界定为营销主体在从事人工智能营销活动中所应具有的基本行为准则,是人工智能营销设计与应用实践的合理性边界,包括人工智能营销的道德规范及其价值精神存在与演进的社会条件、社会价值、交往方式、结构体制的合理性等内容,也可将其理解为人工智能营销应用于社会的积极影响与消极影响。

(二) 人工智能营销伦理的准则

人工智能伦理准则主要是指当前在人工智能技术开发和应用中,依照理想中的人伦关系、社会秩序所确立的,相关主体应予以遵循的标准或原则。相应地,人工智能营销伦理准则是指人工智能技术在营销领域应用中须遵循的伦理准则。

在人工智能伦理原则、规则和相关政策研究制定方面,据德国非营利机构 Algorithm Watch 的统计,世界范围内迄今已有 160 多个机构或组织提出了各自的人工智能伦理准则建议。对公共和研究机构发布的人工智能伦理原则和指南文件进行文本分析,发现尽管各国人工智能伦理规范与政策不尽相同,但在透明度、公正和公平、不伤害、责任和隐私等原则方面存在着趋同。

针对人工智能在营销领域的应用,学者们从企业、顾客、社会和环境等多元利益相关者视角,分析了在营销领域使用人工智能的伦理含义和顾虑,提炼出善行、非恶、自治、正义和可解释性等五项人工智能营销伦理准则(见表 12-1)。

表 12-1 人工智能营销伦理准则及其关键词汇

准则	关键词汇
善行	福祉、尊严、可持续性、福利、慈善、和平、社会公益、公共公益、普遍服务、可及性、感知价值
非恶	隐私、安全、非恶意、无伤害、保护、预先提醒、防范、诚实、非破坏性、社会团结、非孤立、不歧视
自治	决定权、自由使用权、许可、选择权、自主决定、意志和选择自由、授权、知情同意
正义	繁荣、团结、社会正义、公平、一致性、包容、平等、公正、无偏见、无歧视、多样性、多元化、可及性、可逆性、补救、纠正、挑战、分配、凝聚力
可解释性	可理解性、问责性、透明度、可解释性、易理解性、沟通、信息披露、展示、责任、问责、诚信行事

1. 善行

善行是指人工智能营销应促进消费者福祉、企业成长以及社会环境的共同利益。企业在营销中利用人工智能的一个重要优势,是有机会个性化和定制产品与服务,在营销组合中最大限度地提高参与度、说服力和客户满意度。显然,在营销中使用人工智能是与企业和消费者的明确利益相联系的,一方面来自更好地满足客户认知和情感需求及消费偏好,另一方面来自时间和成本效率的提升。

然而,作为善行原则核心的"善"的概念,在个人层面和上层建筑层面上都远非客观。在人工智能应用于市场营销的情况下,被认为对个人(如客户)有益的事物与上层建筑(如社会、环境)中的"善"的含义之间的潜在不可调和性也会出现。

例如,人工智能在营销中的应用追求的是销售目标和增加消费。当消费者满足了需求,从而在个人层面上获益时,它也消耗了资源,对环境产生了负面影响,从而导致无法自我纠正并抑制增长的消费外部性。具体而言,消费的环境影响和负外部性问题可能会因人工智能营销的推荐系统和强调信息利用策略而加剧。例如,亚马逊的电子商务平台依赖于人工智能驱动的推荐系统和协同过滤,其包装、运输、购买的电力、直接运营产生的化石燃料排放等相对碳足迹将显著提升。

2. 非恶

非恶准则对人工智能营销可能的潜在消极方面提出了警告,它强调安全和隐私的重要性,预防风险和任何因意外/无意(过度使用)和故意(误用)所致的伤害。

善行和非恶在逻辑上似乎是等价的,但它们并不是一个连续体的两端,而是共存的。人工智能的应用不一定会促进环境的良性发展(未满足善行原则),但可能会损害环境(未满足非恶原则)。相反,这些道德判断在公司和客户层面上并不一致。这意味着,人工智能的应用可以同时是有益的和有害的。在人工智能的非恶意方面特别重要的是个人隐私、准确性以及数据保护和质量。

3. 自治

自治准则是指在人工智能营销的情境中,消费者拥有自决权,能够以不受胁迫的方式作出决定。消费者自主权是消费者选择的核心,并被定义为消费者自己作出决定的能力,不受其他代理人施加的外部影响。然而在人工智能营销中,消费者自主权容易受到这样一种方式的影响,即在消费决策过程的信息收集阶段将决策委托给人工智能系统,特别是对客户接触到的信息和选项进行(预)过滤。基于时间和认知资源效率的约束,或是定制内容的匹配,将决策让渡给人工智能系统可能是有益的,但如果过度依赖人工智能系统的建议,或者营销者利用人工智能进行操纵或欺骗,则会给消费者带来伤害。

4. 正义

正义倡导公平,避免不必要的、不公平的偏见和歧视,同时涉及利益分享。人的判断可能存在偏见或歧视,由人构建的人工智能应用和算法预测也可能是有偏见和歧视的。人工智能营销可能复制甚至放大人类的偏见和歧视。人工智能营销的个性化产品设计、心理定位、客户关系管理中的客户优先等策略,可能会根据人口统计、心理和经济因素将某些客户群体与其他群体区分开来,在这个过程中,人工智能营销系统和应用程序可能会强化在性别、年龄和种族等方面的刻板印象。

5. 可解释性

可解释性意味着透明性和可理解性,即在认识论意义上人工智能如何工作,在伦理意义上谁对人工智能的工作方式负责,是能够向消费者和社会进行充分解释,并能够被理解。

由于人工智能系统的黑箱性质、不透明性和缺乏问责制,可解释性可能是人工智能营销伦理中争议较多的准则。当涉及高风险决策和敏感的个人数据时,越来越多的人主张公开解释人工智能营销系统的意图、数据输入和来源以及输入和输出之间的关系的方法,以便消费者能够理解预测、分类和建议等结果。缺乏可解释性和可理解性的人工智能黑箱,也容易妨碍个人对善行、非恶、正义和自治等方面的判断。但可解释性准则也存在一定的争议。例如,强调人工智能营销的透明度,可能会降低企业获得竞争优势的能力和效率,这就需要权衡透明度在消费者、企业和社会等方面的综合成本和收益。此外,随着人工智能技术的快速发展和营销数据的急剧增加,信息过载和技术复杂造成的认知困难,会导致人们对人工智能营销的可理解性难以实现。

■ 小资料

世界各国人工智能营销伦理规范实践

鉴于人工智能技术变革的速度和可能面临的挑战,各国政府、国际组织、学术机构和企业界都积极参与相关伦理标准的讨论和制定,致力于通过建立相关的法律、伦理、监管配套制度,寻求对人工智能营销的有效治理,以确保消费者能够从人工智能新技术中受益,同时规避因人工智能营销伦理失范和技术不当使用所带来的负面后果。

联合国是推动建立全球人工智能伦理规范的重要力量。联合国教科文组织(UNESCO)和经合组织(OECD)等一直在推动制定强调包容性、人权和降低风险的道德准则。2021年11月,联合国教科文组织成员国通过了首个关于人工智能伦理的全球标准,这一历史性文本确定了共同的价值观和原则,旨在确保人工智能的健康发展,并应对与透明度、问责制和隐私相关的问题。2023年10月26日,联合国高级别人工智能咨询机构成立,就人工智能可能产生的偏见歧视等关键问题开展讨论。12月,该咨询机构发布临时报告《以人为本的人工智能治理》,将包容性、公共利益等伦理原则作为设立人工智能国际治理机构的指导原则。

各国政府也积极推进人工智能伦理标准和政策监管制度的制定。当前,伦理问题是各国人工智能政策的重要领域之一。2023年5月,七国集团(G7)在日本广岛举行峰会,宣布"广岛人工智能进程",将"广岛人工智能进程"作为协调制定人工智能监管国际规则的平台。2023年10月,美国发布《关于安全、可靠、可信赖地开发和使用人工智能的行政令》,明确进行负责任人工智能技术的开发,提出安全可靠、保障权利、隐私保护伦理要求,并对各行政部门如何促进负责任人工智能技术的开发和应用作出安排。2024年9月5日,美国、欧盟、英国和其他七个国家及组织签署了全球首个人工智能法律公约《人工智能框架公约》,以促进人工智能技术的国际监管合作。《人工智能框架公约》的签署标志着人工智能监管领域迈出了全球化的重要一步。

随着人工智能滥用、算法公平、人工智能伦理、人工智能监管和责任等进入更广泛的公众讨论视野,相应的标准和规范陆续出台,如欧盟《人工智能法案》和《可信AI伦理指南》。欧洲议会于2024年3月13日通过了欧盟《人工智能法案》,强调透明性、问责制和公平性,要求企业确保人工智能技术的使用尊重用户隐私。欧盟委员会还设立了人工智能办公室,帮助协调成员国之间一致应用法案。2024年7月12日,欧盟在《欧盟官方公报》上正式发布了第2024/1689号条例——欧盟《人工智能法案》。这项具有里程碑意义的立法包含180个序言、113条条款和13个附件,为欧盟境内人工智能系统的开发、部署和使用建立了全面的框架。

中国对人工智能伦理问题也高度重视。2017年7月,《国务院关于印发新一代人工智能发展规划的通知》中便明确提出2025年"初步建立人工智能法律法规、伦理规范和政策体系",到2030年"建成更加完善的人工智能法律法规、伦理规范和政策体系"的建设目标。近年来,中国通过发布《新一代人工智能伦理规范》《人工智能安全治理框架》《国家人工智能产业综合标准化体系建设指南(2024版)》、积极参与人工智能伦理治理双多边对话合作、提出《全球人工智能治理倡议》、倡导加强人工智能能力建设国际合作等举措,与各国携手推进全球人工智能伦理治理体系和治理能力建设,在持续为全球人工智能伦理治理贡献中国力量和中国智慧的同时,也有效提升了中国在全球人工智能伦理治理领域的影响力。

第二节 人工智能营销法律

人工智能营销与法律的结合会在两个层面呈现出来。一方面,在享受人工智能营销带来的技术红利的同时,需要对它可能带来的风险和挑战进行回应,这意味着需要对人工智能营销进行法律规制。另一方面,大数据技术、云计算、人工智能的发展又为现有的法律提供动力,立法、司法和法律执行将会以一种从来没有过的方式借助算法而实现变革。人工智能营销法律是指以保护人的基本权利为出发点,对人工智能营销应用进行规范和限制的法律文件,由人工智能营销法律框架、条款和规制路径等组成。

一、人工智能营销法律规制的基本理念

(一)关注用户数字福祉

受效率主导逻辑的支配,人工智能营销的算法设计者和开发者往往将注意力集中在吸引甚至迎合用户上。这种偏好原则可能将用户锁定在"信息茧房"中,从而忽视了用户的数字福祉(digital well-being)。数字福祉主要包括以下两大内涵:一是人人都可享受到数字技术带来的红利,最大化地实现普惠和赋能;二是促进个人对数字技术和网络服务的高质量使用,减小、防止数字技术对个人的负面影响。

数字福祉体现在人工智能营销算法及以算法载体形式存在的人工智能体在认识、动机、结果、组织评价等多方面满足善的要求。它能够在社会伦理原则与人工智能营销技术目标之间进行一种反思性的平衡,并在特定数据技术的开发、部署和使用等各个关键阶段都发挥核心作用。随着网络技术和算法技术的发展,人们越来越强调人工智能营销应当遵循"经由设计的数字福祉"(digital well-being by design)理念,将对用户数字福祉的保障和促进融入产品和服务的设计中去。

(二)多元结构的合作性治理

传统的法律规制手段是建立在国家与社会、公权力与私权利的二元结构基础上的。它强调国家以自主性为核心的"专断性权力"和个人基本权利所具有的排除公权力侵害的防御功能。具体到人工智能营销规制领域,它主要体现为试图建立一套以结果责任认定为核心的政府事后监管模式和以个人为中心的权利救济模式。这些方式和手段虽然在一定程度上能够起到纠正人工智能营销算法偏差的作用,但是对于嵌入到算法技术过程中的更为隐蔽的算法偏差的作用并不大。这需要重新认

识国家与社会、公权力与私权利、行政权力与技术权利的关系,并建立一种"政府—平台—商户(消费者)、公权力—社会权利—私权利的三元结构"。

三元结构中的国家与社会、公权力与私权利不再是简单的消极对抗关系,政府权力也不应该是一种高专断性权力。人工智能算法构造了一个信息社会,信息成为权利的中心,产生一种信息权利,这种信息权利制约和阻碍着以科层制为核心的政府权力的运作,并在事实上改变了政府权力的运作形态和人们对权力的认识。算法平台具有的经营权、财产权和知识产权等一系列私权利会在这种信息优势和技术优势下演变为一种"准公权力"。即通过制定平台规则、处理平台纠纷、行使平台监管权等具有了"准立法权""准行政权""准司法权"性质。政府在算法规制过程中,也需要借助算法平台、程序员和人工智能专家的信息优势和技术优势,实现合作性治理。因此,算法平台企业、程序员和人工智能专家不仅是政府监管的对象,也是政府监管的参与者、决策者和执行者。国家有关人工智能营销规制法律规范的制定和执行都离不开他们的积极参与,而且这种参与的深度和力度要远远超过二元结构中的公众参与。

(三)审慎克制的平衡性管制

人工智能营销的效率主导逻辑决定了伦理规制过程中必须高度重视权利保护与科技创新之间的平衡问题。但是,法律规制遵循的集权逻辑、权利逻辑和客观认定事实逻辑与人工智能营销运营的基本逻辑存在较大差异。如果一味地运用法律规制特别是运用政府管制手段,势必会以牺牲人工智能营销的活力和创造力为代价,进而影响人工智能营销的发展。例如,对于无人驾驶的刑法规制就应当采取克制与审慎的态度,因为无人驾驶汽车的碰撞算法还处于发展之中,算法技术之争导致算法规范的争议,目前碰撞算法对于事故参数还处于初步应用阶段,对于这种算法采取刑事规制无疑会阻碍算法创新。同时,在人工智能营销算法研发过程中,企业也正在按照运作的基本逻辑逐步自发衍生出一套人工智能产品约束和治理机制。例如,为了保护消费者的身心健康,Android 操作系统、iOS 操作系统和 Facebook 等都设置了"屏幕使用时间",以帮助用户将手机和网络使用时间控制在合理限度。人工智能营销企业也可以通过行业技术标准和伦理道德规范来减少或克服人工智能带来的风险和危害。这些机制既能降低法律运作的成本,又可以避免法律规制给人工智能营销创新可能带来的负面效应。因此,政府进行人工智能营销伦理规制时,应当树立权力克制的基本理念,坚持多元主义的治理方向,并为技术治理、算法治理和其他治理留下必要的空间(郑智航,2021)。

(四)透明度和问责制

在人工智能营销领域,透明度和问责制是确保算法公正性和用户权益的关键因素。透明度意味着算法的决策过程和逻辑对用户是开放和可理解的,而问责制则确保当算法决策导致不利后果时,有明确的主体负责并承担相应的责任。透明度要求算法的设计和运作方式能够被用户理解。例如,欧盟的《通用数据保护条例》要求,对于完全自动化的决策过程,用户有权获得关于算法的逻辑、重要性和预期后果的解释。在中国,《中华人民共和国个人信息保护法》(以下简称《个人信息保护法》)也强调了算法自动化决策的透明度和结果的公平、公正,以及个人对于算法决策的知情权和决定权。问责制则涉及当人工智能系统造成损害时,如何确定责任和追责的问题。例如,如果一个基于人工智能的营销算法导致了用户的经济损失或隐私泄露,那么需要有明确的法律责任和追责机制。在实践中,这可能涉及算法的设计者、部署者或使用者。

二、人工智能营销法律规制路径

目前,人工智能的技术只是局限在具体领域,没有形成通用人工智能,因此并不存在对人工智能的一般化的法律规制。就人工智能营销领域的技术发展水平和具体应用而言,目前法律规制一般采取"传统法律修正"的模式,即对现有法律进行调整完善,以解决人工智能营销引发的伦理和法律问题。由于不同国家法律体系存在差异,人工智能技术发展和应用的程度也不尽相同,在具体司法实践中其人工智能营销的法律规制路径也各具特色。

(一) 中国的分散式立法规制路径

就人工智能的法律应对而言,中国目前更多的是从产业政策促进、扶持和发展的角度对人工智能提供行政指导。2017 年,《国务院关于印发新一代人工智能发展规划的通知》突出地反映了这一思路。人工智能技术被定位为国家战略。此后各部委和各地方政府也结合当地实际出台了规章性质的人工智能产业发展规划。工信部出台了《促进新一代人工智能产业发展三年行动计划(2018—2020 年)》推动人工智能的科技研发和产业化发展。浙江省人民政府出台了《浙江省新一代人工智能发展规划》,涉及智能医疗、智能金融、智能商务等领域,提出加快人工智能技术攻关和深度应用。2021 年 10 月 28 日,国务院印发《"十四五"国家知识产权保护和运用规划》,提出健全大数据、人工智能、基因技术等新领域新业态知识产权保护制度。

中国目前对人工智能营销的法律规制以分散式立法的方式分布在不同层级的法律规范中,对精准营销、营销传播算法和个人信息保护进行了相应的规制。

目前对人工智能的法律规制在电子商务、数据安全和个人信息保护等领域的立法中已经有个别条款分别涉及。《中华人民共和国电子商务法》(以下简称《电子商务法》)第18条规定,电子商务经营者根据消费者的兴趣爱好、消费习惯等特征向其提供商品或者服务的搜索结果的,应当同时向该消费者提供不针对其个人特征的选项,尊重和平等保护消费者合法权益。这是在法律层面对"大数据杀熟"的回应。"大数据杀熟"作为差别化定价,是企业经营者利用机器学习算法,对每个消费者的消费偏好、消费习惯和消费能力等信息进行分析,构建定价模型,对同样的商品或服务实行不同的定价。借助大数据技术,企业获得了关于消费者的完整信息,从而能够对消费者进行画像,最大程度地获得消费者剩余。此外,《电子商务法》第40条规定,对于竞价排名的商品或者服务,应当显著标明"广告"。这对算法提出了信息披露义务,保障消费者的知情权、自主性和选择权。

2021年9月1日正式实施的《中华人民共和国数据安全法》(以下简称《数据安全法》)是我国数据安全领域的基础性法律,为包括人工智能领域在内的数据安全监管和保护工作提供了基本的法律框架和原则。为贯彻落实《数据安全法》,2022年12月8日工业和信息化部印发《工业和信息化领域数据安全管理办法(试行)》,明确了工业和信息化领域数据处理者的责任和义务,要求对数据进行分类分级保护,加强数据安全风险评估、监测预警和应急处置等。这为工业和信息化领域人工智能企业进行数据处理提供了明确的规范,确保数据的安全和合法使用,防止数据泄露、篡改和滥用,保护个人信息和重要数据的安全。2024年12月27日国家金融监督管理总局公布《银行保险机构数据安全管理办法》,旨在规范银行保险机构的数据处理活动,保障数据安全和金融安全,促进数据的合理开发利用,维护社会公共利益和金融消费者合法权益。

2021年11月1日起施行的《个人信息保护法》针对当前社会各方面对于用户画像、算法推荐、人脸识别等新技术、新应用,对相关产品和服务中存在的信息骚扰、"大数据杀熟"等问题,立足于维护广大人民群众在网络空间的合法权益,对利用个人信息进行自动化决策作出针对性规范,明确要求提供个人拒绝的选项。《个人信息保护法》明确规定,通过自动化决策方式向个人进行信息推送、商业营销,应当同时提供不针对其个人特征的选项,或者向个人提供便捷的拒绝方式;处理生物识别、医疗健康、金融账户、行踪轨迹等敏感个人信息,应取得个人的单独同意;对违法处理个人信息的应用程序,责令暂停或者终止提供服务。

最高人民法院于2022年12月8日发布《最高人民法院关于规范和加强人工智能司法应用的意见》,旨在规范和加强人工智能技术在司法领域的应用。该意见明确了人工智能在司法应用中的指导思想、总体目标、基本原则、应用范围、系统建设和综合保障等方面的要求。该意见提出了五项基本原则,包括安全合法、公平公正、辅助审判、透明可信和公序良俗。这些原则要求人工智能的建设和应用不得损害国家安全和个人权益,确保无歧视、无偏见,并要求人工智能辅助结果仅作为审判工作的参考,同时要求人工智能系统的操作环节能够接受审查和评估。

2023年7月10日发布的《生成式人工智能服务管理暂行办法》,是我国为了规范和促进生成式人工智能技术的健康发展而制定的法规。该办法旨在维护国家安全和社会公共利益,同时保护公民、法人和其他组织的合法权益。该办法明确了生成式人工智能服务提供者在算法设计、数据处理和模型生成等过程中应遵守的规则。提供者必须使用合法来源的数据,尊重知识产权,保护个人信息,防止产生各类歧视,并提升服务的透明度和内容的准确性。此外,提供者需要承担网络信息内容生产者的责任,保护使用者的输入信息和使用记录,并依法处理个人信息。对于未成年人的使用,提供者应采取措施防止其过度依赖或沉迷于生成式人工智能服务。

(二) 美国的司法判例规制路径

美国对人工智能营销的法律规制延续了其一贯的普通法的传统,通过司法对人工智能营销的应用予以合法性的认肯,对其中隐含的风险予以规制。美国联邦法院和州法院在判例中对人工智能营销算法的性质、新技术条件下的个人隐私保护等进行了回应。司法判例或者将算法定性成商业秘密,或者在关于搜索引擎算法的判决中,将它看成是言论。

2003年的搜索王诉谷歌案(Search King v. Google)堪称搜索引擎领域算法第一案。该案中,谷歌对搜索王的网页排名进行了降序乃至于删除,于是搜索王将谷歌告到了法院。谷歌主张算法是言论,并得到了法院的支持。俄克拉何马州法院认为,网页排名是一种意见,它涉及特定网站对某一检索指令响应的意义。搜索引擎根据算法生成的结果是它的言论。四年之后,兰登诉谷歌案(Longdon v. Google)中,联邦地区法院也支持了算法是言论的主张。应该说,美国法院为搜索公司提供了基于美国《宪法》第一修正案的言论保护,为企业的发展提供了广阔的空间。

近年来,美国在人工智能领域的立法和政策制定方面也取得了一些进展。《国家人工智能倡议法》(National Artificial Intelligence Initiative Act of 2020)是美国的一项重要立法,于2021年1月1日正式生效。该法案的核心目标是通过建立一个协调机构来加速联邦政府在人工智能领域的研究和应用,以此促进国家的经济增长和国家安全。法案要求美国商务部组建国家人工智能咨询委员会,负责就人工智能相关的法律问题、责任、法律权利,以及人工智能带来的伦理、法律、安全和社会问题向总统和倡议办公室提供咨询。此外,委员会还需评估人工智能治理路径,探讨人工智能系统违反现有法律的责任问题,以及如何在保护个人权利与促进人工智能创新发展之间取得平衡。法案还强调了成立专门的人工智能和法律实施子委员会，定期向总统报告人工智能相关的法律实施进展，包括偏见问题、数据安全、技术的可适用性，以及人工智能使用是否与隐私权、民事权利和自由、技术使用带来的无障碍权利行使相一致。

  此外，美国政府在 2023 年 1 月 26 日发布了《人工智能风险管理框架》（AI RMF），为构建可信赖人工智能提供了治理路径，旨在为设计、开发、部署或使用人工智能系统的组织提供资源，帮助管理人工智能的多样性风险，并促进人工智能系统的可信赖和负责任的开发与应用。该框架是自愿性的、保护权利的、非特定行业的，并适用于所有规模的组织，在所有领域和社会中使用。《人工智能风险管理框架》通过一个共识驱动、开放、透明和协作的过程制定，包括征求信息请求、多个草稿版本供公众评论、举行多次研讨会以及其他提供输入的机会。它旨在补充、符合并支持其他人的人工智能风险管理努力。该框架的核心包括治理、映射、测量和管理四个功能，它们被进一步细分为类别和子类别。治理涉及在组织制度流程、组织建设、组织文化、技术能力等方面实行人工智能风险管理；映射用于确定特定场景与其对应的人工智能风险解决方案；测量采用定量和/或定性的工具、技术和方法来分析、评估、测试和监控人工智能风险及其相关影响；管理主要是根据对系统风险因素评估的结果进行风险管理资源的优先排序和有效配置。

（三）欧盟的源头规制路径

  2018 年 5 月 25 日正式实施的欧盟《通用数据保护条例》（以下简称《条例》）是关于个人数据保护范围最为广泛、立法新意最多、权利类型最为多样、处罚最为严厉的立法之一。它以源头治理的方式，通过访问权、修改权、删除权、可携带权等具体权利的规定确立了个人数据决定权。在《条例》建构的个人数据权利体系中，除了可携带权有利于在人工智能企业之间形成竞争、促进产业发展之外，其他的权利都对人工智能的产品设计和技术发展构成了直接的限制。

  《条例》赋予数据主体免于自动化决策的权利，这是对算法黑箱和程序不正义的直接排除。《条例》第 21 条明确规定："数据主体有权根据其特殊情况，在个人数据被处理的过程中行使反对数据画像的权利。在以直接营销为目的的个人数据处理活动中，数据主体有权随时反对因为该商业行为目的处理其个人数据，包括有权反对与直接营销有关的数据画像。数据主体反对因直接营销目的处理数据的，个人数据不得再因该目的被处理。"《条例》第 22 条进一步明确，如果某种包括数据画像在内的自动化决策会对数据主体产生法律效力或者造成类似的重大影响，数据主体有权不受上述决策的限制。

《条例》涉及人工智能数据保护和隐私权利的所有方面。《条例》区分了一般数据和敏感数据,并对后者进行更为严格的保护。《条例》第 9 条明确,除非各成员国立法授权,辨识种族或民族出身、政治观点、宗教或哲学信仰、工会成员的个人数据以及以识别自然人为目的的基因数据、生物特征数据、健康数据、自然人的性生活或性取向的数据的处理应当被禁止。

欧盟《数据法案》是继《条例》之后的又一重要立法,于 2023 年 11 月 9 日由欧洲议会表决通过。该法案旨在促进数据共享和利用,保障数据要素的安全高效流动,并平衡个人数据保护和数据自由流通之间的关系。《数据法案》的核心在于赋予用户对物联网设备生成数据的访问权,包括个人数据和非个人数据。用户可以要求数据持有者(通常是设备制造商)向他们提供这些数据,并且可以与第三方共享这些数据。这有助于促进竞争和创新,尤其是在售后服务和维修市场中。此外,《数据法案》对所谓的"守门人"企业获取数据进行了限制,以防止这些企业利用其市场主导地位进一步增强其数据控制能力,从而维护数字市场的公平竞争。

2024 年 3 月 13 日,欧洲议会以压倒性多数通过了《人工智能法案》。这是全球首部全面监管人工智能的法规,它根据风险将人工智能模型划分为四类,风险等级越高管控越严格。例如,为唆使犯罪而利用人工智能技术操纵人的潜意识、使用高级监控摄像机将人脸识别等生物识别技术实时应用于犯罪搜查等情况被禁止;聊天机器人等人工智能系统必须明确告知用户他们在与机器互动,人工智能技术提供商必须确保合成的音频、视频、文本和图像内容能够被检测为人工智能生成的内容等。企业涉足"禁止"领域,将被处以 3500 万欧元或全球年销售总额 7% 的罚款,以二者之中的更高金额为准进行处罚;如果没有履行除"禁止"以外的其他风险分类中的义务,则根据业务规模等处以 1500 万欧元或最高不超过全球年销售总额 3% 的罚款。

■ **小资料**

欧盟《人工智能法案》出台的历史沿革

2019 年 4 月,欧盟委员会发布人工智能伦理准则,列出了评价"可信赖人工智能"的 7 项标准。2020 年 2 月,欧盟出台《人工智能白皮书》,设立了诸条政策选项,以促进人工智能在欧盟的运用,应对与该技术的某些用途相连之风险,在全面尊重欧盟公民的价值和权利之情形下,能在欧盟得到可靠的、可信赖的发展。

2021 年 4 月,欧盟委员会提出《人工智能法案》草案,欧洲议会和欧盟理事会进行了多轮讨论和修订,并在 ChatGPT 等生成式人工智能出现后对原草案内容进行了调整。建立了针对高风险人工智能系统所致损害的风险预防机制,以保护自然人的安全、健康及其享有的欧盟宪章治下的基本权利。2022年9月,欧盟委员会发布《人工智能责任指令》提案,拟就人工智能造成的损害设定赔偿规则。

2023年6月,欧洲议会通过了《人工智能法案》授权草案。12月9日,经过36个小时的谈判,欧盟成员国及欧洲议会议员,就全球首个监管包括ChatGPT在内的人工智能的全面法规达成初步协议。

2024年3月13日,在法国斯特拉斯堡举行的欧洲议会全会上,议员们以523票赞成、46票反对、49票弃权正式通过了《人工智能法案》,使其成为全球首部全面监管人工智能的法规。该法案已于2024年8月1日正式生效,法案中的相关条款将分阶段实施,某些规则将在该法案通过6个月后或12个月后生效,而大部分规则将于2026年8月2日开始生效。这是全球人工智能监管的重要里程碑。

资料来源:申军. 对欧盟《人工智能责任指令》的析与思[N/OL]. 法治日报. 2022-10-20. http://www.legalweekly.cn/whlh/2022-10/20/content_8792150.html. 林子涵. 欧盟谋求AI监管领域主导权[N/OL]. 人民网(人民日报海外版). 2023-07-29. http://finance.people.com.cn/n1/2023/0729/c1004-40046364.html. 王一君. 欧盟《人工智能法案》规制路径概览[N/OL]. 人民法院报. 2023-07-14. https://www.rmfyb.com/content/202307/14/article_888134_1389605521_4966095.html. 张晓雅. 欧盟就全球首个全面监管AI法案达成初步协议[N/OL]. 环球网. 2023-12-09. https://m.huanqiu.com/article/4FgUMgnBEhz.

第三节　人工智能营销绩效

人工智能时代已经来临。在新的人工智能时代,消费者被赋予了极大的权利,拥有大量的信息,消费者相互之间的联系也十分紧密。企业正在快速地学习和应用人工智能营销,其战略选择就是通过将一定数量的市场预算和人力资本投入人工智能营销工作。据国际数据公司(IDC)发布的《全球人工智能和生成式人工智能支出指南(2024年)》,2022年全球人工智能IT总投资规模为1324.9亿美元,并有望在2027年增至5124.2亿美元,年复合增长率(CAGR)为31.1%。

从整个社会层面来说,人工智能营销的发展对社会的影响存在双刃剑效应,一方面随着人工智能营销技术的开发创新和市场应用,推动了社会福利的显著提升;另一方面,由于人工智能营销伦理问题的存在,对社会福利带来了一定程度的负面影响。但从企业营销的视角来看,如何在预算约束下通过人工智能营销的技术、市场和人力等方面的投入,实现品牌营销和市场规模的成功,成为企业人工智能营销绩效的关注重点。

一、人工智能营销绩效目标

(一) 人工智能营销绩效基础目标

人工智能营销活动的有效设计只是人工智能营销的一小步。企业决策者需要分析营销的人工智能投资到底能否为企业创造价值,哪些类型的活动值得继续开展,哪些人工智能营销活动值得投资。正如人工智能营销仍然是市场营销一样,所有营销投资都要求可观的回报。

投资回报率(ROI)是企业财务分析的一个重要概念,是指通过投资而应返回的价值,即企业从一项投资活动中得到的经济回报。在人工智能营销的战略制定和策略实施过程中,企业从人工智能营销战略或一项具体的人工智能营销活动的投资中得到的经济回报,是衡量企业人工智能营销效果和效率的一项综合性的指标,其测算公式为:投资回报率=(人工智能营销收益-投资成本)/人工智能营销投资成本×100%。投资回报率是所有人工智能营销活动的最终目标,也是衡量人工智能营销绩效的基础目标。

(二) 人工智能营销绩效延伸目标

对于人工智能营销活动来说,数字智能和社交媒体的出现,使得投资回报率的计算在人工智能营销的具体应用场景发生变化。在营销实践中有互动回报率、影响力回报率和体验回报率等延伸目标。

1. 互动回报率

互动回报率可以帮助企业度量人工智能营销活动对消费者互动率的影响。这里的前提假设是,消费者与越多的人工智能营销活动内容产生互动,则品牌的知名度就越高,进一步可以提高消费者的购买可能性,或增强消费者对品牌的好感度。基于互动平台或形式等方面的差异,互动回报率有基于互动百分比或基于互动时间等不同视角的计算方式。

基于互动百分比的互动回报率,是通过查看社交媒体平台上互动用户的百分比获得的。但不同的社交媒体平台,其具体计算方法也存在差异。例如,Facebook 的用户互动回报率的计算是将一个帖子的点赞数、评论数及分享数相加,然后与总的粉丝数(或点赞数)相除而得出;X(原 Twitter)的用户互动回报率是将一个帖子的转发数及点赞数相加,然后与总关注者数相除而得出;YouTube 则是对于某个特定的视频,将其评论数、评分数以及点赞数相加,然后与视频的观看次数相除而得出。

基于互动时间的互动回报率则是将营销人员或品牌代言人与某位消费者产生互动后对品牌产生的影响，与互动时间结合在一起进行分析。例如，企业的社交媒体专家或社群经理联系到某位投诉其品牌的消费者，并对该投诉进行了纠正，则互动回报率的计算是统计联系该消费者以及解决问题所花费的时间。

运用互动回报率测量人工智能营销绩效，需要注意用户的互动数据与销售数据之间的差异，因为用户互动并不代表用户购买。互动回报率更适用于建立品牌知名度、改善客户体验，以及促使用户在购买决策前更积极地考虑企业品牌的目标。进一步地，要实现互动与销售转化之间的关联，需要运用更多的人工智能营销技术，追踪品牌消费者或社交媒体的社群关注者行为。

2. 影响力回报率

影响力回报率旨在计算人工智能营销的特定活动中如何影响和改变消费者行为。尽管对任一品牌和产品而言，影响力的来源和作用都可能有所不同，但影响力的作用存在触及和共鸣两个共同属性。触及是指人工智能营销活动内容可以被广泛传播或有较高的可见度，从而可以有效触达消费者；共鸣是指人工智能营销活动的内容能够影响消费者心智。

人工智能营销从业者创建影响力项目是为了增加对话量及实现广泛触及，或是能够向一批全新的目标受众曝光，或是取得用户的内心共鸣，希望通过吸引那些有影响力的人来促进最终购买数量的增加。在社交媒体情境中，影响力的结果通过推文量、转推量、评论量及点赞量来表达。此时，影响力回报率将上述指标与人工智能营销活动所创造的用户价值相关联进行测算。

需要注意的是，推转评赞等指标反映了影响力的程度，但并不意味就是交易量，同时用户价值的衡量也不能简单地用用户或粉丝数量来表达，不同用户对企业的价值贡献也往往存在差异。因此，影响力回报率不一定与财务相关，但可以帮助企业很好地了解哪些方式可以影响用户行为，以及更好地追踪企业对用户行为的影响。

■ 小链接

企业更需要考虑影响力回报率

企业在社会化媒体上施展的核心战略，更应该是考虑企业战略是否可以影响消费者的品牌认知、态度与行为。当企业在移动互联网上投入一个新商品的时候，需要建立的是影响力，而非其他目标。在标准的投资回报率定义上，商家会更多考虑投入的营销战略能不能得到数字上的回报，一般会用销售量来衡量它。而在影响力回报率的定义上,企业需要去考虑营销战略在品牌认知与影响力上的效果。

例如,无论是在Facebook还是X上,都可以计算公司品牌的Facebook粉丝数、X的关注者数与网站流量这些指数。在投资回报率的算法上,如果公司投入了1000美元在Facebook的广告上,得到了2000个新的"Likes"(喜欢点击)。这在财务的观点上可以说明公司投入得到了有效的回报。而公司投入也就在此结束了。换言之,公司的成功等于一次性的数字回报。在影响力回报率上,延续上面这个例子,公司投入了1000美元在Facebook的广告上,这次公司得到了2000名新粉丝。公司可以去观测,从这2000名新粉丝中,有多少人参与到了公司的品牌页面中,多少人分享了公司品牌,多少人在留言墙上留言,多少人参加了公司的营销活动。假设这2000名新粉丝中,只有400名在公司的品牌页面上做了某些参与行动,那可以推导出公司的品牌与消费者的参与度是非常低的。此时公司可以去设定更精细的目标,如何改善公司的品牌页面来加强与消费者的互动。这个投入并不是一次性、以数字回报而终止的。换言之,公司的数字回报等于需要更多的进步。这样做公司就有更多的空间,也可采取一些更有效的策略来扩大公司的品牌影响力与消费者的互动。

资料来源:《你需要重新定义ROI(影响力回报)》,https://www.west999.com/cms/site/case/2019-04-03/83145.html。

3. 体验回报率

体验回报率体现公司创造和提升消费者在人工智能营销和数字体验方面的投资结果。通常来说,消费者体验就是消费者与企业及其产品和服务的所有互动的整体质量,并不是单个的、独立的触点,它意味着从检索商品到完成产品交付这一整段旅程。其中,包括但不仅限于客户服务、产品交付、产品使用、广告、品牌、销售流程、定价。这些体验包括社交媒体、移动商务、在线客户服务以及物联网设备等在营销领域的新颖用法等内容。

要衡量体验回报率,公司需要对与客户体验相关的关键指标进行主动追踪和测算。人工智能营销的消费者体验有三个核心指标:客户满意度(Customer Satisfaction,CSAT)、净推荐值(Net Promoter Score,NPS)和客户费力度(Customer Effort Score,CES)。

(1)客户满意度。客户满意度是一种非常简单有效的用户体验指标,它要求用户评价商品或服务的满意度,大都使用的是5点量表,包括5个选择:非常满意、满意、一般、不满意、非常不满意。通过计算4分(比较满意)和5分(非常满意)的用户所占比例可以得出最终的CSAT值。

(2)净推荐值。净推荐值通过测量用户的推荐意愿,从而了解用户的忠诚度。净推荐值的调研问题为:"你是否愿意将某个企业或者产品推荐给你的朋友或者同事?"根据愿意推荐的程度让客户在 0—10 之间打分,并根据得分情况来判断客户属于推荐者(9—10 分)、被动者(7—8 分)还是贬损者(0—6 分)。测量净推荐值的公式为:净推荐值(NPS)=(推荐者数/总样本数)×100%-(贬损者数/总样本数)×100%。

(3)客户费力度。客户费力度是让用户评价使用某产品/服务来解决问题的困难程度。客户费力度背后的理论就是,应该想办法减少客户为了解决问题而付出的努力。客户费力度的测量可以让消费者给"企业是否让我的问题处理过程变得简单"这一调研问项予以赋分,并进行分值比例计算获得。客户费力度可以帮助公司找出可优化消费者体验的方向,更容易理解在哪里进行改善,较低的费力度也与消费者持续购买直接相关,从而增加消费者的生命周期价值。

通过持续不断地测量客户体验指标和市场占有率、销售增长率、交叉销售率等 KPI 指标,从大量的数据中挖掘出它们之间的相关关系,来确定体验回报率。公司可以根据体验回报率挑选出与业务 KPI 指标关联度高的客户体验指标,这将有利于公司量化客户体验的价值。

由于体验回报率的应用会涉及大量的消费者数据,此时企业应谨慎使用消费者数据。客户希望企业能够合理利用并保护他们的隐私数据,一旦数据被滥用,他们将不再信任这家公司,并转投其他品牌的怀抱。因此,企业应该在尊重消费者、为消费者创造价值的前提下,审慎地使用他们的隐私数据。

二、人工智能营销效果测评

人工智能营销效果的测量与评估一直是人工智能营销领域的一个重要课题。对人工智能营销效果进行准确而有效的评估,对于人工智能营销活动的设计实施与后续决策有着重要意义。人工智能营销的场景化、数字智能和类人互动等特点使得对它的效果测评更加复杂、更具争议,也使传统营销的效果测量指标很难被直接套用到人工智能营销上。

(一)人工智能营销效果测评的场景要素

在人工智能时代,信息的传播模式是线下和线上、现实与虚拟世界随时随地地连接,人工智能营销活动的空间是三维化消费体验空间。在场景视角下,人工智能营销在这种即时的立体空间中通过各种链接渠道实现信息与用户的沟通互动。

汉语文本中的"场景",顾名思义,即"场"与"景"的融合,有"场合""情景"的语义。其中,"场"属于地理空间范畴,有"场地""场所"等含义,而"景"更多偏向情景、感情、行为等方面。早期"场景"概念一直被应用于戏剧、文学、影视等艺术领域。在用户体验研究领域,场景被界定为所有与用户机器设备相关的情境合集,该合集能够对实体所处情境位置的任何信息进行描述(Dey,2001)。场景不仅是最真实的以人为中心的体验细节,同时也是一种连接方式和人类新生活方式的表现形态。

随着人工智能技术的发展,移动设备、社交媒体、大数据、传感器和定位系统成为改变用户场景体验的驱动原力(斯考伯、伊斯雷尔,2014)。基于上述场景驱动的五大原力理论,彭兰(2015)将空间与环境、实时状态、生活惯性、社交氛围作为场景构建的四个基本要素,这成为国内学者普遍认同的场景要素分类标准。

20世纪90年代,随着空间定位技术的革命性崛起及移动通信终端的广泛应用,国内外学者在探讨定位技术与手机移动App时开始对用户所处地理位置、周围物理环境等场景予以重视。定位技术、媒介技术、移动设备等信息传播技术的发展与进步在很大程度上颠覆了传统企业的营销环境,产业界也相应开启了场景营销的实践热潮。

最初对场景营销的理解,是基于用户渠道或入口的视角,强调通过场景进行流量覆盖(李智,2014)。随着场景营销研究和实践的深入,场景营销的视角转向注重用户体验,强调人作为场景营销的核心,通过体验、链接、社群、数据等四个方面来塑造场景化(吴声,2015)。具体来说,场景营销是指基于对用户数据的挖掘、追踪和分析,在由时间、地点、用户和关系构成的特定场景下,连接用户线上和线下行为,理解并判断用户情感、态度和需求,树立品牌形象或提升转化率,实现精准营销的营销行为(朱磊、崔瑶,2020)。

人工智能时代的营销实践,将营销战场从线下转移到线上,又开始重回消费者的生活场景,在人工智能技术和消费者衣食住行等生活场景相连接的基础上,打造线上线下融合场景,重新定义人与产品、人与信息的关系,为品牌和消费者接触沟通创造了新的渠道和领域。如何深入消费者各大生活场景,将最原生的信息以最适配的方式融合进场景中,进而得到消费者青睐,是基于场景体验的人工智能营销思考最多的问题。

1. 场景定位效果

针对消费者的场景体验,人工智能营销首先需要发掘并精准定位消费者的生活场景。地理定位系统、移动设备、社交媒体、大数据和传感器五大场景原力是场景营销中至关重要的场景定位技术。通过GPS定位系统可以获取消费者位置信息,智能手机、自动驾驶汽车、智能穿戴设备等移动设备既是消费者地理位置信息的信号源,也是消费者年龄、性别、职业等基础信息和消费行为、兴趣爱好等信息的数据提供者。通过社交媒体可以实现消费者社交行为的大数据挖掘和分析。对消费者场景进行精准的时空定位,结合消费者基础信息和行为数据,有利于明确消费者在不同场景中即时产生的情绪感受,企业可以提供以情动人、价值观匹配的内容信息,满足消费者不同场景中情感和价值观共鸣方面的需求。

2. 场景匹配效果

消费者的心理情绪和行为反应在不同场景中受环境、关系变化等因素影响,会发生动态变化。品牌需要对动态性的消费者人格情绪进行准确把握,才能与消费者在情感和价值观层面进行沟通,建立更深的关系。随着人工智能营销技术的迅猛发展,场景匹配相关技术也日臻成熟。在遵循人工智能营销伦理和法规的前提下,品牌商可以对消费者进行心理画像分析、情绪追踪,并预测消费者在不同场景下的情感需求,适时提供与消费者需求相匹配的营销信息,以满足消费者不同场景下的情感体验,提升场景营销价值。

3. 原生内容效果

原生内容是指消费者在不同生活场景中生活形态或生活方式的实质性内容。随着网络社会的发展,消费者不再对与自己不相关的营销信息感兴趣,内容营销逐渐成为主流趋势。消费者只找寻和自己相关的信息且通过多种渠道寻找资源。人工智能营销的原生内容效果就是将营销传播信息置于消费者所在的场景里,使消费者沉浸于信息发生的生活场景原生内容语境,从而使社交信息获得理解和共鸣。

4. 价值共鸣效果

在新的时代中,消费者从基于自身利益的基本需求驱动转向基于精神需求的价值驱动。品牌不仅要塑造好自身的企业使命、愿景、性格和价值观,也需及时转变对市场的认知方式,将市场、目标受众看作有独立思想、价值观的精神个体,从而与自身使命、愿景相融合,力争与目标消费者产生价值共鸣。品牌可以从目标受众的生活场景出发,对目标场景所反映的价值观进行判断界定,然后结合创新性的人工智能营销手段,推送与消费者价值观理念相适配的信息,促进营销活动在情感和精神层面与目标消费者实现价值共鸣。

■ 小资料

易点天下基于多场景的营销解决方案助力企业成长

易点天下基于"技术驱动发展"的定位,投身于大数据、人工智能和云计算等领域,聚焦广告排序技术、数据可视化、自动化视频技术等核心技术,同时致力于自主研发智能业务系统。公司在技术研发端持续投入,近年来研发费用率呈提升态势,2023年及2024年第一季度研发费率分别达4.05%与4.62%。公司坚持人工智能赋能,打造了营销数字人模型、素材生成模型、人工智能垂直电商模型等业务场景模型,同时搭建了基于人工智能大模型的产品技术框架,并构建了具备多模态能力的人工智能中台,对外以人工智能赋能营销,打造出海增长新引擎,对内提升自身经营效能。

2023年7月,易点天下推出首个人工智能生成内容数字营销创作平台Kreado AI,为全球用户提供"AI+"的多场景解决方案,已应用在商旅推荐、电商购物、应用下载、教育培训、企业服务等领域。截至2024年4月末,产品用户已覆盖全球203个国家,注册用户与单月用户访问量均超百万。Kreado AI平台上线以来,公司与亚马逊、阿里云、华为等达成战略合作,深度挖掘Kreado AI等人工智能产品的商业应用价值,未来有望持续驱动公司业绩增长。

资料来源:贺天瑞.易点天下:AI赋能广告营销持续受益出海浪潮[J].股市动态分析,2024,(12):38-39.

(二)人工智能营销具体手段的效果测评

人工智能营销活动方式丰富多样,目前企业普遍将人工智能技术应用于电子邮件、搜索引擎、网络视频、在线展示和社交媒体等领域开展营销活动。人工智能营销活动效果可以从场景视角展开相应的测评。时、空、人、物、价值及其关系的总和构成了场景的基本要素。人工智能营销活动从这五个维度出发,通过算法力图在正确的时间、正确的地点,将正确的产品和服务以及相关信息传递给正确的人,以使品牌和消费者实现价值共赢(朱磊、崔瑶,2020)。

衡量人工智能营销具体手段的效果可以从以下不同维度进行:

1. 营销活动效果指标

(1)点击率。即广告被点击的次数与展示次数的比率。较高的点击率意味着人工智能生成的广告内容成功吸引了目标受众的注意力,激发了他们进一步了解产品或服务的兴趣。例如,在搜索引擎广告或社交媒体广告投放中,点击率是衡量广告是否有效的重要指标。

(2)转化率。即衡量用户从某个营销行动(如点击广告、访问网站)转化为期望的最终行为(如下单购买、注册会员、填写表单等)的比例。转化率直接反映了人工智能营销在引导用户完成关键行为方面的成效。例如,电商平台上通过人工智能推荐系统引导用户购买商品的转化率。

（3）客户获取成本。即获取一个新客户所花费的平均成本。通过人工智能营销，优化广告投放策略、精准定位目标受众等，可以降低客户获取成本。计算方法是将营销活动的总成本除以获取的新客户数量。

（4）客户留存率。它表示在一定时期内继续使用产品或服务的客户比例。人工智能可以通过个性化的沟通和服务，提高客户满意度和忠诚度，从而提升客户留存率。例如，通过智能客服及时解决客户问题，通过个性化推荐保持客户对产品的兴趣。

2. 受众洞察与互动指标

（1）受众覆盖范围。即评估人工智能营销能够触达的目标受众数量和范围。这可以通过分析广告投放的曝光量、社交媒体粉丝增长数、邮件列表订阅人数等指标来衡量。覆盖范围越广，潜在的营销机会就越多。

（2）互动率。即衡量受众与营销内容的互动程度，包括点赞、评论、分享、转发等行为。高互动率表明营销内容引起了受众的共鸣，激发了他们的参与热情。例如，在社交媒体营销中，互动率是衡量内容吸引力的重要指标。

（3）用户画像精准度。人工智能可以通过收集和分析大量的用户数据，构建精准的用户画像。通过评估用户画像与实际受众特征的匹配程度，可以衡量人工智能在受众洞察方面的准确性。精准的用户画像有助于制订更有针对性的营销方案。

3. 内容创作与分发指标

（1）内容相关性。即评估人工智能生成的营销内容与目标受众的兴趣、需求和行为的匹配程度。可以通过用户反馈、内容互动数据（如停留时间、阅读深度）等方式来衡量。相关性高的内容更容易吸引和留住受众。

（2）内容分发效率。即衡量人工智能营销系统在不同渠道上分发内容的速度和效果。包括内容的发布频率、传播范围、在不同渠道上的曝光量等指标。高效的内容分发可以确保营销信息及时、准确地传达给目标受众。

（3）内容质量。可以通过人工评估、用户反馈、内容的专业性、原创性、吸引力等方面来衡量。高质量的内容不仅能够提升品牌形象，还能增强用户对品牌的信任和好感。

■ 小资料

人工智能文本生成的效率指标

为了有效评估人工智能文本生成系统的性能，需要高度关注关键效率指标，这些指标可以深入了解其运营能力。这些指标不仅有助于评估生成内容的质量，还有助于优化底层流程以获得更好的性能。

(1) 比较指标。量化人工智能生成文本和人类创作文本之间差异的主要方法之一是通过余弦相似度和Jaccard相似度等比较指标。这些指标提供了对两组文本之间相似或不同程度的细致入微的理解。通过分析语言模式、词汇使用和整体文本特征，可以突出人工智能生成的内容与人工编写的内容的一致性或差异程度。

(2) 词性标记。词性(POS)标记是语言分析的另一个重要指标。通过使用自然语言工具包(NLTK)，可以用相应的词性类别(如名词、动词或形容词)标记人工智能生成和人工创作的文本中的每个单词。此标记过程通过计算每个文本集中POS标记的分布，从而深入了解两种类型内容中普遍存在的句法结构和语法模式。

(3) 创造力指标。分析创造力指标揭示了对人工智能生成和人工创作的论文之间创意写作风格差异和相似之处的关键见解。例如，可以量化原创性、连贯性和参与度等指标，以评估人工智能系统的创意输出。

通过关注人工智能文本生成的这些效率指标，可以更好地了解当前人工智能技术在生成连贯且与上下文相关的文本方面的优势和局限性。

资料来源：https://www.restack.io/p/ai-text-generation-answer-efficiency-metrics-cat-ai。

4. 技术性能指标

(1) 数据处理速度和准确性。人工智能营销依赖大量的数据处理和分析。为确保系统能够及时、准确地提供有价值的洞察和决策支持，应提前衡量数据处理的速度和准确性。

(2) 模型预测准确率。对于基于机器学习模型的人工智能营销应用，如预测客户行为、推荐产品等，模型的预测准确率是关键指标。准确率越高，营销决策就越有针对性和有效性。

(3) 系统稳定性和可靠性。确保人工智能营销系统的稳定运行，避免出现故障和数据丢失等问题。系统的稳定性和可靠性直接影响到营销活动的连续性和效果。

本 章 小 结

　　人工智能已经深刻改变,并将继续改变人类的经济和社会生活。人工智能与市场营销的深度融合,在提高效率、带来效益的同时,也不可避免地对现有的营销认知和规范形成冲击,从而引发一系列营销伦理问题。这使人工智能营销的伦理与治理及绩效衡量成为经济社会普遍关注的一项重要议题。

　　企业在开展人工智能营销活动中应遵循善行、非恶、自主、正义和可解释性等五项伦理准则。鉴于人工智能技术变革的速度和可能面临的挑战,在广泛开展人工智能营销法律规制实践中,有必要采取关注用户数字福祉、多元结构的合作性治理、审慎克制的平衡性管制以及透明度和问责制等人工智能营销法律规制理念,以保障消费者权益和推动科技创新。

　　从企业营销的视角来看,如何在预算约束下通过人工智能营销的技术、市场和人力等方面的投入,实现品牌营销、市场规模以及社会效益的成功,成为企业人工智能营销绩效的关注重点。在人工智能营销的战略制定和策略实施过程中,投资回报率是一项基础性的绩效指标,反映企业从人工智能营销战略或一项具体的人工智能营销活动的投资中得到的经济回报。在营销实践中有互动回报率、影响力回报率和体验回报率等延伸目标。人工智能营销的场景化、数字智能和类人互动等特点使得对它的效果测量更加复杂、更具争议,也使传统营销的效果测量指标很难被直接套用到人工智能营销上。基于场景体验效果的思考,可以帮助企业在市场获客与转化留存、受众洞察与互动、内容创作与分发、数据处理与预测等具体营销活动中进行人工智能营销效果测评。

关键名词

人工智能营销伦理　人工智能营销伦理准则　数字福祉　源头规则
人工智能营销法律　人工智能营销绩效　人工智能营销效果测评

思考题

1. 人工智能的发展不仅促进了人们生活上的便捷,也给企业带来了降本增效的作用。为什么还会存在人工智能营销伦理困境呢?究竟有哪些营销伦理困境?试举例说明。

2. 伦理和道德之间有什么区别与联系?

3. 人工智能营销中为什么要关注用户数字福祉?

4. 人工智能营销法律规范的制定和执行需要哪些人的参与?为什么需要多元结构的合理性治理?

5. 人工智能营销伦理和人工智能营销绩效有什么关系?

案例讨论　　　　本章实训　　　　即测即练
　　　　　　　　　　　　　　　（请先扫封底总码）

综合案例一　360公司的人工智能营销能够改善经营绩效吗？

360公司创立于2005年，是互联网免费安全的倡导者，先后推出360安全卫士、360手机卫士、360安全浏览器等安全产品。2016年3月以后，360公司商业化品牌从个人电脑搜索产品为主的产品格局，升级为覆盖个人电脑端和移动端，囊括搜索、优品展示、信息流三大广告类型的综合型营销推广平台。2019年12月以后，360公司商业化品牌则从营销推广平台升级定位为全场景智能商业服务平台，业务由智能营销扩展为智能营销＋企业服务＋创新平台（360小程序、小游戏）三大部分。2022年底，随着Open AI发布ChatGPT大模型，人工智能在市场营销领域的应用越来越广泛、深入。360公司及时推出大模型和智能体，推动企业人工智能营销全链路落地。

在商言商　满足用户需求才是本质

中国互联网络信息中心统计报告显示，截至2019年底，中国网民中有超过55％的人没有上过高中。360公司正视这个现实，个人用户市场选择"小白市场"，用"一起为小白服务"的思想，规划整个营销策略。例如，"开机速度超过了99％的电脑""您的电脑处于风险中，点此查看办法""您的浏览器不是安全浏览器，可能有中病毒的风险"。通过对用户需求的把握，游刃有余地牵引着用户的行动，继而转化为经济效益。

企业用户的痛点是：碎片化时代下，顾客的注意力往往分散，想了解的品牌信息很多，也需要品牌有温度的沟通，但限于传统宣传手段，品牌展示的内容往往很有限且太过机械，跟顾客的互动也是冷冰冰的，效果不尽如人意。如何引起顾客积极互动，并将品牌声量进行全域有效放大，是很多企业用户做营销的痛点。360公司洞察到这个痛点以后，推出的人工智能营销策略，不光解决"用户注意力"痛点，还能进一步利用自身全域资源生态优势，与品牌营销价值"无缝"结合，无论是拉新，还是打造爆款,或是上新活动,多管齐下、扩大声量。例如,360为三星上新推出的全新搜索广告样式——人工智能品牌直达,依托自研大模型,从多场景、多维度契合三星Galaxy S24系列新品卖点。效果很明显,有数据显示,三星人工智能霸屏(PC端)比以往大约提高了10%。

以往企业针对企业端的采购,往往是人工操作,流程慢、效率低,而且受制于成本,很难一对一地沟通解答。针对这个痛点,360公司为华为打造了一个专属的人工智能企业采购空间,超20款华为云产品及解决方案直面用户,充满科技感氛围,再加上沉浸式空间,给用户带来耳目一新的采购体验,给华为大幅度节省了成本。

聚焦营销全链路 打造智能营销云全新产品矩阵

为助力企业客户提高营销生产力、促进业务增长、重塑客户体验,360公司商业化高级总经理杨晓红说:"我们自主研发了360智脑大模型,并独创了CoE专家协作模型技术架构,又召集了几乎行业内最强的15家人工智能大模型品牌,共16家品牌的100多个模型作为智能底座,针对营销这个明星场景做了大量强化训练工作,构建了多个能完成复杂任务的智能体,再把它们一体融合在一个工作流里,让人工智能像一个专业团队那样协同作战,完成战略级的目标。"凭借人工智能技术的深厚积累,360智能营销云打造了"人工智能营销云、人工智能数字人、人工智能广告"三位一体的产品矩阵。

360人工智能营销云是面向中小企业的一站式人工智能营销工具平台,目前向企业提供"360人工智能短视频"和"360人工智能名片"两大产品解决方案。360人工智能短视频围绕企业在短视频营销过程中的编导人才短缺、创意与产品融合困难、拍摄和剪辑周期长、投放策略不足以及运营效果不佳等痛点,通过人工智能编导、人工智能拍摄等功能,赋能短视频从创意到发布的生产链路,使企业用户大幅降低营销成本,轻松创作爆款短视频。360人工智能名片有效解决了企业销售中营销物料分散、难以及时响应、线索筛选困难、话术不统一等痛点。它支持营销内容在线编辑实时更新,多平台推广,承接微信和抖音公私域流量。同时,销售的数字人分身可每周7天每天24小时提供咨询服务,智能筛选高潜客户,秒级回复,显著提升企业拓客成交效率。

360人工智能数字人则为企业用户带来了全新交互体验。凭借形象克隆、声音复刻、多轮对话等能力,360人工智能数字人已被应用至业务介绍、会展主持、展厅讲解、直播带货等多个场景,如在教育行业,数字人教师可每周7天每天24小时为学生答疑解惑,也能因材施教;在文旅行业,线上数字人导游可提供旅游导览查询、个性化旅游规划建议等一站式服务,提升游客体验,助力企业提升品牌满意度。

360人工智能广告产品打破传统搜索交互方式,化广告为服务,通过在传统广告中加入人工智能数字人互动区提升用户体验。人工智能品直的双向互动、人工智能可信百科的权威信息查询,均显著提升了广告点击率,为企业用户投放带来更高回报。

秉承"五心"服务理念　陪伴中小企业成长

360公司始终秉承"五心"服务理念,以智能营销+企业服务模式,全心全意为中小企业提供服务,铸就合作伙伴的成功。所谓"五心",即安心、放心、贴心、省心与顺心,分别基于360企业安全、企业信用、企业营销、企业金融、企业人才五大服务方向,为中小企业带去全心全意的一站式服务。

(1) 360安全守护,让企业更安心。对中小企业而言,网络安全、信息安全、数据安全,是不可忽视的问题。360公司凭借360安全客、360云监控等六大产品,能够为企业信息安全保驾护航,让企业安心经营。

(2) 企业信用服务,让交易更放心。企业信用左右着企业能否让客户、合作伙伴信任,并顺利地达成交易与合作,可信百科恰恰能够为中小企业解决信用难题。360公司全国中小渠道总经理周鹏讲道:"可信百科推出以后,已经有数万家企业完成了信用认证,横跨244个细分行业。据统计,企业信用认证以后,客户营销的关注度平均提升7%,销售线索提升15%,订单量提升19%。"

(3) 企业情报+产品创新,让营销更贴心。首先,360推广凭借多样的产品形态、丰富的行业经验、专业的账户优化服务、多维度的创新工具,以及面向中小企业提供的市场联合推广服务,在企业营销过程中,实现更贴心、更周到的服务。俗话说,"知己知彼,百战不殆",商场如战场,商业机会和信息对企业经营决策起着至关重要的作用。360瞭望台通过为企业智能挖掘商业信息动态、行业趋势以及商业分析,在企业营销环节的细节上实现赋能,助力经营决策,让企业更进一步感受360推广的贴心服务。

(4) 企业金融服务,让发展更省心。资金周转是所有企业经营、发展中较为核心的问题,对企业决策者而言,在关注业务之外,资金的流转同样会牵扯极大的精力。360小微贷能够综合评估企业现状,降低企业的融资难度,为中小企业提供无抵押、期限灵活的贷款服务,让企业融资不再是难题,发展更省心。

(5) 企业人才培养,让运作更顺心。360公司商学院项目通过组织相关行业企业的骨干人才,一方面,进行企业经营管理培训,帮助企业进行人才培养,以实现对企业业务的助力;另一方面,企业家们可以通过商学院活动结识更多同行业或产业链上下游企业人脉,有效地将人脉运用到工作中,从而帮助企业运作更顺心。

把大模型拉下"神坛",把"免费"贯彻到底

在2024年7月31日的第十二届互联网安全大会上,360公司创始人周鸿祎继十几年前的免费杀毒后再次使出免费杀招,即为所有购买360标准产品的用户免费提供大模型标准能力。据悉,这是国内首个免费安全大模型,其安全产品已集成大模型能力。

"我一直说把大模型拉下'神坛',把'免费'贯彻到底。我们不希望大模型成为少数厂商掌握在手里奇货可居的赚钱利器,如果每个企业用得起专业的大模型,我们强烈支持开源。"周鸿祎说。

其实说到大模型降价,近几个月来不断有企业跟进,比如百度和科大讯飞宣布旗下某几款大模型免费,阿里巴巴、字节跳动、智谱AI、MiniMAX等厂商纷纷官宣降价。因此,这也成为人工智能行业近期最受关注的话题之一。

周鸿祎在这次大会上提到了自己对大模型降价的看法。"最近国内的大模型厂商开始形成共识,变得更加开放,纷纷提供更便宜的Token API,其实是在支持国内的第三方开发者来'卷'产品,因为只有更多的国内开发者基于大模型厂商API形成健康的生态,才能对国内的应用开发形成巨大的推动力,让AI走进千家万户和千行百业。从中可以看出,大家基本上认同模型不只是能力,模型也不是产品。"

然而,需要注意的是,360这次所谓的免费,与十几年前首创的免费杀毒不一样,并不是指任何用户都可以免费使用其安全大模型。360为所有购买360标准产品的用户免费提供大模型标准能力,产品加量不加价;对已经购买产品的用户,可以免费升级安全大模型。也就是说,免费使用的前提,是购买360的其他产品。

周鸿祎对包括《华夏时报》记者在内的媒体解释道:"企业端与安全相关的专业大模型,相当于是能力部分,并不适合做一个产品单独售卖,所以跟原来的产品结合在一起,就好像原来的产品是蒸汽机推动,现在变成电动机推动,加量不加价,没有

额外收钱。"

此外,周鸿祎指出,360 推出的办公套件是基于通用大模型推理能力来支撑的,也是有成本的,且是以 SaaS 的方式来提供的,有免费使用期,但不能一直免费。

内容营销携手精细化广告,共谱促销新篇章

360 公司深度聚焦内容营销,精心打造高质量内容,如博文撰写、视频制作及新闻发布等,旨在吸引用户目光,激发其参与热情。公司更擅长借势社会热点,通过关联热门话题的主题帖及问题征集,巧妙利用流量红利,深化用户互动。在运营层面,360 积极寻求与社交媒体账号及行业领袖的合作,邀请专家撰写专文、举办线上直播等,以此拓宽平台影响力、强化公信力。

360 公司致力于构建积极向上的社群文化,技术层面有效拦截恶意行为,同时设立激励机制,如积分奖励制度,激发用户活跃度与热情。

依托 360 平台的强大资源,公司巧妙运用旗下产品如 360 浏览器、360 安全卫士及 360 手机助手等,为推广提供坚实后盾。浏览器上精准投放广告,借助其庞大流量提升曝光率;安全卫士通过弹窗、插件等形式直击用户;手机助手则为移动应用推广铺设宽渠道。

360 公司高度重视数据分析与优化,通过深度挖掘推广数据,精准掌握推广效果及用户行为,灵活调整策略。广告点击量、转化率等关键指标助力优化广告投放;用户行为数据则指引产品与服务的持续优化,确保每一步都精准高效。

以 360 游戏为例,初期通过私有交易市场(PMP)展示广告大量曝光,逐渐加入信息流、场景橱窗等资源的按点击付费(CPC)投放,并运用优化点击付费(oCPC)精细化工具,进行整体的成本把控,最后再运用搜索广告进行流量收口,进而形成一个闭环的流量模式。广告素材的制作结合玩家的关注,不管是表面特征的游戏类型、题材玩法、美术风格,还是内在特征的社交性、满足感、代入感等,吸引潜在客户。利用转化人群扩展对其相似人群进行广告触达,经测试,基于行动的付费广告成本(CPA)降低了 42%。

效果增益(BUFF)营销,为新营销赛道打造可持续增长模型

360 智慧商业深刻理解到,在个人电脑端推广人工智能工具,绝非简单的产品

销售行为,而是一种策略性的布局——通过精准地融入用户的日常场景路径,降低应用切换的成本,从而显著提升人工智能工具的营销转化效能。凭借对营销行业的深刻洞察,360智慧商业整合了全平台的营销资源,并通过多轮次、多品类的实战演练,提炼出一套高效的人工智能工具营销策略——"原生场景效果增益(BUFF)营销"。

(1) B(Brand Insight)—品牌诊断。从市场环境、品牌表现、竞品分析及细分市场需求等多个维度,对品牌营销竞争力进行量化评估。同时,结合产品所处的不同营销生命周期阶段(认知期、成长期、成熟期、迭代期),以"挖掘潜力、抢占市场、突破瓶颈、拓展边界"为策略导向,明确产品的营销方向。例如,对于处于成熟期的人工智能工具品牌,聚焦于通过多样化的创意和运营赋能,打破增长天花板,解锁新的增长动力。

(2) U(User-Locked)—用户锁定。360凭借覆盖个人电脑、移动、物联网三大平台的强大产品矩阵,实现了对用户的全场景智慧陪伴。每日百亿级的用户请求,构建了一个庞大的营销全链路数据库,为深入挖掘用户需求、精准定位目标人群提供了有力支持。

(3) F(Funnel Optimization)—漏斗优化。产品只是用户搜索的结果,而真正满足用户搜索需求的升级与提效,才是营销的关键。因此,基于亿级用户的请求数据,360智慧商业将多元平台资源与用户的真实需求精准匹配,针对个人电脑任务场景、垂直办公场景、精准提效场景等,分层次、漏斗式地调整投放策略、整合优势资源、优化搜索关键词及创意内容。在用户必经的路径和原生场景中植入人工智能工具,逐步触及潜在用户、意向用户及核心用户群体。通过"零感知"的原生场景植入,降低应用切换成本,激发用户的主观选择意愿,实现营销效果的逐层递进,助力营销转化。

(4) F(Feedback Loop)—反馈复盘。围绕品牌曝光度、市场渗透率、关键词覆盖率、品牌关注度及用户增长等关键指标进行全面考核与复盘。通过定制化、有针对性的策略优化,进一步提升人工智能工具品牌的转化效率,激发营销增长潜力。

总之,"BUFF"营销策略通过品牌诊断、用户锁定、漏斗优化及反馈复盘四大环节,构建了一个完整的人工智能工具个人电脑端营销闭环。这一策略为新的营销赛道打造了可持续增长的模型,助力品牌在激烈的市场竞争中脱颖而出。

人工智能营销业务是杯水车薪,还是救命稻草?

2022年底,OpenAI旗下的ChatGPT横空出世,拉开了生成式人工智能时代的序幕。360公司的反应速度非常快,比百度文心一言的发布时间晚了2天,发布了"360智脑"大模型1.0版本。三个月后,"360智脑"大模型已经迭代至4.0版本,360公司陆续发布了360AI搜索、360AI浏览器、360AI数字人平台等人工智能产品。这几款大模型应用的市场反馈也不错,据"AI产品榜aicpb.com"2023年6月榜单显示,"360AI搜索"用户访问量继续领跑国内人工智能应用市场,自4月起已连续3个月位居国内产品增速、全球增速榜榜首。360公司旗下的另一款人工智能产品"360苏打办公"则位列国内增速榜第11,其访问量更一度超越了老牌办公软件WPS。

进入2024年后,360公司带来了几款通用性更强的大模型应用。当年4月,360上线的"360AI办公"内含100多个人工智能应用,涵盖图片处理、写作辅助、文档编辑、视频制作以及文档模板等五大核心场景,能充分满足用户的各种办公需求。据悉,"360AI办公"上线首日用户访问量就有近2000万。7月,周鸿祎在第十二届互联网安全大会上宣布"360安全大模型"正式免费,并表示互联网安全将正式迈入人工智能时代。另外,360公司宣布将与15家大模型合作,联手发布新一代人工智能产品"AI助手",并内置到360国民级入口产品。

所有这些是否改善了360公司的业绩?据360公司2023年年报显示,报告期内公司净亏损4.92亿元,同比收窄77.65%。2024年年报显示,报告期内公司净亏损10.94亿元,同比增亏122.10%。而2025年半年度业绩预告,报告期内公司净亏损在2.4亿元至3.2亿元之间。

(资料来源:根据"全球人工智能科学研究院"公众号、"好搜互联"公众号、"伯虎财经"公众号、脉脉、《华夏时报》、东方财富网等相关资料整理。)

案例思考

1. 360公司人工智能营销产品的目标市场选择与定位是怎样的?
2. 360公司人工智能营销产品的营销策略是如何策划的?
3. 你认为360公司在人工智能营销业务领域发力,能助其实现扭亏为盈吗?
4. 360公司的人工智能营销策略对其他平台企业有何启示?

综合案例二　一汽红旗品牌如何通过人工智能营销从竞争中突围？

2018年，新能源汽车开始走入主流视野。"电动化""智能化""数字化"成为新的行业关键词。汽车生产企业自身的数智能力建设和转型，成为影响竞争格局的重要因素。在数智化转型浪潮牵引下，一汽集团旗下的汽车品牌相继启动数智化转型，红旗成为其中的标杆，一套覆盖研发、制造、营销、采购、运营等方面的数智架构体系相应成形。其中，营销是红旗品牌数智化升级的三大主线之一。

以变应变　圈粉年轻一代

汽车之家研究院发布的《2023中国汽车消费洞察》显示，35岁以下的年轻消费者在意向购车用户中的占比已超四成，其中26—30岁的年轻消费者同比增长为8.3%，汽车购买者正在呈现年轻化趋势。

年轻一代的特点是更加钟爱国货，对传统文化和民族品牌更有信任感。年轻人想要用更少的花费享受到最好的产品，对汽车期待拥有强劲动力的同时还能降低油耗。机不离手的年轻人对智能化有着极高的需求。

一汽红旗秉承"一切为了客户，一切服务于客户，一切谦敬于客户"的宗旨，在深入倾听年轻人对于高颜值、高价值、节能降耗的强烈呼声之后，红旗将混动技术下放，用两款产品具象化地诠释出了自己对于年轻化的理解和表达。红旗HS3 PHEV可油可电，完全免去了里程焦虑。一公里花费不到0.45元，再加上专属充电桩权益补电支持，一年节约油费近万元，轻松省下一台手机。年轻人独自驾驶车辆出行时，只需要动动嘴，就可实现车窗、天窗、导航等11项语音控制，轻松解放双手，充分保证了驾驶的安全。同时，搭载了L2级智能驾驶功能，包括碰撞预警、并线辅助、盲区监测等十余项辅助驾驶功能，帮助年轻人更加从容地驾驶。

全新红旗H5 2025提供三种动力组合，兼容92号燃油，不挑油品，性能不减、油耗更低。智能化方面，红旗H5 2025款新增SACC高级巡航系统、360全景影像，将过去的高配装备下放到全新标配,再配备神经网络级语音控制系统,实现车内17项智能语音控制,对话秒懂。当代年轻人追求精神层面的共鸣,红旗和他们心意相通,有求必应。为适应年轻人健康消费意识崛起、愿意为健康养生买单的趋势,红旗全面采用低气味、低扩散的绿色环保材料,搭载智能空气质量管理系统,不吝成本地打造出零异味、零甲醛"母婴级"座舱。

价值导向　破解行业数智营销痛点

2022年8月,中国汽车工程研究院股份有限公司的一份调查报告中显示,目前,汽车数智化营销存在三大痛点:用户关系不直连、少触及,用户营销不精准,用户价值无运营。针对行业痛点,红旗品牌给出了自己的解法:以价值为导向,将业务IT贯连一体,打破组织藩篱,充分发挥数据价值。过去,运营团队协作环节和IT团队协作环节存在断点,如运营团队各部门间关注点不同,负责市场投放的关注线索数量、负责店端运营的关注线索有效性;IT部门收集的数据来自不同渠道,涉及多个开发团队,大家对数据指标的理解不同,也会对结果产生影响。"高效运营的前提是打通业务流程、组织,实现业务IT的一体化。"一汽数智化部大营销运营部总监金维鹏解释道。为了打造好这套业务IT一体化的端到端体系,红旗在人员分配上设立"总出口":一个运营团队,全权负责从数据采集到最后端上数据的运营和使用、成交;一个产品经理团队,统筹管理研发团队的产品研发和投放;制定端到端的数据运营看板,对各个环节的数据指标统一口径,让所有团队沟通的语言和频率一致。与此同时,红旗的数智升级从数据的粗犷式运营走向精细化运营。针对私域运营平台、渠道运营平台、厂家作业工作平台三大平台,红旗分别建立相应的产研运一体化项目团队,通过创新的运营思路、运营策略等支撑平台的项目开拓、目标达成。

携手人工智能营销服务商　共辟全新增长空间

面对长决策的汽车用户,车企如何洞察并有效影响处于不同决策阶段的用户,在积极触达目标用户、给予优质品牌体验的同时,实现销售转化,是汽车营销目前最大的痛点。一汽红旗携手互联网领军企业百度,创造了一个又一个品牌营销经典案例:2019年2月,红旗红动中国闹春晚与百度合作,红旗品牌百度指数提升105%,

收集有效销售线索5.8万个。2019年内,通过红旗HS5/HS7上市与百度整合营销合作,助力红旗新车指数达到15万多,创造行业内百度指数的新高点。2020年8月,红旗H9上市与百度全链人工智能营销合作,通过百度App×好看视频App×全民小视频App三端产品矩阵的联合推广,实现多场景直播覆盖与资源导流,增加曝光,吸引用户关注,提升内容互动,为红旗品牌造势,新车上市当天百度指数提升600%,指数飙升到76万……

2020年,面对复杂严峻的市场环境,一汽红旗携手巨量引擎共建数字化变革实验室(DT-Lab),从"长效创收、真效提质、增效扩量"三方面入手,从用户经营到线索落地的营销前后全链路快速打开全新增长空间。首先,借助巨量引擎品牌数据运营管理平台巨量云图,实现营销数据可视化、可追踪、可分析、可应用,打破了底层销售数据不流通的局限性,让品牌随时随地直达用户并且围绕在用户身边,强化用户感知。其次,一汽红旗将抖音认证企业号作为母账号,对旗下经销商企业号进行数据监测、相关运营、线索分发等,建立完善的数字化渠道经营矩阵,打通品牌端—经销商—客户的数据链路,实现实时数据反馈和跟进。最后,通过线上线下数据融合,还原消费者特征,针对不同营销链路的转化目标制定营销策略,提升各级转化率。此外,一汽红旗依据品牌关系和决策阶段构建模型,对品牌的人群资产作出有效识别。结合客群特征,能够在不同阶段、特征的用户中制定合适的营销策略,合理分配投放预算,获得高效收益。

2022年,一汽红旗与新华网联合打造了中国首个汽车元宇宙社区——红旗元宇宙社区,聚焦数字生活化场景打造,在数字化场景中开启了一个核心体验平台,目前已聚合看车、社交、游戏、会议会展、品牌发布、销售获客等多项功能于一体,未来还将不断探索更多新模式与新体验。

将造车工艺与具身智能体融合,把产品造成具身智能体

2024年是红旗品牌全面跃升之年。11月12日,一汽红旗发布了基于天工纯电平台和九章智能平台打造的中大型豪华纯电SUV——天工08。这是红旗品牌针对当下市场趋势打造的战略车型,代表了红旗技术实力的最高水平。

天工纯电平台作为红旗品牌倾力打造的全新模块化纯电平台,是新红旗具身智能体的躯干,是迅捷、高效与精准的执行载体,拥有超集成构型、超高效驱动、耐低温系统、极速补能以及高舒适底盘等核心关键技术,让用户享受到"国车安全、超高能

效、舒适驾控、智能 AI"的美妙体验。

九章智能平台则是新红旗具身智能体的"智慧大脑",以全栈自研的飞刃架构为中枢,九章智能平台集成了整车级操作系统 FAW.OS,以及中国首颗车规级先进制程五域融合芯片"红旗 1 号"等,构建了强大的整车智能化底座。通过车云协同的 AI 算法持续训练迭代,九章智能平台为用户提供了"随心"的红旗灵犀座舱和"安心"的红旗司南智驾。其中,飞刃架构的灵魂——FAW.OS 采取了红旗独有的"三维一体化"技术,打破单车算力界限,使得智能汽车、路侧设施乃至个人终端之间形成完整的生态系统。

在飞刃架构的坚实基础之上,全新一代"红旗灵犀座舱"拥有行业首发的同轴双画面 AR-HUD,只需 30 分贝的"悄悄话"即能唤醒的语音助手等;司南智驾提供了 5 种系统解决方案,并且构建了覆盖"算法—算力—数据"的技术集群和软硬件全栈产品集群。已在全国所有城市实现 99% 以上的左右转成功率,支持路径长达 2 千米停车跨楼层记忆泊车,平均耗时不到 30 秒,真正让用户解放双手。

"AI 芯片、智慧 OS、动力电池、线控底盘被称为智能网联新能源汽车的'四大件',是汽车核心技术最密集、安全问题最突出、'卡脖子'最严重的领域。红旗以天工纯电平台和九章智能平台为利刃,冲破技术桎梏,解决了用户痛点。"业内人士如是评价。

目前,红旗品牌正在开发下一代融合了"视觉、语言和动作"的多模态世界大模型,推动智能汽车不断向四轮具身智能体进化。

"心安,心享,心动"　塑造"心"服务品牌

早在 2017 年 12 月 26 日,一汽红旗就在长春正式发布红旗服务品牌"红旗心服务";通过"三终身一免保"、创新体验模式、一键智享等服务内容,红旗将为用户提供"心安保障""心享体验"和"心动科技"的极致服务体验和全场景、全生命周期的贴心出行解决方案。

"红旗心服务"是贯穿了用户从看车、选车、用车到换车的全方位服务,其中"心"字深深表达了红旗品牌对客户的"真诚用心,感恩倾心"。红旗致力于塑造一个"用心"服务客户、有温度的服务品牌,而"红旗心服务"也将通过"心安保障""心享体验"和"心动科技",为用户带来不一样的极致服务体验。

"红旗心服务"的核心价值,在于为用户提供"三终身一免保"的心安保障。所谓

"三终身",是指红旗品牌将提供"终身免费保修""终身免费救援""终身免费取送"三项超级服务。而"一免保"则是4年/10万公里超长免费保养。按照国内用户目前平均3—5年换车的节奏来计算,可为客户省下多达4万—6万元保养费用。不仅为用户节省了费用,更是让用户在用车时更加安心和踏实。

红旗体验中心与线上体验中心无缝对接,"红旗体验中心"及"旗仕团"的建立,则为用户提供了远超同级的全方位心享价值体验。"红旗体验中心"是红旗品牌创新打造的一种更加注重用户感知的模式,包括汽车展示区、文化展示区、客户休息区以及智能体验区,用户除可以感受到基本产品体验、销售体验和服务体验外,还将体验到厚重且独特的红旗文化。同时,红旗还特别打造了数字体验中心,这套从购车到售后的全过程数字化系统可为用户提供智能交互体验,满足用户不同场景的需求。而"旗仕团"则是红旗为志同道合的朋友搭建的一个互通、互动的交流平台。在这里,红旗粉丝们可以一起"享生活,乐其中"。

为给用户提供更多价值,畅享心动科技,红旗推出了"一键智享",用户通过车载屏幕、微信服务号、App或官网等渠道,可以一键点击进入红旗车载智能网联系统或红旗云店。红旗车载智能网联集成了语音助手、导航、想听想聊、车服务等功能,为用户搭建了完整的汽车生态平台,让用户可以畅享红旗新生活。"红旗云店"则是红旗品牌最新开发的移动互联数字连接中枢,打通了线下传统服务与线上数字端触点,可以通过云端24小时在线,满足用户任何时间、任何场景的需求。

此外,红旗品牌以"红旗心服务"为引领,正式推出"红旗礼宾之道":从心出发,将心比心,推己及人,待客户如挚爱亲朋。围绕店内/店外15个售后服务场景,设计与众不同的16个红旗时刻,包括红旗之礼、贴心送行、前置接待、抵达泊车导入、免费增值服务、磨合期检查、旗致快保、随享预约、星月服务、红旗爱家日等,以精致服务和尊享体验提升用户的服务体验和满意度。

聚焦模式创新　打造"智慧六位一体"体验式营销

为了更全面地满足用户的需求和期望,提升用户的满意度和忠诚度,2019年初一汽红旗确立了由品牌体验、产品体验、销售体验、服务体验、生活体验、文化体验构成的"六位一体"体验式营销模式,以数字化手段直达用户,为用户提供便捷的体验通道。而2022年9月发布的红旗元宇宙,就是这一思路的全新诠释。红旗打造了一个物质与精神的家园,为红旗车主提供乐于分享、愿意停留的用户元宇宙社区。

（1）品牌体验上，红旗品牌通过一系列的品牌传播活动，如春晚新车亮相、牵手故宫和李宁品牌、父亲节发布创意视频等，不断提升品牌的知名度和美誉度，增强用户对红旗品牌的认知和认同。

（2）产品体验上，红旗品牌致力于提供高品质的产品，并通过各种方式让用户亲身体验产品的性能和品质。例如，红旗推出的试驾活动，让用户能够亲自驾驶红旗车型，感受其卓越的性能和舒适的驾乘体验。

（3）销售体验上，红旗致力于不断增加用户触点，从建成170家体验中心，到与第三方电商平台合作，再到自建电商平台红旗智联 App 上线，塑造了线上线下的完整矩阵，让用户可以无空间阻隔、无时间限制完成对红旗产品的体验。

（4）服务体验上，红旗品牌注重售后服务体验，通过提供优质的保养、维修、救援等服务，以及推出"三终身一免保"等优惠政策，让用户感受到红旗品牌的贴心和关怀。此外，红旗还通过红旗智联 App 等数字化工具，为用户提供更加便捷、高效的服务体验。

（5）生活体验上，红旗品牌不仅关注用户的出行需求，还关注用户的生活品质。通过推出"旗仕生态""旗仕联盟""旗见盛世""旗见倾情　感恩相伴"等活动，为用户提供多元化的生活服务体验，如服饰、餐饮、住宿、旅行、购物等，让用户感受到红旗品牌带来的便利和舒适。

（6）文化体验上，红旗品牌注重传承和弘扬中国文化，通过与故宫、敦煌等文化 IP 的合作，以及推出具有中国文化元素的车型和营销活动，让用户感受到红旗品牌的文化底蕴和魅力。同时，红旗还通过举办文化活动、艺术展览等方式，为用户提供更加丰富的文化体验。

品牌虚拟代言人再进化　开启智能营销新时代

伴随着 5G、VR/AR、人工智能等技术的不断成熟，品牌间的破次元跨界合作已经屡见不鲜。2023年6月，一汽红旗率先发布了品牌虚拟代言人——旗羿和旗妙，打破了虚拟世界和现实世界的次元边界，进一步刷新了人们对红旗品牌新形象的认知。2023年12月22日，一汽红旗联手腾讯混元大模型，上线了红旗品牌虚拟代言人"旗羿、旗妙"微信小程序："旗羿旗妙说"。凭借着定制化的红旗专属大语言模型等技术底座，多模态的知识理解以及精准智能、温暖共情的问答交互，"旗羿、旗妙"的智能化、人性化程度得到了全面提升。用户得到了更前沿的沉浸式体验，红旗新锐时尚的品牌形象再次得以焕新。

基于腾讯混元大模型多轮对话、知识增强、逻辑推理、内容创作等能力,一汽红旗创新打造了专属定制语言模型,"旗羿、旗妙"以红旗品牌虚拟代言人小程序为载体,呈现了数字化的人类形象。成功实现了与用户对话问答、日常工作协助等应用场景,不仅在汽车界率先实现了破次元创新,对整个行业具有重要意义,而且能够最大化地突破品牌营销的现实约束,打开更多的想象空间。

首先,崭新的交互机制能够充分激发"Z世代""人工智能原住民"的关注和参与,能够为红旗品牌的年轻化和营销破圈实施助力。

其次,与腾讯混元大模型的积极联动,不仅能够让红旗定制语言大模型获得强力的技术背书,而且还能够对其进行数据反哺,从而推动红旗自身的数智化建设,并在此基础上实现技术开发与场景应用的高效融合。

最后,通过"旗羿、旗妙"品牌虚拟代言人的问答机制和私域化渠道构建,红旗能够充分援引三方资源,强化场景化、故事化的品牌衍射能力,最终形成以红旗品牌为核心的营销生态化建设。

从2017年红旗品牌全年销量4000多辆,至2024年底红旗品牌全年销量411777辆,仅用7年时间,实现了100倍的销量增长。未来,一汽红旗将不断精耕细作,勇于创新突破,以更加卓越的产品和服务,赢得全球用户的信赖与支持。

(资料来源:根据新华网、东方网、澎湃新闻网、中国汽车报网、第一财经、凤凰网等网站及"浙里上市""营销兵法"等公众号相关资料整理。)

案例思考

1. 红旗品牌是如何通过人工智能营销满足年轻消费者需求的?

2. 红旗品牌在"心"服务理念下,如何运用人工智能识别并响应客户需求,实现个性化与人性化的融合?

3. 结合具身智能体与虚拟代言人,本案例如何构建全方位、多触点的品牌互动体系,提升品牌整体影响力?

4. 本案例涉及哪些人工智能营销策略?